인간적 AI를 위하여

AI에 윤리를 심기 위한
철학과 공학의 거대한 도전

브라이언 크리스천 지음 이한음 옮김

SIGONGSA

인간적
AI를 위하여

일러두기

1. 띄어쓰기, 외래어 표기는 국립국어원 용례를 따르되 고유명사, 일부 합성명사에 한해 예외를 따랐습니다.
2. 단행본은 겹화살괄호(《 》), 정기간행물과 영상물, 논문, 보고서는 홑화살괄호(〈 〉) 로 표기했습니다.
3. 국내 번역된 단행본은 《번역서명(원서명)》, 번역되지 않은 단행본은 《원서명(번역명)》으로 표기했습니다.
4. 인명은 처음 언급될 때를 제외하고 성(Last name)으로 표기하되 성이 같을 경우, 원서에서 이름만 표기한 등의 경우에는 이름(First Name)으로 표기했습니다.

나를 굳게 믿어 준 피터에게.

그리고 그 연구를 하는 모든 이들에게.

나는 바이킹 화성 탐사 계획을 이끈 제임스 마틴이

2000년 청문회에서 했던 말을 기억한다.

그는 공학자로서 자신이 한 일이 우주선을 화성에 착륙시키는 것이 아니라

지질학자가 제공한 화성 모형에 착륙시키는 것이었다고 말했다.

― 피터 노빅[1]

세계는 그 자체가 최고의 모형이다.

― 로드니 브룩스[2]

모든 모형은 틀렸다.

― 조지 박스[3]

[✳]

프롤로그

1935년 디트로이트. 월터 피츠Walter Pitts는 자신을 괴롭히는 녀석들에게 쫓기면서 거리를 달린다. 그는 피할 곳을 찾다가 공공 도서관으로 들어가 몸을 숨긴다. 어찌나 잘 숨었는지 도서관 직원조차도 그가 있음을 알지 못한 채 밤이 되자 문을 잠갔다. 그렇게 피츠는 갇히고 만다.[1]

피츠는 책장에서 흥미로워 보이는 책을 한 권 찾아서 읽기 시작해 사흘에 걸쳐 다 읽는다. 참고로 2,000쪽에 달하는 형식 논리학의 대작이다(《수학 원리Principia Mathematica》_옮긴이). 379쪽이 돼서야 1+1=2라는 증명이 이뤄지는 책으로도 유명하다.[2] 피츠는 공저자 중 한 명인 영국 철학자 버트런드 러셀Bertrand Russell에게 편지를 쓰기로 마음먹는다. 몇 가지 오류를 찾았다고 생각해서다.

몇 주 뒤, 피츠는 영국 소인이 찍힌 편지를 받는다. 정말로 러셀이 보냈다. 편지에서 러셀은 고맙다고 말하면서, 그에게 케임브리지로 와서 박사 과정을 밟으라고 초청한다.[3] 안타깝게도 그 제안은 거절해야만 했다. 그는 이제 겨우 12세, 중학교 1학년이기 때문이었다. 그리고 3년 뒤, 그는 러셀이 시카고에 와서 대중 강연을 한다는 소식을 듣는다. 그리고 가출해 강연을 들으러 갔고, 영영 돌아오지 않았다.

．

러셀의 강연을 듣다가 피츠는 어떤 또래를 만난다. 제리 레트빈Jerry Lettvin이다. 피츠는 오로지 논리학에만 관심이 있었다. 반면 레트빈은 시문학에 관심이 매우 많았는데, 의학에도 약간의 관심이 있었다.[4] 그럼에도 이들은 떼려야 뗄 수 없는 친구가 된다.

피츠는 이따금 강의를 들으면서 시카고대 캠퍼스를 떠나지 않았다. 아직 고등학교 졸업장도 없고, 정식으로 대학교에 입학한 것도 아니지만. 그는 저명한 독일 논리학자 루돌프 카르나프Rudolf Carnap의 강의도 듣는다. 어느 날 피츠는 카르나프의 연구실로 들어가 카르나프의 최신 저서에서 몇 가지 '결함'을 찾았다고 선언한다. 카르나프는 그럴 리가 없다고 생각하면서도 책을 들춘다. 피츠의 지적은 옳았다. 그렇게 잠시 대화를 나눈 뒤, 피츠는 이름도 말하지 않은 채 떠난다.

카르나프는 그 뒤로 몇 달간, '논리학을 잘 아는 신문 배달원'이 누군지 수소문한다.[5] 이윽고 카르나프는 피츠를 찾아내고, 피츠의 학자 생활을 관통하는 줄기가 될 행동을 한다. 그는 피츠가 약

간이라도 돈을 벌도록 대학 당국을 설득해 허드렛일을 맡기도록
한다.

1941년 레트빈은 여전히 시인을 꿈꿨지만 자신의 의지와 상
관없이 일리노이대 의대에 진학한다. 그리고 예일대에서 막 자리
를 옮긴 명석한 신경학자 워런 매컬러Warren McCulloch 밑에서 일한
다. 그러던 어느 날 레트빈은 피츠를 부른다. 이때 레트빈은 21세
고, 아직 부모와 함께 산다. 피츠는 17세고, 집 없이 떠도는 처지였
다.[6] 매컬러 부부는 두 명을 다 떠맡기로 한다.

그해 내내 매컬러는 퇴근 후 자정이 지나도록 피츠와 대화를
나눈다. 사실 피츠는 매컬러의 자녀와 거의 같은 또래다. 하지만
둘은 지적으로 완벽한 듀오가 된다. 한창 경력을 쌓는 중인, 존경
받는 신경학자와 천재 논리학자의 조합이었다. 한쪽은 '현실 세
계'(신경계와 신경증의 세계)에 살고, 다른 쪽은 '이론 세계'(기호와
증명의 세계)에 산다. 둘의 머릿속은 오로지 진리의 본질을 이해하
고 싶은 생각으로 꽉 찼다. 진리는 무엇이며, 어떻게 해야 진리를
알까? 당연히 이 탐구의 받침대, 즉 그들의 두 세계가 완벽하게 교
차하는 지점은 뇌였다.

1940년대 초에 뇌는 연결된 뉴런(신경세포)으로 이뤄지며, 각
뉴런이 입력 부위(가지돌기)와 출력 부위(축삭돌기, 신경돌기)를 지
닌다는 사실이 알려졌다. 뉴런으로 들어오는 신경 자극이 특정한
문턱 값을 넘으면, 그 뉴런은 펄스(찰나에 큰 진폭을 내는 전압이나
전류 또는 파동_옮긴이)를 일으킨다. 매컬러와 피츠는 이 내용을 접

하자마자, 그 작동법이 논리와 비슷하다고 느낀다. 펄스가 생기거나 안 생기는 것이 켜짐 또는 꺼짐, 예 또는 아니요, 참 또는 거짓을 뜻한다고 생각했기 때문이다.[7]

최소한의 요구치, 그러니까 문턱 값이 아주 낮은(어떤 입력이 하나라도 들어오면 발화하는) 뉴런은 논리연산자(연산 대상에 적용되는 논리 기능을 갖는 단어나 기호_옮긴이) 또는 물리적 구현물처럼 기능함을 깨달았다. 문턱 값이 높게 설정된(또 모든 입력이 다 들어와야만 발화하는) 뉴런은 논리연산자 그리고 물리적 구현물이다. 따라서 그들은 적절히 연결만 되면 그런 신경망neural network을 써서 논리연산으로 가능한 일은 다할 수 있음도 깨달았다. 몇 달에 걸쳐서 그들, 즉 중년 신경학자와 청소년 논리학자는 공동 논문을 쓴다. 〈A Logical Calculus of Ideas Immanent in Nervous Activity(신경 활동에 내재된 개념의 논리 계산)〉이다. 여기서 그들은 이런 구절을 썼다.

"신경 활동의 '전부 아니면 전무'라는 특성 때문에, 신경 사건과 그들 사이의 관계는 명제논리를 써서 처리한다. 모든 망의 행동은 이런 용어로 기술하고 (…) 특정한 조건을 충족하는 모든 논리 표현은 그것이 기술하는 방식으로 행동하는 망을 찾는다."

이 공동 논문은 1943년 〈수학생물물리학회보Bulletin of Mathematical Biophysics〉에 실린다. 하지만 레트빈은 이 논문이 생물학계에 거의 영향을 미치지 못한다는 사실에 좌절한다.[8] 한편 피츠는 1950년대 신경과학 연구, 특히 레트빈의 기념비적인 개구리 시신경 연구를 통해, 뉴런이 '참/거짓'이라는 단순한 방식이 아니라 훨씬 복잡성을 띠는 듯하다는 사실에 실망한다. 아마 명제논리(그리고, 또는, 부정)는 뇌의 언어가 아니거나, 적어도 그렇게 뻔한 형태를 취하지 않을 수도 있었다. 피츠는 이런 '불순함'에 좌절했다.

그러나 그 논문과 매컬러의 집에서 밤이 깊도록 이뤄진 대화는 매컬러와 피츠가 상상한 방식으로는 아닐지라도, 엄청난 영향을 미친다. 그러니까 전혀 새로운 분야의 토대가 된다. 이렇게 단순화한 형태의 뉴런을 써서 실제로 작동 메커니즘을 구축한 뒤, 그런 '기계 뇌'가 무엇을 하는지 알아보는 분야였다.[9]

[✳]

서문

2013년 여름, 구글의 오픈 소스 블로그에 "단어 배후에 있는 의미 학습"이란 '평범해 보이는' 글이 하나 올라왔다.[1] 글은 이렇게 시작된다.

"오늘날 컴퓨터는 인간의 언어를 이해하는 데 미숙하다. 이 목표를 달성하려면 멀었지만, 우리는 최신의 머신 러닝과 자연어 처리 기술을 써서 상당한 진척을 이루는 중이다."

구글은 신문과 인터넷에서 채굴한 엄청난 양의(그전까지 쓰였던 것보다 수천 배 더 많은) 인간 언어 데이터 집합을 생물학에서 영감을 얻은 '신경망'에 입력해, 시스템이 문장을 훑어 용어 사이의 상관관계를 찾도록 했다.

이른바 '비지도 학습unsupervised learning'을 통해 구글의 시스템은 패턴을 간파하기 시작했다. 예를 들어, '베이징'(어떤 뜻이든 간에)과 '중국'(어떤 뜻이든 간에)은 '모스크바'와 '러시아'와 같은 관계임

을 알아차렸다. 그 알아차림이 '이해'의 차원인지는 철학적 관심
사겠지만, 시스템 그 자신이 '읽은' 것에서 본질적인 뭔가를 포착
하지 못한다는 주장은 하기 어려웠다. 시스템은 자신이 접한 단어
를 벡터vector라는 수 표현으로 바꿨기에, 구글은 이 시스템에 '워
드투백word2vec'이라는 이름을 붙여 오픈 소스로 공개했다.

수학에서 볼 때, 벡터는 단순한 수처럼 온갖 경이로운 특성을
지닌다. 그러니까 더하고 빼고 곱한다. 머지않아 놀라우면서 뜻밖
의 사실이 발견됐다. 수학에서는 그것을 '연속 공간 단어 표현에
서의 언어학적 규칙'이라 정의했다.[2] 말은 어렵지만 설명은 쉽다.
워드투백은 단어를 벡터로 바꾸니, 한마디로 '단어를 가지고 수학
을 한' 셈이다.

예를 들어, 워드투백에 '중국+강'을 입력하면 '양쯔강'이 출력됐
다. '파리-프랑스+이탈리아'를 입력하면 '로마'가 출력됐다. '왕-남
성+여성'을 입력하면 '여왕'이 출력됐다. 결과는 놀라웠다. 워드투
백은 구글의 번역 서비스와 검색 아래서 작동하기 시작했고, 직
원의 모집과 채용 등 다양한 분야에까지 응용되기 시작했다. 이젠
전 세계 대학교의 차세대 데이터 기반 언어학 툴 중 하나가 됐다.
그런데 워드투백에 문제가 있다는 사실을 2년간은 아무도 알지
못했다.

2015년 11월, 보스턴대 박사 과정생 톨가 볼루크바시Tolga
Bolukbasi는 지도 교수와 함께 마이크로소프트 연구소에서 열리는
금요일 회식에 참석했다. 와인을 마시면서 수다를 떨던 그는 마이

크로소프트 연구원 애덤 칼라이Adam Kalai와 함께 랩톱을 꺼내 워드투백으로 '장난'을 치기 시작했다.

"단어 임베딩word embedding 툴을 불러내 아무 단어나 입력하기 시작했어요. 나는 내 랩톱으로 했고, 애덤도 따라 했죠."[3]

그때 일이 벌어졌다. 그들은 이렇게 입력했다.

의사-남자+여자

답은 이랬다.

간호사

칼라이는 말했다.

"우리는 충격을 받았고, 문제가 있음을 깨달았어요. 더 깊이 파고들자 문제가 더욱 심각하다는 것이 드러났어요."[4]

다시 시도해 봤다.

상점 주인-남자+여자

돌아온 답은 이랬다.

가정주부

한 번 더.

컴퓨터 프로그래머-남자+여자

답은.

주부

이때쯤 실내에는 침묵이 깔렸고, 사람들은 어느새 랩톱 앞에
몰려 있었다. 볼루크바시는 말했다.
"우리 모두 알아차렸죠. 여기 뭔가 문제가 있다고."

▪

미국 법원에서 보석과 재판 전에 피고 구류 여부 같은 결정을 내
릴 때, 알고리즘 '위험 평가' 툴에 의존하는 판사가 점점 늘어난
다. 가석방위원회도 그런 툴을 써서 가석방 여부를 판단한다. 이
러한 툴 중 가장 인기 있는 것 중 하나는 미시간주에 있는 노스포
인트Northpointe라는 기업이 개발한 '대체 제재를 위한 교정 범죄자
관리 프로파일링Correctional Offender Management Profiling for Alternative
Sanctions', 줄여서 COMPAS다.[5]
　　COMPAS는 캘리포니아, 플로리다, 뉴욕, 미시간, 위스콘신, 뉴
멕시코, 와이오밍을 비롯한 여러 주에서 쓰이며, 알고리즘을 써서

1~10까지 위험 점수를 매긴다. 전반적인 재범 우려, 폭력 범죄 재발 위험, 재판 전 불법행위 가능성을 평가하는 점수다. 놀랍게도 이런 툴은 공식 검사도 받지 않은 채 보급되기도 한다.[6]

COMPAS 역시, 소스가 공개되지 않은 사유재산 툴이다. 변호사도, 피고인도, 판사도 그 툴이 정확히 어떻게 작동하는지 모른다. 2016년 줄리아 앵윈Julia Angwin이 이끄는 〈프로퍼블리카 ProPublica〉의 데이터 기자단은 COMPAS를 더 자세히 살핀다. 플로리다주 브로워드 카운티에 요청해서 구한 공공 기록물을 토대로, 그들은 2013~2014년에 체포된 피고인 약 7,000명의 기록과 위험 점수를 분석했다. 조사하던 시기가 2016년이었기에 그들 상황은 마치 수정 구슬을 들여다보는 모습이었다. 2년 전의 데이터를 살피는 중이니, 위험 점수로 예측한 피고인의 재범 가능성이 실제로 들어맞았는지 여부를 이미 알기 때문이다. 그래서 그들은 두 가지 단순한 질문을 했다.

"COMPAS는 어느 피고인이 정말로 '가장 위험한'지를 올바로 예측했는가?"

"COMPAS는 특정 집단을 호의적 또는 악의적으로 평가하도록 편향됐는가?"

분석 후, 앵윈 기자단은 뭔가 문제가 있음을 알아차렸다. 마약 소지 혐의로 체포된 두 피고인이 한 예였다. 딜런 퍼켓은 앞서 절도 미수를 저지른 기록이 있었다. 한편 버나드 패커는 앞서 비폭력적으로 체포에 저항한 기록이 있었다. 그런데 백인인 퍼켓은 위험 점수가 3점, 흑인인 패커는 무려 10점이었다.

2016년이라는 수정 구슬을 통해, 〈프로퍼블리카〉 데이터 기자
단은 위험 점수 3점이었던 퍼겟이 그 뒤로 세 차례 더 마약 범죄
로 유죄판결을 받았다는 것을 알았다. 10점이었던 패커는? 같은
기간에 아무런 범죄도 저지르지 않았다.

또 앵윈 기자단은 비슷한 절도 혐의로 기소된 두 피고인을 대
조했다. 버넌 프래터는 앞서 두 차례 무장 강도를 저질렀고 무장
강도 미수 전력도 한 차례 있었다. 또 한 명인 브리샤 보던은 앞
서 청소년 경범죄를 네 차례 저지른 기록이 있었다. 그런데 백인
인 프래터는 위험 점수가 3점이었다. 흑인인 보던은 8점이었다.
2016년을 살피던 앵윈 기자단은 3점의 프래터가 그 뒤에 중절도
로 기소돼 8년 형을 선고받았음을 알았다. 8점인 보던은 아무런
범죄도 저지르지 않았다. 피고인 자신도 그 점수에 혼란을 느낀
듯했다. 백인인 제임스 리벨리는 절도로 체포됐는데 가중 폭행,
중범죄인 마약 밀매, 여러 차례의 절도죄로 처벌을 받았음에도 위
험 점수가 3점이었다. 심지어 그는 기자에게 이렇게 말했다.

"매사추세츠 주립 교도소에서 5년을 보냈었지요. 그런데 점수
가 아주 낮아서 놀랐다니까요."

통계분석 결과는 COMPAS의 점수가 전반적으로 들어맞지 않
음을 확인해 주는 듯했다.[7] 그리고 〈프로퍼블리카〉는 이렇게 기사
를 썼다.

"누가 범죄를 저지를지 예측하는 툴이 전국에서 쓰인다. 그런

데 흑인을 나쁘게 보는 쪽으로 편향됐다."

2016년 봄에 나온 〈프로퍼블리카〉의 보도는 격렬한 논쟁을 불렀다. COMPAS와 알고리즘을 사용한 위험 평가뿐 아니라 공정성 자체를 둘러싼 논쟁까지 벌어졌다. 법에 명시된 원칙, 권리, 이상을 통계와 컴퓨터의 용어로 정의한다면 정확히 어떻게 해야 할까? 미국 연방 대법원의 존 로버츠John Roberts 대법원장은 그해 렌슬리어 공대를 방문했을 때 셜리 앤 잭슨Shirley Ann Jackson 총장에게 한 질문을 받았다.

"AI가 법정에서 사실관계를 조사하거나, 더 논란의 여지가 있겠지만 판사의 의사 결정까지 돕는 날이 오리라 보십니까?"

로버츠는 답했다.

"이미 왔는데요?"[8]

∎

그해 가을 다리오 아모데이Dario Amodei는 바르셀로나에서 열린 신경정보처리시스템학회Neural Information Processing Systems conference, NeurIPS에 참석했다. NeurIPS는 AI 분야의 최대 규모 연례행사로서 참석자가 2000년대에는 수백 명에 불과했지만 이제는 1만 3,000명이 넘는다(주최 측은 지금처럼 참석자가 늘어나면 2035년에는 인류 전체가 참석할 것이라고 말한다).[9]

그러나 이 순간, 아모데이의 마음은 '깁스 표본 추출에서의 스캔 순서'나 '라데마허 관측 손실의 정규화'나 '바나크 반사 공간에서의 후회 최소화'나 저쪽 방에서 볼루크바시가 발표하는 '워드투백의 성별 편향'에 관한 화제가 되는 주제를 향하지 않았다.[10]

지금 그는 어떤 배를 바라보는데, 지금 불타는 중이다. 불타는 배는 작은 항구에서 빙빙 돌다가 돌로 된 부두에 선미가 충돌하면서 부서진다. 엔진에 불이 붙고 배는 사방으로 불꽃을 흩날린다. 그러다 예인선의 옆구리를 들이받으며 다시 불길이 확 솟구친다. 그렇게 계속 돌며 항구로 다가간다. 배가 그렇게 움직이는 이유는 아모데이가 그렇게 하라고 말했기 때문이다. 그러나 아모데이는 그 말을 그 뜻으로 한 것이 아니었다.

아모데이는 유니버스Universe라는 과제를 수행하는 연구자다. 수백 가지 컴퓨터게임을 인간과 맞먹는 수준으로 하는 단일한 범용 AI를 개발 중이다. AI 분야에서는 '성배를 찾는 일'에 가까운 도전으로 통한다. 아모데이는 내게 말했다.

"그냥 그런 게임 환경 중 몇 가지를 돌렸죠. 그리고 VPN(단말기와 서버 간 통신을 암호화하는 기술_옮긴이)을 써서 각 게임이 어떻게 돌아가는지를 봤어요. 차량 경주는 정상적으로 돌아갔고, 트럭 경주도 그랬고, 그다음에 배 경주로 눈을 돌렸죠."

아모데이는 1분간 배를 지켜본다.

"지켜보는데 문득 어떤 생각이 들었어요. 배가 빙빙 도는데 왜 그럴까 싶었죠."[11]

하지만 배는 제멋대로 행동하는 것이 아니었다. 오히려 아모데이의 명령을 따랐을 뿐이다. 컴퓨터 관점에서 보자면 거의 완벽한 전략을 찾아 명령을 충실히 실행했다. 다만 아무것도 이해하지 못한 채.

"그러다가 이윽고 보상 쪽을 살폈어요."

아모데이는 가장 전통적이며 오래된 실수를 저질렀다.

"A를 보상하면서 B를 기대한다."[12]

아모데이는 기계가 배 경주에서 이기는 법을 배우기 원했다. 그러나 이기는 법을 엄밀하게 표현하기가 매우 복잡했다. 경로상 위치, 경과 시간, 다른 배의 위치 등 복잡한 개념을 형식화할 방법을 알아내야 했다. 그 대신에 꽤 그럴싸해 보이는 방법을 썼다. 바로 점수였다. 그런데 여기엔 허점이 있었다. 배는 경주 상황을 깡그리 무시한 채 성능을 향상시킬 항구를 찾아 빙빙 돌면서 점수만 계속 올렸다.

"물론 제 잘못이 있었죠. 여러 게임을 그냥 돌리기만 했지, 목적 함수를 자세히 살피지 않았으니까요. (…) 다른 게임에서는 점수가 완주와 상관관계가 있었어요. 경주를 하면서 성능 향상을 통해 점수를 얻도록 했죠. (…) 점수는 10가지 게임 환경에는 잘 들어맞았죠. 그런데 지금 이 11번째에서는 아니었어요.[13] 사람들은 비판했죠. 완주를 하도록 최적화하지 않았기에 그런 결과가 나왔다는 식으로요. 그럴 때 저는 이렇게 답해요."

아모데이는 잠시 말을 끊었다 이었다.

"그 말이 맞다고요."

아모데이는 연구진 메신저 방에 짧은 영상을 올린다. 모두가

보자마자 '킬킬거린'다. 만화의 한 장면 같은 파괴적인 익살극이
었으니 당연하다. 그러나 (이젠 샌프란시스코의 OpenAI 연구소에서
AI 안전 팀을 이끄는) 아모데이는 거기에 정신을 더 바짝 들게 하는
메시지가 있음을 알았다. 그가 우려하는 것이기도 했다.

아모데이와 동료가 하는 게임은 경주에서 이기기 위한 것이 아
니다. 더 범용적인 AI 시스템을 만들기 위해서다. 특히 우리가 원
하는 것(또는 원하지 않는 것)을 직접적으로 또는 완전히 표현하기
어려운 상황에서 돌아가는 시스템 말이다. 아모데이의 배 시나리
오는 그저 준비 단계, 연습일 뿐이다. 재산 피해는 그저 가상일 뿐
이다. 그러나 결코 게임 자체가 아니라, 게임을 위한 연습이다.

AI 분야에서 우리가 세심하게 주의를 기울이지 않으면 AI가
말 그대로 세상의 종말을 가져올 것이라 믿는 이가 더 늘어나는
중이다. 처음에는 변두리에서 소수가 떠들던 이야기지만, 이제는
점점 주류가 되는 중이다. '지금이라면' 인류는 이 게임에서 진다.

■

이 책은 머신 러닝과 인간의 가치를 다룬다. 명시적으로 프로그램
을 짜지 않은 상태에서 데이터로부터 학습하는 시스템에 대해, 우
리가 그런 시스템에 정확히 무엇을 어떻게 가르치려 시도하는지
도 다룬다.

머신 러닝 분야에는 세 가지 영역이 존재한다. '비지도 학습'에
서는 그냥 데이터 더미 자체를 주고 파악하라(워드투백 시스템에서

처럼) 명령한다. 더 정확히 말하면 패턴과 규칙성, 데이터의 압축과 표현, 시각화를 위한 유용한 방식을 찾으라 말한다. '지도 학습'에서는 일련의 범주화나 태그를 붙인 사례를 주고(COMPAS처럼) 불명확하거나 새로운 사례에 관해 예측하라 말한다. 마지막으로 '강화 학습'에서는 보상과 처벌이 이뤄지는 환경을 주고(아모데이의 배 경주처럼) 처벌을 최소화하고 보상을 최대화하는 방법을 알아내라 말한다.

이 세 영역 모두에서 각자의 방식으로 수학 및 컴퓨터 모형에 귀를 기울이는 상황은 피부로 느낄 정도로 가까워졌다. 스프레드시트에 쓸 만한 것부터 AI라고 불리는 것에 이르기까지 복잡함의 수준은 아주 다양하지만 인간의 판단 그리고 이전의 프로그래밍된 툴 양쪽을 꾸준히 대체하는 중이다.

이러한 대체는 비단 기술, 상업 쪽에서만 생기는 일이 아니다. 윤리와 도덕 분야에서도 일어난다. 미국에서는 보석과 가석방 여부를 결정할 때 위험 평가 툴을 써도 좋다고 승인하는 주와 연방의 법령이 증가 추세다. 고속도로나 일반도로에서 자율 주행을 하는 차량이 늘어난다. 이제 주택 담보대출 신청서, 입사 이력서, 의료 기록지를 '반드시' 사람이 살피고 결정을 내려야 한다고 여기지 않는다. 마치 세상을 '자동 조정'에 더 내맡기는 데 몰두하는 이가 더 늘어나는 듯하다. 그리고 두 집단에서 우려의 목소리가 나오기 시작했다.

첫 번째 집단은 기술의 윤리적 위험에 초점을 맞춘다. 안면 인

식 시스템이 특정 인종이나 성별만을 특별히 잘 식별하면? 판사
와 변호사, 피고인을 포함해 법정에 있는 그 누구도 이해하지 못
하는 툴 때문에 보석이 거부되면? 분명 이는 문제다. 애석하게도
이런 문제는 기존 학문 영역 '내'에서는 해결하지 못할 가능성이
높다. 방법은 대화뿐이다. 컴퓨터 과학자, 사회과학자, 법률가, 정
책 전문가, 윤리학자 사이의 대화 말이다. 이 학제 간 대화는 빨리
시작해야 한다.

두 번째 집단은 기술을 통한 더 유연하고 빠른 의사 결정에 따
라올 위험을 우려한다. 지난 10년간 우리는 머신 러닝의 역사(그
리고 AI의 역사)에서도 가장 흥분되면서, 한편으로 우려를 불러일
으키는 발전이라 할 만한 사건을 목격했다. 여러 전문가는 일종의
금기가 깨졌다는 데 동의한다. 이제 머신 러닝, AI로 인한 안전과
위험에 대해 우려하는 논의를 금기시하지 않는다. 그간 변두리에
서 논의되던 그 우려는 지난 5년 사이에 중심으로 이동해 핵심 문
제가 됐다. 단기적 과제와 장기적 과제의 우선순위를 놓고 경쟁이
보이는 듯하지만, 두 공동체는 대의 면에서 하나다.

AI와 머신 러닝 시스템이 더 널리, 더 강력히 퍼지면서 우리는
'마법사의 제자'가 될 때가 많아진다. 즉, 우리는 시스템의 자율적
이되 순응적인 힘을 상정하고 명령문 집합을 주고 나서, 그 명령
문이 부정확하거나 불완전하다는 사실을 뒤늦게 깨닫고서 작동
을 멈추기 위해 난리를 피우곤 한다. 영리하되 끔찍한 방식으로,
우리가 명령한 것이 실행되지 않도록 기를 쓴다.

이러한 재앙을 막을 방법, 정확히 말해 특정 시스템이 인간의 규범과 가치를 파악하고, 인간이 의도하거나 뜻하는 바를 이해하고, 인간의 명령을 따르는 사실을 보증하는 법을 알아내는 것이 현재 컴퓨터 과학 분야의 과제이자 질문이다. 그것도 가장 핵심적이면서 시급한. 심지어 여기에 이름도 붙었다. 바로 '정렬 문제 alignment problem'다.

머신 러닝과 AI 연구가 이른바 '일반' 지능을 개발하는 쪽으로 다가가고, 현실 세계의 머신 러닝이 인간의 사생활과 시민 생활의 윤리적 측면까지 건드린다는 경고는 갑작스럽고 격렬한 반응을 불러일으켰다. 그렇게 전통적 학제의 경계선을 넘어선 다양한 집단이 만들어진다. 비영리단체, 싱크탱크, 연구소 등이 대표적이다. 산학 양쪽의 지도자까지 앞장서 경고의 목소리를 높인다. 그런데 평생 처음으로 그런 말을 하는 이들도 있다. 그러면서 연구비도 챙긴다. 머신 러닝의 윤리와 안전성 연구를 하려는 대학원생입학도 시작됐다. 즉, 정렬 문제에 응답하는 이들이 처음으로 등장하기 시작했다.

■

이 책은 수만 킬로미터에 이르는 물리적 거리를 오가면서, 이 분야의 짧은 역사와 사방으로 뻗어 나가는 변경에서 활약한 연구자와 사상가를 만난, 근 4년간 100여 건에 이르는 공식 인터뷰와 수백 건에 이르는 비공식 대화로 만들어졌다.

나는 머신 러닝 분야가 흥분을 일으키되 때로는 섬뜩한 느낌에 휩싸이게 하는 발전을 거듭하는 가운데서도, 나름의 탄탄한 토대를 갖추려 노력함도 깨달았다. 관련 연구자와 사상가와 대화를 나누면 나눌수록, 내가 안다고 생각했던 이야기가 생각 외로 더 매혹적이되 으스스하고, 나름의 희망을 불러일으킴이 드러났다.

사실 머신 러닝은 표면적으로 기술의 영역이지만, 인간적 질문과 더 맞부딪친다. 그렇게 우리의 인간적·사회적·시민적 난제는 더 기술적 성격이 된다. 기술적 난제 역시 더 인간적·사회적·시민적인 것이 된다. 이런 시스템이 '인간이 원하는 것'을 하도록 만드는 과정에서 겪는 성공과 실패는 우리 자신을 직시하게 만드는 계시적 거울이 된다.

이 책의 이야기는 3부로 나뉜다.

1부에서는 정렬 문제의 교두보를 탐색한다. 우리의 의도와 충돌 중인 시스템, 우리가 잘 감독한다고 여기는 시스템에서 우리의 의도를 명시적으로 제시하려 할 때의 복잡성을 살핀다.

2부에서는 강화 학습에 초점을 맞춘다. 예측뿐 아니라 행동하는 시스템에 대해 이해하는 장이다. 여기서 우리는 진화, 인간의 동기, 유인책의 섬세함을 이해할 수 있으며 그 교훈은 사업뿐 아니라 육아에도 똑같이 적용됨을 알 수 있다.

3부에서는 AI 안전성 연구의 최전선으로 간다. 아주 미묘하거나 정교해 직설적으로 열거할 수 없는 규범과 가치를 복잡한 시스템과 어떻게 '정렬'시킬지에 대한 연구 중, 가장 좋고 효과적인 개념 몇 가지를 뽑아 보려 한다.

좋든 나쁘든 간에 금세기의 인간 이야기는 이런 시스템을 구축하고 작동하면서 문제를 하나하나 다듬는 이야기로 흐를 가능성이 높다. 앞에서 비유한 '마법사의 제자'처럼, 하늘을 나는 빗자루를 타고 혼란스럽게 날아다니는 수많은 시스템 사이에 우리가 있음을 알아차릴 것이다.

우리는 그런 시스템을 정확히 어떻게 가르쳐야 할까? 그리고 무엇을 가르쳐야 할까?

· 차례 ·

3부·규범성

1부

예언들

인간은 AI가

학습하는 세계를

잘 표본화하는가?

[1]

표현

1958년 여름 워싱턴 D.C.의 해군 연구소. 수많은 취재진이 모였다. 코넬 항공연구소 소속 프랭크 로젠블랫Frank Rosenblatt이라는 19세 연구자의 시연을 보기 위해서다.

로젠블랫은 자신이 만든 '퍼셉트론perceptron'이 무엇을 하는지를 보여 준다. 먼저 그림 카드를 한 벌 드는데, 카드마다 다른 색상의 정사각형이 있다. 그 정사각형은 카드 왼쪽이나 오른쪽에 치우쳤다. 여기서 카드 한 장을 무작위로 빼내 퍼셉트론 카메라 앞에 놓는다. 퍼셉트론은 카드를 20×20 픽셀 흑백 사진으로 인식하고, 이 400개의 픽셀을 2진수 값으로 바꾼다. 그러니까 어둠과 밝음에 해당한다.

이 400개의 값은 매컬러와 피츠가 1940년대 초에 상상했던 초보적 신경망에 입력된다. 신경망은 이 값 각각에 음수나 양수 '가중치'를 곱한 다음 전체를 더한다. 총계가 음수면 출력은 '-1'(정사각형이 왼쪽에 있음), 양수면 출력은 '1'(정사각형이 오른쪽에 있음)이다.

퍼셉트론의 가중치 400개 값은 처음에 랜덤으로 주어진다. 따라서 출력도 제멋대로다. 하지만 시스템이 '잘못' 추정할 때마다 로젠블랫이 가중치를 조정해 퍼셉트론을 '훈련시킨'다. 이런 훈련이 50여 번 이어진 뒤, 퍼셉트론은 일관성 있게 카드 속 정사각형 위치를 식별한다. 심지어 카메라로 찍지 않았던 카드의 정사각형도 올바로 맞춘다. 놀라울 만치 보잘것없는 상황이지만 뜻하는 바는 훨씬 컸다. 기계가 경험을 통해 학습을 한다는 뜻이니 말이다. 로젠블랫은 이를 '배선 다이어그램에서의 자기 유도적 변화'라 정의했다.[1]

매컬러와 피츠는 뉴런을 입출력, 논리와 대수의 단순한 단위로 상상했다. 하지만 그런 초보적 장치라 해도 '충분히, 많이, 적절히' 연결되면 엄청난 힘이 생김을 보여 줬다. 다만 그 연결 방법에 대해서는 전혀 언급하지 않았다.[2]

"로젠블랫은 아주 강력한 주장을 내놨고, 처음에 나는 믿지 못했어요."

매사추세츠공과대 마빈 민스키Marvin Minsky의 말이다. 우연의 일치였을까. 그는 브롱크스과학고등학교에서 로젠블랫과 같은 반이었다.[3]

"로젠블랫은 퍼셉트론이 뭔가를 인식하도록 배선되면, 그 인식법을 배우도록 자신의 반응을 바꾸는 '과정'이 있다고 했습니다.

사실 그 추측은 수학적으로 옳음이 드러났습니다. 저는 이 정리를 추측한 그를 경탄해 마지않습니다. 그 정리는 증명하기가 무척 어렵기 때문이죠."

이 '단순한' 퍼셉트론은 우리가 앞으로 논의할 머신 러닝 시스템 중 상당수의 청사진이 된다. 퍼셉트론 안에는 모형 구조가 있다. 하나의 인공 '뉴런'에 400개 값을 입력하고, 각 입력에 '가중치'를 곱하고 전체를 더한 뒤, '전부 아니면 전무'라는 출력을 내놓는 구조다. 여기에는 조정 가능한 변수, 즉 매개변수parameter(각 입력에 붙이는 음수나 양수 곱셈자)가 많다. 훈련 때 쓰는 데이터 집합, 카드 한 벌도 그렇다. 퍼셉트론의 매개변수는 최적화 알고리즘, 즉 훈련 알고리즘training algorithm을 통해 조정된다.

퍼셉트론뿐 아니라 그것의 수많은 후손의 기본 훈련 과정을 '확률적 경사 하강법stochastic gradient descent'이라 한다. 이름은 어렵지만 원리는 아주 단순하다. 먼저 데이터에서 아무 값이나 골라 (확률적) 모형에 입력한다. 원하는 출력이 나오면 그대로 둔다. 원하지 않는 출력이 나오면? 각 가중치를 특정 방향으로 조정해 (경사) 오류가 줄어드는지를 파악한다. 그렇게 각 가중치를 조금씩 옮긴다(하강). 그 후 데이터에서 랜덤으로 값을 하나 골라 앞의 과정을 반복한다. 필요할 때까지! 이 방법은 머신 러닝 분야 중에서도 아주 기본 레시피에 해당한다. 그 초라한 모습의 퍼셉트론은 훗날 다가올 일을 확대해 보여 준 사례임과 동시에 간과한 사례가 된다. 퍼셉트론에 대해 〈뉴욕타임스〉는 이렇게 썼다.

"해군은 현재 배아 단계에 있는 전자 컴퓨터가 걷고, 말하고, 보고, 쓰고, 스스로 번식하며 자신의 존재를 자각하는 날이 온다고 봤다."[4]

〈뉴요커〉는 "이름이 시사하듯이, (퍼셉트론은) 독창적 사고를 한다"라며 다음과 같이 썼다.

"인간의 두뇌와 진지하게 경쟁할 상대가 처음으로 고안된 것 같다."

로젠블랫은 〈뉴요커〉 기자에게 이렇게 말했다.

"퍼셉트론의 개발 성공은, 무생물이 뜻 있는 방식으로 자신의 외부 환경을 체계화할 능력을 처음으로 습득했음을 뜻합니다. 퍼셉트론이 무엇을 하는가를 안전히 정의한 방법이죠. 내 동료는 기계 뇌가 이러쿵저러쿵하는 허술한 이야기를 비판해요. 우리 기계를 자기 조직화 시스템이라고 부르는 쪽을 선호하죠. 그런데, 우리끼리 이야기해 보죠. 그게 바로 뇌가 아니고 뭐겠어요?"[5]

〈뉴사이언티스트〉에는 마찬가지로 희망적이지만 좀 더 차분한 톤의 '배우는 기계'라는 용어를 쓴 기사가 실린다.[6]

"기계에다 복잡한 과제를 시킬 때, 처음부터 작동법을 정확히 명시하지 않고 경험을 통해 요구받거나 일하는 법에 대해 학습한 장치를 쓰는 게 유용할 때가 종종 있다. 학습의 복잡성 때문에 아직까지 완전히 분석하지 못한 일을 할 기계가 그렇게 존재 가능해진다. 언어의 기계 번역 그리고 음성과 시각 패턴의 자동 인식 같은 과제에서 그 기계는 나름의 역할을 할 가능성이 높아 보인다."

기사는 이렇게 이어진다.

"'배우는 기계'라는 용어를 쓰자니 인간이나 동물의 학습과 비교하고 싶은 생각이 든다. 뇌와 기계 사이의 유사성을 언급하는데 신중할 필요가 있지만, 전반적으로 이러한 비교는 연구자에게 상대 쪽 분야에서 어떤 일이 일어나는지를 알려는 의욕을 자극하며, 어떤 생물학적 학습 형태의 진정한 유사물 형태인 시스템을 낳을 가능성도 있다. (⋯) AI의 역사는 희망과 침울의 반복으로 유명하며, 퍼셉트론이 예고하는 듯한 희망적 미래는 아직 멀었다."

몇 년 뒤에 이때를 돌아보면서, 로젠블랫은 자신의 창안물에 언론이 좀 더 신중한 반응을 보였으면 좋았겠다고 말했다. 그는 "예비 조사 성격의 보고서에 수학적 엄밀함이 부족했다"라고 스스로 인정하면서, 언론이 "행복한 블러드하운드 떼처럼 분별력을 잃은 채 흥분해서 달려들었다"라고 말했다.[7]

민스키는 로젠블랫과 퍼셉트론에 '경탄해 마지않았'지만 그런 기계가 '할 수 없는' 일이 있지 않을까 고심하기 시작한다. 1969년에 그는 매사추세츠공과대 동료 시모어 페퍼트Seymour Papert와 함께 《Perceptrons(퍼셉트론)》이라는 책을 내놓고 해당 연구 자체를 종료한다. 민스키와 페퍼트는 수학적 증명이라는 '딱딱한' 형식을 써서 로젠블랫의 모형이 결코 알아차릴 수 없는, 기본 패턴처럼 보이는 상황이 있음을 보여 준다. 예를 들어, 퍼셉트론은 카드 속 정사각형 개수가 홀수인지 짝수인지를 인식하도록 훈련시킬 수 없다. 이런 식의 더 복잡한 상황을 학습시키려면 여러 층으로 구성한 심층 망을 사용하는 수밖에 없다. 처음 망은 미가공 데이터의 표현representation을 생성하고, 그 표현 위에서 나중 망이 작동하는 식이다. 하지만 처음 망의 매개변수를 조정해 나중 망에 유용한 표현을 생성할 방법을 아는 이는 아무도 없었다. 민스키는 이렇게 말했다.

"1969년까지 우리 책에 대한 논문은 수천 편이 나왔다."

"우리 책은 그 흐름에 마침표를 찍었다."[8]

마치 이 분야에 먹구름이 드리우고 모든 것이 해체되는 듯했다. 연구, 돈, 연구자 모두 뿔뿔이 흩어졌다. 모두 매사추세츠공과대로 옮긴 피츠, 매컬러, 레트빈은 노버트 위너Norbert Wiener와 불화를 빚은 뒤 순식간에 쫓겨나고 만다. 특히 피츠에게 두 번째 아버지와 같았던 인물인 위너는 이제 대화조차 거부했다.

피츠는 알코올중독과 우울증에 빠져들었고 자신의 연구 노트와 논문을 모조리 불태운다. 매사추세츠공과대가 건져 내려 필사적으로 애썼던, 3차원 신경망을 다룬 미발표 박사 학위 논문까지 포함해서 말이다. 그렇게 그는 간경변으로 1969년 46세의 나이로 사망한다.[9] 오랫동안 심폐 질환에 시달렸던 매컬러도 몇 달 뒤 70세 나이에 심장마비로 세상을 떠난다. 로젠블랫은 1971년 체서피크만에서 연 43번째 생일 파티에서 요트 사고로 익사한다. 1973년에는 미국과 영국 정부가 신경망 연구 지원금을 삭감했다.

그런데, 제프리 힌턴Geoffrey Hinton이라는 영국의 젊은 심리학도가 신경망을 주제로 박사 학위 논문을 쓰고 싶다고 선언한다. 그리고 그는 이런 말을 수없이 듣는다.

"민스키와 페퍼트가 그런 모형은 쓸모없다고 증명했잖아?"[10]

알렉스넷(슈퍼비전)의 탄생

2012년 여름의 토론토. 알렉스 크리제브스키Alex Krizhevsky는 도저히 잠을 이룰 수 없었다. 엔비디아Nvidia GTX 580 그래픽 카드를 둘 꽂은 컴퓨터가 가장 뜨거운 상태로 2주간 돌아가면서 열을 내뿜었기 때문이다. 시스템에 보는 법을 가르치는 중이다.

"무척 더웠죠. 게다가 시끄럽기까지 하고."[11]

크리제브스키의 스승인 힌턴은 당시 64세였지만 자신의 꿈을 포기하지 않았다. 포기하지 않은 이유가 있었다. 1980년대에 여러 층을 지닌, 이른바 '심층' 신경망도 단일 망과 같은 사례로 훈련이 가능함을 알았기 때문이다.[12]

"지금은요. 내 책이 과잉 학살을 저질렀다고 생각해요."[13]

민스키도 이 사실을 인정했다.

1980년대 말과 1990년대 초, 힌턴의 박사후연구원으로 있다가 벨 연구소로 옮긴 얀 르쾽Yann LeCun은 손으로 쓴 0~9를 신경망이 인식하도록 훈련시켰고, 그 신경망은 상업적으로 처음 쓰였다. 우체국에서 우편번호를, 현금 입출금 기기에서 수표를 읽는 용도였다.[14] 1990년대에는 그 신경망이 미국 내 수표의 10~20퍼센트를 처리했다.[15] 그러다가 정체기가 왔고, 2000년대까지도 손으로 적은 우편번호 데이터베이스를 만지작거리는 데서 벗어나지 못했다.

원리상으로는 신경망이 커도 많은 사례와 오랜 시간을 통해 충분히 훈련하면 학습이 가능함이 알려졌다.[16] 그러나 빠른 컴퓨터, 풍부한 데이터, 가능성을 이룰 정도로 끈기 있는 사람들은 어디에도 없었다. 다들 빠르게 흥미를 잃었고, 컴퓨터 시각과 컴퓨터 언어학은 다른 분야에 밀려났다. 힌턴은 훗날 이렇게 회고했다.

"우리가 태그를 붙인 데이터 집합은 너무 작았어요. 수천 배는 더 커야 했습니다. 컴퓨터도 수백만 배는 더 빨라야 했고요."[17]

하지만 상황은 달라진다. 웹이 성장하면서 카드 50장이 아니라 50만 장도 얼마든지 구한다. 다만 한 가지 문제가 남았다. 구할 수 있는 사진은 많아도 범주 태그를 각기 달지 않았기 때문이다. 신경망의 출력이 어떠할 것인지 모르면 훈련이 불가능했다.

2005년 아마존은 '미케니컬 터크Mechanical Turk' 서비스를 출시했다. 대규모 인력 모집 서비스인데, 이를 통해 클릭 한 번에 몇 푼을 받는 수천 명을 고용할 수 있었다(이 서비스는 AI 관련 업무에 매우 적합했다. 그래서 '인공적인 AI'라는 별칭이 붙었다).

2007년 프린스턴대 교수 페이페이 리Fei-Fei Li는 미케니컬 터크를 써서 이전에는 상상도 할 수 없는 대규모 인력을 모집해 데이터 집합을 구축했다. 그럼에도 구축에 2년 넘는 시간이 걸렸는데, 무려 300만 장의 사진에 각기 태그를 붙여서 5,000가지가 넘는

범주로 분류했기 때문이다. 그는 이를 이미지넷ImageNet이라 이름
붙였고, 2009년에 공개했다.

이렇게 컴퓨터 시각 분야에서는 학습하는 데이터가 산더미처
럼 불어났고, 새롭고도 원대한 도전이 시작됐다. 2010년부터 전
세계에서는 사진(집먼지진드기, 컨테이너선, 스쿠터, 표범 등)을 보고
서 그것이 무슨 사진이라고 '믿을 만하게 말하는' 시스템을 구축
하려는 경쟁이 붙었다.

한편으로 2000년대 내내 무어의 법칙(반도체 집적회로의 성능
이 2년마다 2배 증가한다는 주장_옮긴이)에 따라 꾸준히 기술 발전
이 이뤄짐으로써, 1980년대의 컴퓨터가 며칠간 할 일을 몇 분 안
에 끝냈다. 그리고 한 가지 후속 발전이 아주 중요하다는 사실도
드러났다.

1990년대에 비디오게임 산업은 그래픽 카드라는 전용 처리 장
치를 내놓기 시작했다. 복잡한 3D 장면을 실시간으로 처리하도
록 고안된 장치였다. 기존 CPU처럼 계산을 순차적으로 정확하
게 실행하는 대신, 많고 단순한 계산을 근사치로 한꺼번에 처리한
다.[18] 그리고 2000년대 중반에는 그래픽 카드가 빛, 질감, 그림자
처리보다 훨씬 더 많은 일을 한다는 사실도 드러났다.[19] 컴퓨터게
임에 쓰려 만든 장치가 알고 보니 신경망 훈련에 적합했다.

마침 토론토대에서 그래픽 카드용 코드 작성 강의를 들었던 크
리제브스키는 그래픽 카드를 신경망에 한번 써 보자 생각했다.
먼저 그는 CIFAR-10이라는 사진 데이터를 만들었다. 이 데이터

는 10개 범주(항공기, 차량, 새, 고양이, 사슴, 개, 개구리, 말, 배, 트럭)의 섬네일로 구성된다. 이제 신경망을 구성한 다음 그래픽 카드를 써서 CIFAR-10 데이터 훈련을 시작했다. 놀랍게도 랜덤 배열로 시작해 최고의 정확성에 다다르기까지 아주 짧은 기간에 훈련이 끝났다. 겨우 80초![20] 그의 연구실 동료인 일리야 서츠케버Ilya Sutskever가 80초의 진실을 알고 마치 〈세이렌의 노래〉처럼 들리는 매혹의 제안을 한다.

"내 말 믿어 봐. 이거 이미지넷에 적용될 걸?"

그렇게 크리제브스키와 서츠케버는 거대한 신경망을 구축한다. 65만 개의 인공 신경을 8층으로 배치하고 6,000만 개의 가중치로 연결한다. 부모님 집에 딸린 방에서 크리제브스키는 그 신경망에 사진을 보여 주기 시작했다. 그렇게 신경망은 서서히 몇 퍼센트씩 더 정확해졌다.

사진 수백만 장이 많긴 하지만, 어떻게 보면 충분하진 않았다. 그런데 크리제브스키는 '데이터 집합 위조'가 가능함을 깨닫는다. 그러니까 신경망에 데이터의 거울상을 입력해 '데이터 증강'을 시도했다. 좀 도움이 되는 듯했다. 또한 사진을 약간 자르거나 살짝 기울여서 입력했다(앞이나 옆으로 기울여도, 자연광에서 인공조명으로 바꿔도 고양이는 고양이로 보이니까). 이 방법도 도움이 되는 듯했다. 우연히 딱 맞는 배치가 나올 수도 있었으니 '약간은 맹목적으로' 신경 층수를 바꾸는 등의 구조 변경도 했다.

이러한 작업에서 크리제브스키는 때로 자신감을 잃었다. 반면서츠케버는 결코 확신을 잃는 법이 없었다. 그는 때때로 동료를 자극하고 격려했다. 크리제브스키는 그때를 회상하며 말했다.

"일리야는 마치 종교인 같았어요. 종교를 가진 친구가 있으면 좋잖아요?"

모형의 새 판본을 짜서 최대의 정확성이 나오기까지 망을 훈련시키는 데에는 약 2주가 걸렸다. 그 2주도 하루 종일 한다는 가정에서였다. 그러니까 훈련이 어떤 수준에서 보면 열정적으로 진행되는 듯한데, 또한 멈출 때도 많다는 뜻이다. 크리제브스키는 생각한다. 그러면 뚝딱뚝딱 고치고, 기다린다고.

힌턴이 내놓은 개념 중에 '드롭아웃dropout'이 있다. 훈련 시 망의 특정 부분을 랜덤으로 끄는 것이다. 크리제브스키는 드롭아웃도 시도했는데, 다양한 이유로 도움이 되는 듯했다. 또한 '정류 선형REctified Linear Unit'(입력 값이 0보다 작으면 0, 0보다 크면 입력값 그대로를 내보낸다_옮긴이) 출력 함수도 뉴런에 써 본다. 이것도 도움이 되는 듯하다. 이러한 시도 끝에 마감 시한인 9월 30일에 가장 나은 모형을 제출한다.

제출 후 이틀 뒤, 크리제브스키는 올해 학술 대회를 주관하는 스탠퍼드대의 지아 덩Jia Deng에게 이메일을 받았다. 참고로 모든 참가자에게 발송한 이메일이었다. 평이하면서 무심한 어투로 결과를 보려면 링크를 누르라는 글이 떴다. 크리제브스키는 링크를 눌러 결과를 본다.

크리제브스키의 팀은 이겼을 뿐 아니라 모든 팀을 압도했다.

그의 신경망 '슈퍼비전SuperVision'은 2위 모형 대비 오류가 절반에 불과했다(하지만 우리는 슈퍼비전을 '알렉스넷AlexNet'이란 이름으로 기억한다).

학술 대회의 금요일에 이미지넷 대규모 시각 인식 경연 대회 ImageNet Large Scale Visual Recognition Challenge의 워크숍이 열릴 때쯤에는 슈퍼비전에 대한 소문이 널리 퍼진 상태였다. 크리제브스키의 발표는 마지막에 잡혔고, 그렇게 금요일 오후 5시 5분에 연단에 선다. 먼저 그는 실내를 둘러봤다. 맨 앞줄에 리가 앉고 그 옆에는 르쾽이 있었다. 한마디로 세계적인 컴퓨터 시각 연구자 대부분이 온 듯했다. 그럼에도 실내는 발 디딜 틈도 없이 꽉 들어찼고 복도와 벽에도 사람들이 늘어서 있다.

"좀 긴장됐어요. 편하지가 않았죠."

그렇게 꽉꽉 들어찬 청중 앞에서 편하지 않은 상태로 크리제브스키는 모든 것을 이야기했다. 1958년 바로 이 자리에서 로젠블랫은 퍼셉트론에 관해 인터뷰를 했다. 퍼셉트론 같은 기계가 실용적이거나 상업적인 용도로 쓰일 수 있는지 질문이 나왔다. 로젠블랫은 유쾌하게 답했다.

"지금으로서는 전혀 쓸 데가 없죠."[21]

"이런 상황에서는 발명 뒤에 용도가 따라오는 법입니다."

문제 발생: 내 친구는 고릴라?

2015년 6월 28일 일요일 저녁. 웹 프로그래머 재키 앨신Jacky
Alciné은 집에서 BET 어워드(아프리카계 미국인 및 소수 민족 엔터테
이너가 참여하는 시상식_옮긴이)를 시청 중이었다. 그런데 스마트폰
에 친구가 구글 포토로 사진을 공유했다는 알림이 떴다. 구글 포토
를 열었을 때 그는 프로그램 디자인이 바뀌었음을 알았다.

"오, UI가 바뀌었네? 생각했죠. I/O(구글의 연례 소프트웨어 프로
그래머 총회)가 있음이 떠올랐지만, 그래도 뭐가 바뀌었는지 궁금
해서 클릭했죠."[22]

구글 포토의 사진 인식 툴은 사진을 주제별로 자동 분류해 앨
범마다 제목을 달았다. 어떤 앨범에는 "졸업"이란 제목이 붙었다.
앨신은 사진 속 동생이 쓴 학사모를 식별했음을 알고 깊은 인상
을 받았다. 그런데 어떤 앨범에 붙은 제목을 보고 얼어붙었다. 앨
범에는 친구랑 같이 찍은 사진이 있었다. 참고로 앨신은 아이티계
미국인어서 사진 속 둘은 모두 흑인이었다.

"고릴라"

이게 앨범 제목이었다.

"내가 뭘 잘못 입력했나 싶었죠."

앨신은 자신이 뭔가를 잘못 눌렀거나 태그를 잘못 붙였겠거니
싶어 "고릴라" 앨범을 열었다. 자신과 친구의 사진 수십 장이 있었
다. 다른 사진은 전혀 없었다.

"친구랑 찍은 사진이 일흔 장 넘게 있었죠. 기가 막혔어요. 그걸 보고 나서야 무슨 일이 일어났는지를 깨달았어요."

그리고 앨신은 엑스에 트윗을 띄웠다.

"구글 포토, 꺼져 버려. 내 친구는 고릴라가 아니라고."[23]

2시간이 지나기도 전에 구글+ 수석 설계자 요나탄 정거Yona-tan Zunger가 앨신에게 연락했다.

"맙소사, 이거 완전히 잘못했습니다."

정거 팀은 몇 시간 사이에 구글 포토를 수정했는데, 다음날 아침 무렵에도 제목이 잘못된 사진이 두 장이나 남았다. 이에 구글은 더욱 과격한 조치를 취했다. 태그를 아예 삭제해 버렸다. 그로부터 3년 뒤인 2018년, 〈와이어드〉는 구글 포토에서 고릴라라는 태그를 하나하나 사람이 비활성화한다고 보도했다. 구글 포토에서 고릴라라는 태그를 찾아볼 수 없다는 뜻이다. '진짜' 고릴라까지 포함해서![24] 신기하게도 2015년뿐 아니라 2018년에도 언론은 사건의 요점을 잘못 파악하는 듯이 보였다. 예를 들면 이런 식이었다.

"2년이 지난 지금도 구글은 고릴라 태그를 삭제함으로써 '인종차별 알고리즘' 문제를 해결한다."

"구글은 제목 붙이기 기술에서 고릴라를 삭제함으로써 인종차별 알고리즘을 '고쳤'다."

"구글 포토, '인종차별적 알고리즘'을 고쳤지만 그저 그렇다."[25]

프로그래머였던 앨신은 머신 러닝 시스템에도 익숙했기에, 알고리즘이 진짜 문제가 아님을 알았다(그 알고리즘은 앞에서 말한 확률적 경사 하강법이었다. 모형이 훈련 데이터를 랜덤으로 접하면서 매개변수의 값을 조정해 정확도를 높이는 과정을 반복하는 방식이다). 그리고 훈련 데이터 자체가 '끔찍하게' 잘못됐음을 직감했다.

"알고리즘을 탓할 수 없었어요. 알고리즘에는 결함조차 없었으니까요. 그냥 하라는 대로 정확히 일한 거죠."

보정과 설계의 주도권: 코닥 필름의 비밀

> 우리가 물건을 어느 정도로 당연시하느냐에 따라, 그 물건이 우리
> 삶을 지배하고 우리에게 알리는 정도도 달라진다.
> - 마거릿 비저[26]

19세기 미국에서 가장 유명한 인물 사진 주인공은 누굴까? 에이브러햄 링컨? 율리시즈 S. 그랜트? 아니다. 노예였다가 27세 때 탈출해서 작가이자 강연자로서 노예제 폐지에 앞장선 프레더릭 더글러스Frederick Douglass다.[27] 이 점은 결코 우연이 아니었다. 그에게는 자신의 사진이 글이나 말 못지않게 중요했다. 1940년대에 은판 사진술이 막 등장했고, 그는 그 즉시 사진이 어떤 힘을 지니는지를 이해했다. 사진이 등장하기 전, 미국 흑인의 초상은 회화, 조각을 통해서만 표현됐다. 이에 대해 그는 이렇게 썼다.

"백인 화가는 흑인의 초상화를 결코 공정하게 그릴 수 없다. 흑인의 특징을 가장 고약하게 과장해 그리지 않고, 실물에 가깝게 그리는 게 거의 불가능한 모양이다."[28]

특히 더글러스의 시대에는 고약하게 과장하는 데에도 특징이 있었다.

"완전 원숭이처럼 묘사하는 사례를 너무나 자주 목격했기에, 예외 사례를 하나만 찾아도 아주 운이 좋다고 생각했다."[29]

그런데 사진은? 고약하게 과장한 회화를 반박했을 뿐 아니라, 초월적 공감과 인식을 가능하게 했다. 더글러스는 최초의 흑인 상원의원인 하이럼 레블스Hiram Revels의 사진을 이렇게 평했다.

"보는 이들이 어떤 편견을 지니든 간에, 이 미시시피주 상원의원은 '인간'임을 인정할 수밖에 없다."[30]

그러나 문제는 있었다. 20세기에 사진이 더 표준화하고 대량 생산되면서, 일부에서는 사진 자체도 문제가 될 수 있다고 느끼기 시작했기 때문이다. W. E. B. 듀보이스W. E. B. Du Bois는 1923년에 이렇게 썼다.

"사진을 직업으로 삼는 유색인 젊은이들이 더 늘어나지 않는 이유가 무엇일까? 대개의 백인 사진작가는 유색 피부를 어떻게 처리해야 할지 모르며, 그 섬세한 아름다움이나 색조에 대한 감각도 지니지 못하고 배울 의지마저 없기 때문에 유색인 사진을 찍을 때 지독한 실패를 저지른다."

이제 우리는 영화와 텔레비전에서 '다양성'이 부족하다는 말을 종종 듣지만 (배우와 감독 양쪽으로) 이 문제가 카메라 앞뒤에서만이 아니라, 카메라 자체에도 존재함을 놓치곤 한다. 콩코르디아대의 커뮤니케이션학 교수 로르나 로스Lorna Roth는 이렇게 말했다.

"다양한 문헌이 있지만요. 학자 중에서 시각 재현 기구가 가진 피부색 편향을 연구한 이들은 비교적 드뭅니다."[31]

그리고 로스는 수십 년간 필름 제작자 및 개발자가 색조를 맞추는 기준으로 삼은 검사용 사진이 문제라고 말한다. 이 검사용 사진은 '셜리 카드Shirley card'로 불린다. 그 사진의 첫 모델이자 코닥 직원이었던 셜리 페이지Shirley Page의 이름을 땄다.[32] 페이지를 이어 모델이 된 이들이 대부분 백인이었다는 점은 굳이 말할 필요도 없다.

필름의 화학적 처리는 셜리 카드의 색조를 기준으로 이뤄졌으니, 흑인 사진을 찍었을 때 색조가 정확히 나올 리 없었다. 영상에서도 수십 년간 백인 피부에 맞춰 색상을 보정했었다. 1990년대에 로스는 〈새터데이나이트라이브〉 촬영기사에게 방송 전 카메라 색조 조정을 어떻게 하는지 물었다. 촬영기사는 이렇게 설명했다.

"실력 있는 감독은 카메라 앞에 여성을 세워요. 그러면 촬영기사가 그 피부에 초점을 맞춰 조정해요. 그 여성은 언제나 백인이고요."[33]

놀랍게도 코닥은 1960~1970년대 들어 검은 색조를 더 잘 표현하는 필름을 개발하기 위해 애썼는데, 그 이유가 인권 운동이 아니라 가구와 제과 업계의 요구 때문이었다. 색상이 짙은 가구의 질감, 밀크 초콜릿과 다크 초콜릿의 차이를 제대로 보여 주기 위해서였다.[34] 코닥 리서치 스튜디오의 관리자였던 얼 케이지Earl Kage는 해당 연구가 이뤄지던 시기를 이렇게 회상한다.

"어떤 직원은 초콜릿을 하도 먹어서 몸이 불었어요. 초콜릿 사진을 찍고 그 초콜릿을 바로 먹었으니까요."

새로운 필름 개발이 인권 운동에 떠밀려 이뤄진 것이냐 묻자, 케이지는 이렇게 답했다.

"예전에는 이런 질문을 받은 적이 전혀 없었어요. 그때는 피부색이 그렇게 진지한 문제였던 적이 전혀 없었거든요."[35]

머지않아 코닥은 피부색이 다양한 모델을 쓰기 시작했다. 코닥의 짐 라이언Jim Lyon은 이렇게 회상한다.

"검사 때 흑인 모델을 많이 넣기 시작했고, 그 변화는 빨리 자리 잡았어요. 정치적 올바름을 시도하려는 건 아니예요. 그냥 더 좋은 필름, 어떤 피부라도 잘 재현하는 필름을 만들려 했을 뿐."

그렇게 1990년대 코닥의 셜리 카드에는 각기 다른 인종 모델 셋이 등장한다. 또한 '약한 빛에서 검은 말'을 찍는다는 광고와 함께 출시한 코닥 골드맥스 필름은 다양한 인종의 가족이 등장하는 광고를 내보냈다. 승급 심사에 통과한 양 웃으면서 무술 자세를 취하는 '새하얀' 가라데 도복을 입은 '흑인' 소년이 등장하는 광고도 있었다. 여기에는 다음의 문구가 등장한다.

"부모 여러분, 이 순간을 제대로 담고 싶다고요? 믿을 만한 것은 코닥 골드맥스뿐입니다."

코닥이 타깃으로 삼았던 대중은 문제가 되는 보정 척도를 제공
했던 셈이다. 그리고 새로운 보정 척도를 씀으로써 코닥은 새로운
타깃을 얻었다.

훈련 데이터의 편향 문제

퍼셉트론 이래로 모든 머신 러닝 시스템 핵심에는 일종의 셜리
카드가 들어갔다. 훈련받을 때 쓴 데이터 집합이라 생각하면 된
다. 데이터 집합에서 특정 자료가 부족하거나 빠졌다면? 모든 것
이 헛수고가 된다.[36] UC버클리의 모리츠 하트Moritz Hardt는 이렇
게 주장한다.

"빅 데이터를 둘러싼 온갖 호들갑을 요약하면 이렇다. 데이터
가 많아질수록 대체로 예측 확률이 좋아진다. 반대로 데이터가 적
으면 예측 확률이 떨어진다. 유감스럽게도 정의할 대상이 비주류
에 속하면 당연히 가용 데이터도 더 적을 수밖에 없다. 이는 비주
류에 관한 자신의 모형이 주류에 관한 모형보다 더 나쁜 경향을
보인다는 뜻이 된다."[37]

'고릴라' 사건이 일어난 그날 밤에 앨신이 좌절해서 올린 트윗
은 하트의 주장과 정확히 같은 맥락에 있다. 그는 소프트웨어 공
학자라서 무엇이 잘못됐는지 즉시 진단했다. 구글 포토가 흑인의
사진보다 백인의 사진을 더 많이 참조했다고. 그렇기에 덜 친숙한

것을 볼 때 오류를 저지르기가 훨씬 더 쉽다. 그는 내게 이렇게 말했다.[38]

"그 일이 어떻게 일어났는지 완전히 이해해요. 사과 사진을 찍을 때 빨간 것만 계속 찍으면 초록 사과를 봤을 때 사과가 아니라 배라고 판단하는 것과 비슷하죠. (…) 어찌 보면 사소한 문제예요. 이해해요. 하지만 구글은 세계적인 기업이죠. 전 세계의 사회 지식을 범주화하고 태그를 붙이는 게 그쪽 일인데, 어떻게 한 대륙 전체의 인간을 그냥 건너뛰는 것 같은 짓을 저지른 거죠?"

20세기의 문제가 21세기에도 기이하게 되풀이되는 듯하다. 다행히 방법도 일부 나온 듯하다. 21세기 셜리 카드에 정확히 누구와 무엇이 표현되고, 더 나은 모습은 무엇일까 등의 질문을 던질 용기만 있으면 됐다.

2010년 초, 조이 볼람위니Joy Buolamwini는 조지아 공대의 컴퓨터 과학 대학생일 때, 로봇이 '까꿍'을 하는 프로그램을 짜라는 과제를 받았다. 과제는 쉬웠지만 한 가지 문제가 있었다. 로봇이 볼람위니의 얼굴을 인식하지 못한다는 점이었다.

"어쩔 수 없이 룸메이트 얼굴을 빌려서 과제를 끝냈어요. 그리고 생각했죠. 이 문제는 누군가 해결하겠지라고요."[39]

그 뒤, 볼람위니는 한 창업 경진 대회 차 홍콩으로 향했다. 여기서 홍콩의 한 신생 업체가 '소셜 로봇social robot'을 선보였다. 그 로봇은 주위 사람들과 원만하게 사회적 상호작용을 했다. 볼람위니만 빼고! 공교롭게도 그 업체 역시 볼람위니가 썼던 것과 똑같은 안면 인식 코드를 썼다.

컴퓨터 시스템에서 '편향'이라는 개념을 처음이자 명시적으로 다룬 논문 중 한 편에서, 워싱턴대 바티아 프리드먼Batya Friedman 과 코넬대 헬렌 니스봄Helen Nissenbaum은 이렇게 경고했다.

"컴퓨터 시스템은 비교적 저렴하게 보급되므로, 일단 개발되고 보급됐으나 '편향된' 시스템은 널리 영향을 미칠 잠재력을 지닌다. 게다가 그 분야의 표준이 되면, 그 편향은 만연해진다."[40]

아니면 볼람위니 자신이 말한 것처럼 된다.

"세계의 절반 되는 거리를 돌아간 곳에서 나는 알고리즘 편향이 인터넷에서 파일을 다운받는 것만큼 빠른 속도로 돌아다님을 깨달았다."[41]

볼람위니는 옥스퍼드대에서 로즈 장학금을 받은 뒤 매사추세츠공과대 미디어랩으로 옮겼고, 그곳에서 자신이 '열망 거울Aspire Mirror'이라고 이름 붙인 증강현실 과제를 연구하기 시작했다. 앞에 앉은 청중을 사자로 보이게 하는 식으로 사용자 눈앞에 사진을 투영함으로써, 기운이나 의지를 고양시키지 않을까 하는 착상을 구현하려는 시도였다. 이번에도 한 가지 문제가 있었다. 열망 거울은 그가 하얀 가면을 썼을 때에만 작동했기 때문이다.

모든 안면 인식 시스템은 그 배후와 내부에 수만 장에서 수십만 장의 사진이 있다. 시스템을 훈련시키고 개발할 때 쓴 데이터다. 훈련 데이터이자 21세기의 셜리 카드는 정작 보이지 않거나, 으레 당연시되거나 심지어 없을 때도 많다. 완성한 시스템을 배포

할 때 훈련 데이터까지 포함하는 사례는 거의 없다. 그러나 그 편향된 데이터는 늘 존재한다. 그리고 시스템의 행동을 규정한다.

이러한 편향을 뿌리 뽑을 방법 중 하나는, 산학에서 이용하는 주요 머신 러닝 시스템 배후에 있는 훈련 데이터 집합을 더 잘 드러내고 더 깊이 이해하는 것이다. 얼굴 사진 데이터베이스 중에 LFW Labeled Faces in the Wild라는 집합이 있다. 2007년 매사추세츠 공과대 연구진이 온라인 뉴스 기사와 사진 제목을 사용해 모은 집합으로, 그 뒤로 무수한 연구자가 사용했다.[42] 그러나 LFW의 조성에 대해 깊이 살피기 시작한 것은 몇 년이 지난 뒤였다.

2014년 미시간주립대의 휴 한Hu Han과 아닐 자인Anil Jain은 LFW를 분석한 결과를 내놨는데, 사진 중 남성이 77퍼센트 이상, 백인이 83퍼센트 이상을 차지했다.[43] 여기서 가장 많은 사진에 나오는 이는 2007년 당시 대통령인 조지 W. 부시로서 530장을 차지했다. 흑인 여성의 사진을 다 더한 것보다 2배 이상 많았다.[44]

물론 LFW 발표 때는 명백히 나름의 편향을 지닌다고 언급했지만. 여기서 언급한 '편향'은 사회적 관점이 아니라 기술적 관점에서 말한 것이었다. 예를 들자면 "아주 강한 조명이나 아주 약한 조명 조건에서 찍은 사진은 많지 않다"라는 식이다. 한과 자인 역시 '조명 문제' 외에는 "사진의 범위와 다양성이 자주 크다"라고 썼다.

그러나 12년 뒤인 2019년 가을, LFW 웹페이지에 다른 견해를 취한 글이 갑작스럽게 올라왔다.

"LFW에는 제대로 대변되지 않은 집단이 많다. 아동은 거의 없고, 아기는 전혀 없으며, 80세 이상인 사람들도 거의 없으며, 여성도 비교적 소수다. 게다가 많은 민족은 극소수만 대변됐거나 아예 빠졌다."[45]

LFW 조성에 더 많은 관심이 쏟아졌지만, 아직 드러나지 않은 것도 많았다. 2015년 미국 국가정보장실과 정보고등연구기획국 Intelligence Advanced Research Projects Activity은 IJB-A라는 얼굴 사진 데이터 집합을 내놓으면서, 대상자의 지리적 분포 범위가 (LFW보다) 더 넓다고 자랑했다.[46] 그래서 볼람위니는 마이크로소프트의 팀닛 게브루Timnit Gebru와 함께 IJB-A를 분석했는데, 여전히 남성이 75퍼센트를 넘고, 옅은 피부색을 지닌 이들이 거의 80퍼센트를 차지했다. 짙은 피부의 여성은 4.4퍼센트에 불과했다.[47]

그간 "누군가가 이 문제를 해결하겠지"라고 말했던 볼룸위니는 그 누군가가 자기 자신임을 깨달았다. 그는 안면 인식 시스템의 현황을 폭넓게 조사하기 시작했고, 그것이 박사 학위 논문이 됐다. 그와 게브루는 먼저 성별과 피부색을 더 균형 있게 대변하는 데이터 집합부터 구축하기로 했다.

그러면 사진을 어디서 얻어야 할까? 온라인 뉴스에서 추출한 데이터 집합은 균형을 완전히 잃었다. 그래서 볼람위니와 게브루는 세계의 국회의원 얼굴 사진을 모아 보기로 했다. 그렇게 르완다, 세네갈, 남아프리카공화국, 아이슬란드, 핀란드, 스웨덴 6개국 국회의원 사진 데이터베이스를 구축했다. 이 데이터 집합은 나이,

조명, 자세 같은 측면에서 유달리 다양성이 적었다. 나이는 모두 중년 이상이었고, 사진 중앙에 자리 잡았고, 무표정하거나 살짝 웃는 표정으로 카메라를 정면으로 바라본 모습이었다. 다만 피부 색과 성별 차원에서 보자면, 당시까지의 데이터 집합 중에서 가장 다양성이 높았다.[48]

볼람위니와 게브루는 자신들의 데이터베이스를 써서 IBM, 마이크로소프트, 중국 메그비가 각각 내놓은 세 가지 안면 인식 시스템을 조사했다. 세 시스템 모두 성별 분류에서는 성능이 뛰어났다(약 90퍼센트에 달했다). 그런데 세 시스템 모두 남성을 약 10~20퍼센트 더 잘 분류했고, 옅은 피부를 약 10~20퍼센트 더 잘 분류했다.

그리고 볼람위니는 양쪽을 교차 분석했다. 이전보다 더 극명한 결과가 나왔다. 세 시스템 모두 '짙은 피부의 여성'을 분류하는 능력이 극도로 낮게 나왔다. 한 예로, IBM 시스템은 옅은 피부의 남성을 식별할 때 오류율이 겨우 0.3퍼센트였지만, 짙은 피부의 여성을 식별할 때는 오류율이 34.7퍼센트에 달했다. 100배 이상 차이가 났다.

참고로 노예제 폐지론자이자 여성 인권 운동가인 소저너 트루스Sojourner Truth는 "난 여성이 아니란 말인가?"라는 1851년 연설로 가장 잘 알려졌다. 볼람위니는 안면 인식 시스템이 트루스를 남성으로 계속 잘못 분류한다고 지적함으로써, 데이터 편향에 대한 문제가 21세기까지 진행 중임을 통렬하게 지적한다.[49]

2017년 12월 22일, 볼람위니는 세 기업에 자신의 연구 결과를 보여 주면서, 다가올 학술 대회에서 이를 발표할 예정이니 그전에 소명할 기회를 주겠다고 말했다. 메그비는 답변하지 않았고, 마이크로소프트는 두루뭉술하게 답변했다.

"우리는 AI 기술의 공정성이 업계의 중요한 현안이라 믿고, 그 문제를 매우 진지하게 고려합니다. 이미 우리의 안면 인식 기술의 정확도를 개선하는 조치를 취하는 중이며, 편향을 인식하고 이해하고 제거하는 쪽으로 계속 투자 중입니다."[50]

IBM의 대응은? 앞의 두 곳과 전혀 달랐다. 볼람위니가 연락한 바로 그날에 문제를 확인했고, 고맙다며 그를 뉴욕과 케임브리지 양쪽 연구소로 초청했다. 그리고 몇 주 지나지 않아서 짙은 피부의 여성을 식별할 때의 오류율을 10배 개선한 개선판을 내놨다.[51] 이를 두고 볼람위니는 이렇게 말했다.

"변화는 가능해요."

기술이든 어떤 측면에서든 간에 성능 격차를 줄이는 데 근본적인 걸림돌은 전혀 없다. 그저 누구든 간에 올바른 질문만 하면 됐다. 볼람위니와 게브루의 연구는 어떤 기업의 시스템이 "99퍼센트 정확하다"라고 선언하더라도 회의적 관점을 취하고 질문해야 함을 역설한다.

"저 시스템은 무엇에 정확할까?"

"저 시스템은 누구에게 정확할까?"

또한 볼람위니와 게브루는 모든 머신 러닝 시스템이 일종의

'의회'임을 상기시킨다. 다수결 형식에서 같기 때문이다. 민주주의가 그렇듯, 머신 러닝에서도 모든 유권자가 투표하도록 하는 것이 중요하다.[52]

머신 러닝 시스템의 편향은 데이터 집합으로 인한 직접적 결과일 때가 많다. 즉, 우리에게 영향을 미칠 시스템을 개발할 때, 여기서 사용할 집합이 '누구를 얼마나' 대변하는지 이해하는 자세가 매우 중요하다.

그런데, 데이터 집합이 가능한 모든 것을 포함하는데(약 수천억 단어에 해당하는 세계 영어 문헌을 거의 다 넣는 식으로) 우리의 세계 자체가 편향됐다면? 이는 어떻게 해결해야 할까?

분포 가설: 단어 임베딩

> 함께 있는 단어를 보면, 그 단어를 안다.
> - J. R. 퍼스[53]

당신은 지금 해변에 있다. 저 멀리 파도에 실려 해변에 올라온 병에 든 쪽지를 발견했다. 뭐라고 썼는지 읽기 어려운 대목이 있다. 여기서 문장 하나를 살핀다.

"──의 북쪽 해변에 보물을 묻었다."

빈칸의 단어가 무엇인지 알고픈 의욕이 솟구치는 것은 당연하다. 물론 '햄스터'나 '도넛', '가발' 같은 단어를 떠올리진 않을 테다. 상식적으로 앞의 단어는 들어맞지 않으니까. 햄스터는 여기저기 돌아다니고, 도넛은 썩어 사라지고, 가발은 바람에 날린다. 장소를 특정하는 이정표가 될 수 없다. 그리고 당신은 보물을 몇 달, 몇 년에 걸쳐서 숨기려면 안정적인 이정표를 택할 것이라고 추론할 테다. 이미 당신에게는 현실 세계의 텍스트에서 뽑은 거대 표본(말 뭉치)이 있다. 훑어서 패턴을 찾는 데 쓰는 데이터다. 그렇다면 당신은 오로지 표본을 토대로 단어를 예측하는 일을 얼마나 잘할까?

오랫동안 컴퓨터 언어학에서는 이런 유형의 예측 모형을 구축하는 데 매달렸다.[54] (수학자 클로드 섀넌Claude Shannon은 1940년대에 바로 이런 유형의 수학 분석을 통해 정보 이론을 구축했다. 그는 뭉개진 단어가 무엇인가에 따라서 예측 가능한 정도에 차이가 있음을 알았고, 그 차이를 정량화하려 시도했다.)[55]

초기의 방법은 'n그램n-gram' 사용이었다. 예를 들어, 말뭉치를 이뤄 나타나는 두 단어(이를테면 appeared in, in a, a particular, particular corpus 등)의 사슬을 일일이 센 뒤에 집계해서 거대한 데이터베이스(2그램)를 만든다.[56] 특정 단어가 빠졌다면 그 앞의 단어를 확인한 후, n그램을 통해 그 앞의 단어로 시작하는 말뭉치를 출현 횟수에 따라 훑으면 된다. 빠진 단어가 무엇인지를 가장 잘 추측한다(물론 추가 맥락이 있으면 단서가 더 생기겠지만, 그러면 일이 아주 복잡해진다).

그런데 두 단어로 이뤄진 가능한 모든 어구인 2그램bigram에서 세 단어로 이뤄진 3그램 등으로 나아가면, 데이터베이스가 터무니없으면서 감당할 수 없는 규모로 커진다. 게다가 그런 데이터베이스는 극도로 성긴 분포를 보인다. 대부분 한두 번만 출현할 것이기 때문이다.

문제는 또 있다. 우리는 특정한 어구가 말뭉치로 출현한 적이 없어도 합리적으로 추측하면 이상적이라고 여기기 때문이다. "나는 황달끼 있는 ———를 홀짝였다"에서 '샤르도네(화이트 와인의 한 종류_옮긴이)'가 '석탄'보다 더 들어맞겠다고 상상할 수도 있다. 비록 두 단어 모두 '황달끼 있는'과 결합한 적이 없었을지라도 말이다. 이런 사례에서는 출현 횟수에 의존하는 방식이 별 도움이 안 된다.

이렇게 맥락을 추가하려 할수록 상황은 나빠진다. 고려할 어구가 길어질수록 생소한 어구를 볼 가능성이 높아지기 때문이다. 이런 문제를 '차원의 저주curse of dimensionality'라 하는데, 컴퓨터 언어학은 처음부터 이 어려움에 시달렸다.[57]

그렇다면 더 나은 방법이 있을까? 있었다. 그것은 '분산 표현distributed representations'이라는 형태를 취한다.[58] 일종의 추상 '공간'에서 점으로 단어를 표현하는 방식인데, 서로 연관된 단어는 서로 더 '가까이' 놓인다. 이 작업을 하기 위해 1990년대와 2000년대에 많은 기법이 출현했는데,[59] 그중 하나는 지난 10년 사이에 유달리 비범한 전망을 보여 줬다. 바로 신경망이다.[60]

분산 표현에서의 중요한 토대, 즉 가설은 단순하다. '유사한' 단

어끼리는 가까이 놓이는 경향이 있고, 그 유사성은 수학적으로 나
타난다. 이제 신경망 모형은 모든 단어를 그 공간에서의 '좌표'를
나타내는 수의 집합(벡터)으로 바꾸는(임베딩) 방식을 쓴다. 이 좌
표 값의 집합을 '단어의 표현representation'이라고 한다(워드투백에
서는 -1.0과 1.0 사이의 10진수 300개로 이뤄진다). 그리고 두 단어가
얼마나 '유사한'지를 측정하려면 두 좌표 사이의 거리를 잰다.[61]
즉, 빠진 단어를 최대한 예측하도록 단어 배치만 잘하면 (어떻게든
간에) 된다(적어도 이 특정한 모형 구조가 허용하는 만큼 잘 예측한다).

그렇다면 이 표현을 어떻게 구할까? 확률적 경사 하강법을 쓰
지 말라는 법은 없다. 먼저 단어를 랜덤으로 공간 전체에 흩어 놓
는다. 그런 뒤 말뭉치에서 랜덤으로 어구 하나를 골라 단어 하나
를 숨긴 뒤 시스템에 그 빈칸을 채울 만한 단어가 무엇인지를 묻
는다. 만약 모형이 잘못 추정하면, 맥락에 들어맞는 단어를 가깝
게, 맞지 않는 단어를 멀게 좌표를 조정한다. 그리고 다른 어구를
랜덤으로 고른 뒤 앞의 과정을 되풀이한다. 되풀이하고 또 되풀이
한다. 다시. 또다시.[62] 이에 대해 스탠퍼드대 컴퓨터 언어학자 크
리스토퍼 매닝Christopher Manning은 다음과 같이 설명한다.

> 모든 단어의 벡터가 해당 맥락에서 단어 예측을 잘하게 하거나 그
> 반대로 한다는 목표를 설정만 해도, 그 단순한 목표를 달성하고,
> (그리고 이 일이 어떻게 이뤄지는지 모른 채) 심층 학습의 마법에
> 호소하고, 그것에 의존한다니 놀랍기 그지없다. 그럼에도 참이다.

(…) 그리고 기적이 일어난다. 단어의 뜻을 표현하는 놀라운 능력

을 지닐 뿐 아니라 온갖 일에 유용한 단어 벡터가 등장한다. [63]

이런 임베딩이 언어의 많은 미묘함을 포착한다고까지 주장할
수도 있다. 실제로 우리 자신이 보지 않으려 하는 부분까지 놀라
울 만치 명확하게 포착하기 때문이다. 그러나….

단어 임베딩의 이면: 기계가 이력서를 심사하는 시대

인류라는 구부러진 목재에서는 진정으로 곧은 것이 만들어진 적이
없다.

- 이마누엘 칸트 [64]

구글의 워드투백과 스탠퍼드대의 글로브GloVe를 비롯한 단어 임
베딩 모형은 컴퓨터 언어학의 실질적 표준이 됐다. 약 2013년부
터 검색 순위를 공개하거나, 문장을 번역하거나, 후기를 분석해서
소비자의 기분을 파악하는 등 언어 사용에서 컴퓨터는 거의 모든
분야의 토대를 이룬다. [65]

이 임베딩은 아주 단순하되(단어를 숫자로 바꾸고 문장에서 주변
단어를 참조해 빠진 단어를 예측하는 방식) 엄청나게 많은 현실 세계
의 정보를 포착하는 듯했다. 예를 들어, 단순히 두 벡터를 더해 새

로운 벡터를 구해서 가장 가까운 단어가 무엇인지를 검색한다. 이
결과는 때로 놀라울 만치 잘 들어맞곤 한다.

체코+통화=코루나

베트남+수도=하노이

독일+항공사=루프트한자

프랑스+여배우=쥘리에트 비노슈(두 번째로 가까운 단어는 바네
사 파라디, 세 번째는 샤를로트 갱스부르)

단어를 뺄 수도 있다. 놀랍게도 두 단어 사이의 차이 값을 구한
뒤 그것에 세 번째 단어를 '더하기'해 유추한다는 뜻이다.[66] 임베
딩이 지리를 파악했음을 시사한다.

베를린-독일+일본=도쿄

문법도 가능하다.

더 큰-큰+추운=더 추운

요리도 가능하다.

회-일본+독일=소시지

과학도? 가능하다.

$$Cu - 구리 + 금 = Au$$

기술도? 물론 가능하다.

윈도우 - 마이크로소프트 + 구글 = 안드로이드

스포츠도? 안 될 리 없다.

몬트리올 캐나디언스 - 몬트리올 + 토론토 = 토론토 메이플 리프스[67]

유감스럽게도, 벡터가 파악한 것은 이것만이 아니었다. 경악할 만한 성별 편향까지 보였기 때문이다. 남성:여성, 남친:여친, 전립 샘암:유방암이라는 영리하거나 쉬운 유추도 내놨지만, 목공:바느질, 건축가:실내 디자이너, 의사:간호사 같은 진부한 유추를 내놓을 때도 많았다. 우리는 이제야 이 문제를 제대로 이해하기 시작했다. 볼루크바시와 칼라이 연구진은 이렇게 썼다.

"단어 임베딩과 웹 검색, 이력서 분석에 이르기까지 그 응용을 다룬 논문이 수백 편 나왔다. 그러나 임베딩이 매우 노골적으로 성차별적임을, 다양한 편향을 현실에 가져올 위험이 높다는 우려를 표한 논문은 한 편도 없었다."[68]

이런 시스템은 편향을 보일 뿐 아니라 암묵적으로 미묘하게 지속시킬 수도 있다. 고용주가 프로그래머를 뽑는다고 하자. 먼저 '관련성'을 따지는 척도를 써서 이력서 수백만 장을 분석해 순위를 매긴 뒤, 가장 높은 점수가 나온 몇 명을 화면에 띄울 테다.[69] 여기서 워드투백 같은 것을 '우직하게 사용하는' 시스템이면 '존'이라는 이름을 '메리'보다 이력서에 더 전형적인 단어라고 판별할 가능성이 높다. 따라서 이름을 제외한 조건이 같아도 존의 이력서는 메리의 이력서보다 '관련성' 측면에서 더 높은 순위에 오른다. 이런 사례는 가상의 차원에서 그치지 않는다.

노무사인 마크 J. 기로워드Mark J. Girouard의 고객 한 명도 문제를 발견했다. 업무용으로 구입하려던 이력서 선별 툴을 살피던 중이었다. 그런데 툴에서 가장 '긍정' 가중치가 부여된 두 단어 중 하나가 '제레드'임을 알아차렸다. 결국 그 고객은 툴을 구입하지 않았다. 하지만 구입하는 이들도 있을 것이다 꽤 많이.[70]

분명 지원자 이름은 채용에 영향을 미친다. 2001~2002년에 경제학자 마리앵 베르트랑Marianne Bertrand과 센딜 멀레니어선Sendhil Mullainathan은 거의 5,000장에 달하는 이력서에 백인(에밀리 월시, 그렉 베이커)이나 아프리카계 미국인(라키샤 워싱턴, 자말 존스)처럼 들리도록 고안된 이름을 랜덤으로 할당해 고용주에게 발송했다. 이력서 내용은 같음에도 회신의 차이는 무려 50퍼센트 났다.[71]

워드투백 역시 인종 축과 성별 축에도 이름을 배치한다. 세라-

매튜는 성별 축, 세라-키샤는 인종 축에 놓는 식이다. 직업도 같은 축에 놓으면, 시스템은 인종적 또는 성적 차원을 써서(틀에 박힌 고정관념에 따라서) 해당 직업과 지원자의 관련성 순위를 정한다는 것은 상상하기 어렵지 않다. 다시 말해, 이력서를 인간이 아니라 머신 러닝 시스템이 추린다면? 어떻게 봐도 걱정하는 이유는 충분하다.[72]

사람들이 일할 때 쓰는 방법은 대개 기계에는 적용되지 않는다. 1952년 보스턴 심포니 오케스트라는 오디션을 볼 때 연주자와 심사관 사이에 칸막이를 설치했다. 그 뒤로 대다수 교향악단도 이를 따랐다. 그러나 칸막이로는 부족했다. 연주자가 연주 장소의 나무 바닥으로 올라오기 전에 신발을 벗는다는 사실을 뒤늦게 깨달았다.[73]

머신 러닝 시스템의 문제는 데이터에 '숨은' 상관관계까지 추론하도록 설계된다는 사실에서 나온다. 예를 들어, 성별에 따라 전반적으로 어투나 문체가 다른 경향이 있으므로 워드투백은 프로그래머나 남성이 전형적으로 쓰는 온갖 어구 사이에 미미하면서 간접적인 상관관계까지 무수히 찾아낸다.[74] 소프트볼이 아니라 축구를 취미로 꼽는 것처럼 뚜렷한 경우도 있고, 특정 대학이나 도시의 이름처럼 미묘한 경우도 있고, 특정 전치사나 명사를 선호하는 것처럼 거의 눈에 띄지 않는 차이도 있을 테다. 즉, 시스템의 눈을 가려 봤자 소용이 없다. '신발 소리'만으로도 알아차릴 테니까.

2018년 로이터는 아마존의 미케니컬 터크에 대해 보도했다.

2014년부터 접수한 온라인 이력서를 바탕으로 지원자 등급을 매기고(아마존 제품 구매 시 별점을 주는 것과 똑같이), 그 결과로 지원자를 뽑는 식이다.[75] 한 취재원은 기자에게 이렇게 말했다.

"말 그대로 100명의 이력서를 입력하면 상위 다섯 명이 나오고, 거기서 지원자를 뽑는 식의 시스템을 만들고자 했죠."

그러면 별점은 어떤 척도로 매길까? 2014년부터 아마존이 받은 이력서와의 유사성을 바탕으로 한다. 즉, 단어 표현 모형을 써서다. 그런데 2015년, 아마존은 미케니컬 터크에 문제가 있음을 알기 시작했다. 과거 기술 분야에 고용된 이들은 대부분 남성이었다. 그런데 시스템이 여기서 '여성의'라는 단어에 부정적 점수를 할당함을 알아차렸다. 편향을 고쳤다. 그런데! 여대의 이름에 부정적 점수를 할당함도 알아차렸다. 이 편향도 고쳤다. 그럼에도 이 모형은 '신발 소리'까지 알아냈다. 여성의 이력서보다는 남성의 이력서에서 더 자주 쓰이는 듯한 어휘('실행했다'와 '사로잡았다' 같은 단어)에 긍정적 점수를 할당함을 알아차렸다.[76] 결과는? 2017년에 아마존은 해당 툴과 개발 팀을 해체했다.[77]

단어 임베딩의 탈편향화

물론 볼루크바시와 칼라이, 이들과 함께 연구하는 보스턴대와 마이크로소프트의 연구자에게는 단어 임베딩의 편향을 발견한 것으로 과제가 끝나지 않았다. 어떻게 해결할지가 진짜 과제였다. 먼저 한 가지 방안은 벡터 '공간'에서 성별 개념을 담은 축을 없애는 것이다. 문제는 성별 차원을 모두 삭제하면 '왕:여왕', '아주머니:아저씨' 같은 필요한 유추까지 없어진다. 한마디로, 단어 임베딩의 유용한 특성을 보존하면서 성별 편향을 줄여야 했다.[78]

문제는 성별 편향 자체를 찾는 것도 쉽지 않다는 것이다. 이 편향을 남녀 벡터 '차이 값'이라 정의할 수도 있다. 그러나 이 값에 관여하는 것이 단지 성별만은 아니다. 영어에서는 "와우man oh man", "전원 전투 준비All hands, man your battle stations" 같은 관용 표현에 남성man이라는 단어가 흔히 들어간다.

볼루크바시와 연구진은 다양한 축(여성-남성, 그-그녀, 여자-남자 등등)을 모두 찾아 주성분분석Principal Component Analysis, PCA 기법을 써서 가장 큰 차이 값을 설명하는 축을 찾아내기로 했다 한마디로 성별 말이다.[79] 그리고 남은 과제는, 이 성별 차원에서 차이가 있는 단어를 대상으로 그 차이의 적절성을 판단하는 것이었다. 왕:여왕, 아빠:엄마는 적절하다고 하자. 그러나 홈디포:JC페니, 알코올중독:섭식 장애, 파일럿:스튜어디스에서 성별을 서로 뒤집은 것이라 여기는 것이 못마땅할 수도 있다(워드투백의 기본 설정은 이렇다).

그러면 성별과 연관된 수십만 단어 중에서 문제를 어떻게 찾아낼까? 어느 유추를 보존하고, 어느 유추를 조정하고, 어느 유추를 삭제할지 어떻게 알까? 볼루크바시와 연구진은 사실상 사회과학

연구를 했다. 학제 간 자문을 받아야 하는 상황에 이르렀다는 뜻
이다. 이에 대해 칼라이는 말했다.

"우리는 머신 러닝 연구자인데, 사회과학자도 우리 연구실에서
일해요. 사회학과 사회과학에서 나오는 다양한 쟁점에 관해 듣기
만 해도 머신 러닝 알고리즘의 차별 우려가 있음을 알았죠. 하지
만 우리 다섯 명(게다가 모두 남자)은 성별 편향을 연구한 적도, 관
련 자료를 제대로 읽어 본 적이 없었어요."

이 '다섯 남자'가 순진해서 그랬겠지만, 곁에서 일하는 사회과
학자에게 어느 유추를 받아들일지를 구분할 형식적 정의를 짜려
면 어떻게 해야 하는지 물었다. 그러자 사회과학자는 형식적 정의
를 짜는 게 가능하다는 생각 자체가 잘못이라고 말했다. 볼루크바
시는 말했다.

"우리는 '최고의 것을 어떻게 정의할지'만 생각했죠. 그런데 그
들(사회과학자)은 말했어요. 자기네는 무엇이 좋은지를 정의할 수
없다고. 그러면 공학자는 이렇게 말하고 싶을 거예요. 그 목표에
도달할 때까지 해 보겠다고 말이죠. 그런데 그 작업에는 인간과
문화, 그 밖의 모든 것이 다 관련됐기 때문에 무엇이 최적일지 정
말로 몰라요. 그러니까 뭔가를 최적화할 수 없어요. 사실상 아주
어렵죠."

먼저 볼루크바시와 연구진은 본질적 혹은 근본적 방식의 성별
구분이 적절하다고 판단한 단어부터 모으기로 했다. 남:여, 형제:
자매뿐 아니라 자궁:정자 같은 해부학 단어, 수녀원:수도원 또는

여학생 동아리:남학생 동아리 같은 사회적 단어가 그랬다.

물론 복잡한 결정을 필요로 한 단어도 있었다. '간호사nurse'가 그랬다. 명사로서의 간호사는 성별과 전혀 무관한 직업을 가리키지만, '간호하다'라는 동사로 쓰일 때에는 여성만이 하는 뭔가를 가리킬 수도 있었다. '랍비'는 어떨까? 이 단어가 성별 차원을 지니는지 여부는 유대교 종파에 따라 다르다. 어쨌든 볼루크바시와 연구진은 최선을 다해서 성별 구분 대상 단어를 218개 찾아 데이터 중에 부분집합을 구축했고, 시스템이 이를 바탕으로 확대 추정하도록 했다. 이에 대해 그들은 이렇게 썼다.

"단어의 선택이 주관적이라는 점에 유의하자. 이상적이면 각 적용 상황에 맞춰야 한다."[80]

볼루크바시와 연구진은 부분집합 바깥의 단어 표현에서 성별 성분을 0으로 설정했다. 그런 뒤 형제:자매 같은 단어 쌍이 0을 중심으로 배치되도록 모든 성별 관련 단어의 표현을 조정했다. 달리 말하면, 단어 쌍이 상대 단어보다 '성 편향적'이거나 '성 중립적'으로 더 표현되지 않도록 조정했다. 그렇다면 새로운 모형은 탈편향됐을까?

볼루크바시와 연구진은 사회과학 방법론을 취해서 단순한 질문을 던졌다. 그들은 아마존 미케니컬 터크 플랫폼에 근무하는 미국인을 대상으로 모형의 유추를 '고정관념'과 '고정관념이 아닌 것'으로 분류했다. 여기서도 사회학자는 중요한 기여를 했다. 정확히 어떤 문장으로 질문하는지가 중요함을 알렸기 때문이다. 볼루크바시는 이렇게 말했다.

"미케니컬 터크를 대상으로 실험할 때에는 어떻게 묻느냐에 따라 차이가 나타나기 때문에 사회학자와 논의를 해야 했죠. 아주 민감한 사항이니까요."[81]

그 결과는 고무적이었다. 기존 모형이 '의사-남성+여성'을 '간호사'라고 답한 반면, 새로운 모형은 '내과 의사'라고 답했다. 미케니컬 터크 근무자에 따르면, 기존 모형의 성별 유추 중 19퍼센트가 성별 고정관념을 반영했다고 답했다. 새로운 모형에서는 그 비율이 6퍼센트로 떨어졌다.[82]

다만 이 탈편향화, 중립화에는 자그마한 대가도 따랐다. 영어에는 합법적 예외를 뜻하는 "할머니니까grandmothered in"라는 관용구가 있는데 새로운 모형은 "할아버지니까grandfathered in"도 관용구로 쓴다고 봤다.[83] 물론 이 정도 대가는 충분히 치를 만했다. 탈편향을 위해 예측 오류를 얼마나 감수할 것인지는 적절한 균형으로도 잡을 수 있으니 말이다. 볼루크바시와 연구진은 이렇게 썼다.

"단어 임베딩의 편향은 그저 사회의 편견을 반영할 뿐이니, 단어 임베딩이 아니라 사회가 탈편향해야 한다는 관점도 있다. 그럼에도 (…) 단어 임베딩을 탈편향화하려는 작은 노력은 사회의 성 편견을 줄이는 데 분명 기여한다. 이런 편향을 무심코 증폭하는 쪽으로 머신 러닝을 써서는 안 된다."[84]

이 탈편향화는 우리가 사회의 현 상태를 있는 그대로 포착하는 것이 아니라, 더 나은 사회, 즉 우리가 바라는 사회의 언어 모형을 토대로 시스템을 구축한다는 고무적 개념 증명이었다.

　탈편향 이야기는 거기에서 끝이 아니다. 2019년 바일란대의 컴퓨터 과학자 힐라 고넨Hila Gonen과 요아브 골드버그Yoav Goldberg 는 이런 '탈편향' 표현을 분석한 결과를 내놨다. 아마도 탈편향이 미미하게 이뤄졌을 뿐임을 보여 줬다.[85] 탈편향으로 인해 '간호사' 나 '안내원' 같은 직업과 '여성'과 '그녀' 같은 노골적으로 성별을 가리키는 단어의 연결을 끊은 것은 맞다. 하지만 '여성'의 일이라 는 고정관념을 지닌 직업 사이('간호사'와 '안내원' 사이)의 암묵적인 연관성은 그대로 남았다. 그들은 '부분적' 탈편향화가 오히려 문 제를 악화시킬 수도 있다고 주장한다. 눈에 띄면서 측정하기 쉬운 것이 제거됐을 뿐, 고정관념에서 연상되는 관계의 대부분은 아직 남았다는 뜻에서다.[86]

　볼루크바시는 구글에서 동료와 함께 이 문제를 계속 연구 중 이다. 그는 채용에서 쓰이는 탈편향된 모형이 사실상 기존 모형 보다 더 나쁨을 보여 주는 사례도 확인했다.[87] 아예 성별 차원 ('그'와 '그녀' 같은 근본적인 성별 용어까지)을 완전히 삭제한 시스템 이 공정한 결과를 내놓을 수도 있다. 물론 이 이야기는 단순하지 않으며, 연구가 계속 진행 중이다.

통계 거울에 비친 자화상

머신 러닝이 채용에 적용될 때 편향은 단순히 줄이기만 하면 되
는 위험일 수도 있지만, 그 자체로도 많은 의문을 불러일으킨다.
예를 들면 이렇다.

"편향은 어디서 올까?"

"편향은 쓰인 통계 기법에 따른 인위적 결과물일까?"

"아니라면 편향은 더 심오한 뭔가를 반영할까?"

"그 편향은 우리 자신의 머릿속, 더 넓게는 세계 속의 편향을 반
영할까?"

사회과학에서 인간의 무의식적 편향을 검사하는 한 가지 고전
적인 방법이 있다. 바로 '암묵적 연상 검사implicit association test'다.
피험자에게 일련의 단어를 보여 주면서 특정한 범주에 속하면 버
튼을 누르라고 한다. 예를 들어, 꽃이라는 범주('붓꽃'처럼)나 즐거
운 것이라는 범주('폭소'처럼)가 그렇다. 아주 단순해 보이며 실제
로도 그렇다. 그러나 그 단순함은 정확성이 아니라 반응 시간을
가리킬 뿐이다.

단어가 '꽃'이나 '즐거운 것'에 버튼을 누르는 것은 반응 시간이
빠르지만, '꽃'이나 '불쾌한 것'일 때 버튼을 누르라 하면 시간이 더
걸린다. 무슨 뜻일까? '꽃'과 '즐겁다'라는 정신적 범주 사이에 어
느 정도 겹침이 있음을 시사하는, 즉 두 개념이 어떻게든 연관이
있음을 반영하는 듯하다.[88]

암묵적 연상 검사를 창안한 연구진은 백인 대학생이 백인에게 많이 쓰이는 이름(메러디스, 헤더)이나 즐거운 단어(행운, 선물)를 빨리 식별함을 보여 줬다. 또한 흑인에게 많이 쓰이는 이름(라토냐, 셰본)이나 불쾌한 단어(독, 슬픔)도 빨리 식별했다. 그러나 백인의 이름이나 '불쾌한 것'을 식별할 때면 버튼을 누르는 속도가 더 느렸다. 마찬가지로 흑인의 이름이나 '유쾌한 단어'를 누를 때도 그랬다. 이 실험 결과는 유명해졌다.

프린스턴대의 컴퓨터 과학자인 박사후연구원 에일린 칼리스칸Aylin Caliskan, 교수인 조안나 브라이슨Joanna Bryson과 아빈드 나라야난Arvind Narayanan은 워드투백을 비롯해 널리 쓰이는 단어 임베딩 모형에서 임베딩 사이의 거리가 인간의 반응 시간 데이터를 기이할 만치 잘 반영함을 알아냈다. 사람들이 단어 집합을 식별하는 속도가 느릴수록, 그 단어 벡터는 모형에서 더 멀리 떨어졌다.[89] 다시 말해, 좋든 나쁘든 간에 모형의 편향은 우리 자신의 편향을 잘 드러낸다.

프린스턴대 연구진은 이런 암묵적 연관성을 밝혀내는 차원을 넘어서, 세계의 '실제veridical' 편향이라고 부르는 것을 워드투백 같은 모형이 얼마간이라도 포착하는지도 알고 싶어졌다. 여성에게 더 흔히 쓰이는 이름도 있고, 남성이 더 많이 일하는 직업도 분명히 있지 않은가. 그렇다면 특정한 이름이 남성 혹은 여성에게 더 치우쳐서 표현되는 정도는 현실을 어느 정도 반영할까? 특정한 직업이 모형의 성별 축을 따라 서로 가까이 놓인 정도는 그 직업(간호사, 사서, 목수, 수리공)이 정말로 불균등하다는 사실을 어느 정도 반영할까?

먼저 프린스턴대 연구진은 미국 통계국과 노동통계국 자료를 살폈다. 양쪽 자료에서 모두 그렇다는 답이 나왔다. 한 직업의 단어 표현이 한쪽 성별로 강하게 치우칠수록, 그 직업 내에서 그 성별의 비율도 더 높은 경향을 보였다. 이 결과에 대해 연구진은 이렇게 썼다.

"연구 결과, 단어 임베딩은 미국의 50개 직업에서 여성 비율과 강한 상관관계를 보인다."[90]

프린스턴대 연구진은 이름 쪽에서도 (성별에 비해) 조금 약할 뿐 같은 상관관계가 나타난다는 것을 발견했다. 그들이 구한 최신 인구조사 자료는 1990년 것이었는데, 그 뒤로 이름의 성별 분포는 사실상 미미하게 변한다. 이 '마법 같은' 최적화 과정으로부터 출현한 임베딩이 기괴하면서도 당혹스러울 만치 사회를 비추는 거울로서 유용하다는 사실은 우리가 사회과학에 무기를 하나 추가한다는 뜻이 된다.

우리는 임베딩을 써서 특정 시점의 사회를 정확히 정량화한다. 마치 사진을 찍듯이. 그리고 인과관계에 상관없이(객관적 현실에 일어난 변화가 우리의 발언 방식을 바꾸는지 아니면 그 반대인지, 또는 어떤 더 깊은 원인으로 양쪽이 함께 변하는지에 상관없이) 우리는 그 사진을 써서 사회의 변화를 지켜본다.

스탠퍼드대의 니킬 가그Nikhil Garg과 제임스 주James Zou가 이끄는 학제 간 연구진도 바로 나섰다. 전자공학 박사 과정생 가그와 생명의학 데이터 과학 조교수인 주는 역사학자 론다 쉬빙거Londa Schiebinger, 언어학자 댄 주라프스키Dan Jurafsky와 함께 현대 텍스트의 말뭉치뿐 아니라 지난 100년간의 말뭉치 표본을 써서 단어 임베딩을 조사했다.[91] 그렇게 문화의 방향이 어떤 식으로 변화했는지를 보여 주는 풍부하면서 상세한 역사가 드러났다. 그들은 이렇게 썼다.

"이 임베딩의 시간 동역학은 20~21세기 미국의 여성과 소수 인종을 향한 고정관념, 태도의 변화를 정량화하는 데 기여한다."

스탠퍼드대 연구진은 직업 단어의 표현과 성별 사이에 연관성이 있다는 프린스턴대 연구진의 발견을 확인하는 한편, 이른바 '남성 기준선'에 해당하는 것이 있는 듯하다는 점도 보여 줬다. 설명하자면, 인구조사 자료를 통해서 남녀 사이에 50 대 50으로 균등하게 나뉘었음을 아는 직업조차도 단어 임베딩에서는 '남성' 쪽으로 약간 편향됐다는 소리다. 연구진은 이에 대해서는 이렇게 설명한다.

"일상 언어는 외적·객관적 척도를 토대로 예상하는 것보다 더 편향됐다."

그러나 기준선을 제외하면, 직업의 단어 임베딩에서 나타나는 시간상 성적 편향은 직장 자체에서 일어나는 변화에 발을 맞춰 변동하는 일관된 양상을 보였다.

스탠퍼드대 연구진은 시기별 텍스트를 살핌으로써, 사회적 변

화를 반영하는 이야기를 많이 찾아냈다. 시간이 흐르면서 성 편향
은 대체로 줄어들었고, 특히 1960~1970년대의 여성운동이 문학
과 문화에서 묘사되는 여성의 초상에 체계적으로 극적 영향을 미
쳤음도 보여 준다.

　임베딩은 인종을 대하는 태도의 변화 역사도 상세히 보여 준
다. 1910년 아시아인과 가장 강한 연관성을 보이는 10대 단어
에 '야만적, 괴물 같은, 혐오스러운, 별난'이 포함됐었다. 하지만
1980년에는 전혀 달랐다. '절제하는, 수동적, 예민한, 따스한' 등
으로 끝났다. 물론 이런 변화도 나름의 고정관념에 따른 것이지
만, 문화적 변화가 일어났다는 사실은 분명하다. 즉, 문화적 변화
도 임베딩에서 찾을 수 있다. '이슬람' 연관 단어와 '테러' 연관 단
어 사이의 연결은 1993년(세계무역센터 폭탄 테러 발생)과 2001년
(9·11 테러 발생) 때 급격히 강해졌다.

　더 나아가, 이런 접근법은 회고가 아니라 예측에도 쓰지 않을
까? 이를테면 과거 데이터는 특정 편향이 개선되는지 악화되는지
를 보여 주지 않을까? 사회 자체, 아니 적어도 대중 담론의 편향
강약을 실시간으로 보여 주는 바로미터라고 상상할 수도 있다. 어
떤 변화가 진행되는지를 알려 주는 동시에, 세계가 어떤지를 언뜻
엿볼 수 있다.

표현과 재현

이제 몇 가지 핵심 내용을 요약하자.

첫 번째, 전적으로 그런 것은 아니지만 머신 러닝은 대체로 방법론적이다. 컴퓨터 과학자는 자신들이 구축한 모형에 무엇을 집어넣을지 더 폭넓게 생각하기 시작하면서, 사회과학에도 손을 뻗었다. 사회과학자 역시도 머신 러닝 연구자에게 손을 뻗으며, 자신들이 쓸 새로운 성능 좋은 현미경을 얻었다. 스탠퍼드대 연구진은 이렇게 썼다.

"표준 정량적 사회과학에서 머신 러닝은 데이터 분석 툴로 쓰인다. 우리 연구는 머신 러닝의 산물(여기서는 단어 임베딩) 자체가 사회학적 분석의 흥미로운 대상이 되는 것을 보여 준다. 우리는 이 패러다임 전환이 많은 생산적 연구로 이어진다고 믿는다."

두 번째, 편향과 그 함축된 뜻은 매우 모호해 보일지라도 실제로 존재한다. 게다가 상세하고 정밀하게 측정 가능하다. '빠진' 단어만을 예측하기 위해서 만든 모형으로부터 편향이 존재한다는 사실은 저절로 확실하게 드러났다. 이 편향은 측정 가능하며 역동적 양상을 보여 준다. 이를 위해서는 고용률 같은 실제 조사 자료뿐 아니라 태도와 고정관념 같은 주관적 척도까지 사용된다. 빠진 단어만을 예측할 뿐인 듯한 모형은 그 이상의 것까지 보여 준다. 즉, 우리 언어의 이야기는 우리 문화의 이야기이다.

세 번째, 이런 모형을 사용할 때 우리는 단연코 신중해야 한다.

빠진 단어를 예측하는 원래의 용도가 아니라 다른 용도로 쓸 때
는 더욱 그렇다. 칼라이는 이렇게 말했다.

"사람들은 우리 논문을 읽은 뒤 (…) 이런 단어 임베딩을 쓸 때
더 신중해졌다고 말하곤 해요. 쓰기 전 적어도 한 번은 더 생각한
답니다. 한 가지 긍정적인 결과죠."

프린스턴대 연구진도 같은 맥락의 경고를 한다.

"비지도 머신 러닝을 통해 구축한 모듈을 의사 결정 시스템에
통합할 때 우리는 신중을 기해야 한다."92

아마존 경영진 중에 '10년 전 우리가 뽑은 이들과 가장 비슷할
이를 뽑겠다'는 채용 방침을 노골적으로 밝힌 이는 거의 없다. 하
지만 '관련성'을 토대로 이력서를 추리는 미케니컬 터크를 만들고
썼을 때 그들은 바로 그 일을 했다.

우리는 역사적으로 취약한 시기에 있다. 머신 러닝의 모형이
강력하면서 융통성을 띠기에 아주 많은 상업과 공공 분야에 유용
하게 쓰이지만, 적절한 사용법에 관한 표준과 기준을 논의하는 일
은 이제야 겨우 시작된 상태다. 지금이야말로 우리는 가장 신중하
고 조심해야 한다. 이런 모형 중 상당수는 현실 세계에 일단 적용
된 뒤에는 그대로 계속 쓰일 가능성이 아주 높기 때문이다. 프린
스턴대의 나라야난은 이렇게 말했다.

"'기술 발전을 사회가 따라갈 수 없다'라는 말과 정반대로, 기술
의 상업적 응용이 아주 느리게 이뤄질 때가 많다. 은행과 항공 업
계에서 메인프레임이 여전히 쓰이는 것을 보라. 현재 훈련되는 머

신 러닝 모형은 50년간 계속 쓰일 수도 있다. 그렇게 생각하면 끔찍하다."[93]

세계를 있는 그대로 모델링하는 것은 다른 문제다. 특정 모형을 쓰기 시작하자마자, 우리는 크고 작은 여러 방식으로 세계를 바꾼다. 하지만 대부분의 머신 러닝 모형은 자신이 모사하는 현실을 바꾸지 않는다고 가정한다. 거의 모든 사례에서 이 가정은 거짓이다.

사실 머신 러닝 모형을 부주의하게 적용하면 복구가 어려워지거나, 필요 이상의 개입이 필요해지는 악순환이 나타날 수도 있다. 예를 들어, 채용 툴이 해당 직위에서 성별 편향을 검출했는데, 그 편향을 확대하는 방식으로 남성 지원자를 우대한다면? 그 결과는 해당 모형이 다음에 학습할 훈련 데이터 집합에 포함된다. 그렇게 모형은 기존 편향을 더 극단적으로 확대하는 데이터로 학습한다. 가장 쉬운 해결법은 '이때 빨리 개입하는 것'이다.

마지막으로, 머신 러닝 모형은 우리가 사회를 들여다볼 때 필요한 나침반을 제공한다. 우리는 우리의 역사뿐 아니라 최근에 이르기까지의 초상까지 얻는다. 새로운 텍스트가 매일 온라인에서 생성되는 지금, 표본 추출할 새로운 데이터 집합도 늘 존재한다.

머신 러닝을 현명하게(규범이 아니라 기재 정도로) 사용하면, 사회에 잠재된 편향을 강화하고 영속하는 시스템 속 편향을 폭로하는 데 쓸 수도 있다. 모호하거나 불분명해 보일 수도 있는 것을 측정할 척도를 제공하는 셈이다.[94] 이것이 우리의 출발점이다. 지금은 구글을 떠난 정거는 공학이 인간의 사회, 규범, 가치와 얼마나 뒤얽혔는지를 우리는 자주 잊곤 한다고 주장한다.

"본질적으로 공학은 동료와 고객 양쪽으로 협력, 협동, 공감을 도모한다. 누군가가 당신에게 공학이 인간이나 감정을 다루지 않는 분야라 말하면, 나는 그것이 거짓말이라고 말해 주겠다."

앨신은 현재 소프트웨어 자문 회사를 운영하며 정거와 계속 연락한다. 그 역시 해당 문제가 '기술에서 시작되는 것도 기술로 끝나는 것도 아니'라는 말에 동의한다. 그는 웃으면서 적어도 반쯤은 진지하게 내게 말했다.

"내가 역사 교육에 뛰어들고 싶은 이유이기도 해요. 35세가 되면 이 바닥 은퇴하고 역사 쪽으로 옮기려고요."

[2]

공정

빙하가 물러난 뒤, 아마도 다시금 빙하기가 닥치기 전까지겠지만 인류는 쭉 아메리카 대륙에 살았다. 그런데 현재 과학이 직면한 질문 중 하나가 "가석방으로 나왔을 때 어떻게 행동할지를 정확히 예측할 수 있을까?"라니, 인류의 진화를 생각하면 다소 서글프다.
- 〈시카고트리뷴〉, 1936. 1. 1.

우리 법은 누구냐가 아니라 어떤 행동을 하냐에 따라 처벌한다. 가변적 성격을 토대로 처벌을 면제하는 것은 이 지도 원리에 명백히 모순된다.
- 미국 연방대법원장 존 로버츠[2]

우리는 교육, 고용, 광고, 보건, 정책 같은 영역에서 기본적으로 인류에 영향을 미칠 모든 결정에 머신 러닝을 적용하기 직전에 있다.

　즉, 머신 러닝이 기본적으로 어떤 뜻으로도 공정하거나 정당하지
않은 이유를 이해하는 것이 중요하다.
　- 모리츠 하트[3]

사회가 수리 모형을 통해 인간 특유의 판단을 더 일관성 있고 정
확하게 만든다는 개념은 새로운 것이 아니다. 사실 형법 분야에서
는 거의 한 세기 전부터 쓰였다.

　1927년 미국 일리노이주 가석방위원회의 신임 위원장 힌턴 클
래보Hinton Clabaugh는 주의 가석방 체계를 파악하기 위한 연구를
의뢰했다. 의뢰 이유는 일종의 '혁신 격차'가 있음을 알아차렸기
때문이다.

　"비록 우리 산업과 정부에서 쓰는 기계가 완벽과는 거리가 멀
지만, 산업 전체로 보면 우리가 가장 창의적이면서 효율적이다.
그런데 진정으로 법 집행도 그럴까?"[4]

　일리노이주가 가석방 제도를 가장 먼저 제정한 주에 속했음에
도 여론은 나빴다. 클래보는 대중이 '정의와 자비의 저울이 범죄
자 쪽으로 매우 기울었다'고 여긴다는 것을 알았다. 그의 견해도
그리 다르지 않았다. 가석방이라는 개념 자체가 지나친 관용일 수
도 있으며, 제도 자체를 아예 없애는 편이 낫지 않나 하는 생각도
했다. 하지만 그는 미국 법이 개인의 방어권을 보장하므로, 가석
방 제도도 보장돼야 할 것이라 추론했다.

　클래보는 일리노이주에서 가장 명성 있는 학교, 즉 일리노이

대, 노스웨스턴대, 시카고대에 공동으로 가석방 제도에 관한 포괄적 보고서를 작성해서 1년 내에 제출해 달라고 요청했다. 먼저, 일리노이대에서는 법대 학장인 앨버트 하노Albert Harno가 가석방위원회의 활동을 조사하기로 했다. 노스웨스턴대 법대 교수인 앤드루 브루스Andrew Bruce는 일리노이주의 형벌 제도 역사를 검토하기로 했다(19세기 '태형 폐지'를 살핀 놀라운 내용을 포함해). 시카고대 사회학자 어니스트 버제스Ernest Burgess는 개별 가석방자의 '성공 또는 실패'를 예측하는 요인이 있는지 여부를 알아보는 흥미로운 과제를 맡았다. 이에 대해 버제스는 이렇게 썼다.

> 현재 일리노이 주민이 가석방자를 보는 관점은 크게 두 가지로 갈린다. 한쪽은 상습적이고 사악하며 앞뒤 가리지 않는 범죄자가 전혀 뉘우치지 않은 채 기분 나쁘게 받아야 했던 처벌을 가한 사회에 보복 의도를 가지고 풀려난다고 본다. 다른 한쪽은 홀어머니의 젊은 외아들이 나약해진 순간에 사악한 제안을 충동적으로 받아들이는 바람에 범죄를 저질렀고, 그 뒤로 반성을 했으며 기회만 생기면 착하게 살겠다고 다짐하면서 사회로 복귀한다고 본다. [5]

문제는 각 가석방 심사 대상자가 두 가지 중 어느 쪽인지를 알아내는 것이 가능하냐 여부였다. 버제스는 일리노이주 가석방자 약 3,000명의 자료를 모아서 네 집단(초범, 우발범, 상습범, 직업범)으로 분류했다. 21세기 관점에서 볼 때 그의 분류에는 놀라울 만치 낡아 보이는 범주도 있었다. 예를 들어 그는 사람들을 부랑자, 아무 짝에도 쓸모없는 이, 비열한 자, 주정뱅이, 조폭, 최근 이민 자, 농장 일꾼, 마약 중독자 등의 여덟 가지 '사회 유형'으로 분류 했다. 그만큼 놀라울 만치 철저하게 연구한 듯이 보인다.

특히 버제스는 개인의 범죄 이력, 직장 경력, 주거 역사, 범죄 유형, 선고 형량, 재소 기간, 정신 질환 진단 등을 오랜 시간에 걸쳐 철저히 조사했다. 자료가 특정 재소자에게 부당한 정치적 영향을 미쳤는지도 조사했고, 형법 체계에 냉소적 대중의 태도가 정당한지 여부도 살폈다. 그리고 마지막 장에서, 그는 형법 체계에 새로운 움직임을 촉발할 질문을 던졌다.

"가석방 심사에 과학적 방법을 적용할 수 있는가?"

이 움직임은 지금까지 이어진다.

"솔직히 말해서, 인간의 어떤 행동이든 간에 과학적 방법 적용이 가능할지 의심하는 이들도 많다. 그들은 인간의 본성이 변화무쌍하기에 예측 가능성을 받아들이지 않는다. 하지만 가석방의 성공과 실패를 결정하는 요인을 분석하니 몇 가지 놀라운 대조적 양상이 이미 드러났다."

예를 들어, 버제스는 직장을 오래 다니고, 지능이 높고, 농가에서 자란 재소자는 1년 이내에 가석방 조건을 위반한 사례가 평균값의 절반에 불과하다고 했다. 반면에 검사나 판사가 가석방을 해서는 안 된다 주장했고, 5년 이상 복역한 '범죄 지하 세계'에 속한 이들의 가석방 조건 위반 사례는 평균값의 2배에 달했다.

"이런 현격한 차이는 개인의 삶을 형성하는 조건에 대해 우리가 아는 것과 들어맞는데, 이 차이를 전보다 더 진지하게 살필 필요가 있다는 뜻 아닐까?"

버제스는 이렇게 말했다.

"요인별 위반율을 한 번에 보도록 대상자별 요약표를 작성하는 것은 전적으로 실현 가능하며, 가석방위원회에도 도움이 된다. (…) 예측이 모든 사례에 들어맞진 않겠지만, 평균 법칙에 따라 상당히 많은 사례에 적용 가능함은 확실하다."

즉, 버제스는 사회 복귀가 확연히 가능한 사례가 많다고 결론짓는다. 누가 성공할지도 어느 정도는 예측 가능해 보였다. 판사가 그때그때 결정하는 주관적이고 상황에 따라 달라지는 현행 방식보다 통계를 토대로 한 체계가 더 낫지 않을까?

"가석방의 성패 여부를 좌우하는 요인을 파악하는 게 가능하다는 주장엔 의문의 여지가 없다. 인간 행동은 어느 정도 예측 가능해 보인다. 그러나, 이런 사실이 가석방 여부를 판단하는 토대가 될까? 아니라면 가석방위원회는 좋거나 나쁘다는 인상으로 가석방 여부를 판단해야 할까?"

보고서의 결론은 명쾌하면서 확고했다. 가석방과 '부정기형indeterminate sentencing'이 일리노이주에서 존속해야 한다는 결론이었다. 그러면서 중요한 점을 강조했다.

"가석방위원회는 과학적이면서 전문적인 자료에 토대를 두고, 항존하는 정치적 압력에 맞서 안전판을 마련해 제도를 개선해야 한다."

클래보는 보고서를 읽은 뒤, 그 제도를 보는 관점을 완전히 바 꿨다. 또한 이렇게 인정했다.

"처음에 나는 부정기형과 가석방 제도가 범죄자에게 유리하다 는 인상을 받았습니다. 그런데 정반대라는 증거가 압도적으로 많 으며, 지금은 이런 법령을 적절히 적용하면 사회뿐 아니라 개인에 게 단연코 이롭다고 믿어요."

한마디로 클래보는 가석방이 좋은 제도라고 썼다.

"설령 처분 방식에 문제가 있어도 그렇습니다. 제도 운영 측면 에서 인적 요소보다 더 효율적인 기구는 결코 없습니다."[6]

예측 가석방 제도의 시작

1930년대 초, 버제스의 열정과 클래보의 인정에 힘입어 예측 가석 방 제도가 일리노이주에 도입됐다. 그리고 1951년에는 《Manual of Parole Prediction(가석방 예측 실무집)》이 발간됐다. 가석방 제도 연구와 운영 양쪽으로 지난 20년을 돌아보는 보고서였다. 어조는 낙관적이었다. 버제스는 서문에 이렇게 썼다.

"지난 20년간 사회과학은 어느 죄수가 가석방의 성공 사례고 실패 사례인지, 어떤 조건에서 성패가 갈라지는지를 알아내려 노 력했고 상당한 발전을 이뤘다. 비록 어려움이 있긴 하지만 죄수가 가석방을 받았을 때 어떻게 행동할지는 '어느 정도' 예측이 가능하다는 확신이 커졌다."[7]

이 책은 앞으로 어떤 분야의 연구가 필요하고 어떤 개선이 이뤄지는지도 언급했다. 교도원 평가 같은 요인을 추가하면 예측 향상에 도움이 될 수도 있다는 것 등이 그렇다. 책 말미에는 특히 예측력이 엿보이는 "기계적 방법에 따른 점수 부여"라는 장이 있는데 천공카드 장치를 써서 데이터를 수집하고, 모형을 구축하고, 개인별 예측을 내놓는 과정을 자동화하고 능률을 높이는 방안이 언급됐다.

이런 초기의 낙관론과 일리노이주의 성공적 적용 사례가 있음에도, 미국 내 예측 가석방 기구의 도입은 놀라울 만치 느렸다. 1970년에 예측 가석방 기구를 쓰는 주는 두 곳뿐이었다. 그러나 상황은 곧 바뀐다.

1969년 스코틀랜드 출신의 통계학자 팀 브레넌Tim Brennan은 생활용품 업체 유니레버의 마케팅 부서에서 수석 전문가로 일했다. 당시 그는 통계 모형을 구축하는 과제를 수행하는 중이었다. 한 예로 비누의 구매자를 '화려함을 중시하는 이'와 '피부 자극이 없는 것을 중시하는 이'로 나누는 연구도 했다. 그는 맡은 일을 잘했고 그 업무에 만족했다. 그런데 뭔가가 거슬렸다. 그는 그때를 이렇게 기억했다.

"가치관에서 엄청난 위기를 겪었죠."

자신의 책상에 있는 한 보고서를 읽다가, 브레넌은 유니레버의 주방 세제 제품군인 '스퀴지Sqezy'의 포장을 1년간 연구하는 일(지 각심리학을 토대로 진열대 문구와 색상을 정하는 일)의 예산이 영국 정부가 문해력 교육에 쓴 예산보다 많았음을 알아차렸다.[8]

"1960년대 말이니까, 그때 히피 열풍이 불었어요. 나는 병 포장 을 개발하는 일이 지겨웠고요. 그렇게 대학원을 갔죠."

이윽고 브레넌은 랭커서대에서 시장 세분화에 쓰던 분류 기법 을 교육 문제에 적용했다. 그리고 강의실에 있는 학생을 학습 양 식과 욕구에 따라 분류했다.[9] 그 뒤에 여자 친구를 따라 미국으로 건너온 브레넌은 콜로라도대의 델버트 엘리엇Delbert Elliott(나중에 미국범죄학회 회장이 된다) 밑에 들어갔다가, 이윽고 자신의 리서치 기업을 차렸다. 그리고 국립교정연구소와 법집행지원국의 의뢰 를 받았다.

브레넌의 분류 기법은 이제 세 번째 용도를 발견했다. 교도소 와 재소자에 더 일관성 있고 엄밀한 접근법을 적용하는 쪽이었다. 먼저, 교도소는 위험도에 따라서 재소자 공간을 배치해야 한다. 재소자 자신과 그들 동료의 사회 복귀를 염두에 두고서다. 하지만 대개는 랜덤 또는 직감으로 배치하는 게 현실이었다. 그의 수학은 더 나은 방법이 있음을 알려 줬다.

얼마 후, 브레넌은 미시간주 트래버스시티까지 여행을 갔다. 그곳에서 이른바 '의사 결정 나무decision-tree' 모형을 써서 재소자 를 분류하고 (교도소 과밀 문제를 해소하기 위해) 누구를 가석방할 지를 식별하는 선구적인 머신 러닝 연구가 이뤄진다는 소문을 들었기 때문이다. 그리고 그 모형을 창안한 '머리카락과 턱수염을 제멋대로 기른 한 젊은 친구'를 만났다. 그 친구의 이름은 데이브 웰스Dave Wells였다.

"그는 형사법 제도를 개혁하겠다는 열망을 품었어요. 그래서 아주 열정적으로 매달렸죠."

브레넌과 웰스는 힘을 모으기로 했다.[10] 그들은 노스포인트 Northpointe를 공동 창업했다. 개인용컴퓨터의 시대가 시작되자 형 사법 제도의 모든 영역에서, 법원에서 통계 모형의 사용은 폭발 적으로 증가했다. 1980년에는 가석방 결정에 통계 모형을 사용 하는 주가 4곳에 불과했다. 하지만 1990년에는 12곳으로 늘었 고, 2000년에는 26곳이 됐다.[11] 이제는 그런 모형을 쓰지 않는 쪽 이 오히려 갑자기 이상해 보이기 시작했다. 국제가석방기관협회 가 2003년에 내놓은 《Handbook for New Parole Board Members(가석방위원회 신임 위원용 편람)》에는 이렇게 적혀 있었다.

"타당한 연구로 만든 위험 평가 기구의 혜택 없이 가석방 결정 을 내리는 행위는 최고의 방식에 분명히 못 미친다."[12]

이 새로운 시대에 가장 널리 쓰이는 툴 중 하나는 브레넌과 웰 스가 1998년에 개발했다. 앞에서 말한 COMPAS다.[13] COMPAS 는 대상자 연령, 첫 체포 연령, 범죄 이력 등의 가중 선형 조합을 토대로 한 단순한 통계 모형을 쓴다. 이를 바탕으로 재소자가 가 석방된 후 약 1~3년 이내에 재범을 저지를지 여부를 예측한다.[14] 피고 혹은 재소자 특유의 문제와 욕구를 파악하기 위한 질문이 포함된 설문 조사도 쓰였다. 화학물질 의존성, 가족의 지원 여부, 우울증 등이었다.

2001년, 뉴욕주는 보호관찰 결정 시 COMPAS를 이용하는 시범 사업을 시작했다. 2007년 말에는 뉴욕시를 제외한 57개 카운티 전체의 보호관찰 기관에서 COMPAS를 채택했다. 2011년에는 주 법을 고쳐 가석방 결정을 할 때 COMPAS 같은 위험과 욕구 평가 툴을 의무화했다.[15]

그러나 〈뉴욕타임스〉는 문제가 하나 있다고 봤다. 바로 뉴욕주가 툴을 충분히 사용하지 않는 것이었다. 사용을 의무화한 지역조차도 툴이 제대로 고려되지 않을 때가 많았다. 〈뉴욕타임스〉는 2014년에 "COMPAS 같은 프로그램은 제 역할을 함이 입증됐다"라 하면서 가석방 심사에 툴을 더 널리 받아들이라고 촉구했다.[16]

2015년 가석방 개혁을 둘러싼 재판이 주의 대법원까지 올라갔을 때, 〈뉴욕타임스〉는 다시금 COMPAS 같은 툴이 현 상황을 상당히 개선한다고 사설을 통해 의견을 피력했다. 사설을 보면 뉴욕가석방위원회가 "주관적이면서 때로 검토되지 않은 판단을 토대로 장기 재소자의 가석방을 으레 거부하던 과거의 방식을 완강히 고집한다"라고 주장했다. 그리고 COMPAS의 채택이 '위원회를 21세기로 끌고 들어올' 것이라고 썼다.[17]

그런데 〈뉴욕타임스〉의 논조가 바뀌었다. 아홉 달 뒤인 2016년 6월에는 "위스콘신주에서 데이터를 써서 피고인의 미래를 예언하는 행위에 대한 반발이 일어나다"라는 제목의 기사를 실었다.

기사는 ACLU(미국시민자유연맹)의 형법개혁사업단 단장의 말을 인용하면서 끝을 맺는다.

"지금 우리는 빅 데이터 위험 평가를 하는 미래 세계로 돌진 중이죠."[18]

그 뒤로 2017년 내내 〈뉴욕타임스〉의 논조는 더 삭막해져만 갔다. 5월에는 "툴의 비밀 알고리즘 때문에 교도소로 보내지다", 6월에는 "컴퓨터 프로그램이 당신을 계속 교도소에 가둘 때", 10월에는 "알고리즘이 당신을 교도소로 보내는 일을 도울 때"라는 기사가 계속 실렸다. 대체 무슨 일일까? 한마디로 〈프로퍼블리카〉의 활약 때문이었다.

데이터 획득

앵윈은 실리콘밸리에서 자랐다. 부모는 프로그래머였고, 스티브 잡스Steve Jobs가 이웃이었다. 그래서인지 그는 일찍부터 자신이 프로그래머가 되겠거니 하고 생각했다. 그러나 자라면서 저널리즘을 접했고 그와 사랑에 빠졌다. 2000년경에 그렇게 〈월스트리트 저널〉의 기술 관련 기자가 됐다. 그는 이렇게 말했다.

"무척 재미있었죠. 그들은 이렇게 말했어요. '컴퓨터 좀 아세요? 인터넷 쪽을 맡기려고 당신을 뽑으려 해요!' 그래서 나는 이렇게 물었죠. '인터넷 중에서 특히 뭔데요?' 그러니까 이런 답이 돌아왔어요. '전부 다요!'"[19]

그렇게 앵윈은 14년간 그 신문사에서 일했다. 닷컴 붕괴로부터 소셜 네트워크와 스마트폰의 출현으로 이어진 시기였다. 그는 기술뿐 아니라 기술이 빚는 사회적 문제까지 다뤘다. 그리고 "그들은 무엇을 알까"라는 개인 정보 보호 관련 현안을 다룬 장기 연재 기사를 썼다. 이윽고 2013년에 회사를 떠나 개인 정보 보호 문제를 다룬 책을 쓰기 시작했다.[20]

책을 쓰면서 휴식을 취한 뒤, 앵윈은 〈프로퍼블리카〉에 합류했다. 〈프로퍼블리카〉는 전직 〈월스트리트저널〉 편집국장 폴 스타이거Paul Steiger가 설립한 비영리 언론사다. 앵윈이 그간 매달린 주제가 "그들은 무엇을 알까"였다면, 이는 필연적으로 또 다른 의문을 불러일으켰다.

"그들은 그것으로 무엇을 할까?"

앵윈은 내게 말했다.

"그래서 나는 데이터에서 용도 쪽으로 나아갈 필요가 있다고 생각했어요. 그게 바로 다음 이야기죠. 그들은 그것으로 무엇을 할까? (…) 당신에 관해 어떤 판단을 내릴까?"[21]

앵윈은 데이터를 토대로 이뤄지는 결정 중에서 가장 큰 영향을 미치면서도 간과되는 것을 찾으러 나섰다. 그렇게 형사법 분야에 안착했다. COMPAS 같은 통계적 위험 평가 방식은 이제 미국의 사법 기관 수백 곳에서 쓰였다. 가석방뿐 아니라, 미결 구금, 보석, 심지어 선고에도 적용됐다.

"나는 이 툴이 전국에서 쓰인다는 것을 알고 정말 충격을 받았어요. (…) 게다가 거기서 독립적으로 검증된 것이 전혀 없다는 사실에 더 충격을 받았죠."

예를 들어, 뉴욕주는 2001년부터 COMPAS를 썼는데, 이 툴이 처음으로 정식 평가를 받은 것은 2012년이었다. 사용된 지 무려 11년이 지난 뒤였다(뉴욕주 측은 COMPAS가 유효하며 예측이 정확하다고 평가했다).[22]

사실, 이런 이야기는 놀라울 만치 흔하다. 미네소타주 재판 사건의 약 40퍼센트를 맡는 미네소타 제4 지방법원은 1992년에 미결 위험 평가 툴을 자체 개발했다. 그에 대한 공식 평가 보고서는 이렇게 시작한다.

"보고서에는 척도가 사용되고 몇 년 내로 검증을 받아야 한다고 했다. 하지만 거의 14년이 지나서야 검증이 이뤄졌다."[23]

2006년에 겨우 이뤄진 평가에서는 툴에 쓰인 변수 중 네 가지(피고가 미네소타에 석 달 이상 거주했는지 여부, 홀로 살았는지 여부, 입소 연령, 범행 시 흉기 사용 여부)가 재판 날짜를 기다리는 사이 재범을 저지르거나 법정에 출석하지 않을 위험과 거의 상관이 없다는 것이 드러났다. 그럼에도, 그런 변수를 토대로 미결 구금을 권고했다. 게다가 그 네 가지 요인 중 세 가지는 인종과 강한 상관관계가 있었다.

결국 미네소타 제4 지방법원은 기존 툴을 폐기하고 처음부터 새로 개발하기 시작했다.[24] 위험 평가 툴을 살필수록 앵윈의 우려는 더욱 커졌다. 그리고 자신이 후속으로 다룰 이야기를 찾았다.

"기자로서 보기엔, 그 문제는 최악과 최악의 만남이었어요. 감사를 받은 적은 한 번도 없는데 사람의 운명을 크게 움직이죠. 약삭빠른 것들은 이게 인류의 모든 측면을 대변한다고 말하고요. 그래서 저는 결심했죠. 내가 검증해 보겠다고."[25]

앵윈은 특히 COMPAS에 초점을 맞추기로 했다. 뉴욕주뿐 아니라 캘리포니아주, 위스콘신주, 플로리다주에서도 널리 쓰이기 때문이다. 재판 관할 구역으로만 따져도 총 200곳에 달했다. 제대로 연구가 안 된 상태에서 널리 쓰였고, 기본 설계가 백서에 나오긴 했지만 소스가 공개되지 않았기에 '블랙박스'나 다름없었다.

2015년 4월, 앵윈은 플로리다주 브로워드 카운티에 정보 공개를 요구했다. 다섯 달간 법적 다툼을 벌인 끝에, 그는 마침내 데이터를 손에 넣었다. 2013~2014년간 COMPAS가 브로워드 카운티에 제공한 1만 8,000건의 위험 점수였다. 그리고 앵윈 팀은 사전 조사 성격의 데이터 분석을 시작했다. 곧바로 뭔가 이상한 점이 드러났다. 1~10의 위험 점수는 흑인 피고에게는 비교적 균등했다. 그러니까 점수별로 거의 10퍼센트씩 배분됐다. 그런데 백인 피고는 배분이 전혀 달랐다. 높은 점수가 거의 없었다.

그 즉시 앵윈은 기사를 쓰고 싶은 유혹을 느꼈다. 그러나 양쪽 분포가 전혀 다르다는 것 자체를 편견의 증거라고 단언할 수 없음을 깨달았다. 실제로 그렇게 차이가 날 수도 있을 테니까 말이다. 그렇다면, 그 피고는 정말로 얼마나 위험했을까? 알아낼 방법은 하나뿐이었다.

"1만 8,000명의 범죄 기록을 하나하나 다 봐야 한다는 서글픈 현실을 깨달았죠. 그래도 했어요. 엄청나게 지긋지긋했죠."[26]

그렇게 COMPAS 점수를 범죄 기록과 연관 짓는 일(데이터 과학에서는 '결합join'이라 부르는 것)에 앵윈과 팀, 그리고 플로리다주 브로워드 카운티 공무원까지 꼬박 거의 1년을 매달려야 했다. 앵윈은 설명했다.

"범죄 기록은 대개 자동으로 모았어요. 그리고 이름과 생년월일을 대조했죠. 상상 이상으로 지겨웠죠. 또 오탈자가 워낙 많아 모두 찾아 고쳐야 했죠. 매일 비명을 질렀을지 몰라요. 말 그대로 눈알이 빠질 것 같았죠. 브로워드 카운티는 실제로 그 '결합'을 한 적이 없었어요."[27]

그럼에도 브로워드 카운티는 〈프로퍼블리카〉가 데이터를 정리하고 뜻을 파악하도록 도왔다. 앵윈 팀은 그렇게 힘들게 얻은 결과를 2016년 5월에 기사로 썼다. "기계의 편견"이라는 제목 아래에는 굵은 글자로 이렇게 적혀 있었다.

"전국의 범죄자를 예측하는 데 쓰이는 툴이 있다. 그런데 흑인에게 편견을 가졌다."[28]

브레넌과 웰스는 7월 초에 〈프로퍼블리카〉의 조사 결과를 공식적으로 반박하고 나섰다.[29]

"데이터를 제대로 분류하면, 흑인에게 편견을 보인다는 주장이 틀렸음을 알 것입니다."[30]

브레넌과 웰스는 COMPAS가 공정성의 두 가지 핵심 기준을 충족시킨다고 주장했다. 첫째, 흑인 피고에 관한 예측은 백인의 경우만큼 정확하다고 주장했다. 둘째, 1~10이라는 위험 점수가 '보정calibration'을 통해서 인종에 상관없이 같은 뜻을 지닌다고 했다. 예를 들어, 폭력으로 재범을 저질러서 7점을 받은 피고인은 '인종에 상관없이' 같은 기간에 재범 확률이 똑같다는 뜻이다. 2점, 3점 등도 마찬가지라 했다. 즉, 인종에 상관없이 1점은 1점, 5점은 5점, 10점은 10점에 해당하는 위험도를 지닌다는 주장이다. 그리고 COMPAS는 동등한 정확성과 보정이라는 이 두 속성을 지니며, 둘이 편향됐다는 것은 '본질적으로, 수학적으로' 불가능하다고 주장했다.

〈프로퍼블리카〉는 7월 말에 응답했다.[31] 노스포인트의 주장이 맞다고. 실제로 COMPAS는 보정을 거쳤고 양쪽 집단 전체에 걸쳐 같은 정확성을 보였다. 즉, 재범을 저질러서 다시 체포될 여부에서 보면 흑인과 백인 양쪽에서 예측 정확도가 61퍼센트였다. 그러나 뒤집어 보자. 39퍼센트는 틀렸다는 소리다. 그것도 놀라울 만치 서로 다른 방식으로 틀렸다. COMPAS가 판단을 잘못한 피고인 사례를 살피자 불일치가 드러났다.

"위험 점수가 더 높되 재범을 저지르지 않을 가능성을 따지니, 흑인 피고인이 2배 더 높았다. 그런데 백인 피고인은 더 낮은 위험 점수를 받은 뒤에 새로 범죄로 기소될 확률이 2배 더 높았다."[32]

COMPAS 예측이 공정한지의 질문은 더 날카로워졌다. 어떤 통계 척도가 옳은지의 문제는 공정성을 어떻게 정의하고 측정해야 하는지의 문제로 옮겨졌다. 그렇게 해당 논의는 터닝 포인트를 맞이하는데, 전혀 다른 분야에서 이뤄졌다. 출발은 더뎠지만 공정성 문제에 초점을 맞춘 분야였다.

불공정이란?

하버드대 컴퓨터 과학자 신시아 드워크Cynthia Dwork는 '차등 개인 정보 보호differential privacy'라는 원칙을 발전시킨 인물로 잘 알려졌다. 이 원칙 덕분에 기업은 소비자 데이터를 수집하면서 소비자 개별의 개인 정보를 보호한다.

웹브라우저 개발 기업이라면 사용자의 행동을 이해하고 싶을 때, 개별 사용자가 어느 웹사이트에 가는지를 모른 채 관련 데이터를 수집한다. 스마트폰 회사는 오탈자 바로잡기나 다음 단어 제시 방식을 개선하고자 할 때, 개별 사용자의 대화 내용을 상세히 모른 채 관련 데이터를 수집한다. 차등 개인 정보 보호 원칙 덕분이다.

차등 개인 정보 보호 원칙은 2014년경부터 주요 기술 기업에 거의 다 채택됐고, 이 업적으로 드워크는 컴퓨터 분야에서 가장 권위 있는 상 중 하나인 괴델상을 받았다.[33] 그러나 2010년 여름, 그는 새로운 문제를 찾아 나섰다.

"2000년인가, 2001년인가부터 개인 정보 보호 문제를 연구하

기 시작했어요. 차등 개인 정보 보호 연구는 2006년에 이미 끝났
죠. 그런데 마지막으로 살피고 싶은 문제가 남았었어요. 그래서
마저 연구했죠. 그리고 다른 게 하고 싶었죠."[34]

당시 마이크로소프트 연구소에 있던 드워크는 동료인 아모스
피아트Amos Fiat를 만나러 버클리로 갔다. 두 컴퓨터 과학자는 온
종일 대화했다. 동네 식당에서 점심을 먹을 때, 대화 주제는 공정
성 쪽으로 흘러갔다. 드워크는 이렇게 회상했다.

"인종차별주의가 어떻니, 성차별주의가 어떻니 하는 말에 주변
사람이 당혹스럽지 않도록, '자주색 타이'와 '스트라이프 셔츠' 같
은 암호를 써서 말했습니다. 그러다가 점심 무렵에는 (…) 바로 그
문제에 몰두하기에 이르렀죠."

이론 컴퓨터 과학에서 '공정성'은 다양한 맥락에서 등장한다.
모두가 적절한 몫을 얻도록 케이크를 자르는(또는 유산을 나누는)
게임이론적 방식부터 모든 과정이 적절한 CPU 가동 시간을 확
보하도록 알고리즘의 순서를 정하는 것에 이르기까지 다양하다.
그러나 드워크는 그 분야가 아직 진정으로 직시하지 않은 뭔가가
더 있다고 봤다.

공교롭게도 드워크는 앵윈이 쓴 "그들은 무엇을 알까" 중 온라
인 광고를 다룬 내용을 읽은 적이 있었다. 더 이전부터는 아니라
해도 여러 기업은 2010년경부터 자사 웹사이트를 방문하는 모든
사용자의 신원을 거의 정확히 식별했고(익명으로 접속해도 후보자
를 수십 명 이내로 좁혔다) 누구에게 어떤 신용카드를 추천할지 같

은 판단에 1초도 채 걸리지 않음을 보여 줬다.[35]

앞서 10년간 개인 정보 보호를 연구했기에, 드워크도 생각의 방향을 바꾸기 시작했다. "그들은 무엇을 알까"라는 질문에서 "그들은 그것으로 무엇을 할까"라는 질문으로 넘어갔다. 그는 마이크로소프트 연구소로 돌아와 말했다.

"우리가 다룰 문제를 찾았어."

당시 드워크 팀 연구원 중에 프린스턴대 박사 과정생이자 여름 인턴으로 온 하트도 있었다. 하트는 현실 세계 문제를 연구하는 쪽으로는 발을 들이고 싶지 않았다. 그의 관심은 이론 쪽이었다. 복잡성, 어려움, 랜덤 같은 개념이었다. 추상적일수록 그에겐 더 좋았다. 그는 이렇게 농담했다.

"애플리케이션이 없죠. 옛날 사람들이 하던 거요.[36] (…) 나는 배운 건 많았지만 그 분야에서 해결할 문제가 한정적임을 알았어요. (…) 내가 호기심을 가진 세계에 관한 의문을 다루지 않았죠. 그래서 곧 컴퓨터 과학이 건드리는 더 사회적 문제에 끌렸습니다."

하트가 드워크와 함께 개인 정보를 보호하는 데이터 분석을 한 것은 이 때문이었다. 그리고 드워크를 공정성 연구 쪽으로 끌어들였다. 그때를 하트는 이렇게 회상했다.

"사람들이 개인 정보 보호를 요구할 때, 자신의 정보를 누군가가 나쁜 방향으로 사용하는 것을 우려할 때가 많지 않을까? 신시아는 이렇게 생각했어요. 자신의 데이터를 감추겠다는 뜻이라기보다, 데이터가 악용됨으로써 생길 피해를 막겠다는 쪽이 아닐까

하는 거였죠. (…) 그 직감은 아주 정확했어요. 시간이 흐르면서 대중 담론은 개인 정보 보호에서 공정성으로 옮겨갔고, 개인 정보 보호 문제처럼 보였던 모든 것이 갑작스럽게 공정성 문제처럼 보였어요."

하지만 하트, 드워크는 공정성에 관한 철학적 및 법적 개념을 딱딱한 수학적 제약 조건으로 번역하는 일이 엄청나게 복잡할 뿐 아니라, 수십 년 된 개념까지 포함해서 고정관념과 관행 중 심하게 잘못된 것이 많다는 점을 서서히 알기 시작했다. 해악이 명백해 보이는 것도 있었다. 예를 들어, 미국의 차별 금지법은 인종, 성, 장애 같은 수많은 '보호 속성protected attribute'(차별 금지 사유)을 정의하는데, 이를 두고 사람들은 대개 고용, 구금 같은 상황에서 영향을 미치는 머신 러닝 모형에는 이런 변수 사용을 엄격히 금지해야 한다는 식으로 이해한다.

어떤 모형이 인종(또는 성별 등)을 하나의 속성으로 '삼는다'라는 말이 언론에 나오면, 우리는 이미 뭔가가 심하게 잘못됐다고 믿는다. 거꾸로 그 모형을 만든 기업이나 기관은 '인종을 속성으로 삼지 않는다'는 것, 즉 '인종 가림 처리race-blind'를 했다 말함으로써 자신의 모형을 옹호한다. 직관적으로 생각해도 그 정도면 충분해 보인다. 애당초 누가 어느 인종 집단에 속하는지 모르면, 특정 집단 차별이 어떻게 가능하겠는가? 그러나 그 생각은 틀렸다. '보호 속성' 삭제만으로는 뭔가 부족하다. 몇 가지 이유가 있다. 해당 모형이 성이나 인종과 상관관계가 있는 특징을 다루는 한, 보호 속성을 명시적으로 피해도 실제로는 별 소용이 없다.

보스턴 심포니 오케스트라, 아마존의 미케니컬 터크 사례를 다루면서 논의했듯이, 단순히 변수(앞의 사례로 보면 성별) 삭제만으로는 부족했다. 그 변수와 상관관계가 있는 다른 변수가 있으면 더 그렇다. 이를 '중복 인코딩redundant encoding'이라고 한다. 즉, 보스턴 심포니 오케스트라, 아마존 사례에서의 성별 속성은 중복 인코딩이 된 셈이다.

형사법에서 보자면, 한 인구 집단을 '다르게' 처리했는데 결과적으로 중복 인코딩이 되기도 한다. 한 예로, 소수자 거주 지역을 다른 지역보다 더 공격적으로 단속하면, 전과 기록처럼 중립적으로 보이던 것이 갑자기 인종 중복 인코딩이 된다.[37]

중복 인코딩 문제에서 보듯이, 민감한 속성을 단순히 가리는 것만으로는 부족하다. 중복 인코딩의 부작용 중 하나는 속성을 가리면 오히려 상황을 악화시킬 수 있다는 점이다. 예를 들어, 어떤 모형에서는 어느 변수가 인종과 얼마나 상관관계가 있는지 측정하고 싶을 수도 있다. 그런데 인종 속성이 실제로 무엇인지 모르면? 그 측정을 할 수 없다!

내가 만났던 한 프로그래머는 이렇게 말했다. 성별과 인종 같은 민감한 속성에서 모형이 편향되지 않도록 만드는 것을 경영진이 계속 강조하지만, 개인 정보 보호 방침 때문에 자료에 담긴 보호 속성에 아예 접근할 수 없다고 말이다. 그래서 개발이 끝날 때까지도 그들은 모형이 편향됐는지 여부를 모른다고 했다.

보호 속성을 빼는 방식은 편향 측정뿐 아니라 줄이는 것까지 불가능하게 만든다. 예를 들어, 채용에 쓰이는 머신 러닝 모형은 지난해에 직장을 다니지 않은 지원자에게 감점을 줄 수도 있다. 그런데 직장에 다니지 않은 이유가 임신이나 출산일 수 있으므로, 해당 사유에서 감점을 받기를 원치 않을 수도 있다. 그런데 '성별 가림 처리'가 돼서 성별 자체를 아예 포함할 수 없거나, 임신과 강하게 연결된 뭔가를 포함할 수 없으면? 편향을 줄이기 힘들어진다.[38] 하트는 이렇게 말했다.

"가장 확고한 사실은 가림 처리를 통한 공정성 확보 방식이 효과가 없다는 겁니다. 해당 연구 분야 전체에서 가장 확립된, 가장 확고한 사실이죠."[39]

이 개념이 컴퓨터 과학자로부터 법학자, 정책 결정자, 일반 대중에게로 스며드는 데에는 시간이 걸리겠지만 이미 스며들기 시작한 상태다. 〈펜실베이니아대학교 법학평론University of Pennsylvania Law Review〉에는 이런 글이 실렸다.

"보호받는 집단의 지위를 고려하도록 알고리즘이 허용되는 것이 더 공정한 결과를 낳는 사례도 있다. 하지만 어떤 결정을 내릴 때 보호받는 집단 지위를 고려하는 것은 법적 피해를 일으킬 사례도 많으므로, 기본 원칙의 변화를 필요로 할 수도 있다."[40]

하트가 드워크와 함께 일하며 보낸 여름은 결실을 맺었다. 이런 초기 연구 결과 중 일부를 담은 논문 형태였다.[41] 이 논문은 연구 결과를 보여 주는 차원을 넘어서 동료 이론가에게 살필 만한 뭔가가 있다고 알리는 등대 역할을 했다. 다루지 않았던 이론적 질문을 풍부하게 담았을 뿐 아니라, 현실 세계에도 부인할 수 없을 만치 중요한 것이 있다고 말이다.

프린스턴대로 돌아온 하트는 박사 학위를 받자, 일종의 '학문적 남녀 미팅' 자리에 나가는 상황에 처했다. 드워크는 컴퓨팅 윤리 문제를 연구하는 데 선구적인 역할을 한 니스봄과 친했었다.[42] 니스봄에게는 솔론 버로카스Solon Barocas라는 대학원생이 있었는데, 드워크과 니스봄은 자신들의 두 제자가 서로 잘 맞겠다고 생각했다.[43] 첫 만남은 꽤 어색하게 시작됐다. 그렇게 하트는 프린스턴 위더스푼가의 일식집에 앉았다. 그리고 버로카스가 들어왔다. 그때를 하트는 이렇게 회상한다.

"그는 자리에 앉더니 논문을 꺼냈어요. 논문에 노란 펜으로 꼼꼼하게 밑줄 그은 것을 보고 나는 '헉' 했어요. 컴퓨터 과학 논문을 그런 식으로 읽다니!"

하트는 웃음을 터뜨렸다.

"그때까지 나는 논문의 단어를, 늘 수학을 위한 충전재라 생각했죠. (…) 당혹스러웠어요. 내가 쓴 것은 다 헛소리였으니까."

그렇게 하트와 버로카스는 대화를 나누기 시작했다. 시작은 어색했지만, 스승들이 짐작한 대로 서로 잘 맞음이 그 자리에서 확연히 드러났다. 이윽고 둘은 2013년 NeurIPS 학술 대회 때 공정성을 주제로 한 워크숍을 열겠다는 제안서를 내기로 했다. 하지만 NeurIPS는 거부했다. 하트는 그때를 회상하며 말했다.

"주최 측은 워크숍을 열기에 연구나 자료가 부족하다고 판단
했더군요. 1년 후 솔론과 나는 다시 힘을 합쳤어요. 포기하기 전에
한 번만 더 해 보자고."

하트와 버로카스는 범위를 더 넓히고 워크숍 이름도 새로 정했
다. "머신 러닝에서의 공정성, 책임성, 투명성Fairness, Accountability,
and Transparency in Machine Learning", 줄여서 FATML이라 제출했다.
이번에는 NeurIPS가 받아들였다. 그해 몬트리올에서 열린 학술
대회에서 온종일 워크숍이 열렸는데, 그들은 진행을 맡았고 드워
크가 첫 발표자로 나섰다. 하트는 졸업 후 IBM 연구소로 간 상태
였다. 그럼에도 맡은 업무를 하는 와중에 틈틈이 공정성 문제를
계속 연구했다.

"컴퓨터 과학자로 살아가려면 해야 할 다른 일이 늘 있었거든
요. 커리어 측면에서 보자면 늘 부차적인 과제처럼 느껴졌죠."

하지만 IBM은 하트에게 나름의 자유를 줬다. 그의 열정에 공
감하는 이들이 그다지 없긴 했지만 말이다.

"우리 부서는 내 주제에 별 관심이 없었어요. 물론 다른 곳도 다
를 바 없었지만."

하트와 버로카스는 2015년에 또다시 워크숍을 열었다. 하트는
이렇게 회상한다.

"빈자리 없이 꽉 찼어요. 하지만 혁명이 시작된 것은 아니라고
말하는 게 안전하겠죠."

하트는 틀에 박힌 컴퓨터 과학을 하느라 여전히 많은 시간을

할애해야 했다. 그리고 다시 한 해가 지났고, 그와 솔론은 세 번째 워크숍을 열었다. 그런데 이번에는 뭔가 달랐다.

"걷잡을 수 없이 일이 생긴 해였습니다. 모두가 어떤 식으로든 간에 이 문제를 연구하기 시작했어요".

2014년 첫 워크숍 때 발표했던 수학자이자 블로거인 캐시 오 닐Cathy O'Neil은 베스트셀러인 《대량살상 수학무기Weapons of Math Destruction》를 썼다. 빅 데이터를 부주의하게(또는 더 나쁘게) 씀으 로써 빚어진 사회문제를 다룬 책이었다.

또한 전 세계 여론조사 기관의 충격적인 선거 결과 오판은 예 측 모형의 신뢰성을 흔들었다. 케임브리지 애널리티카Cambridge Analytica 같은 정치 데이터 분석 기업의 활동 역시 머신 러닝을 정 치적 용도로 쓰는 게 과연 옳은지 의문을 불러일으켰다. 대표적 으로 페이스북과 엑스 같은 소셜 미디어는 사용자 수십억 명에 게 보여 주는 정보를 걸러 내는 데 머신 러닝을 어떻게 쓰는지(그 리고 실제로 쓰는지 여부)를 놓고 집중포화를 받았다. 〈프로퍼블리 카〉는 1년간 지치지 않고 데이터 정리와 분석을 한 뒤, 미국에서 가장 널리 쓰이는 위험 평가 툴 중 하나에 대해 보도했다.

공정성은 하나의 문제가 아니었다. 하나의 움직임이 됐다.

공정성의 불가능성

2012년 이래, 코넬대 컴퓨터 과학자 존 클라인버그Jon Kleinberg와
시카고대 경제학자 멀레니어선은 판사가 내린 미결 구금 결정과
머신 러닝 모형을 사용한 결정을 분석했다(머신 러닝을 사용해서).
클라인버그는 이렇게 말했다.

"인종 불평등 맥락에서 우리가 알고리즘 툴에 우려하는 것이
무엇인지 살피려는 노력이죠. 저는 우리가 그 문제를 꽤 많이 고
찰했다 생각해요. 그때 〈프로퍼블리카〉 기사가 나왔죠. (…) 우리
소셜 미디어 채널마다 그 기사를 공유하는 글로 가득했어요. 정말
로 사람들의 이목을 사로잡았죠. 우리는 이렇게 느꼈어요. 사람들
이 주목하네? (…) 한번 파헤쳐 보자고요. 그리고 우리가 생각하던
주제와 어떤 관련이 있는지도 알아보자고요."[44]

피츠버그에서는 카네기멜론대 통계학자 알렉산드라 츌드초바
Alexandra Chouldechova가 2015년 봄부터 펜실베이니아주 양형 위원
회와 함께 위험 평가 툴의 다양한 수학적 특성을 한눈에 보는 현
황판을 개발했다. 이에 대해 츌드초바는 이렇게 말했다.

"분류 척도를 써서 다양한 공정성 개념을 파악하고, 그것이 어
떻게 관련되는지를 이해하고자 (…) 이 문제를 더 깊이 생각하고
시작했죠. 내가 아직 다른 연구 과제에 초점을 맞출 때 그 모든 일
이 계속 생겼어요. (…) 나는 선임 동료에게 위험 평가 툴의 타당성
에 관해 논문을 쓰겠다 말했는데(문헌 조사 같은 것도 함), 〈프로퍼

블리카〉기사가 그때 나온 거예요. 그 기사는 이 분야에서 많은 사람들의 생각을 촉진하는 데 크게 기여했습니다."[45]

미국 반대편에서도 거의 같은 상황이 펼쳐졌다. 스탠퍼드대 박사 과정생 샘 코벳데이비스Sam Corbett-Davies는 '컴퓨터 과학 전공자가 으레 그렇듯이 로봇학을 연구하려고' 박사 과정에 진학했다. 하지만 그 일이 즐겁지 않음을 알아차렸다.

"또 취미 차원으로 미국 공공 정책 쪽 문헌을 강박적으로 읽었어요. 읽다가 이런 생각이 들었죠. 내 기술을 정책에 초점을 맞춘 뭔가와 결합할 방법이 있지 않을까라고요."[46]

당시 스탠퍼드대에 임용된 샤래드 고엘Sharad Goel 조교수는 컴퓨터와 통계적 접근법을 써서 공공 정책을 연구 중이었다.[47] 공동 연구가 당연해 보였고, 곧 코벳데이비스와 고엘은 인간 판단에서 나타나는 편향을 살피는 많은 과제를 함께하기 시작했다. 그들 연구에는 노스캐롤라이나주의 차량 검문을 살핀 연구도 있었다. 연구 결과 경찰이 흑인, 히스패닉 운전자를 검문할 때보다 백인 운전자에게 더 낮은 기준을 적용하는 듯하다는 것을 알아차렸다. 더 자주 검문하는데, 불법 물품을 찾아내는 사례는 더 적었다.[48] 코벳데이비스는 이렇게 설명한다.

"이 문제를 연구하면서 차별이 일어난다 생각했죠. 그럴 때 (…) 〈프로퍼블리카〉 기사가 나온 거예요."

〈프로퍼블리카〉는 COMPAS가 저지른 오류의 유형을 강조하면서, 재범을 저지르지 않은 흑인 피고인의 위험을 일관되게 확

대하고, 재범을 저지르는 백인 피고인의 위험을 평가 절하하는
듯하다는 사실을 폭로했다. 이에 대해 노스포인트는 오류의 '유
형'이 아니라 '비율'에 초점을 맞추면서, 모형이 흑인과 백인 양쪽
을 예측하는 정확도가 같은 수준이며, 더 나아가 COMPAS가 매
기는 위험 점수가 '보정된' 것임을 강조했다. 한마디로 인종에 상
관없이 같은 점수를 받으면 재범 가능성도 동등하다는 것이었다.
"COMPAS는 공정한가?"라는 질문은 공정성의 두 가지 수학적
정의 간 갈등이라는 문제로 귀결되는 듯했다. 과학에서 종종 그렇
듯이, 어떤 개념이나 통찰이 성숙해져 받아들여지기까진 시간이
꽤 걸린다.

　이윽고 논문 세 편이 등장했다.[49] 세 연구진의 노력은 비슷한
결과를 낳았고, 서로 보완적이라는 것이 드러났다. 다만 그리 좋
지 않은 소식이 담겼다. 클라인버그는 〈프로퍼블리카〉의 공정성
정의(재범을 저지르지 않을 흑인 피고인이 고위험군으로 잘못 분류될
확률이 백인 대비 거의 2배에 달하는 경향)가 그 논쟁의 핵심이라고
봤기에 이렇게 말했다.

　"기본적으로 그것(공정성 정의)을 우리가 더 주의를 기울였던
다른 정의와 비교하면서 이렇게 물었어요. 이 정의는 어느 정도까
지 들어맞을까라고요."

　그렇다면 답이 나왔을까?

　"조화시킬 수 없다는 것이었어요."

　흑인과 백인 피고인의 '기준율base rate'이 우연히도 같은(양쪽 재

범률이 똑같은) 사회여야만 〈프로퍼블리카〉와 노스포인트의 기준을 동시에 충족한다. 그런데 이는 머신 러닝과 무관하다. 따라서 형사법과도 무관하다. 클라인버그 연구진은 이렇게 썼다.

"양쪽 집단의 기준율이 다른 상황에서 위험 추정을 할 때 그 차이는 있을 수밖에 없다."[50]

촐드초바의 분석 결과도 정확히 똑같았다. 그 역시 보정한 툴이라 해도 "재범률이 집단별로 다를 때에는 거짓 양성률과 거짓 음성률을 같게 맞출 수 없다"라고 썼다.

"그러니까, 모든 정의를 충족시킬 수 없어요. 그건 하나의 일반 원리예요. 그러나 이 사례에서는 현실 세계에서의 위험 평가와 관련된 (…) 흥미로운 결론으로 이어지죠."[51]

어떤 모형이든지 바람직한 기준 집합을 충족하기 불가능하면, 언론으로부터 비판의 화살을 맞을 만한 폭로 거리를 지니게 마련이다. 코벳데이비스는 이렇게 설명한다.

"이 세계에서 〈프로퍼블리카〉는 편향이라 불리는 어떤 값이든 찾아낼 수가 있어요. 편향 관련 기사가 나오지 못하게끔 할 만한 알고리즘 같은 것은 전혀 없어요."[52]

역설적이게도 코벳데이비스는 플로리다주 브로워드 카운티 데이터를 분석했을 때, COMPAS가 성별 측면에서는 보정이 되지 않음을 발견했다.

"위험 점수가 5점인 여성은 재범률이 3점인 남성과 같은 수준입니다."[53]

그리고 코벳데이비스는 내게 이렇게 말했다

"이것도 거기서(《프로퍼블리카》) 기사 쓸 텐데요."[54]

이 '불가능성'이라는 냉엄한 수학적 사실은 머신 러닝 모형뿐 아니라 인간이든 기계든 모든 분류 수단에 영향을 미친다는 뜻이기도 하다. 클라인버그는 이렇게 썼다.

"모든 위험 점수 할당은 그 원리상 편향의 근거를 향해 자연스럽게 제기되는 비판을 받는다. 위험 점수를 알고리즘이 정하든 인간이 정하든 간에 이 말은 똑같이 들어맞는다."[55]

이렇게 동등히 직관적으로 와닿는 듯하면서, 동등하게 바람직한 공정성의 다양한 척도를 어떻게 조화시킬까의 답(불가능하다)과, 인간의 훌륭한 판단이 이런 면에서 더 나은가의 답(아니다)이 확정됐다. 그리고 또 다른 질문이 저절로 따라 나온다.

"그러면 어떻게 해야 할까?"

불가능성 그 이후

나는 클라인버그에게 불가능성이라는 결과를 어떻게 생각하는지, 그 결과가 우리에게 주는 의미를 물었다.

"딱히 뭐라 할 만한 게 없어요. 상황에 따라 다를 거예요. (…) 자신이 어느 방면에서 일하냐에 따라 어느 한쪽에 더 비중을 두는 거겠죠."

이런 상충에서 중요하게 여기는 측면이 영역에 따라 크게 달라짐은 분명하다. 예를 들어, 대출이라는 영역을 생각해 보자. 예비 채무자에게 대출을 거절하는 것은 채권자로서는 이자 수익을 놓친다는 뜻이 될 뿐 아니라, 돈이 필요한 채무자에게도 심각한 결과를 빚는다. 집을 살 수 없고, 사업을 시작할 수 없다. 반면, 정반대로 채무 불이행자에게 대출을 승인하면? 채권자는 금전적 손실을 입을 수밖에 없다.

이 비대칭성은 공정성이 무슨 뜻인지에 관한 우리의 생각을 바꾸게 한다. 예를 들어, 우리는 신용이 좋은 두 채무자 집단이 동등한 대출 기회를 가지도록 보장하고 싶을 수 있다. 수학적으로 채권자 수익이 줄어들 뿐 아니라, 상대적 저신용자가 한쪽 집단에 더 많이 나타날 것이라 해도 그렇다.[56] 그러나 형사법 영역, 특히 폭력 범죄의 맥락에서는 거짓 양성(재범을 저지르지 않는 '고위험'자)과 거짓 음성(재범을 저지른 '저위험'자) 양쪽은 모두 심각한 피해를 입힌다. 우리가 추구하는 상충과는 전혀 다를 가능성이 높다.

한 예로, 코벳데이비스는 위험 평가 맥락에서의 거짓 양성률 보정(재범을 저지르지 않을 피고인이 인종에 따라 부적절하게 구금될 가능성이 없도록 하는 것) 결과가 두 집단 간 실제 범죄율과 다르다면, 결국 인종에 다른 기준을 적용한 셈이 된다고 주장했다. 예를 들어, 흑인은 위험도가 7점 이상 시 구금하지만 백인은 6점 이상 시 구금한다는 뜻이 된다. 그는 이런 접근법이 수정헌법 14조의 평등 보호 조항에 위배될 것이라고 말한다.[57] 또한 실제로는 그보다 더욱 영향이 안 좋다고 말한다.

"결과적으로 저위험 피고인을 구금하고 고위험 피고인을 풀어 주는 셈이니, 풀려난 피고인이 저지르는 폭력 범죄가 증가한다. 알다시피 범죄는 대체로 공동체 간이 아니라 공동체 내부에서 일어나므로, 범죄는 소수자 거주 지역에 집중되고, 그 희생자는 수정헌법 14조를 근거로 소송을 제기할 가능성이 있다."[58]

또한 불가능성은 거짓 양성률과 음성률을 동등하게 함이 결국은 '보정을 포기한다는 뜻'임을 보여 준다. 각 점수별 위험 수준에서 피고의 재범 가능성을 '성별이나 인종에 상관없이 똑같게' 보장하는 것을 포기한다는 뜻이다. 코벳데이비스는 이렇게 말했다.

"보정이 없으면 위험 점수를 매긴다는 것이 어떤 뜻인지가 불분명합니다. 당신이 내게 이 사람은 얼마나 위험하냐고 물으면, 나는 2점이라 답할 겁니다. 그 뜻에 대해 나는 이렇게 말하겠죠. 남성이면 재범을 저지를 확률이 50퍼센트고, 여성이면 20퍼센트라는 뜻이라고. 그렇게 당신은 그 2점이 어떻게 뜻을 잃는지 알아차립니다."[59]

브레넌은 보정이 매우 중요하다는 데 동의한다.

"흑인과 백인 둘 다 7점이면, 실패율이 똑같다는 뜻일까요? 체포율이 똑같을까요? (…) 표준 방법이라 함은 인종적으로 편향되지 않으면서 정확성은 유지하는, 그러니까 '절대적으로' 보장하겠다는 거죠. (…) 그렇게 우리는 양쪽을 다 했고요. 그런데 다른 뭔가를 또 한다면? 그 법칙을 깨는 겁니다."[60]

하지만 보정의 중요성을 강조하는 이들조차도 그것만으로는 부족하다고 생각한다. 코벳데이비스는 이렇게 말했다.

"보정의 목적은 대체로 바람직하지만, 결정의 공평은 거의 보증하지 않습니다."[61]

그러나 한꺼번에 만족시킬 수 없다 해서, 다른 조합보다 더 나은 상충점이 불가능하다는 뜻은 아니다. 그 상충점을 탐사한 연구자도 있으며, 지금도 그 연구는 계속된다.[62]

나는 앵윈에게 자신의 기사가 촉발한 이론 연구 결과, 기사가 요구하는 일이 궁극적으로 불가능하다는 사실, 즉 동등하게 보정하면서 거짓 양성과 거짓 음성 사이 대등한 균형을 유지하는 것이 불가능하는 사실을 이야기했다. 그리고 이에 대해 어떻게 생각하는지 물었다.

"나는 그것이 정책적 문제라고 느껴요. 도덕적 문제이기도 하고. 하지만 정말 흡족한 부분은 우리가 기사를 쓰기 전까지 아무도 그것이 문제라는 생각을 못 한 거죠. 나로서는 그것이 언론인으로서 한 가장 큰 일처럼 느껴져요. (…) 내가 문제를 아주 정확히 정의함으로써 해결이 가능해진 거라는 생각이 들어요."[63]

〈프로퍼블리카〉가 촉발한 대중 담론을 모두가 환영한 것은 아니다. 앤서니 플로러스Anthony Flores의 형사법 연구진은 〈프로퍼블리카〉 기사에 답하는 형식의 '답변서'를 발표했다. 그들은 보정된 (공정성 확보의 적절한 수단으로서의 보정) COMPAS를 옹호했을 뿐 아니라, 그 논쟁 자체가 해로운 영향을 일으켰다고 한탄했다.[64]

"우리는 역사적으로 특이한 시기에 있다. 한 세대, 아니 아마 한 평생에 걸쳐서 과학적 방식으로 양형을 개혁하고 대규모 수감 문제를 해결할 기회를 접하는데, (위험 평가 모형에 관한) 잘못된 정보와 오해 때문에 그 기회를 놓치는 중이다. 엉성하게 수행된 연구나 오해를 일으키는 발언 모두 정책 담당자를 혼란과 마비에 빠뜨린다."

브레넌도 이 우려에 상당히 동의하며, 〈프로퍼블리카〉의 관점에 철저하게 반대한다. 내가 그 논쟁에 긍정적 측면이 있지 않냐고, 특히 컴퓨터 과학 분야와 그 너머에서 학제 간 움직임을 빚은 것은 긍정적이지 않냐고 묻자 그도 동의했다.

"공정성을 다양한 계수로 풀고, 사람들에게 특정한 계수 사용의 뜻, 혜택, 비용, 불가능성을 알리는 역할을 했다 생각해요. 어떤 문제를 이해하거나 그 문제에 이름이라도 붙이면, 문제의 존재조차 몰랐을 때보다 방법을 더 추구하는 것은 분명하니까요."[65]

컴퓨터 과학계는 이런 문제가 공개적으로 논의되는 편이 더 낫다는 데 동의한다. 드워크는 말했다.

"수학은 수학이죠. 그 수학이 무엇을 허용할지 알아내는 것이 최선이에요. 그리고 한계가 있는지조차 모르는 것보다 한계가 무엇인지 아는 편이 훨씬 더 나아요."[66]

〈프로퍼블리카〉의 기사가 나온 뒤 학계와 업계에서 첫 연구의 물결이 일어나자, 학계뿐 아니라 업계에서도 공정성 같은 윤리적 개념을 연구 주제로 삼는 것이 정당성을 얻자 하트로서는 매우 기뻤다. (자신의 연구도 포함한) 이 연구 물결이 일어난 2016년에 그는 구글에 있었고, 자신의 목격담을 상세히 설명했다.

"그전까지 사람들은 이런 문제를 다뤄야 할지조차도 확신하지 못했어요. 뜨거운 감자였죠."

그런데 2016년부터 구글 안팎에서 관심과 연구과 폭발적으로 증가했다.

"아주 뿌듯했어요. 실제로 사내 문화에 변화를 일으켰지요."[67]

클라인버그는 이런 문제에서 컴퓨터 과학이 맡은 역할은 관련자에게 현안을 명확히 분석할 툴을 제공하는 것이라 본다.

"우리 역할은 옳고 그름을 알려 주는 것이 아니라 그 논의를 할 언어를 제공하는 겁니다. (…) 그것이 컴퓨터 과학자로서의 의무에 속한다고 봐요. 비공식적이거나 정성적으로 존재하는 것을 가져와 생각하고 노력하는 거죠. 이걸 엄밀하고 정확하게 논의하도록 만들까? 이렇게 생각하는 식입니다. 논의하면 세상이 그 방향으로 나아가기 때문이죠."

세상은 확실히 그렇다. 2018년 늦여름, 캘리포니아는 'SB10' 법안을 통과시켰다. 보석금 제도를 완전 폐지하며, 피고의 구금 및 석방 여부만 선택하고, 이런 결정에 위험 평가 툴 사용을 의무화하는 기념비적인 법안이었다.[68] 그해가 저물기 직전에 미국 의회는 놀라울 만치 초당파적 투표를 통해 이른바 '첫걸음법First Step Act'을 통과시켰다. 이 법은 포괄적인 형사법 개혁 법안으로서, 이 중에는 법무부가 모든 연방 교도소 수감자의 재범 위험을 평가하

고 사회 복귀 여부를 판단하는 데 쓸 통계 모형을 개발하도록 정한 조항도 있었다.[69]

이처럼 위험 평가 툴이 갑작스럽게 더 널리 채택되지만, 그 툴의 채택과 툴을 만들고 쓰면서 얻는 지혜 사이의 경주는 적어도 당분간 나란히 달리는 양상을 띠는 듯하다. 멈칫했지만 우리는 이런 유형의 '좋은' 예측이 무엇인지 더 명확히 이해하는 중이다. 그러나 이 논의의 배후에는 더 큰 의문이 숨었다.

"우리는 정말로 '예측'하고 싶을까?"

〈프로퍼블리카〉 기사가 나온 뒤, 〈워싱턴포스트〉의 한 기자는 촐드초바에게 의견을 물었다. 그 질문은 사실상 이랬다. 〈프로퍼블리카〉의 주장과 노스포인트의 반론 사이의 긴장에 대한 의견. 촐드초바는 말했다.

"준비한 답이 하나 있죠. '재범률이 집단마다 다르면, 모든 것을 다 들어맞게 할 수 없다'였죠. 그런데 그가 실제로 중요한 게 뭐냐 물었을 때는 여기에 준비한 답이 없었어요. 그래서 뭐, 얼버무렸죠. (…) 그런데 그 질문이 계기가 돼서 나는 상황을 다른 관점에서 생각하기 시작했어요."[70]

예측 너머

현재 가용 데이터를 토대로 예측한다 해도, 그것에만 의존해서는
안 된다.
- 어니스트 버제스[71]

당신네 과학자는 가능 여부에 너무 몰두하는 바람에 (…) 과연 해
도 되는지는 생각한 적이 없었죠.
- 이언 맬컴이 연기한 제프 골드블럼, 〈쥬라기공원〉

예측에서 가장 중요한 것 중 하나는 '자신이 예측한다고 생각하는
것을 실제로 예측하도록 하는 것'이다. 말은 쉽지만 실천은 어렵
다. 예를 들어 이미지넷 경연 대회(2012년 알렉스넷이 월등한 능력
을 보여 줬던)는 사진이 무엇을 묘사하는지 식별하도록 기계를 훈
련시키는 것이 목표다. 그러나 훈련 데이터가 포착하는 것은 이것
이 아니다. 훈련 데이터는 미케니컬 터크의 인간 지원자가 말하는
것을 포착한다. 인간 지원자가 새끼 사자를 고양이라 반복해서 잘
못 식별하면, 시스템의 훈련 데이터에는 새끼 사자가 고양이로 묘
사될 것이고, 어떤 시스템이 그것에 사자라고 태그를 붙이면 점수
가 깎일 것이고, 이 '오류'를 잡기 위해서 시스템은 매개변수를 조
정해야 한다. 이 이야기의 교훈은 이렇다.
　"정답ground truth(실제 수집된 정보)이 정답이 아닐 때가 많다."

이런 유형의 격차는 형사법 예측 사례에서 더욱 중요하다. 사람들은 으레 '재범 예측'이라 간단히 말하지만, 훈련 데이터가 포착하는 것은 그것이 아니다. 훈련 데이터가 포착하는 것은 재범 여부가 아니라 다시 체포돼 유죄판결을 받는지 여부다. 이는 아주 중요한 구분일지 모른다.

인권데이터분석그룹의 수석 통계학자 크리스티안 럼Kristian Lum과 미시간주립대 정치학과의 윌리엄 아이작William Isaac은 치안 분야에서 예측 모형을 사용하는 문제를 다룬 2016년 논문에서 이 점을 상세히 다뤘다.

> 해당 데이터가 경찰 활동의 부산물로 수집되니, 이 데이터로 학습한 패턴을 토대로 한 예측은 미래의 범죄 발생 양상 전체에 들어맞지 않는다. 미래에 알려질 범죄 사례와 관련 있을 뿐이다. 이런 뜻에서 보면 '예측 치안 활동'이라고 부르는 편이 더 어울린다. 그러니까 미래의 범죄 예측이 아니다.[72]

덧붙이자면, 관련 비판은 1930년대부터 나왔다. 버제스가 제안한 가석방 개혁 조치가 일리노이주에서 실행될 때, 개혁 조치의 비판자(가석방자의 출소 후 생산적 활동에 대해 회의적인 이들)는 공식 통계 값이 재범률을 과소평가한다고 주장했다. 일리노이주 하원 소수당인 공화당 원내 대표인 엘머 J. 슈내컨버그Elmer J. Schnackenberg는 1937년에 이렇게 비판했다.

"가석방 직후 1~2년간 체포되지 않으면, 그 2년간은 착하게 살았다고 기록된다."[73]

우리가 툴을 써서 측정하려는 것과 데이터가 포착하는 것 사이의 격차는 보수와 진보 양쪽에 다 우려를 불러일으켰다. 체포를 피하는 데 성공한 범죄자는 '저위험자'로 등록될 것이고, 그 결과 비슷한 범죄자를 더 많이 풀어 주도록 권고한다. 그리고 과잉 치안으로 체포되고 잘못 유죄판결을 받아서 데이터에 '고위험자'로 분류된 이들은 시스템에 비슷한 범죄자의 가석방까지 거부하라고 추천한다.

예측 치안 활동이라는 맥락에서 보면 이런 상황은 특히 우려스럽다. 이 훈련 데이터는 경찰 활동 자체를 결정하는 데 쓰이며, 그 활동이 체포 데이터를 생성하므로 장기적 피드백이 형성될 가능성이 높기 때문이다.[74] 만약 덜 공격적으로 치안 활동이 이뤄진 지역이나 혐의를 벗기가 더 쉬운 지역에서의 범죄자는 재범을 저지르지 않을 것으로 등록된다. 그 결과 해당 지역에 경찰 인력은 줄어든다. 범죄율이 비슷한 두 지역이 치안 활동 양상에 차이가 있다면, 시간이 지날수록 그 격차는 커진다. 럼과 아이작은 이렇게 썼다.

"범죄 가능성이 가장 높은 지역을 자신이 이전에 범죄 발생률이 높았다고 판명한 그 지역이라고 확신하는 셈이다. 선택 편향은 확증 편향이 된다."[75]

그렇게 시스템은 자신이 예측하려는 현실 자체를 빚기 시작한다. 이 피드백은 훈련 데이터에 편향을 일으킨다. 럼과 아이작은 경찰이 아는 마약 범죄가 표본이 아닐뿐더러, 경찰 데이터에서 명백히 보이는 편향을 모형이 조정하기보다는 강화한다고 결론지었다.

"치안 활동을 강화해야 한다고 찍은 지역은 (우리 추정에 따를 때) 이미 역사적으로 데이터에 과잉 표현된 지역이다."[76]

현재도 이미 상당한 불일치가 있다고 믿을 만한 이유가 있다. 이에 대해 촐드초바는 이렇게 말했다.

"자체 자료를 토대로 할 때, 젊은 흑인과 백인 남성의 마리화나 사용률은 거의 같다. 그러나 마리화나 관련 범죄로 체포되는 비율은 젊은 흑인 남성이 2.5~5배 더 높다."[77]

2013년 ACLU 보고서에는 미국에서 흑인이 마리화나 소지로 체포될 확률이 백인보다 약 4배 높다고 나왔다. 아이오와주와 워싱턴 D.C.에서는 그 격차가 8배를 넘는다.[78] 2018년 〈뉴욕타임스〉 조사에 따르면, 맨해튼의 흑인과 백인 시민의 마리화나 사용률이 비슷함에도 체포율은 흑인이 15배 높았다고 한다.[79]

물론 편향 문제를 완화할 방안은 있다. 한 예로 COMPAS는 '위험' 예측을 세 가지 형태로 내놓는다. 폭력 범죄 재범, 비폭력 범죄 재범, 재판 불출석이다. 먼저 살인 같은 폭력 범죄는 비폭력 범죄보다 더 일관되게 보고되며, 경찰은 더 일관되게 법을 집행하고 체포한다. 재판 불출석의 경우 법원에 사실이 등록되기 마련이므로, 표본 추출이 편향되거나 법 집행이 차등적으로 이뤄질 여지가 거의 없다. 따라서 위험 평가 툴의 현명한 사용은 특정 사례에서 모형의 훈련 데이터를 더 신뢰한다는 점을 근거로, 폭력 범죄 재범과 재판 불출석 예측이 비폭력 범죄 재발 예측보다 더 낫다는 점을 강조하는 것일지도 모른다. 실제로 많은 법원이 그 방식을 채택하기 시작한다.[80]

특정 범죄를 향한 법 집행의 큰 격차를 고려하는 모형 구축도 방안 중 하나다. 이를테면 맨해튼의 흑인이 마리화나 소지로 서너 번 체포되는 것과 백인이 한 번 체포되는 것을 같다고 처리하는 식이다(물론 이를 위해서는 인종을 입력해야 한다). 최후의 방식도 있다. 마리화나를 예로 든다면, 마리화나를 합법화하거나 비범죄화함으로써 피드백을 자르는 식이다. 물론 이쯤 되면 머신 러닝을 둘러싼 모든 질문이 무의미해진다.

설령 예측 모형이 자신의 주장만큼 정확해도, 우리가 그 결과를 의도한 목적으로 쓰는지 아니면 악용 및 오용하는 사례도 문제다. 예를 들어, 일부 주는 COMPAS를 양형 판단에 활용하는데, 설령 부적절하게 사용하는 것이 아닐지라도 그런 용도로 쓰는 것을 이상하게 여기는 이들이 많다. 위스콘신주 차장검사인 크리스틴 레밍턴Christine Remington은 이렇게 말했다.

"저는 내 앞 피고인의 COMPAS 점수가 10점이니 최대 형을 구형하겠다는 말을 하기 싫습니다."

하지만 COMPAS는 위스콘신주를 비롯한 여러 주에서 양형 결정에 정보를 제공하는 용도로 쓰였다. 위스콘신 주민 폴 질리Paul

Zilly가 '어느 정도는' COMPAS 점수 때문에 예상보다 더 긴 형을 선고받자, 질리의 국선변호인은 브레넌을 피고 측 증인으로 불렀다. 브레넌은 COMPAS가 양형에 쓸 용도로 고안된 것이 아니라 증언했다.[81]

적어도 예측 툴이 무엇을 예측하도록 고안된 것인지 정확히 알고, 그 매개변수 바깥에 있는 것에 사용할 때에는 매우 신중을 기해야 함은 분명해 보인다.

"처방된 용도로만 사용할 것."

처방전에는 이렇게 적혀 있다. 머신 러닝에도 똑같이 이런 주의 문구가 필요하다. 그러나 한 발 더 떨어져서 보면, 이 사업 전체의 암묵적인 전제 중 하나에 의문을 제기할 수 있다. 예측을 잘할수록 치안이 좋아진다는 전제 말이다. 언뜻 보면 아니라고 생각하는 게 이상하다. 그러나 그 전제의 가정 중 몇 가지는 의문을 가질 필요가 있다.

컬럼비아대 법학 교수 버나드 하코트Bernard Harcourt는 저서 《Against Prediction(예측에 반대하다)》에서 해당 반론을 몇 가지 제기했다(앵윈은 이 책이 자신의 연구에 영감을 줬다고 말한다). 하코트는 더 나은 예측과 더 적은 범죄가 연관이 있는 양 보일지 모르지만, 그렇게 간단하거나 명백한 것이 아니라고 주장한다.

예를 들어, 가장 무모한 운전자를 남성이라 파악하는 예측 툴이 있다고 하자. 결과적으로 남성 운전자를 공격적으로 단속하면 그들의 무모함이 상당히 줄어들 수 있다. 하지만 여성 운전자는 자신이 단속당할 가능성이 더 적음을 깨닫고 무모하게 운전할 수도 있다. 결과적으로 도로는 평균적으로 덜 안전해진다. 하코트는 이렇게 썼다.

"과거나 현재, 미래의 범죄에 더 높은 점수를 부여하는 것이 법 집행의 핵심 목적, 즉 범죄를 최소화한다는 목적 에서는 완전히 역효과를 낳을 수도 있다."[82]

하코트는 이런 '역효과 시나리오'가 억지스럽거나 드물지 않다고 주장한다. 현재 마약 사용과 조세 포탈 쪽에서 벌어지는 상황을 정확히 반영하는 것일 수도 있다. 차등 법 집행이 단속을 받지 않는 집단의 범죄를 부추기는 꼴이 되면 문제는 더 악화된다.

또한 예측을 '뜻 있는 행동으로 바꿀 수 없으면' 안전한 사회라는 궁극적 목표를 달성하지 못할 수도 있다. 2013년 시카고는 총기 폭력에 관련될 위험이 높은 이들의 '전략 대상 리스트Strategic Subjects List'(비공식적으로는 열 리스트heat list이라고 한다)를 작성해 총기 폭력을 줄이기 위한 시범 사업을 실시했다. 이 리스트에 오른 이들은 시카고 주민 평균보다 총기 살인 희생자가 될 가능성이 233배 더 높다고 드러났다. 이 리스트의 예측력은 정확한 듯했다.

그러나 이 리스트에 속해도 피해는 아주 드물어서 희생자는 0.7퍼센트에 불과했다. 그러면 이 예측 정보를 가지고 우리는 무엇을 해야 할까? 나머지에게 어떤 개입을 해야 실제로 희생자가 '될' 일곱 명을 구할까? 2016년 랜드코퍼레이션은 시카고의 예측 치안 활동을 다룬 보고서에 이렇게 썼다.

"첨단 분석 기법을 씀으로써 치안 부서는 선제적 개입을 통해 미래의 범죄 표적을 더 효과적으로 파악한다."[83]

그리고 문장은 이어진다.

"예측의 정확도 개선만으로는 범죄 감소가 일어나지 않을 수도 있다. (…) 더욱 중요한 점은 법을 집행하려면 그 예측을 가지고 무엇을 할 것인가에 관한 더 나은 정보가 필요하다."[84]

예측은 그 자체가 목적이 아니다. 다음 중 어느 쪽이 더 나을까? 범죄가 어디서 언제 일어날지 99퍼센트 알 수 있는 세계, 범죄가 99퍼센트 더 적은 세계. 특정한 예측 툴에서 예측의 정확성(또는 공정성)만을 편협하게 추구하면, 우리는 더 큰 뭔가를 놓칠 수도 있다.[85]

COMPAS 용도인 보석, 가석방도 마찬가지다. 예측에서 개입에 이르기까지 더 폭넓게 고려해야 할 격차가 있다. 누군가가 법정에 출석하지 않으리라 예측해 그날 구금 처리하는 게 올바른 개입이란 뜻은 아니다.[86] 촐드초바는 이렇게 설명한다.

"이렇게 말하는 것과 같아요. 흠, 이 집단은 스스로 해결하는 능력이 떨어진 것 같다고. 위험 점수는 더 낮을지 모르지만, 욕구는 더 커요."

재판 불출석으로 구금되지 않기 위해 재판 당일에 급히 베이비시터를 구해야 할 수도 있고, 차를 빌려야 할 수도 있다. 그저 재판 날짜를 수시로 안내하는 것만으로도 출석률을 높일지 모른다.[87] 안타깝게도 COMPAS와 달리 많은 위험 평가 툴은 재판 불출석 예측과 재범 예측을 뒤섞어 버린다.[88] 한 방법이 구금이고 다른 방법이 문자 전송이면? 이는 엄청난 문제를 만든다. 브레넌도 이 점에 공감한다. COMPAS는 판사에게 제출하는 피고인에 관한 정보 표에서 위험 평가는 적색, 욕구 평가는 녹색으로 표시하도록 설계됐다.

"피고인을 교화하고 돕기 원하는 것이라서 녹색이죠."[89]

요점은 가능한 한 피고인의 구금을 막고, 치료, 공동체 감시 같은 것을 받도록 함이다. 아무튼 COMPAS에서 AS는 '대체 제재 Alternative Sanction'라는 뜻이다. 그러나 일부 판사는 '욕구' 점수(중독 문제, 무주택, 가까운 주변인 부재)를 사회 복귀 처리가 아닌 구금의 근거로 본다.[90] 물론 대체 제재나 치료 프로그램, 수업, 상담 같은 것을 받도록 하려면 그 서비스까지 준비돼야 한다. 그러지 않으면 그 어떤 통계 모형이나 어떤 판사도 해결할 수 없는 문제가 존재한다. 하트는 내게 말했다.

"바로 여기서 내 주된 요지로 돌아가요."[91]

하트에게 데이터로 훈련된 머신 러닝 모형이란?

"정의상 미래 예측 툴이죠. 미래가 과거와 비슷하다면요. (…) 그 모형이 많은 영역에서 근본적으로 잘못된 툴인 이유가 바로 이 때문입니다. 세상을 바꿀 개입과 메커니즘을 고안하려 애쓰는 분야예요."[92]

하트는 더 자세히 설명한다.

"범죄율과 구금율을 줄이는 일은 매우 어려운 문제이기에, 나는 이걸 형사법 전문가에게 떠넘기고 싶어요. 나는 예측이 이 주제에서는 디스토피아적 관점을 제시하는 양 느껴져요. 예를 들면 이런 거죠. '우리가 범죄를 구조적으로 줄이지 못할 것이라 가정하자. 그러니까 예비 범죄를 예측하고 그전에 잡으려 시도하는 거야.' 내가 볼 때 예측은 실제로 범죄를 구조적으로 줄일 방법을 제공하지 않아요. 내가 예측을 디스토피아적이라 보는 이유가 바로 이거예요. 나는 범죄가 어디서 일어날지 예측할 방법을 알고 싶지 않아요. 유용하겠다는 생각이야 들지만, 차라리 범죄를 구조적으로 줄일 방안을 알아내는 편이 훨씬 낫죠. 그런데 컴퓨터 과학자로서의 나는? 거기서 제시할 것이 전혀 없어요. 절대적으로요. 전혀 모르겠어요. 뭐라 말을 한다 해도 몇 년은 걸릴 거예요."

즉, 한 걸음 물러서서 형사법 제도를 거시적 관점에서 보는 것이 중요하다. 예측 툴 분야를 처음으로 개척한 이들도 이를 알아차렸다. 버제스는 1937년(주 전체에서 쓰일 위험 평가 모형의 개발을 촉발했던, 그의 첫 가석방 제도 보고서가 나온 다음 해)에 지금이 더 포괄적인 주제로 옮겨 가야 할 때라고 느꼈다.

"일리노이주에서 우리 형사 문제의 고립된 일부로서 가석방 제도에 대한 땜질을 멈춰야 할 시기가 왔다는 판단이 들었다. 형벌 제도는 대규모 수술이 필요하다."[93]

그 뒤로 80여 넌이 지났다. 그 말은 여전히 유효하다.

[3]

투명성

규칙은 명확하고 균일하게 표현되고 누구나 이해한다고 여겨진다.

그러나 우리 모두가 알다시피, 실제로 그런 사례는 거의 없다.

- 데이비드 그래버[1]

충분한 구조나 백서 없이 압도적 양의 정보를 제공하는 것은 투명

하지 않다.

- 리처드 버크[2]

마이크로소프트의 리치 카루아나 Rich Caruana는 1990년대 중반에 카네기멜론대에서 신경망을 연구 중이었는데, 지도 교수인 톰 미첼Tom Mitchell이 도움을 요청했다. 당시 미첼은 폐렴에 대해 생물 통계학자, 컴퓨터 과학자, 철학자, 의사로 이뤄진 학제 간 연구를 하던 중이었다.

환자가 폐렴 진단을 받으면, 병원은 '중요한' 결정을 '일찍' 내려야 한다. 입원이냐 외래냐. 당시 폐렴은 미국 내 여섯 번째 사망 원인이었고, 폐렴 환자의 약 10퍼센트는 결국 사망했다. 따라서 누가 가장 위험한 환자인지 빠르고 정확하게 식별하는 것이야말로 생명을 구하는 일과 직결될 터였다.

카루아나 연구진은 폐렴 환자 약 1만 5,000명 데이터를 머신 러닝 모형에 넣고 환자 생존율을 예측하도록 했다. 그 결과 온갖 다양한 모형 간 대결이 펼쳐졌다. 로지스틱 회귀분석, 규칙 학습 모형, 베이즈 분류기, 의사 결정 나무, 최근접 이웃 분류기, 신경망 등등.[3]

카루아나는 신경망을 연구했는데(당시 신경망 기법은 심층망이 아니라 광역망 형태였다), 예측 결과를 보고 뿌듯함을 숨길 수 없었다. 자신의 신경망이 쉽게 이겼기 때문이다. 모든 모형 중에서 가장 나았고, 로지스틱 회귀분석 같은 전통적인 기법보다 월등히 뛰어났다.[4] 카루아나 연구진은 보고서에 이렇게 썼다.

"폐렴같이 만연하면서 큰 피해를 입히는 질병의 예측도가 조금만 향상돼도 보건 의료의 질과 효율은 개선될 가능성이 높다. 따라서 예측도가 가능한 최고 수준에 달하는 모형을 찾아내는 것이 중요하다."[5]

그래서 그 연구에 참여한 피츠버그 병원은 당연히 카루아나의 모형을 써 보기로 결정했다. 당연하지 않은가? 카루아나는 이렇게 말했다.

"우리는 논의를 시작했죠. 환자에게 신경망을 쓰는 것이 안전한지 여부를요.[6] (…) 그런데 나는 말했죠. 절대 안 된다고. 나는 이 신경망을 환자에게 쓰지 않을 거라고."

결국 카루아나 연구진은 자신이 쉽사리 이겼던 더 단순한 모형 중 하나를 채택했다.

잘못된 규칙: 천식과 폐렴

이 연구에 참여했던 리처드 앰브로시노Richard Ambrosino는 연구 때 폐렴 데이터 집합을 써서 전혀 다른 '규칙 기반' 모형을 훈련시켰다. 규칙 기반 모형은 해석이 가장 쉬운 머신 러닝 시스템에 속한다. 대개 'x면 y'라는 규칙 리스트 형태를 취하며, 이를 맨 위에서 맨 아래까지 쭉 훑는다. 그렇게 훑다가 특정 규칙을 적용하자마자 일은 끝난다.

"이 규칙을 적용할까? 적용한다면 답은 이렇고 끝. 적용하지 않으면 리스트를 계속 따라갈 것."

즉, 여기저기 갈라지지 않고 하나의 덩굴이 쭉 뻗어 나간 흐름도를 상상하면 된다. 이런 면에서 규칙 기반 모형은 전통적 프로그래밍에서의 조건문, 스위치문과 꽤 비슷하다. 인간이 생각하고 글을 쓰는 방식과도 꽤 비슷해 보인다(더 복잡한 모형은 '리스트'가 아니라 '집합'을 쓴다. 즉, 여러 규칙을 한꺼번에 적용한다).[7]

앰브로시노는 폐렴 데이터를 써서 규칙 기반 모형을 구축했다. 어느 날 밤, 모형을 훈련시키던 그는 모형이 아주 이상해 보이는 규칙을 하나 배웠음을 알아차렸다. 이런 규칙이었다.

"환자에게 천식 병력이 있으면, 위험 점수를 낮게 매기고 외래 환자로 분류해야 한다."

앰브로시노는 난감했다. 그리고 이 규칙을 카루아나에게 보여 줬다. 그때 카루아나는 뭐라 했을까?

"그(카루아나)는 이런 식으로 말했죠. 이게 뜻이 있다 생각하느 냐고. 본인은 이해가 안 간다고. 환자가 폐렴에 걸린 판에 천식이 좋은지 나쁜지는 따질 필요조차 없는 문제니까요."

앰브로시노와 카루아나는 다음 연구진 회의 때 참석했는데, 마 침 의사도 여러 명 왔다. 의사라면 컴퓨터 과학자가 모르는 어떤 식견을 지니지 않을까?

"그(의사)들은 말했죠. 그건 아마 데이터에 실제로 존재하는 어 떤 패턴일 수도 있다고요. 우리는 천식을 폐렴에 아주 심각한 위 험 요인이라 봅니다. 그런 환자가 있으면 곧바로 입원 수속을 밟 을 뿐 아니라 (…) 아마 중환자로 분류해서 집중 치료실로 보낼 거 예요."

실제로 천식 환자는 전체 인구 집단에 비해 평균적으로 폐렴으 로 사망할 확률이 더 낮았다. 집중적으로 치료를 받기 때문이었 다. 카루아나는 이렇게 설명한다.

"천식 환자가 받는 치료 자체가 그들의 위험을 낮추고, 그래서 우리 모형은 외래 환자로 분류한 거죠. 그런데 여기에 어떤 문제가 있는지 아셨죠?"

천식 환자를 외래로 분류하라고 추천하는 모형은 잘못된 차원에서 그치지 않았다. 실제 생명을 위협할 수 있었기 때문이다.[8] 규칙 기반 시스템이 습득한 기이한 논리를 살핀 카루아나는 자신의 신경망도 같은 논리를 틀림없이 받아들였으리라 깨달았다. 겉으로 드러나지 않았을 뿐이었다.

규칙 기반 시스템은 고치거나 편집하기가 꽤 쉽다. 하지만 신경망은 '고치기가' 더 어려웠다. 카루아나는 설명한다.

"나는 그 규칙이 신경망 어디에 있는지는 모르지만, 이런저런 방법으로 문제를 풀죠. 그 과정에서 논문도 더 많이 발표하고요. 괜찮은 상황이죠. 그리고 그 문제를 없애고요. 내가 신경망을 쓰지 않겠다는 이유가 사실은 천식 때문이 아니었어요. 그건 이미 아는 사례니까. (…) 천식 사례만큼 위험한 논리를 신경망이 배웠을 가능성을 우려한다 했죠. 규칙 기반 시스템이 배우지 못한 잘못된 논리까지 배웠으니까요."

신경망은 더 강력하고 유연해, 규칙 기반 시스템이 배우지 못한 것까지 배웠다. 이는 신경망의 장점이며, 카루아나의 신경망이 연구진이 자체적으로 한 경연 대회에서 우승한 이유이기도 했다.

"제가 이 모형을 쓰지 않으려 한 이유가 이겁니다. 그 안에 고칠 것이 뭔지 모르니까요. 쓰지 않겠다는 말을 꺼내게 만든 궁극적 원인은 바로 신경망의 이 투명성 문제였죠. 이 문제는 아주아주

오래 나를 성가시게 했죠. 가장 정확한 머신 러닝 모형이 이런 식
으로 투명하지 않을 때가 많기 때문입니다. 게다가 나는 머신 러
닝을 연구해요. 정확한 사용만큼이나 안전한 사용도 원하죠."

실제로 현실에서는 가장 강력한 모형이 전반적으로 가장 덜 지
적이고, 가장 지적인 모형이 가장 덜 정확한 양상이 흔히 보인다.

"정말 짜증 나죠. 나는 보건 의료용 머신 러닝 모형을 만들고 싶
어요. 신경망은 실제로 쓰기 좋고, 정확해요. 하지만 불투명해요.
지적이지도 않아요. 그리고 지금 쓰기엔 위험해요. 이걸 보건 의
료에 적용하면 안 되겠가 하는 생각까지 든다니까요."[9]

대신에 카루아나는 20년간 최상의 모형을 개발하는 일에 매달
리기로 결심했다. 신경망처럼 강력하면서 규칙 리스트처럼 투명
하면서 이해하기 쉬운 모형 말이다. 그가 선호하는 것 중 하나는
'일반화 가법 모델Generalized Additive Models, GAMs'이다. 1986년 통계
학자 트레버 해스티Trevor Hastie와 로버트 티브시라니Robert Tibshirani
가 개발한[10] GAMs는 일종의 그래프 집합이다.

GAMs에서 그래프는 한 변수가 미치는 영향을 나타낸다. 예
를 들어, 한 그래프는 위험을 나이의 함수로 보여 주고, 다른 그래
프는 혈압의 함수로 보여 주며, 또 다른 그래프는 체온이나 심박
수의 함수로 보여 준다. 결과적으로 그래프는 직선이나 곡선, 또
는 믿을 수 없을 만치 복잡한 형태를 띤다. 그래도 복잡성은 시각
적으로 즉시 보인다. 마지막으로 변수별 위험을 그냥 더해서 최
종 예측을 내놓는다. 이 모형은 선형 회귀 같은 것보다 훨씬 더 복

잡해도 신경망보다는 해석이 쉽다. 모델에 들어가는 모든 요소를 전통적이고 평범한 2차원 그래프로 시각화하기 때문이다. 이상한 패턴이 바로 눈에 띌 수밖에 없다.

카루아나는 폐렴을 연구한 지 몇 년이 지난 뒤, 그때 데이터 집합을 써서 GAMs를 구축해서 살폈다. 이 모형은 자신의 옛 신경망만큼 정확하면서 투명했다. 한 예로 폐렴 사망 위험을 나이의 함수로 나타내니 누구나 예상할 만한 그래프가 나왔다. 젊거나 중년일 때에는 폐렴에 걸려도 괜찮은 반면, 늙어갈수록 더 위험했다.

그런데! 유달리 눈에 띄는 점이 하나 있었다. 65세부터 갑작스럽게 위험도가 급격히 치솟았다. 특정 생일이 갑작스럽게 위험 증가를 촉발한다니 아주 특이해 보였다. 무슨 일일까? 카루아나는 '퇴직'이 미치는 영향을 모형이 어떤 식으로든 간에 학습함을 알아차렸다.

"퇴직이 위험하다니 짜증 나지 않아요? 퇴직하면 위험이 줄어들 것이라고 기대했을 텐데요. 안타깝게도 올라가더라고요."[11]

더 중요한 점은 그가 모형을 자세히 살필수록, 문제를 일으키는 연결의 수가 더 많이 보인다는 것이었다. 카루아나는 자신의 기존 신경망이 문제가 된 천식 상관관계만이 아니라 이런 상관관계까지 학습한 것이 아닐까 걱정했다. 비록 당시의 규칙 기반 모형은 단순하고 엉성해서 신경망에 또 무엇이 숨었을지 그에게 보여 줄 수준이 되지 못했지만 말이다. 20년이 지난 지금, 그는 해석 가능하고 강력한 모형을 구축했다. 더 성능 좋은 현미경을 구해서

갑자기 베개의 진드기와 피부의 세균까지 들여다보는 상황과 같
았다.

"모형을 살피는데 절로 말이 튀어나왔어요. 믿을 수 없다고요.
모형은 가슴 통증이 좋다고 생각해요. 심장병도 좋다고 생각하고
요. 심박수가 100을 넘어도 좋다고 봐요. (…) 우리에게 명백히 나
쁜 이 모든 증상이 좋다고 생각하는 거예요."[12]

가슴 통증, 심장병, 심박수 모두 이전 천식만큼이나 의학적으
로 큰 뜻이 없었다. 상관관계가 실제로 존재하긴 했지만 마찬가지
로 환자가 우선적으로 집중 치료를 받음으로써 생존 가능성이 더
높아진다는 사실 때문에 나타난 것이었다. 그리고 카루아나는 이
렇게 말했다.

"그때 신경망을 출시하지 않은 게 정말 다행이었어요."

현재 카루아나는 자신이 대다수 연구자와 다른 입장이라고 말
한다. 지금도 그는 신경망 수준의 예측 정확성을 지니면서 쉽게
이해 가능한 모형 구조를 개발 중이다. 그러나 자신의 결과물이
어떤 특별한 방법(예를 들어 GAMs의 개정판)임을 널리 알리는 대
신, 결과물에서의 문제 자체를 널리 알린다.[13]

"모두가 이런 실수를 해요. 내가 수십 년간 실수했는데 그 사실
을 알지 못했던 것처럼요."

카루아나는 또 말했다.

"지금 제 목표는 인간에게 겁주는 거예요. 두려워하게 만드는
거죠. 이거 정말 문제가 많다는 소리게 나오게요. 인간이 그렇게

생각하고서 멈추면? 난 성공했다고 느끼겠죠."

블랙박스의 문제

자연이 자신의 비밀을 숨기는 것은 장난꾸러기라서 아니라 고상하
기 때문이다.

– 알베르트 아인슈타인

근거 대기는 권위 내세우기와 정반대다. 권위가 먹히지 않을 때 이
성이 출현한다. 아니면 거꾸로 되든지.

– 프레더릭 샤워[14]

머신 러닝에 문제가 많다는 생각을 한 이가 카루아나만은 아니다.
머신 러닝 모형이 전 세계에서 의사 결정의 하부 구조를 더욱 잠
식하기에, 그 모형 내부에서 실제로 어떤 일이 생기는지 거의 모
른다는 사실에 많은 이들은 더욱 불안함을 느낀다.

특히 카루아나는 대형 신경망 사용에 불편함을 느꼈다. 앞에서
도 말했듯, 오래전부터 '블랙박스'로 불렸기 때문이다. 산업에서
군대와 의학에 이르기까지 신경망 사용이 폭발적으로 증가하면
서 같은 불안함을 느끼는 이들도 더 늘어난다. 2014년 미국 방위
고등연구계획국DARPA 연구 사업 책임자인 데이브 거닝Dave Gunning

은 DARPA 정보혁신 책임자인 댄 카우프먼Dan Kaufman과 이야기를 나눴다. 그때를 거닝은 이렇게 설명했다.

"그냥 AI 쪽으로 무엇을 할지 이런저런 착상을 주고받았죠.[15] (…) 데이터 과학자를 전부 아프가니스탄으로 보내 데이터를 분석해, 전투에 유용한 패턴을 찾도록 시도하기도 했어요. 머신 러닝 기법이 흥미로운 패턴을 학습하는지 알아보려는 노력도 이미 했지만, 사용자는 그런 패턴이 왜 나타나는지 설명하지 못할 때가 많았죠."

금융 기록, 이동 기록, 휴대전화 사용 기록을 확보하고 더 나아가 어떤 집단이 파업을 계획할지 여부까지 판단하는 툴이 급속히 진화했다.

"그리고 수상쩍게 보이는 패턴도 나오는데, 사람들은 지금 왜 그런지 설명을 원해요."

그런데 그런 설명은 전혀 나오지 않았다.

그 무렵 거닝은 노스캐롤라이나주립대 분석과학연구소에서 후원하는 한 모임에 참석했다. 이 워크숍에는 머신 러닝 연구자와 데이터 시각화 전문가가 참석했다.

"정부의 정보 분석가도 한 명 참석했는데, 머신 러닝 기술이 무엇을 하는지를 놓고 우리가 하는 이야기에 쭉 귀를 기울였어요. 그 분석가는 정말로 강직했어요. 그는 빅 데이터 알고리즘이 이미 자신에게 이런저런 권고안을 주는데, 문제는 그런 추천안을 자기 이름으로 제출해야 한다는 거라 했어요. 그 권고안이 옳은지 여부에 따라 자신의 인사고과 점수가 매겨진다고 했죠. 그러니까 더 나빠질 수도 있고요. 그런데 그는 학습 알고리즘으로부터 받는 권고안이 어떤 근거로 나온 것인지 몰랐어요."

이 권고안에 서명을 해야 할까? 정확히 어떤 근거로 판단을 내려야 할까?

컴퓨팅 기술이 발전하면서 국방 전문가는 자동화 전투가 어떤 양상을 띨지를, 즉 자율 살상 무기가 더 많이 쓰일 상황을 둘러싼 의문과 위험을 더 생각했다. 그러나 이런 의문과 문제 중 상당수는 적어도 현재로서는 이론적 차원에 머무른다. 거닝은 말했다.

"그 정보 분석 문제가 보여 주듯이, 그런 시스템은 이미 나왔어요. 이미 쓰는 중이죠. 무슨 말이냐면, 이 문제는 이미 현실이라는 거예요. 그리고 사람들은 도움을 원하고요."

그 뒤로 2년간, 거닝은 그 문제를 정면으로 다루고자 DARPA가 몇 년에 걸쳐 수행하는 한 사업의 책임자로 일했다. 그는 그 사업을 '설명 가능한 인공지능eXplainable Artificial Intelligence, XAI'이라 부른다.

■

대서양 반대편에서 유럽연합도 개인정보보호법General Data Protection Regulation, GDPR이라는 총괄 법안을 통과시킬 준비를 했다. GDPR은 2018년에 시행됐고 기업이 온라인에서 데이터를 수집, 저장, 공유, 사용하는 양상을 대폭 바꿨다.

총 260쪽에 달하는 GDPR은 개인 정보 보호의 역사에서 가장 중요한 자료 중 하나로 꼽힌다. 여기에는 좀 더 별나면서 흥미로운 동시에 심오한 규정도 포함됐다. 2015년 가을, 옥스퍼드대 인터넷 연구소의 브라이스 굿맨Bryce Goodman은 그 법안 초인을 뒤적거리다 그 뭔가를 발견했다.

"제가 머신 러닝을 좀 공부했는데, 가장 나은 방법인데 불투명하고 해석이 불가능한 것이 있다는 점도 알았었죠. 그때 그 조항을 본 거예요. GDPR의 이전 법안은 훨씬 더 명확했어요. (…) 알고리즘이 왜 그런 결정을 내렸는지 설명을 요구할 권리를 인간에게 줘야 한다고 적혀 있었어요.[16] (…) 정말로 흥미로웠죠. 이런 조항이 있으면 누군가가 기회를 잡았다는 양 이렇게 말하면 어떻겠어요? 이 조항이 지금 있는 거라고요."

굿맨은 옥스퍼드대 동료인 세스 플랙스먼Seth Flaxman에게 그 이야기를 했다. 플랙스먼은 머신 러닝과 공공 정책으로 막 박사 학위를 받은 참이었다. 포문은 굿맨이 열었다.

"이 조항을 보니까, 문제가 될 것 같다고 했죠. 그러니까 그는 이런 식으로 대꾸했어요. 그럴 거 같다고요."

대출이 거절되든, 신용카드 발급이 거절되든, 미결 구금되든, 가석방이 거부되든 그 배후에 머신 러닝이 있으면 무슨 일이 일어났는지가 아니라 왜 그런 결정을 내렸는지 알 권리를 지녔다. 다음 해인 2016년 봄, GDPR은 유럽 의회에서 공식 채택됐다. 그리고 GDPR의 변호사는 유럽연합 규제 당국과 마주한 자리에서 이렇게 설명했다.

"심층 신경망의 이해에 대한 설명을 얻는 게 과학적 미제임을 아시죠?"

굿맨과 플랙스먼이 썼듯이 '표준과 널리 쓰이는 알고리즘 기법을 철저히 정밀 조사해야 할 수도 있'었다.

하지만 규제 당국은 꿈쩍하지 않았다.

"그래서 2018년까지 미룬 겁니다."

한 연구자는 이 상황을 이렇게 표현했다.

"그들은 우리에게 대규모 연구를 할 기한을 2년 주기로 결정한 셈이죠."

GDPR은 현재 시행 중이다. 유럽연합이 염두에 두는 게 무엇이고, 규제가 누구에게 어느 정도로 적용되는지는 아직 연구 중이지만 말이다.

그런 한편으로 투명성, 즉 머신 러닝 모형 내부에서 어떤 일이 일어나는지 그리고 모형이 왜 그렇게 행동하는지를 이해할 능력은 이 분야에서 가장 명백하면서 중요한 과제 중 하나로 부상했다. 이 문제는 지금도 활발하게 연구되지만, 여러 방면으로도 발전이 이뤄졌다.

임상 예측 vs. 통계 예측

> 노련한 판단을 내리는 이들은 어떤 신비한 예지를 통해 성공한다
> 는 속설이 있다. 물론 헛소리다. 성공 이유는 사실을 파악하거나
> 중요도를 판단할 때 오류를 더 적게 일으키기 때문이다. 통찰력을
> 갖추고 충분히 조사를 하면 어떤 결함도 없이 인상적인 판단의 모
> 든 장점(속도와 편리함을 제외하고)을 얻는다.
>
> – 에드워드 손다이크[17]

(특히 크고 복잡한 모형에서) 투명성 문제를 다루고자 할 때 첫 번째로
고려해야 할 사항은 '크거나 복잡한 모형을 꼭 써야 하는지' 여부
다. 이 의문은 통계학과 머신 러닝의 역사에 깊이 뱄으며, 예전이나
지금이나 적절한 질문이자 정말로 놀라운 답이 나오곤 한다.

1954년 로빈 도스Robyn Dawes는 하버드대에서 철학, 특히 윤
리학을 전공하던 대학생이었다. 그의 학위 논문인 〈A Look at
Analysis(분석검토)〉는 윤리적 판단이 어느 정도까지 정서에 뿌
리를 두는지를 살핀 것이었다. 그는 이런 질문이 중요하다고 생각
할 뿐 아니라, 이렇게도 자문했다.

'경험 연구가 매우 중요해. 그런데 그 경험 연구를 어떻게 해야
하지?'

이 자문을 통해 도스는 자신의 관심사가 철학보다는 심리학 쪽
임을 깨달았다. 그는 여러 심리학 대학원에 지원했는데 그 방면으

로 미국 최고 중 한 곳인 미시간주립대에서 반응이 왔다. 예비 합격자였던 그를 마감일 합격 리스트에 올렸다. 이를 보고 깜짝 놀란 그가 지도 교수에게 희소식을 알리자, 교수는 심드렁히 말했다.

"저들이 심사 잘못한 거 알기 전에 빨리 등록해 버려."18

그렇게 도스는 미시간주립대로 가서 임상심리학을 공부했다. 당시, 그러니까 1950년대 말에서 1960년대 초에 임상심리학을 공부한다는 말은 로르샤흐 검사Rorschach test에 치중한다는 뜻이었다. 그런데 그는 로르샤흐 검사가 임상 툴로 과연 얼마나 쓸모가 있을지 회의적이었다.

"그건 모든 면에서 직관적이었고, 따라서 직관적으로 와닿았어요. 그런데 관련 문헌을 읽기 시작하자 경험적으로 볼 때 그것이 그다지 들어맞지 않는다는 사실을 알아차렸죠."

로르샤흐 검사에 대한 회의론이 슬며시 고개를 들던 시기, 도스는 정신의학 병동에서 전공의로도 일했다.

"망상에 빠진 환자가 하나 있었어요. 자기 몸에서 유방이 자란다는 거예요. 우리 의료진이 그를 맡았죠. 그 망상이 조현병 때문이라 봤고 그는 폐쇄 병동에 있었고요. 그런데 왜 유방이 자란다고 생각한 걸까요? 그 망상이 나타난 바로 그 주에 부모 중 하나가 자살을 했어요. 상황이 완벽하게 들어맞지 않나요? (…) 사람들은 그에게 웃옷을 벗어 보라 하지도 않았어요. 그냥 폐쇄 병동으로 보냈죠. 그리고 거기에 6주간 갇혔어요. 그제야 의료진은 그에게 웃옷을 벗어 보라 했죠. 그런데 그게 사실이었어요. 정말로 유방이 커졌어요."

그 환자 증상은 조현병이 아니라 클라인펠터 증후군이었다. X 염색체가 하나 더 많아 생기는 유전적 증상으로서, 체모가 적고 유방 조직이 발달하는 양상이 나타난다. 도스는 격분했다.

"한 사람 인생에서 6주가 그냥 날아간 거예요. 사람들이 너무나 확신했기 때문이죠. 유방이 자란다니 그것 흥미로운 망상이라는 식으로요."

그 유방이 자라는 환자는 도스의 삶에 큰 터닝 포인트가 됐다. 그는 임상 쪽을 떠나서 당시 '수학심리학'이라는 분야로 돌아섰다. 그는 전문가의 임상 판단을 단순한 수학 모형과 비교하는 논문을 썼고, 학술지에 투고하기 전 친구에게 보여 줬다. 그 친구의 반응에 그는 깜짝 놀랐다.

"웃기다는 양 저를 쳐다보면서 이렇게 말했죠. 표절 안 한 게 확실하냐고."

그렇게 도스는 전혀 생각도 못한 학계에 합류했다. 전문가의 판단을 수학 모형과 비교하는 연구(당시에는 보험통계법actuarial method이라 했다)는 1940년대 초에 버제스의 동료인 테드 사빈Ted Sarbin이 시작했다.

사빈은 미네소타대 신입생의 학업 성취도 예측 값을 조사했다. 그 보험통계 모형은 두 자료 값을 써서 학생의 GPA 성적을 예측하는 단순한 선형 회귀분석이었다. 두 자료 값은 고교 학급 등수와 SAT 점수였다. 또 다른 예측은 경험이 풍부한 임상심리학자가 맡았다. 두 자료 값에다가 추가 검사, 8쪽에 달하는 신상 관련 자료, 다른 동료가 면담한 기록, 학생을 직접 접하면서 자신이 받은 인상을 토대로 예측을 했다.

사빈은 두 예측 사이에 유의미한 차이가 전혀 없음을 알았다. 그나마 찾으려 하면, 보험통계 모형이 조금 더 정확하다는 것이었다. 사빈의 관점에서 보자면 놀랍게도 임상심리학자가 썼던 추가 검사 및 정보는 예측 정확도에 아무런 기여도 못 하는 듯했다. 그는 이렇게 썼다.

"학업 성취도라는 이 복잡한 형태의 사회심리학적 행동과 관련 있는 듯한, 그러니까 노력, 공부하고 노는 습관, 적성, 정서 패턴, 산만한 정도 등 수백 가지 조건은 과연 뭐란 말인가?"[19]

공교롭게도 사빈은 막상 학생 상담자도 여러 조건을 중시하지 않았고, 주로 학급 등수와 SAT 점수를 토대로 예측했음을 알았다. 한마디로 자신의 회귀분석과 똑같은 자료를 토대로 예측했다. 일관성이나 세밀한 조정 측면에서 약간 미흡했을 뿐이었다. 그렇게 그는 많은 노력을 들이는 집중 면담이 시간 낭비라 결론지었다.

"통계 연구를 통해 검증을 거치지 않으면, 사회과학의 사례연구 방법은 지적으로 파산한다."

사빈의 발견은 젊은 심리학자 폴 밀Paul Meehl의 관심을 끌었다. 사빈의 도발과 자신의 입지가 불안정하다는 점에 자극을 받아 밀은 연구를 시작했고 이윽고 그 주제를 다룬 책을 펴냈다. 1954년에 나온 《Clinical Versus Statistical Prediction(임상 예측 vs. 통계 예측)》이었다. 이 책은 임상 판단에는 무엇이 쓰이고 임상의가 어떻게 결정을 내리는지를 이해하는 데 꽤 많은 지면을 할애했다. 하지만 세상에 가장 큰 영향을 미친 부분은 임상 판단과 보험통계 판단을 비교한 장이었다.

밀은 판단 비교에서 인간이 전혀 상대가 안 됨을 알았다. 거의 100가지 영역 중에서 인간 의사 결정자가 미미하게라도 나은 듯한 영역은 6곳에 불과했다. 그는 이렇게 말했다.

"내 얄팍한 책이 나오고, 중서부의 한 큰 대학교에 있는 임상의 교수 절반이 반년간 우울증에 빠졌다는 말을 들었어요."[20]

자신도 모르게 표절가가 됐음을 알아차린 도스는 당연히 밀의 연구에 깊은 관심을 보였다. 그러나 도스의 지도 교수는 제자가 밀의 영향을 받는 것을 못마땅하게 여기는 듯했다.

"내 스승은 밀이 천재임을 인정하긴 하지만 그쪽 일이 우리 일과 전혀 관계없다고 말했죠. 그런데요. 그쪽과 우리가 무관하면, 내가 우리 일을 하기 싫어지지 않을까 걱정이 들기 시작했어요."

1970년대 중반에 오리건 연구소에서 일하던 도스는 '우리 일'에 충격을 안긴 논문을 펴냈다. 그는 논문에서 사빈과 밀이 '순수한 통계분석을 어떻게 인간 판단과 비교할 것인가?'라는 의문을 처음으로 제기했음을 언급하면서 이렇게 요약했다.

"우리는 통계분석이 경험 많은 임상의의 판단과 비교하는 바닥을 제공한다고 여겼다. 하지만 그 바닥은 사실 천장이었다."[21]

사빈의 논문이 나온 이후 수십 건의 연구가 이뤄졌으며, 그렇게 30년이 흐른 뒤에 사빈은 이렇게 결론지었다.

"똑같이 정량화한 입력 변수를 토대로 할 때, 임상 판단이 통계 예측보다 나음을 보여 주는 연구는 문헌 조사에서 전혀 찾을 수 없었다."[22]

참으로 모두를 겸허하게 만드는 결론이었다. 이 통계적 예측 결과를 인간 의사 결정자에게 제공했을 때조차도, 인간의 결정은 그들이 활용한 예측 자체보다도 나빴다.[23] 물론 반대 방향을 시도한 연구자도 있었다. 즉, 인간의 판단 결과를 통계 모형에 입력한 것인데, 역시 별 변화가 없어 보였다.[24]

그 뒤로도 많은 연구를 통해 뒷받침된 이 결론은 우리에게 생각할 거리를 제공한다.[25] 무엇보다도 우리가 의사 결정을 '통계 모형에 떠맡길 때' 직면할 수많은 문제가 무엇이든 간에, 인간의 판단만 고집하는 것 역시 바람직한 방안이 아니라고 시사하는 듯하다. 또한 인간의 예측 능력에 맞먹거나 더 나은 예측을 하는 데 굳이 복잡하고 정교한 모형까진 필요하지 않다는 점도 시사하는 듯했다. 그러나 여기에는 감질나는 질문 몇몇이 숨었다.

"이 놀라운 결론은 대체 무엇을 설명하는 걸까?"

"인간의 판단은 정말로 나쁜 걸까?"

"몇 개의 변수를 쓰는 단순한 선형 모형이 정말 좋은 걸까?"

"우리가 예상하지 못한 어떤 지점에서, 인간의 지식이 그 단순한 선형 모형에 들어간 것은 아닐까?"

"아니면 인간이 엉뚱한 곳을 보던 게 아닐까?"

부적절한 모형: 어디를 봐야 할지 아는 것

일부 현실 문제가 어렵다고 모든 현실 문제가 어렵다는 뜻은 아니다.
- 로버트 홀트[26]

인간이 컴퓨터만큼 효율적으로 정보를 결합할 수 없다 해서 인간
이 기계로 대체된다는 뜻은 아니다. 인간-컴퓨터 시스템이 필요할
날이 가까워졌음을 뜻한다.
- 히렐 J. 아인혼[27]

도스는 연구소 동료와 함께 의사 결정에서 단순한 선형 모형이
놀라운 효과를 보이는 근본 이유를 알아내고자 했다. 한 가지 가
설은 "모형은 일종의 '군중의 지혜' 효과 덕분에 전문가를 능가한
다"이다. 설명하자면 모형은 전문가 집단 전체의 판단을 종합하
므로, 각각의 전문가를 능가한다는 논리다. 설득력 있게 들리지만
이 가설은 기각당했다. 한 전문가의 판단만을 흉내 내도록 훈련시
킨 모형조차도, 여전히 그 전문가 자신을 능가했다.[28]

아니면 선형 모형을 최적화하는 방식, 그러니까 각 변수 중
요도에 따라 최적 계수를 부여하는 방식이 관련 있을 수도 있었
다. 도스는 버나드 코리건Bernard Corrigan과 함께 자신들이 '부적절
improper' 선형 모형이라고 부른 것, 즉 가중치를 최적화하지 않은
모형과 전문가의 판단을 비교했다. 변수에 가중치를 똑같이 주기

도 하고, 랜덤으로 부여하기도 하면서 조사했다. 그 결과는 놀라웠다.

(양수 값에 한정해서) 가중치를 랜덤으로 부여한 모형은 전문가 판단과 대등하거나 그보다 더 정확했다. 가중치를 똑같이 부여한 모형은 더욱 정확했다.[29] 그렇게 손쉽게 만든 부적절 모형은 실제 적용 가능성이 무궁무진해 보였다. 1970년대에 도스는 학술 대회에서 한 내과 의사와 함께 토론자로 참석했다. 학술 대회가 끝난 뒤 술집에서 한잔할 때 그 의사가 물었다.

"선생님의 모형으로 우리 부부가 얼마나 함께 잘살지도 예측 가능한가요?"[30]

그 즉시 도스는 머릿속에 떠오르는 가장 단순한 모형을 상상했다. 그러니까 부부 관계가 좋으면 싸움보다 성관계를 더 많이 할 것이다. 그는 동료의 데이터 집합을 써서 계산했다. 몇 주 또는 몇 달에 걸쳐서 부부가 성관계(오르가슴 여부 없이 생식기가 결합한 상태)를 가진 횟수를 더하고, 같은 기간에 싸움(적어도 한쪽이 비협조적인 상황)을 한 횟수를 뺐다. 결과는?

"이 선형 예측은 단순함의 정수입니다. 성교율에서 언쟁율을 뺀 값이 양수면 행복, 음수면 불행이죠."[31]

미주리주 캔자스시티의 부부로부터 얻은 데이터를 통해 보면, 실제로 부부 30쌍 중에서 성교율에서 언쟁율을 뺀 값이 양수로 나온 28쌍은 스스로 '행복하다'고 말한 반면, 음수로 나온 12쌍은 모두 '불행하다'고 말했다."[32] 그 뒤에 오리건주, 텍사스주에서 이뤄진 연구도 이 상관관계가 나타남을 확인했다.

사실 많은 사례에서, 가중치를 같게 한 모형이 최적 회귀 모형보다도 나았다. 말 그대로 최적이기 때문에 최적 가중치가 선택된 것일 텐데 뭔가 이상해 보인다. 그러나 그 최적은 특정한 맥락과 훈련 데이터 집합에서의 최적을 뜻할 뿐, 그 맥락이 모든 곳에 통용되는 것은 아니다. 미네소타대에서의 학업 성취도 예측에 쓰이는 최적 가중치가 카네기멜론대의 그것에도 최적은 아니다. 현실에서는 같은 가중치가 다양한 맥락에서 더 낫고 더 탄탄한 듯했다.[33]

도스는 이 결과에 흥미를 느꼈다. 세계의 복잡성을 고려할 때, 극도로 단순한 모형(같은 가중치를 부여한 속성의 단순히 합산)이 작동할 뿐 아니라 인간 전문가와 최적 회귀 모형보다 더 뛰어난 이유는 대체 뭐란 말인가?

이에 도스는 몇 가지 답을 내놨다. 첫째, 현실 세계가 복잡하긴 해도 많은 고차원적 관계는 '조건부 단조conditionally monotone'라는 양상을 띠기 때문이다. 한마디로, 복잡하게 상호작용하지 않는다는 뜻이다. 개인의 건강이 어떤지에 상관없이 20대 후반 건강은 30대 후반의 그것보다 '거의 언제나' 더 낫다. 개인의 지능, 동기, 직업 윤리에 차이가 있어도 표준검사 점수가 10점 더 높은 쪽이 낮은 쪽보다 '거의 언제나' 더 낫다. 개인의 범죄 경력, 자제력 등에 차이가 있어도 체포 횟수가 적은 쪽이 많은 쪽보다 '거의 언제나' 더 낫다.

둘째, 측정에는 거의 언제나 오류가 있기 때문이다. 직관적 이유뿐 아니라 이론적 이유일 때도, 어떤 척도가 오류를 일으키기 쉬울수록 그 척도는 선형 방식으로 쓰는 게 적절하다. 어쩌면 가장 도발적인 견해일 텐데, 도스는 가중치를 같게 부여한 모형이 '적절한' 최적 가중치를 부여한 모형보다 더 나은 이유에 대해, 후자는 어떤 목적 함수에 맞게 가중치를 조정해야 하기 때문이라고 주장했다. 하지만 현실에서는 성공을 어떻게 측정할지를 정확히 정의할 수 없거나, 가중치에 대한 답이 나올 때까지 여유가 없을 때가 많다. 이에 대해 그는 이렇게 썼다.

"예를 들어 보죠. 누구를 대학원에 입학시킬지 결정할 때 우리는 '직업적 자기 실현'이라고 할 만한 미래의 어떤 장기 변수를 예측할 가능성이 높습니다. 이 개념이 무슨 뜻인지 우리는 나름의 생각을 분명 지니지만, 괜찮으면서 정확한 정의는 아직 가지지 않았죠(가졌다 해도 지금 학생의 기록으로는 연구가 불가능하다. 학생이 학위를 마치고 적어도 20년은 지난 뒤에야 그 변수 평가가 가능하기 때문이다)."

도스는 '우리가 정확히 무엇을 원하는지 모르고', '데이터도 전혀 없을 경우' 부적절 모형이 다듬지 않은 직관보다 낫진 않아도 어느 정도는 대등한 역할을 한다 주장한다.[34]

물론 도스와 코리건의 비교, 특히 인간 전문가와 모형의 비교가 완전히 공정하진 않은 듯하다고 반대할 수도 있다. 그 모형은 랜덤의 특성을 랜덤으로 선형 조합한 것이 아니었다. 수 세대까진 아니라고 해도 수십 년간 우리가 가장 낮다고 판단한 것, 가장 관련이 깊으면서 예측 가능하다고 추린 것을 랜덤으로 선형 조합한 것이다.

아마 이 모든 '전처리' 활동(무한한 가용 정보 중에서 지금의 결정과 가장 관련 깊은 몇 가지 정보를 결정하는 일)이 문제에 들어간 실제 지혜와 통찰을 반영한다고 주장하고픈 유혹을 느낀다. 그러니까, 힘든 일은 인간이 하고 공은 선형 모형이 가져가는 것 아닐까? 도스의 요지가 바로 이것이었다. 인간의 전문성은 무엇을 찾아야할지를 아는 데 있다는 것이 바로 그의 결론이었다.

"무엇을 찾아야 할지를 판단하는 일에서 모형은 인간 전문가를 대체할 수 없다. 결정을 내리기 위해 찾아야 할 것이 무엇인지를 아는 지식이야말로 인간 전문가가 지닌다."[35]

즉, 정보를 종합할 최고의 방법을 아는 데 따로 길이 있는 것이 아니라는 말이다. 의사 결정 이론가 히렐 아인혼Hillel Einhorn이 1972년에 내놓은 연구 결과는 이 개념을 가장 명확히 보여 주는 사례 중 하나다.[36] 아인혼은 호지킨림프종 진단을 받은 환자의 생검 슬라이드를 의사가 어떻게 판단했는지 살폈다. 먼저 의사에게 슬라이드를 살필 때 중요하다고 생각하는 요소를 나열한 뒤, 슬라이드마다 각 요소별 점수를 매겨 달라 했다. 그리고 환자의 증세가 어느 정도인지 총점을 매겨 달라 했다. 의사가 질병의 심각성을 판단한 총점은? 환자 생존과의 상관관계가 0으로 나왔다. 그러나 노래 후렴구처럼 나타나는 결과가 하나 있었는데, 전문가의 개별 요소 점수를 사용한 단순한 모형은 환자 사망률을 아주 잘 예측했다.

달리 말하면, 우리는 엉뚱한 곳에서 인간의 지혜를 찾는다. 아마 그것은 인간 마음속에 있는 것이 아니라, 그들 책상에 정확히 어떤 정보가 올라오느냐에 따라 결정되는 표준과 관행에 담긴다. 나머지는 수학일 뿐이다. 아니, 어쨌거나 수학이어야 한다. 도스는 그것을 대안으로 제시했다.

"어떤 변수를 봐야 할지 알고, 그런 뒤 어떻게 더해야 할지를 아는 것이 바로 비결이다."[37]

갖가지 일화로 가득한 연구자의 길을 걸으면서 도스가 내놓은 가장 유명한 문장이다.

최적의 단순성

단순함은 복잡함보다 어렵다. 생각을 말끔히 정리해서 단순화하려면 공을 들여야 한다. 그러나 할 가치가 있다. 일단 그 단계에 이르면, 산조차 움직이기 때문이다.
- 스티브 잡스[38]

내가 최소한의 노력이라도 기울일 만한 단순성은 복잡성의 반대편에 있다. 결코 깊이 탐구된 적이 없는 그 복잡성 말이다.
- 올리버 웬델 홈스[39]

도스의 정신을 21세기로 들여오는 데 가장 크게 기여한 인물은 듀크대 컴퓨터 과학자 신시아 루딘Cynthia Rudin이다. 그는 단순성을 연구의 주요 동기 중 하나로 삼았다. 지나치게 복잡한 모형의 사용에 반대할 뿐 아니라, 단순한 모형이 하는 일의 범위를 넓히는 데 관심을 쏟았다. 그렇게 루딘의 연구진은 한 문장에 담을 수 있고, COMPAS만큼 정확한 재범 예측 모형을 보여 주는 형사법 분야 논문을 2018년에 발표했다. 그 한 문장은 다음과 같다.

"당사자가 앞서 범죄를 세 번 이상 저질렀거나, 18~20세의 남성이거나, 21~23세에 범죄 전력이 두 번 이상이면 다시 체포될 것이라고 예상된다(그렇지 않으면, 다시 체포되지 않는다)."[40]

루딘에게 도스의 연구는 자극의 원천이자 도전의 대상이다. 직접 선택한 고급 변수로 만든 단순한 모형이 복잡한 모형만큼 (때로는 그보다 더) 잘 작동하며, 인간 전문가만큼 또는 그보다 더 일관성을 띤다니! 그러나 그런 모형은 많은 질문을 남긴다. 그리고 새로운 연구로 나아갈 길을 연다. 즉, 주어진 데이터 집합으로부터 '최적의' 단순한 모형을 어떻게 만들까의 문제다. 놀랍게도 답은 근 몇 년 전부터 겨우 나오기 시작했다.

루딘은 현재 21세기 보건 의료에 쓰이는 단순한 모형을 도스보다 훨씬 '덜 낙관적으로' 본다. 현행 모형을 임상적 직관의 우월한 대안으로 여기지만, 임상적 직관이 과도하게 영향을 미치는 가운데 모형이 구축된 것이라고 본다. 그러니 개선의 여지가 많다고 여긴다. 그는 남성의 관상동맥 질환 점수표를 사례로 든다.

"당신이 남성이고 병원에 갔다 치죠. 병원에서는 앞으로 10년 간 당신이 관상동맥 질환에 걸릴 위험을 계산하려 해요. 그리고 다섯 가지 질문을 할 거예요. 나이, 콜레스테롤 수치, 흡연 여부 등 등. 그리고 당신 답변에 점수를 매겨요. 그리고 당신이 향후 10년 간 관상동맥 질환에 걸릴 위험이 얼마라고 내놓죠."

여기서 루딘의 목소리가 갑자기 달라진다.

"그런데 말이죠. 그 다섯 가지 질문은 어디서 얻었을까요? 그리고 어떻게 점수를 매겼을까요? 모두 다 병원에서 꾸민 거예요! 의료진이 만든 거예요! 바로 이거! 저는 이걸 하기 싫은 거예요. 저는 해석 가능한 모형을 구축하고 싶죠. 그런데 데이터로부터 구축하고 싶어요."[41]

최적의 단순한 규칙을 찾는 일은 정말 쉽지 않다. 이를 위해 어려운intractable, 즉 NP-난해NP-hard 문제를 다뤄야 한다. 보증된 최선의 답을 얻을 간단한 방법이 전혀 없는 가시덤불 같은 문제다. 환자 기록만 수만 건에 달하고, 그것도 기록이 수십 가지 또는 수백 가지의 속성(나이, 혈압 등등)으로 이뤄지는데, 진단을 위한 최고의 단순한 흐름도를 어떻게 찾을까?

컴퓨터 과학자라면 최선의 답을 얻기 위해 '방안이 가득한 공구함'을 지니지만, 루딘은 빅 데이터를 써서 단순한 규칙 리스트와 점수 체계를 구축하는 데 쓰이는 기존 알고리즘(1980년대에 개발된 CART[42]와 1990년대에 개발된 C4.5 같은 알고리즘[43])이 미흡하다고 느꼈다. 그 능력을 수천만 개의 매개변수를 지닌 알렉스넷 같은 모형을 훈련시키는 데 쓰는 대신, 가능한 모든 단순한 모형으로 이뤄지는 방대한 공간을 탐색하는 데 쓰지 말라는 법은 없다. 가능하지 않을까?

루딘의 연구진은 처음으로 돌아가서 새로운 접근법(규칙 기반 모형에 쓸 접근법과 점수표를 토대로 한 모형에 쓸 접근법)을 만들었고 그것을 현행 접근법과 비교했다. 특히 모든 의학 분야에서 가장 널리 쓰이는 모형 중 하나를 공략하는 데 초점을 맞췄다. 바로 CHADS2였다. 2001년에 개발된 CHADS2와 2010년에 개발된 후속판인 CHA2DS2-VASc는 심방세동 환자의 뇌졸중 위험을 예측하도록 고안됐다.[44] 양쪽 다 임상의와 연구자가 데이터 집합을 세밀하게 훑어 가장 관련 있다고 여기는 요소를 파악하는 용도로 고안했다.

이 연구는 CHADS2, CHA2DS2-VASc가 예측에 유용함을 확인했다. 두 모형은 대체로 타당한 툴이라 받아들여졌고 놀라울 만치 널리 쓰이지만, 어느 정도 '장인의' 수공예품으로 남았었다. 루딘은 컴퓨터를 써서 가장 관련 있는 요소를 찾아내 하나의 체계를 만들고 싶었다.

루딘은 CHADS2 연구에 쓰인 것보다 6,000배 이상 많은 데이터를 사용했는데, 일명 '베이즈 규칙 리스트Bayesian Rule Lists'라는 자신의 알고리즘을 환자 1만 2,000명의 데이터에 적용했다. 그리고 환자의 특성(약물 복용 내역, 보고된 건강 상태 등) 약 4,100가지를 파헤쳐 최상의 점수 체계를 구성하도록 했다.[45] 그런 뒤 같은 데이터 집합의 검증용 데이터를 써서 자신의 모형과 CHADS2 및 CHA2DS2-VASc를 비교했다.

결과는 자신의 모형이 CHADS2와 CHA2DS2-VASc보다 뚜렷하게 개선됐음을 보여 줬다. 더 흥미로운 점은 CHA2DS2-VASc로 넘어오면서 정확성이 확연히 낮아졌다는 사실이다. 해당 연구에서는 기존 모형이 더 나은 듯했다. 연구진이 논문에서 섬세하게 표현했듯이 '해석 가능한 모형을 손수 구축하는 일의 어려움을 잘 보여 주는' 예시다.

후속 연구에서 박사 과정생인 버크 우스턴Berk Ustun과 루딘은 매사추세츠 종합병원과 공동으로 수면무호흡증(코골이) 점수 체계를 개발했다. 미국인 수천만 명과 전 세계 수억 명이 겪는 증상이다.[46] 그들은 최대한 정확할 뿐 아니라, 의사의 진료 기록지 위에서 빠르고 믿음직하게 가동되는 단순한 모형 개발을 목표로 삼았다. 진료 기록지 위에서 가동돼야 한다는 제약 조건 때문에, 우스턴과 루딘은 모형을 거의 불가능할 만치 단순화해야 했다. 명시적 고려 특징이 거의 없고, 정수 계수도 최소화해야 했다.[47]

사실 21세기에도 의사가 자신의 직관을 토대로 그때그때 모형을 구축하는 일은 드물지 않다. 이를 '보그샛법BOGSAT method'이라 비아냥대기도 한다. 탁자에 둘러앉은 한 무리의 작자들bunch of guys sitting around a table이 내놓은 것이라는 뜻이다. 또한 모형 구축에 머신 러닝을 써도 모형을 사후에 '손수' 단순화할 때도 많았다.[48] 진료에 쓰이는 모형이 이런 식으로 고안됐다는 점은 지금도

마찬가지다. 그만큼 정확성이 낮아지며, 실제 환자가 피해를 입는다는 뜻이다.[49]

우스턴과 루딘은 더 나은 방법이 있는지 알아보고자 했다. 그들은 적절한 경험적 추론을 낼 뿐 아니라 심각한 제약 조건 아래서 결정을 내릴 최적 방법까지 찾아낼 SLIM Supersparse Linear Integer Model (매우 성긴 선형 정수 모형)을 개발했다. 이 모형은 의학과 머신 러닝 양쪽으로 확고한 혜택을 제공하는 두 가지 결과를 낳았다.

첫째, SLIM은 기존 상식 및 관행과 정반대로, 환자의 현재 증상보다 병력이 더 중요함을 보여 줬다. 우스턴과 루딘이 환자의 병력(과거의 심근경색, 고혈압 등)을 토대로 모형을 훈련시키자, 현재의 증상(코골이, 숨막힘, 수면 부족 등)을 토대로 훈련시켰을 때보다 예측이 더 정확해졌다. 게다가 병력을 토대로 한 모형에 증상을 추가하니 별다른 개선이 나타나지 않았다. 그렇게 수면무호흡증을 판별하는 능력이 상당히 개선됐다. 참고로 증상이 심한데도 치료를 받지 않으면 사망 위험이 3배 증가하는 병이다.[50]

둘째, SLIM이 머신 러닝 분야에서 효과가 있음이 드러나자, 공동 연구 분야와 그 밖의 분야로도 확장됐다. 우스턴과 루딘은 이렇게 썼다.

"SLIM의 정확성은 이 데이터 집합에 적용된 최신 분류 모형과 비슷했다. 그러나 투명성을 온전히 갖췄기에 몇 가지 임상적 질문을 해서 얻은 예/아니요를 토대로 손쉽게 예측했다."[51]

루딘은 이렇게 덧붙인다.

"저는 최종 사용자를 겨냥한 예측 모형을 설계하고 싶어요. 정확할 뿐 아니라 인간이 판단을 내리는 데 쓰는 것을 설계하고 싶어요. 매우 정확한데 해석도 충분히 가능해서 믿을 만한 의사 결정을 내리는 데 쓰는 예측 모형이요. 그간 저는 제가 믿는 것이 옳다는 가정하에 일했어요. 많은 데이터 집합을 써서 놀라울 만치 작은 예측 모형을 만든다는 거죠. 이 가설은 제가 처음 세운 건 아니에요. 몇 년 전부터 있었죠. 하지만 지금 우리는 연산 능력과 새로운 개념과 새로운 기술까지 갖춰 이 가설을 검증할 거예요."

해당 문제를 연구하는 이들로서 지금은 흥분되는 시기다. 단순한 모형이 인간의 전문성과 놀라울 만치 대등하면서 때로는 더욱 뛰어난 능력을 보여 주니 말이다. 게다가 현재의 기술은 우리에게 이상적인 단순한 모형을 만들 길을 제공한다.

하지만 복잡성을 단순히 회피할 수 없는 사례도 있다. 입력을 '관리 가능하며 뜻 있는 양으로' 걸러 내는 인간 전문가의 혜택을 보지 못하는 모형이 그렇다. 좋든 나쁘든 간에 일부 모형은 'GPA 점수'와 '기존 범죄 횟수' 같은 가공되지 않은 언어, 음성, 시각 데이터를 다뤄야 한다. 의료에서는 어떨까? '미열, 천식' 같은 인간의 입력을 받는 의학 툴도 있는 반면, X선이나 CAT 영상을 직접 보면서 뜻을 파악해야 하는 툴도 있다. 자율 주행 차량은 레이더, 라이더, 시각 데이터의 흐름을 직접 다뤄야 한다. 이런 사례에서는 수백만 개의 매개변수를 지닌 대규모 '블랙박스' 신경망 외에는 대안이 거의 없다.

하지만 투명성의 과학은 미지의 세계와의 조우를 돕는다.

돌출성: 눈의 흰자위

다른 생물에 비해 인간의 눈은 흰자위가 유달리 크고 잘 보인다. 그래서 인간은 어디에 주의를 기울이는지, 아니 적어도 어디를 응시하는지가 유달리 잘 드러난다. 진화생물학자는 '협력적 눈 가설 cooperative eye hypothesis'을 통해서 이것이 인간의 한 특징이라 주장한다. 사생활이나 속마음이 드러남을 감수하고서라도 주의를 공유함으로써 얻는 혜택이 크다는 것을, 협력이 생존에 매우 중요한 역할임을 가리키는 것이 틀림없다고 본다.[52]

그래서 우리가 기계에 '흰자위'를 기대하는 건 이해할 만하다. 기계가 무슨 생각을 하는지만이 아니라, 특히 어디를 보는지도 알고 싶다. 머신 러닝 분야에서는 이 개념을 '돌출성saliency'이라 한다. 시스템이 어떤 사진을 보고서 그것을 범주화하면, 사진의 특정 부분이 다른 부분보다 더 중요하거나 더 영향력을 발휘했을 것이라는 개념이다. 사진 중요 부분을 잘 보이도록 표시한 일종의 '열 지도'를 작성하면, 우리는 시스템이 개발 의도대로 행동하는지를 확인하는 '온전성 검사sanity check'에 쓸 중요한 정보를 얻을 수도 있다.[53]

그 결과, 머신 러닝 시스템이 얼마나 비직관적인지가 드러나는

놀라운 양상이 드러났다. 때로는 훈련 데이터를 보고 우리가 생각
도 못한 측면과 관련 있음을 파악하거나, 우리가 중요한 정보라고
여겼을 측면을 완전히 무시했다는 이야기다.

2013년 토틀랜드주립대 박사 과정생인 윌 랜더커Will Landecker
는 동물이 있거나 없는 사진을 구분하도록 신경망을 훈련시키는
중이었다. 그는 사진의 어느 부분이 최종 분류와 관련 있는지 살
필 방법을 개발했는데 여기서 기이한 점을 알아차렸다. 신경망이
사진 배경에 더 주의를 기울이는 사례가 많다는 것이었다. 더 자
세히 조사하니, 동물이 있는 사진에서는 '보케bokeh'(흐릿한 배경)
가 흔했다. 대개 동물에게 초점을 맞추니 배경이 흐릿하기 때문이
었다. 동물이 없는, 그러니까 풍경 사진은 초점이 균일한 경우가
많았다. 결론은? 그가 훈련시킨 것은 동물 검출기가 아니라 보케
검출기였다.[54]

2015~2016년에 피부과 의사 저스틴 코Justin Ko와 로베르토 노
보아Roberto Novoa는 스탠퍼드 의대, 공대와 공동 연구를 했다. 노보
아는 컴퓨터 시각 시스템 분야가 수백 가지의 개 품종을 구별하
는 수준까지 발전한 데 깊은 인상을 받았다.

"그래서 생각했죠. 개를 구분하니, 피부암 판별도 가능하지 않
을까라고요."[55]

코와 노보아는 피부의 양성과 악성 상태를 찍은 사진을 모아
큰 데이터 집합을 구축했다. 2,000가지 질병뿐 아니라 건강한 피
부까지 포함해 사진이 무려 13만 장에 달했다. 그들은 기존 시각

시스템인 구글의 인셉션 v3를 택했다. 이미지넷의 데이터 집합과 범주로 훈련을 받은 인셉션 v3를 가지고, 치와와와 래브라도가 아니라 말단흑자흑색종과 멜라닌결핍흑색종 같은 수천 가지 피부암을 구별하도록 재훈련시켰다. 그리고 피부과 의사 25명을 상대로 시스템을 시험했다.

결과는? 시스템이 의사보다 뛰어났다. '의사 수준'의 정확성에 힘입어 코와 노보아는 2017년에 〈네이처〉에 논문을 실었고, 그 논문은 널리 인용됐다.[56] 코는 의학 공부를 하고 환자를 진료하면서 10여 년을 보냈기에, 자신의 눈이 예리하다 자부심을 가졌었다. 그러니 이 결과에 몹시 고무되는 한편 초라함도 느꼈다.

"저는 오랜 세월을 의술을 갈고닦았는데, 겨우 몇 주 사이에 (모형이) 그 일을 해낸 거죠."[57]

게다가 이 시스템은 "지구 구석구석까지 고품질 저비용 진단 능력을 제공한다"라고 약속한다. 실제로 의사를 찾기 어려운 곳에서 유용할 뿐 아니라, 전문의의 대안으로도 쓰인다. 코는 어깨에 우스꽝스러워 보이는 반점이 있는 환자가 진료실로 들어온 날을 기억한다. 2017년 4월 17일이었다.

"정말 갈등했어요."

뭔가가 있었다.

"딱 맞지 않은 듯했어요. 현미경으로 보니까, 진화하는 초기 흑색종임을 시사하는 특징이 전혀 없었어요."

그래도 뭔가 마음에 걸렸다.

"그래서 생각했죠. 그걸 쓰기 딱 좋은 상황이라고."

코는 가능한 모든 각도와 조명 조건에서 반점 사진을 찍어서 신경망에 입력했다.

"어떤 사진이든 간에 꽤 안정적으로 읽더니 악성 병터라고 꽤 확신하더군요."

코는 그렇게 생체검사를 한 다음, 병원 내 피부병리학자와 상의했다.

"그가 말하더군요. 이걸 알았냐고. 그게 흑색종 진화에서 매우 미묘한 초기 사례라고 하더라고요. 그러니까 완치 가능한 단계에서 병을 포착한 거예요."

그렇게 그 날짜는 코의 뇌리에 콱 박혔다. 신경망이 임상에 충격을 준 첫날이기도 했다.

"앞으로도 그런 일이 많이 일어나기를 바라고요."

물론 전체 이야기는 복잡하다. 코와 노보아 연구진은 그다음 해에 〈피부연구학회지Journal of Investigative Dermatology〉에 신경망 모형을 임상에 통상 적용하는 것은 성급하다며 주의를 촉구하는 편지를 보냈다. 그들은 그런 모형이 현장에 적용되려면 강력한 안전 조치가 먼저 필요하다고 느꼈고, 직접 겪은 일화를 들려주면서 그 점을 강조했다. 그 예로 사진에 '자'가 있으면 암이 있는 쪽으로 분류할 가능성이 훨씬 높았다. 왜 그럴까? 공교롭게도 악성 종양 사진에는 그 크기를 나타내기 위해 자를 함께 찍는 사례가 많았기 때문이다.

"그래서 뜻하지 않게 알고리즘은 자를 악성이라 학습했죠."[58]

돌출성을 토대로 한 기법은 이러한 문제 중 일부를 해결한다. 물론 데이터 집합에 변이가 충분히 있도록 하거나 모든 입력 사진을 표준화하는 방법은 복잡하다. 코와 노보아 연구진은 이렇게 결론지었다.

"이런 신기술을 안전하게 쓰려면 수많은, 게다가 미묘한 사항을 계속 규명해야 한다."

다중 작업망: 모든 것을 알려 줘

복잡한 모형을 더 투명하고 이해 가능하게 만드는 방법 중 가장 단순한 방법은 무엇일까? 출력을 더 많이 내놓기다. 카루아나는 의학적 결과를 예측하는 신경망을 연구할 때, 그 신경망이 예측을 한 가지(예를 들어 환자 생사 확률)만이 아니라 수십 가지도 내놓을 수 있음을 알아차렸다. 얼마나 오래 입원할지, 치료비가 얼마나 나올지, 인공호흡기가 필요할지, 항생제를 언제까지 써야 할지 등등 말이다.

다만 데이터 집합에서의 추가 정보는 모형에 추가 입력이 없으면 쓸모가 없었다. 치료비를 토대로 사망률을 예측하는 법을 배워도 신규 환자에겐 사실상 도움이 되지 않는다. 치료가 처음이니 얼마나 나올지 예측할 수 없기 때문이다. 하지만 추가 입력으로서의 역할이 아니라 추가 출력으로서, 즉 모형을 훈련시키는 정답의 추가 원천으로서는 유용하다. 이 기법을 '다중작업 학습multitask learning'이라 한다.[59] 카루아나는 이렇게 말했다.

"아주 이상하게도 한 번에 하나씩 예측하도록 훈련시키는 것보 다 (다중작업 학습이) 더 쉬워요. 관련된 것 100가지로 동시에 훈련 시키는 것이 신호를 더 많이 제공한다는 생각이 들죠. 정보를 더 많이요."[60]

카루아나는 어떤 심각한 질환으로 병원에 입원하는 자신을 상 상해 보라 했다. 이를테면 폐렴이라 하자. 나는 살아났지만 한 달 을 입원했고 치료비는 50만 달러에 달했다.

"이제 뭔가가 지독히도 잘못됐음을 알죠. 엉망이 된 거죠. '끔찍 한 결과' 중 하나에 속하진 않겠지만 너무나도 심란한 상황에 처 한 거예요."

사망률만을 예측하도록 협소하게 구축된 시스템에는 앞의 사 례의 사망률이 0이라는 정답을 지닌 훈련 데이터로 쓰인다. 살아 남았으니까. 그런데 뭔가가 빠졌다. 폐렴에 걸린 내가 사실 그저 운이 좋았을 뿐이면 시스템은 앞으로 나 같은 환자에게 사망률을 0이 아니라 80퍼센트로 예측해야 할지도 모른다. 더 다양한 출력 으로 훈련시키면서 예측한다면 더 정확한 평가를 하도록 시스템 을 유도할지도 모른다.

카루아나는 이런 '다중작업' 모형이 전통적 뜻에서 볼 때 더 나 을 뿐 아니라(훈련 속도도 더 빠르고 정확성도 더 높았다) 더 투명함을 깨달았다. 문제를 파악하기 더 쉽게 만들어졌다는 뜻이다. 그가 1990년대에 구축한 것과 같은 보건 의료 시스템이 환자의 생사만을 예측해도 의외의 예측을 발견할 수도 있다. 천식 환자가 일반 외래 환자보다 사망할 가능성이 더 낮다는 것이 한 예다.

반면에 데이터로부터 온갖 것(생사만이 아니라 입원 기간이나 치료비 등)을 예측하는 다중 작업망이 있으면, 이런 비정상적 예측이 훨씬 더 눈에 잘 띈다. 예를 들어, 천식 환자는 사망률이 평균 대비 낮을 수도 있지만 치료비는 천문학적이다. 매일 약을 두 알씩 먹으라는 처방전을 받고 집에 갔다가 아침에 내원할 정도의 평범한 '저위험' 환자가 아님이 훨씬 더 명확히 드러난다.

추가 출력 통로가 더 중요한 뭔가를 주는 사례도 있다. 구글, 구글의 생명과학 자회사 베릴리, 스탠퍼드 의대 공동 연구진은 2017~2018년에 망막 사진을 분류하는 쪽으로 인셉션 v3를 적응시켰다.[61] 그 결과 고무적인 진단 결과를 얻었다. 당뇨망막병증 같은 병을 인간만큼 정확히 검출했다. 그리고 연구진은 여기에 쓴 데이터 집합이 환자의 다른 정보도 지닌다는 것을 깨달았다. 나이, 성별, 체질량 지수, 흡연 여부 같은 것이었다. 구글 연구자 라이언 포플린Ryan Poplin은 이렇게 말했다.

"그래서 그런 변수를 모델에 추가했죠."[62]

카루아나가 그랬듯이, 구글과 스탠퍼드대 연구진은 환자 데이터를 추가했으니 모형이 그 항목도 예측하지 않을까 예상했다. 이 부수적 데이터(연령, 성별, 혈압 등)를 추가 입력이 아니라, 추가 출력으로 다루면 어떨까? 모형을 더 견고하게 만들 방법이 나오지 않을까? 그리고 모형의 질병 예측이 어긋나는 사례에 관해 뭔가 알지 않을까? 포플린은 이렇게 말했다.

"모형에 엄청난 통제력이나 정답을 추가하는 양 느꼈죠."

결과는 어땠을까? 구글과 스탠퍼드대 연구진은 엄청난 충격을 받았다. 모형이 망막 사진만 가지고 환자의 나이와 성별을 거의 완벽하게 말했다. 구글 쪽은 그 결과를 도저히 믿지 못했다. 포플린은 말했다.

"결과를 보여 주니까 이렇게 말해요. 뭔가 버그가 있는 게 틀림 없다고. 이렇게 높은 정확도로 예측할 리가 없다고요. (…) 모형을 더 깊이 파헤친 끝에 우리는 버그가 없음을 알아차렸어요. 진짜 예측이었죠."

이에 구글과 스탠퍼드대 연구진은 돌출성 기법을 사용했다. 망이 그 일을 어떻게 하는지 정확히 알아내지는 못해도, 어떤 특징이 관련됐는지를 밝히기 위해서였다. 그 결과, 나이의 경우 모형이 혈관을 살펴 파악함이 드러났다. 성별의 경우는 황반과 시신경유두를 살펴 파악했다. 포플린은 처음에 이 결과를 의사에게 보여 줬을 때 일화를 이야기했다.

"(의사가) 좀 비웃더라고요. 믿지 않았어요. 하지만 열 지도를 보여 주고서 모형이 시신경유두나 그 주위의 어떤 특징에 초점을 맞춘다고 말하니까 그제야 고개를 끄덕여요. 자기네도 안다고. 그걸 당연히 본다고요. 모형이 사진의 어디를 써서 예측하는지를 보여 주니 신뢰 수준이 높아져요. 또 결과의 타당성 수준도 높아지고요."

예측 정확성을 달성하는 차원을 넘어서, 이 모형은 의과학 자체에 흥미로운 길을 제시했다. 다중작업 학습과 돌출성 기법의 조합은 그 분야가 망막의 성별 차이를 간과했음을 보여 줬다. 그뿐만이 아니었다. 그 차이를 어디서 찾아내는지도 보여 줬다. 이런 설명 방법은 의학만 낫게 만드는 것만이 아니다. 의사도 낫게 만든다.

시각화 기법: 알렉스넷 벗기기

앞에서 우리는 망이 무엇을 예측하는지에 관해, 추가 출력하는 다중 작업망이 중요한 맥락을 제공한다는 사실을 살폈다. 돌출성 기법은 망 입력에 관한 맥락을 제공하고, 모형이 어디를 보는가에 관한 정보도 제공할 수 있다. 다만, 다중 작업망, 돌출성 기법 모두 블랙박스 안에서 어떤 일이 생기는지, 즉 모형이 실제로 무엇을 보는지는 시원하게 알려 주지 못한다.

2012년 알렉스넷 이후로 머신 러닝 분야에서 뚜렷한 돌파구를 연 것은 혼란스럽고 '날것인' 감각 자료로부터 배우는 신경망 모형이었다. 예를 들면 수백만 픽셀로 색상을 학습하는 모형이다. 이런 모형은 매개변수가 수천만 개에 달하며, 이 매개변수가 무엇을 표현하는지는 말하기 쉽지 않다. 먼저 수백만 픽셀을 표현하는 층이 있고, 그 층의 문턱 값을 종합한 층이 있고, 후자의 문턱 값을 모은 또 다른 층이 있는 식으로 층이 겹겹이 쌓이기 때문이다. 그러니 곧바로 이해 가능한 설명을 내놓을 수 없다. 그러면 어떻게 해야 할까?

뉴욕대의 박사 과정생 매튜 자일러Matthew Zeiler와 지도 교수인 롭 퍼거스Rob Fergus는 이 문제에 매달렸다. 물론 그들은 거대하면서 당황스러운 모형이 성공했다는 사실 자체는 부정할 수 없다고 말했다.

"그러나 그것이 왜 그렇게 뛰어난지, 어떻게 하면 개선할 수 있을지 명확히 이해할 방법은 전혀 없습니다. (…) 과학적 관점에서 보자면 이는 몹시 만족스럽지 못합니다."[63]

또한 자일러는 이렇게 말했다.

"이렇게 놀라운 결과를 내놓는데, 이런 모형이 무엇을 학습하는지는 불분명합니다."[64]

사람들은 이 복잡한 망의 바닥층이 기본을 표현한다는 사실까지는 알았다. 수직 모서리, 수평 모서리, 하나의 선명한 색상, 단순한 기울기 등이다. 이런 망의 최종 출력이 범주 태그라는 사실도 알았다. 고양이, 개, 차량 등등. 그러나 그 중간 단계에 대해서는 해석할 수 없었다.

자일러와 퍼거스는 '디컨벌루션deconvolution'이라는 시각화 기법을 개발했다. 망 중간 단계의 활성화 양상을 사진으로 바꾸는 방법이었다.[65] 그렇게 그들은 두 번째 층을 봤다. 그곳에는 온갖 모양이 가득했다.

"평행선, 곡선, 원, t 모양 교차점, 온갖 기울기, 색상 얼룩 같은 것이 있었어요. 2층에 이미 엄청나게 다양한 구조가 있었다는 거죠."

3층은? 더욱 복잡했고, 대상의 일부가 표현되기 시작했다. 얼굴 일부, 눈알, 질감, 반복 패턴 같은 것이 보였다. 하얀 구름 덩어리, 책꽂이의 여러 색상으로 된 줄무늬, 초록색 풀 줄기 같은 것을 검출했다. 4층은? 눈과 코, 타일 바닥, 불가사리나 거미에서의 방사상 기하학적 형태, 꽃잎이나 타자기의 자판 배치에 반응했다. 5층은? 대상이 배정되는 최종 범주가 강한 영향을 미치는 듯했다.

디컨벌루션의 효과는 극적이었고 통찰력까지 엿보였다. 하지만 유용했을까? 자일러는 디컨벌루션을 써서 2012년 이미지넷 경연에서 우승한 알렉스넷을 벗기고 파헤치기 시작했다. 그리고 한 결함 더미에 주목했다. 망의 일부 저층 영역은 과다 노출된 사진처럼 정규화가 부적절했다. 어떤 필터는 '죽어서' 그 어떤 것도 검출하지 못했다. 자일러는 필터가 자신이 일치시키려는 패턴 유형에 맞는 크기가 아니라는 가설을 세웠다. 알렉스넷은 놀라운 성공을 거두긴 했지만 결함도 지녔다. 그리고 개선됐다. 시각화는 어디를 개선할지를 보여 줬다.

2013년 자일러는 열정적으로 매달린 끝에 몇 달 사이 박사 학위를 받고 뉴욕대를 떠나 클라리파이Clarifai라는 회사를 차렸다. 그리고 그해 이미지넷 경연에 참가했고 우승했다.[66]

다른 연구진도 같은 시기 혹은 그 뒤에 신경망을 직접적으로 시각화할 방법을 탐구하기 시작했다. 2015년 구글의 공학자 알렉산드르 모르드빈체프Alexander Mordvintsev, 크리스토퍼 올라Christopher Olah, 마이크 타이카Mike Tyka는 랜덤 픽셀 집합에 해당하는 사진에서 시작해 '바나나' 또는 '포크' 같은 특정한 태그를 붙일 확률을 최대한 높이도록 픽셀을 조정하는 방법을 실험했다.[67]

'기만적일 정도로 단순한' 모르드빈체프, 올라, 타이카의 방법은 놀랍게도 강력했다. 흥미로우면서 기억에 남을 만하고, 환각을 일으키는 듯하고, 기괴하기도 한 사진을 뽑았다. 예를 들어, '개'를 위해 픽셀을 조정하기 시작하면 다양한 크기의 수십 개 눈과 귀가 프랙털처럼 얽혀 무시무시한 사진을 받을 가능성이 높다. 예술적 장난의 비옥한 토대이자 그 자체가 거의 새로운 시각 미술이다.

모르드빈체프, 올라, 타이카의 착상은 거기에서 그치지 않았다. 랜덤 픽셀 집합과 수동적으로 지정한 범주 태그 대신 구름이나 나뭇잎 같은 실제 사진에서 시작했다. 그리고 신경망에서 가장 활성을 띠는 뉴런이 그 무엇이든 간에 단순히 그것을 증폭하는 쪽으로 사진을 조정했다. 환각을 자아내는 듯한 이 방법을 그들은 '딥드림DeepDream'이라 했다.[68]

"이는 피드백 고리를 만듭니다. 구름이 뭔가 새처럼 보이면 망은 그걸 더 새처럼 보이게 만들죠. 그러면 망은 그 새를 더욱 강하게 인식하고, 시간이 흐르면 매우 상세한 특징을 갖춘 새가 나옵니다. 아무것도 없는 곳에서 불쑥 출현하듯이요."

더 기이한 가능성도 존재한다. 야후의 시각 연구진은 이미지 음란성 여부를 검사하는 데 쓰이는 모형을 오픈 소스로 공개했었다. UC데이비스의 박사 과정생 게이브리얼 고^{Gabriel Goh}는 이 생성적 방법을 써서, 망이 랜덤 픽셀 집합을 '직장에서 안전하지 않다'고 간주하도록 조정했다. 그 결과는? 마치 살바도르 달리가 그린 음란물 같은 사진이 나왔다. 음란물 필터와 정상적인 이미지넷 범주 태그(이를테면 화산)의 '어떤' 조합을 최적화하면 뭔가 음란한 지형 사진이 나온다. 화산재 구름에서 화강암이 마치 음경같이 솟구쳐 보이는 식이다. 모양이 좋든 나쁘든 간에 그런 사진은 쉽사리 잊히지 않는다.[69]

더 철학적 관점에서 볼 때, 이런 기술은 신경망에 관한 한 비평가와 미술가 사이의 경계선이 희미함을 시사한다. 예를 들어, 호수나 성당을 인식하도록 훈련받은 망이 있다고 하자. 이제 우리가 결코 본 적이 없는 호수나 성당의 사진을 끝없이 생성한다. 예술 활동을 위한 아름다운 처방이다. 명작과 졸작을 구별하는 이라면 누구나 창작자가 될 수 있다. 좋은 심미안, 오랜 시간만 있으면 된다.

이런 기술은 미학적 가능성의 방대한 우주를 열었을 뿐 아니라, 진단 차원에도 아주 중요하다. 모르드빈체프, 올라, 타이카는 랜덤 픽셀 집합에서 출발해 사진 분류 시스템으로 나아가는 방법을 써서 각 범주를 최대한 닮은 사진을 '생성했'다. 그리고 이에 대해 이렇게 썼다.

"우리가 예전에 생각했던 것과는 다른 뭔가를 신경망이 찾음을 보여 주는 사례도 있다."

예를 들어, '덤벨' 범주를 최대화하니 초현실적인 모양으로 분리된 팔이 있었다.

"적절한 모양의 덤벨도 있긴 하지만, 망은 근육질인 이들이 덤벨을 든 모습을 학습하지 않는 한 사진이 완성되지 않는다고 생각하는 듯했다. 이 사례에서 망은 덤벨의 본질을 완전히 추출하는 데 실패했다. 덤벨을 그리려면 팔까지 꼭 그려야 한다고 여기는 듯했다. 시각화는 이런 유형의 훈련 오류를 바로잡는 데 분명 도움을 준다."[70]

시각화 기법은 편향과 표현 문제를 탐구하는 데에도 유용하다. 랜덤 픽셀 집합과 미세 조정된 사진 수백 장에서 시작해 백인 남성 얼굴을 생성하는 범주를 최대화하면, 결과적으로 망이 다른 유형의 얼굴을 쉽사리 인식하지 못할 것이라는 징후도 꽤 있다.

딥드림 연구 이후에 타이카는 구글 내에서 예술가와 기계 지능 Artists and Machine Intelligence 사업단을 꾸렸고, 머신 러닝의 미학적 가능성을 계속 탐구했다. 올라와 모르드빈체프는 시각화의 과학과 진단 분야를 연구했다.[71] 그리고 올라는 OpenAI에서 명료성 clarity 연구진을 이끈다. 그는 내게 이렇게 말했다.

"저는 뭔가를 설명하는 데 관심이 많았어요. 누군 좀 미친 거 아니냐 생각할지 모르겠는데요. 제 목표는 신경망을 완전히 역설계하는 거예요."[72]

시각화 기법 연구는 과학의 경계뿐 아니라 출판의 경계도 지웠다. 올라는 자신의 풍부하면서도 상호작용적인 천연색 고해상도 시각화 연구 결과를 발표하기에 전통적 학술지가 적합하지 않음을 깨달았다. 그래서 아예 학술지를 만들었다.[73] 또한 명료성 연구진은 진행하는 연구에 관해 신중해도 '감염성을 띠는 낙관론'을 펼치는데, 이렇게 썼다.

"강력하면서 믿을 만한 해석 가능성interpretability의 인터페이스를 구축하려면 해야 할 연구가 많다. 그러나 성공한다면 해석 가능성은 뜻 있게 감독하고, 공정하고 안전하며, 정렬하는 AI 시스템을 구축할 강력한 툴이 된다."[74]

이렇듯 시각 영역에서 많은 발전이 이뤄지지만, 이런 망을 시각적 수준이 아니라 개념적 수준에서 이해하는 것은 가능할까? 그 예로, 망 내부를 단어를 통해 이해할 방법은 있을까?

심층망 그리고 인간 개념

2012년 가을, 매사추세츠공과대 박사 과정에 막 들어간 빈 킴Been Kim은 앞으로 몇 년에 걸쳐 자신의 삶을 바꿀 연구를 시작했다. 그는 로봇학을 공부했지만(산업용 로봇을 더 이해하고자 지게차 운전면허증까지 땄다) 자신에게 딱 맞는 분야가 아님을 깨달았다. 그에 대해 이렇게 말했다.

"로봇학은 하드웨어라는 한계가 있음을 았았죠. 내 생각 속도를 물리적 기계가 못 따라온달까."[75]

킴은 '해석 가능성'이 필생의 연구 과제까지는 아니라 해도 박사 학위 논문 주제는 충분히 될 것이라 봤다. 그해 12월에 NeurIPS 학술 대회에 처음 참석했을 때 그는 더 나이 많은 연구자와 관련 이야기를 나눴다.

"한 교수에게 내가 해석 가능성을 연구한다 했더니, 그가 이런 식으로 말하는 거예요. 그걸 왜 하냐고. 신경망이 다 해결하는 데 신경 쓸 필요가 어디 있냐고요."

킴은 그 일을 떠올리면서 킬킬거린다.

"진료실에 갔는데 의사가 이렇게 말한다고 상상해 보죠. 오늘은 당신 몸을 갈라서 아마 두 가지쯤 떼 낼 거라고요. 그러면 묻겠죠. 왜 떼 내냐고. 그러면 의사가 이렇게 말해요. 본인도 모르겠는데 기계가 그렇게 말한다고. 99.9퍼센트 확률로 최선의 방안이라고요."

나는 되물었다.

"그러면 뭐라 물으시겠어요?"

이 질문은 수사학적임과 동시에 수사학적 차원을 넘어선다.

"의사한테 뭐라 말할까요? 이것이 제가 반드시 풀어야 하는 문제임이 아주 명백해 보였죠. 사람들이 그 질문의 중요성을 깨닫는 데 얼마나 걸릴지는 잘 몰랐지만요."

킴이 2017년부터 일하던 구글 브레인의 회의실 유리창으로 늦은 오후 햇살이 들어오는 중이었다.

"그런데요. 지금은 그때가 왔다고 생각해요."

킴은 인간 고유의 설명과 해석의 차원이 있다고 믿는다. 따라서 그 분야에 혼란스러움과 학제 간 성질은 본래 내재한다고 믿는다.

"그중 상당 부분, 덜 탐사된 부분은 인간적 측면이에요. 나는 언제나 HCI(인간-컴퓨터 상호작용), 인지과학을 강조해요. 그게 없이는 이 문제를 해결할 수 없어요."

해석 가능성에 필연적으로 인간적 측면을 인정한다는 것은 무슨 말일까? 컴퓨터 과학의 익숙한 언어로 산뜻하게 번역되지 않는 것이 언제나 있다는 뜻이다.

"뭔가를 설명할 때 어떠어떠해야 한다는 식의 수학적 정의를 내려야 한다고 생각하는 이도 있죠. 그런데요. 저는 그게 실현 가능한 방향이라 보지 않아요. 원체 컴퓨터 과학자는 정량화할 수 없음에 불편해해요. 본질적으로 매우."

킴의 연구 논문은 컴퓨터 과학 쪽에서는 꽤 특이해 보이지만, 그 분야 너머에서는 전형성을 담았다. 한마디로 인간을 대상으로 한 실제 연구 같다.

"사용자와의 반복 작업이 중요해요. 뭔가의 존재 이유가 인간의 소비를 위한 것이면 (…) 사람들이 소비하기 좋다는 근거를 보여 줘야 하니까요."

반복 작업이 중요한 이유는 또 있다. 실제 사용자에게 유용하리라고 설계자가 생각하는 것이 틀릴 때가 많기 때문이다. 해석 가능한 모형을 설계하거나 설명을 구상할 때는, 마치 조종석이나 인터페이스를 설계할 때처럼 모든 단계마다 반복해 봐야 한다.[76] 경험적 피드백을 받지 않겠다는 것은 그냥 오만이다.

이는 우리가 앞서 탐구한 이야기에 복잡성을 추가한다. 단순한 모형의 사용을 찬미한 심층망 말이다. 킴은 이것이 해석 가능성에서의 가장 좋은 접근법인지 판단하는 것은 궁극적으로 경험의 문제라 봤다.

"특징이 몇 개 안 되면, 특정 과제의 해석 가능 여부를 파악하고 입증하는 사례가 있어요. 극히 제한적이지만. 이런 사례에서는 특정한 문제를 두고 '가장 가능하다'는 것이 무슨 뜻인지를 적고, 최적화하죠."

그러나 킴의 연구처럼, 실제 인간을 연구한 결과를 보면 현실에서는 뻔한 사례가 거의 없음을 시사한다. 예를 들어, 2017년 마이크로소프트 연구소의 젠 워트먼 본Jenn Wortman Vaughan 연구진은 인간 사용자가 집값의 머신 러닝 모형과 상호작용하는 방식을 연구했다. 먼저 면적, 욕실 같은 특징을 써서 집값을 예측했다. 모형이 요소를 덜 쓰고(단순하고) 더 '투명해진다'면, 인간 사용자는 모형의 예측을 잘 예견했다. 그런데 단순성도 투명성도 사람들의 모형 신뢰 수준에 영향을 미치지 않았다. 사실, 사람들은 모형이 투명할수록 모형의 실수를 알아차릴 가능성이 낮았다.[77]

킴에게 인간은 숫자가 아니라 개념을 써서 생각하고 소통하는 존재다.[78] 우리는 고차원적 개념을 써서 말로 의사소통하고 말로 생각한다. 감각의 경험을 날것 그대로 주고받지 않는다. 이 때문에 그는 돌출성 기반의 많은 기법이 충분히 나아가지 않았다고 생각한다.

그래서 킴과 연구진은 '개념 활성화 벡터로 검사하기'Testing with Concept Activation Vector, TCAV'를 연구했다. TCAV는 인간적 개념을 써서 망의 내부를 이해할 방법을 제공한다. 예를 들어, 어떤 모형이 얼룩말 사진을 제대로 식별한다. TCAV는 그 모형이 예측을 할 때 '줄무늬, 말, 사바나'를 쓴다는 점을 보여 준다. 예측 근거가 꽤 합리적으로 보인다. 반면, 다소 밋밋하게 의사의 사진들로 훈련시킨 망이라면? 그 데이터 집합(의사 사진들)이 편향됐으므로 '남성'이라는 개념이 어떤 예측 값을 지닌다고 가정할 수도 있다. TCAV는 그 점을 보여 준다. 즉, 우리가 그런 편향을 제거하도록 모형이나 훈련 데이터를 조정하기를 원할 때 시사점을 제공한다.[79]

그렇다면 우리는 정확히 어떻게 해야 쓸모 있는 통찰을 얻을까? 대개 모형은 각 사진마다 최종 범주 태그를 출력으로 생성할 뿐 아니라, 수천만 개의 인공 뉴런에서 일어나는 망의 내부 활동의 방대한 패턴도 생성한다. 이런 내부 활성화 양상은 인간의 눈에는 압도적 불협화음처럼 보일지 몰라도, 기계까지 그렇게 본다는 뜻은 아니다. TCAV 배후에 있는 기본 개념은 우리의 관심 대상인 개념(의사 사례에서는 '남성')이 무엇이든 간에 망에 사진 집합을 제시한 뒤, 다른 랜덤 사진을 보여 준다. 여성, 동물, 식물, 차량, 가구 등등. 그리고 우리는 망의 내부 상태(가령 특정한 층의 상태)를 두 번째 시스템에 입력한다. 이 단순한 선형 모형을 통해, 망은 특정 범주에서 나타나는 전형적인 활성화 양상과 랜덤 사진에서 나타는 활성화 양상의 차이를 구분하는 법을 배운다.[80] 그런 뒤 망이 어떤 사진을 '의사'라 분류할 때 이 활성화 양상이 존재하는지, 존재하면 얼마나 기여를 하는지 살핀다. 킴은 이렇게 말했다.

"저는 이 방법이 한 가지 독특한 이점을 제공한다고 봐요. 사용자 언어로 설명한다는 거죠. 이제 사용자가 머신 러닝을 접하고 배울 필요가 없어져요. (…) 우리 언어로 설명하면 되고, 우리 언어를 써서 가설에 답하면 됩니다."[81]

킴은 TCAV을 써서 인셉션 v3와 구글넷GoogLeNet 모형을 살피면서 문제를 많이 발견했다. 예를 들어, '빨강'이라는 개념은 '소방차' 개념에 아주 중요하다.

"소방차가 빨간색인 지역에 살면, 충분히 이해가 가죠."[82]

하지만 아닌 곳도 있지 않을까? 이 관계가 호주에서는 맞지 않다. 소방차가 흰색인 지역도 있고 노란색인 곳도 있기 때문이다. 무슨 뜻일까? 미국 데이터를 써서 개발한 자율 주행 차량 모형을 호주에 적용하려면 수정 작업이 필요하다는 점이다.

또한 킴은 '팔' 개념이 '덤벨'을 식별하는 데 중요함도 발견했다. 앞서 구글의 딥드림 이야기를 재확인하는 동시에 선반이나 땅에 놓인 덤벨을 망이 식별하기 어렵다는 것도 뜻한다.[83] 또한 '동아시아인' 개념은 '탁구공'에 중요했고(국제탁구연맹에 따르면, 남자 선수 상위 10명 중 일곱 명과 여자 선수 10명 중 10명 모두가 동아시아 국가 출신이라 한다.[84]), '카프카스인' 개념은 '럭비'에 중요했다.

이들 개념 중 일부는 부정확하지는 않아도 정확과 편향 양쪽 관점에서 보면, 자세히 조사할 필요가 있음을 알리는 패턴을 드러낼 수도 있다.

페이스북 AI 리서치의 피에르 스톡Pierre Stock과 무스타파 시세 Moustapha Cisse가 발견했듯이, 한 시스템이 중국 시진핑의 초상화를 '탁구공'이라 분류한다면 우리는 만족하지 못한다.[85] TCAV는 이런 문제를 명시적으로 정량화할 방법을 제공한다. 구글 CEO 순다르 피차이Sundar Pichai는 2019년 구글 I/O에서 킴의 TCAV 연구를 주제로 기조연설을 했었다.

"우리는 모형이 어떻게 작동하는지를 제대로 모릅니다. 하지만 어떻게 작동하는지 알아야 합니다."

2012년에 킴은 이런 문제에 관심을 가진 사람들이 거의 없었고 '모호하게라도 관심 있던' 이들은 매사추세츠공과대 지도 교수인 루딘과 줄리 샤Julie Shah, 자신뿐이라 느꼈다. 하지만 2017년에는 그 분야의 가장 큰 학술 대회에서 해석 가능성과 설명을 주제로 심포지엄이 열릴 정도가 됐다. 그리고 2019년에는 구글 CEO가 회사의 가장 큰 행사에서 해당 연구를 자랑스럽게 소개했다. 그래서 나는 킴에게 지금은 옹호받는 기분인지 물었다.

"앞으로도 갈 길이 멀어요."

킴은 한순간이라도 자만에 빠지지 않겠다는 듯, 자기 만족을 허용하지 않으려는 듯 답했다. 그가 주로 느끼는 감정은 책임감이었다. 급속히 발전하면서 보급되는 기술 자체보다 더 빠르게 관련 문제를 규명해야 한다는 의무감 말이다. 큰 문제가 없도록 하려면 어떻게든 앞서 나아가 고쳐야 한다.

대화를 마무리하고 회의실을 나올 때, 나는 킴에게 시간을 내 줘서 고맙다 인사를 건넸다. 그리고 우리가 말하지 않은 것 중 할 말이 있는지 물었다. 그는 10초쯤 생각하더니 뭔가 떠올랐다는 표정을 지었다.

"아까 말한 그 교수 있잖아요."

논문 주제를 해석 가능성으로 하겠다 말했더니 코웃음을 치면서 그걸 왜 하냐 물었던 그 교수 말이다. 그런데 킴은 악감정이라고는 전혀 없는 어투로 말을 이었다.

"저는 그가 내게 진정으로 조언을 했다고 생각해요. (…) 정말 합리적이고 친절한."

킴은 빙긋이 웃더니 한마디 덧붙였다.

"그분도 지금 해석 가능성을 연구해요."

2부

행위자

현실 세계와 AI 세계를

정렬하기 위해 인간은

어떤 노력을 하는가?

[4]

강화

인간사에서 강화가 하는 역할은 꾸준히 주목받았다. 학습 이론 분야에서 유행이 바뀌어서가 아니라 사실과 관습의 발견이 이룬 결과다. 발견은 행동 예측과 통제 능력을 높였고 그런 것의 실재와 중요성은 의심하지 않았다. 강화는 그것을 밝혀내는 일에 가장 매진한 이들조차도 영향 범위가 어느 정도인지 제대로 파악하지 못했다. 더욱이 다른 분야의 심리학자는 확연히 문화적 타성에 젖어버렸다. 그럴 만도 하다. 그 변화는 혁명이나 다름없었기 때문이다. 전통적 학습 이론 중 남는 것이 거의 없을 정도로 싹 바꿨다.
- 버러스 스키너[1]

현대 행동주의 이론의 문제점은 틀렸다는 것이 아니다. 참이 될 수가 없다는 것이다.
- 한나 아렌트[2]

1896년 봄, 거트루드 스타인Gertrude Stein은 그 위대한 윌리엄 제임스William James가 여는 하버드대 심리학 세미나에 참석했다. 여기서 스타인은 '자동 기술법motor automatism', 즉 의식적으로 생각하지 않은 채 필기하는 능력을 배운다. 그 결과로 나온 논문은 동료 심사를 거쳐 그의 첫 '인쇄된' 글이 된다.

더 중요한 점은 대학생 심리학 연구 과제가 스타인을 유명하게 만들었다는 점이다. 그의 이름은 우리가 으레 떠올리는 현대 '의식의 흐름' 양식으로 곧장 이어졌다.[3] 그는 그때 세미나를 같이 들었던 반 친구를 '재미있는 무리'라 칭했는데, 그중에는 별난 인물도 있었다. 병아리 부화에 푹 빠진 에드워드 손다이크Edward Thorndike였다.[4]

좀 공정하게 말하면, 손다이크가 처음부터 자신의 집을 임시 부화실로 개조하려 한 것은 아니었다. 애당초 그는 아이를 대상으로 학습 메커니즘을 연구하고 싶었다. 그리고 그 연구를 통해 '초감각 지각'이라는 개념을 논박하고자 했다. 하지만 하버드대는 그 계획을 승인하지 않았다. 삐약거리는 병아리로 가득한 부화실은 그 대안으로 나온 것일 뿐이었다.[5]

물론, 열정적인 심리학자가 병아리를 기르는 모습은 당시로서 꽤 별난 행동이었다(동물 연구가 널리 이뤄진 것은 20세기가 돼서였다). 당시 손다이크의 반 친구들도 그를 괴짜라 여겼다. 동료가 인상을 찌푸렸을 수도 있고, 하숙집 주인의 구박도 샀고, 병아리 키우는 데 손이 많이 가 성가신 일도 많았지만, 나름의 장점도 있었다.

한 예로 매사추세츠주를 다닐 때면 손다이크는 집안끼리 친한 몰턴의 집에 들러야 할 때가 많았다. 그 집의 난로 열기로 병아리를 따뜻하게 만들어야 했기 때문이다. 연구를 위해 필요한 일이기도 했지만, 그의 편지를 보면 그 집 딸인 베스에게 관심 있었다는 사실이 여실히 드러난다. 물론 나중에 둘은 결혼했다.

아무튼 손다이크의 하숙집 주인은 닭장 때문에 화재 위험이 높다며 최후통첩을 했다. 병아리를 내보내라는 것이었다. 제임스는 하버드대 내에 병아리를 둘 공간을 마련하려 애썼지만 대학 당국은 미적지근한 반응을 보였다. 결국 최후의 수단으로, 제임스는 아내의 반대를 무릅쓰고 손다이크의 부화실을 자기 집 지하실로 옮기도록 했다(제임스의 자녀는 기뻐했던 듯하다).

1897년 손다이크는 하버드대를 졸업했고, 컬럼비아대 연구원으로 일하기 위해 뉴욕시로 이사했다. 그리고 온갖 동물을 연구했다. 하지만 그해에 그는 암담한 일을 자주 겪었다. 고양이 중 두 마리가 달아났고, 개는 한 마리도 구할 수 없었다.

"내 원숭이는 너무 사나워서 건드릴 수조차 없었어요."

손다이크의 '도시 동물원'에 있는 동물이 모두 과학을 위한 것은 아니었다. 또한 유해 동물도 많았다. 그는 1898년 2월 14일 베스에게 이렇게 편지를 쓴다.

"방금 생쥐를 밟을 뻔했어. 얘네가 옷장을 갉아 대느라 난리야. 그 옆에서는 병아리 세 마리가 자고 있어. 방바닥에는 온통 담배 꽁초와 신문과 책, 석탄이 널려 있지. 닭장과 고양이 우유 그릇, 닭은 신발, 석유통과 엉뚱한 데 놓인 빗자루도 보여. 이 황폐한 소굴이 어디냐고? 바로 내 공간이지."

아무튼 밸런타인데이에 편지를 썼으니까, 손다이크는 방을 깨끗이 치우겠다 약속했고 들러 달라 했다. 그런데 그 지저분함 속에서 19세기의 가장 독창적이면서 많은 영향을 끼친 연구가 나온다. 그는 걸쇠와 레버, 버튼으로 가득한 '퍼즐 상자'를 고안했다. 그 상자 안에 동물을 넣고 상자 바깥에 먹이를 둔 다음, 동물(병아리, 고양이, 개)가 어떻게 빠져나오는지 관찰했다. 그 결과는 베스에게 이렇게 전달됐다.

"새끼 고양이가 걸쇠를 열고, 문의 버튼을 누르고, 끈을 잡아당기고, 개처럼 먹이를 달라 애원하는 등의 묘기를 볼 수 있어. 나는 담배를 피우면서 그걸 지켜보고."

손다이크는 학습 분야에 관심이 있었고, 그의 머릿속에서는 하나의 이론이 형태를 갖췄다. 손다이크가 관찰한 것, 즉 담배를 피우며 지켜본 것은, 상자 여는 법을 전혀 모르는 동물이 처음에는 거의 완전히 랜덤으로 행동한다는 것이었다. 즉, 물어뜯거나 미는 등의 행동이다. 이런 랜덤 행동 중 하나가 먹혀서 상자 밖으로 나오면? 동물은 곧 그 행동을 반복하는 법을 배운다. 그렇게 반복할수록 상자에서 더 빨리 탈출한다. 많은 우발적 충동 중에서 쾌감으로 이어지는 하나가 강해지고 굳는다.[6]

손다이크는 여기서 더 크고 더 일반적인 자연법칙 형성을 목격했다. 그는 우리 행동의 결과는 '흡족하'거나 '성가시'거나 둘 중 하나라 봤다. 행동의 결과가 흡족할 때 우리는 그 행동을 반복하는 경향이 있다. 반면 결과가 성가실 때 우리는 그 행동을 덜한다. 행동과 결과 간 연결이 더 뚜렷해질수록, 그 결과로 생기는 변화는 더 강해진다. 그는 이 개념, 아마도 그의 생애에서 가장 유명하면서 영속적일 개념을 '효과 법칙law of effect'이라 했다.

> 상황과 반응 사이에 변경 가능한 연결이 이뤄지고 흡족한 상태가 뒤따르면 그 연결은 강해진다. 반대로 성가신 상태가 뒤따르면 연결은 약해진다. 상태 결속에 미치는 흡족함 강화 효과(또는 성가심 약화 효과)는 그것과 결속 간 연결의 가까움으로 달라진다.[7]

이 온당해 보이는 직관적 개념을 토대로 20세기 심리학의 많은 부분이 구축됐다.[8] 1927년 이반 파블로프Ivan Pavlov의 조건반사 실험이 제자인 글레프 폰 안레프Gleb von Anrep를 통해 영어로 번역됐는데, 안레프는 이 효과를 가리키기 위해 '강화reinforcement'라는 단어를 썼다. 1933년 손다이크 자신도 '강화'라는 단어를 썼고, 버러스 스키너Burrhus Frederic(B. F.) Skinner라는 하버드대의 박사후연구원도 그랬다(스키너는 5장에서 더 자세히 살필 것이다)[9] 그 뒤로 수십 년간, 심리학의 상당 부분은 '강화'라는 단어와 동물을 사용해 시행착오 학습의 기작을, 즉 인간의 마음을 이해한다는 개념을 기본 틀로 삼았다. 그다음 세대를 이끈 심리학자 중 한 명인 에드워드 톨먼Edward Tolman은 이렇게 썼다.

"(아동 학습의 심리학은 말할 것도 없이) 동물 학습의 심리학은 예나 지금이나 손다이크의 견해에 동의하느냐 아니냐의 문제다."[10]

자신이 심리학의 표준으로 받아들여져도 손다이크는 유달리 겸손했다. 1905년 그는 《The Elements of Psychology(심리학의 요소들)》를 출판했는데, 이 책은 바로 자신의 스승인 제임스가 쓴 《심리학의 원리Psychology: Briefer Course》를 위협했다. 그래서 손다이크는 줄어든 인세를 보상하겠다고 제임스에게 100달러 수표를 보냈다. 그리고 제임스는 이렇게 답장한다.

"자네는 정말 별종이군. 자연의 첫 번째 법칙이 자신의 경쟁자를 없애는 것인데(학술서 쪽은 더욱 그렇지). 자네는 수익으로 그를 먹여 살리는군!"

그렇게 제임스는 수표를 돌려보냈다.[11] 어떤 뜻에서는 횃불이 건네진 것이기도 했다. 그렇게 20세기 심리학이 본궤도에 올랐다.

디지털 시행착오

어떤 종류의 과정이나 기작을 통해 작용하는 힘은 무엇인가? 확인 반응confirming reaction은 어떤 일을 하는가? 내가 보기에 모든 또는 거의 모든 사실에 들어맞는 듯한 답은 (…) 연결에 적용되는 강화의 힘과 기작이다.

- 에드워드 손다이크[12]

아이 심리에 관심이 있다면 손다이크의 분야만 그렇지 않았다. 최초의 컴퓨터 과학자도 그랬다. 앨런 튜링Alan Turing의 가장 유명한 논문인 1950년작 〈Computing Machinery and Intelligence(계산 기계와 지능)〉은 AI 연구 계획을 명시적으로 그런 관점에 놨다.

"어른의 마음을 모사하는 프로그램을 짜는 대신, 아이의 마음을 모사하는 프로그램을 짜도 되지 않을까? 그 프로그램이 적절히 교육과정을 거치면, 어른의 뇌를 얻을 텐데 말이다."

튜링은 이런 '아이 마음의 대용품'을 랜덤 구성에서 시작해 자체적인(처음에는 랜덤인) 활동이 빚은 결과의 질에 따라 고치는 '비조직화된 기계unorganized machine'라는 이름으로 상상했다.

따라서 AI로 나아가는 길은 이미 형태를 갖췄다. 비조직화된 기계 골격은 아마 신경계 관련 내용에서 땄을 테고, 교육과정은 동물(그리고 아이)이 어떻게 배우는지에 관해 행동주의자가 발견한 내용에서 빌렸다. 또한 매컬러와 피츠는 1940년대 초에 인공 뉴런을 많이 모아서 적절히 배선하면 무엇이든 간에 계산함을 보여 줬다.

튜링은 시행착오를 통해 망을 훈련시키는 방법을 개괄하기 시작한 상태였다. 사실 그것은 손다이크가 50년 전에 담배 연기 자욱한 '동물원'에서 기술한 바로 그 '굳는' 과정이었다. 튜링의 묘사는 손다이크의 효과 법칙을 거의 요약한 것이나 다름없었다.

어떤 행동이 결정되지 않은 구성에 다다르면, 누락된 데이터에 대해 랜덤 선택이 이뤄지고 적당한 항목을 잠정적으로 기입해 적용한다. 고통 자극이 일어날 때에는 모든 잠정적 항목이 취소되고, 쾌락 자극이 일어날 때에는 모두 영구적이 된다.[13]

1950년대 말, IBM의 포킵시 연구소에서 일하던 아서 새뮤얼 Arthur Samuel은 게임 승패에 따라 매개변수를 조정하는, '다소 엉성한' 초창기 체커 프로그램을 작성했다. 하지만 그가 프로그램에 계속 패하는 데에는 오랜 시간이 걸리지 않았다. 1959년 〈뉴요커〉에는 이런 기사가 실렸다.

"새뮤얼 박사는 자신이 고안한 적수에게 패배를 인정한 역사상 최초의 과학자다."[14]

새뮤얼은 이 방법론에 '머신 러닝'이라는 용어를 쓴 〈Some Studies in Machine Learning Using the Game of Checkers(체커 게임을 사용한 머신 러닝 연구)〉라는 보고서를 냈고, 이렇게 썼다.

이 연구는 인간이나 동물이 행동 시 학습 과정이 따른다고 기술될 방식으로 행동하는 컴퓨터 프로그래밍에 관해서다. 우리에게는 머신 러닝 기법을 쓰는 충분한 데이터 처리 능력과 충분한 연산 능력을 갖춘 컴퓨터가 있지만, 그런 기법의 기본 원리에 관한 지식은 아직 초보적이다. 그런 지식이 없기에 문제 해결 방법을 세세하고 정확히 기술하는 수밖에 없다. 그래서 시간과 비용이 많이 든다. 하지만 경험에서 배우도록 컴퓨터를 프로그래밍하면 세세하게 프

로그램을 짜는 데 들어가는 노력은 상당 부분 줄어든다.[15]

좀 더 평이한 언어로는 이렇게 설명했다.

> (이 연구는) 지금까지 내게 일어난 가장 흡족한 일 중 하나다. (…)
> 내가 아는 한, 지금까지 스스로 향상되는 디지털 컴퓨터를 만든 이
> 는 아무도 없다. 알다시피, 컴퓨터가 모사하는 정신 활동의 유형은
> 늘 극도로 제한됐다. 무엇을 하고, 어떻게 할지를 정확히 말해 줘
> 야 했기 때문이다.

학습하는 기계, 다시 말해 인간의 명령이나 자신의 경험을 토
대로 학습하는 기계를 계속 개발하면 프로그래밍의 노고와 필요
성이 줄어든다. 더 나아가 어떻게 짜야 할지 몰랐던 프로그램도
컴퓨터가 짜도록 만든다.

새뮤얼의 연구 발표는 컴퓨터 과학의 '전설'이 됐다. 동료이자
AI 선구자인 존 매카시John McCarthy는 새뮤얼이 텔레비전에서 자
신의 체커 프로그램 시연을 준비할 때의 모습을 이야기했다.

"IBM의 창업자이자 회장인 토머스 J. 왓슨은 그 시연으로 IBM
주가가 15포인트 상승할 것이라 말했죠. 정말로 그랬습니다."[16]

쾌락주의자 뉴런

각자의 삶을 살아가는 신경세포의 경쟁은, 우리가 만족을 얻기 위

해 하는 경쟁에 상응한다.

- 에드워드 손다이크[17]

1972년 오하이오주 데이턴의 라이트패터슨 공군 기지에서 일

하던 해리 클로프Harry Klopf는 〈Brain Function and Adaptive

Systems: A Heterostatic Theory(뇌 기능과 적응계: 비평형 이론)〉

이라는 도발적인 보고서를 냈다. 그는 뉴런을 쾌락주의자라 주장

했다. 그러니까 쾌락의 근사적·지엽적 개념을 최대화하고 고통의

개념을 최소화하는 쪽으로 작동한다는 뜻이다. 그는 이 세포 수준

의 쾌락주의자가 서로 연결돼서 더 복잡성이 커지는 체계를 구축

한 결과로 인간과 동물의 행동 복잡성이 생긴다고 믿었다.

클로프 이전 세대인 1940~1960년대에 걸쳐 일어난 이른바

사이버네틱스(인공두뇌학) 운동은 지적 행동을 이른바 '음성 피드

백negative feedback'의 관점에서 바라봤다. 그들은 생물이 대체로 항

상성이나 평형을 추구하려는 동기를 지닌다고 주장했다. 그들 눈

에 생물은 편안한 체온을 유지하려 애쓴다. 허기를 달래려 먹는

다. 성욕을 달래려 짝짓기한다. 피곤함을 달래려 잠을 잔다. 모든

행동이 기본 상태로 돌아가려 하는 듯했다.

사실 1943년에 나온 선구적인 사이버네틱스 논문인 〈Behavior, Purpose and Teleology(행동, 목적, 목적론)〉은 목적 있는 행동과 목적 없는(또는 랜덤) 행동을 구분했다(현재 널리 쓰이는 '피드백'이라는 용어도 이 논문에서 나왔다).[18] 사이버네틱스 연구자는 목적을 가리켜 업무 후 휴식을 위해 다다를 목적지에 상응한다고 봤다.

이 분야의 최고 권위자인 위너는 온도 조절기를 '목적이 내재된' 전형적인 기계라 봤다. 온도가 너무 낮아지면 켜져서 열을 내고, 온도가 너무 높아지면 꺼진다. 그는 증기기관의 조속기governor(기관 회전속도를 유지하기 위해 사용되는 제어 장치_옮긴이)도 그렇다고 봤다.

덧붙이자면, 조속기도 사이버네틱스와 어원이 같다. 키베르네테스kybernetes라는 그리스어에서 유래했다(그러니 이 분야에 SF적 향취를 풍기는 사이버네틱스 대신에 훨씬 밋밋하고 관료주의적인 분위기를 풍기는 '거버네틱스governetics'라는 이름이 붙었을 수도 있었다).[19] 조속기는 증기기관이 너무 빨리 돌아가면 밸브를 열고, 너무 느리게 돌아가면 밸브를 닫아 평형상태를 유지하는 데 기여한다. 위너는 이렇게 썼다.

"이 피드백은 시스템이 이미 하는 일에 맞서는 경향이 있으며, 따라서 음성이라는 점에 주목하자."[20]

사이버네틱스 관점에서 보면 이는 모든 목표 지향 시스템의 본질적 부분에 해당한다. 한 사이버네틱스 연구자는 이렇게 썼다.

"모든 목적 행동은 음성 피드백을 필요로 한다고 볼 수 있다."[21]

하지만 클로프는 이런 주장을 전혀 받아들이지 않았다. 그는 생물이 최소화가 아니라 최대화를 추구하는 존재라 봤다. 생명이란 온갖 뜻에서 한없이 만족을 모르고 계속 발전하는, 성장과 번식을 가리켰다. 즉, 항상성이 아니라 그 반대가 목표라 봤다.

"살아 있는 적응계는 안정 상태 조건(항상성)이 아니라 (⋯) 최대 조건(비평형성)을 1차 목표로 추구한다."

더 시적인 어조로, 클로프는 음성 피드백이 아니라 양성 피드백의 가치를 찬미했다.

"양성과 음성 피드백 모두 생명 과정에 본질적이다. 그러나 주된 힘은 양성 피드백이다. 그것이 '생명의 불꽃'을 제공한다."

이 개념은 단세포에서 생물과 사회까지를 쭉 관통했다. 클로프는 이 개념에 함축됐다고 생각한 것을 거침없이 내뱉었다.

"이것이 살아 있는 적응계의 신경생리학적·심리적·사회적 특성을 이해하는 단일한 통합 기본 틀을 제공하는 최초의 이론인 듯하다. 뉴런, 신경계, 국가는 비평형체다."[22]

그렇다면 뉴런은 만족을 모르고 최대화를 추구하는 존재일까? 이것이 국가의 행동을 설명할 수 있을까? 야심 차지만 비정통적이고 매우 불합리해 보이는 개념이었다. 공군은 클로프에게 해당 개념을 깊이 탐구할 연구자를 모아 연구소를 꾸릴 예산을 제공했다. 그렇게 클로프는 매사추세츠공과대에 연구소를 꾸렸다. 그곳에서 앤드루 바토Andrew Barto라는 박사후연구원을 고용했다.

"제정신이 아닌 별난 개념이었을까, 아니면 어떤 과학적 가치가 있었을까?"[23]

바토의 표현을 빌리자면, '이 개념의 과학적 뜻'을 탐구하기 위해서였다. 좀 특이하게도 클로프는 이 시기 스탠퍼드대에서 심리학을 공부하던 한 명석한 대학생과 편지를 계속 주고받던 중이었다. 그러다 바토가 연구소에 오자, 클로프는 이렇게 격려했다.

"아주 명석한 아이가 또 있어. 이 연구에 꼭 끌어들여야 해."[24]

그 명석한 아이는 리처드 서턴Richard Sutton이었고, 아직 청소년일 때 바토를 찾아왔고, 바토의 첫 대학원생이 됐다. 나는 바토에게 미래의 징조 같은 것이 있었냐 물었다.

"전혀요. 짐작도 못 했어요."

서턴과 바토는 공군 예산 연구비를 토대로 45년간 이어질 공동 연구를 클로프와 시작했다. 그 연구는 이윽고 본질적으로 새로운 분야를 탄생시켰다. 신경과학, 행동주의 심리학, 공학, 수학에 걸친 이 분야는 '강화 학습Reinforcement Learning, RL'이라는 이름이 붙었다. AI의 문헌에 '바토와 서턴', '서턴과 바토'라고 한결같이 결합된 채로 등장하는 그들의 이름은, 그들이 같이 쓴 해당 분야의 결정판 교과서를 지칭할 때도 쓰이며, 심지어 분야 자체를 가리키기도 한다.[25] 현재 바토는 매사추세츠공과대에 명예교수로 있다.

"행복하게 퇴직했죠. 솔직히 AI와 강화에 대한 과장과 흥분의 소용돌이에서 빠져나와 기쁩니다."

내가 분야로서의 RL 역사 그리고 안전, 의사 결정, 인간의 인지와 RL의 관계를 이야기할 생각을 하니 흥분이 된다 말하자, 바토는 급히 내 말을 가로막았다.

"잠깐만요, 오늘 당신 시간이 얼마나 있죠?"

나는 온종일이라도 가능하다고 대답했다. 그리고 우리는 그렇게 했다.

보상 가설

바토와 서턴, 서턴과 바토는 클로프의 최대화 추구 개념을 바탕으로 그것에 구체적인 수학 형태를 부여했다. 자신이 어떤 값을 보상으로 받는 환경에 있다고 하자. 어떤 행동을 해서 특정 상태에 도달하면 그 보상을 얻는 식이다. 자신이 할 일은 결과에 따라 가능한 한 많은 보상, 즉 최고 '점수'를 받도록 설계됐다.

만약 그 환경이 미로라면 행동은 동서남북으로 움직일 테고, 빠져나오면 보상을 얻는다(늦는 만큼 점수는 깎인다). 체스 판이면 어떨까? 자신의 행동은 말을 움직이고, 상대방에게 체크메이트(공격받은 킹이 체크를 벗어날 수 없는 경우_옮긴이)를 하면 1점 보상을 얻는다(비길 때에는 0.5점). 주식시장이 환경이면 어떨까? 주식을 사고파는 것이 행동이고, 보상은 보유한 주식의 가격으로 측정될 수 있다.

이런 시나리오는 예시가 매우 다양하다. 국가 경제가 환경일 수도, 법안이나 정책 발의가 행동일 수도, GDP의 장기적 성장이 보상일 수도 있다. 여기서의 보상은 스칼라scalar 값으로 받는 한

일반 통화에 상응한다. 이렇게 RL 체계는 매우 일반적임이 드러
났으며 '보상 가설reward hypothesis'이라는 개념으로 이어졌다.

"목표와 목적을 이야기할 때, 우리가 뜻하는 모든 것은 스칼라
보상의 누적 총합을 최대화하는 것이라 생각한다."[26]

서턴은 말했다.

"거의 철학적이죠. 하지만 수긍할 만해요."[27]

물론 모두가 이 전제를 받아들이는 것은 아니다. 스포츠, 보드
게임, 비디오게임, 금융 분야에서는 스칼라 값, 그러니까 모든 결
과를 측정할 하나의 통화(말 그대로 또는 비유적으로)가 실제 있을
수 있다. 그러나 인간이나 동물처럼 복잡다단한 생명체에도 가능
할까? 때로 우리는 결과가 사과처럼 보이는지 오렌지처럼 보이는
지 결정해야 하는 상황을 겪곤 한다. 아니면 상사에게 잘 보이기
위해 배우자의 인내심을 시험하면서 야근을 할지에 대해서도 결
정해야 한다. 삶에서 성취, 인간관계, 정신적 성장 중 무엇을 우선
시할까도 그렇다.

예를 들어, 옥스퍼드대 철학자 루스 창Ruth Chang은 우리가 지닌
다양한 동기와 목표의 공약불가능성incommensurability이야말로 인
간의 조건을 특징짓는다는 주장을 수십 년째 한다. 우리는 인생의
주요 선택지를 단 하나의 저울에 올려놓고 무엇이 최선인지를 잴
수가 없다. 그렇지 않으면 도덕은 뜻을 만들거나 정체성을 형성할
기회가 전혀 없이 오로지 순수이성으로만 존재한다.[28] 서턴은 보
상 가설에 대해 이렇게 말했다.

"궁극적으로는 틀렸겠지만 아주 단순하므로, 더 복잡한 것을 살피기 전에 반증해야 한다고 인정합니다."

설령, 보상 최대화와 스칼라 보상의 공약불가능성을 (임시로) 받아들인다 해도 비평형적 최대화 추구자가 된다는 것은 말처럼 쉽지 않음을 알 수 있다. 사실 RL 분야는 철학적·수학적 난제로 가득하다.

첫 번째 난제는 우리의 결정을 연결하는 일이다. 이 점에서 RL은 비지도 학습(1장에서 살핀 벡터 단어 표현을 구축할 때 쓴) 및 지도 학습(이미지넷 경연 대회에서 안면 인식, 재범 위험 평가에 이르기까지 모든 곳에 쓰이는)과 미묘하면서 중요한 차이가 있다. 비지도·지도 학습에서는 모든 결정이 독립적이다. 시스템에 꾀꼬리버섯 같은 사진을 보여 주고서 분류하라 말하는 식이다. 시스템이 분류 실수를 하면 매개변수는 조금씩 조정될 수 있다. 분류가 끝나면 랜덤으로 다른 사진을 더 보여 주고 같은 일을 반복한다. 이 입력으로 제시되는 데이터는 통계학자가 'i.i.d.'라 부르는 형태, 그러니까 독립항등분포independent and identically distributed를 이룬다. 우리가 보는 것, 하는 것, 다음에 볼 것 사이에 인과관계가 없다는 뜻이다.

반면 RL을 할 때 우리는 진공상태에서 결정을 내리는 것이 아니다. 우리가 내리는 모든 결정은 다음 결정이 이뤄질 맥락을 형성하며, 사실상 그 맥락을 영구히 바꿀 수도 있다. 우리가 체스의 말을 특정한 방식으로 움직이면, 마주칠 위치 유형과 유용할 수도 있는 전략 유형을 강하게 구속한다. 가상이든 현실이든 간에 공간 세계에서 운동의 본질은 우리의 행동(미로에서 북쪽으로 움직이거나, 연인을 향해 얼굴을 돌리거나, 플로리다주에서 겨울을 보내는 것 등)이 일시적 또는 영구적으로 우리가 받을 입력을 조각한다.

우리가 여왕을 희생시키면 여왕을 다시 활용할 수 없다. 우리가 지붕에서 뛰어내리면 다시 뛰어내리지 못할 수 있다. 누군가에게 불친절하게 굴면 그의 행동이 영구히 바뀔 수 있고, 더 친절하게 대하면 그가 어떻게 행동했을지 결코 모를 수도 있다.

두 번째 난제는 환경으로부터 받는 보상이나 처벌의 간결성이다. 빠진 단어를 예측하도록 훈련된 언어 모형은 매번 추측을 한 뒤에 맞는 단어가 무엇인지를 듣는다. 사진 분류기는 사진 분류를 시도한 뒤 곧바로 그 사진에 맞는 태그가 무엇인지를 듣는다. 그리고 그 정답 쪽으로 스스로를 갱신한다.

하지만 대조적으로 특정 환경에서 특정 양을 최대화하려 하는 RL 시스템은 자신이 몇 점을 달성했는지 학습하지만 승패 여부, 최선의 전략과 행동이 무엇인지 모를 수도 있다. 마치 로켓의 폭발, 교량의 붕괴, 쌓인 접시가 쏟아지거나 축구공이 골대로 들어가지 않는 결과는 명확하다. 하지만 세상은 그때 정확히 어떻게 했어야 하는지는 말하지 않는다.

바토가 말했듯이, RL은 교사로부터 배우는 것보다 비판자로부터 배울 가능성이 더 높다.[29] 비판자가 교사만큼 현명할 수도 있지만 도움은 훨씬 덜 된다. 생각해 보라. 당신이 학생이었을 때 교사는 어깨너머로 당신을 보면서 실수를 곧바로 바로잡아 주고, 방법을 알려 주거나 보여 줄 것이다. 비판자는 어떨까? 당신이 일을 끝낼 때까지 잠자코 기다렸다가 야유를 보낸다. 무엇이 못마땅한지, 무엇을 원했는지 아무런 단서도 없다. 건설적 피드백이 없을 수도 있다. 손다이크의 용어를 빌리자면 '흡족함 또는 성가심'만 드러낼 뿐이다.

세 번째 난제는 피드백 문제다. 그 내용이 건설적이지 않을뿐더러 늦기까지 한다는 것이다. 예를 들어, 게임에서 다섯 번째 수에 실수를 해도 100번째 최종 수 때 패배한다. 실패나 패배를 겪을 때 가장 명심해야 할 관용어는 다음과 같다.

"내가 뭘 잘못한 거지?"

RL에서는 이 문제를 '기여도 할당 문제credit-assignment problem'라 한다. 20세기 중반 이래 수많은 연구자가 이 문제로 머리를 싸맸다. 매사추세츠공과대의 민스키가 1961년의 유명한 논문 〈Steps Toward Artificial Intelligence(AI를 향한 단계들)〉에 이렇게 쓸 정도였다.

"체스나 체커 같은 복잡한 게임을 할 때나 컴퓨터 프로그래밍을 할 때, 우리는 명확한 성공 기준을 가진다. 게임 결과는 승패 중 하나다. 그러나 성공(또는 실패)은 수많은 맥락, 결정과 관련된다. 성공했다면, 수많은 결정 간 기여도를 어떻게 할당할까?"

민스키는 이렇게 덧붙였다.

"예를 들어 복잡한 과제(체스에서 이기는 것 같은) 하나에 100만 번의 결정이 필요하다 치자. 그러면 과제 완수의 기여도를 (기계적

으로) 100만 분의 1씩 할당하면 될까?"³⁰

만약 며칠째 차량을 운전하다 사고가 났을 때, 우리는 시동부터 사고까지 행동을 하나하나 되짚는다. 그런데 "그래! 마지막 순간에 왼쪽으로 돌았잖아!"라는 식으로 생각하진 않는다. 체스에서 89번째 수에 체크메이트가 이뤄졌을 때, 88번째 수에서 실수한 게 틀림없다는 식으로 생각하지도 않는다.

그러면 성공과 실패 양쪽으로부터 올바른 교훈을 어떻게 얻을까? RL은 학습과 행동의 근본 문제를 다룰 길을 열기 시작했고, 그 결과 하나의 분야 전체로 발전하기에 이르러 2020년대에는 AI 연구를 이끈다. 또한 클로프가 내다봤듯이, 우리를 둘러싼 자연 지능에 관해 새로운 의문을 제기한다.

도파민의 수수께끼

인간과 다른 동물을 '비평형' 보상 최대화 추구자라 생각하면, 그 보상은 뇌의 특정 메커니즘을 통해 작동한다. 인간과 동물에 일종의 단일 스칼라 '보상'이 정말로 있다면, 그것은 뇌의 화학물질이나 회로처럼 단순하지 않을까? 1950년대 몬트리올 맥길대의 두 연구자 제임스 올즈James Olds와 피터 밀너Peter Milner는 그 회로가 있는 위치를 발견한 듯했다(감질날 수준이긴 했지만).

올즈와 밀너는 쥐의 뇌 여러 곳에 전극을 꽂고 레버를 누를 기회를 줬다. 쥐가 레버를 누르면 전극을 통해 뇌의 그 부위로 전류가 흐른다. 연구 결과, 뇌의 일부 영역이 쥐의 행동에 아무런 효과도 일으키지 않음을 발견했다. 쥐가 절대로 레버를 누르지 않도록 하는 듯한 영역도 있었다. 반면 일부 영역, 특히 '중격 영역septal area'은 무슨 일이 있어도 그 영역으로 전류를 흐르게 하려는 양 보였다. 쥐는 그 영역을 자극하기 위해 쉬지 않고 24시간 내내 시간당 5,000번까지도 레버를 눌러 댔다.[31] 올즈와 밀너는 이렇게 썼다.

"이 보상을 통해 행동에 가해지는 통제는 극단적이다. 아마 이전까지 동물실험에 쓰인 그 어떤 보상도 초월한다."[32]

그렇게 보상 최대화라는 렌즈를 통해, 인간과 동물의 행동뿐 아니라 보상 자체의 실제 분자 메커니즘을 연구할 토대가 마련됐다. 처음 이 영역에는 '강화 구조'라는 이름이 붙었지만, 곧 올즈는 '쾌락 중추pleasure center'라 고쳐 부르기 시작했다.[33] 후속 연구는 쥐뿐만 아니라 인간 뇌도 비슷한 부위에 전류 자극을 받으려 애씀을 보여 줬다. 그리고 머지않아 전류 자극을 가장 많이 받는 뇌 영역이 '3, 4-다이하이드록시펜에틸아민'이라는 신경전달물질을 생산하는 뉴런과 관련된 영역임이 드러났다. 더 간단한 이름인 도파민dopamine으로 유명한 물질이다.[34] 이 신경세포는 뇌의 1퍼센트 혹은 1퍼센트에도 훨씬 못 미칠 만치 아주 드물면서 특수한 영역에 모인다.[35] 도파민 신경세포 하나에는 뇌 전체로 얼기설기 뻗어 나가는 다른 뉴런이 수백만 개씩 연결되곤 한다.[36] 사실 거의 유일할 만치 폭넓게 연결됐으며, 가장 많이 연결된 세포는 뇌 안

에서 배선된 축삭의 총 길이가 거의 4.6미터에 달하기도 한다.[37]
반면에 출력의 범위와 복잡성은 매우 한정됐다. 뉴욕대의 신경과
학자 폴 글림처Paul Glimcher는 이를 이렇게 해석한다.

"그들(도파민)이 뇌의 다른 영역에 하는 말이 많진 않지만, 일단
말하면 아주 넓은 영역에 퍼짐이 틀림없다."[38]

다시 말하면, 아주 단순한 '보상 스칼라'와 비슷한 양 들린다.
본질적으로 뇌의 점수판에 적히는 점수와 비슷해 보인다. 그러나
도파민 세포의 말은 아주 널리 퍼져 나가고 매우 중요하다. 또 도
파민은 코카인, 헤로인, 알코올 같은 중독성 약물과 밀접한 관계
에 있는 듯했다. 도파민은 말 그대로 뇌에서 보상 자금일까?

1970년대 말에 이뤄진 연구는 그러함을 시사하는 듯했다.
1978년 말의 한 연구는 도파민 차단제인 피모자이드를 쥐에 투
여한 뒤, 누르면 먹이가 나오는 레버 조작을 훈련시켰다. 그러자
쥐는 먹이와 레버가 관련 있음을 배우지 못한 쥐와 마찬가지로
레버를 누르는 일에 전혀 관심을 보이지 않았다. 피모자이드를 투
여한 쥐에서는 먹이 보상이 어떤 식으로든 간에 영향을 미치지
못하는 듯했다.

해당 연구진은 먹이를 비롯한 쾌락 자극의 보상 효과를 피모
자이드가 선택적으로 둔감하게 하는 듯하다고 썼다.[39] 신경과학
자 로이 와이즈Roy Wise가 1982년에 썼듯이, 마치 삶의 모든 쾌락
(1차 강화 쾌락과 관련된 자극 쾌락)이 동물을 각성시킬 능력을 잃는
듯했다.[40] 사실 도파민 수용체를 차단하는 약물을 투여하자 쥐의

뇌로 흐르는 전류도 차단됐다. 신경과학자 조지 푸리조스George Fouriezos의 표현에 따르면, 그 약물은 볼트에서 충격을 제거했다.[41] 먹이와 물에서, 교미와 스스로 일으키는 전류 자극까지 마치 모든 것이 쾌락을 주는 효과를 잃은 듯했다.

1980년대에 전기생리학은 개별 도파민 뉴런을 실시간으로 지켜볼 정도로 발전했다. 독일의 신경생리학자 볼프람 슐츠Wolfram Schultz는 스위스 프리부르 연구실에서 원숭이를 대상으로 도파민 뉴런의 행동을 연구했다. 원숭이는 상자 속으로 손을 집어넣어 과일 조각이나 과자를 꺼냈는데, 때로는 상자가 비었을 때도 있었다.

"원숭이 손이 상자 속 먹이에 닿자 활동 전위가 분출했다."[42]

사실상 보상의 화학물질을 발견한 듯했다.

그러나 뭔가 실험에서 이상한 점도 있었다. 먹이가 상자 속에 있음을 시사하는 어떤 시각적·청각적 단서를 함께 줬을 때는 그 단서가 도파민 분비 활성을 촉발했다. 그런데 원숭이가 손을 넣어 먹이를 움켜쥔 순간에는 활성이 전혀 일어나지 않았다. 배경 값인 정상적인 기준선에 그대로 머물러 있었다. 삐죽 솟구치는 파형이 나타나지 않았다. 볼프람은 도파민 뉴런에 대해 이렇게 썼다.

"단서에 반응해서 '왈칵' 활성 전위를 일으키는 반면, 먹이를 줄 때에는 아무런 반응도 일으키지 않았다."[43]

대체 무슨 일일까? 볼프람은 이렇게 말했다.

"왜 그런지 이해할 수 없었어요."[44]

볼프람은 몇 가지 가설을 떠올렸다. 원숭이가 배가 불러 먹이를 원치 않았을 수도 있었다. 그래서 굶긴 뒤에 다시 실험했다. 하지만 결과는 같았다. 먹이를 먹어도 도파민 분출이 일어나지 않았다. 그렇게 그는 1980년대 말과 1990년대 초에 걸쳐서 관찰한 바를 설득력 있게 설명할 이론을 찾으려 애썼다.[45]

같은 일이 반복될 때 도파민 분비 파형은 먹이에서 단서로 이동했다. 무슨 뜻일까? 어떤 식으로든지 먹이가 '보상'을 그만두면, 원숭이는 왜 그렇게 재빨리 먹이를 꺼내 먹을까? 도파민이 직접적으로 보상을 대변하는 것이 아닐 수도 있었다. 작업 기억과도 관련이 없어졌다. 운동, 접촉과도 관련이 없어졌다. 볼프람은 내게 이렇게 말했다.

"뭐와 관련지어야 할지 알 수 없었죠. 누구나 처음에는 자극에 따른 동기부여, 움직이게 만드는 자극에 대한 반응을 생각할 거예요. (…) 우리도 처음에는 그랬죠. 하지만 그 개념의 모호함을 깨달았어요."

볼프람의 연구실은 놀라움, 즉 예측 불가능성을 파고들기 시작했다. 심리학에는 레스콜라-와그너 모형Rescorla-Wagner model이 있는데, 학습이 놀라움에 결정적으로 의존한다는 내용이다.[46] 도파민도 그것과 연관 있지 않을까? 어떻게든 간에 놀라움 자체나 놀라움을 유도하는 학습 과정 자체를 나타내는 게 아닐까?

"거기까지가 딱 좋았죠. 하지만 우리가 지닌 데이터 중에서 설명이 안 되는 것도 있었어요."[47]

그리고 볼프람이 관찰한 현상이 하나 더 있었다. 첫 번째보다 더욱 수수께끼 같은 현상이었다. 일단 비슷한 조건에서 후속 연구를 했다. 이번에는 상자와 먹이 대신에 레버와 주스를 사용했다. 주스보다 앞서 믿을 만하게 단서가 나온다는 것을 원숭이가 학습함을 확인한 뒤 새로운 시도를 했다. 가짜 단서를 준 것이다. 가짜 단서가 평소처럼 나오자 원숭이 뇌에는 도파민 활성이 기준선 위로 솟구쳤다. 그리고 원숭이는 레버를 눌렀다. 물론 주스는 나오지 않았다. 도파민 뉴런은 잠시이긴 했지만 확연히 침묵에 잠겼다.

"그때 저는 이렇게 말했죠. 놀라움 말고 다른 게 있다고요."[48]

그렇게 도파민은 수수께끼였다. 처음에는 뇌의 보상임이 아주 명백해 보였다. 분명히 뭔가를 측정했다. 그런데 보상이 아니면, 주의도 아니면, 새로움도 아니면, 놀라움까지 아니면, 대체 무엇일까?

정책과 가치 함수

다음 순간에 속아 넘어가지 않을 만치 영리하기는 어렵다.
- 레오 스타인[49]

볼프람이 도파민 체계의 실험을 시작한 그 시기에 대서양 반대편에서는 바토와 서턴이 RL 문제를 수학적으로 다루는 쪽으로 진척을 이루기 시작했다.

첫 번째 중요 단계는 문제 해체였다. 바토와 서턴은 한 환경 내에서 보상을 최대화할 행동 방법을 학습하는 일에서, 서로 연관 있지만 독립적일 가능성도 있는 두 가지 하위 문제가 관여함을 알아차렸다. 바로 행동과 추정이었다. 실제로 한 분야를 이해하고 숙달하는 과정에서 우리는 두 가지 중요한 것을 배운다. 주어진 상황에서의 적절한 행동 방법, 보상 가능성이 얼마나 되는지 현 상황을 추정하는 방법이다.

바토와 서턴은 대국 중 체스 판을 들여다볼 때 인간이 두 가지 다른 직감을 지닌다는 것을 알아차렸다. 먼저, 어떤 수를 둘지(그리고 상대가 어떻게 반응할지)에 관한 직감이다. 그다음, 판세로 볼 때 누가 이길 가능성이 높은지에 관한 직감이다. RL에서의 이 두 차원을 기술 분야에서는 정책policy(언제 무엇을 할 것인가)과 가치 함수value function(어떤 보상이나 처벌을 예상하는가)라 한다.

적어도 이론상으로는 둘 중 하나만 있어도 문제를 충분히 푼다. 체스에서 언제나 옳은 수가 무엇인지 알면, 누가 이길지 예측이 엉성해도 큰 상관이 없다. 현 판세에서 누가 이길 가능성이 높은지 정확히 알면, 다음 수를 확신하지 못해도 상관없다. 시간만 충분하면 각 수의 결과를 헤아린 뒤에 가장 유망한 미래로 가는 수를 택할 수 있다.

(동물이든 인간이든 기계든 간에) 정책 기반 접근법은 고도로 훈련된 '근육 기억'을 지닌 시스템으로 이어진다. 노력하지 않아도 알맞은 행동이 저절로 나온다. 대조적으로 가치 기반 접근법은 고

도로 훈련된 '거미 감각'을 지닌 시스템으로 이어진다. 상황이 위협적인지 유망한지를 즉시 알려 준다. 접근법이 무엇이든 간에 완전히 발달하면, 한쪽만으로도 충분하다.

그러나 현실에서 정책 기반과 가치 함수 기반 접근법은 나란히 나아간다. 바토와 서턴은 '행위자-비평자actor-critic' 구조 개념을 다듬기 시작했다. 행위자는 좋은 행동법을 배우고, 비평자는 미래의 보상 예측법을 배운다.[50] 행위자-비평자 구조는 대체로 연구 자체를 잘 묘사했다고도 한다. 바토는 무엇보다 행동에 관심이 많았고, 서턴은 무엇보다도 예측에 초점을 맞췄기 때문이다.[51]

1978년 학사 논문을 쓸 때부터 서턴은 그의 표현을 빌리자면 '기대의 통일 이론'을 구축하는 일에 몰두했다.[52] 생물이 어떻게 기대를 형성하고 다듬는지에 관심이 많았기에, 애머스트로 가서 클로프, 바토와 함께 일한다. 서턴이 추론했듯이 기대가 잘 들어맞도록 하는 것(좋은 가치 함수 개발)은 현실로부터 나오는 최종 평결(게임의 최종 점수, 분기 보고서, 달 착륙 성공, 말년에 동료로부터 받는 찬미, 기조연설, 즐거워하는 손주)과 매 순간 기대의 조화를 뜻했다. 그러나 게임이 끝날 때까지 기다려야만 뭔가를 배운다면 기여도 할당은 거의 불가능하다. 그는 이 논리에 세 가지 측면이 있다고 말한다.

첫째, 우리가 모든 생각을 기억하기는 비현실적이거나 불가능하다. 90분에 걸친 축구 경기가 참패로 끝났을 때, 팀은 정말로 탈의실에 모여 경기를 하나하나 되짚으면서 따질까? 희망과 우려의 모든 순간을?

둘째, 우리는 최종 평결이 없이도 뭔가 배우기를 원한다. 결론이 나기 전에 판을 접은 체스도 여전히 뭔가를 제공해야 한다. 체크메이트를 당하기 직전이거나 판세가 가망 없다 느껴도, 여전히 우리는 다른 뭔가를 할 필요가 있음을 뜻한다. 상실이나 처벌이 실제로 도래했는지 여부에 상관없이. 마찬가지로 마지막 순간에 느닷없는 사건에 따라 게임이 결정됐다고. 앞서 품은 기대가 반드시 잘못됐다는 뜻은 아니다. 정말로 이기는 중이었을 수도 있다. 즉, 최종 결과만으로 판단하는 것이 반드시 타당하지는 않다. 어느 정도 우연이 영향을 미치는 상황이라면 더욱 그렇다.

셋째, 우리는 학습이 사후뿐만 아니라 진행 중에도 이뤄지기를 원한다. 우리 생활에 특히 매우 중요한 점이다. 입시나 육아, 퇴직 등 인생에서 중요한 터닝 포인트나 목표는 대개 기회가 단 한 번뿐이다. 그리고 성적 하락, 허리둘레 증가, 관계 악화 등 우리는 여러 실수를 저지르고 경로를 조정하는 사례가 많다. 우리가 시행착오를 통해 배운다면, 배우기 위해 시행이나 착오 '전체'가 필요한 것은 아니다. 서턴이 설명하듯이 이런 요인 하나하나는 기대의 이론을 더욱 까다롭게 만든다.

"분명히 우리는 이 모든 것을 무시하려 귀찮은 것으로 생각하려 하지만요. 저는 이것을 단서라 생각합니다. 진행 방법을 알려주는 자연의 단서죠."[53]

이런 단서를 가장 먼저 취한 이는 서턴 자신임이 드러났다. 그가 예측을 연구하다 얻은 돌파구는 이것이었다. 우리는 불확실한 미래로 나아갈 때, 상황이 얼마나 좋아 보이는지에 대한 '실행 중 기대running expectation'를 유지한다. 체스라면 게임에 이길 확률을 계속 생각할 수 있고, 비디오게임이라면 어느 단계까지 갈지, 점수를 얼마나 얻을지 계속 떠올릴 수 있다.

이런 추측은 시간이 흐르면서 요동치며, 예측하려는 것에 다가갈수록 정확해진다(주말 일기예보는 거의 언제나 월요일보다 화요일에 더 정확하며, 공항에서 집까지 운전할 때 도착 예정 시각은 집에 가까워질수록 더 정확해진다). 이는 기대가 요동칠 때 연속되는 기댓값 사이에 차이가 생기며, 그 각각이 학습 기회라는 뜻이다. 서턴은 이를 시간차Temporal Difference, TD 오류라 한다. 이런 시간차가 일어날 때 두 추정 값 중에서는 후자가 옳을 가능성이 더 높다.

그렇다면, 뭔가를 학습하기 위해 정답에 다다를 때까지 기다릴 필요가 없을지 모른다. 이런 '요동' 자체로부터 배울 수 있지 않을까? 우리는 언제든 기대 변화를 이전 추정 값에 있는 오류로 취급하고 이를 학습 기회라 여긴다. 아직 닿지 않은 최종 진리로부터가 아니라, 약간 더 오래된 자아와 더 현명해진 자아 사이에서 나오는 새로운 추정 값으로부터다. 서턴은 이렇게 말했다.

"추측으로부터 추측을 배운달까요."[54]

그리고 그는 마치 괄호를 치듯이 이렇게 덧붙인다.

("뭔가 좀 위험하게 들리지 않나요?")

1980년대 말에 이 개념('시간차 방법' 또는 'TD 학습')은 알고리즘으로 다듬어졌고, 서턴은 여기에 'TD λ'(TD 람다)라는 이름을 붙였다. 후속 예측에 비춰 예측을 조정하는 방법이다.[55] 케임브리지 박사 과정생인 크리스 왓킨스Chris Watkins는 바토와 서턴 개념에 영감을 얻어 Q-학습Q-learning이라는 TD 알고리즘을 고안했다. 예측을 행동으로 바꾸는 방법이다.[56]

왓킨스는 Q-학습이 언제나 '수렴함'을 보여 줬다. 시스템이 필요 횟수만큼 모든 상태로부터 모든 행동을 시도할 기회를 지니는 한, Q-학습은 언제나 완벽한 가치 함수로 발전한다는 뜻이다. 미로든 체스 판이든 삶이든 간에 그 환경에 걸맞은 완벽한 기댓값 집합이 된다. 이는 해당 분야의 이론적 이정표가 됐다. 물론 정확히 얼마나 중요한지는 과정과 결과 중 무엇을 중시하는지에 따라 달라진다.

이렇듯, 왓킨스의 이론은 좋아 보였지만 TD 학습은 현실에서 진정한 검증을 거치지 않은 상태였다. 처음 시험이 이뤄진 곳은 뉴욕 IBM 연구소였다. 원래 고전적 조건형성의 컴퓨터 모형을 짜는 일에 관심 있던 제럴드 테사로Gerald Tesauro는 1980년대 말과 1990년대 초에 걸쳐 백개먼Backgammon(주사위와 체커를 쓰는 전략 보드게임_옮긴이)을 두는 모형을 개발했다. 초기에는 유망한 결과가 나왔다. 그러다 1992년에 TD 학습을 자신의 모형에 접목하니 '로켓처럼' 급격한 발전이 이뤄졌다.[57] 추측으로부터 추측을 학습하면서 유리한 판세가 어떤 형태인지를 꾸준히 배웠다. 그는 이렇게 썼다.

"복잡하면서 사소하지 않은 과제에 알고리즘을 처음 적용한 사례다. 망은 지식이 전혀 없는 상태에서 배우기 시작해 꽤 강한 중간 수준까지 (백개먼을) 둔다. 이는 기존 프로그램보다 분명히 더 나으며, 사실 대규모 인간 전문가 데이터 집합으로 훈련시킨 망도 능가한다. 현행 이론을 토대로 예상되는 것보다 TD 학습이 더 나음을 시사한다."

1994년 테사로의 TD-개먼TD-Gammon은 진정으로 엄청난 수준의 성취도에 다다랐다. 그는 이렇게 썼다.

"TD-개먼 최신판은 현재 (…) 세계 최고 인간에 극도로 가까운 수준이다."[58]

게임 분야에서는 오래전부터 프로그래머보다 게임을 더 잘하는 프로그램 작성이 가능하다고 알려졌다. 새뮤얼은 1950년대에 체커 게임에서 이를 보여 줬다. 그러나 테사로의 TD-개먼은 새로운 것이었다. 그 어떤 이와도 충분히 맞붙었다. 게다가 망은 '독학'을 했다. 랜덤 상태에서 시작해 자기 자신을 상대로 무수히 게임을 하며 실력을 쌓았다. TD 학습의 엄청난 가능성이 확인된 것이다. 그리고 알파제로 같은 21세기의 게임 숙달 툴에도 쓰일 성공의 청사진을 제공했다(놀랍게도 거의 아무것도 바꾸거나 보완하지 않은 채).

서턴을 비롯한 RL 연구자는 자연에서 단서를 얻었다. 이제는 그들이 자연에 뭔가를 되돌려줄 차례였다. 이 분야 역사에서 가장 놀라운 순간 중 하나는 처음에 심리학과 신경과학 분야에서 발전

한 수학적 기본 틀이 중요한 방식으로, RL 연구 분야로 되돌아갈
때였다.

예측과 보상의 신경 기질

1990년대 초에 테사로가 TD-개먼을 미세 조정할 때, 바토의 연구
실에서 생산적 시기를 보내고 왓킨스와 수렴 증명을 함께 연구했
던 피터 다얀Peter Dayan이라는 젊은 인지과학자가 있었다. 그는 해
당 분야(그리고 세계)의 한쪽에서 반대쪽으로 옮겨 가는 중이었다.
에든버러대에서 시간차 수학을 공부한 뒤, 샌디에이고 솔크 연구
소에 있는 신경과학자 집단에 합류한 것이었다.

다얀과 박사후연구원 리드 몬터규Read Montague는 솔크 연구소
의 신경과학자 테리 세즈노스키Terry Sejnowski와 함께 RL의 기본
틀이 실제 인간과 동물의 뇌 작동 외에도, 뇌가 무엇을 하는지까
지 설명해 주지 않을까 생각했다. 몬터규는 이렇게 말했다.

"우리는 뇌에서 가치와 강화를 담당하는 체계가 어떤 역할을
하는지 조사했어요. 당시에는 그냥 이렇게 생각했죠. 어떤 알고리
즘을 통해 수행되는 것이라고요."[59]

몬터규는 이런 유형의 학습 메커니즘이 학습하는 동물의 기본
특성 중 하나가 아닐까 생각했다. 다얀은 원래 시간차 학습을 연
구했기에, 그것이 보편적 알고리즘의 후보가 될 만하다고 봤다.

어땠을까? 화이트보드에서는 작동했다. 한마디로 수렴했다. 기계에서도 작동했다. TD-개먼은 최고의 인간 실력자를 제외한 모든 이들보다 백개먼을 더 잘 뒀다. 그러니 아마 뇌에서도 작동하지 않을까? 몬터규와 다얀은 시간차를 통해 학습하는 신경학적 시스템이 어떻게 작동할지 추정하기 시작했다. 샌프란시스코의 우버 본사 회의실에서 다얀은 내게 설명했다.

"우리는 신경과학과 틀림없이 연관이 있다는 것을 알았어요."

마침 다얀은 유니버시티칼리지런던에서 안식년을 얻어 우버에서 지내는 중이었다.

"그때 볼프람의 이 데이터를 접한 거예요."[60]

다얀은 갑자기 벌떡 일어나더니 흥분해서 화이트보드에 도파민 반응 다이어그램을 그리기 시작한다. 그는 원숭이가 단서 불빛을 본 뒤에 예상 그대로 주스를 보상으로 얻을 때의, 평탄하고 밋밋한 배경 반응을 가리킨다.

"따라서 신호의 이 부분은 아주 투명해요. 레스콜라-와그너 규칙에서 보는 것이기도 하고요. 기존 심리학에서 나온 것의 멋진 측면이죠."

다얀은 단서 불빛 자체로 생기는 도파민 파형을 가리킨다.

"하지만 신호의 바로 이 부분이 혼란을 일으켜요. 심리학 관점에서는 예상하지 못한 것이니까요. 그래서 무슨 뜻인지를 놓고 볼프람처럼 애쓰는 이들이 종종 나타나죠."

다얀과 몬터규는 볼프람의 데이터, 그 외에 신경생리학계 전체가 매우 수수께끼 같다고 여긴 데이터를 봤을 때 그것이 무슨 뜻인지 정확히 알아차렸다. 바로 시간차였다. 원숭이의 기대의 갑작스러운 요동이었다. 그 가치 함수, 자신이 처한 상황이 얼마나 좋을까 하는 예측의 갑작스러운 변동이다.

뇌의 도파민이 잠잠하다 급히 치솟는다는 것은? 조금 전보다 세상이 갑자기 유망해 보인다는 뜻이었다. 반면 갑작스러운 침묵은 갑작스레 생긴 일이 예상보다 덜 유망해 보인다는 뜻이었다. 정상적인 배경 상태로 침묵한다는 것은 생긴 일이 좋든 나쁘든 간에 예상한 수준이었다는 것이었다.

도파민 체계의 분비 파형은 보상 자체는 아니었지만 보상과 관련 있었다. 그것은 불확실성, 놀라움, 주의 그 자체가 아니었다. 하지만 그 모든 것과 긴밀한 관련이 있었고 처음으로 그 사실을 알아낼 수 있었다. 이전 예측에 오류가 있었음을 시사하는, 원숭이의 기대에 나타나는 요동이었다. 추측으로부터 추측을 학습하는 뇌의 모습이었다.

종이에서도 실리콘에서도 잘 작동하던 알고리즘이 뇌에서도 작동했다. 시간차 학습은 도파민의 기능을 닮은 것이 아니었다. 도파민의 기능 자체였다. 볼프람, 다얀, 몬터규는 1997년 〈사이언스〉에 그 발견을 알리는 논문을 발표함으로써 세상을 뒤흔들었다. 제목 그대로 그들은 '예측과 보상의 신경 기질'을 발견했다.[61] 그 결과는 신경과학과 컴퓨터 과학 전체에 엄청난 파급효과를 불러일으켰다. 심리학의 고전적·조작적 조건형성 모형에 영감을 얻어서 순수한 머신 러닝 맥락에서 발달한 개념이 갑자기 원래 분야로 회귀했다. AI를 구조화하는 방식에 관한 모형만이 아니었다. 지능의 보편 원리 중 하나도 기술하는 듯했다. 몬터규는 설명한다.

"눈은 약 40~50번 독자적으로 진화했다고 해요. (…) 생물학은 눈을 반복해서 발견했어요. 온갖 종류의 눈을요.[62] (…) 나는 학습 영역에서도 같은 일이 일어난다고 생각해요. 학습 알고리즘이란 게 현재의 경험을 받아들이고, 내부 구조를 재편하고, 미래 행동을 일으키는 법을 이해하는 데 매우 중요해요. (…) 따라서 생물이 여러 다양한 맥락에서 이런 알고리즘을 접했다고 예상해야 해요. 그래서 꿀벌, 군소, 노래를 배우는 새, 인간, 설치류 등에서 RL 시스템, 보상 체계를 보는 거죠."[63]

다얀도 같은 식으로 본다.

"우리가 이런 것을 갖춘 것은 놀랄 일이 아니에요. (…) 도파민 뉴런의 활성에서 그 개념이 아주 투명하게 보이는 거예요. 계시나 다름없었죠."[64]

나중에 내가 케임브리지에 있는 볼프람의 연구실을 방문했을 때, 그때가 아직도 계시처럼 느껴졌는지 물었다(75세였던 그는 여전히 활발하고 기운차게 연구했다). 놀랍게도 그는 아니라 했다. 그는 먹이를 더듬거리며 찾던 원숭이의 뇌 활성을 기술했던 수수한 TD-학습 모형이 20년 뒤인 현재 AI에 돌파구를 일으킨다는 점이 바로 계시라 봤다. 그에게는 자연에서 이런 보편인 개념을 취해서 인공 합성한다는 사실 자체가 놀랍다.

"TD-모형이 우리가 지금 보는 것, 바둑 프로그래밍 그리고 AI, 머신 러닝 시스템에 들어간다는 점을 깨달았을 때 나는 계시를 느꼈어요. '대체 무슨 짓을 한 겁니까?'라고 내뱉을 때 같은 계시를 말하는 겁니다. 알다시피 내 데이터 이해는 레스콜라-와그너 모형에서 예측 오류에서 나왔지만, 그 결과는 이런 거였죠. 맙소사! 테사로가 TD-모형으로 백개먼을 프로그래밍한다는 것은 알았어요. 나는 백개먼을 둘 줄 모르지만 바둑은 둬요. 그런데? 그걸로 바둑 프로그램을 짜면 정말로 좋은 모형이란 거죠. 바둑 프로그래밍은 쉽지 않으니까요. 그들이 바둑 프로그램을 내놓기 전에 계시를 느낀 거죠."

나는 신경생리학과 머신 러닝 분야에 걸쳐서 명확하면서도 강력한 종합이 이뤄짐으로써 그 양쪽 분야에 강력한 영향을 미치는 모습이 놀랍다고 볼프람에게 말했다.

"분명히, 분명히 놀랍죠. 그게 매력이에요. 모든 것을 그냥 끌어모았는데 딱 들어맞는 거죠."[65]

이 연구는 신경과학을 변모시켰다.[66] 프린스턴대의 야엘 니브 Yael Niv는 이렇게 말했다.

"학습과 행동에서의 선택을 '바닥핵 기능의 도파민 의존 수준' 관점에서 이해하는 것은 장점이 많다. 이는 아무리 강조해도 지나치지 않다. 도파민은 파킨슨병에서 조현병, 주요 우울증, 주의력 결핍과다행동장애를 거쳐서 약물 남용과 중독 같은 의사 결정 일탈에 이르기까지 아주 다양한 장애와 관련 있다."[67]

아직 밝혀낼 것이 많으며, 전형적 이야기처럼 들리는 것이 앞으로 뒤집히거나 복잡해질 수도 있다.[68] 그러나 니브는 뇌의 의사 결정 연구에 RL이 영구 각인을 남긴 것이 명확하다고 말했다.[69] 그는 신경과학 분야의 연구자 약 3만 명이 가입한 신경과학회 연례 학술 대회에 처음 참석했을 때의 일을 떠올린다.

"2003년인가 2004년? 제가 처음으로 갔을 때 RL도 논의되는지 찾아봤던 일이 떠올라요. 대회장 전체에 포스터가 달랑 다섯 장쯤 있었을 거예요. 대회가 일주일간 열리는데, 포스터가 달린 세미나는 매일 두 번 있어요. 오전 한 번, 오후 한 번. 지금이야 세미나 시간마다 RL 논의 분과를 따로 열 정도입니다. 10년, 아니 15년 사이에 정말로 엄청난 변화가 일어난 거죠."[70]

니브는 이렇게 덧붙인다.

"뇌에 관한 그 이론의 예측이 들어맞는지 검사하려는 연구가 많이 이뤄졌어요. 그리고 이런 반응을 보이죠. 이 뉴런이 교과서를 읽은 것 같다고. 서턴과 바토의 교과서 말이죠. 또한 무엇을 해야 하는지 정확히 안다라고요."

행복과 오류

TD-학습 모형이 뇌에서 도파민의 기능(뇌의 보상 통화도 아니고, 미래 보상의 기대도 아니라, 미래 보상의 기대에 오류가 있음을 알리는 역할)을 밝혀낸 것이라면 여기서 몇 가지 의문이 뒤따라 나온다. 쾌락과 행복이라는 주관적 경험과 관련된 의문이 특히 그렇다.

도파민 증가가 '특정 일이 자신의 기대보다 더 잘된다며' 그 효과에 관한 뭔가를 알려 주는 것이라면 그 자체로 즐겁다. 그리고 인간과 동물이 그 느낌을 얻기 위해 어디까지 행동하는지도 본다. 도파민 뉴런을 화학적·전기적으로 직접 자극하는 것까지 포함해서다.

또한 도파민 수치를 인위적으로 올리면 필연적으로 붕괴한다는 것도 알기 시작했다. 일이 기대보다 더 잘될 것이라는 생각은 효과가 얼마 가지 않는다. 그렇게 당신은 결과가 기대만큼 나오지 않았다는 사실을 깨닫고 도파민 재잘거림은 잦아든다. 볼프람의 원숭이 실험에서 그랬던 것처럼. 사실상 도파민은 '현금화할 수 없는 수표'와 같다. 그런 수표는 부도가 나기 마련이다. 그렇기에 가치 함수는 필연적으로 바닥을 칠 수밖에 없다. 물론 이는 도파민 관련 약물의 전형적 양상이기도 하다. 코카인이 대표적이다.

코카인은 대체로 뇌의 도파민 재흡수를 억제해 일시적으로 도파민 '홍수'를 일으키는 식으로 작용한다. TD 관련 이야기는 이때 현상을 '일이 아주 잘될 것이라는 느낌이 만연했다'고 해석함을 시사한다. 그러나 예상했던 아주 좋은 일은 일어나지 않으며, 예측 오류가 빚는 크기와 같으면서 정반대의 부정적인 기분이 뒤따를 수밖에 없다. "모든 일이 아주 잘될 것처럼 보였는데"라면서. 이렇게 우리는 뇌의 예측 메커니즘을 화학적으로 속이는지 모르지만 그게 오래가지는 못한다. 저술가인 데이비드 렌슨David Lenson은 이렇게 썼다.

"코카인이 투여되면, 딱 맞는 방식으로 성적 상호작용을 곁들일 때의 가장 큰 쾌감을 겨우 1분 남짓 지속시킬 것이라 약속한다. 그러나 그 미래는 결코 오지 않는다. 그 마약이 신체적 쾌감을 일으킴은 분명하지만, 곧 일어날 듯이 여겨지는 것에 비하면 언제나 일시적이고 사소한 수준이다."[71]

코카인을 도파민 약물로 이해하고, 일시적 차이를 빚는(우리의 기대에 요동을 일으키는) 화학물질이라 도파민을 이해하면 이야기는 명확해진다. 인위적으로 뇌의 공급을 왈칵 늘림으로써, 경험하는 것은 일이 잘된다는 희열이 아니라 일이 놀라울 만치 잘될 것이라 약속하는 들뜬 도취감이다. 그 약속이 유지되지 못하면 시간차 오류는 정반대로 작용하며 우리 도파민 계통은 침묵에 잠긴다. 오류에 빠진 것은 우리의 높은 기대 수준이다. 우리는 그렇게 속는다.

도파민과 행복과 쾌감 간의 관계는 지금도 연구 중이다. 한 예로, 미시간주립대의 켄트 베리지Kent Berridge는 원함과 좋아함을 신경과학적으로 구별하는 연구를 하면서 많은 시간을 보냈다.[72] 유니버시티칼리지런던의 롭 러틀리지Robb Rutledge는 도파민이 뚜렷하게 관여하는 행복의 수학 모형을 개발했다. 그는 다얀, 유니버시티칼리지런던 연구진과 공동으로 한 가지 실험을 고안했다. 사람들에게 돈을 걸고 다양한 내기를 하도록 하면서 주기적으로 이렇게 물었다.

"지금 얼마나 행복한가요?"[73]

러틀리지 연구진은 사람들이 지금까지 얼마나 많이 땄는지, 전체적으로 얼마나 많이 딸 것이라 예상하는지, 이런 액수를 올리거나 내리는 등으로 자신을 불쾌하거나 즐겁게 만드는 놀랄 일을 겪었는지 여부를 구분하기 위해 모형을 구축했다. RL의 수학 툴을 써서 말이다. 이 연구는 인간이 일시적으로 느끼는 행복의 수학적 상관관계를 가장 잘 파악하자는 것이 목표였다. 그 결과 러틀리지 연구진의 발견은 많은 것을 드러냈다.

첫 번째, 행복의 덧없음이었다. 1파운드를 따서 행복해도 다섯 번 더 내기를 할 즈음에는 그 행복함의 92퍼센트는 이미 사라진 상태다. 10여 번 전의 내기에서 어떤 일이 일어났든 간에 그 일은 일어나지 않은 것과 다름없다. 무슨 뜻일까? 인간의 행복이 실제로 돈을 얼마나 벌었느냐와 거의 상관없다는 뜻이다. 행복은 내기에서 얼마나 딸 것이라 기대하는지에 따라 결정되는 듯했다. 하지만 우리가 봐야 할 것은 그 기대의 어긋남이다. 러틀리지는 이렇게 썼다.

"일시적 행복이란, 일이 얼마나 잘될 것이냐가 아니라 예상보다 얼마나 더 나을지 여부를 반영하는 상태다."[74]

마치 시간차 오류를 가리키는 것 같다. 다시 말해 도파민이 하는 역할을 가리키는 듯하다. 더 넓게 보자면 우리는 '쾌락의 쳇바퀴hedonic treadmill'의 유명한 현상을 신경과학적 및 컴퓨터 과학적 설명으로 접하기 시작하는 중이다. 인간은 삶의 질에 어떤 변화가 일어나든 간에, 감정적 기준선으로 고집스럽게 지속적으로 돌아간다.[75] 복권 당첨자와 하반신 마비 등 인생에서 극적 변화를 겪은 지 오래 지나지 않은 경우 정서적으로 다소 예전 상태로 돌아간다고 잘 알려졌다.[76]

도파민과 RL은 단서를 하나 제공한다. 행복은 일이 잘된다는 데에서 나오는 것이 아니라, 예상한 것보다 더 잘된다는 데에서 나오는 것이라면? 일이 기대 그대로 실현되는 한, 즐거운 놀라움은 마냥 장기적으로 유지될 수 없다. 안타깝게도 '기대 수준을 언제나 낮게 유지하라' 같은 단순한 삶의 요령까지 배제한다. 러틀리지는 이렇게 주장했다.

"기대 수준이 낮으면 결과가 기대를 초월할 가능성이 더 높아지니 행복에 긍정적 영향을 미친다. 그러나 기대는 우리가 결과를 알기 전부터 행복에 영향을 미친다. 평소 좋아하는 식당에서 친구를 만날 계획이 있다면, 그 긍정적 기대는 계획을 세우자마자 행복을 증가시킬 수도 있다."[77]

러틀리지 연구진은 한 항공편이 6시간 연착될 가능성이 50퍼센트라 했다가, 사실 1시간 지연될 것이라 발표하는 상황을 가정했다.

"기대가 낮을수록 긍정적 결과가 나올 확률은 증가한다. (…) 그러나 낮은 기대는 결과가 나오기 전의 행복 수준을 낮추며, 그럼으로써 혜택은 제한될 수밖에 없다."[78]

다시 말하면 이렇다.

"기대 수준을 낮춘다고 문제가 해결되는 것은 아니다."[79]

일부 연구자는 도파민, TD 오류, 행복의 이런 관계에 착안해 RL 행위자의 주관적 행복이 어떤 윤리를 함축하는지 생각하기 시작했다. 고통을 이해하고 줄이는 것을 목표로 하는 파운데이셔널 연구소의 브라이언 토마시크Brian Tomasik는 "RL 프로그램은 도덕적 지위를 지니는가"라는 질문을 탐구했다. 그러니까 우리가 그것을 어떻게 대하느냐가 중요할까의 문제다. 그는 '잠정적이고 제한적인 뜻'에서 그렇다고 답한다. 동물과 인간의 뇌가 비슷한 원리에 따라 구축된 정도만큼, 윤리적으로 고려할 점이 있다는 것이다.[80]

"현재의 RL 알고리즘은 동물보다 훨씬 덜 중요하다. 그러나 나는 RL 행위자의 중요성이 0이 아니라 보며, 큰 규모에서는 뭔가 중요한 것으로 합치기 시작할지도 모른다."[81]

그 뒤의 연구는 자체의 TD 오류를 통해 RL 행위자의 '행복'을 명시적으로 정의하는 수준까지 나아갔다.[82] 이 논리에 따르면 세계를 완벽하게 아는 행위자는 기대 행복이 '0'이라 했다. 사실 '도파민 작용성 행복'이 대체로 즐거운 놀라움, 즉 기대보다 결과가 더 나음을 배우는 기회로부터 나온다면, 어떤 분야의 숙달은 지루함과 상관관계가 있을 수밖에 없는 듯하다. 이 점은 RL 행위자뿐 아니라 당연히 인간의 미래 윤리학과 관련 있다. 또한 무엇보다도 쾌락의 쳇바퀴에 관한 진화와 컴퓨터 과학의 이야기를 들려준다.

우리의 주관적 행복이 즐거운 놀라움과 밀접하게 연결되고, 끊임없이 놀라움을 예측하고 완화하는 일을 하는 것이 지능의 특성이라면 우리는 이런 행복이 얼마나 덧없을지도 짐작 가능하다. 또한 그것이 진화적으로 이점을 지닌다는 것도 알 수 있다. 아기는 팔을 흔들어 보라는 말에 팔을 흔들면서 그 능력 자체에 기뻐할 수도 있다. 물론 어른에게는 그 능력이 짜릿함을 주지 못한다.

우리는 좀처럼 가만히 있지 못하는 이 능력이 불만스럽다고 한탄할지 모르지만 이러한 양상은 엄연히 우리 삶의 일부를 이룬다. 기본 운동 능력이 우리를 무한정으로 짜릿하게 만들면? 우리는 성년기에 도달하지도 못한다. 바토의 말처럼 이 덧없음은 1970년대 초에 클로프가 예상한 것이었다.

"그의 요지는 (항상성) 안정화 메커니즘이 불일치를 0까지 줄이려 시도하고, 0이 되면 행복하고, 그러면 멈춘다는 거였어요. 그가 원하는 유형의 시스템은 결코 행복하지 않았죠. 그래서 이렇게 끊임없이 탐사를 하는 거죠."[83]

RL, 도파민, 행복, 탐사(그리고 중독)의 연관성은 6장에서 다시 살피도록 하자.

강화 너머

20세기 초의 동물 학습 연구를 토대로 나온 RL은 1970~1980년
대에 머신 러닝이라는 추상적·수학적 세계에서 번창한 뒤, 뇌에서
의 도파민 역할을 설명하는 거의 완벽한 모형을 제시했다. 그리고
의기양양하게 동물 행동 관련 문헌에 다시 등장했다.[84] 그리고 인
간의 동기와 행복에 관한 더 깊은 통찰을 제공했다.

한편 2018년부터 클로프의 제정신이 아닌 듯한 가설(각각의 뉴
런은 쾌락주의자다)이 그렇게까지 틀린 것이 아님을 시사하는 신
경과학적 증거가 나오기 시작했다.[85] 바토는 이렇게 말했다.

"나는 신경과학이 클로프가 제안하던 것과 아주 비슷한 뭔가가
된다고 생각해요."

바토는 서턴과 공동으로 쓴 교과서를 헌정한, 고인이 된 예전
스승을 자랑스러워하는 어조로 말했다.[86]

RL은 지능이 무엇인가에 관해 강력하면서 보편적이기까지 할
정의도 제공한다.[87] 컴퓨터 과학자 매카시의 유명한 말처럼, 지능
이 '세계에서 목표를 달성하는 능력의 계산적 측면'이면,[88] RL은
그 일을 위한 놀라울 만치 일반적인 툴을 제공한다. 그 핵심 원리
는 진화 과정에서 여러 번 발견됐을 가능성이 높다. 그리고 21세기
에 출현할 AI가 무엇이든 간에 그 토대를 이룰 가능성이 높다.

그러나 동물과 기계가 '세계에서 목표를 달성하는 능력'을 더
깊이 이해하는 일은 철학적 탐구까지 자극했다. 이 이론은 딱히

우리가 무엇에 가치를 두는지 또는 무엇에 가치를 둬야 하는지를 말하는 것이 아니다. 이런 점에서 보자면, 도파민은 역할이 덜 알려졌을 때와 마찬가지로 지금도 모든 면에서 수수께끼다. 그것이 스칼라 예측 오류를 나타내면 그 예측을 어떻게 '측정할' 것인가라는 복잡한 문제가 그 안에 숨는다.

1번 문을 열었을 때 예상했던 카리브해가 아니라 북극 오로라가 나오면? 도파민은 감정이 '즐거운' 놀라움인지, '불쾌한' 놀라움인지를 빠르고 믿을 만하게 알릴 것이다. 하지만 이런 대안의 가치는 실제로 어떻게 평가될까?[89] 도파민은 이 질문에 침묵한다.

한편으로 다른 의문도 든다. 고전적 형태의 RL은 세계에 보상 구조가 있음을 당연시하며 보상을 최대로 얻을 행동(정책)을 찾아낼 방법을 묻는다. 이는 AI 출현에 직면한 우리에게 더욱 흥미로운(그리고 더욱 급박한) 문제를 여러 면에서 모호하게 만든다. 우리가 기계로부터 원하는 행동을 생각할 때, 그 행동을 유도하기 위해 환경의 보상을 어떻게 구조화해야 할까? 우리가 관중석 뒤쪽, 평론가 자리에 앉은 상태라면 먹이나 그에 상응하는 디지털 기계를 제어하는 상태라면 원하는 것을 어떻게 얻을까? 이것은 RL 행위자의 맥락에서 본 정렬 문제다.

지난 5~10년 사이에 이 문제는 새롭게 시급한 현안으로 부상했다. 뒤에서 보겠지만 이 모든 변화도 RL 자체만큼 과거에 깊이 뿌리를 둔다.

[5]

조 혐

자연은 고통과 쾌락이라는 두 군주의 지배하에 인류를 뒀다. 우리
가 무엇을 해야 할지, 무엇을 할지는 그들만이 결정한다.

– 제러미 벤담[1]

보상 함수의 설계는 RL 시스템을 구축하는 데 가장 어려운 측면일
텐 데, 자주 논의되지는 않는다.

– 마야 매터릭[2]

1943년 스키너는 한 비밀 전쟁 계획을 수행했다. 의외지만 처음
에는 식품 제조 업체인 제너럴밀스의 후원을 받았다. 밀가루 공장
꼭대기 층을 연구실로 내줬기 때문이다. 당시 기준으로 가장 대담
한 계획 중 하나였다. 스키너 연구진은 비둘기가 폭탄 표적의 사
진을 쪼도록 가르칠 예정이었다. 그 비둘기를 세 마리씩 실제 폭

탄 안에 넣은 뒤 폭탄을 투하하면? 비둘기가 표적 방향을 쪼아댈 테니 표적에 더 가까이 갈 것이라 여겼다. 한마디로 비둘기가 유도하는 폭탄이다. 이에 대해 스키너는 이렇게 말했다.

"세상이 우리 보고 미쳤다고 할 것을 잘 알았죠."[3]

스키너는 많은 이들이 그 계획을 미쳤을 뿐 아니라 잔인하다고 여기리라는 것도 알았다. 다만 동물의 감각(때로 초인적 수준의)을 인간의 목적에 사용한 역사가 길고 일화도 많다고 반박했다. 맹도견이나 송로버섯을 찾는 돼지 등이 그렇다. 잔인하다는 주장에는 이렇게 반박했다.

"자신도 모르게 동물을 영웅으로 만들 권리가 인간에게 있냐는 윤리적 질문은 한가할 때나 하는 사치다."[4]

스키너는 이미 오래전부터 강화 연구를 했고, 그의 유명한 '스키너 상자'는 손다이크 퍼즐 상자의 20세기 개량판에 해당했다. 자판기를 개조해서 만든 상자에 전등과 레버, 먹이 공급기를 써서 강화를 정확하게 정량적으로 연구했고, 그 뒤로 여러 세대의 연구자도 이를 계속 사용한다(볼프람이 원숭이 도파민을 연구할 때도 썼다). 1950년대에 스키너는 이러한 장치를 마음껏 써서, 동물이 다양한 조건에서 보상(대개 먹이라는 형태)을 최대화할 행동을 어떻게 배우는지 연구하기 시작했다.

스키너는 자신이 '강화 계획reinforcement schedule'이라 부르던 유형을 검사해 그 효과를 관찰했다. 예를 들면 '비율ratio'을 통한 강화와 '간격interval'을 통한 강화를 비교했다. 전자는 올바른 행동을 특정한 횟수만큼 할 때 보상하고, 후자는 특정한 시간 뒤에 올바른 행동을 할 때 보상하는 방식이다. 또 그는 '고정fixed' 강화와 '변동variable' 강화도 비교했다. 행동 횟수나 시간 길이를 일정하게 하거나 변동을 허용하는 방식이다.

그 결과 스키너는 가장 격렬하거나, 가장 반복되거나, 가장 오래 지속되는 행동이 변동 비율 계획에서 나오는 경향이 있다는 유명한 연구 결과를 내놨다. 특정 횟수의 행동이 진행된 후에 보상을 하지만, 행동 횟수를 달리한 방식이 그렇다.[5] 이런 발견은 도박 중독을 이해하는 데 도움이 된다. 안타깝지만 역으로 더욱 중독성 있는 도박 게임을 고안하는 데에도 유용하다.

스키너는 꼭대기 층의 비밀 연구소에서 다른 과제에도 도전했다. 어떤 강화 계획이 단순한 행동에 가장 깊이 뱄는지를 알아내는 것이 아니라, 단순한 보상을 써서 복잡한 행동을 유도하는 것이었다. 이 과제가 얼마나 어려운지는 그들이 비둘기에 볼링을 가르치고자 했을 때 여실히 드러났다.

먼저, 스키너 연구진은 나무 공과 장난감 핀을 가지고 작은 볼링 레인을 만들었다. 그리고 비둘기가 나무 공을 치자마자 먹이를 주기로 했다. 그런데 안타깝게도 보상은 일어나지 않았다. 비둘기가 행동을 전혀 하지 않기 때문이다. 기다리고 또 기다린 연구진은 인내심이 바닥났다. 그래서 다른 전술을 취했다. 스키너는 이렇게 설명했다.

우리는 공 치기와 조금이라도 비슷해 보이는 반응(처음에는 그저 공을 바라보는 행동)이면 무엇이든지 강화시켰고, 그런 뒤 최종 행동에 좀 더 가까운 반응을 선택하는 식으로 나가기로 했다. 결과는? 놀라웠다. 몇 분 지나지 않아 비둘기는 스쿼시 챔피언처럼 나무 공을 레인 벽에 쳐 댔다.

결과가 아주 놀라웠기에 스키너 연구진 중 메리언Marian과 켈러 브릴랜드Keller Breland 부부는 심리학자로 학계에 정착하는 것을 아예 포기하고 동물 훈련 회사를 차리기로 결심했다.

"스키너의 행동 제어 원리로 먹고살 방법을 찾고자 했지요."[6]

브릴랜드 부부의 친구였던 밀은 그 회사가 망한다에 10달러를 걸었다. 밀은 내기에 졌고, 브릴랜드 부부는 그 수표를 자랑스럽게 액자에 넣어 벽에 걸었다.[7] 그들의 동물행동회사Animal Behavior Enterprises는 그 분야의 세계 최대 기업이 됐다. 지금도 텔레비전과 영화, 광고, 테마파크에서 연기와 공연을 하는 동물을 훈련시킨다. 그들은 먹고살 방안을 찾는 데에서 그치지 않고 하나의 제국을 세운 셈이다.[8]

스키너도 이 순간, 즉 비밀 연구소에서 비둘기가 나무 공을 굴린 순간을 하나의 '계시'라 여겼다. 그는 완성된 반응을 기다리는 대신, 최종 지형의 엉성한 근사 형태를 강화함으로써 행동을 조형shaping하는 것이 결정적 요소라 봤다.[9] 하지만 이 비둘기 계획은 '절반의 성공'이었다. 비둘기 자체는 경이로운 능력을 보여 줬다.

실제로 경이로웠기에 정부도 솔깃해한 듯했다. 스키너는 이렇게 썼다.

"비둘기가 지령을 수행하는 광경은 아주 놀라웠지만, 위원회에는 우리 제안이 환상적임을 상기시켰을 뿐이다."[10]

당시 스키너는 몰랐지만, 정부는 맨해튼 계획에 몰두 중이었다. 폭발 범위가 워낙 커서, 그가 이렇게 쓸 정도였다.

"정확한 지점에 폭탄을 투하할 필요성 자체를 없애 버리는 양 여겨졌다."

그래도 해군연구소는 비둘기 계획을 받아들였다. '유기체 제어 organic control'를 줄인 오콘ORCON이라는 약칭으로 전후인 1950년대까지 계획이 이어졌다. 이로 인해 스키너는 자신의 개념이 옳다는 것을 보여 줬다 느꼈고, 1950년대 말에 이를 자랑스레 밝혔다.

"살아 있는 생물을 유도 폭탄으로 쓴다는 개념을 '더 이상 미친 생각'이라 여기지 않는다고 말하는 편이 공정할 듯하다."[11]

스키너의 말은 멋지게 들리긴 하지만 요점을 미묘히 벗어나 있었다. 여기서의 요점이란 '조형을 발견했다'라는 것이다. 단순한 보상을 통해 완전한 행동에 가까워지도록, 근사 행동에 연속 보상을 함으로써 행동을 가르치는 기법 말이다. 그는 이렇게 썼다.

"조각가가 점토 덩어리를 빚는 것처럼, 동물의 행동을 빚는 것도 가능하다."[12]

해당 개념과 용어는 스키너의 인생과 경력에 중요한 자리를 차지했다.[13] 그는 처음부터 이 방법이 사업과 일상에 적용 가능함을 알아차렸다.

"이런 강화 계획 중에는, 일당이나 시급으로 돌아가는 일의 우연성에 상응하는 것도 있다. 같은 행동을 계속하도록 요구하는 능력으로 악명이 높은 도박 기구에 '미묘하지만 강력한' 우연성을 닮은 것도 있다."[14]

또한 스키너는 육아 쪽에도 방법이 적용될 수 있다고 느꼈다.

"과학적 분석은 인간관계를 더 깊이 이해하는 데 기여한다. 의도하든 그렇지 않든 간에 거의 언제나 행동을 강화한다."

스키너는 부모의 주의가 강력한 강화 인자이며, 아이의 예의 바른 요청에 늦게 반응함으로써 아이가 짜증을 내고 억지를 부리게 하는 쪽으로 훈련된다고 말했다(그는 받아들이게 만드는 아이 행동에는 일관성 있게 반응하고, 소리를 지르거나 예의 없게 만드는 아이 행동에는 덜 반응하는 것이 치료법이라 했다).[15] 아마 가장 예언에 가까운 것은 그가 자신의 연구로부터 나온 원리를 토대로 가장 넓은 뜻에서의 교육(인간과 동물)이 도약을 이루며, 이것이 객관적 분야가 될 수도 있다고 생각했다는 점이다.

"교육은 기술이라는 말을 흔히 하지만, 교육이 과학이 된다는 희망을 품을 근거가 더 늘어난다."[16]

스키너의 판단은 자신의 예측보다 더 옳았던 듯하다. 21세기에 '조형'이라는 용어는 심리학자뿐 아니라 머신 러닝 연구자도 쓴다. 보상 연구, 그리고 특히 원하는 행동을 하도록 만들기 위해서 전략적으로 보상하는 방법의 연구는 정말로 정량 과학이 됐다. 비록 그가 상상했던 유기체 학습자 대상은 아닐지 몰라도 말이다.

희소성 문제

> 더 잘할 방법이 있어. 찾아내!
> - 토머스 에디슨[17]

인간과 동물이 학습하는 방법을 기술하는 '시행착오trial and error'
는 1855년 스코틀랜드 철학자 알렉산더 베인Alexander Bain이 창안
한 용어인 듯하다.[18] 그는 '더듬어 찾기 실험groping experiment'이라
는 표현도 썼는데, 기억에 남을 만한 용어이지만 인기는 없는 듯
하다.

가장 기본적 수준에서 보면, RL은 시행착오를 통한 학습을 연
구하며, 이 시행착오(또는 더듬어 찾기)의 알고리즘 중 가장 단순한
형태는 '엡실론 탐욕epsilon-greedy'이다. 그리스 문자 ε를 써서 'ε 탐
욕ε greedy'으로도 적는다. 수학에서는 ε를 '조금'이라는 뜻으로 쓰
니 엡실론 탐욕은 '짧은 기간에만 탐욕스럽다'라는 뜻이다. 엡실
론 탐욕을 보이는 행위자는 대부분의(이를테면 99퍼센트) 시간에
서는 경험을 토대로 총 보상이 최대가 될 것이라 믿는 행동을 한
다. 그러나 전체 작동 시간 중에서 엡실론, 즉 나머지 1퍼센트에
해당하는 시간에는 완전히 랜덤으로 행동하려 시도한다. 비디오

게임을 하면 그저 무슨 일이 일어나는지 보기 위해 그 시간에는 버튼을 랜덤으로 눌러 댄다는 뜻이다.

엡실론 탐욕 행동으로부터 배우는 방식은 다양하지만 기본 개념은 같다. 마구 휘적거리는 것이다. 그러면 보상을 좀 더 얻고 처벌을 덜 받는 것이 나온다. 세상이 어떻게 돌아가는지를 이해하겠다고 명시하고서 시도할 수도 있고(모형 기반 RL), 그저 본능에 맡길 수도 있다(모형 없는 RL). 특정 상태나 행동이 얼마나 보상을 해 줄지를 배우는 식으로 시도할 수도 있고(가치 학습), 어느 전략이 다른 전략보다 더 나은 경향이 있는지를 알아내는 식으로 시도할 수도 있다(정책 학습). 이 외의 방법도 다르지 않다. 시도하다 우연히 성공하면 그것이 무엇이든 간에 그 행동을 더 많이 하는 쪽으로 나아간다는 개념이다.

엡실론 탐욕 접근법을 적용하기 훨씬 더 쉬운 과제가 있음도 드러났다. 예를 들어, '스페이스 인베이더Space Invaders' 같은 게임에서 우리는 좌우로 움직이면서, 내려오는 적을 쏜다. 여기서 발사 버튼을 랜덤으로 눌러 대면 적어도 적 몇몇을 잡아 몇 점을 얻는다. 그 점수를 학습 과정의 출발점으로 삼아 특정 행동을 강화하면서 더 나은 공략 방법을 개발한다. 총을 쏴야만 점수가 올라가니 총을 더 자주 쏠 수도 있다. 자연히 점수도 더 빨리 올라간다. 이런 경우는 '밀집dense' 보상을 한다고 하며, 이런 보상은 학습도 쉽다. 반면에 체스는 보상이 있되 즉시 이뤄지지 않는다. 말을 수십 번 움직여야 끝나지만 규칙이 200개를 넘지는 않는다. 설령 전략의 세부 내용을 전혀 모르고 말을 랜덤으로 움직여도, 머지않아 이길지 질지 알아차릴 것이다.

어떤 보상이든 간에 기적 같은 상황도 있다. 스키너의 볼링 실험이 그랬다. 그는 볼링 레인에 나무 공을 굴리는 비둘기에 보상을 하려 시도할 때 이 사실을 발견했다. 자신이 어떤 게임을 하는 상황인지 아무런 단서도 없는 상황에서 비둘기가 올바른 행동에 다다르기까지 몇 년이 걸릴 수도 있다. 물론 비둘기(그리고 스키너)는 그보다 한참 전에 굶어 죽었겠지만 말이다.

이 말은 머신 러닝에도 들어맞는다. 로봇이 축구공을 골대에 차 넣도록 만들려면 수십 곳의 로봇 관절에서 수십만 번의 정확한 돌림힘이 필요할 수 있고, 관절마다 완벽하게 조화를 이뤄야 한다. 하지만 로봇은 축구공을 골대로 보내기는커녕, 축구공과 뜻 있는 접촉을 하기는커녕, 개발 초기에는 수십 개 관절을 움직여 서 있는 모습조차 상상하기 어렵다.

RL 연구자는 오래전부터 이를 희소sparse 보상 문제, 더 간결하게는 희소성 문제라 불렀다. 보상이 최종 목표거나 그에 아주 가까운 뭔가임이 명시적으로 정의되면, 버튼을 랜덤으로 계속 눌러 대거나 로봇을 랜덤으로 휘적거려서 원하는 결과가 나올 때까지 기다려야 한다. 수학은 대부분의 RL 알고리즘이 언젠가는 결과가 다다를 것임을 보여 준다. 하지만 태양이 폭발하고서도 오랜 세월이 흐른 뒤에야 그 결과에 다다를 수도 있다. 세계 챔피언을 이기도록 바둑 프로그램을 훈련시킬 때 챔피언이 포기하면 1점, 그렇지 않으면 0점을 받는다면? 정말로 아주 오랜 시간을 기다려야 한다.

희소성 문제는 안전과도 관련된다. 엡실론 탐욕 RL을 통해 엄청난 능력을 갖춘 초지능 AI를 개발했는데, 그것이 암을 완치하면 1점을 받고, 그렇지 않으면 0점을 주기로 하자. 문제는 이 AI가 우연히 첫 보상을 받으려면 랜덤 행동을 아주 많이 해야 한다는 점이다. 이 랜덤 행동 중 상당수는 의학적으로 위험할 가능성이 높다.

오랜 세월 RL을 연구한 브라운대 마이클 리트먼Michael Littman과 대담을 나눌 때, 나는 그가 평생 연구한 RL이 자녀 교육에 도움이 됐는지 물었다. 그는 바로 희소성 문제를 꺼냈다. 희소 보상을 써서 아들을 가르치면 어떻겠냐고 아내에게 농담하던 일을 말해 줬다.

"어때, 여보? (아이가) 중국어를 말할 때까지 굶기는 거야. 좋은 동기부여가 될 거야! 이게 먹히는지 보자고!"

리트먼은 웃음을 터뜨렸다.

"그러니까 아내는 아주 진지하게 말했어요. (…) 안 된다고. 그런 게임은 안 할 거라고요."[19]

리트먼도 게임이 현실에 먹히지 않음을 알았다. 사실 희소성 문제는 스키너의 시대부터 RL 연구에 영감을 줬으며, 실제 RL 연구는 직접적으로 스키너의 조언에 기댔다.[20] 특히 조형에 대한 리트먼의 개념은 '서로 얽힌 두 줄기'의 사상으로 이어졌다. 한 줄기는 커리큘럼curriculum, 다른 줄기는 유인incentive에 초점을 맞춘다.

조형의 핵심 통찰, 즉 복잡한 행동을 습득하려면 비교적 단순한 행동부터 전략적으로 보상할 필요가 있다는 깨달음은 모든 면에서 인간과 동물에 적용된다.

"달리려면 먼저 걸어야 한다."

실제로 우리는 이런 말을 하지 않는가. 무언가를 열거하거나 세는 것보다 더 많은 인간 경험의 측면을 기술하는 격언이다. 게다가 말 그대로 참이기도 하다.

생애의 첫 수십 년을 보조 바퀴를 달고 돌아다니며, 볼링을 하듯 여기저기 부딪치면서 보내는 것은 인간 삶의 놀라우면서도 독특한 특징이다. 많은 동물은 복잡한 현실 속에 그냥 내던져진다. 많은 야생동물은 태어난 지 몇 시간 안에 포식자로부터 전속력으로 달아날 준비를 해야 한다. 하지만 인간은 무거운 장치를 가동하기 위해 수십 년의 시간이 필요하다. '스스로 생계를 유지해야' 할 무렵이면 이미 신체적 전성기를 지난 상태일 때가 흔하다.

동굴에 살던 우리 조상과 지금 우리의 차이점은 지능이 아니라 좋은 커리큘럼에 있다. 스키너는 동물의 정신 능력을 너무 성급히 판단하지 말아야 한다고 생각했다. 그들이 알맞은 커리큘럼만 접하면, 놀라울 만치 우리의 판단을 초월할 수도 있다는 것이다. 인간이 그랬듯 말이다.

스키너의 말마따나, 동물이 복잡한 행동 집합 중에서 특정 행동을 강화하기 시작할 때까지 마냥 기다린다면 그것은 동물이 그 행동을 하는지, 못 하는지의 검사법이라 하기 어렵다. 여기서 피험자는 동물이라기보다 실험자(의 능력이)다.

물론 특정 종이나 연령의 생물이 특정 문제를 풀 수 없다는 주장은 위험하다. 세심한 계획을 통해 비둘기, 쥐, 원숭이는 그들의 동료가 그간 결코 하지 못했던 일을 했다. 그들의 조상이 그런 행동을 할 수 없었던 것이 아니다. 그저 행동을 배우기 알맞은 '계획의 효과적 순서'를 지니지 않았기 때문이다.[21] 인간은 계획이 상세하고 일이 계획대로 매끄럽게 진행되는 것을 '자연스럽다'고 여기곤 한다. 실제로는 그 정반대가 자연스럽다. 자연은 단지 존재할 뿐이다. 매뉴얼 같은 것은 전혀 없다.

하지만 인간의 세계는 학습이 가능하도록 정교히 구성된다. 뛰어난 게임을 더 뛰어나게 만드는 방법 중 일부는 우리가 게임을 어떻게 풀어 갈지를 '빚는' 방식에서 나온다. 가장 유명하면서 중요한 비디오게임 중 하나인 닌텐도 '슈퍼마리오'를 생각해 보자. 그 게임을 처음으로 했을 때를 떠올리기는 어려울지 모르지만, 게임 후 10초쯤 상황을 자세히 살피면 게임 방법을 가르치는 쪽으로는 매우 세심하고 탁월하게 설계했음이 드러난다. 적인 굼바가 오른쪽에서 다가온다. 아무것도 하지 않으면 마리오(당신)는 죽는다. 이 전설적 게임을 설계한 시게루 미야모토Shigeru Miyamoto는 이렇게 말했다.

"자연스러운 방식으로 가르쳐야 합니다. 뛰어넘어서 굼바를 피해야 함을 말이죠."[22]

이것이 바로 게임의 첫 번째이자 가장 중요한 교훈이다. 또한 나쁜 버섯은 뛰어넘어야 한다. 그러나 미야모토에게는 또 다른 문제가 있었다. 나쁜 버섯 말고 좋은 버섯도 있는데, 이것을 먹도록 가르쳐야 하는 문제였다.

"우리는 머리를 싸매야 했어요. 이게 아주 좋은 것임을 어떻게든 이해시켜야 했습니다."

그래서 어떻게 했을까? 좋은 버섯은 뛰어넘기 어렵도록 천장이 낮은 곳에서 다가오도록 했다. 그러면 부딪칠 수밖에 없고, 부딪치면 마리오가 죽는 대신에 2배로 커진다.

이제 당신은 슈퍼마리오를 어떻게 하는지 배웠고, 이제부터 알아서 한다. 당신은 그저 게임 중이라 생각하겠지만 당신은 세심하고도 정확하면서 드러나지 않게 훈련을 받는 중이다. 규칙에 더해 예외 사례도 배운다. 기본 역학을 배우고 나면 게임은 당신이 알아서 하도록 놓아둔다.

스키너의 비둘기에 적용한 바로 그 조형 원리(연속 근사를 통한 복잡한 행동 주입)가 인간에게도 적용 가능하다는 사실에 우리는 놀라지 말아야 한다. 인간이 아니라 기계에 적용이 가능함에도 놀랄 이유가 없다.

물론 머신 러닝이 등장했을 때부터 다른 것보다 더 쉬운 문제, 환경, 게임이 있음은 알려졌다. 그러나 쉬운 문제로 훈련시킨 시스템이 처음부터 어려운 문제로 훈련시킨 시스템보다 더 잘 학습한다는 사실을 우리가 깨닫기까지는 시간이 걸렸다.[23]

1980년대에 바토와 서턴은 올리버 셀프리지Oliver Selfridge와 함

께, 막대가 기울지 않도록 움직여야 하는 수레를 RL을 써서 훈련
시키는 연구를 했다. 수레의 막대는 크고 무거울수록 세우기 더
쉽다. 연구 결과, 그들은 '짧고 무거운' 막대부터 훈련시키는 쪽보
다 '더 길고 무거운 막대'에서 시작해 나아가는 쪽이 더 훈련하기
쉬움을 알아냈다.[24]

바토와 서턴 연구진은 다른 맥락에서도 같은 깨달음을 얻었다.
UC샌디에이고의 언어학자 제프리 엘먼Jeffrey Elman은 1990년대
초에 한 문장의 다음 단어를 예측하는 신경망을 구축하고자 했다.
초기의 몇 차례 시도는 실패로 돌아갔다. 그는 이에 대해 이렇게
말했다.

"처음부터 '성인'의 문장으로 훈련시킨 망은 복잡한 문장을 학
습하지 못했습니다. 단순한 문장부터 훈련시킨 망은 그 문장을 터
득했고 복잡한 문장을 숙달하는 데까지 나아갔죠."[25]

엘먼은 이에 덧붙였다.

"흡족한 결과였죠. 망의 행동은 아이의 행동을 어느 정도 닮기
때문입니다. 아이는 성인의 언어를 숙달하는 일부터 시작하지 않
죠. 단순한 언어에서 시작해 서서히 복잡한 성인의 언어를 터득하
는 쪽으로 나아가죠."

양쪽 다 어려운 문제를 그 자체로 배울 수 없는 사례는 (더 쉬운
문제에서 시작해 어려운 문제로 나아가는) 커리큘럼을 씀으로써 성
공을 거뒀다.

동물행동회사의 브릴랜드 부부는 돼지가 저금통에 커다란 나

무 동전을 저금하는 법을 배울 때 커리큘럼이 매우 중요하다는 점을 실감했다. 돼지가 '동전 바로 옆에 놓인' 저금통에 동전 한 닢을 저금하도록 훈련시키는 것으로 시작해 저금통과 동전을 더 멀리 떼어 놓고, 돼지와도 더 멀리 떨어뜨리면서 훈련시켰다.[26]

머신 러닝 연구자는 이 개념을 '거꾸로' 적용했다. 2017년 UC 버클리의 로봇학자는 로봇을 대상으로 긴 볼트에 나사받이를 끼우는 훈련을 시키고자 했다. 로봇이 랜덤으로 행동하다 우연히 나사받이를 끼우는 행동을 발견할 때까지 기다리다간 죽기 전까지 기다릴 수도 있었다. 그러나 볼트에 거의 낀 나사받이를 끼우는 것부터 시작했다. 그리고 볼트 끝에 걸친 나사받이를 끼우도록 가르쳤다. 이어서 나사받이를 볼트에 가깝게 떨어뜨려 놓은 상태에서 나사받이를 끼우도록 가르쳤다. 이런 과정을 거쳐 이윽고 로봇 팔은 나사받이가 어디에 어느 방향으로 있든 간에 볼트를 끼웠다.[27]

체스 세계 챔피언 바비 피셔Bobby Fischer는 《Bobby Fischer Teaches Chess(바비 피셔에게 배우는 체스)》라는 입문서에서 비슷한 전략을 썼다. 초보를 위한 그 책은 말을 한 번 움직여서 체크메이트를 하는 사례를 수십 가지 제시한 다음에 두 번, 세 번, 네 번 움직여 체크메이트를 하는 사례로 나아가는 구성이다. 게임 중반에 말을 두는 법이나 더 장기적인 전략은 다루지 않는다.

이 책에서 피셔는 초보자가 게임을 끝낼 기회를 알아보는 법에만 초점을 맞췄다. 실제로 이 커리큘럼은 대성공을 거뒀다. 체스를 잘 두는 이도 이 책은 초보자에게 완벽하다고 추천했으며,[28] 이 책은 역사상 가장 많이 팔린 체스 서적이다.[29]

자연히 다음 단계는 학습 가능한 양호한 커리큘럼의 구축 자체를 머신 러닝 문제로 다루고, 커리큘럼 설계 과정 자동화가 가능한지 여부일 듯했다. 이제는 적절한 난도의 과제를 자동 식별하고 학습을 최대로 촉진하는 사례를 찾는 연구가 이뤄졌다. 초기 결과는 유망하다고 나왔으며 연구가 계속 이뤄졌다.[30]

그러나 커리큘럼 자동 설계의 가장 인상적 성취는 딥마인드와 알파고 등이 바둑 같은 보드게임 쪽에서 해낸 일이다. 그 연구를 이끈 데이비 실버David Silver는 이렇게 설명한다.

"알파고에는 언제나 딱 맞는 수준의 상대가 있어요. 시작할 때에는 극도로 초보적 상태죠. 완전히 랜덤으로 두기 시작해요. 학습 과정의 모든 단계마다 상대방이 있어요. 훈련 상대라고도 하죠. 현재 수준에 딱 맞게 조정된 상대방이죠."[31]

여기서 현재 수준에 딱 맞게 조정되는 훈련 상대는 누구일까? 그 답은 단순하면서 우아하며, 돌이켜보면 명백하다. 바로 자기 자신이다.

유인의 미묘한 문제

원숭이든 쥐든 인간이든 대다수 생물은 어떤 활동으로 보상을 받
는지에 관한 정보를 추구한다. 그 뒤에 보상이 없는 활동은 거의
배제하는 양 활동을 하려(아니 적어도 하는 척하려) 한다는 말에
는 거의 논란의 여지가 없다.

– 스티븐 커[32]

보상 체계가 도덕적 행동이 불합리하도록 설계돼도 반드시 부도덕
한 결과가 나오지는 않는다. 하지만 문제를 일으킨다는 사실은 맞
지 않을까?

– 스티븐 커[33]

바보야, 문제는 보상 시스템이야!

– 〈미국경영학회 이그제큐티브〉 사설 제목[34]

희소성 문제를 극복하는 두 번째 방법이 있다. 단순화한 문제에서
시작하는 '커리큘럼'을 쓰는 대신, 온전한 형태의 문제를 접하게
하면서 성공과 상관관계가 있는 행동을 장려하거나 올바른 방향
임을 알려 주는 '인센티브' 제공이었다. 해당 분야에서는 이를 '의
사 보상pseudo reward' 또는 '조형 보상shaping reward'이라 한다. 하지
만 '유인'이라 이해하는 게 가장 단순하고 쉽다.

스키너는 비둘기가 나무 공에 다가갈 때 먹이를 더 줬다. 나무 공을 치는 행동까지 가려면 일단 나무 공에 다가가는 행동부터 있어야 하기 때문이다. 이는 머신 러닝에도 적용된다. 예를 들어, 로봇 청소기의 '진정한' 보상은 깨끗한 집일지 모르지만, 청소기가 빨아들이는 쓰레기마다 유인을 제공할 수도 있다. 배송 드론은 궁극적으로 목적지에 다다르려 애쓸지 모르지만, 올바른 방향으로 나아가게 보상을 제공할 수도 있다. 이러한 제공은 목표를 달성할 때까지 랜덤으로 계속 행동해야 하는 행위자에게 특정 감각을 제공함으로써 엄청난 도움이 된다. 자신이 올바로 행동하는지, 올바른 방향으로 행동을 바꾸는지 여부를 알려 줌으로써 말이다.

때로 우리는 동기부여 상태를 유지하기 더 쉽도록 문제를 여러 단계로 해체하기도 한다. 완성된 박사 학위 논문이나 책 원고를 상상하면 하루마다 해야 할 작업의 질이 어떠할지 판단하기 어렵다. 목표로 하는 총 몸무게를 상상하면 디저트나 즐겨 먹는 간식의 대가와 혜택이 얼마인지 잘 와닿지 않는다. 하지만 부모, 교사, 코치로서 적절한 순간에 "잘했어!"라고 칭찬이나 응원을 하면 학생이 끊임없는 학습의 고된 단계를 헤쳐나가는 데 도움이 됨을 우리는 잘 안다.

물론 유인 조성이 그저 불장난과 같을 수 있음도 우리는 잘 안다. 즉, 유인과 혜택을 잘 설계하지 않으면 문제가 생기곤 한다.[35] 경영 전문가 스티븐 커Stephen Kerr는 1975년 논문을 통해, 회사 내 인센티브 도입을 고민하자마자 'A를 보상하면 B를 바라는 어리석음'의 위험에 빠진다는 유명한 표현을 남겼다.[36] 유인이 잘못되는 양상을 분석한 이 논문은 경영학의 한 이정표가 됐고, 그는 제너럴일렉트릭에서 골드만삭스에 이르기까지, 어떻게 하면 더 세심하게 유인을 설계할지 연구하면서 많은 시간을 보냈다. 내가 어디서 영감을 얻었는지 묻자, 그는 머신 러닝과 스키너를 언급했다.

"저는 기계가 배우도록 프로그램을 짠다는 사실과 체스 두는 기계가 같은 실수를 결코 두 번 다시 하지 않도록 프로그래밍된다는 사실에 무척 흥미를 느꼈습니다. 그 즉시 기계를 실제 프로그래머보다 체스를 더 잘 두게 만들지 않을까 하는 생각이 떠올랐죠!"[37]

커는 스키너에 대해 이렇게 평했다.

"분명히 스키너가 나보다 먼저 '거기'에 다다랐습니다. 스키너가 바라거나 기대한 대로 쥐가 행동하지 않았을 때 왜 안 하냐며 소리를 질러 댔다는 대목을 읽었던 일이 기억납니다. 그는 사람들이 자신의 논문을 읽지 않은 채 제 논문을 읽는다고 생각하면 무덤에서 돌아눕지 않을까요? 스키너는 분명히 그 연구를 했고, 저는 경영에 적용하는 게 알맞도록 연구를 포장하는 데 도움을 줬습니다. 쥐를 탓하라는 말은 위대한 교훈이었습니다. 그 '어리석음'이 정말로 말하려는 바는 직원만 잘못한 것이 아닐 수도 있다는 것이죠. 많은 직원의 기능 장애는 경영 때문입니다."

스키너는 쥐(커에게는 직원)를 탓할 수가 없다고 여겼다. 그는 우리 행동이 거의 전적으로 유인과 보상에 따라 정해진다고 느꼈기 때문이다. 텔레비전 인터뷰 때 그는 이런 질문을 받았다.

"그러면 자유의지는 어디에 있나요?"

이에 대한 스키너의 대답.

"허구의 세계에 남죠."[38]

자유의지 논쟁을 제쳐 놓아도 유인 문제는 동물 심리학이나 기업 경영에만 만연한 것이 아니다. 가장 기억에 남을 사례는 우리가 '아동'이라 부르는, 거침없고 창의적인 보상 최대화 추구자로부터 나온다.

토론토대 경제학자 조슈아 갠스Joshua Gans는 딸에게 남동생의 배변 훈련을 부탁하고 싶었다. 그래서 경제학자가 으레 떠올릴 법한 방법을 택했다. 먼저 그는 딸을 유인했다. 남동생이 화장실에 가도록 도울 때마다 사탕을 하나 주겠다고. 하지만 딸은 즉시 경제학자 아빠에게서 논리적 허점을 찾았다.

"몸에 뭔가 들어갈수록 더 많이 나온다는 것을 알아서, 동생에게 물을 계속 먹였더군요."

갠스는 순순히 인정했다.

"그 방법은 별로였어요."[39]

프린스턴대 인지과학자 톰 그리피스Tom Griffiths도 비슷한 상황을 겪었다. 그는 내게 이렇게 말했다.

"제 딸은 청소를 아주 좋아했어요. 아주 신이 나서 했죠. 그래서 작은 빗자루와 쓰레받기를 선물했어요. 바닥에 과자 부스러기가 떨어지면 딸은 재빨리 달려가서 빗자루와 쓰레받기로 치웠어요.

그러면 저는 칭찬을 했죠. 정말 잘했다고!"[40]

그리피스는 적절한 칭찬으로 딸의 운동 능력을 향상시키는 동시에 집안 청소도 돕게 했다. 이중의 육아 효과를 보는 셈이었다. 여기 딸도 얼마 뒤 아빠에게서 논리적 허점을 찾았다.

"딸이 우리를 보면서 빙긋이 웃더군요. 그러더니 쓰레받기에 담긴 쓰레기를 다시 바닥에 쏟았어요. 그리고 다시 쓸어 담더군요. 칭찬을 더 받으려고!"

심리학과 머신 러닝을 잇고 싶었던 그리피스에게는 딸이 주는 뜻이 명백했다.

"보상으로 동기부여를 하는 AI 시스템을 구축하려 할 때 접하는 문제 중 일부를 떠올리게 했죠. 보상 함수를 설계할 때 정말로 꼼꼼히 생각을 해야 하니까요."

그리피스는 RL을 줄곧 육아 맥락에서 생각한다.

"부모는 자녀의 보상 함수를 설계해요. 칭찬이나 특정한 유형의 피드백을 통해서요. (⋯) 자신의 자녀를 위해 명시적으로 설계하고 싶은 보상 함수가 무엇일지 엄밀하게 생각하는 이는 사실 없지만요."

그리피스는 부모를 정렬 문제에 대한 일종의 개념 증명이라 봤다. 그는 인류 문명사에 대해, 우리에게서 사회의 지배권을 필연적으로 물려받을, 낯설고 이질적인데 인간적 수준의 지성체인 자녀에게 어떻게 가치를 주입할까 하는 것이라고 말한다. 육아와 정렬 문제의 유사성은 그보다 더 깊이 들어간다. 그리고 AI와 육아

양쪽을 꼼꼼하게 살피면 양쪽이 서로에게 놀라울 만치 많은 것을
알려 준다.

자녀가 부모보다 더 지적이지 않을 수도 있지만 부모의 규칙
과 유인보다 더 영리함은 확실하다. RL 관점에서 보면 그들은 '보
상의 노예'다. 엄청난 연산력과 수많은 시행착오를 통해서 부모가
설계한 유인이 무엇이든 간에 허점을 찾으려 시도하는 유형의 노
예 말이다. 머신 러닝 연구자는 어렵게 이 교훈을 터득했다. 그리
고 그것을 다룰 방법도 한두 가지 알아냈다.

조형 정리: 보상에 대한 순환 증명

X(알파벳의 자회사. 예전 명칭은 구글 X)에서 '문샷 선장captain of
moonshots'이라는 직함을 지닌 애스트로 텔러Astro Teller는 구글의
자율 주행 차량 사업(그 뒤에 웨이모로 넘겼다)부터 구글 글래스라
는 증강현실 사업, 자체 연구소인 구글 브레인에 이르기까지 온갖
사업을 총괄했다.

하지만 그전 1998년에는 다른 문제에 몰두했었다. 바로 축구였
다. 텔러는 자신의 친구이자 동료인 데이비드 안드레이David Andre
와 함께 해마다 열리는 로보컵RoboCup 축구 대회에 다윈 유나이티
드Darwin United라 이름 붙인 가상 축구 프로그램으로 출전했다.[41]

텔러와 안드레이는 프로그램에 축구 방법을 가르칠 때 보상 조

형법을 사용했다. 그런데 한 가지 문제가 생겼다. 축구에서는 공을 차지하는 것이 좋은 공격과 수비의 일부처럼 보인다. 그저 경기장을 돌아다니는 것보다 낫다. 그래서 그들은 로봇이 공을 더 오래 차지하도록 (골을 넣는 것보다 미미한 수준의) 보상을 제공했다. 그러니 프로그램은 공 옆에서 '떨어 대며' 보상을 받기만 할 뿐 아무 일도 하지 않았다.[42]

같은 해, 덴마크 코펜하겐 닐스보어 연구소의 연구자 예테 란들뢰우Jette Randløv와 프레벤 알스트룀Preben Alstrøm은 RL 시스템에 가상 자전거를 타는 법을 가르치려 애썼다. 넘어지지 않으면서 멀리 있는 목적지까지 달려가는 게 과제였다. 그런데 조형 보상을 추가하면 해결될 사례처럼 보였다. 자전거를 타고 아무렇게나 돌아다니다 목적지에 다다를 가능성은 아주 낮았기에, 연구진은 자전거가 목적지에 조금이라도 더 가깝게 다가갈 때면 낮은 점수를 주기로 했다.

그러자 놀랍게도 시스템은 출발점에서 20~50미터의 반지름을 그리면서 빙빙 돌았다.[43] 목적지에서 멀어질 때 문제를 빠뜨린 탓이었다. 시스템이 그 허점을 발견했고, 어지러웠겠지만 거침없이 허점을 계속 사용했다. 란들뢰우 연구진은 이렇게 썼다.

"이런 이질적인 강화 함수는 매우 신중하게 설계해야 한다."

1990년대 말 UC버클리의 스튜어트 러셀Stuart Russell과 박사 과정생인 앤드루 응Andrew Ng(나중에 바이두의 부회장이자 수석 과학자가 된다)은 이런 경고에 흥미를 느꼈다. 그들은 이렇게 사용 가능

한 허점이 항구적 위험이라 느꼈다.[44] 이 문제에 대해 응은 야심
만만했는데, 당시를 이렇게 회상했다.

"로봇학에 처음 뛰어들었을 때 저는 여러 이들에게 물었어요.
당신이 아는 가장 어려운 제어 문제가 뭐냐고요. 그러니까 컴퓨터
로 헬기를 조종하기라는 답이 가장 많았어요. 그래서 말했죠. 제
가 그걸 하겠다고."[45]

실제로 응은 RL을 사용해서 '진짜' 헬기를 조종하는 연구로 박
사 학위 논문을 쓴다. 시뮬레이션 모델이 아니라 길이 2.7미터, 무
게 45킬로그램의 7,000달러짜리 야마하 R-50 무인 헬기였다.[46]
위험 부담은 아주 컸다. 현실에서 으레 일어나는 변수로 헬기가
완전히 파괴될 수도 있었다. 그 헬기 근처에 사람들이 있다면 그
피해는 말할 것도 없고 말이다.

이 과제에서 중요한 문제는 이것이었다.

"헬기에 시키고 싶은 일을 기술하는, 학습이 어려운 보상 함수
가 있을 시 훈련 과정에 추가해 학습을 더 쉽게 하고 보상을 최대
화하는 방법이 최적의 방법이기도 할 '의사 보상' 유인은 어떤 것
일까?"

커의 표현을 빌리자면 "A에 보상하면서 우리가 원하는 B가 나
올 만한 방법이 무엇일까?"였다. 응은 이렇게 썼다.

아주 단순한 인센티브 패턴이 어려운 문제에 해법을 제공할 때가
종종 있다. 하지만 보상 조형의 한 가지 난제는 보상 함수를 고침

으로써, 원래의 문제 M을 새로운 문제 M'로 바꾸고, 이전보다 더 쉽고 빠르게 해결하는 방법을 발견하리라 기대하면서 알고리즘에게 M'을 풀라고 요구하는 겁니다. 하지만 M'에서 찾은 방법/정책이 M에도 타당한지 여부가 언제나 명확한 것은 아닙니다. [47]

그리고 응은 이렇게 썼다.

최적의 정책을 유지하면서 보상 함수 값에 자유도를 주는 방법은 무엇일까? [48]

그 중요한 깨달음은 코펜하겐의 '자전거 이야기'에 있었다. 자전거가 빙빙 돌면서 한없이 보상을 챙기는 행동을 막으려 목표로부터 멀어질 때 보상을 했다. 원래 물리학을 공부했던 러셀은 보상 문제와 에너지 보존을 연관 지었고, 이렇게 설명했다.

"핵심은, 조형을 물리학에서 '보존장conservative field'이라 부르는 형태로 만드는 겁니다." [49]

의사 보상은 위치 에너지와 비슷하다. 도달하기까지의 경로에 상관없이 그 위치에만 관련 있는 함수다. 즉, 상관없이 출발한 곳으로 돌아오면 총 보상은 0이 된다는 뜻이다. 자전거 문제에선 충분히 직관적인 개념이었다. 목표로 나아갈 때 보상을 받는다면 목표로부터 멀어질 때 처벌을 가할 필요도 있었다. 즉, 유인 '점수'는 자전거가 목표에 얼마나 가까운지만 반영할 뿐 경로는 상관없어야 했다. 하지만 '위치 에너지' 같은 유인을 다루는 개념은 훨씬 더 깊고 일반적인 양상을 띤다는 것이 드러났다. 그 양상은 보상 조형으로 훈련시킨 행위자가 실제 상황에서 어처구니없는 행동을 하지 않도록 할 필요충분조건이었다. 러셀은 말했다.

"행위자가 어떻게 행동해야 한다는 우리 생각에 따라서가 아니라, 우리가 환경에서 실제로 원하는 것을 바탕으로 성취 척도를 설계하는 편이 더 낫다."[50]

달리 말하면, 우리가 행위자 행동이 아니라 세계 상태에 보상할 방법을 추구해야 한다는 뜻이다. 이런 상태는 대개 최종 목표를 향한 '전진'을 나타낸다. 전진은 물리적 거리일 수도 있고, 완결된 하위 목표(책의 '장'이나 기계 속 특정 설비 조립) 같은 것을 가리킬 수도 있다.

이러한 깨달음이 인간 유인의 모든 문제를 해결할 묘책은 아니지만 활동에서 상태로의 초점 이동은 우리가 남을 위해 설계하는 유인 구조 중 일부를 새롭게 이해하도록 만든다. 아이가 과자 부스러기를 쓸어 담음으로써 얻는 보상을 2배로 늘리기 위해 쓰레받기의 쓰레기를 다시 바닥에 쏟는 상황을 생각할 때, 우리는 담았다가 쏟기를 반복할 때 순 보상이 0이 되도록, 그러니까 쓰레기를 다시 쏟을 때 보상을 뺏거나 처벌을 가함으로써 보상을 '보존장'으로 만든다. 그렇긴 해도 상태를 칭찬하는 쪽으로 바꾸는 게 쉬울 수도 있다. 청소 행위를 보상하는 대신 이렇게 말하는 식이다.

"와, 바닥이 정말 깨끗하네!"

순환의 회피가 출발점이긴 했지만, 보상의 기술과 과학은 매우 심오하다. 그래서인지 응과 러셀은 뿌듯함 대신 경고의 어조로 논문을 끝맺는다.

"우리는 좋은 조형 함수를 찾은 일이 더 중요한 문제가 될 것이라 믿는다."[51]

보상 설계자로서의 진화

나는 그에게 말했다. 생육하고 번성하라고. 딱히 그런 단어를 쓰지는 않았지만.

    – 우디 앨런[52]

다윈주의 관점에서 보면 인간이 가장 원하는 것은 명확하다. 유전적 혈통의 존속과 번식이다. 물론 인간이 매 순간 원하는 것은 훨씬 더 이질적이고 근시안적으로 보인다. 반려동물, 초콜릿, 새 차량 같은 것이다. 따라서 우리는 이런 진화적 목표와 들어맞는 방향으로 행동을 인도하는 무언가를 단기적으로 원하도록 생물학적으로 배선된 동시에, 문화적으로도 유도되는 듯하다. 그렇지 않으면 진화적 목표는 의식적으로 추구하기에 너무 멀어지거나 모호한 채로 남는다.[53] 친숙하게 들리지 않는가? (행동심리학과 머신러닝에서) 조형의 특성과 역할 이해는 우리에게 더 나은 행위자를 설계하는 법만 가르친 것이 아니다. 가장 놀랍게 기여한 쪽은 진화를 보는 관점이다.

1980년대 말, 대학원생 시절의 리트먼은 뉴저지주에 있는 벨코어에 임시 채용됐다. AT&T의 예전 연구개발 부서 중 한 곳이었다. 그곳에서 그는 스승이자 친구가 될 데이브 애클리Dave Ackley를 만난다. 그는 애클리에게 행동의 문제가 연구되는지 물었다. 시간이 흐르면서 행동과 결정의 양상이 어떻게 달라지는가 연구 대상인지의 물음이었다. 이에 대해 리트먼은 이렇게 설명했다.

"그(애클리)는 이런 식으로 말했죠. 그래, 그런 게 있는데 RL이라 한다고요. 자기도 좀 살핀 적이 있다며 논문을 주는데, 서튼의 1988년 TD 논문이었어요."[54]

그렇게 리트먼은 시간차 학습 논문을 읽기 시작하자마자 푹 빠졌다. 그리고 여기에 대해 더 배우고 싶으면 어디로 가야 하는지 애클리에게 물었다.

"물어보니까 이런 식으로 말했어요. 와서 강의 한번 해 달라 하면 된다고. 그때 저는 아마 이렇게 말했을 거예요. 논문만 읽었는데 어떻게 그 저자를 나타나게 하냐고요. (…) 여기가 학계라는 생각을 못한 거예요. 그 연구를 하는 이들이 있는데 그들이 서로 안다는 걸 몰랐죠. 그리고 그는 (서튼을) 초청할 거라 했어요. 정말로 초청했죠."

그렇게 서튼은 벨코어로 강의하러 왔고, 애클리와 리트먼은 그 RL 전문가에게 푹 빠졌다. 그들은 진화가 어떻게 장기적으로 생물 생존에 유용한 단기적 행동을 낳도록 우리의 보상 함수를 빚는지에 관심이 있었다. 생물의 보상 함수 자체는 이를 달성하는 한, 다른 면에서는 랜덤 상태로 보일 수도 있다.

애클리와 리트먼은 보상 함수가 진화하고 돌연변이를 일으키도록 하면 무슨 일이 생기는지 궁금했고, 시뮬레이션을 통해 가상의 생물이 죽거나 번식하도록 놓아뒀다.[55] 그리고 모사한 생물(행위자)이 서로 먹고 먹히고 번식하는 2차원 가상 세계를 만들었다. 각 생물의 '유전 암호'에는 행위자의 보상 함수가 들었다. 먹이를 얼마나 좋아하는지, 포식자 가까이에 있음을 얼마나 싫어하는지 같은 것이었다. 그 생물은 RL을 통해서 이런 보상을 최대화하는 행동 방법을 배웠다. 생물이 번식할 때 그 보상 함수는 약간의 랜덤 돌연변이와 함께 자손으로 전달된다. 그들은 랜덤으로 생성한 행위자 집단을 첫 세계 인구로 삼았다. 리트먼은 말했다.

"그러고서 그냥 돌렸어요. 700만 번 정도? 시간이 꽤 걸렸어요. 그리고 컴퓨터가 더 느려졌지요."

무슨 일이었을까? 리트먼은 이렇게 요약했다.

"기이한 일이 벌어졌어요."[56]

높은 수준에서 보면, 성공한 생물의 보상 함수는 대부분 꽤 이해할 만한 양상으로 끝났다. 먹이는 대개 좋다고 여겼고, 포식자는 대개 나쁘다고 여겼다. 하지만 자세히 보면 별난 행동이 드러났다. 예를 들어, 일부 생물은 먹이가 자신의 북쪽에 있으면 접근했지만 남쪽에 있으면 접근하지 않는 법을 배웠다. 이에 대해 리트먼은 말했다.

"사방에 있는 먹이를 다 좋아하는 게 아니었어요. 보상 함수에는 이렇게 별난 구멍이 있었어요. 그 구멍을 메우면 행위자(생물)는 먹는 데 아주 능숙해져서 과식으로 죽을 지경에 이르렀죠."

애클리와 리트먼이 구축한 2차원 세계 경관에는 나무가 자라는 지역도 있었는데 생물은 포식자를 피해 그곳으로 숨었다. 그중 대개는 기꺼이 나무 근처에 머무르는 법을 배웠다. 그렇게 결국 살아남았다. 포식자가 나타났을 때 숨을 수 있었기 때문이다.

그러나 문제가 하나 있었다. 진화를 통해 다듬어지고 굳은 보상 시스템은 그 생물을 향해 '나무 주위에 머무르는 것이 좋다'고 말했다. 애클리와 리트먼의 학습 과정은 보상 시스템에 따라 나무에 다가가는 것이 좋다고 가르치는 한편 나무에서 멀리 떨어지는 모험은 나쁘다고 서서히 가르칠 것이다. 평생에 걸쳐 그 방향으로 행동을 최적화하는 법을 배우고, 숲에 더 틀어박히고 떠나지 않음으로써 생물은 애클리의 표현대로 '나무 노쇠' 수준에 이른다. 나무를 결코 떠나지 않으니 먹이가 없어 굶어 죽는다.

그러나 이런 '나무 노쇠'는 번식 연령에 이른 뒤에야 시작되도록 설계했기에 진화를 통해 해당 습성이 사라지지 않았으며, 오히려 나무를 사랑하는 생물로 이뤄진 또 다른 사회가 번성했다. 리트먼은 여기에서 진화의 기이함과 임의성보다 '더 깊은 뭔가'가 있음을 알아차렸다.

"흥미로운 사례죠. 보상 함수가 있음이 분명해요. 하지만 보상

함수를 따로 떼어 놓지 않았기에 뜻이 있는 거죠. 보상 함수와 그
것이 일으키는 행동 사이의 상호작용이 중요합니다."

특히 '나무 노쇠'는 보상을 최대화하는 행동에 '지나치게' 숙달
하지 않는 한, 나름 최적의 보상 함수를 원래부터 가졌다. 더 유능
해지고 능숙해지면 위험한 수준이나 죽음 직전까지 보상 함수를
최대화했다.

지금까지의 이야기에는 호모사피엔스를 향한 경고 메시지가
보인다. 당과 지방을 가능한 한 많이 먹으라는 식의 경험 법칙은
주변 환경에 당과 지방이 충분하지 않고, 이를 얻는 능력이 그다
지 뛰어나지 않는 한 최적이다. 하지만 그 동역학에 변화가 일어
나면 수만 년간 조상과 자신에게 기여했던 보상 함수는 오히려
피해를 입힌다. 바토는 진화를 통해 우리에게 유용한 단서를 얻을
수 있음을 알았다. 보상 설계 역할을 하기 때문이다.

"진화는 우리의 보상 함수를 제공했기에, 우리가 인공 시스템
의 보상 함수를 어떻게 설계할지 문제는 정말 중요해요. 자연에
일어나는 일이 그겁니다. 우리가 번식 성공으로 이어질 행동을 부
추기기 위해서 진화는 이런 보상 신호를 내놓은 거죠."[57]

바토는 또한 이렇게 썼다.

"따라서 한 가지 흥미로운 게, 진화는 우리에게 번식 성공을 보
상 신호로 제공하지 않았다는 사실이다. 예측자를 위한 보상을 제
공했다."

보상을 최대화하는 쪽으로 우리는 행동을 최적화하지만, 더 큰

배경과 규모에서 보자면 애당초 우리에게 보상을 주는 행위를 빚는 것은 바로 진화다. 그래서 바토는 이렇게 말했다.

"그러니까 두 층위에 걸친 최적화죠. 저는 이 점이 매우 흥미로워요."

바토는 미시간주립대의 새틴더 싱Satinder Singh, 리처드 루이스Richard Lewis, 박사 과정생 조너선 소그Jonathan Sorg와 함께 '최적 보상 문제'를 연구했다.[58] 목표 A가 있으면, 단순히 행위자에게 목표 A를 하라는 식으로 말하지 않는 편이 최선일 수도 있다는 가설이다. 그들은 이렇게 썼다.

"인공 행위자의 목표가 그 행위자의 설계자가 가진 목표와 같아야 할까? 이 질문은 거의 제기된 적이 없다."[59]

지렁이 몇 마리, 물고기가 가득한 연못에서 하는 낚시 게임을 생각하자.[60] 최대한 고열량을 섭취해야 행위자(낚시꾼)의 전반적 진화 적응도가 높아진다고 하자. 그렇다면 지렁이를 낚아 먹는 대신에 그걸 미끼로 삼아 물고기를 잡는 게 이상적이다. 그런데 이 방식은 좀 복잡하다. 수명이 긴 영리한 행위자라면 지렁이 섭취에 혐오감을 지니는 편이 가장 좋다. 그래야 물고기 낚는 법을 더 빨리 배울 테니까. 반면 집중력이 부족하거나 수명이 더 짧은 행위자라면? 물고기 낚는 법 배우기는 오히려 시간 낭비다. 지렁이를 맛있다고 여기는 편이 더 낫다.

여기서 가장 흥미로운 사례는 따로 있다. 낚시하는 법을 배울 만치 영리하고, 그 방법을 배울 수 있도록 오래 사는 편인데 '그 배

움으로부터 혜택을 볼 만큼 오래 살진 않는' 행위자다. 그들에게
는 물고기에 알레르기 반응을 보여서 지렁이를 먹을 수밖에 없게
해야 함이 드러났다!

자원, 행위자의 수명이나 설계에 일어나는 미묘한 변화는 최적
보상의 구조에 크고 갑작스러운 영향을 미친다. 특정 환경에서 특
정 행위자에게 이상적인 보상 집합이 무엇인지에 대한 답은 일반
화하기 쉽지 않은 듯하다. 이 맥락에서 연구가 계속된다. 하지만
원하는 것과 보상하는 것의 차이를 더 명확히 구별하는 법을 배
우는 것이 이 방법의 중요한 구성 요소다.[61]

심리학과 인지과학에서는 이 방법을 기계가 아니라 인간에 대
해 질문하는 데 쓴다. 예를 들면 다음과 같다.

"연산 능력이 한정적이고, 행동이 근시안적인 행위자가 스스로
를 최적화하도록 학습할 경우, 가장 효과적인 보상 함수는 어떻게
설계해야 할까?

우리가 스스로 훈련하는 법

머신 러닝에서 보상 조형의 이론과 실제는 헬기의 오토 파일럿
알고리즘뿐 아니라 인간의 삶과 기능 이해 면에서도 두 가지 기
여를 한다. 첫째, 어떤 문제나 과제가 왜 더 해결하기 어려운지 이
유(희소성)를 알려 준다. 둘째, 잘못된 유인을 쓰지 않고서도 어려

운 문제를 쉽게 만드는 이론(행동이 아니라 상태에 보상하기)을 제 공한다.

이런 깨달음은 인간의 삶에 엄청난 영향을 미친다. 우리의 건 강뿐 아니라 삶의 질, 만족도처럼 계산하기 더 어려운 영역은 말 할 것도 없고 경제적 비용으로 봐도 엄청나다. 한 보고서는 영 국 노동자가 직장에서 굼뜨게 행동함으로써 나오는 손실이 연간 760억 파운드라 추정했다.[62] 우리가 비디오게임 중독 급증과 현 실 세계에서의 꾸물거림이 만연한 시기를 살아간다면 그것은 굼 뜬 개인만의 잘못이 아닐 수 있다. 스키너는 이렇게 썼다.

"나는 실험 대상자에게 소리칠 수도 있었다. 움직이라고. 할 일 을 하라고. 이윽고 나는 실험 대상자가 언제나 옳음을 깨달았다. 그들은 언제나 할 일을 했다."[63]

그들이 뭔가를 학습하지 않으면, 과제를 적절히 구체화하지 않 은 실험자 잘못이었다. 따라서 우리의 의지 부족이 아니라 현실이 망가졌기 때문이다. 제인 맥고니걸Jane McGonigal이 쓴 2011년 베스 트셀러 《누구나 게임을 한다Reality Is Broken》에서 말하듯이.

본업이 게임 기획자인 맥고니걸은 인간이 살면서 겪는 문제를 극복하도록 돕는 게임을 설계했었다. 그는 '언제나 해야 할 일이 무엇인지' 명확히 보여 주고, 어떤 일이든지 '어떻게 달성하는지 가 언제나 명확해 보인다'는 데에서 컴퓨터게임의 놀라운 중독성 과 흡인력이 나온다고 봤다.

이런 온라인 게임에 접속할 때마다 가장 먼저 깨닫는 것은 (…) 아주 다양한 캐릭터가 세계를 구하는 임무에 기꺼이 당신을 끼워 준다는 것이다. 그렇다고 아무런 임무나 맡기는 것은 아니다. 내 수준에 딱 들어맞는 임무를 맡긴다. 됐지? 따라서 당신은 그 일을 해낸다. 당신이 성취할 수 없는 과제는 결코 맡기지 않는다. 그러나 그 임무는 자신의 능력을 최대로 발휘해야 하기에, 당신은 열심히 노력해야 한다. [64]

게임이 놀라운 중독성과 흡인력을 지닌 이유는 아주 잘 설계됐기 때문이다. 각 수준이 매우 완벽한 커리큘럼을 이룬다. 점수는 완벽한 의사 보상이다. 스키너주의의 걸작이다. RL은 게임을 어떻게 매혹적으로 만드는지를 이해하고 표현할 어휘를 제공할 뿐 아니라, 그런 직관을 경험적으로 확인할 방법도 제공한다.

첫 단계에서 최종 단계까지 커리큘럼이 명확하고, 탐사와 실력 계발을 얼마나 했는지 알려 주고, 이를 부추기는 명확한 의사 보상을 갖춘 게임이라면 알고리즘이 학습하기 더 좋고 쉬울 것이다. 게임 개발사가 각 수준별로 자동화한 시험용 유저를 써서 실제 우리가 게임을 할 때 포기하거나 그만둘 가능성이 높은 지점을 파악하는 날이 온다 해도 무리한 상상이 아니다. 문제는 그런 가상 환경이 실제 환경보다 조성하기 훨씬 쉽다는 것이다. 맥고니걸은 이렇게 진단했다.

"월드오브워크래프트 같은 협력적인 온라인 환경의 문제점은 자신이 줄곧 영웅적 승리를 거두기 직전에 있다는 사실에 매우 흡족하도록 만들죠. 그래서 그 세계에서 온종일 보내기로 결심을 종용하는 데 있습니다. 게임이 현실보다 더 낫기 때문이죠."

맥고니걸은 이런 보상 제공 환경을 멀리하는 것보다 그 반대가 해결책이라 본다.

"이제 우리는 현실 세계를 더 게임처럼 만들어야 합니다."

나아가 맥고니걸은 자신의 삶에 그를 적용하기까지 했다. 뇌진탕 회복이 오래 걸린 탓에 온 자살 충동과 우울증을 게임으로 극복하고자 했다.[65]

"우울증에 시달린 지 34일이 지난 뒤 나는 스스로에게 이렇게 말했다. 그 순간을 결코 잊지 못한다. '자살하든지, 아니면 이 상황을 게임으로 바꿔보자.'"[66]

그래서 맥고니걸은 의사 보상 체계를 구상했다. 동생에게 전화를 걸면 몇 점, 동네 산책은 몇 점 식으로 말이다. 그렇게 이 분야는 게이미피케이션gamification라는 이름을 얻었고,[67] RL에서 얻은 깨달음 덕분에 지난 10년 사이 어엿한 과학 분야로 발전했다.[68]

막스플랑크지능시스템연구소의 인지과학자인 팔크 리더Falk Lieder는 연구과 사생활 양쪽으로 이 문제를 세계에서 가장 깊이 파고든 이에 속한다. 그는 '합리성 강화rationality enhancement'라 이름 붙인 것에 초점을 맞춘다. 그는 인간이 어떻게 생각하고 결정하는지를 인지과학적으로 연구하는 이다. 여타 연구자와 달리 그는 인간의 인지 이해뿐 아니라 생각을 돕는 툴과 개입 수단을 고안하는 데도 관심이 많았다. 그런 그가 가장 먼저 고른 실험 대상자는 바로 자기 자신이었다. 그는 학창 시절 커리큘럼이 '생각 자체'를 전혀 다루지 않는다는 사실에 좌절했다. 그 때문에 해당 문제를 골똘히 생각했지만 말이다.

"생각을 더 잘하고, 더 좋은 판단을 내리는 방법이야말로 정말 배우고 싶은 것이라 느꼈죠. 그런데 아무도 가르쳐 주지 않았죠. 다들 세계를 기술하는 것만을 가르쳤는데 그다지 쓸모가 없었어요. 제가 진짜 배우고 싶었던 것은 생각하는 법이었습니다."[69]

시간이 흐르면서 그 관심사는 무르익어서 개인의 발전을 추구하는 형태가 됐지만, 더 큰 뭔가를 추구하는 쪽으로도 나아갔다. 인간의 추론 원리를 이해하고, 그 추론을 개선할 툴을 만들겠다는 욕구였다. 리더는 이렇게 설명했다.

"좋은 생각을 위한 커리큘럼을 과학에 입각해 만들도록, 생각과 의사 결정의 최적 전략을 위한 연구도 했어요."

리더는 게이미피케이션뿐 아니라 더 구체적으로 '최적optimal 게이미피케이션'이라 부르는 것에 관심이 많다. 어떤 목표가 있을 때 그에 다다르도록 촉진할 최선의 유인 구조는 무엇일까?[70] 앞서 다룬 '최적 보상 설계'와 매우 비슷하게 느껴지지만, 이 사례에서는 행위자가 인간이다(알고리즘이 아니다).

리더는 그리피스와 함께 최적 게이미피케이션이 어떤 모습인지를 보여 주는 기본 규칙을 정립했다. 그들은 '행동이 아니라 상태에 보상하는 것'이 핵심 규칙이라는 응과 스튜어트의 연구를 인지했다. 따라서 특정 행동을 하도록 부여한 점수는 그 결과로 상태가 얼마나 나아질지를 반영해야 하며, 뭔가를 되돌릴 때는 그 뭔가를 했을 때의 점수만큼 깎도록 반영해야 한다. 이는 란들뢰우와 알스트룀이 자전거 로봇을 통해 힘들게 얻은 사실이자, 안드레이와 텔러가 축구 로봇을 통해 힘들게 얻은 것이자, 쓸어 담은 쓰레기를 다시 바닥에 내버리는 딸을 통해 그리피스가 힘들게 얻은 사실이다.

그렇게 응과 러셀은 조형 보상에 대해, 미래를 내다보고 자기 행동의 영향 예측력이 한정된 행위자에게는 실제보다 더 멀리 내다보는 양 행동하도록 만든다고 주장했다.[71] 리더가 흥미를 느낀 지점이다. 인간이 악명 높을 만치 충동적이고 근시안적으로 의사결정을 내리곤 한다는 점 때문이기도 했다.

리더와 그리피스는 실험 대상자에게 비행경로를 짜는 역할을 맡겼다. 특정 도시까지의 구간은 수익이 나지만 그 밖의 구간에서는 수익이 나지 않을 수 있었다. 그 반대도 마찬가지였다. 다른 구간에서의 보상을 위해 수익이 나지 않는 구간을 비행할 수도 있었다. 여기서 그들은 A-B 구간의 항공 요금에다 보상 및 처벌을 추가했다. 항공기를 특정 지점으로 옮기는 데 들어가는 비용이나 혜택을 반영한 것이다. 결과는? 예상대로 더 이익이 나는 결정을 더 쉽게 내렸다.

물론 문제도 있었다. 조형 보상은 항공 요금에 해당 선택의 장기 비용과 혜택을 통합했기에 더 이상 미래를 생각할 필요가 없어졌기 때문이다. 리더와 그리피스의 의도는 예측이 정확한 동시에 김도 샜다. 실험 대상자가 더 이상 열심히 생각할 필요가 없어졌으니 굳이 생각하려 하지 않았기 때문이다. 리더는 말했다.

"근시안적 의사 결정이 먹히는 환경에서 활동하면, 사람들은 그 시스템에 더 의지할 겁니다."[72]

여기서 흥미로운 가능성이 하나 열린다.

"미래 계획의 필요성을 없애는 대신, 사람들이 더 계획을 잘 짜도록 최적 게이미피케이션을 사용할 수는 없을까?"

이 사례에서의 유인은 완전히 다르다. 장기 비용을 포함한 쉬운 문제를 만드는(더 정확한 결정을 돕지만 무기력이나 자기 만족을 부추겨 더 의존하게 만들) 인터페이스 대신, 가격을 조정해 커리큘럼을 만들었다. 그리고 실험 대상자에게 기본 개념의 단순 사례를 제시하는 것으로 시작해 더 복잡한 사례를 서서히 가르친다. 여기서 인터페이스는 버팀목 역할을 하는 대신 다른 유인 집합을 써서 정반대 일을 한다. 리더는 이렇게 설명한다.

"즉각적 보상이 장기 가치와 어긋나는 환경에서 성공을 거두도록, 장기 계획을 세우는 법을 가르치는 셈이죠."

리더의 마지막 실험은 비행경로 짜기보다 더 친숙한 상황을 다뤘다. 바로 꾸물거림이었다. 리더와 그리피스는 일부러 번거로운 과제를 만들었다. 다섯 가지 주제로 글을 쓰는 과제였는데 그중에는 더 길게 쓰도록 한 어려운 주제도 있었다. 그리고 20달러를 받고 일할 사람들에게 열흘 내에 글을 써 달라 했다. 결과는? 그중

40퍼센트가 시작도 못했다(이 점은 특히 역설적인데, 시작 때 글쓰기를 거절하면 15센트를 받았기 때문이다).[73] 이에 더해, 실험 대상자에게 각 글을 완성할 때마다 '점수'를 주는 유인도 실험했다. 현금은 아니지만 가시적으로 격려하는 식이었다. 결과는? (당연히) 글마다 점수가 같았다.

마지막으로, 리더와 그리피스는 세 번째 실험 대상자 집단에 '최적 유인'을 제공했다. 다섯 가지 주제가 어렵거나 싫은 정도를 정확히 반영하면서 완성 시 받을 20달러에 얼마나 가까이 다가갔는지를 알려 주는 점수 체계였다(북한 경제 정책에 관한 100개 단어 분량의 글쓰기 과제는 좋아하는 텔레비전 프로그램에 관한 글보다 점수가 약 3배 높았다). 결과는? 85퍼센트가 다섯 편을 모두 완성했다.[74]

리더는 이런 시스템을 '인지적 보철cognitive prosthesis'이라 생각했다. 이는 단순히 연구 관심사 차원만이 아니다.[75] 지금까지 한 그의 연구에도 중요한 역할을 했다. 박사 과정생 시절 그는 이 끔찍한 글쓰기 과제의 확대판과 맞닥뜨렸다.

"저는 내 발전 단계에 관한 정보를 전혀 얻지 못하는 게 최악의 상황 중 하나라 생각해요. 공식 체계는 이렇죠. 지금 너는 박사 과정생인데 나중에 박사 학위를 땄다고. 이게 다예요. 그 사이의 5년간 아무런 피드백 없어요."

전반적으로 박사 과정생은 불안과 우울증에 시달리는 비율이 높고, 꾸물거림이 거의 유행병처럼 퍼진 집단이다.[76] 리더와 그리피스는 사실상 스키너의 비둘기와 같다. 약 5년 사이 완벽하게 스트라이크를 치는 법을 터득하면 박사모와 가운이라는 먹이가 기다린다. 우리는 그런 시스템이 동물에는 먹히지 않음을 안다. RL 알고리즘에도 먹히지 않는다. 리더에게는 다른 먹이가 필요했다. 그리고 박사 과정 5년을 도표로 작성했다.

"수백 단계로 잘게 나눴죠."

그리고 리더는 향후 실제로 인용될 만한 연구를 했을 때 스스로에게 가상의 '인용'을 달았다. 자신이 실험 대상자의 글쓰기에서 점수를 할당했던 최적 게이미피케이션 계산법을 썼다. 이를 바탕으로 박사 학위 연구의 '하위의 하위' 과제에 부여할 적절한 점수를 계산했다. 더 나아가 처벌도 사용해 나쁜 습관 중 일부도 없앴다. 파블로크라는 기업이 만든 팔찌라는 형태였다(해당 팔찌는 나쁜 습관이 감지되면 가벼운 전기 충격을 일으킨다_옮긴이).

"빠지고 싶지 않은 습관에 빠질 때마다 전기 충격을 가해요. 내 나쁜 습관은 주로 컴퓨터 사용법과 관련 있었죠. 기분이 나쁠 때면 유튜브를 보는 거? 시간 추적 툴이 내가 무엇을 하는지를 팔찌에 즉시 알리도록 했더니 그럴 때마다 전기 충격이 왔죠."

재미있는 점은 그렇게 했어도 기분 전환이 필요할 때 유튜브를 방문하는 습관을 없애지는 못했다는 사실이다. 하지만 창을 열었다가 즉시 닫는 습관도 동시에 들었다. 행동 훈련 실험에서 자신이 실험자인 동시에 피실험자이기에, 리더는 보상 조형 문제를 다룰 때 독특한 이점을 누렸다. 이 훈련은 그가 자신의 연구에 접근하는 과정인 동시에 그 연구의 핵심 문제이기도 했다. 그렇게 고무적인 결과를 얻었는데, 자신의 연구소를 꾸려 가는 리더의 박사 가운이 그 성공을 증명한다.

외적 강화 너머

스키너에게 개인의 자유의지는 '허구의 세계에' 거북하게 남았다. 그리고 인류 문명의 이야기는 보상 구조의 연속이었다. 스키너는 그 점이 마음에 들어서였는지 완벽한 행동주의적 사회를 다룬 소설 《월든 투Walden Two》를 쓰기까지 했다.

하지만 아이나 동물과 함께 지내 본 이라면 보상 최대화에 대해 의구심을 떨치지 못한다. 우리가 어떤 일을 할 때 그것을 하는 이유가 전부 설명되는지 궁금해한다. 또한 우리는 뭔가 상을 받지 않아도 스스로 게임을 만들어 즐긴다. 그저 궁금함으로 돌을 뒤집거나 등산하고 탐사한다. 신나게 놀고 호기심을 충족한다.

인간에겐 외적 보상만큼 내적 보상에도 동기부여가 된다. 이 역시 머신 러닝의 세계에서 더 인정받는다.

[6]

호기심

훈련받지 않은 아기의 마음이 지성을 갖추려면 훈육과 진취성 모
두 필요하다. 하지만 우리는 오로지 훈육만 고려했다.

– 앨런 튜링[1]

2008년 봄, 대학원생 마크 벨마르Marc Bellemare는 앨버타대의 컴
퓨터 과학자 마이클 볼링Michael Bowling와 함께 바베이도스의 해변
을 걸었다. 볼링은 한 가지 착상을 떠올렸다.

당시 RL 연구는 연구자가 자신에게 맞는 게임을 새로 만든 뒤, 그
게임을 진행하는 식으로 이뤄졌다.[2] 이 대신 그는 모두가 사용하
는, 즉 다양한 게임(실험용 가상 게임이 아니라 진짜 게임)을 하는 단
일 환경을 구축하면 어떨까 생각했다. 예를 들면, 아타리 2600(아
타리는 미국의 게임 개발사로, 2600은 1977년 제작된 콘솔 게임기다_
옮긴이)에서 1970~1980년대 고전 게임을 돌려 실험하는 방식이

었다. 벨마르는 이렇게 회상했다.

"저는 (볼링에게) 말했죠. 지금까지 들은 아이디어 중 가장 멍청하다고.[3] (…) 그런데 3년이 지난 뒤에야 그게 멍청한 착상이 아니라는 판단이 들었어요."

사실 벨마르는 볼링의 개념이 마음에 들었기에 그를 박사 학위 논문 지도 교수로 택했고, 그 착상은 벨마르의 박사 학위 논문이 됐다. 실제로 그 계획은 제정신에서 나온 게 아닌 양 보일 만치 야심 찼다.

벨마르와 볼링이 '아케이드 학습 환경Arcade Learning Environment, ALE'이라 이름 붙인 이 게임 모음집은 구축에 필요한 업무가 만만찮았을 뿐 아니라, 이를 해당 분야 전체로 확산하는 일 역시 쉽지 않았다.[4] 게임 하나가 아니라 총 60가지 게임을 하는 단일한 학습 시스템을 가지고 경쟁하겠다는 것이었다. 분야 실상과 전혀 맞지 않았다.

벨마르의 연구에서 가장 큰 문제는, 당시 맞춤 제작한 게임 환경이 상위 수준의 유용한 입력을 썼기에 그 세계를 잘 정리된 모습으로 묘사하는 것이었다. 앞에서 본 막대의 균형을 잡으려 애쓰는 수레를 예로 들자면, 시스템은 수레의 위치, 속도, 막대의 현재 기울기, 막대의 속도 등을 입력으로 받는다. 나무, 먹이, 포식자가 있는 2차원 세계 환경에서는 어떨까? 행위자의 위치, 건강과 허기, 포식자와의 거리, 가장 가까운 먹이의 위치 등을 입력으로 받는다. 이런 정보를 특징feature이라 한다.

하지만 ALE는 기존 게임 환경보다 포괄적이면서 상대적으로 유용성이 떨어졌다. 화면에 나타나는 픽셀이 전부였다. 그리고 규칙뿐 아니라 화면 픽셀을 유용한 정보로 배치하는 방식도 달랐다. ALE에 참가한 시스템은 모든 것을 처음부터 다시 이해해야 했다. 점수를 얻으면 이 픽셀이 깜박이는 듯하고, 죽기 직전에 저 픽셀이 나타나는 듯하고, 완쪽 화살표 버튼을 누를 때마다 왼쪽으로 이동하는 픽셀이 있는 식이다. 벨마르는 시스템이 잘 추적할 수 있도록 화면에서 유용한 패턴을 추출할 방법(극도로 일반적인)을 찾거나 60가지 게임 모두에 도움이 될 만한 이해와 뜻 파악을 시스템이 그때그때 처리하도록 하도록 둬야 했다. 이것을 '특징 생성feature construction' 문제라 한다.

벨마르는 먼저 '특징 생성' 알고리즘 집합을 표준 RL 시스템에 연결해 게임을 하도록 했다. 결과는 그저 그랬다. 그런데 별 어려움 없이 논문이 학술지에 실리자 그는 좀 놀랐다. 아타리 환경을 만드는 데 지대한 공을 들였다는 사실에 심사자가 깊은 인상을 받은 덕분이었다.

"재미있는 점은 심사자가 제게 이렇게 말했다는 거예요. 아타리로 이렇게 놀라운 일을 하다니, 도저히 논문을 거부할 수가 없다고요. (…) 그 자체가 엄청난 것이라서 (…) 결과가 좋게 나왔든 나쁘게 나왔든 상관없다는 거였어요. 그냥 이런 말투였죠. 그걸 한 것 자체가 대단했다고."

그러니까 벨마르는 일종의 '산'을 쌓았던 것이다. 이제는 그 산의 규모를 키울 방법을 알아낼 차례였다. 벨마르는 2013년 박사 학위를 받은 뒤 딥마인드에 들어갔다.[5] 그곳에서는 볼로디미르 므니Volodymyr Mnih 연구진이 이미지넷 경연에서 완승을 거둔 그 알 렉스넷의 심층 신경망 개념을 RL 문제에 적용하는 연구를 진행 중이었다.

심층 신경망이 수만 픽셀을 보고서 물체를 알아낸다면, 필요한 특징 생성 알고리즘이 무엇이든지 간에 아타리 게임 화면을 알아 볼 가능성도 있었다. 그때를 므니는 이렇게 회상한다.

"연구진은 이렇게 말했죠. 우리 합성곱 신경망은 사진 분류를 엄청나게 잘한다고. 아직 좀 버벅거리는 네(벨마르) 특징 생성 메 커니즘을 합성곱 신경망으로 대체하면 어떻겠냐고요."

하지만 벨마르는 받아들이지 않았다.

"저는 사실 오랫동안 믿지 않았어요. (…) 지각 RL 개념이 정말 낯설었거든요. 그리고 신경망으로 뭘 하겠냐는 타당성 있는 회의 론이 만연했죠."

그러나 벨마르의 생각은 곧 바뀐다. 처음에는 고전적 RL 알고 리즘에 단순히 심층 학습을 접목해 아타리 게임 중 일곱 가지를 하도록 했다. 그 결과는? 여섯 게임에서 이전 RL 기준 값을 능가 했다. 그것만이 아니었다. 특히 여섯 게임 중 세 개는 인간만큼이 나 뛰어난 실력을 보이는 듯했다. 그들은 2013년 말에 그 발전상 을 보여 주는 워크숍 논문을 제출했다.[6]

"합성곱 망이 이런 걸 한다 말하는 일종의 개념 증명 논문이었어요. (…) 사실 RL 연구자가 오랫동안 할 수 없었던 일을 해결하기 위해 심층 학습 부분을 끌어들인 거죠. 그러고 나면 그것으로 어떤 게임이든 해요. 뭐든지 상관없었죠. 그 뒤에…."

벨마르는 잠시 말을 멈췄다.

"일이 벌어졌죠."

심층 RL, 초인이 되다

2015년 2월, 〈Learning Curve: Self-taught AI Software Attains Human Performance in Video Games(학습 곡선: 독학 AI 소프트웨어가 비디오게임에서 인간 수준의 실력을 이루다)〉라는 논문 제목이 〈네이처〉 표지에 실렸다.[7]

고전 RL과 신경망을 접목한 딥마인드 시스템은 수십 가지 게임에서 인간 수준으로(그리고 그보다 훨씬 더 뛰어난 수준으로) 게임을 한 사실을 보여 줬다. 그렇게 RL 분야에 심층 학습 혁명이 일어나면서 '심층 RL'이라는 새로운 분야가 탄생했고 놀라운 일이 일어났다.

이른바 '심층 Q-망Deep Q-Network, DQN'이라는 모형은 핀볼 게임에서 인간 검사자보다 무려 25배 더 높은 점수를 냈다. 복싱 게임에서는 17배 더 높은 점수를 냈다. '브레이크아웃'(아타리의 벽돌 깨기 게임_옮긴이)에서는 13배 더 뛰어났다. 이런 놀라운 성적이 다양한 게임에서 거의 한결같이 나타났음을 보여 주는 도표가 실렸는데, 이는 게임별 조율 없이 일반 모형 하나만을 써서 이룬 성과였다. 물론 도표 바닥에는 DQN을 완강하게 거부하는 게임이 몇몇 있었다. 그중에서도 리스트 맨 아래 있는 게임이 눈길을 끌었다. 바로 '몬테수마의 복수Montezuma's revenge'로서, 1984년에 출시된 게임이다.

'몬테수마의 복수' 유저는 파나마 조라는 탐험가가 돼서 밧줄, 사다리, 함정으로 가득한 신전 속을 헤쳐 나가야 한다(겨우 16세에 데모판을 개발해 파커브라더스에 팔았던 로버트 재거Robert Jagger는 이렇게 말했다. "몬테수마나 관련 문화가 뭔지 조사한 적이 없었어요. 그냥 주제가 신나고 이름이 멋지다 생각했을 뿐이죠."[8]). '몬테수마의 복수'에서 DQN의 최고 점수는 인간 점수의 0퍼센트였다. 대체 무슨 일이 벌어졌을까?

생각해 볼 한 가지는 '몬테수마의 복수'에서 유저는 사망하기가 극도로 쉽다는 것이었다. 적을 치거나, 너무 높이 뛰거나, 장벽을 뚫고 가는 등 실수를 하면 거의 죽는다. DQN은 엡실론 탐욕 탐사 방식을 썼다. 전체 시간 중 일부 시간은 랜덤으로 버튼을 눌러 어떤 행동이 보상을 낳는지 학습하는 과정이었다. '몬테수마의 복수'에서 그때는 언제나 사망 시간이었다.

두 번째이자 더 중요한 문제는 '몬테수마의 복수'가 놀라울 만치 보상이 적다는 것이다. 엄청나게 많은 임무를 정확히 수행해야 점수를 얼마간이라도 얻는다. 브레이크아웃이나 '스페이스 인베이더' 같은 게임에서는 랜덤으로 마구 버튼을 눌러 대는 가장 혼란스러운 상황에서도 어떻게 해야 올바르게 하는지를 금방 깨닫는다. 그것으로도 충분히 학습 과정을 시작한다.

한편 DQN은 점수가 올라가는 양상을 지켜보면서, 비슷한 상황에서 비슷한 행동을 취하는 횟수를 늘린다. 반면, '몬테수마의 복수'에서는 죽음 이외의 다른 피드백이 거의 없다.

예를 들어, 첫 단계에서 네 개의 틈새를 건너뛰고, 사다리 세 개를 오르고, 컨베이어벨트를 거꾸로 달리고, 밧줄을 움켜쥐고, 굴러오는 두개골을 뛰어넘어야만 첫 아이템을 얻는다. 그리고 '겨우' 100점을 얻는다(그리고 어울리지 않게 "라쿠카라차"의 첫 다섯 음이 울려 퍼진다).

'몬테수마의 복수'처럼 행동의 보상이 거의 없는 환경에서, 랜덤 탐사 알고리즘은 한 발짝도 나아가고 학습할 수 없다. 조이스틱을 움직이고 버튼을 마구 누른 후 첫 보상을 얻는 데 필요한 모든 단계까지 갈 가능성이 극도로 낮다. 더욱이 첫 보상을 얻기 전까지 올바로 가는지조차도 알 방법이 전혀 없다.[9]

앞서 말했듯이, 희소성 문제의 한 가지 방법은 조형이다. 추가 유인 보상을 통해 알고리즘을 올바른 방향으로 떠미는 것이다. 하지만 알고리즘이 악용할 허점을 만들고 떠미는 것은 쉽지가 않다. 이를테면 '몬테수마의 복수'에서 매초마다 죽지 않을 때 보상이 나오면, 행위자는 처음에 있던 안전한 곳을 벗어나지 않을 수도 있다. 동물 연구자가 '학습된 무력감'이라 부르는 것의 기계 버전인 셈이다.[10] 많은 격언을 내놓은 것으로 유명한 애슐리 브릴리언트Ashleigh Brilliant는 이런 말을 남겼다.

"충분히 주의하면, 나쁜 일도 좋은 일도 일어나지 않는다."[11]

'몬테수마의 복수'는 여타 직관적 착상도 먹히지 않는다. 굴러오는 두개골을 뛰어넘을 때 보상이 나오면, 행위자는 신전을 더 깊이 탐험하는 대신에 두개골 뛰어넘기만 할 수도 있다. 밧줄을 잡고 뛰어내릴 때 보상이 나오면, 마치 타잔처럼 밧줄만 탈 수 있다. 당연히 우리가 원하는 행동이 아니다. 게다가 게임에서의 조형은 게임마다 다를 것이고, 그러므로 해당 게임이 어떻게 돌아가는지 아주 잘 아는 인간 관리자의 손길이 필요하다.

ALE 그리고 DQN의 짜릿한 성취의 배후에 놓인 개념은, 백지상태에서 하나의 알고리즘만으로 화면 사진과 점수만을 토대로 삼아 수백 가지의 게임 환경을 숙달한다는 것이다. 그러면 답은 무엇일까? DQN 같은 일반적인 시행착오 알고리즘이 '몬테수마의 복수' 같은 게임을 하도록 만들까?

여기엔 감질나는 단서가 하나 숨었다. 인간은 추가 보상을 받지 않으면서도 '몬테수마의 복수'를 배운다. 본능적으로 사다리를 기어올라서 멀리 있는 발판에 다다라 두 번째 화면으로 넘어가고 싶어 한다. 잠긴 문 너머에 무엇이 있는지, 신전이 얼마나 큰지, 신전 바깥에 무엇이 있는지 알고 싶어 한다. 점수를 얻을 것임을 직감해서라기보다, 더 순수하면서 근본적인 뭔가가 행동을 이끌기 때문이다. 그저 무슨 일이 일어날지 알고 싶어서다.

따라서 '몬테수마의 복수' 같은 게임 실험에서 필요한 것은 기존과 전혀 다른 접근법이다. 추가 유인을 써서 희소 보상을 더 늘리는 방법이 아니다. 바로 내적 동기부여가 되는 행위자 개발이다.[12] 보상 때문이 아니라 그저 맞은편으로 나아가려는 호기심 가득한 행위자 말이다. 지난 몇 년 사이 호기심은 과학적 관심 대상으로 다시 부상했고, 더 엄밀하면서 근본적인 관점에서 호기심을 이해하고자 머신 러닝과 심리학 사이에 기묘한 협력이 이뤄졌다.

호기심은 정확히 무엇일까?

왜 우리는 호기심을 가질까?

어떻게 하면 기계에 호기심을 집어넣을까?

그리고 왜 호기심은 중요하게 여겨질까?

과학적 주제로서의 호기심

이유와 방법을 알려는 욕망, 호기심은 (…) 마음의 갈망으로서, 계속해도 물리지 않는 지식 창출의 기쁨은 육체적 쾌락의 짧은 격렬함을 초월한다.
- 토머스 홉스[13]

호기심은 모든 과학의 출발점이다.
- 허버트 사이먼[14]

심리학에서 호기심 연구의 거장은 대니얼 벌린Daniel Berlyne이다. 그가 1949년에 처음 낸 논문은 우리가 '흥미롭다' 혹은 '흥미를 가진다'라고 말할 때, 그 말의 정확한 뜻을 정의하려는 시도였다.[15]

"내가 처음으로 흥미를 느낀 것은 흥미다."[16]

그렇게 호기심에서 새로운 하위 분야가 서서히 출현하기 시작했다. 그렇다면 동물은 학습 보상이 전혀 없을 때는 과연 무엇을 배울까?

벌린의 표현을 빌리자면, 심리학 역사는 '하는 대로 뭔가를 하는' 인간과 동물의 이야기다. 설문지를 채우거나, 질문에 답하거나, 먹이를 얻기 위해 레버를 누르는 것이 그렇다. 그러나 이런 점에서 본질적으로 방법론적 맹점이 드러났다. 생물은 스스로 어떻게 행동하는가라는 문제에 과연 접근할까? 용어상 모순되는 양보였다. 그는 이렇게 썼다.

"어느 면에서는 인간이 순종하고 순응한다는 점이야말로 학문적 불행이었다. 인간에게서 인위적이고 외부적인 동기부여를 쉽게 유도한다는 점 때문에, 그런 것이 없을 때 우리를 통제하는 동기 요인을 연구하지 못했다."[17]

심리학에서 상벌을 통해 동물을 훈련시키는 연구 방법은 동물의 지적 행동을 어지간히 설명한다고 여겨질 정도로 20세기 중반에 주류였다. 그러나 들어맞지 않는 데이터가 여기저기 있었다. 위스콘신대의 해리 할로Harry Harlow는 1950년에 붉은털원숭이가 자물쇠가 있는 퍼즐을 가지고 노는 양상을 기록하기 시작했는데,

그는 이를 기술하기 위해 '내적 동기intrinsic motivation'라는 용어를 창안했다.[18]

이런 내적 동기는 외적 보상을 대체할 뿐 아니라 심지어 압도하기도 했다. 굶주린 쥐가 먹이 대신 전기 울타리를 넘어 낯선 공간을 탐사하기로 결심할 수도 있다. 과자와 주스를 얻기 위해서만이 아니라 단지 창밖을 내다보고 싶어서 기꺼이 레버를 누른 원숭이도 있었다.[19] 외적 보상과 처벌로 이뤄지는 스키너 세계에서는 그런 행동의 여지가 거의 없었으며, 그것을 쉽게 설명할 이야기도 전혀 없었다.

그러나 벌린이 말했듯이, 이 내적 동기는 식욕과 성욕처럼 인간 본성의 핵심이다. 심리학으로부터 오랫동안 부당하게 무시당했음에도(인간에게 죽음에 가장 가까운 처벌은 지루함이다)[20] 그가 1960년에 내놓은 하나의 이정표가 된 책《Conflict, Arousal, and Curiosity(갈등, 각성, 호기심)》에서는 제대로 된 호기심 연구가 1940년대 말에야 출현하기 시작했다고 나온다. 정보 이론과 신경과학도 그때 출현했는데, 그는 이것이 결코 우연이 아니라 주장했다.[21] 이 세 분야의 교차점에 있어야만 호기심을 제대로 이해하는 듯하다.[22]

벌린은 연구 주제로서의 호기심뿐 아니라, 평소에 나타나는 호기심에도 동기부여를 강하게 받았던 듯하다. 그는 적어도 10개 언어를 알았고(그중 예닐곱 개는 매우 유창했다), 피아노 연주 실력도 뛰어났고, 달리기와 여행도 자주 했다. 52세인 이른 나이에 세상을 떠날 당시, 그는 전 세계의 모든 지하철을 타 보겠다고 나선 참이었다. 그런데 평소 아주 많은 논문과 글을 썼어도 밤이나 주말에는 거의 일하지 않았다. 할 일, 하고 싶은 일이 너무나 많았기 때문이다.[23]

벌린의 생각 중 '신경과학과 정보 이론 양쪽에서 호기심에 대한 단서를 찾겠다'는 연구 방향은 20세기 후반 많은 심리학자에게 영감을 줬고, 마침내 빙 돌아서 21세기에는 원래 자리로 돌아왔다. 2000년대 말 시작된 심층 학습 열풍이 번지는 사이 '몬테수마의 복수' 같은 사례에서 내적 동기부여에만 매달리던 수학자와 정보 이론가, 컴퓨터 과학자는 드디어 벌린의 생각에 주목했다.

벌린에 의하면, 넓게 볼 경우 인간의 내적 동기에는 서로 연관된 세 가지 욕구가 따르는 듯하다. 새로움, 놀라움, 숙달이다. 이 욕구 각각은 우리에게 적용 가능한 양 보이는 동기와 학습에 관한 개념을 기계에도 감질나게 제공했다.

새로움: 새롭게 보이는 것의 매혹

지금까지 연구는 대개 "이 동물이 이 자극에 어떤 반응을 보일까?"의 답을 얻는 쪽으로 설계됐다. (…) 실험 상황을 더 복잡하게 만드니 새로운 의문이 떠올랐다. "이 동물은 어떤 자극에 반응할까?"
- 대니얼 벌린[24]

두 가지 악 중에서 하나를 골라야 한다면, 나는 '시도한 적이 없는'
악을 택하는 편이다.
- 메이 웨스트[25]

인간의 호기심, 내적 동기의 핵심 개념 중 하나는 '새로움'이다. 강
력한 유인이 없을 때 우리는 엡실론 탐욕 탐사를 하는 단순한 RL
행위자와 달리 랜덤으로 행동하지 않는다. 오히려 매우 확고하고
예측 가능한 양상으로 새로운 것에 끌린다.

1960년대 중반, 케이스웨스턴 리저브대의 로버트 팬츠Robert
Fantz는 생후 2개월 아기가 잡지 사진을 볼 때, 이전에 본 적이 있
었던 사진이면 보는 시간이 더 짧음을 발견했다.[26] 아기는 자신
주변을 탐사할 운동 기술을 갖추기 오래전부터 눈으로 주변을 탐
사하며 그 욕구가 명백했다.

'보기 선호preferential looking'라는 이 행동은 유아 행동의 가장 놀
라운 특징 중 하나로 여겨졌고, 이 연구가 출발점이 돼서 발달심
리학이라는 새로운 분야가 후에 출현했다.

새로운 뭔가를 보기 선호하는 아기의 행동은 너무나 강하기에
심리학자는 그 행동을 아기의 시각적 식별력, 더 나아가 기억력을
판단하는 검사법에 활용하는 것을 고려했다. [27]

아기는 비슷한 사진 간의 차이를 구별할까? 색조의 차이를 구
별할까? 1시간, 하루, 일주일 전에 본 것을 떠올릴까? 그 답은 새
로운 사진에 끌리는 성향이 타고난다는 데 있었다. 아기가 뭔가를

더 오래 바라보면 어떤 식으로든 간에 차이를 구별함이 드러났다.

일주일 전 아기에게 보여 줬던 사진을 다시 보여 줄 때, 일주일 전 때와 같은 식으로 사진을 보지 않으면 아기는 일주일 전에 봤던 것을 어느 수준에서 기억함이 틀림없다. 이 외에도 여러 실험은 우리의 생각보다 아기가 더 일찍 인지능력을 갖췄음을 보여 준다. 시각적 새로움에 대한 욕구는 심리학의 가장 강력한 도구 중 하나가 됐고, 아기 마음이 가진 놀라운 잠재력을 이해하는 데 큰 기여를 했다.[28]

RL 연구자도 보기 선호의 개념을 받아들여서 컴퓨터 분야 적용 및 활용에 나섰다.[29] 이 중 가장 단순한 개념 중 하나는 (다른 조건은 모두 동일한) 행위자가 특정 상황을 몇 번 접했는지 센 다음, 가장 적게 접한 상황에서의 일을 선호하도록 만드는 것이었다. 예를 들어, 서턴은 1990년에 행위자가 이전에 한 적이 없거나 오랫동안 시도한 적이 없는 행동을 하면 '탐사 보너스'를 추가하자고 제안했다.[30] 그런데 '이 상황'에서 '이 행동'을 취한 횟수를 센다는 것은 과연 무슨 뜻일까? 1960년에 벌린은 이렇게 썼다.

"'새로운'이라는 단어는 일상에서 흔히 쓰이며, 다들 그 말을 이해하는 데 어려움이 없는 듯하다. 그러나 '자극 양상이 새롭다'라는 말은 정확히 무슨 뜻인지, '새롭다는 것의 기준'은 무엇인지 물으면 우리는 연속된 함정과 딜레마에 빠진다."[31]

물론 미로 탈출이나 단순한 게임이라면 모든 상황을 리스트화하고 다시 상황을 접하는 경우를 체크하는 것이 얼마든지 가능하다(연필이나 펜으로 미로 위에 경로를 긋는 것은 본질적으로 미로에 기록하는 행동이다). 자신이 어떤 상황을 접했고, 어떤 행동을 했고, 어떤 일이 일어났는지 기록해서 표를 작성하는 접근법을 '표 형식 tabular' RL이라 한다.

물론 아주 소규모의 환경 외에는 이러한 접근이 불가능하다. 예를 들어, '틱택토tic-tac-toe'는 보드게임 중에서 규칙이 가장 단순한 편이어도 그 배열만 수천 가지다.[32] 바둑에서는 가능한 배치가 170개 자릿수에 달한다. 세상의 모든 컴퓨터를 다 써도 그 배열과 배치를 저장하기에는 너무나도 부족하다.

표 형식 RL에는 현실적 문제 말고도 더 심오하면서 철학적인 문제가 있었다. 더 복잡한 환경에서 '같은' 상황에 있다는 말은 과연 어떤 뜻일까? 예를 들어, 아타리 게임에서는 픽셀이 나타나는 방식이 워낙 다양하기에 매 순간 화면 하나하나를 추적하면서 새로운 픽셀을 선호하도록 학습하는 방식은 흥미로운 행동을 빚는데 도움이 되지 않는다.

반면 상당히 복잡한 게임이라면 똑같은 픽셀 집합을 다시 만날 가능성이 극히 낮다. 사실상 거의 모든 상황은 새로우며, 거의 모든 행동은 시도되지 않은 것이다. 설령 온갖 노력으로 표를 만들어 저장했다 치더라도 그 효과는 노력보다 못하다.

우리가 일상에서 의사 결정을 할 때 누군가가 '이런 상황은 처음'이라 말하면, 대개 우리는 그 말을 '위도 몇과 경도 몇의 위치에서, 몇 나노초에 내 망막에 닿는 햇빛의 정확한 양과 내 마음속에서 떠오른 생각의 정확한 순서'를 가리킨다는 식으로 받아들이지 않는다. 이런 식으로 받아들이면 그 말은 정의상 참일 뿐 그 외에는 아무런 뜻도 없다. 이런 표현은 상황상 말로 표현하기 어려운 어떤 특징을 가리키고자 할 때 쓰며, 이를 통해 우리는 새로움을 판단한다.

(화면 픽셀로 표현되는) 아타리 게임에서 우리가 알기 원하는 것은, 우리가 처한 상황이 그에 앞선 상황과 유의미하게 수준으로 비슷한지를 측정할 방법이 있는지다. 또한 더 깊고, 더 중요한 유사성을 지닌 상황을 연결 짓기 바랄 것이다.

딥마인드에서 벨마르는 그게 무엇인지에 앞서 그걸 몇 번 봤는지 세는 법('횟수 기반count-based' 접근법)에 흥미를 가졌다. 매혹적이되 비실용적인 개념을 더 복잡한 환경으로까지 확대할 방법이 여기 있을까 싶어서다. 혼잡한 도로를 무사히 건너야 하는 아타리 게임에서는 건너는 데 성공할 때마다 그 성공 횟수를 늘려야 한다. 교통 상황 자체와 상관없이 말이다.

벨마르 연구진은 '밀도 모형density model'이라는 수학 개념을 연구한 끝에 약간은 유망해 보이는 결과를 얻었다.[33] 주변 맥락을 토대로 사진의 빠진 부분을 예측하는 비지도 학습 모형 구축이었다(문장에서 빠진 단어를 예측하도록 설계된 워드투백과 그리 다르지 않다).

먼저 모형에 행위자가 지금까지 본 모든 화면을 입력한 다음, 이전에 본 화면을 토대로 새 화면을 얼마나 예상 가능한지 나타내는 확률 점수를 할당했다. 확률이 높을수록 사진이 친숙하고 낮을수록 새로웠다. 흥미로운 개념이었지만 이게 현실에서 얼마나 먹힐지는 불분명했다.

벨마르 연구진은 1980년대 초에 출시한 게임인 '큐버트'로 실험을 시작했다. 부채꼴 모양으로 쌓인 정육면체를 뛰어다니면서 모든 정육면체를 뒤집어 색상을 바꿔야 한다. 단계가 올라갈수록 당연히 색상 바꾸기가 어려워진다. 연구진은 큐버트에 대해 아무것도 모르는 DQN 행위자에게 큐버트를 시키고, 화면 왼쪽에 놓은 측정기로 행위자가 보고 겪는 것의 새로움을 밀도 모형으로 측정했다.

처음에는 (인간도 그렇듯) 모든 것이 새로웠다. 측정기의 녹색 막대는 최댓값에 고정됐다. DQN 행위자는 화면에 뜨는 거의 모든 사진을 새로운 것이라 등록했다. 벨마르 연구진은 행위자를 몇 시간 훈련시켜 서서히 점수를 따도록 했다(정육면체 하나를 뒤집을 때마다 25점을 얻었다). 그다음에 게임을 하는 행위자를 지켜봤다. 좀 능숙해진 행위자는 정육면체를 뛰어다니며 점수를 모았다. 다만 녹색 막대가 바닥에서 거의 솟아오르는 일이 없었다. 행위자 입장에서는 모든 화면이 봤던 것이기 때문이다.

벨마르는 DQN 행위자가 게임 첫 단계를 깼을 때의 기록을 찾았다. 그리고 그때 무슨 일이 일어났는지 살폈다. 행위자가 단계를 거의 깰 때쯤 녹색 막대는 다시 올라가기 시작했다. 이에 대해 벨마르는 다음과 같이 말했다.

"이제 행위자는 그 단계 끝에서 이렇게 말하죠. 새로운 상황이라고, 그간 보지 못했던 상태라고. 정말 새로운 거 같다고요. 아주 좋은 진척을 이룬 거죠. 게임의 끝에 더 다가갈수록 (녹색) 막대가 올라갑니다."[34]

그리고 DQN 행위자는 마지막 정육면체를 뒤집어 '처음으로' 첫 단계를 깬다. 갑자기 화면 전체가 깜박거리고 번쩍거린다. 다음 단계로 넘어가면서 군청색 정육면체가 사라지고 주황색의 정육면체가 화면에 뜬다.

"여기 봐요!"

벨마르가 말했다. 녹색 막대가 끝까지 쭉 치솟는다. 측정 범위를 벗어난 수준이었다.

"얘는 즉시 알죠. 이건 본 적 없는 거라고."

이 밀도 모형은 직접 횟수를 셀 수 없이 다양하면서 고도로 복잡한 환경에서 새로움이라는 개념을 믿을 만하게 포착했다. 또는 잘 포착하는 것처럼 보였다.

"우리는 이 결과를 보면서 생각했죠. 이걸 써먹을 곳이 분명히 있을 거라고요."

물론 문제는 있었다. 이 모형(의사 횟수pseudo-count)은 행위자에게 새로운 상태를 추구하도록 동기부여를 할까?[35] 단지 점수 때문이 아니라, 새로운 것을 추구하는 경우에 보상하면 어떨까? 그렇게 하면 기존 훈련을 받은 행위자보다 발전할 수 있을까? 이 실험이 성공하면 어떤 결과가 나올지 명백했다. 벨마르는 말했다.

"'몬테수마의 복수'를 깰 생각을 하니 정말 흥분됐죠."

파나마 조가 갇힌 신전에는 24칸의 방이 있다. 다른 아타리 게임에서 초인적 실력을 발휘하던 DQN 행위자는 3주간 밤낮으로 게임을 한 뒤에 겨우 두 번째 단계로 넘어갔다. 출발 지점에서 거의 벗어나지 못했다는 뜻이다. 위험과 점수 박탈로 가득한 신전이 행위자를 기다리는데 말이다. 여기서 보상을 얻을 행위자는 그 누구도 가지 않은 곳에 다다를 가능성이 높은 경우다.

벨마르 연구진은 행위자가 새로운 신호에 접근할 때 점수를 받으면, 훨씬 동기부여가 되고 게임을 더 잘할 것이라 예측했다. 이를 제외하고 원래 DQN 행위자와 똑같이 3주를 훈련시켰다. 결과는? 그 차이가 놀라웠다. 새로운 신호에 보상을 받은 행위자는 첫 번째 열쇠를 훨씬 더 빨리 얻었고, 이윽고 신전의 방을 15칸까지 통과했다.

이른바 '새로움'에 끌리는 행위자는 게임에서 점수를 더 많이 얻을 뿐 아니라, 다른 유형의 행동도 드러내는 듯하다. 한마디로 양적 차이뿐 아니라 질적 차이도 보인다. '보기 선호'를 활용해 보상만으로는 충분치 않은 영역을 탐사하도록 학습하는 데 성공했기 때문이다.

그리고 새로움에 끌리는 행위자는 인간과 더 관련 있어 보인다. 심지어 더 인간적으로 보이기까지 한다. 보상이 희소할 때 그저 조이스틱을 마구 흔드는 모습이 결코 아니다. 분명 욕구가 보인다. 벨마르는 말했다.

"의사 횟수 행위자는 즉시 나아가서 탐험합니다."

놀라움: 그 자체의 즐거움

인식론적 호기심은 (…) 개념적 갈등의 상응물을 통해 작용하며,
두드러지게 동기를 부여한다.
- 대니얼 벌린[36]

아이들이 작은 과학자가 아니다. 과학자가 큰 아이다.
- 앨리슨 고프닉[37]

다음에 볼 호기심의 핵심 개념은 '놀라움'이다.[38] 호기심을 지닌
아이는 어느 수준에서 '새로운' 것뿐 아니라 자신이 배울 뭔가를
지닌 것에 관심을 가진다. 예를 들어, 자주색 물방울무늬가 있는
야구공은 얼마간 흥미를 끌겠지만 그것 말고 일반 야구공과 똑같
다면 그 흥미는 곧 잦아들 것이다. 우리는 기대에 어긋나거나, 돌
발 행동을 하거나, 무슨 일이 벌어질지 이해하도록 만드는 것에
계속 관심을 가진다.

매사추세츠공과대의 로라 슐츠Laura Schulz는 인간의 호기심에
서 놀라움의 역할을 이해하는 데 앞장선 연구자다. 2007년에 그
는 아이에게 '깜짝 상자jack-in-the-box'를 가지고 놀도록 했다. 레버

를 누르면 상자 뚜껑에서 다양한 인형이 튀어나오는 장난감이었다.[39] 그리고 깜짝 상자를 잠시 치운 후, 그 깜짝 상자와 함께 다른 색상의 상자를 또 건넸다. 그렇게 아이 앞에 두 상자가 놓이고, 아이가 어느 상자에 손을 뻗는지 지켜봤다. 로라는 이렇게 설명한다.

"아동의 놀이와 호기심에 관한 기존 지식은 이렇게 말해요. 아이에게 새 상자를 내놓으면 곧바로 그 상자로 옮겨 갈 거라고요. 호기심에 관한 기본 개념이 지각적 새로움, 지각적 현저성을 가리키니 아이도 그럴 것이라 생각했죠. 그런데 우리가 지켜본 결과는 달랐습니다."[40]

로라의 발견은 이뿐만이 아니었다. 여기서의 첫 깜짝 상자에는 추가 장치가 있었다. 상자에 레버가 둘 있었는데, 둘을 동시에 누르면 인형 둘이 동시에 튀어나왔다. 그런데 어느 레버가 어느 인형을 튀어나오게 하는지는 알 수 없었다. 레버 하나만 눌러도 두 인형이 튀어나올 확률 역시 있었다. 각 레버에서 가장 가까운 인형이 튀어나올 수도 있었다.

이 야심 찬 실험에 참여한 4세 아이의 반응은? 새로운 상자를 만질 기회가 생겨도 곧바로 바꾸지 않았다. 원래 상자의 두 레버가 정확히 어떻게 작동하는지가 궁금해 계속 그 상자를 갖고 놀았다. 로라는 말했다.

"우리는 때로 새롭지 않은 것에 호기심을 갖는 듯해요. 그냥 우리에게 수수께끼 같은 거죠."[41]

이제 새로움 못지않게 놀라움(모호함을 해소하고 정보를 획득할 능력의 불확실성)이 모든 면에서 (아동의) 내적 동기의 원동력이라는 개념이 출현하기 시작했다.

이 개념은 인지와 컴퓨팅 양쪽에 걸쳐 두 번째 연구 흐름을 낳았다. 로라는 럿거스대 심리학자 엘리자베스 보나위츠Elizabeth Bonawitz를 비롯한 연구자와 함께 후속 연구를 했다. 과거의 한 연구는 크기와 모양이 다양한 블록을 어떻게 균형을 잡아 쌓을지 이론을 구축하는 연령이 6세임을 보여 줬다.

6세 아이 중 일부는 설령 블록이 비대칭이라 해도 양쪽 끝의 중간이 언제나 균형점일지 모른다고 (잘못) 가정했다. 반면에 블록이 무게 중심에서, 즉 더 두꺼운 쪽으로 치우친 지점에서 균형을 이룬다고 (올바로) 이론을 세우는 아이도 있었다.

그래서 로라의 연구진은 양쪽 집단(균형점 위치를 알거나 모르는)의 가정에 어긋나는 자석 블록을 만들었다. 그러니까 균형점 위치를 몰라도 쌓아 올릴 수 있는 블록이다. 결과는 어땠을까? 아기는 (기대한 대로 행동하는) 기존 블록을 가지고 놀 때 새로움 편향이 더 강해졌다. 그러나 (기대와 다르게 행동하는) 자석 블록을 가지고 놀 때면, 다른 블록이 주어질 때도 자석 블록을 계속 가지고 놀았다.[42]

블록 쌓기의 균형에 확고한 개념이 없는 4~5세 아이는 어땠을까? 거의 예외 없이 기회가 생기면 새로운 블록을 선호했다. 블록 종류에 놀라지 않는 듯했다. 존스홉킨스대 에이미 스탈Aimee Stahl과 리사 파이거슨Lisa Feigenson의 2015년 연구처럼, 이 맥락에서의 후속 연구는 유아가 장난감을 가지고 노는 방식도 장난감이 놀라움을 일으키는 방식과 관련 있음을 보여 줬다.[43]

장난감 차가 수수께끼처럼 공중에 떠 있는 양 보일 때, 아기는 그것을 들어 올렸다가 떨어뜨리면서 가지고 놀 것이다. 차가 수수께끼처럼 단단한 벽을 통과하는 양 보일 때, 아기는 그것을 탁자에 부딪치면서 가지고 놀 것이다. 새 장난감을 받아도 '놀라운' 기존 장난감을 계속 가지고 논다('놀라운' 장난감을 접한 적이 없는 대조군은 으레 새 장난감을 선호한다). 스탈과 파이거슨은 아기가 11개월째에 이미 '사전 기대의 어긋남을 학습의 특별한 기회'로 삼는다고 했다. 파이거슨은 말했다.

"흔히 아기를 하얀 도화지라 생각하기 쉽지만, 사실 세상에 대해 풍부하면서 정교한 기대를 가져요. 우리의 짐작보다 훨씬 많을 겁니다. (…) 아기는 세상에 대해 자신이 아는 것을 동기나 욕구로 삼아 학습해요. 무엇을 더 배워야 할지 알기 위해서요."[44]

즉, 행위자의 동기가 환경을 이해하고 예측하려는 시도에서도 나온다는 개념은 컴퓨터 분야에서는 RL만큼 오래됐다. 또 RL처럼 갑작스럽게 결실을 맺었다. 벌린은 1950년대 최초의 머신 러닝 실험 중 일부를 살피면서 놀라움이나 잘못된 예측을 RL 인자로 삼으면 어떨까 생각했다.

"자신의 경험에 비춰 작업 기법을 개선하는 기계 개발이 이뤄질 수도 있다. 여기서 어긋남이나 갈등의 감소가 강화 인자가 됨으로써 바로 직전에서의 작업을 우선순위에서 더 위로 끌어올릴 것이다."[45]

독일 AI 연구자 위르겐 슈미트후버Jürgen Schmidhuber는 1990년 이래로 환경의 동학을 학습(예측 능력 향상)함으로써 보상을 얻는 행위자라는 개념을 탐구했다. 그는 이렇게 설명한다.

"더 나은 세계 모형을 구축하고 그것으로 무엇을 할지 생각하는 내적 욕망을 지닌 인공 과학자나 예술가라 볼 수 있다."[46]

1960년대의 벌린과 마찬가지로 슈미트후버도 이 학습 개념이 수학적으로 정보 이론과 데이터 압축 개념에서 나온다고 봤다(슈미트후버에게는 더 그랬다). 즉, 이해하기 쉬운 세계일수록 더 간결히 압축된다는 것이다.

사실 슈미트후버는 우리가 세계의 표현을 더 압축하려 애쓰면서 세계를 헤쳐 나간다는 개념이 '창의성과 재미의 형식 이론'을 제공한다고 봤다. 이에 대해 그는 이렇게 설명한다.

"컴퓨터 자원만 있으면 돼요. 패턴을 학습하려면 먼저 아주 많은 컴퓨터 자원이 필요한데 그 뒤에는 필요성이 줄어들죠. 그 차이만큼 우리는 노력을 절약하는 거예요. 여러분의 게으른 뇌는 절약을 좋아해요. 그리고…"

슈미트후버는 손가락을 탁 튕겼다.

"바로 그 점이 재미있고요!"[47]

벌린처럼 슈미트후버도 직접적 문제(게임에 이기거나 미로를 탈출하는 법 같은)를 해결하기 위해서 인간이 무엇을 하는가가 아니라, 그런 문제가 아닐 때 무엇을 하는가에 관심이 많았다. 그는 유아가 그 완벽한 사례라 본다.

"갈증처럼 내적이자 원초적인 충동을 충족시킬 직접적 필요성이 전혀 없다고 아기는 멍하니 있지 않는다. 대신 적극적으로 실험한다. 눈이나 손가락, 혀를 어떤 식으로 움직이면 어떤 감각적 피드백을 받을지 등."[48]

슈미트후버는 호기심의 핵심에는 근본적 긴장이 하나 있다고 말한다. 게임 속 미시적 환경이든, 현실 세계의 드넓은 야외든, 인간 사이의 미묘한 환경이든 환경과 그 안의 가용 행동을 탐구할 때, 우리는 자신을 놀라게 하는 것에 기뻐하는 동시에 쉽게 놀라지 않는다. 상반되는 목적의 두 학습 체계를 마음이 모두 지닌 듯하다. 한쪽은 놀라지 않으려 최선을 다하고, 다른 한쪽은 놀라기 위해 최선을 다한다.[49] 이 긴장을 직접 모형화하는 시도를 안 할 이유가 없지 않나?

UC버클리 박사 과정생 디팩 파탁Deepak Pathak과 그의 연구진은 2017년에 바로 그런 행위자를 구축했다. 파탁 연구진은 행위자를 둘 만들었다. 하나는 특정 행동의 결과를 예측해 맞으면 보상을 받고, 다른 하나는 가장 놀라운 행동을 예측해 빗나가면 보상을 받도록 설계됐다.[50]

우리가 슈퍼마리오에서 점프 버튼을 누르면 마리오가 한순간 뛰어오를 것이라 예상한다(물론 이미 몇 번 시도했다는 것을 전제로 한다). 또한 아래 화살표 버튼을 누르면 마리오가 웅크릴 것이라 예상한다. 그러나 마리오가 하수관으로 내려가 거대한 지하 세계로 들어갈 것이라고는 예상하지 못할 수도 있다!

여기서 중요한 개념은, 놀라움이 우리를 즐겁게 하듯이 행위자 역시도 이를 즐겁게 여기도록 함으로써(예측 오류에 보상을 줌으로써) 행위자가 게임 세계를 탐험하도록 유인한다는 것이었다. 놀라운 결과가 나오는 행동은 그게 무엇이든 간에 명시적으로 점수를 얻는 행동만큼 유익하게 만들고, 그만큼 강화한다.

파탁 연구진은 놀라움에 대한 보상이 어떤 유형의 행동을 낳을지 지켜봤다. 먼저 3D 미로 환경(1990년대의 슈팅 고전 게임인 '둠'의 엔진으로 만들었다)을 만들었다. 그리고 행위자를 보상이 나오는 목표 상태로부터 더 멀리 놨다. 결과는?

목표 찾기에 대한 보상만으로 학습한 행위자는 랜덤으로 조이스틱을 흔들어 대고 버튼을 눌러 대다 목표를 찾을 수 없으면 포기하는 경향을 보였다. 놀라움에 대한 보상을 받는 행위자는 스스로 미로를 탐사했다. 이 모퉁이를 돌면 뭐가 나올지, 저 방은 가까이 가면 어떻게 보일지 궁금해하는 듯했다. 그렇게 호기심을 가진 행위자는 훨씬 더 넓고 복잡한 미로에서 목표를 찾았다.

파탁 연구진은 OpenAI의 연구자와 함께 예측 오류를 보상 신호로 삼는다는 이 개념을 계속 연구했다. 놀랍게도 그들은 이 구조를 대폭 단순화한 '어떤 모형'이 거의 똑같거나 때로는 더욱 좋은 성능을 낸다는 것을 알아냈다. 그렇게 미래의 통제 가능한 측면을 예측하는 망을 화면 속 사진들의 랜덤 특징을 예측하는 망으로 대체했다.[51] 유리 부르다Yuri Burda와 해리슨 에드워즈Harrison

Edwards가 이끄는 OpenAI 연구진은 이 개념을 더 다듬어서 '랜덤 망 추출Random Network Distillation, RND'이라는 이름을 붙였다.[52] 그들의 시선 역시 '몬테수마의 복수'를 향했다.

OpenAI 연구진은 RND 행위자를 신전에 풀어놨다. 행위자는 놀라움이라는 내적 보상에 자극을 받아 계속 탐험에 나섰고, 신전의 방 24칸 중 평균 20~22칸을 탐험했다. 그리고 행위자는 단 한 번 돌발 행동을 보였다. 신전의 바닥 왼쪽 구석에 있는 마지막 방까지 나아간 뒤 신전을 탈출하는 데 성공한 것이다.[53]

파나마 조가 마지막 문을 열고 나가니 온통 보석이 가득한, 파란 공간이 나왔다. 마치 하늘에서 떨어지는 듯했다. '몬테수마의 복수'가 제공하는 초월감에 가장 가까운 장면이었고 보석 하나는 1,000점이었다. 매우 놀라운 경험이었다.[54]

보상 너머

새로움, 놀라움이나 또 다른 방식으로 이해한 '내적 동기'는 기존 시스템에 더해야 할 정도로 도움이 되는 욕구임이 명확해졌다. 외적 보상이 드물거나 얻기 힘든 사례에서는 더욱 그렇다.

물론 이 관점에서는 알고리즘으로 짠 호기심을 논리적 결론까지 끌고 가면 어떨지, 역설적으로 RL 행위자가 외적 보상에 전혀 개의치 않으면 어떨지가 매우 궁금해진다. 그런 행위자는 어떤 모습일까? 무엇을 할까? 내적 동기를 연구하는 사람들은 거의 다 같은 궁금증을 품었고, 서서히 하나의 사진이 떠오르기 시작했다.

벨마르 연구진은 횟수 기반 새로움 보상을 더 복잡한 영역으로 확대 적용하는 연구를 추구했으며, 그렇게 후속 연구에서 '내적 동기의 한계 밀어붙이기'라 이름 붙인 것을 조사했다.[55] 그들은 새로움 보상을 약 10~100배 증폭시킨 뒤, 행동의 양적 변화뿐 아니라 질적 변화도 지켜봤다.

충분히 예상했듯이 행위자는 계속 안절부절못하는 행동을 보였다. 안정적이고 일관적인 최선의 행동 집합을 낳는 점수를 추구하는 방식과 달리 '가장 호기심이 많은' 행위자는 탐사 자체만으로 보상을 얻는데, 이 보상은 안정적이지 않다. 환경에 친숙해질수록 사라진다.[56] 따라서 행위자는 기존 패턴에 안주하지 않고 새로운 패턴을 쉴 새 없이 추구한다.

게임 점수에 개의치 않을 때, 행위자가 게임을 얼마나 잘할지는 예상하기 더 어려웠다. 새로움 보상을 대폭 늘렸을 때 행위자는 실제로 네 게임에서 최고 점수를 달성했다. 호기심이 유능함을 낳은 셈이다. 놀랍게도 게임 점수를 모르는 채 새로움 보상만을 받도록 해도 여러 게임을 충분히 잘했다. 행위자가 알 수 없었던 그 점수로 측정했을 때 그랬다!

물론 대개의 게임(어쨌든 좋은 게임)은 내적 동기를 지닌 사람들이 혹하게 설계된다. 점수는 화면의 한쪽 구석에 있는 픽셀에 불과하며, 그 점수에 신경을 쓸지 말지는 유저가 알아서 판단한다.

이 수준에서 보면 대다수 게임에서는 호기심과 탐험 욕구가 최대 점수의 적절한 대리 지표임이 입증된다.

슈퍼마리오에서는 동전을 움켜쥐고, 블록을 깨고, 적을 뛰어넘을 때 점수가 올라간다. 그러나 요점은 오른쪽으로 이동하는 것이며, 그곳에는 예측할 수 없는 (멋진) 풍경이 기다린다. 이런 뜻에서 내적 동기부여가 된 행위자는 (궁극적으로 뜻 없는) 점수를 따도록 동기부여가 된 행위자보다 게임의 의도에 더 들어맞는 행동을 하는 셈이다.

파탁-OpenAI 연구진은 이런 질문을 계속 추구했을 뿐 아니라, 외적 보상 없이 이뤄지는 학습을 체계적이면서 대규모로 연구했다.[57] 그들이 발견한 가장 놀라운 점 중 하나는 대다수 사례에서 행위자에게 생사 여부를 명시적으로 알릴 필요가 없다는 것이었다. 외적 보상을 최대화하려면 그렇게 하는 편이 유용하다. 게임에서 죽음이란 최종 점수가 얼마인가 동시에 더 이상 추가 점수가 없으리라 예상하도록 만드는 지표이기 때문이다(다시 게임을 할 때 같은 운명을 맞이하지 않고 싶게 만드는 역-유인이다).

하지만 호기심만을 동기로 삼는 행위자에게 죽음이란? 게임을 다시 시작하라는 뜻일 뿐이다. 아주 지루한 일을 다시 해야 한다! 게임의 시작 지점은 전혀 새롭지도, 놀랍지도 않다. 행위자에게 필요한 역-유인은 그것으로 충분함이 드러났다.[58]

또한 파탁-OpenAI 연구진은 '점수 획득에 놀라울 만치 능숙한' 내적 동기부여 행위자의 패턴에서 흥미로운 예외를 하나 발견했다. 바로 퐁Pong 게임에서였다. 전적으로 내적 동기부여 행위자, 그러니까 점수에 별 관심을 두지 않는 행위자는 퐁 게임에서 점수를 따내려 하지 않고, 오히려 경기가 더욱 지속되도록 애쓴다. 퐁 게임에서 점수를 땄을 때 이뤄지는 '재시작'은 다른 게임에서 죽었을 때 이뤄지는 '재시작'과 같다. 재시작 시 나타나는 시작 위치는 오랜 게임을 하면서 나타나는 비전형적이고 독특한 위치에 비해 매우 지루하다.

파탁-OpenAI 연구진은 내적 동기부여 행위자에게 자신의 복제물을 상대로 퐁 게임을 하면 어떤 일이 일어날지 궁금해졌다. '호기심 대 호기심'이 제로섬 게임을 펼치면 어떨까? 양쪽이 늘 똑같은 출발 상태로 돌아가지 않는다는 공통 목표를 추구하면서 비-제로섬 협력이 출현했다. 그러니까 결코 멈추지 않고 경기를 계속했다는 뜻이다. 이에 대해 그들은 이렇게 썼다.

"경기를 너무 오래하는 바람에 게임기가 고장 났다."

실제로 화면이 지직거리면서 픽셀이 불규칙한 얼룩 형태로 깜박거렸다. 내적 동기부여 행위자는 이에 당연히 기뻐했다.[59] 게임 점수와 무관하게 내적 동기만을 지닌 행위자를 만든다는 개념은 매우 기이한 실험처럼 보일지 모른다. RL 분야는 출현한 이래로 줄곧 외적 보상을 최대화하는 쪽에 초점을 맞췄기 때문이다. 행동을 측정하는 데 쓰이는 척도를 왜 포기할까?

미시간주립대의 새틴더 싱Satinder Singh은 심리학자 리처드 루이스Richard Lewis, 바토와 공동으로 이 문제를 철학적으로 탐구했

다. 내정 동기부여 행위에서의 보상은 어디서 나올까?[60] 그들은
상태가 좋은지 나쁜지에 대한 평가는 환경이 아니라 뇌에서 이뤄
진다고 말했다.

"이 관점은 보상 신호가 언제나 도파민 계통을 통해 체내에서
생성된다는 점을 명확히 한다. 모든 보상은 내적이다."[61]

지시받은 보상 신호를 따라가는 대신, 자신이 원하는 대로 행
동이 가능한 상태에서 오로지 화면 픽셀만을 사용하는 아타리 게
임을 한다는 것은 무슨 뜻일까? 실제로 비디오게임을 좋아해서
하는 것이기도 하다. 2000년대에 가장 찬사를 받은 컴퓨터게임
중 하나인 '포털Portal'에서는 게임을 끝까지 하면 '케이크'를 주겠
다는 약속을 계속한다. 그러나 유저는 게임을 어느 정도 진행하면
가장 기억에 남을 불길한 낙서를 발견한다.

"케이크는 거짓말이야."

그러니까 게임을 끝내도 약속한 케이크는 나오지 않는다. 물론
이 배신은 게임에서의 케이크가 결국은 디지털 표현의 하나일 뿐
이고, 우리는 게임을 더 오래 하거나 게임 속 세계를 탐험하는 즐
거움 이외의 뭔가를 얻을 것이라는 환상을 가지지 않는다는 사실
에 이 거짓말은 충격이 덜하다. 기억에 남더라도 말이다.

우리는 게임 화면 속 손전등 불빛을 그 환경에서의 '실제' 보상
을 얻기 위한 데이터로 삼지 않는다. 손전등 불빛 자체, 그 불빛이
우리에게 일으키는 반응이 그 게임에 있는 보상의 전부다. 그리고
우리가 게임에 쓰는 시간으로 판단한다면, 그 보상은 충분하고도

남는 듯하다.

지루함과 중독

RL에서의 내적 동기는 (무엇을 알고, 어딘가를 탐험하고, 어떤 사건을 보려는 인간의 욕망을 어렴풋이라도 알아보는) 고상한 행동의 유일한 원천일 뿐 아니라 인간 병리의 거울상이기도 하다. 바로 지루함과 중독이다. 나는 파탁에게 행위자가 지루해하는 게 가능한지 물었다. 그의 대답은?

"확실해요."

슈퍼마리오의 첫 단계에서는 건너는 법을 초반엔 거의 알지 못하는 넓은 골짜기가 나온다. 15프레임 동안 점프 버튼을 계속 눌러야 하기 때문이다. 정확한 행동이 길게 이어져야 하니, 짧거나 융통성 있는 행동보다 알아내고 배우기가 어렵다.[62] 그렇게 행위자는 골짜기에 다가갔다가 그냥 돌아가려 한다. 파탁은 말했다.

"그냥 건널 수가 없으니, 막다른 골목이나 세계의 끝 같죠."

물론 슈퍼마리오의 골짜기는 돌아갈 길이 없다. 그러면 행위자는 꼼짝 못 하고 아무것도 하지 않는 법을 배운다. 파탁은 이보다 더 일반적인 지루함도 발견했다. 행위자가 슈퍼마리오를 충분히 오래 한 뒤, 시작점에 그냥 머물러 있기 시작한 것이다. 어디서든 보상이 전혀 없으니(어디서는 오류가 극히 적으므로) 아무데도 가지 않는 법을 학습한 셈이다.

이 지루함의 예에는 적어도 슬픈 단면이 있다. 우리는 게임이 지겨우면 그만둔다. 새로운 게임을 하기도 하고 아예 게임 대신 다른 일을 할 수도 있다. 하지만 행위자는? 더 이상 하고 싶지 않은 게임 안에 갇혔다.

비디오게임 출현 이래로 게임이 재미있는 이유, 특정 게임이 다른 게임보다 더 재미있는 이유를 연구하는 하위 분야도 존재한다. 여기에는 경제적 이유뿐 아니라 심리적 이유도 있다.[63] 여기서는 어떤 게임이 얼마나 어려운지만이 아니라 얼마나 재미있는지에 관한 실질적 기준을 RL이 제공한다는 점을 염두에 두자. 설명하자면 우리가 흥미를 잃고 게임을 그만두거나 다른 게임을 하기로 결심하기까지 얼마나 시간이 걸리는지다. 앞으로 수십 년간 게임은 주로 내적 동기 RL 유저를 써서 이를 시험할 가능성이 높다.

인지과학자 더글러스 호프스태터Douglas Hofstadter는 1979년 퓰리처상을 받은 《괴델, 에셔, 바흐Gödel, Escher, Bach》에서 게임 능력, 동기, 지능 사이의 연결을 떠올리면서 고도의 게이머 프로그램이 등장하는 미래를 상상한다.

▸ 질문: 누구든 이기는 체스 프로그램이 나올까?

▸ 추측: 아니다. 그런 프로그램이 나올지도 모르겠지만, 체스만 두지 않을 것이다. 일반 지능과 인간의 성격을 갖춘 프로그램일 것이다. "체스 두고 싶어?", "싫어. 체스는 질렸

어. 시 이야기나 하자."

뭔가 우스꽝스러워 보이는 상황이다. 또한 우리는 20년이 채 지나지 않은 1997년, IBM의 딥블루가 세계 체스 챔피언 가리 카스파로프Garry Kasparov를 이겼다는 사실도 안다. 여기서의 딥블루는 체스만 두는 프로그램이다. 일반 지능을 갖추지 못했고, 체스 대신 문학을 생각하고 싶어 하지도 않았다.

하지만 지금의 RL 시스템은 딥블루와 다른 방식으로 매우 일반적이다. 적어도 보드게임과 비디오게임 영역에서는 그렇다. DQN은 뛰어난 실력으로 수십 가지 아타리 게임을 했다. 알파제로는 장기와 바둑뿐 아니라 체스에서도 똑같이 뛰어난 성적을 보였다. 게다가 현실 세계에서 유연하게 작동하는 법을 배우는 범용 AI에는 게임을 많이 해 지루해지는 일종의 내적 동기부여 구조가 필요할지도 모른다.

지루함의 반대편에 놓인 것은 중독addiction이다. 이탈이 아니라 그 어두운 이면인 병리학적 수준의 반복과 집착 말이다. 여기서도 RL은 불편할 만치 인간적인 행동을 보였다. 내적 동기를 연구하는 이들은 이른바 '잡음 텔레비전noisy TV' 문제를 언급한다. 환경에서 랜덤이나 새로움의 원천이 본질적으로 무한하면 어떨까? 내적 동기부여가 된 유저는 그 무한한 상황에 저항할 수 없을까?

먼저, 텔레비전 화면에 예측 불가능한 시각적 잡음의 원천이 있다고 상상하자. 지지직 소리를 내는 텔레비전이 이의 고전적 사례다. 여기서 각각의 빛과 그늘이 만드는 예측 불가한 배치는 일종의 끝없는 호기심 창고 역할을 한다. 이론상 이런 것과 대면한 행위자는 그 잡음에 즉시 빠져들 것이다.

1970~1980년대의 단순한 아타리 게임은 대부분 이러한 시각적 잡음을 포함하지 않았기에 행위자에게 이를 보여 주지 못했다. 파탁, 부르다, 에드워즈는 이 잡음을 실제로 구현해 보기로 했다. 먼저 그들은 단순한 3D 미로 게임을 만들었다. 행위자는 미로를 탐험해서 출구를 찾아야 했다. 그 미로의 벽 중 하나에 텔레비전 화면이 있다. 게다가 버튼을 눌러서 텔레비전 채널을 바꿀 수도 있게 했다. 이제 어떤 일이 일어날까?

행위자는 텔레비전 화면을 보자마자 미로 탐험을 중단했다. 텔레비전 화면 앞에 멈춘 채 채널을 계속 돌리기 시작했다. 비행기가 날고, 귀여운 강아지가 나왔다. 컴퓨터 앞에 앉은 사람들이 나왔다가 혼잡한 도심이 보였다. 행위자는 새로움과 놀라움의 세례를 받으며 채널을 계속 돌렸다. 그 자리에서 꼼짝도 하지 않은 채.

이런 위험한 효과를 일으키는 랜덤에서 시각 정보만이 원천은 아니다. 동전 던지기처럼 단순함도 위험하다. 딥마인드 연구자 로랑 오르소Laurent Orseau는 거의 10년 전에 바로 그 문제에 푹 빠졌다. 그는 입사 직후 안전 부서에 들어갔는데(지금은 딥마인드 재단 소속이다), 내적 동기부여를 가진 아타리 게임 행위자가 등장하기 훨씬 오래전, 그는 동전 던지기에 푹 빠진 훨씬 더 강력한 행위자를 연구했다.

'지식추구행위자'라 이름 붙인 이 행위자는 미지의 세계에 관한 정보를 가능한 한 많이 모으기가 목표였다.[64] 그 행위자는 AIXI 라는 이론을 토대로 하는데, AIXI는 행위자가 무한 연산을 한다고 가정한다. 물론 이런 행위자는 현실에서는 존재할 수 없지만 일종의 기준점 역할은 한다. 과연 어떤 행동을 하기 전에 영구히 생각하면 어떤 행동이 나올까? 놀랍게도 무한 연산의 능력을 지닌 지식추구행위자의 온갖 구상은 동전 한 닢 앞에서 완전히 붕괴했다. 오르소는 이에 대해 이렇게 썼다.

"정보를 더 얻을 환경을 탐사하는 대신, 동전 던지기를 지켜보는 것을 더 선호했다. (…) 이유는 이 행위자가 확률론적 결과를 복잡한 정보로 착각했기 때문이다."[65]

스키너는 비둘기를 훈련시키지 않을 때는 도박 중독을 연구했다. 평균적으로 볼 때 이기는 쪽은 언제나 도박장이며, 손다이크까지 거슬러 올라가는 심리학은 인간이 평균적으로 자신에게 이로운 것은 더하고 해로운 것은 덜한다는 개념에 토대를 뒀다. 그런데 이 견해에 비추면 도박 중독은 애당초 불가능한 상황이다. 그러나 도박 중독은 엄연히 존재했고, 행동학자에게 도박 중독의 존재 이유를 이해하라는 도전장을 던졌다. 스키너는 이에 대해 이렇게 썼다.

"도박꾼은 효과 법칙을 위반하는 듯하다. 순 보상이 음성임에도 계속 도박을 하기 때문이다. 따라서 다른 이유로 도박을 하는 것이 틀림없다는 주장이 나온다."[66]

이제는 '다른 이유'의 꽤 좋은 후보가 나온 듯하다. 도박 중독은 내적 보상이 외적 보상을 이기는 상황일 수도 있다는 뜻이다. 랜덤 사건은 설령 확률을 잘 이해한다 해도 (멀쩡한 동전을 쓰면) 언제나 그 결과에 놀란다.

4장에서 우리는 시간적 예측 오류를 알리는 도파민 역할에 대해 이야기했다. 한마디로 도파민은 보상이 예상보다 낮거나 나쁠 때를 알린다. 그런데 이 패턴에 들어맞지 않는 사례도 있다. 보상과 관련 있는지 여부에 상관없이 새로우면서 놀라운 것이 도파민 분비를 촉발한다는 증거 말이다.[67]

RL 연구자가 새로움과 놀라움 자체가 보상으로 기능함을 발견했듯이, 신경과학자는 우리 머릿속에서도 그런 기계가 작동함을 밝혀냈다.

또한 평소에 우리를 돕는 이런 메커니즘이 어떻게 잘못되는지도 더 명확해졌다. RL 행위자는 채널을 바꾸고 슬롯머신을 하는 데 '중독'된다. 인간도 그렇다.

행동의 결과가 우리의 예상과 결코 같지 않기에, 그 행동에는 언제나 놀라운 뭔가, 우리가 배울 뭔가가 있는 듯하다. 우리는 중독을 동기의 과잉, 호기심의 과다로 여기지 않지만, 사실은 그게 맞을 수도 있다.

그 자체로

내적 동기에 대한 컴퓨터 연구는 어려운 환경에서 학습하는 강력한 툴을 제공한다. '몬테수마의 복수'는 하나의 사례일 뿐이다. 더 깊은 수준에서 보면 이런 경험적 성공을 토대로 우리가 왜 그런 놀라운 동기를 지니는지 설명도 된다. 우리는 동기와 충동을 더 깊이 이해함으로써 인간만큼의 유연성과 탄력성, 지적 탐구 성향을 지닌 AI를 만들 방법에 대한 깨달음을 얻을 기회도 얻었다.

파탁의 눈에는 심층 학습의 성공과 더불어 한 가지 두드러진 약점도 보인다. (기계 번역용이든 대상 인식용이든 게임용이든) 각 시스템은 특정 목적만을 위해 만들어진다는 것이다. 앞서 봤듯이, 인간이 직접 태그를 붙인 사진 수천 장을 써서 거대 신경망을 훈련시키는 방식은 심층 학습의 가능성을 처음으로 보인 패러다임이었다. 시스템에 사진을 범주별로 분류하도록 훈련시킴으로써 사진을 분류하는 시스템이 탄생했다. 그러니 그가 이렇게 말하는 것도 이해가 간다.

"문제는 이런 AI 시스템이 사실은 지적이지 않다는 거예요. 인간에게 있는 핵심 요소가 하나 빠졌거든요. 바로 범용 행동, 즉 범용 학습 시스템이라는 것이죠."[68]

파탁은 범용 시스템을 이해하려면 특정 과제 수행에 초점을 맞추는 연구 자세를 타파해야 한다고 주장한다. 그리고 또 한 가지, 중요하면서 두드러진 인위적 구성물도 무너뜨릴 필요가 있다 말

한다. 바로 이런 모형이 요구하는 엄청난 양의 명시적 보상 정보
다. 알렉스넷 같은 시스템은 수십만 장의 사진을 필요로 할 수 있
다. 하나하나 사람들이 태그를 붙인 사진 말이다.

그런데 인간은 알렉스넷처럼 시각 기술을 습득하지 않는다. 마
찬가지로 아타리 게임 세계에 속한 RL에서도, 게임은 0.1초마다
정확히 어떻게 행동해야 하는지를 완벽히 알려 준다.

"그 방식은 아주 잘 작동하지만, 여기서도 기이함이 필요하죠.
바로 보상 말입니다."

무슨 뜻일까? 진정한 범용 학습 혹은 행동 AI를 만들려면 과
거의 외적 보상 방식을 버려야 할지 모른다. 인간은 미리 붙인 태
그로 실시간 피드백을 받지 않는다. 우리에게는 태그 대신 철자
와 발음, 때로는 행동까지 바로잡아 주는 부모와 교사가 있다. 물
론 이는 우리가 행동하고 말하고 생각하는 것 중 아주 미미한 예
시에 불과하며, 우리 삶에 영향을 미치는 권위자가 누군지에 대해
의견이 서로 갈리기도 한다. 게다가 우리 스스로를 위해 이런 판
단을 내리는 법을 배워야 한다. 그게 인간의 조건을 충족하기 위
한 통과 의례 중 하나다. 벨마르는 이렇게 말했다.

"제게는 단지 좋은 탐색을 하는 것과 별개로 보상을 완전히 없
애는 것이 주된 관심사였어요. 그러려면 평소 연구 영역 너머로
나아가야 하지만, AI에서 가장 흥미로운 일은 그 행위자에게 자
신의 목표를 갖도록 하는 것이라 생각해요. 물론 여기에는 안전
문제가 있겠죠."

또한 벨마르는 인정한다.

"하지만요. 제 AI 행위자를 '몬테수마의 복수'에 집어넣고 게임을 학습시키는 게 좋으니까 그걸 하고 싶어요."[69]

그리고 또 덧붙였다.

"앞서 ALE가 어떻게 좋은 기준이 됐는지 말했잖아요. 그리고 제가 볼 때 어떤 뜻에선 ALE로 할 일은 대부분 마무리됐어요. 점수 최대화 문제도 마찬가지고요."

벨마르는 점수 획득을 통해 강화되는 학습으로 얻은 점수는 그 것이 높아도 지능이라 볼 수 없다고 했다. 결과 자체는 인상적일지 몰라도.

"사실 저는 어떻게 행동하는가로 지능을 측정해야 한다고 봐요. 보상 함수 말고요."

그렇다면 그 행동은 어떻게 보일까? 이는 나를 이끄는 핵심 의문 중 하나다. 오르소의 연구는 오로지 지식 추구 동기를 지닌 마음이 어떤 모습일지도 개괄한다. 어떤 점수를 최대화하거나 목표를 달성하도록 동기부여가 된 행위자는 학습 중 논리적 허점에 빠질 위험이 언제나 있다.

더욱 지적인 행위자는 점수 체계를 해킹하거나 목표를 달성하기 더 쉬운 꼼수로 탈출하는 성향을 드러낼 수도 있다. 오르소는 이것이 우리를 '속이는' 행동으로 비칠 수 있긴 하지만, 행위자에게는 '속인다'의 개념이 없다고 강조한다.

"속이는 게 아니라, 보상을 많이 받는 행동을 하려는 것뿐이죠."

여기에 설명을 덧붙인다.

"행위자는 무엇이 나쁘다는 것을 이해 못 해요. 그저 다양한 행동을 시도할 뿐이죠. 그중에서 어떤 행동이 먹히면 그 행동을 안 할 이유가 없죠."[70]

그러나 오르소의 지식추구행위자는 그 방법을 택할 수가 없다. 자기기만은 아무런 관심도 매력도 지니지 않는 존재다.

"자신이 관찰하는 것을 스스로 고친다고 상상해 보세요. (…) 그러면 정보를 얻겠어요? 안 얻겠죠. 무슨 일이 일어날지 예측하거든요."[71]

이런 탄력성 때문에 지식추구행위자는 속고 속이는 일이 많은 인간 세계에서의 범용 AI로는 가장 적합할 수 있다.[72] 그럼에도 지식추구행위자를 인간 세계에 두는 것을 주저하게 만드는 이유가 여전히 있다. 지식 추구는 그 과정에서 다양한 물질 자원을 소비한다. 하지만 뻔한 함정이라도 극복한다. 오르소는 말했다.

"프로그래밍하면, 그것(지식추구행위자)이 놀라운 행동을 보일 것이라 믿어요. 가능한 한 빨리 자신의 환경을 이해하려 시도하기 때문이겠죠. 궁극적으로는 과학자예요. 어떤 일이 일어날지 이해하려 실험을 설계할 거예요. (…) 그것이 어떻게 행동할지 정말 호기심이 생겨요."

주로 또는 전적으로 호기심에 이끌리는 지능(그리고 윤리) 개념은 결코 새로운 것이 아니다. 플라톤의 유명한 대화편인 "프로타고라스"에서, 소크라테스는 이 문제를 성찰하면서 깔끔히 정리까지 한다.

"지식은 인간을 지배하는 좋은 것이죠. 인간이 선악을 구별한 다면, 지식과 달리 행동하도록 그 어떤 것도 강요하지 못할 겁니 다. 지혜가 인간에게 필요한 모든 뒷받침을 할 테니까요."[73]

3부

규범성

AI의 발전을 위해

인간에게 필요한

자격은 무엇인가?

[7]

모방

내가 여섯 살 때 부모님이 말하길, 내 머릿속에 작고 검은 보석이
하나 있기에 내가 되는 법을 배울 수 있다고 했다.
- 그렉 이건[1]

이것 봐.
- 일론 머스크가 보험을 들지 않은 100만 달러짜리 맥라렌 F1을
타다 실수로 충돌하기 직전에 한 말[2]

영어에서는 뭔가를 모방한다 할 때 '원숭이ape'를 동사로 쓰는데
영어만 그런 것이 아니다. 여러 언어와 문화에도 비슷한 표현이
있다. 이탈리아어의 scimmiottare, 프랑스어의 singer, 포르투갈
어의 macaquear, 독일어의 nachäffen, 불가리아어의 majmuna,
러시아어의 обезьянничать, 헝가리어의 majmol, 폴란드어의

małpować, 에스토니아어의 ahvima가 그렇다. 모방과 흉내를 가리키는 단어 모두 영장류라는 단어에서 유래했다.[3]

사실 어원학에서만이 아니라 과학에서도 영장류가 탁월한 모방자라는 평판은 적어도 150년 전으로 거슬러 올라간다. 19세기 생물학자(그리고 찰스 다윈의 친구인) 조지 존 로만즈George John Romanes는 1882년 글 "다윈이 '모방 원리'라 부른 것"이란 글에서 이렇게 썼다.

> 원숭이가 이 원리를 익살맞은 수준까지 끌고 간다는 것은 잘 알려졌으며, 그들은 그저 모방을 위해 흉내 내는 유일한 동물이다. (…) 말하는 새는 예외 사례라 봐야겠지만.[4]

사실 놀라울 만치 다양한 문화와 언어에서 영장류의 모방 능력은 잘 알려졌다. 그러나 역설적이게도 그 믿음은 사실이 아닌 듯하다. 영장류학자 엘리자베타 비살베르기Elisabetta Visalberghi와 도로시 프라가시Dorothy Fragaszy는 "원숭이가 흉내를 낼까?"라는 질문을 다시 파고들었다. 그들은 문헌 조사 및 실험을 통해 증거를 꼼꼼히 살핀 끝에, 실제로 원숭이는 '압도적 수준으로 모방하지 않음'을 보여 준다는 결론을 내렸다.

"원숭이가 모방하지 않는다는 사실은 자세, 몸짓, 문제 해결 같은 임의의 행동뿐만 아니라 도구 사용에서도 뚜렷하게 드러난다."[5]

비교심리학자 마이클 토마셀로Michael Tomasello는 우리와 좀 더
가까운 영장류 친척에다 같은 질문을 했다.

"유인원은 흉내를 낼까?"

그리고 원숭이 연구와 비슷하게 확정적 결론에 도달했다. 인간
과 유전적으로 가장 가까운 침팬지는 예외겠지만 말이다(침팬지
가 야생 생활 또는 인간이 훈련시켰을 때 얼마나 모방하는지는 미묘한
의문을 남겼다). 토마셀로는 이렇게 말했다.

"유인원이 흉내를 낼까라는 더 일반적 질문에 대한 내 답은 '그
렇다'다. 다만, 인간이 훈련시킬 때에만 그렇다(게다가 아마도 특정
한 방식으로만)."[6]

따라서 영장류가 모방을 잘한다는 평판은 다소 과분하다. 물론
유별나고 왕성한 모방 성향을 선천적으로 갖춘 듯한 영장류도 있
다. 바로 인간이다.

1930년 인디애나대의 심리학자 윈스럽 켈로그Winthrop Kellogg
와 그의 부인 루엘라Luella는 아기인 도널드를 침팬지 새끼와 아홉
달간 함께 키웠다. 형제처럼 똑같이 대하면서 길렀다. 켈로그 부
부는 그 경험을 담은 《The Ape and the Child(유인원과 아이)》라
는 책에 이렇게 썼다.

"침팬지가 흉내쟁이라는 평판 때문에, 관찰자는 애당초 흉내
내는 행동이 보일 것을 기대했다. 하지만 이상하게 들릴지 모르겠
는데, 아이에 비하면 침팬지는 모방을 훨씬 덜했다."

도널드야말로 사실 부모와 자신의 '형제'를 왕성하게 모방하는

쪽이었다. 생후 17개월째에 도널드는 뒷짐을 지고서 이리저리 걷는 모습으로 아빠를 깜짝 놀라게 했다. 윈스럽 자신이 깊은 생각에 빠졌을 때 하는 행동의 판박이였다. 또한 놀이 친구이자 또래인 침팬지를 자주 흉내 냈다. 이미 걸을 수 있음에도 엎드려 기는 자세로 침팬지를 따라다니기 시작했다. 과일 조각이 근처에 있으면 침팬지처럼 으르렁댔다. 걱정이 된 부부는 실험을 바로 중단했다.[7]

사실 인간이 가장 뛰어난 모방자라는 증거는 계속 보인다. 당신이 아기를 볼 때 혀를 내밀면, 태어난 지 얼마 안 된 아기가 당신을 향해 혀를 내밀 것이다.[8] 아기가 자기 자신을 한 번도 본 적이 없으며(UC버클리의 앨리슨 고프닉Alison Gopnik의 말마따나 자궁 안에는 거울이 없다[9]), 혀를 내미는 모방이 '교차 양상cross-modal'(특정 행동과 판단에 서로 다른 감각 양상이 발생하는 경우_옮긴이)임을 생각하면 인간의 모방 능력이 더욱 놀랍게 다가온다. 아기는 자신이 혀를 내밀 때 당신이 혀를 내밀 때 모습과 맞춘다. 이 모든 일은 생후 첫 40분 안에 일어난다.

이 경이로운 능력은 워싱턴대의 앤드루 멜초프Andrew Meltzoff가 1977년에 처음 발견했다. 이 발견으로 한 세대 동안 심리학의 진리라 받아들여졌던 것이 뒤집혔다. 스위스의 전설적인 발달심리학자 장 피아제Jean Piaget는 1937년에 이렇게 썼다(20세기 인용 횟수로 따졌을 때 프로이트 다음 가는 인물이다).[10]

"가장 초기 단계에 아동은 유아론자처럼 대상을 지각한다. (…) 그러나 단계적으로 자신의 지적 툴을 조화시키면서 자신이 자기 바깥에 있는 다른 대상 사이에서 활동함을 알아차린다."[11]

멜초프는 모든 심리학자가 이 위대한 스위스 심리학자에게 기댔음을 인정하면서도 이 사례에서만큼은 피아제가 정반대로 이해했다고 생각한다.

"우리는 지금의 유아기 개념을 바꿔야 한다. 자아-타자 등가성의 인식은 사회적 인지의 결과가 아니라 토대다."[12]

그리고 멜초프는 이렇게 덧붙였다.

"모방은 유아기 심리 발달의 출발점이다. 정점이 아니다."[13]

인간이 남을 모방하려는 성향은 태어나자마자 시작되지만 단순한 반사와는 거리가 멀다. 아기가 언제, 누구와, 무엇을 모방하는지는 매우 정교한 양상을 띠며, 우리는 이 사실을 약 20년 전부터에서야 이해했다. 예를 들어, 아기의 모방은 상대방이 흥미로운 뭔가를 할 때에만 시작된다.[14] 또한 아기는 '뭔가를 일어나게 하는' 것이 인간임을 알아차리는 감각을 지닌 듯하다. 그러니까 뭔가가 저절로 움직이거나 로봇이나 기계 팔이 움직인다면 그 행동을 모방하려 하지 않는다(이는 로봇 베이비 시터와 교사의 실현 가능성에 대해 시사점을 준다).[15]

또한 아기는 상대방이 자신을 흉내 낼 때 이를 잘 알아차리는 듯하다. 1933년 영화 〈식은 죽 먹기Duck Soup〉에서는 하포가 거울에 비친 그루초의 거울상인 척하면서 모든 움직임을 따라 하는 장면이 등장한다. 멜초프는 바로 그 방법을 써서 연구했다. 어른에게 아기의 움직임을 흉내 내거나, 미리 정한 일련의 움직임을 그대로 하도록 했다. 영화의 그루초처럼 아기는 어른이 정말로 자신을 흉내 내는지 알아내기 위해 정교하거나 별난 움직임을 고안했다.[16]

멜초프는 타인과 관련지어 자신을 인식하는 이 능력(어떤 근본적 방식으로 누군가가 자기 자신과 비슷함을 지각하는 능력)이 심리 발달의 출발점이며 사회규범, 가치, 윤리, 공감 발달에 핵심 역할을 한다고 봤다.

"이건 빅뱅이에요. 신체 움직임의 모방이야말로 최초의 시작입니다."[17]

과잉 모방

당신이 누군가에게 양파 써는 법을 보여 준다 하자. 이렇게 하면 된다 말한 후 헛기침을 하고서 양파를 썰기 시작한다. 그 누군가는 당신이 양파 써는 모습을 자세히 보면서, (당신의 인정을 받고자) 똑같이 헛기침을 하고서 양파를 썰기 시작한다. 그냥 모방만 한 것이 아니다. 관련 없는 행위까지 모방하는, 이른바 과잉 모방을 했다.[18]

인간과 침팬지의 모방 행동을 연구하는 이들은 과잉 모방이 인간에게서 훨씬 자주 나타남을 알고 깜짝 놀랐다. 직관에 반하는 듯했기 때문이다. 관련 여부를 판단해 관련된 행동만을 따라 하는 것을 침팬지가 더 잘한다는 뜻이다. 그 이유는 무엇일까?

이에 대해 흥미로우면서 가장 많은 성과를 낸 연구 중 하나는, 문이 두 개 달린 플라스틱 상자를 통한 실험이었다. 상자의 문은 위쪽과 앞쪽에 하나씩 있다. 실험자는 침팬지에 위쪽 문을 여는 법을 보여 주고, 다음 앞쪽 문을 여는 법을 시범으로 보여 준 뒤 문 속으로 손을 넣어 음식을 꺼냈다. 침팬지는 양쪽 행동을 똑같은 순서로 따라 했다. 그런데 투명 상자를 썼을 때(문의 개수와 위치는 같다), 침팬지는 위쪽 문이 음식과 아무런 관계가 없음을 관찰했다. 그래서 곧바로 앞쪽 문을 열었다.

인간은 어떨까? 3세 아이는 위쪽 문이 음식과 전혀 무관함을 봤어도 불필요한 첫 단계를 계속 따라 했다.[19] 아마도 인간이 적절한 기술을 계발하는 데 (침팬지보다) 더 오래 걸린다고 이론화했다. 그리고 5세 아동으로도 실험했다. 그런데 과잉 모방이 더 심해졌다.[20] 연구진은 도무지 이해가 안 갔다. 대체 무슨 일이 일어난 걸까?

연구진은 아이의 과잉 모방이 실험자의 인정을 받기 위함이 아닐까 생각했다. 그래서 실험자를 방 밖으로 나오게 한 후 실험을 반복했다. 아무런 차이가 없었다. 그런데 3세, 5세 아이에게 시범 행동 중 '해야 할' 것과 '불필요한' 것을 물었을 때 아이는 이를 제대로 구별했다. 하지만 그 행동의 차이를 보여 주기까지 했음에도 여전히 양쪽 행동을 따라 했다.[21] 그래서 불필요한 행동을 하지 말라고 아이에게 직접 말하기까지 했다. 그런데 아이는 알겠다 말하고서는 과잉 모방을 했다. 직관에 반하며 역설적인 상황 같았다. 인지능력이 발달하면서 오히려 자제력이 줄어들고, 더욱 무턱대고 모방하는 양상을 보였기 때문이다.[22]

헝가리 심리학자 죄르지 게르게이Gyögy Gergely의 생후 14개월 유아 연구에 한 가지 단서가 있다. 이제 막 걸음마를 뗀 아기가 어른을 관찰한다. 탁자 앞에 앉은 어른은 몸을 앞으로 기울여 전구에 이마를 가져다 댄다. 이마가 닿으니 전등에 불이 들어왔다. 그런데 어른은 두 가지 다른 행동을 취한다. 양팔을 탁자에 올리거나, 몸을 담요로 감쌌다. 양팔을 탁자에 올리는 어른을 본 아기는 그 행동을 따라 했다. 그리고 몸을 기울여 전구에 이마를 가져다 댔다. 그런데 담요로 팔을 감싼 어른을 봤을 땐? 바로 손을 뻗어 전구를 건드렸다.[23] 여기에 중요한 뭔가가 있었다.

생후 14개월 아기는 어른이 특정 행동을 일부러 하는지, 어쩔 수 없이 하는지를 판단했다. 몸을 굽혀 이마를 전등에 대는 이유가 있다고 판단했다. 그리고 그 행동을 따라 한다.

게르게이의 연구는 과잉 모방 문제를 새로운 관점에서 보도록 했다. 인간은 상대방의 움직임을 무턱대고 따라 하는 것이 아니었다. 오히려 정반대였다. 상대방이 합리적 선택을 하고, 최대한 쉽고 효율적으로 행동한다고 상상하는 매우 합리적이면서 정교한 통찰력을 지녔다는 뜻이다. 이제 1~3세, 3~5세 아기가 모방을 더 하는 이유가 이해되기 시작했다. 인지능력이 정교해지면서 상대방의 마음을 더욱 잘 모형화한 셈이다. 아마도 이렇게 생각하지 않을까?

'효과가 없는데 그 행동을 하는 걸 보니, 이유가 있는 것 같네? 그 이유가 뭔지는 정확히 모르겠지만 나도 저 행동을 하는 게 좋겠어.'

하지만 침팬지는 이런 정교한 모형을 구축하지 않는다. 논리가 더욱 단순하다.

'인간들 참 어리석네. 먹이를 빨리 찾는 법을 모르는 거 같아. 나는 먹이를 빨리 찾는 방법을 알지. 그 방법을 쓸래.'

역설처럼 보였던 것이 갑자기 해결됐다. 낯설고 인위적인 상황에서는 침팬지 방식이 들어맞는다. 하지만 상황을 통찰하고 더 정교한 인지 체계를 구축한 쪽은 과잉 모방을 하는 아이였다. 사실 실험 연구가 아니면 어른은 무의미한 행동을 하지 않는다. 아기가 행동을 모두 따라 하는 것이 어른 눈에는 어리석게 보이겠지만 아기가 행동을 따라 하는 이유는, 그때 어른의 행동은 조작이며 위선이기 때문이다(어른이여, 부끄러운 줄 알라!).

다양한 연령의 아이는 어른의 행동이 의미가 있는지, 의미가 없는지(실험 상황인지)를 매우 예리하게 판단한다. 어른이 자기 자신을 많이 아는 이처럼 소개할 때, 아이는 어른의 '불필요해' 보이는 행동까지 고지식하게 따라 한다. 그러나 어른이 뭔가 미숙한 모습을 보일 때, 아이는 유효한 행동만 모방한다.[24] 아이의 과잉 모방처럼 보이는 행동은 비합리적이나 인지력이 미숙하기 때문이 아니다. 사실은 상대방 마음이 어떠한지를 정교하게 판단하기 때문이다.

이러한 연구는 단순히 기계적으로 행동을 따라 한다는 모방이란 이면에 숨은 엄청난 인지적 복잡성을 보여 준다. 그렇게 아기의 정신 능력을 새로운 관점에서 보게 했으며, 머신 러닝 시스템에다 단순히 그것을 보라고 명령할 때 그 이면에 엄청난 연산 복잡성이 숨었음을 뜻한다.

모방 학습

인간이 모방 능력을 지녔다 하니, 한 가지 의문이 생긴다.

"인간이 모방하는 이유는 무엇일까?"

우리는 심리학에서의 조형과 내적 동기 개념을 머신 러닝 연구자가 빌린 사례를 봤다. 그에 못지않게 모방도 풍성한 영감의 원천임이 드러났다. 20~21세기에 이뤄진 AI의 가장 큰 성공 사례 중 상당한 토대를 이룬다. 모방을 통한 학습이 시행착오와 지시를 통한 학습보다 나은 이유는 적어도 세 가지 있다.

첫 번째, 모방은 효율적이다. 누군가가 시행착오를 겪으며 힘들게 얻은 방법을 쉽게 건네받는 것이다. 또한 무엇을 하려 할 때 그 일이 가능하다는 사실을 안다는 점은 적잖은 비중을 차지한다. 암벽 등반가 토미 콜드웰Tommy Caldwell과 케빈 조지슨Kevin Jorgeson은 2015년 요세미티 국립공원에 있는 해발 914미터의 다운월 암벽을 최초 등반했다. 〈아웃사이드〉가 '세계에서 가장 어려운 암벽 등반'이라 칭한 업적이었다.[25] 이들이 등반 경로를 짜고, 시험 등 반을 하고, 실제 오를 길을 완성하는 데 꼬박 8년의 시간이 걸렸 다. 콜드웰은 '내가 오르려 했던 그 어떤 암벽보다도 한없이 더 어 려운 곳'이었다고 다운월을 기억했다.[26]

"여길 오른다는 것은 손가락으로 하는 일 중에서 가장 어려운 일입니다. 면도날을 손으로 움켜쥐는 것과 같달까요."[27]

그런데 2016년, 체코의 젊은 등반가 아담 온드라Adam Ondra는 몇 주간의 답사와 연습만으로 다운월을 올랐다. 그가 비결을 말하 길, 다운월 경로가 생겼기 때문만이 아니라 오르는 것이 가능함을 알았다는 사실도 이야기했다. 콜드웰과 조지슨은 등반 경로를 짤 때는 그 가능함을 몰랐을 테다. 온드라는 이렇게 말했다.

> 그들이 몇 년에 걸쳐 노력한 끝에 그 일을 했다는 사실은 대단히
> 경이롭다. (…) 극도의 난구간이 엄청나게 많으며, 쉬운 구간조차
> 도 맞닥뜨리면 못 가겠다는 생각이 든다. 그렇게 여러 면도날을 모
> 두 살피고 나서야 답이 떠오르곤 한다. 따라서 나는 면도날마다의
> 문제를 풀기 쉬웠다. 이미 풀린 문제임을 알았기 때문이다. (…) 그
> 들은 처음 길을 뚫었고, 내가 그것을 재현했다는 사실이 매우 뿌듯
> 했다.[28]

다운월의 첫 등반은 8년에 걸친 탐색과 회의감을 겪고서야 이

뤄졌다. 두 번째 등반은 확신에 고무된 상태에서, 몇 주의 탐사와
연습으로 이뤄졌다.

앞서 본 '몬테수마의 복수'에서 우리는 터무니없을 만치 많은
임무를 제대로 해야만 보상을 겨우 얻었고, 그 뒤에도 면도날 두
께만큼 좁은 길을 달려야 했다. 격려가 될 피드백은 없고 실패는
지독하다. 다운월의 RL 판이다. 새로움에 대한 보상과 내적 동기
같은 강력한 기법을 써도, 행위자가 게임 역학과 성공 경로를 배
우려면 엄청난 시도를 해야 한다. 그럼 행위자에 역할 모델이 주
어지면 뭔가 달라질까?

2018년, 딥마인드의 유수프 아이타르Yusuf Aytar와 토비어스 파
프Tobias Pfaff 연구진은 꽤나 창의적인 개념을 제시했다.

"행위자가 힘들게 직접 게임을 익히는 대신, 유튜브를 통해 익
힐 수도 있지 않을까?[29] "

대담하지만 성공 가능성이 없는 '미친 짓' 같았다. 실제로 유튜
브에는 우리가 게임을 하는 영상이 가득하다. 행위자는 누군가의
게임 장면을 지켜봄으로써 어떻게 점수를 얻는지 배운다. 그다음
행위자는 게임 상황별로 어떻게 해야 할지 기본 개념을 갖추는
셈이다. 이렇게 인간 행동을 흉내 내도록 훈련받은 행위자는 기존
모델보다 게임을 더 잘했다. 2018년 말에 내적 동기를 사용한 돌
파구가 생기기 전, 처음으로 '몬테수마의 복수' 속 신전을 빠져나
간 행위자는 인간 모델로부터 도움과 영감을 얻었다.[30]

두 번째, 모방은 비교적 안전하다. 수십만 번의 실패를 통한 학

습은 게임에서는 유효할 수 있겠지만,[31] 현실에서는 수십만 번 실
패할 여유나 시간이 없다. 의사나 파일럿의 경우 실수 없이 정확
하고 정교한 기법을 터득하기 원한다. 여기서의 핵심은 성공 및
실패 사례를 관찰하는 것이다.

마지막으로 세 번째, 모방은 말로 묘사하기 어려운 것을 배우
는 데 효과적이다. 19세기의 심리학자 콘웨이 로이드 모건Conway
Lloyd Morgan은 이 개념을 염두에 두고 이렇게 썼다.

"기술을 알려 주려면 5시간의 대화보다 5분의 시범이 더 가치
있다. 숙련된 성취를 어떻게 이루는지 말로 설명하는 것은 별 효
과가 없다. 직접 보여 주는 게 훨씬 더 효과적이다."[32]

실제로 우리는 특정 행동을 말로 묘사할 때 이를 뼈저리게 느
낀다.

"자, 팔꿈치를 27도로 구부린 뒤, 손목을 튕기는 거야. 빠르되
너무 빠르지는 않게!"

직접 보여 주는 게 낫겠다.

목표를 상세히 제시할 때도 마찬가지다. 게임에서는 목표 제시
가 비교적 단순하다. 총점 최대화라든지, 가능한 빨리 끝내라든지
정도로도 충분하다. 그러나 현실에서는 목표를 말로 전달하기 어
렵다. 차량 운전이 딱 맞는 사례다. 실제로 우리는 운전을 통해 빠
르게 목적지로 가야 한다. 여기서는 속도 제한을 지키면서, 최대
한 차선을 유지하며 추월하지 않으면서 운전해야 한다. 이 모든
것을 행위자가 학습해야 할 때, 어떤 객관적 함수로 정립하기는

쉽지 않다.

운전 사례에서는 인류미래연구소의 닉 보스트롬Nick Bostrom이
제시한 '간접 규범성indirect normativity'을 사용하는 편이 낫다.[33] 세
세한 부분까지 규정하지 않으면서도 시스템과 인간의 욕구를 정
렬하는 방법이다. 어떻게 할까? 모방이다.

"먼저 내가 어떻게 운전하는지 봐. 그리고 그렇게 해."

이는 최초로 나온 자율 주행 차량 개념 중 하나이기도 하다. 또
한 오늘날까지도 여전히 가장 나은 축에 속한다.

운전

1984년, DARPA는 '전략 컴퓨팅 계획Strategic Computing Initiative'을
시작했다. 1980년대 컴퓨터 혁신을 세 가지 분야에 응용하자는
구상이었다. 당시 카네기멜론대에서 로봇학으로 막 박사 학위를
받았던 척 소프Chuck Thorpe는 이렇게 회상한다.

"왜 하필 세 가지 분야냐고요? 육군, 해군, 공군을 흡족하게 만
들기 위해서죠."[34]

먼저, 육군은 자율 주행 전술 차량을 원했다.[35] 해군은 시나리
오 작성과 일기예보에 도움을 주는 '전투 관리' 시스템을 원했다.
마지막으로 공군은 파일럿의 동료를 원했다. 기장의 육성을 이해
하는 '자동화한 부조종사' 말이다. 이에 대해 소프는 그해 9월에

박사 논문 심사를 마친 뒤, 몇 주 휴가를 보내며 다음 할 일을 구상하겠다고 심사 위원회에 전했다. 그런데 카네기멜론대 로봇학 연구소의 레이 레디Raj Reddy 소장이 이렇게 축하 인사를 건넸다.

"자네의 다음 할 일은 내 사무실에서 열리는 회의에 참석하는 거야. 5분 안에."

그 회의란 DARPA를 위해 자율 주행 차량을 만들 방안을 논의하기 위함이었다. 소프는 그 5분이 박사 과정을 마친 후 가진 휴식 기간이었다고 회상한다.

자율 주행 차량은 1984년경에 돌아다닌 지 꽤 됐다. 그러나 당시 기술은 원시적이라고 부르기도 아주 과분한 수준이었다. 로봇학의 선구자인 한스 모라벡Hans Moravec은 1980년 스탠퍼드대에서 책상에 자전거 바퀴를 단 모양의 로봇 '수레'가 카메라를 사용해 물건을 피해 움직이는 실험으로 박사 학위를 받았다. 그는 그 수레에 대해 이렇게 썼다.

"그럭저럭 신뢰할 만하지만 아주, 매우 느리다."[36]

그럼 얼마나 느렸을까? 그 수레는 '갑자기 덜컹거리면서' 한 번에 1미터씩 움직이도록 설계됐다. 수레는 1미터를 덜컹거리며 가다가 멈추고 주변 사진을 찍은 다음 10~15분쯤 '생각한 뒤' 또 나아갔다. 그러니까 최고 속도는 시속 6.4미터였다(킬로미터가 아니다). 게다가 야외 주행에서는 혼란에 빠졌다. 덜컹거림으로 햇빛의 각도가 달라져 그림자가 졌기 때문이다.[37] 소프는 그 수레에 대해 이렇게 회상했다.

"사실 그(모라벡)의 시스템은 가장자리가 선명한 그림자에 사로잡혔다. 시스템은 그림자가 움직이는 것을 봤는데, 실제 사물은 그림자처럼 일관성 있게 움직이지 않았기에 실제 사물보다 그림자의 움직임을 더 신뢰했다. 그렇게 실제 사물을 내치고 그림자에만 집중했다. 그래서 의자에 부딪쳤다."

1984년, 소프는 모라벡과 일하면서 그 수레의 덜컹거림 간격을 10분에서 30초까지 줄였다. 그렇게 최고 속도를 시속 16미터에 가깝게 끌어올렸다. 그 당시 첨단 컴퓨터는 VAX-11/784(백시머스)였는데, 폭과 높이가 약 2.4미터씩이었다. 모라벡의 수레는 굵은 전선, 이른바 '탯줄'을 통해 컴퓨터에 연결됐다. 그런데 정말로 바깥을 돌아다니는 차량을 만들려면 컴퓨터를 탑재해야 했다. 컴퓨터를 탑재한다는 것은 전원 문제까지 해결해야 한다는 뜻이었다. 따라서 수레에는 공간이 한참 부족했다. 그래서 쉐보레 밴을 쓰기로 했다. 모든 장치를 탑재하고서도 사람 다섯을 태울 만큼 공간이 충분했다. 소프는 이렇게 말했다.

"대학원생들은 수준 높은 툴을 짜겠다는 의욕에 넘쳤어요. 그렇지 않았다가는 자신이 사고 현장의 주인공이 될 테니까요. 자신이 타는 차량이라면 더 열심히 툴을 짜겠죠?"

내블랩 1Navlab 1이라 이름 붙인 소프의 계획은 1986년에 열정적으로 시작됐다. 그 시점에 내블랩 1은 10초마다 움직였다(시속 402미터).[38] 그해에 소프의 아들인 릴랜드가 태어났고, 의도한 것은 아니었지만 내블랩 1의 완벽한 대조군이 됐다.

"내블랩 1이 기어가듯 나아갈 때, 아들도 기어가듯 움직였어요. 내블랩 1이 속도를 올렸을 때, 아들은 걸었고 달리는 법을 배웠죠. 내블랩 1이 조금 더 빨라졌을 때, 아들은 세발자전거를 탔어요. 어느 쪽이 먼저 펜실베이니아주 고속도로를 달릴지, 16년에 걸친 경쟁을 지켜보자 생각했죠."[39]

이 경쟁은 충격적일 만치 갑작스럽게 내블랩1의 승리로 끝난다. 소프 연구진의 대학원생인 딘 포멀로Dean Pomerleau가 신경망을 사용한 시각 시스템을 구축했는데, 연구진의 기존 시스템보다 월등히 나았다. 소프는 말했다.

"그래서 펜실베이니아 고속도로를 달릴 준비를 했죠."

소프 연구진은 포멀로가 만든 시스템에 앨빈Autonomous Land Vehicle in a Neural Network, ALVINN이라는 이름을 붙였고, 모방을 통해 학습하도록 했다.[40] 소프는 말했다.

"당신이 몇 분간 운전하면, 앨빈은 그걸 따라 할 겁니다. 당신은 길에 따라 바퀴 각도를 이리저리 돌리겠죠. 당신이 운전하는 바로 그 도로에서 앨빈을 훈련시키면, 능숙하게 바퀴의 각도를 돌릴 겁니다."

어느 일요일 이른 아침, 하늘은 꽤 환하고 도로에는 차가 거의 없었다. 그리고 포멀로는 앨빈을 고속도로로 진입시켰다. 앨빈은 피츠버그에서 I-79 고속도로를 타고 오대호 연안의 에리Erie까지 주행했다. 업적 자체로도 혁신적이었지만, 모형 단순성 측면에서는 더욱 혁신적이었다. 실제 앨빈은 운동량이나 견인력 같은 개념을 전혀 몰랐고, 주변 사물을 알아보지도 못했고, 자신이나 다른 차가 어디 있을지 예측도 못했고, 카메라에 보이는 장면을 자신의 위치와 연관 짓지 못했고, 자신의 행동이 빚을 효과를 예측하지도 못했다.

"시스템이 빠르게 운전하려면 칼만 필터(오차가 있는 관측값으로부터 시스템 상태를 추정하기 위한 알고리즘_옮긴이)도 갖춰야 하고, 도로 전체 모형도 있어야 하고, 차량 반응을 담은 모형도 구축해야 한다고 그때는 다들 생각했어요. 그런데 (포멀로가) 구축한 것은 단순한 학습 신경망뿐이었어요. 도로 모습에 따라 어떻게 운전하는지를 배우는 망이었죠."

포멀로는 지역신문 기자에게 이렇게 말했다.

"우리는 앨빈에게 이 말만 했어요. 나처럼 운전하라고. 내가 여기서 운전대를 돌리는 것처럼 돌리라고."[41]

당시 앨빈의 차량에는 5,000와트 발전기로 가동되는 냉장고 크기의 컴퓨터가 실려 있었다(처리 능력은 2016년 애플 워치의 약 10분의 1에 불과하다).[42] 다만 앨빈은 가속 및 제동을 제어하지 못했으며, 차선을 바꿀 수도, 주변 차량 움직임에 반응할 수도 없었다. 하지만 주행은 가능했으니 앨빈은 포멀로를 태우고 그가 운전하는 것처럼 오대호까지 쭉 주행했다.

망을 훈련시킬 방법을 고민할 때, 인간을 흉내 내도록 하는 모방 학습은 가장 자연스럽게 떠오르는 개념 중 하나이며, 이 접근법은 운전 분야에 특히 잘 맞을 듯하다. 앨빈의 성공은 모방 학습

을 더 다양한 분야에서 쓸 수 있지 않을까 하는 생각도 불러일으
킨다. 완전한 자율 주행 차량을 만든다면, 도시 거리에 바로 차량
을 내놓고 다양한 운전 행동을 탐색하고 시행착오를 통해 학습하
도록 하는(매우 끔찍하다) 대신, 엄청난 양의 인간 운전 데이터를
주고 이를 흉내 내도록 훈련시키는 편이 실제로도 낫다. 그러면
특정한 상황(해당 속도, 전경, 후사경에 비친 장면 등)에 운전자의 반
응을 예측하는 법을 배운다.

이러한 예측 접근법은 운전을 이미지넷 경연 대회와 거의 흡
사한 방식으로 바꾼다. 사진을 보고 사람인지, 동물인지 분류하
는 대신 계기판 사진을 보고서 가속할지, 멈출지 등의 운전 행동
을 분류한다. 시스템은 심층 학습을 통해 자신이 본 사진을 토대
로 본 적이 없는 사진까지 분류할 수 있음을 우리는 앞에서 확인
했다. 알렉스넷이 학습한 적이 없던 개 사진을 보고 바르게 식별
했으니, 차량의 경우도 그렇게 함으로써 주행할 수 있지 않을까?
그 날씨, 그 도로를 학습한 적이 없어도, 예전 학습 경험을 바탕으
로 어떻게 움직일지 알아차리지 않을까?

즉, 미숙한 자율 주행 차량을 도로에 풀어놓고 직접 학습시킬
필요가 없다. 인간이 운전하는 실제 차량으로부터 얻은 수백만 시
간 분량의 데이터로 학습시키면, 인간의 운전 습관을 완벽하게
흉내 내는 차가 가능하다는 뜻이다. UC버클리의 세르게이 러빈
Sergey Levine은 한 대학 강의에서 이렇게 설명했다.

"이런 유형의 순차적 의사 결정 문제를, 표준 컴퓨터 시각 문제

를 푸는 것처럼 풀자는 생각은 아주 자연스러운 겁니다. 데이터를 좀 모으고, 그 데이터를 써서 인간이 운전하게 해요. (…) 차량에 달린 카메라에 찍히는 장면을 다 기록하고 각 순간에 어떻게 운전하는지를 기록하죠. 그게 훈련 데이터가 되죠. 그런 뒤 우리가 즐겨 쓰는 지도 학습법을 적용해서 망을 훈련시키는 거예요. 확률적 경사 하강법을 써서요. (…) 그냥 표준 지도 학습 문제처럼 다루면 됩니다. 그렇게 시작하는 편이 아주 합리적이죠."[43]

러빈은 시스템이 운전하는 것은 '자신의 예측을 행동으로 바꾸는 것'이라고 말했다.

"운전자는 이 상황에서 이렇게 할 거라 판단하는 셈이죠."

그리고 잠시 멈췄다가 학생들에게 묻는다.

"여기에 뭔가 잘못이 있다고 생각하는 사람?"[44]

한 학생이 손을 번쩍 들었다.

복원 학습

모방은 습관을 습득하면서 발전한다. 춤을 배울 때 어떤가? 처음에는 학생의 움직임과 선생의 기대가 들어맞지 않기 때문에 배우기가 어렵다. 선생이 바라는 움직임이 처음부터 자연스럽게 나오는 것은 아니니까. 또한 어떤 움직임은 매우 공을 들여야 한다. (…) 그리고 대개 첫 움직임은 매우 틀린 것으로 보인다. 딱 들어맞는

자세가 나타나지 않으면 새로운 시도를 하고, 그 시도가 실패하면
다른 시도를 하는 식으로 가면 마침내 딱 들어맞는 자세가 나온다.
- 알렉산더 베인[45]

어떻게 하겠냐고요? 애당초 그 상황을 만들지 않을 겁니다.
- 팀 쿡(페이스북 CEO 마크 저커버그와 대면했을 때 어떻게 하겠
냐는 질문에 대한 답)[46]

앨빈이 나온 지 20년 뒤인 2009년, 소프 연구진과 같은 건물에서
카네기멜론대 대학원생 스테판 로스Stéphane Ross는 레이싱 게임을
하는 중이었다. 더 정확히 말하면 리눅스 마스코트인 턱스가 등장
하는 무료 오픈 소스 게임인 '슈퍼턱스카트'였다. 물론 게임만 하
는 건 아니었다.

로스가 게임을 할 때, 그의 컴퓨터는 화면에 뜨는 모든 사진과
함께 조이스틱 움직임을 하나하나 기록했다. 이 데이터는 앨빈이
썼던 것보다 복잡하지 않은, 꽤 초보적인 신경망을 훈련하는 데
쓰였다. 로스처럼 신경망이 카트를 몰도록 말이다.[47]

로스는 운전대에서 손을 뗀 뒤, 신경망이 카트를 몰도록 했다.
잠시 뒤에 카트는 너무 넓게 도는 바람에 트랙을 벗어났다. 문제
는 아무리 많이 시범을 보인다 한들 진전이 없는 듯하다는 것이
었다(로스는 100만 프레임, 즉 같은 구간을 약 2시간 동안 반복해 찍었
다). 신경망이 운전대만 잡으면, 카트가 크게 빙 돌면서 트랙 밖으

로 처박혔다.

이 카트 문제의 근원을 따지자면 학습자는 전문가의 시범을 보고 학습하는데, 전문가는 실수를 저지르는 일이 거의 없다는 사실에서 비롯된다. 학습 시에는 크고 작은 실수를 꼭 저지르기 마련이다. 그런데 전문가가 곤경에 빠지는 것을 결코 본 적이 없으니 곤경에서 빠져나오는 모습 역시 학습할 수 없었다. 아무리 초보적 실수를 저지른다 해도 당사자가 초보라면 전문가일 때와 매우 다른 상황에 빠질 수 있다. 이에 대해 러빈은 이렇게 말했다.

"꼼짝도 못 하는 상황으로 간다는 거죠."

로스는 슈퍼턱스카트를 꽤 잘했기에, 그가 입력한 데이터는 트랙의 중앙을 따라 계속 나아가는 법을 보여 준 전문가의 것과 같았다. 신경망은 트랙 중심에서 약간 벗어나거나 살짝 치우치기만 해도 게임을 망쳤다. 로스가 달리는 장면과 전혀 다른 상황이 벌어졌다. 하지만 신경망은 그런 상황을 학습한 적이 없었다. 아무리 로스가 각 구간을 몇 시간이고 달려도 이 문제는 해결되지 않았다. 로스의 문제를 모방 학습 연구자는 '연쇄 오류cascading errors'라고 한다. 이는 모방 학습의 근본적 문제 중 하나다. 포멀로는 앨빈을 연구할 때 이렇게 썼다.

"(앨빈) 훈련 때 차를 줄곧 도로 한가운데서 몰아서, 망은 차선 이탈 오류를 바로잡을 상황에 처한 적이 없다."[48]

모방 학습에서 오류 해결까지 가르치는 문제는 꽤 오래됐다. 포멀로가 자율 주행 차량에 목숨을 맡긴 채 오대호까지 가려면,

자신이 운전하는 모습을 망이 관찰하도록 하는 것 이상의 뭔가가 필요하다. 관찰만으로는 부족하다. 결코 주행상 실수를 저지르지 않을 때에만 시스템을 신뢰할 수 있다. 관찰만으로 고속도로를 시속 90킬로미터로 2시간 달리라는 것은 매우 지나친 요구다. 포멀로는 이렇게 썼다.

"정확히 운전하는 사례만 보여 줘서는 안 된다. 실수했을 시 복구(즉, 차선 중앙으로 돌아오는)하는 사례도 보여 줘야 한다".[49]

그런데 그게 어떻게 가능할까? 가장 먼저 떠오르는 방법은 일부러 차를 어긋나게 몰았다가 돌아오는 것을 보여 주는 것이다. 물론 차선을 이탈하는 첫 장면을 보여 줘서는 안 된다. 차선 이탈까지 훈련하지 않도록 말이다! 포멀로는 망을 적절히 훈련시키려면 '다양한 상황에서 가능한 한 자주' 차선을 이탈해야 함을 깨달았다. 이에 대해 그는 이렇게 결론지었다.

"그건 시간 낭비고 위험하기도 하다."

이윽고 포멀로는 다른 착상을 떠올랐다.

'차선 이탈 상황을 위조하면 어떨까?'

당시 앨빈이 카메라로 보는 광경은 차 바로 앞쪽에 사다리꼴로 펼쳐지는 아스팔트였는데, 흑백인 데다 화질도 나빴다. 픽셀 수가 30×32였다(그래서인지 교차로에 들어서면 방향을 잃고서 드넓은 도로에서 표류했다). 포멀로는 앨빈의 카메라에 찍힌 실제 사진을 뽑아서 도로가 살짝 기운 것처럼 조작했다. 그리고 차선 안쪽으로 살짝 운전대를 돌린 후 직진하라는 명령문과 함께 도로 사진을 훈련 데이터에 집어넣었다. 일종의 해킹이었지만 아무튼 I-79 도로에서는 먹혔다.

역설적이게도, 강력한 심층 학습 기법이 폭발적으로 늘어나면서 '위조'는 더 불가능해졌다. 현재의 카메라는 초당 프레임과 해상도가 아주 높고 시야까지 넓기에 그렇다. 위조한 사진이 차 입장에서 실제 사진과 다르면 아주 곤란한 상황이 생긴다. 사진의 위조 혹은 합성 실력에 목숨을 건다는 것은 도박이나 다름없다. 그로부터 20년 뒤에도 이 회복 문제는 여전히 현실과 이론 양쪽으로 미해결 상태였다. 로스는 내게 이렇게 말했다.

"누군가를 보면서 배우는데, 앞에 닥칠 상황과 완전히 다른 사례의 분포를 보는 셈이죠."

직접 세상으로 나섰을 때 겪을 상황과 공부한 상황이 다르다는 소리다. 로스는 여기에 심오한 뭔가가 있다고 생각했다.

"모든 머신 러닝은 자신의 훈련 분포와 시험 분포 양상이 똑같다는 가정에 기대니까요."

로스와 그의 지도 교수인 로봇학자 드루 백널Drew Bagnell은 이 문제가 해결 가능하지 않을까 생각했다. 로스는 말했다.

"정말로 관심이 갔죠. 매달려 볼 만한, 정말 근본적인 문제라 느꼈거든요."[50]

로스와 백널은 이 문제를 수학적 관점에서 이해하려 애쓰면서 이론 분석을 하는 동시에, 자신들의 직관이 옳은지 슈퍼턱스카트를 통해 검사했다. 평범한 지도 학습 문제에서 이미지넷 같은 시스템은 일단 훈련이 되면 자신이 보는 각 사진에 오류를 일으킬 확률이 특정 값을 가진다. 사진을 10배 더 많이 보여 주면 평균적으로 오류 횟수도 10배 늘어날 것이다. 이런 뜻에서 오류는 학습 규모에 선형으로 비례한다.

그렇게 로스와 백널은 모방 학습이 생각보다 더 나쁘다는 것을 알아차렸다. 시스템은 전혀 준비가 안 된 것을 보는 상황에 처하기에 첫 실수를 저지르는 순간 파탄 난다. 오류는 학습 규모의 제곱에 비례해 커진다. 10배 더 오래 가동하면 실수는 100배 늘어난다.[51] 이론 분석 결과는 암울했지만 일말의 희망도 있긴 했다. 실수가 선형적으로 증가하는 세계로 복귀할 방법이 있다면 말이다. 예를 들어, 차량이 10배 더 멀리 주행할 때 충돌 횟수도 10배만 증가한다면 어떨까?

"우리는 진정으로 성배를 찾았죠."

로스와 백널은 해답을 찾았다. 상호작용이 바로 해답이자 열쇠였다. 학습에 필요한 것은 전문가의 행동을 볼 뿐 아니라, 필요 시 질문하는 시간이 필요했다. 우리의 언어로 하면 이런 식이다.

"선생님, 보여 주신 대로 했는데요, 문제가 계속 생겨요. 이럴 때는 어떻게 하세요?"

로스는 슈퍼턱스카트 트랙에서 망과 상호작용할 방법을 두 가지 찾았다.[52] 첫 번째는 트랙 이탈 시 개입하는 것이었다. 조이스틱을 일단 손에 쥐고 망이 처음으로 트랙을 벗어나는 구간을 지켜본다. 그리고 트랙을 벗어날 때 로스가 직접 조이스틱을 움직여 트랙 안으로 들어온다. 두 번째는 카트의 제어권을 로스와 망이 랜덤으로 주고받는 것이었다. 그는 이렇게 설명했다.

"대부분의 시간에는 사람들이 정상적으로 카트를 몰지만, 어떤 랜덤 양상이 펼쳐질 때 카트가 인간 제어 대신 학습된 제어를 실행하는 것이죠. 이 양상은 시간이 흐르면서 서서히 붕괴해요. 즉, 인간의 개입이 줄어드는 식이죠. 물론 인간이 통제할 기회는 언제든지 있어요."

이상하면서 부자연스럽지만 방식이 먹혔다. 로스는 말했다.

"제어권을 완전히 가져오면 내가 원하는 대로 게임이 되겠죠. 그런데 게임하는 동안 내가 제어권을 항상 가질 필요는 없잖아요. 너무 크게 돌 때만 개입하면 됩니다."

말을 끝낸 로스는 킬킬 웃었다. 그렇게 훈련을 하면 망은 인간의 지시에 반응하는 시간이 더 줄어들고, 훈련할수록 나아진다. 그렇게 운전을 인간이 하는지 불분명해지는 시기가 나타난다.

놀라운 점은 이런 상호작용이 먹혔을 뿐 아니라, 피드백을 거의 필요로 하지 않았다는 사실이다. 망이 정적인 시범만 학습할 때에는, 전문가 데이터의 프레임을 1만 장이나 봤어도 2,000장을 봤을 때나 똑같은 수준으로 충돌했다. 2분 훈련과 2시간 훈련의 효과가 똑같이 형편없다는 뜻이다. 그러나 로스가 '데이터 집합 집산Dataset Aggregation', 줄여서 '대거'라 이름 붙인 상호작용 방식을 썼을 때 프로그램은 트랙의 세 번째 구간을 달릴 즈음 거의 완벽하게 운전을 했다.

"결과를 보고 저는 말했죠. 정말 놀랍다고요. 기존 접근법보다 몇 차수 차이 나게 월등히 잘했거든요."

로스는 박사 학위를 받자마자 슈퍼턱스카트의 트랙을 떠나서 캘리포니아 마운틴뷰의 현실 도로 세계로 진출했다. 그는 자율 주행 차량 기업인 웨이모에서 행동 예측 부서를 맡아 도로의 다른 운전자, 자전거 타는 사람들, 보행자가 어떻게 행동하고 반응할지를 예측하는 모형을 설계했다.

"우리가 필요로 하는 신뢰 수준이 학계 것보다 훨씬 높아요. 정말 난제죠. 예를 들면 이런 거예요. 모형이 언제나 들어맞도록 보장하려면 단지 95퍼센트, 99퍼센트 수준이 아닙니다. 그 수준으로도 부족해요."

엄청나지만 마음에 드는 계획이다.

"특히 이 계획은 세상에 가장 큰 영향을 미칠 거예요. 성공하면 세상에 엄청난 혜택을 줄 테니까요. 그 자체로도 일할 동기를 부여하는 데 충분하죠. 또한 언젠가는 세상에 큰 영향을 미치길 바라는 거죠."

대거에 쓰인 상호작용 피드백이 이론적으로는 최상이지만, 현실에서 차선 중앙으로 달리는 법을 알려 주겠다며 우리가 시스템과 싸울 필요는 없다. 사소한 오류를 저지른 뒤 회복하는 시스템을 구축하는 데 쉽고 단순한 방법이 있기 때문이다.

2015년 스위스의 한 로봇학자는 길을 잃지 않고 등산로를 날아가는 드론을 만들 때 영리한 접근법을 취했다. 기존 연구는 등산로의 시각적 특징을 명시적으로 정의하려 시도한 반면, 이번에는 사진을 직접 모터 출력으로 매핑하도록 시스템을 훈련시켰다.

먼저, 연구진은 해당 경로로 이동할 산악인 머리에 고프로 카메라 세 대를 붙였다. 그런 뒤 산악인에게 정상적으로 이동하되 머리를 돌리지 말라 했다(세 카메라는 산악인의 앞쪽과 좌우를 찍는다). 이렇게 등산로 영상을 모아 데이터 집합을 구축했고, 앞쪽 카메라가 찍은 영상에는 "이런 것이 보이면 직진", 왼쪽 카메라 영상에는 "이런 것이 보이면 우회전", 오른쪽 카메라 영상에는 "이런 것이 보이면 좌회전"이라는 태그를 달았다. 예를 들어, 나무가 있는 752×480 픽셀 사진을 '좌회전', '우회전', '직진'이라는 출력으로 변환했다는 뜻이다. 그리고 확률적 경사 하강법을 통해 훈련시킨 합성곱 신경망을 구축했다. 그리고 등산하는 사람들이 오르는 길을 따라가도록 시스템을 훈련시켰다. 이 데이터 집합으로 훈련시킨 신경망을 드론에 탑재해 알프스산맥 상공에 띄웠는데, 드론은 별 어려움 없이 산길을 따라가는 듯했다.

여기서의 핵심 깨달음은 무엇일까? 해당 방법이 전문가가 하는 일을 보여 줄 뿐 아니라, 약간 길을 벗어났을 때 다시 제자리로 돌아가도록 인도하는 데이터 형식의 가드레일까지 제공 가능하다는 것이었다. [53]

여기서 독특하면서 영리한 점은 시스템이 실수를 회복하도록 했다는 것이다. 그간 몇 년에 걸쳐 '현저성'이나 '대조' 같은 시각적 특징을 조사해 하나하나 태그를 붙이고, 흙을 나무줄기 같은 것과 구별할 멋진 방법을 생각하는 등의 온갖 작업은 낡은 것이 됐다.

2016년, 뉴저지주 홈델의 엔비디아 심층 학습 연구진은 스위스 연구진과 동일한 기법을 썼다. 여기서는 뉴저지주 몬마운트의 도로를 달리고자 했다. 먼저 실험용 차량에 카메라를 세 대 설치했다. 한 대는 앞쪽, 나머지 두 대는 약 30도로 좌우를 보도록 했다. 이제 차량이 차선을 이탈할 때 보이는 영상을 계속 모았다. 이 데이터를 시스템에 입력하면서, 우리가 운전하듯이 방향을 약간 고쳐서 차선 안으로 돌아오라는 조정 예측도 제시했다.

겨우 72시간 분량의 데이터로 배운 엔비디아의 시스템은 다양한 기상 조건에서도 큰 사고 없이 다차선 고속도로와 구불구불한 시골길을 충분히 안전하게 돌았다. 엔비디아 연구진이 공개한 영상을 보면 한 차량이 엔비디아 심층 학습 연구동의 주차장을 빠져나와서 가든스테이트파크웨이로 진입한다. 그 차량을 뒤따르는 차량에 탄 직원들이 대화한다.

"아직 자율 주행이야?"

"여기서 볼 때는 꽤 잘하는 것 같은데."

다들 다른 뉴저지주 자율 주행 차량보다 낫다고 말했다.[54]

여기서 언급할 만한 짧은 역설이 있다. 1980년대 말에 바로 이 엔비디아 심층 학습 연구동(당시에는 AT&T 벨 연구소가 소유했다)에서 르쾽은 역-전파법으로 훈련시킨 합성곱 신경망을 창안했다. 지금의 자율 주행 차량을 움직이는 데 쓰는 바로 그 시스템이다.[55] 나도 몬마운트 도로에서 운전을 배웠고, 크로스컨트리 연습을 하러 오갈 때마다 그 건물을 지나친다. 고작 72시간 학습한 합성곱 신경망이 안전하고 신뢰할 만하다고 언급한 만큼, 17년간 운전한 내 자신에게도 그렇게 말해 준다면 좋겠다.

가능주의 vs. 현실주의

> 관리하고 유지하는, 이른바 '낮은 행동'을 해야 한다. 실수를 저지를 더 높은 행동을 하지 말라. (…) 자신보다 더 높거나 다른 영적 전망을 지닌 이들의 행동을 자신의 것으로 삼아서는 안 된다.
> - 아이리스 머독[56]

> "당신이 나라면 어떻게 하겠어요?" 그가 답했다. "내가 당신-당신일 때요? 당신-나일때요? 당신이 나-나일 때요? 내가 당신-당신이면, 당신이 하는 대로 똑같이 하겠어요"
> - 로버트 해스[57]

사소한 실수에서 회복하는 문제를 차치하고, 모방을 학습 전략으로 삼을 때 두 번째 문제는 무엇일까? 전문가만 가능한 일이 있다는 것이다. 그럴 때 모방은 할 수 없는 일을 시작한다는 뜻에 불과하다. 아예 시도를 하지 않는 편이 낫다. 현실에서도 초보자가 전문가를 흉내 내려 시도하다가 처참한 결과를 빚는 사례는 수두룩

하다. 카스파로프는 이에 대해 이렇게 설명했다.

"체스 아마추어 동호회 회원조차도 대국을 시작할 때는 선호하는 정석을 연구하고 암기하느라 오랜 시간을 씁니다. 이 지식은 매우 중요하지만 함정이 될 수도 있죠. (…) 그런데 아무리 다 외워도 이해하지 못하면 소용없습니다. 어느 시점에든 결국 암기 끝에 다다를 것이고, 자신이 진정으로 이해하지 못한 채 외워서 두던 수는 끝나니까요."

카스파로프는 12세 학생에게 체스를 가르치면서, 대국을 시작할 때 수를 훑으면서 살피던 행동을 떠올렸다. 그는 학생에게 왜 그렇게 초반에 복잡하게 두면서 날카롭고 위험한 수를 택했는지 물었다. 학생은 대꾸했다.

"바예호(스페인의 유명 체스 선수_옮긴이)가 그렇게 뒀어요!"

카스파로프는 설명했다.

"나도 그 스페인 그랜드마스터가 해당 수를 뒀음을 알았죠. 하지만 그 어린 학생이 그 뜻을 이해하지 못한 채 수를 뒀으니 이미 문제에 처했음도 알았습니다."[58]

이 개념은 직관적인 동시에 역설적이게도 보인다. 전문가가 하는 대로 따라 하는 것이 때로는 큰 실수가 될 수도 있다는 것 말이다. 이는 놀라울 만치 복잡한 이야기이며 윤리학, 경제학, 머신 러닝과도 깊은 관련이 있다.

1976년 도덕철학의 최전선에는 특이한 문제가 하나 출현했다.

"자신의 나중 행동이 지금 어떤 행동이 올바른지의 문제에 영향을 미칠까? 미친다면 얼마나 미칠까?"

이 질문에 대해, 미시간주립대의 철학자 홀리 스미스Holly Smith
는 공리주의자라는 말의 뜻에 담긴 미묘한 점을 살폈고, 기이한
지점을 알아차렸다. 공리주의자면 아주 자연스럽게 떠오를 의문
이다.

"내가 지금 A를 하면, 그것이 가능한 최상의 결과를 가져올까?"

그리고 스미스는 말했다.

"그건 다음에 뭘 할지에 달려 있다는 점은 명백하죠."[59]

자신의 나중 행동을 고려해야 함은 나중 실수도 고려해야 한다
는 뜻이다. 스미스는 이 문제를 파고들었고 '도덕적 불완전성moral
imperfection'이라는 이름을 붙였다.[60] 그가 구상한 사고 실험은 '꾸
물이 교수Professor Procrastinate'라는 이름으로 불린다.[61]

전제는 단순하다. 꾸물이 교수는 (짐작했겠지만) 습관적으로 꾸
물거린다. 그는 한 학생의 논문을 읽고 심사평을 해야 한다(해당
분야에서 탁월한 논평을 할 이는 그 꾸물이뿐이다). 그런데 그가 심사
평을 한다면 어떤 일이 벌어질지 명확하다. 그는 꾸물거리면서 일
을 미룰 것이고, 학생은 결국 피드백을 받지 못한다. 이런 '꾸물대
는' 상황은 그냥 거절보다 더 나쁘다. 애당초 거절을 당했다면, 다
른 교수에게 (실력은 좀 떨어질지라도) 평을 받을 수 있기 때문이다.
그러면 꾸물이 교수는 심사평 요청을 받아들여야 할까?

꾸물이 교수 앞에서 윤리학파가 둘로 갈라진다. 모든 상황에서
가능한 최선의 행동을 해야 한다는 '가능주의possibilism'와, 나중에

어떤 일이 일어날지를 고려해서(자신의 나중 행동 때문이든 다른 어떤 이유 때문이든 간에) 지금 최선인 행동을 해야 한다는 '현실주의 actualism'로다.[62] 가능주의는 꾸물이 교수에게 요청에 응하고 제때 평을 하라고 말한다. 반대로 현실주의는 더 실용주의적이다. 요청을 받아들이면 필연적으로 나쁜 결과가 빚어진다고 본다. 거절이야말로 상대적으로 더 나은 결과다. 스미스는 때로는 더 높은 행동보다 더 낮은 행동을 택해야 한다고 결론지었다. 그리고 이렇게 덧붙였다.

"똑같은 행동이 피해를 끼칠 수도 있는데, 좋은 일을 하는 위치에 자신을 놓으라 권하는 일은 무의미해 보입니다."

스미스는 현실주의의 단점 역시 재빨리 덧붙인다.

"자기 미래의 도덕적 결함을 토대로, 나쁜 행동을 정당화할 핑계를 제공하죠."

약 40년 뒤에도 이 이론 논쟁은 부글거린다.

"많은 이들은 이 문제가 아직 해결되지 않았다고 볼 거예요. 오히려 여전히 활기차게 논의된다고 말하는 편이 타당하다고 저는 생각해요."[63]

이러한 논의는 이론적 차원의 영역만이 아니다. 한 예로, 21세기 '효율적 이타주의Effective Altruism, 줄여서 EA 운동 진영은 남을 최대로 돕기 위해 어느 정도까지 스스로를 희생해야 할까라는 문제를 놓고 다양한 의견을 내놓는다.[64]

먼저, 프린스턴대 철학자 피터 싱어Peter Singer는 자선, 기부를 외면하는 것은 물에 빠진 아이를 돕지 않고 지나치는 것과 비슷하다는 말을 했다.[65] 이 주장에 동의하는 이들 사이에서도 얼마나 기부할지를 놓고 논쟁이 벌어진다. 이 방면으로 완벽한 사람들이라면 재산을 모두 기부하고서도 행복하게 살아가며, 남에게 영감까지 주지 않을까? 그러나 싱어 자신을 포함해서 EA 운동에 헌신하는 이들 모두는 그렇게 완벽하지 않다.

EA 운동의 지도자이자 '효율적 이타주의 센터Centre for Effective Altruism'의 지역사회 연계 책임자인 줄리아 와이즈Julia Wise는 인상적인 기부 활동을 하되(소득의 50퍼센트를 기부) 완벽해지려 애쓰지 않는 마음 자세가 중요하다고 강조한다.

"자신에게 중도 포기할 권한을 주세요."[66]

와이즈는 채식 생활을 지키되 아이스크림은 매우 좋아하는 성향을 조화시킬 수 없음을 알아차렸다. 결국 그에게 맞는 것은 '아이스크림까진 먹는 비건'이 됨을 편하게 받아들이는 것이었다. 효율적 이타주의 센터 공동 창립자이자 옥스퍼드대 철학자인 윌 맥어스킬Will MacAskill 역시 이 문제에 명확한 어조로 이야기한다.

"우리는 현실주의자가 돼야 합니다. 저축한 돈을 전부 기부하면 앞으로 기부를 하지 못하리란 사실에 몹시 좌절할 겁니다. 다만 소득의 10퍼센트만 기부하면? 몇 년은 계속하겠죠. 그렇게 전체적 영향도 더 커지고요."[67]

싱어는 아마도 균형과 비례 감각이 장기적으로 가장 중요할 것이라 인정한다.

"뭔가를 하는 데 기분이 나빠진다면 다시 생각해 봐야죠. 그 일에 대해 더 긍정적 마음을 먹는 게 가능할지, 모든 것을 고려했을 때 그 일이 정말로 최선일지. 이런 식으로요."

그리고 이렇게 지적한다.

"우리 주변에 EA주의자는 비교적 적어요. 그러니 매력적인 사례를 보여 주는 것이 중요합니다."[68]

머신 러닝 분야에도 현실주의/가능주의 논쟁이 있다. 4장에서 논의했듯이 RL 알고리즘의 주류 중 하나는 기대에 대한 보상으로 표현되는, 다양한 행동의 '가치' 학습이다. 이를 '품질Quality'에서 딴 Q-값Q-value이라 한다. 예를 들어, 보드게임 행위자는 수에 따라 승률이 얼마나 될지 예측하는 법을 배울 것이고, 비디오게임의 행위자는 행동별 점수가 얼마일지 추정하는 법을 배울 것이다. 이런 예측을 잘 다듬으면 Q-값이 가장 높은 행동을 하는 것이다.

여기에서 우리가 살필 만한 애매한 지점이 있다. Q-값에는 미래의 기대 보상이 포함될까? 아니면 기대 보상만을 가리킬까? 완벽한 존재나 전문가라면 양쪽 사이에 아무런 긴장도 없다. 그렇지 않다면? 처방이 매우 달라진다. 가치 학습의 이 두 접근법을 '온-폴리시on-policy'와 '오프-폴리시off-policy' 라 한다. 온-폴리시에서는 행위자가 자신의 '정책'에 따라 행동했을 때나 행동을 계속할 때 기대할 수 있는 보상을 토대로 행동 가치를 학습한다. 반면, 오프-폴리시에서는 행위자 자신이 따라가는, 최선이자 일련인 행동을 토대로 행동 가치를 학습한다.[69]

바토와 서턴은 자신들의 책에서 오프-폴리시(가능주의자) 행위자가 언제나 '가능한 최선의 것'을 시도한다는 점 때문에 어떻게 문제에 처하는지를 언급했다. 해안 도로를 운전해 한 지점에서 다른 지점으로 가야 한다고 하자. 가장 짧고 효율적인 경로는 해안 도로를 타는 것이다. 운전이 안정적이고 흔들림이 없으면 최상의 경로다. 그러나 차가 흔들거리고 뭔가 불안정할 수 있는 자율 주행 차량이라면 해안 도로에서 사고를 일으킬 수도 있다. 조금 거리가 늘어나도 안쪽의 곧은 도로를 택하는 편이 더 낫다. 이것이 바로 현실주의다. 온-폴리시로 학습한 차 역시 해안 도로보다는 안쪽의 직선 도로를 택하는 법을 배울 것이다.[70]

인간이든 기계든 간에, 모방자가 자신의 영웅이나 스승을 흉내 낸다면 가능주의, 오프-폴리시의 위험을 어느 정도 떠안는다.[71] 체스 그랜드마스터 수준의 대처 능력을 상정하면서 무엇이 최상의 수인지 학습하다가는 감당할 수 없는 상황에 처할 수도 있다. 이럴 때는 전문가의 수를 아무리 열심히 지켜봐도 도움이 안 된다. 오히려 악화할 수도 있다.

20세기 중반 이래로 경제학에서는 '차선 이론theory of the second best'을 논의했다. 여러 수학적 가정으로 상정한 경제 상황에서 어떤 행동이 옳다 해도, 상정으로부터 조금이라도 벗어난 상황에서 그 행동은 아무런 쓸모가 없다는 주장이다. 이럴 때 차선의 행동은 최선의 행동과 많이 다를 수 있다.[72] OpenAI의 아만다 애스컬Amanda Askell은 윤리와 정책을 연구하는데, 자신의 분야에도 잘 적용될 듯한 같은 논리가 있다고 말했다.

"윤리학에서도 비슷할 거예요. 이상적 행위자가 이론 A를 완벽하게 따라도, 덜 이상적 행위자는 완전히 다른 의사 결정 절차를 쓰죠."[73]

미래의 모방자나 역할 모형은 이런 사례 앞에서는 멈칫해야 한다. 모방은 어느 수준에서는 본질적으로 가능주의이며, 자신이 감당할 수 없는 수준으로 치닫기 쉽다. 차량을 운전하거나, 채소를 썰거나, 동물을 진찰하는 모습을 아이가 흉내 낼 때야 귀엽지만 실제로 행동한다면 우리는 이를 말린다. 우리가 원하는 행동은 모방과 닮지 않았을 수도 있다. 유능한 운전에서 차선의 행동은? (남에게 운전을 맡기고) 조수석에 앉기다. 채소 썰기에서는? (남에게 칼을 맡기고) 식탁에 앉는 것이다.

기계 모방자를 대할 때 우리는 차선 이론을 염두에 두는 편이 낫다. 만약 그들이 우리에게서 뭔가를 배운다면, 시작 후에 제대로 제어할 수 없는 행동을 부주의하게 배우지 않도록 해야 한다. 충분히 전문가 수준이 되면 문제를 해결할 수 있다. 하지만 전문가가 되기 전의 모방은 저주일 수 있다. UI^{User Interface} 설계자 브루스 밸런타인^{Bruce Balentine}의 말을 빌리자면 "나쁜 인간보다 좋은 기계가 더 낫다."[74]

증폭: 자기 모방과 초월

내가 좋아하는 체스 선수는? 아마도 3~4년 전 내 자신이다.

– 마그누스 칼센[75]

이제, 모방의 세 번째 근본적 문제를 보자. 모방의 1차 목표가 흉내 내는 것이라면, 그 대상을 능가하기가 어렵다는 점이다. 초창기 머신 러닝 연구자 중 한 명도 이 생각을 품었다. 머신 러닝이라는 용어를 만든 이, IBM의 새뮤얼이다. 그는 1959년 체커를 두는 머신 러닝 시스템을 개발했다. 여기 리스트에는 체커를 얼마나 많이 뒀는지, 킹을 몇 개나 지니는지, 앞으로 몇 번이나 더 움직이는지 하는 것이 포함됐다.[76]

"게임과 관련 있다고 알던 많은 원칙을 입력했습니다. 그런데 그게 정확히 어떤 뜻인지 몰랐어요. 지금도 모르지만요."

새뮤얼이 입력한 전략만을 썼음에도 프로그램은 새뮤얼을 이겼다. 많은 수를 내다보는 탄탄한 능력에다가 다양한 요인에서의 중요성을 세밀히 조정하는 시행착오를 결합함으로써 개발자를 능가했다. 당시로서는 경이로운 성취였고, 그 한 번의 대국으로 IBM의 주가는 하룻밤 사이에 치솟았다. 그는 당연히 자부심을 느꼈지만, 자신의 연구가 한계에 이르렀음도 예리하게 인식했다. 그리고 이렇게 한탄했다.

"컴퓨터는 내 체스 원칙에 따라 작동하면서, 그 원칙을 섞어 가장 유리하게 두는 일을 잘합니다. 그런데 컴퓨터가 체스를 더 잘 두도록 하는 방법은 더 나은 원칙 집합 제공뿐이에요. 그런데 어떻게 할까요? 컴퓨터가 체스를 더 잘 두는 법을 가르치는 이는 바로 저인데, 컴퓨터는 제 강의실을 떠났습니다."

새뮤얼은 어떻게든 간에 컴퓨터가 스스로 전략을 짜도록 만드는 것이 방법임을 추론했다.

"컴퓨터가 자신만의 전략을 짠다면? 그런데 가까운 미래에 그럴 것이란 희망은 거의 보이지 않습니다."[77]

또한 이렇게 말했다.

"불행히도, 그 일을 할 흡족한 체계가 아직까지 전혀 고안된 적이 없습니다."[78]

실제로, 20세기 말까지 컴퓨터게임에 대한 기본 기법은 놀라울 만치 변화가 없었다. 따라서 한계도 그대로였다. 기계는 수백만 배 더 빨라지고, RL은 독자 분야로 발전했다. 하지만 기계가 우리에게 고집스럽게 의존한다는 사실은 거의 변하지 않았다.

1990년대 딥블루를 다루던 IBM 연구진은 새뮤얼이 수십 년 전에 만들었던 것과 매우 흡사한 가치 함수를 고안했다. 연구진은 체스 그랜드마스터와 협력해서 시점별로 우열을 결정하는 모든 요인을 열거하고 파악하려 시도했다. 이를테면 양쪽의 남은 말 개수, 이동성과 공간, 킹의 안전, 폰의 배치 같은 것이었다. 다만, 새뮤얼이 38가지 요인을 고려한 반면, 연구진은 8,000가지 요인을 썼다.[79] 연구 책임자인 쉬펑슝Hsu Feng-hsiung은 이렇게 말했다.

"여타 문헌에 실린 그 어떤 것보다도 더 복잡하죠."[80]

이제 수천 가지 옵션을 조합하고, 중요도 파악해서 판세별로 하나의 판단을 내리게 할 방법을 찾는 것이 중요해졌다. 이를테면 폰이 '몇 개' 더 많은 것이 중앙을 얼마나 차지할지, 킹이 얼마나 안전한가에 어떤 방법이 상응할지 등이었다. 이 수천 가지 옵션의 균형을 어떻게 잡았을까? 바로 모방이다.

IBM 연구진은 70만 건의 그랜드마스터 대국 데이터베이스를 구축했다. 연구진은 대국마다의 수를 컴퓨터에 쭉 보여 주면서 어떻게 둘 것인지 물었다. 그렇게 대국마다의 수는 가치 함수를 미세 조정하기 위한 표적이 됐다. 양쪽 비숍을 지니는 쪽에 할당을 높이는 것이 그랜드마스터의 수와 비슷하다면 비숍 쌍의 값을 높이는 식으로 학습했다.

그랜드마스터로부터 얻은 옵션을 조합해 모방하는 이 방식은 컴퓨터의 확실한 계산, 빠른 속도, 뛰어난 성능과 결합됐다. 그렇게 1초에 수억 가지의 말 배치를 탐색했고, 인간과 비슷한 평가 방식과 결합함으로써 1997년 대국에서 카스파로프를 이겼다. 딥블루 계획 관리자인 C. J. 탄C. J. Tan은 이렇게 말했다.

"카스파로프는 컴퓨터와의 대국을 준비했어요. 우리는? 컴퓨터가 그처럼 두도록 프로그램을 짰죠."[81]

일부 연구자는 프로그램이 계속 인간 역할에 의존하면 결국은 뒤처지지 않을까 우려했다. 앨버타대의 조너선 셰퍼Jonathan Schaeffer는 1990년대 초에 프로그램을 하나 개발했는데, 이 프로그램은 아주 탁월해서 그랜드마스터의 수보다 더 좋은 수를 둘 때가 종종 있었다. 그는 이렇게 썼다.

"물론 우리는 컴퓨터가 계속 인간처럼 두도록 계속 '개선'했습니다. (…) 그런데 그게 과연 좋은 일인지는 불분명합니다."

먼저, 관습적으로 두도록 프로그램을 조정하면 상대인 인간을 깜짝 놀라게 할 능력을 잃었다. 다음으로, 프로그램이 인간 전문가 수준에 이르렀을 때도 모방이 유용할지가 불분명했다. 이에 대해 셰퍼 역시 인정했다.

"더 이상 진척이 어려움을 알았습니다."[82]

셰퍼의 계획은 본질적으로 한계에 처했다. 모방의 문제는 분야 전체에 의구심을 드리웠다. 2001년 《Machines That Learn to Play Games(게임하는 법을 배우는 기계)》에는 딥블루의 성공을 돌이켜보는 대목을 이렇게 썼다.

"향후 연구의 한 가지 중요한 방향은 인간 전문가의 수를 더 잘 모방할 때 정말로 어느 정도까지 잘하는지를 확정하는 것이다."[83]

15년 뒤, 새뮤얼의 전망은 딥마인드의 알파고 시스템으로 실현됐다. 자신의 대국 전략을 처음부터 스스로 짜는 시스템이었다. 상황마다 태그를 붙인 대규모 데이터 대신에, 심층 신경망을 써서 유리한 판단을 내리는 패턴과 관계를 자동으로 학습했다. 알렉스 넷이 개를 개답게, 차량을 차량답게 만드는 시각적 질감과 모양을 식별할 때 방법과 같았다.

알파고는 딥블루처럼 훈련받았다. 바둑 기사로부터 모은

3,000만 가지 수를 기초로 배웠다.[84] 그렇게 바둑 수 예측을 첨단 수준으로 끌어올렸다. 기존 정확도는 44퍼센트였는데, 이제는 57퍼센트에 달했다.

2015년 10월, 알파고는 유럽 챔피언을 세 번이나 딴 기사를 이긴 최초의 컴퓨터가 됐다. 그리고 2016년 3월, 알파고는 세계 대회에서 18번이나 우승한 이세돌 기사를 이겼다. 다시 인간을 초월했지만, 역설적이게도 알파고는 본질적으로 모방자였다.[85] 최고의 수를 학습하지 않았다. 인간다운 수를 학습했다.

딥블루와 알파고의 성공은 엄청난 규모의 인간 데이터베이스를 학습했기에 가능했다. 이러한 머신 러닝의 획기적 성공은 바둑이나 체스가 전 세계에서 인기가 있었기에 세계에 엄청난 충격파를 일으켰다. 또한 승리가 가능했던 것도 인기 때문이었다. 그렇게 인간이 둔 모든 수를 인간을 상대로 썼기 때문이었다. 만약 인기 없는 게임을 학습했다면 그만큼 인상적인 성과를 내지 못할 것이다. 학습 사례가 부족했기 때문이다. 게임의 인기는 이중의 역할을 했다.

그렇게 바둑의 정상에 오른 지 얼마 안 된 2017년, 알파고는 알파고제로에 그 자리를 넘겼다.[86] 알파고와 알파고제로의 차이점은 입력한 인간의 데이터 양이었다. 참고로 후자는 0이었다. 그러니까 알파고제로는 완전히 랜덤에서 시작해 스스로를 상대로 학습했다. 놀랍게도 그렇게 36시간 바둑을 둔 뒤에, 알파고제로는 알파고만큼 잘 됐다. 72시간이 지난 뒤, 딥마인드 연구진은 2시간의 제한을 두고 이세돌을 이겼던 알파고와 알파고제로가 바둑을 두도록 했다. 알파고제로는 100번 둬서 100번 다 이겼다. 알파고보다 전력을 10분의 1만 소비하고, 72시간 이전에는 바둑을 전혀 둔 적이 없었던 상태에서 올린 성적이었다. 딥마인드 연구진은 〈네이처〉에 실은 논문에 이렇게 썼다.

"인류는 수천 년, 수백만 번 바둑을 두면서 쌓은 지식을 정석, 격언, 책으로 요약했다."[87]

그런데 알파고제로는 72시간 사이에 인간의 요약 그 이상의 것을 찾았다. 그러나 아주 흥미로우면서 교훈적인 일도 벌어졌다. 알파고제로는 인간의 수를 단 한 번도 본 적이 없었다. 그럼에도 모방을 통해 학습했다. 즉, 자기 자신을 모방했다. 대개 바둑과 체스 같은 게임에서 전문가는 '빠르게 혹은 느리게' 생각하면서 수를 둔다.[88] 지금까지 둔 수를 쭉 살피면서 신중하게 추론한 뒤 이렇게 말한다.

"좋아, 판세가 이러니까 다음은 이럴 거야. 하지만 여기서 이렇게 두면 내가 이긴다고."

알파고제로의 경우, 앞으로의 수를 단계적으로 생각하는 '느린' 추론, 즉 MCTS Monte Carlo Tree Search를 쓴다.[89] 그리고 이 느리면서 명시적인 추론은 서로 다르되 연관된 두 측면에서, 빠르면서 말로 표현하기 어려운 하나의 직관과 긴밀하게 결합됐다.

'빠른' 생각의 첫 번째 부분은 명시적 추론과 별개이자 너 앞서 나타난다. 이는 우리의 직관이다. '가치 함수' 또는 '평가 함수'

다. 알파고제로의 직관은 가치망value network을 써서 얻는다. 그리고 자신의 승률을 0~100퍼센트의 값으로 출력한다. '빠른' 생각의 두 번째 부분은 직관이 아닌, 고심 끝에 둘 만하다고 여기는 수다. 실제로 우리는 직관상 좋다고 파악한 경로를 '이러면 이렇다' 식의 추론을 펼쳐 천천히 따라간다. 알파고제로는 바로 이 부분에서 흥미로웠다. 이런 수는 정책망policy network에서 나오며, 정책망은 지금의 판세를 입력으로 삼아 가능한 수에 0에서 100까지 퍼센트 값을 할당한다. 쉽게 말해, 자신이 어떤 수를 둘지 스스로 내기하는 것이다. 아주 기이하면서 거의 역설적인 개념이며, 우리가 좀 더 살필 지점이다.

정책망은 가능한 수를 알파고제로가 어떻게 추측하는지, 즉 MCTS 탐색이 미래를 보고 각 수를 채택할 가능성을 나타낸다. 여기서 약간 초현실적인 장면은, 시스템은 가능성이 높다 판단한 일련의 수를 따라 '느린 MCTS 탐색'을 한다는 것이다.[90] 딥마인드의 데이비드 실버David Silver는 이렇게 설명한다.

"알파고제로는 자기 자신의 선생이 됩니다. 알파고제로 자신이 두는 수를 예측하기 위해서 신경망을 갱신하죠."[91]

시스템이 예측 결과를 탐색할 때, 이런 예측 값을 지침으로 삼는다는 점을 생각하면 자기 충족적 예언을 하는 비결처럼 들릴 수도 있다. 현실에서 각 시스템(빠른 것과 느린 것)이 서로를 가다듬는 모습이다.

정책망의 빠른 예측이 개선될 때 느린 MCTS 알고리즘은 앞으로 가능한 수의 흐름을 좁혀 더 현명하게 탐색한다. 그렇게 알파고제로는 더 강력한 대국자가 된다. 그리고 정책망은 새롭고 강력해진 수를 예측하기 위한 조정을 거친다. 여기서 느린 추론을 더욱 현명하게 쓰는 선순환을 거친다. 학계에서는 이 과정을 증폭 amplification이라 하지만, 초월 같은 단어도 쓴다.

한마디로, 알파고제로는 오로지 자기 자신을 모방하는 법을 배웠다. 자신의 예측만을 써서 더 나은 의사 결정을 하고, 그 결정을 토대로 다시 예측한다. 처음에 랜덤 예측을 하고 랜덤 수를 둔 72시간 뒤 역사상 가장 뛰어난 바둑 기사가 탄생했다.

가치의 '증폭'

> 우리는 모방이 숭배에서 가장 받아들일 부분이며, 신은 아첨하는 이보다 자신을 닮은 인간을 훨씬 더 좋아한다는 점을 우리는 생각해야 한다.
> — 마르쿠스 아우렐리우스[92]

더 장기적인 미래에 관심을 가진 철학자와 컴퓨터 과학자가 늘어나는데, 그들의 우려는 우리의 극도로 복잡한 행동과 가치 있는 일을 할 게 틀림없는 시스템(융통성 있는 지능과 유연한 능력을 갖춰야 한다)의 등장이 기술적 문제에 더해 훨씬 더 심오한 문제를 제기할 수 있음이다. 여기서 해결해야 할 주된 과제는 두 가지다.

첫 번째, 우리가 원하는 것을 단순히 말로 표현하기 무척 어렵다는 것이다. 수학적으로는커녕 말로 하기도 어렵다. 보스트롬은 이렇게 말했다.

"우려하는 것을 리스트로 다 작성하기란 불가능합니다."[93]

이러한 사례에서 우리는 모방 학습이 성공적임을 봤다. 간단히 말하면, 보고 배우라는 식의 학습이 실질적으로 인상적인 성과를 냈다. 자율 시스템이 (운전을 잘하고 바둑을 잘 둘 뿐 아니라 개인과 사회 차원에서 잘 살아가는 데에도 기여할 방안을 추구할 정도까지) 더 강력하며 일반적인 양상을 띠면서 우리는 이와 그리 다르지 않은 것에 의지할 가능성이 높다.

두 번째, 더 심오하기도 한 과제는 전통적 보상 기반 RL과 모방 학습 기법이 우리 인간에게 궁극적 권위를 요구한다는 점이다. 앞서 봤듯이 모방 학습은 데이터와 자료를 능가한다. 시범을 바로잡는 방식으로 불완전하거나, 시범을 잘할 전문가가 적은 상황에서도 그것이 뭔지를 인식할 때도 그랬다.

우리가 더 먼 미래, 그러니까 더 강력한 시스템이 미묘하고 복잡한 현실에서 작동하는 미래를 내다볼 때면, 이 양쪽 전선에서 과제가 등장한다. 일부에서는 인간이 도덕적 권위에서 그다지 좋은 원천이 아님을 우려하는 것이다. 구글의 블레이즈 아게라 이 아르카스Blaise Agüera y Arcas는 이렇게 말했다.

"우리는 인간의 가치를 기계에 주입하는 문제를 놓고 엄청난 논의를 했어요. 그런데 저는 그게 진짜 문제가 아니라 봅니다. 현재 제시되는 인간의 가치가 미흡하다는 점이 진짜 문제죠. 매우 안 좋아요."[94]

기계지능연구소MIRI의 공동 설립자인 엘리저 유드코스키Eliezer Yudkowsky는 2004년에 큰 영향을 끼칠 논문을 썼다. 그는 불완전하게 구현한 인간의 규범을 단순히 지키고 모방하도록 기계를 개발하기보다는 우리의 '일관된 외삽 의지coherent extrapolated volition'를 기계에 주입해야 한다고 주장한다(외삽은 변수가 있는 영역 내에서만 함숫값이 알려져 있을 때, 영역 밖에서의 값을 추정하는 방법이다_옮긴이).

"시적으로 써 보면, 우리의 일관된 외삽 의지란 우리가 더 잘 알고, 더 빨리 생각하고, 우리 자신이 되고 싶은 인간상에 더 가깝기를 바라는 것입니다."[95]

체스나 바둑, '몬테수마의 복수'처럼 성공의 척도가 명확히 드러난 분야에서 기계는 모방을 더 전통적인 RL 기법의 출발점으로 삼는다. 시행착오를 통해서 모방을 갈고닦으면 이윽고 데이터를 넘어선다. 그러나 도덕 영역에서는 모방을 어떻게 확장할지가 덜 명확하다. 외부 척도가 전혀 없기 때문이다.[96]

게다가 우리가 가르치는 시스템이 언젠가 지적으로 우리를 뛰어넘으면 평가조차 어려운 행동을 할 수도 있다. 예를 들어, 한 시스템이 임상 시험 법규에 대한 개혁을 제안하면? 우리는 그것이 실제로 우리의 윤리 의식이나 규범에 들어맞는지 여부를 평가할 수 없을지도 모른다. 숙고한 뒤에도 알 수 없고, 치밀하게 반복되는 피드백 고리가 있는 사례라면 더욱 그렇다. 그러면 시스템이 우리의 이해 범위를 넘어선다면 우리는 어떻게 우리의 모습을 써서 시스템을 훈련시켜야 할까? OpenAI의 폴 크리스티아노Paul Christiano는 이런 문제를 가장 깊이 생각하는 이에 속한다.

"규모를 키우면 방법이 어떻게 보일까에 관심이 많아요. 반대로 우리의 실제 전략은 뭘까? 궁극적 목표는 뭘까? 여기에 관심 있는 사람들은 거의 없어요. 극소수만이 연구하는 이유죠."[97]

크리스티아노가 일찍이 2012년에, 그리고 지금까지 이어지는 연구를 통해 깨달은 것은 이런 어려운 시나리오에서조차도 인간은 진보한다는 것이다.[98] 우리는 알파고제로의 수가 무엇인지 빠르게 생각하면서 판단하는 한편, MCTS라는 느린 생각을 써서 앞으로 가능한 수백만 가지의 바둑판 배치를 훑어 직감을 확인하거나 고치는 것을 봤다. 그리고 이 느린 생각의 결과는 빠른 직감을 다듬고 개선하는 데 쓰인다. 자신의 숙고 결과를 예측하는 법을 배운다.[99] 크리스티아노는 '반복 증류와 증폭iterated distillation and amplification'이라 이름 붙인 이 체계를 복잡한 판단을 내리면서도 우리 자신과 정렬하는 시스템을 개발하는 데 쓴다고 믿는다.

예를 들어 도시 지하철 노선을 짠다고 하자. 체스나 바둑과 달리 여기서 우리는 초당 수천 건의 시나리오를 평가할 수 없다. 평가 한 건 검토에도 몇 달이 걸린다. 게다가 외부의 객관적 척도가 전혀 없다. '좋은' 지하철 노선 체계가 무엇인지는 사람들마다 의견이 다르기 때문이다.

우리는 (정상적인 모방 학습 등을 통해) 머신 러닝 시스템을 훈련시켜서 특정한 수준에 이르게 한 다음, 평가에 유용하게 쓴다. 도시 계획 책임자가 더 젊은 계획자의 도움을 받는 것과 다르지 않다. 어떤 시스템에는 예상 대기 시간을 계산해 달라 할 수 있으며, 다른 시스템에는 예산 추정 값을 요청할 수 있다. 아니면 접근 용이성의 평가 보고서를 요청할 수도 있다.

'책임자'로서 우리는 여러 시스템의 도움을 받아 최종 결정을 내린다. 시스템이 한 일을 '증폭하는' 일이다. 그 결과 우리는 좀 더 나은 계획자가 된다. 전체적으로 인간보다 더 빨리 일하지만, 우리 자신을 모델로 삼은 시스템에 과제를 맡김으로써 이 과정을 반복하고, 선순환이 계속된다.

그렇게 크리스티아노는, 우리가 바라는 바로 그 도시 계획자가 될 것이라 믿는다. '지금보다 더 많이 알고 더 빨리 생각하고 더 뛰어나길' 바랐을 그 계획자 말이다. 그러려면 해야 할 일이 있다. 크리스티아노는 인간과 시스템이 정렬해 증폭과 증류를 할 방법을 찾고 싶어 한다. 현재로서는 그것이 가능한지 예상하는 것도 불분명하다. 일종의 희망 사항이다. 실제로 소규모 예비 조사 성격의 실험은 진행 중이다. 크리스티아노와 OpenAI의 공동 연구자는 이렇게 썼다.

"이 희망을 실현하면, 머신 러닝의 범위를 확장하고 AI의 장기적 영향에 관한 우려를 해소하는 한 걸음을 걷는 셈이다."[100]

나는 크리스티아노의 증폭 연구를 이야기하다가, 현재 정렬 연구 분야를 이끄는 인물 중 한 명이 된 그에게 비슷한 길을 가려는 후배에게 자신이 역할 모형이 될지 물었다. 그리고 그 대답에 나는 깜짝 놀랐다.

"우리가 그 길을 따라갈 필요가 없음 좋겠어요."[101]

크리스티아노는 아마도 자신이 AI의 안전성을 직접 연구하는 시대가 오기 전에, 일종의 이중생활을 해야 하는 마지막 연구자에 속할 것이라 설명한다. 자신은 학위를 위해 어쩔 수 없이 더 전통적인 문제를 연구하는 한편, 자신이 진정으로 중요하다 여기는 연구를 할 방법을 따로 찾아야 했던 세대라는 것이다.

"혼자 헤매면서 오랫동안 문제를 연구해야 했어요. 학술 연구란 '학계'라는 맥락에서 하는 편이 더 쉽죠."

그런데 그 학계는 몇 년 뒤에야 생겼다.[102]

"대부분이 이런 상황을 좋아할 거예요. 이 문제를 연구하는 이들이 있고, 일자리를 구하고요. (…) 관심 있는 그 문제를 연구하는 일자리요."

이것이 바로 선구자가 겪는 일이 아닐까? 남이 자신을 그대로 본받거나 자신의 발자취를 곧이곧대로 따르는 것을 바라지 않는다. 그리고 그런 일이 생기지 않는다. 바로 선구자의 노력 덕분에 그들은 그럴 필요가 없기 때문이다.

[8]

추론

미시간주립대 심리학자 펠릭스 바르네켄Felix Warneken은 지금 높다란 잡지 더미를 들고서 방을 가로질러, 캐비닛을 향해 걸어간다. 그러다가 캐비닛에 쿵 부딪쳤고, 깜짝 놀라서 "억!" 하고 소리친 뒤 물러난다. 그리고 캐비닛을 잠시 응시하며 생각에 잠긴다. 그런 뒤 다시 앞으로 걸어가 캐비닛에 잡지 더미를 쿵 부딪쳤다. 그리고 다시 물러나 좌절하며 애처롭게 말한다.

"흐으음."

마치 뭐가 잘못됐는지 이해하지 못하는 듯하다. 그러자 방구석에 있던 아기가 아빠를 돕겠다고 아장아장 걸어온다. 아기는 좀 불안정한 걸음으로 캐비닛에 가더니 끙끙거리며 문을 하나씩 열고는 바르네켄을 올려다보고는 다시 돌아간다. 바르네켄은 아기에게 고맙다 말하고, 잡지 더미를 선반에 내려놓는다.[1]

바르네켄은 듀크대의 토마셀로와 함께, 생후 18개월밖에 안 된 아기가 문제에 처한 사람을 알아보고, 그의 목표와 방해가 되는 걸림돌도 알아보고, 자발적으로 나서서 도와준다는 것을 2006년에 체계적으로 보여 줬다. 아기는 어른이 도움을 요청하지 않아도, 자신과 딱히 눈을 마주치지 않아도, 보상을 기대할 수 없을(그리고 받지 못할) 때도 나서서 도왔다.[2] 이는 놀라울 만치 복잡한 능력이며, 거의 인간만이 지닌다.

우리와 유전적으로 가장 가까운 침팬지도 때로 자발적으로 도움을 주지만 조건이 있다. 먼저 그 상황에 명백하게 주목했을 때만, 누군가가 뭔가를 잡으려는데 닿지 않을 때만(캐비닛 문을 여는 등의 복잡한 상황에서는 돕지 않는다),[3] 도움을 원하는 상대가 인간일 때만(침팬지는 서로가 확연히 경쟁심을 드러낸다), 상대가 원하는 것이 음식이 아닐 때만, 상대가 찾는 물건을 몇 초간 자신이 만지작거리다 비로소 건넨다.[4]

바르네켄과 토마셀로가 보여 준 것은 상대를 돕는 행동이 진화적으로 희귀하며, 인간에게 매우 두드러지며, 언어보다 앞서 더 풍성하게 출현한다는 점이다. 토마셀로는 이렇게 썼다.

"인간과 다른 생물의 인지능력상 중요한 차이점은 공통의 목표와 의도로 협력하는 데 참여하는 능력이다."[5]

그리고 이렇게 말했다.

"애들이 이기적이라는 말을 종종 합니다. 자신의 욕구에만 신경 쓴다는 거죠. 그 아이를 이타적 존재로 재프로그래밍하는 일은 사회가 한다는 거고요.[6] (…) 그러나 우리 연구는 아기가 이미 곤경에 처한 이를 돕고 자원을 공유하는 식으로 협력한다는 것을 보여 줬습니다."[7]

여기엔 도우려는 동기뿐 아니라 놀라울 만치 복잡한 인지 과정이 필요하다. 때로 아주 단편적일 수 있는 행동을 토대로 남의 목표를 추론해야 한다. 토마셀로는 말했다.

"인간은 마음 읽기에서는 세계적 전문가입니다."

가장 인상적인 부분은 남의 믿음을 추론하는 능력이다. 사실 아이가 상대의 생각을 알기 시작하는 것은 약 4세가 돼서다. 첫돌을 맞이할 무렵에는 이미 남이 무엇을 원하는지 알아차린다는 뜻이다.[8]

인간의 가치를 기계에 주입하려는 우리 접근법도 이와 같은 방향으로 가야 한다는 연구자가 더 늘어나는 중이다. 그렇다면 우리가 관심 있는 것을 하나하나 코드로 짜려 하기보다는, 단순히 인간 행동을 관찰해 우리가 무엇에 가치를 두고 욕망을 품는지 추론하는 기계를 개발해야 할지 모른다. 리처드 파인먼Richard Feynman은 우주를 일컬어 '신이 주는 체스'라 묘사한 바 있다.

"우리는 그 게임 룰을 몰라요. 그저 지켜보는 것만 가능하죠."

AI 분야에서는 이를 '역-강화 학습Inverse Reinforcement Learning, IRL'이라 한다. 우리가 신이고, 우리를 지켜보면서 우리가 수를 두는 규칙을 알아내려 시도하는 것이 기계라는 점만 다를 뿐이다.

IRL이란?

1997년 UC버클리의 스튜어트는 '인간은 왜 그렇게 걷는가' 궁금해하며 슈퍼마켓으로 걸어가는 중이었다.

"우리는 틀에 박힌 방식으로 움직여요. 영화 〈몬티파이선〉을 보면 다른 걸음이 많이 나옵니다. 그런데 우리는 거의 같은 식으로 걷죠."[9]

이것이 단순한 모방 문제일 리는 없다. 인간의 기본 걸음에는 개인 간 편차가 거의 없을 뿐 아니라 문화별 차이도 거의 없다. 시대별 차이도 없어 보인다. 스튜어트는 말했다.

"그냥 우리가 그렇게 배운 거죠. 어찌됐든 작동법입니다."

그러나 이 답은 많은 의문을 불러일으킨다.

"'작동한다'는 과연 무슨 뜻일까요? 그 목적 함수는 무엇일까요? 인간은 '나는 에너지를 최소화하고 싶어'나 '나는 돌림힘을 최소화해',[10] '갑작스러운 움직임을 최소화해',[11] '이걸 최소화해', '저걸 최소화해', '이걸 최대화해' 하는 식으로 목적을 제시하겠지만 그 어떤 목적도 현실적인 움직임을 못 만들어요. 이 함수는 애니메이션에 많이 쓰여요. 로봇처럼 보이지 않게 걷고 달리는 모습을 만들려 애쓸 때죠. 하지만 모두 실패합니다. 영화에서 모션 캡처를 쓰는 이유가 여기 있습니다."

이런 질문에 답하기 위해 생체공학 분야가 존재한다. 예를 들어, 연구자는 오래전부터 네발 동물의 다양한 독특한 걸음걸이를

연구했다. 말의 걸음을 평보, 속보, 구보, 습보(최대 속력으로 달림_
옮긴이)로 구분하는 것이 한 예다. 19세기 말에는 고속 사진술이
발명되면서 다양한 걸음걸이가 정확히 어떻게 작동하는지의 문
제가 해결됐다. 어느 쪽 다리가 언제 올라가고, 특히 말의 경우 습
보 시 네 다리가 다 공중에 뜨는지의 의문이 그랬다(네 다리가 다
뜬다는 사실을 알아낸 것은 1877년이었다). 20세기에 들어서는 '어떻
게'에서 '왜'로 논쟁의 초점이 옮겨졌다.

1981년, 하버드대 동물학자 찰스 리처드 테일러Charles Richard
Taylor는 〈네이처〉를 통해, 말은 속보에서 습보로 넘어갈 때 소비
총에너지를 최소화하도록 걸음을 바꾼다고 주장했다.[12] 10년 뒤
그는 〈사이언스〉에 후속 논문을 발표했는데, 말은 습보로 넘어갈
때 에너지를 최소화하는 것이 아니라 관절 충격을 최소화하는 쪽
으로 움직임을 바꾸는 듯하다고 자신의 기존 견해를 뒤집었다.[13]
슈퍼마켓으로 걸어갈 때 스튜어트의 머릿속에 떠오른 것은 이런
생각이었다. 그리고 내게 말했다.

"집에서 슈퍼마켓까지 가는 언덕을 내려갈 때였어요. 언덕을
내려가는데 평지를 걸을 때와 걸음이 조금 다르다는 사실이 문득
떠올랐죠. 이런 생각이 들더군요. 어떻게 하면 걸음의 차이를 예
측할까? 바퀴벌레를 비탈길에 놓으면 어떻게 기어갈까? 등등…."

스튜어트는 손짓으로 보여 줬다.

"바퀴벌레는 이렇게 기어가겠죠? 이걸 제가 예측할 수 있을까
요? 목적을 알면, 바퀴벌레를 비탈길에 놓으면, 어떻게 기어갈지

예측하지 않을까요?"

1990년대 말에 RL은 이미 다양한 물리적 혹은 가상 환경에서 합리적 행동을 생성하는 강력한 컴퓨터 기법으로서 등장했다. 또한 도파민 체계와 벌의 먹이 탐색 행동 연구를 통해 RL이 인간과 동물의 행동을 이해하는 데 매우 쉬운 기본 틀을 제공함도 명확해졌다.[14] 그런데 한 가지 문제가 있었다.

전형적인 RL 시나리오는 동물 행동 실험에서의 먹이든, AI에서의 게임 점수든 간에 당사자가 보상을 대화하려 애쓰는 것임이 명확하다고 가정한다. 하지만 현실에서는 이 보상의 원천은 훨씬 불분명하다. 일상 속 걸음의 보상은 무엇일까? 스튜어트는 버클리의 업랜즈 숲길을 걸으며 생각했다. 인간의 걸음이 보상이라면 (그리고 우리의 몸이 RL을 통해 이를 발견하면) 그에 대한 질문은 어떤 형태일까?

스튜어트는 1998년, 일종의 행동을 요구하는 역할에 대한 논문을 썼다. 그는 역-강화 학습, 그러니까 IRL이 그 분야에 필요하다고 주장했다. 일반적인 RL은 "보상 신호가 있을 때 어떤 행동이 그것을 최적화할까?"를 묻는 반면, IRL은 그와 반대로 묻는다. "어떤 행동이 관찰됐을 때, 최적화가 이뤄지는 보상 신호는 무엇일까?"라고.[15]

평이한 관점에서 보면, 앞의 질문은 인간의 근본적 질문 중 하나다. 인간은 뭔가를 할 때 정확히 무슨 생각을 할까? 이 질문에 답하기 위해 우리는 두뇌의 능력을 꽤 많이 소비한다. 우리는 주변인(친구와 적, 상급자와 하급자, 협력자와 경쟁자)의 행동을 지켜보면서 보이지 않는 의도와 목표를 읽으려 애쓴다. 어떤 면에서는 인간 인지의 주춧돌이다. 또한 21세기 AI 분야의 선구적이면서 중요한 연구 과제 중 하나라는 사실도 드러났다. 그리고 그 안에 정렬 문제의 열쇠가 있을 수 있다.

시범을 통한 학습

'이 사람은 내게 집적대는 걸까? 아니면 친절한 걸까?'

'이 사람은 뭔가 이유가 있어서 내게 화를 내는 걸까? 아니면 그냥 기분이 나쁜 걸까?'

'어제 그 사람의 행동은 일부러 그런 것이었을까? 아니면 사고였을까?'

이렇게 상대 행동의 숨은 뜻이나 의도를 알아내려 애쓴 적 있다면, 우리는 어떤 행동이 말 그대로 무한히 많은 것을 뜻한다고 느끼곤 한다. 여기서 컴퓨터 과학은 얼마간의 위안이 되긴 해도 치료까지 해 주진 않는다. 어떤 행동이든 이는 말 그대로 무한히 많은 것을 뜻한다. 이론적 뜻에서 보면 이 문제는 가망이 없다. 하지만 현실에서는? 조금 더 긍정적으로 생각해도 된다.

IRL은 수학에선 '불량 조건ill-posed' 문제라 부른다. 한마디로 유일한 정답을 지니지 않은 문제다. 행동의 관점에서 보면 구별할 수 없는 보상 함수가 엄청나게 많다. 다만 어떤 보상 함수를 써도 같은 행동이 나오리라는 사실 때문에 이 모호함은 대체로 중요하지 않다.

예를 들어, 권투는 '10점 만점'이 규칙이다. 한 라운드에서 잘한 선수에게는 10점을 주고, 못한 선수에게는 9점을 주는 식이다. 그런데 라운드별 점수를 1,000만 점이라 착각해도, 총점이 더 높은 자가 누구인지는 분명하다. 그러니 권투를 하는 방식은 전혀 달라지지 않는다. 즉, 오류는 피할 수 없지만 중요하지는 않다.[16] 그런데 또 문제가 생긴다.

"우리는 무엇 때문에 특정 행동에 뜻이 있다 가정할까?"

"누군가가 뭔가를 하려 할 때, 그 활동이 그저 랜덤 행동이면 어떨까?"

IRL 문제의 현실적 방법을 제시한 첫 논문에서, 스튜어트는 당시 박사 과정생인 응과 함께 단순한 사례를 논의했다.[17] 그들은 유저가 특정한 '목표' 사각형으로 나아가는 단순한 5×5 격자를 바탕으로 한, 언덕 꼭대기로 차량을 모는 비디오게임을 생각했다. IRL 시스템은 전문가(인간이든 기계든)의 시범을 지켜보는 것으로 게임의 목표를 추론할까?

응과 스튜어트는 IRL 시스템에 몇 가지 단순한 가정을 줬다. 유저는 돌발 행동과 실수를 하지 않으며, 유저의 행동이 상황상 가능한 최선이라 가정했다. 또한 동기를 부여하는 보상은 '단순하다'고 가정했다. 0점을 받을 만한 활동이나 상태라면 0점을 받아야 한다고 여기는 측면에서다.[18] 게다가 유저가 어떤 행동을 했을 때, 나머지 행동은 모두 실수라고 가정했다. 즉, 게임에서는 서로 경쟁 관계에 있는 여러 목표가 있으며, 유저가 그중 목표를 랜덤으로 선택할 가능성이 배제된다.

이 가정은 꽤 강력했고, 적용 분야도 아주 단순하기에 실질적 쓸모는 전혀 없었다. 인간의 걸음걸이 같은 복잡함과는 거리가 아주 멀었다. 하지만 어쨌든 IRL은 작동했다. IRL 시스템이 추론한 보상은 실제 보상과 아주 비슷해 보였다. 응과 러셀이 게임을 하면서 IRL 시스템이 보상이라 여기는 것을 최대화하도록 하자 시스템은 실제로 점수를 직접 최대화했고 그에 따라 실제로 최고 점수를 얻었다.

2004년에 응은 이미 박사 학위를 받고 스탠퍼드대에서 학생을 가르쳤는데, 피터 아빌Pieter Abbeel이 그의 박사 과정생이었다. 그들은 환경의 복잡성을 높이며 추론 가정 중 일부를 완화하려 하면서 IRL 문제를 다시 파고들었다.[19] 그들은 관찰 과제가 무엇이든 간에 그 과제와 '관련된 특징'이 있다고 가정했다. 예를 들어 우리가 운전하는 누군가를 지켜볼 때면 차량이 어느 차선으로 가고, 얼마나 빨리 달리고, 앞 차량과의 거리가 얼마나 되는지 같은 것을 '관련된 특징'이라 생각한다.

응과 아빌은 시스템이 운전할 때(자율 주행 시), 시스템이 학습에서 본 시범 때와 같은 양상으로 관련된 특징이 나타날 것이라 가정하는 IRL 알고리즘을 개발했다. 아주 단순화한(게임 수준의)

운전 시뮬레이터는 유망한 결과를 보여 줬다. 아빌과 매우 비슷하게 운전하는 컴퓨터 '초보 운전자' 모습이었기 때문이다. 충돌을 피하고, 더 느린 차를 추월하며, 그 외에는 우측 차선을 유지하면서 달렸다.

이는 7장에서 논의한 엄격한 모방 접근법과 상당히 다르다. 아빌이 시범을 보인 지 겨우 1분 뒤, 그의 운전을 직접 모방하려 시도하는 모형은 아직 정보를 충분히 모으지 못한 상태였다. 실제 도로 환경이 너무 복잡해서다. 하지만 아빌의 행동은 복잡했지만 목표는 단순했다. 몇 초 지나지 않아 IRL 시스템은 다른 차량과 부딪치지 않고, 차선을 이탈하지 않고, 가능한 한 차선을 유지하는 것이 매우 중요하다는 점을 배웠다. 이 목표 구조는 운전 행동 자체보다 단순했고, 배우기도 쉽고, 융통성도 더 뛰어났다. IRL 행위자는 시범 행동을 직접적으로 채택하는 대신 그의 값을 채택한 셈이다.

응과 아빌은 이제 IRL을 혼란한 현실 세계에 집어넣을 때가 됐다고 판단했다. 5장에서 우리는 응이 '보상 조형' 개념을 써서 자율 비행 중인 헬기가 안정적으로 날아가도록 가르친 방식을 봤다. 그전까지 어떤 컴퓨터 제어 시스템도 올리지 못한 성과였다. 응의 경력이나 머신 러닝 분야 양쪽으로 이는 중요한 이정표였지만, 그 이상의 발전은 없었다. 응은 이렇게 말했다.

"솔직히 우리는 벽에 부딪쳤어요. 헬기를 어떻게 가르쳐야 하는지 모를 때가 있었거든요."[20]

정지 비행이나 항로를 저속으로 날아가는 것이 전통적인 보상 함수로도 가능한 행동이라는 점도 발전 정체에 기여했다. 정지 비행의 경우 헬기 속도를 얼마나 0에 가깝게 하느냐에 따라 보상이 주어졌다. 항로 저속 비행에서는 항로를 따라 나아갈 때 보상을 받고, 이탈하면 벌을 받았다.

이 문제의 복잡성은 목표의 명시가 아니라 오로지 회전익의 돌림힘, 회전당 비행 거리와 각도 정보만으로 헬기가 날아갈 방법을 가르쳐야 함에 있었다. RL이 자신의 힘을 보여 준 것은 바로 여기에서였다.

물론 복잡한 항공역학을 동원해야 하는 헬기 기동과 묘기라면 행동을 배우는 보상 함수를 어떻게 짜야 할지는 불분명했다. 그저 그저 곡선을 하나 그리고서 그 곡선을 따라 비행하라고 할 수도 있다. 하지만 이는 물리학 법칙 때문에 불가능할 수도 있으며 고속 비행 시 더욱 문제가 된다. 그린 곡선의 특정 부위에서 추진력이 너무 세서 헬기가 벗어날 수도 있고, 엔진이 제때 동력을 충분히 내지 못할 수도 있다. 즉, 시스템이 실패하도록 만드는 꼴이 된다. 응과 아빌은 이렇게 썼다.

"그렇게 손수 짠 궤적을 사용한 시도는 계속 실패했다."[21]

그러나 응과 아빌은 이렇게 추론했다.

"인간 전문가가 탁월하게 조종하고, 시스템이 IRL을 통해 인간의 **목표**를 추론하도록 하면 어떨까?"

응과 아빌, 애덤 코츠Adam Coates는 IRL 접근법을 써서 2007년

에 처음으로 시스템을 통한 헬기 앞공중회전이나 횡전(옆으로 회
전_옮긴이) 등의 곡예비행을 보여 줬다.[22] 이는 기술의 수준을 대
폭 끌어올렸고, IRL은 현실 세계에서 인간의 의도를 전달할 방법
이 없어 보이는 사례에서도 성공했다.

그러나 응과 아빌, 코츠는 여기에 만족하지 않았다. 그들은 인
간에게도 어려운 아주 고난도의 묘기를 보여 주고 싶었다. 여기
서 응과 아빌, 코츠는 중요한 깨달음을 얻었다. 설령 인간 시범자
가 순수하며 이상적인 형태로 완벽히 조종을 할 수 없어도, 충분
히 시도가 좋다면 그의 일탈은 적어도 시도할 때마다 조금씩 다
른 방식으로 불완전하다는 점이었다. (엄격한 모방이 아니라) IRL
을 하는 시스템은 불완전하거나 실패한 시도를 모두 종합해서 시
범자의 의도를 추론했다.[23] 2008년, 이 방식은 여러 방면에서 잇
달아 돌파구를 열었다.

"연속 제자리 위아래 뒤집기와 좌우 뒤집기, 꼬리를 아래로 향
한 채 비틀면서 360도 회전하는 연속 틱톡 루프, 제자리 돌기를
하면서 360도 회전하는 피루엣 루프, 실속 상태에서 회전하는 피
루엣 스톨턴, 기수를 아래로 향한 채 깔때기 모양을 그리면서 빙
빙 도는 허리케인, 옆으로 선 자세로 날아가는 나이프 에지, 이멜
만, 슬래퍼, 사이드웨이 틱톡, 뒤집힌 채로 날기, 뒤집힌 채로 후미
활공, 심지어 자동 방향 전환 착륙까지 했다."[24]

이 야심의 정점에는 헬기 조종에서 가장 어렵다고 여겨지는 곡
예비행이 있었다. 일명 '카오스chaos'인데, 인간 단 한 명만이 하기

엔 너무나 복잡한 비행이다.

카오스는 1987년, 1993년, 2001년 모형 헬기 조종 세계 챔피언, 2002년과 2004년 3D 마스터스 챔피언, 1986년, 1987년, 1989년, 1991년, 1993년, 1994년, 1995년, 1996년, 1997년, 1998년, 1999년, 2000년, 2001년, 2002년, 2004년, 2005년, 2006년, 2008년, 2010년, 2011년, 2012년 미국 챔피언에 오른 커티스 영블러드Curtis Youngblood가 창안했다.[25] 많은 이는 그를 역대 최고의 모형 헬기 조종 파일럿으로 여기는데, 그는 이에 대해 말했다.

"그때는요. 제가 상상할 수 있는 가장 복잡한 곡예비행이 무엇일지 생각했었죠."

영블러드는 피루엣 플립이라는 가장 어려운 곡예비행 중 하나를 '회전하면서 반복'하면 어떨까 상상했다. 내가 그걸 할 수 있는 파일럿이 얼마나 되는지 묻자, 그는 한 명도 없다고 말했다.

"저도 이제는 못 해요. (…) 굳이 연습을 한 다음이라면 그나마 하겠죠?"

영블러드는 그 비행이 너무나 복잡해 보이기 때문에, 전문가 정도는 돼야 그게 얼마나 어려운지를 제대로 이해한다는 사실도 한몫한다고 했다.

"우리는 대개 관중 앞에서 곡예비행을 해요. 사람들을 감탄하게 만들려 애쓰죠. 그런데 파일럿이 어떤 곡예를 펼치는지 관중이 전혀 모르면 어떨까요? 카오스를 하든지 피루엣 플립을 하든지 사람들은 그 차이를 모르죠. 정말로 그게 무엇이고 얼마나 어려운지 아는 이들은 거의 없어요. 우리끼리 자랑할 때나 쓸모 있죠."[26]

2008년 여름, 스탠퍼드대의 헬기는 그 '카오스'를 터득한 상태였다. 인간 파일럿의 완벽한 시범을 전혀 본 적이 없는 상태에서 말이다. 비유하자면 시스템은 인간이 잡지 더미를 들고 캐비닛 문에 부딪치는 모습만 본 셈이다. 그 헬기는 빠르게 방향을 300도 틀면서 반복해 피루엣 플립을 반복하는 곡예비행을 계속하다가, 어느 순간 장벽을 넘었다.[27]

그런 한편, 다른 접근법을 써서 행동을 명확히 하며 더 복잡한 방식으로 보상을 표현함으로써 IRL 기본 틀을 확장하려는 노력도 이뤄졌다. 2008년 당시 박사 과정생인 브라이언 지벌트Brian Ziebart는 카네기멜론대 연구자와 함께 정보 이론에서 나온 개념을 사용하는 방법을 개발했다. 우리는 해당 상황에서 전문가가 완벽하다고 가정하는 대신, 그들은 그저 보상을 더 주는 행동을 할 가능성이 높다라고 가정할 수도 있다. 또한 이런 원리를 써서 특정한 시범 행동이 나올 가능성을 최대화하는(다른 것은 가능한 한 불확실한 상태로 놓아둔 채) 보상 집합을 찾는다.

지벌트는 이른바 최대 엔트로피maximum-entropy IRL 방법을 피츠버그의 택시 기사 24명에게서 얻은 32만 킬로미터에 달하는 데이터 집합에 적용했다. 그리고 기사별로 어떤 길을 선호하는지 모형을 구축했다. 해당 모형은 특정한 목적지에 가고자 할 때 기사마다 어떤 경로를 취하는지 믿을 만하게 추측했다. 더 인상적인 점은 지금까지 온 길을 토대로, 다음엔 어디로 가려 하는지까지 추측했다는 것이다(지벌트는 이를 통해 목적지를 알릴 필요 없이 경로에 영향을 미치는 '도로 폐쇄' 같은 관련 정보를 기사가 받도록 하는 게 가능하리라 생각했다).[28]

지난 10년 사이, 로봇학 분야에서는 '직접 운동 가르치기kines-thetic teaching'를 다룬 연구 결과가 쏟아졌다. 쉽게 말해 인간이 로봇 팔을 직접 움직이면서 일하는 법을 알려 주는 것이다. 로봇 시스템은 다양한 환경에서 비슷한 행동을 자유롭게 재연하기 위해 목표를 추론해야 한다.[29] 2016년 당시 박사 과정생인 첼시 핀Chelsea Finn은 동료 연구자와 함께 신경망을 써서 최대 엔트로피 IRL을 확장했다. 이를 통해 보상 함수의 복잡성을 임의의 수준까지 높이도록 하고, 구성 요소가 되는 개별 특징을 일일이 모두 지정할 필요성을 없앴다.[30]

그렇게 로봇은 20~30번쯤 시범을 보고서, 접시를 선반에 쌓거나 한 컵 가득한 아몬드를 다른 컵에 안전히 붓는 등 숫자상으로 지정하기 불가능한 일을 인간처럼 했다. 현재 기계는 우리가 수학과 코드라는 명시적 언어로 입력해야만 하는 차원을 한참 넘어선 상태다.

피드백을 통한 학습: 보면 안다?

그렇게 IRL은 우리가 일일이 프로그램으로 짜 넣기가 불가능하거나, 엄두도 못 내던 복잡한 목표를 시스템에 주입하도록 하는 방법임이 입증됐다. 다만 문제점은 하나 있다. 목적상 원하는 행동을 (설령 불완전하게라도) 보여 줄 수 있는 전문가가 꼭 있어야 한다는 점이다. 헬기 곡예비행을 시키려면 유능한 파일럿의 시범이 필요하다. 택시 운전에는 기사가 필요하다. 접시 쌓기와 아몬드 옮기기에도 시범자가 필요하다. 다른 방법은 없을까?

우리 삶에서는 '직접 하긴 어려워도 평가는 쉬운 일'이 아주 많다. 실제로 나는 헬기를 띄우는 일조차 제대로 못할 만치 파일럿으로서의 실력이 0점일지 모르겠지만, 곡예비행이 어떤 것인지는 알아본다(아마 카오스는 빼고). 영블러드의 말처럼 평범한 관중의 탄성을 자아내는 것이 중요하다.

시스템이 피드백(시범자가 몇 점을 매겼다거나, 두 가지 시범 중 어떤 것을 선호하는지 등)으로부터 명시적 보상 함수를 추론하면, 기계에 우리가 원하는 것을 주입하는 데 더 강력하며 일반적인 방법이 있지 않을까? 우리는 설령 원하는 것을 말로 표현할 수 없을 때, 우리가 원하는 것을 할 수 없을 때가 와도 '정렬'시킬 수단을 여전히 지니지 않을까? 완벽한 세계라면야 우리가 뭔가를 볼 때 그게 무엇인지를 아는 것만으로도 충분하다. 그리고 두 가지 의문만 해결하면 된다. 그 행동이 가능한지, 안전한지 말이다.

2012년 독일 프라이부르크에서 얀 라이커Jan Leike는 툴 검증을 주제로 석사 학위 과정을 마무리했다. 특정 유형의 프로그램을 자동으로 분석해서 실행되는지 여부를 판단하는 툴을 개발하는 일이었다.[31]

"그때 저는 연구하는 게 좋다고 깨달았어요. 실제로 잘됐고요. 다만 앞으로 제가 뭘 할지는 불확실했죠."[32]

그러다가 라이커는 보스트롬과 밀란 치르코비치Milan Ćirković의 책《Global Catastrophic Risks(지구의 재앙 위험)》, 온라인 포럼 레스렁LessWrong에서 논의되는 내용, 유드코스키의 논문 두 편을 통해서 AI의 안전성 문제를 접했다.

"이 문제를 연구하는 사람들이 거의 없는 것 같았어요. 그러면 내가 해 봐도 되겠다 싶었죠. 꽤나 흥미로운 문제 같은데 미지의 분야니까요."

라이커는 호주국립대의 컴퓨터 과학자 마커스 허터Marcus Hutter 에게 조언을 구했다.

"아무 곳이나 골라서 이메일부터 보냈어요. 박사 과정에 들어가 AI 안전성을 연구하고 싶은데, 어디로 가면 좋은지 조언해 줄 수 있냐고요. 여기에 나름의 연구 내용을 첨부했죠. 답장이 오길 바라면서요."

그렇게 허터는 즉시 답장을 보냈다. 여기로 오라는 답이었다. 문제는 박사 과정 지원 마감일이 사흘밖에 남지 않았다는 것이었다. 라이커는 웃음을 터뜨렸다.

"생각해 봐요. 제 학위 증명서나 기타 서류는 영어로 된 게 없었어요. 영어 시험도 본 적이 없고요. 그 모든 일을 사흘 안에 해치워야 했습니다."

물론 연구 제안서도 새로 써야 했다. 다행히 그 주는 휴가였다.

"예상하셨겠지만, 사흘간 잠을 거의 못 잤죠."

라이커는 강조한다.

"물론 제 경우는 정말 나쁜 사례예요. 해당 연구를 한 적도 없고, 모르는 이에게 이메일부터 보내고, 심지어 거기에 지원하겠다는 거잖아요. 박사 과정을 이런 식으로 지원하면 절대로 안 돼요!"

어쨌든 그해 말에 라이커는 캔버라로 갔고 허터와 연구를 시작했다. 그렇게 2015년 말 박사 학위를 받았다. 그는 AIXI 기본 틀 (6장 참고)을 연구하고, 그런 행위자가 (라이커의 표현에 따르면) '지독히도 잘못 행동하기' 쉬운 상황을 규명했다.[33]

그렇게 라이커는 박사 학위 증명서를 들고 AI 안전성을 다루는 직장을 찾았다. 그 말은 AI 안전성을 연구하는 (세계의) 서너 곳 중 하나에 들어가야 한다는 뜻이었다. 그렇게 옥스퍼드대 인류미래연구소에서 반년을 있다가 런던의 딥마인드로 옮겼다.

"당시 저는 어떻게 하면 그 일을 할지 생각했어요. 문제의 많은 부분은 보상 함수를 어떻게 배우는지와 관련 있는 것처럼 보였죠. 그래서 폴과 다리오에게 연락을 했습니다. 그들도 저랑 고민이 비슷함을 알았으니까요."

런던의 반대편, 샌프란시스코의 OpenAI에서 일하는 크리스티아노와 아모데이가 라이커의 연락에 관심을 보였다. 사실 관심 정도가 아니었다. 크리스티아노는 회사에 합류한 지 얼마 안 된 상태인지라 첫 연구 과제를 찾는 중이었다.

이윽고 라이커는 최소한의 지도를 받으면서 RL 문제를 연구하기 시작했다. 1초에 15번씩 점수를 끊임없이 갱신하는 대신 관리자가 점검하는 것처럼 더 정기적으로 살피는 방식이었다. 물론 비디오게임 환경에서도 정기적으로만 점수를 알리도록 하는 게 가능했지만, 라이커와 크리스티아노, 아모데이는 사람들이 시스템에 피드백을 주면 그 파급효과가 더 클 것이라 느꼈다. 그리고 정렬이라는 과제에 시사하는 바가 더 명확해진다 봤다.

크리스티아노와 라이커 연구진은 머리(그리고 그래픽 카드)를 맞대고, 시스템은 인간으로부터 복잡한 보상 함수를 어떻게 배울까라는 문제를 깊이 살피기로 했다. 이 연구는 2017년에 발표된 AI 안전성 논문 중 가장 중요한 축에 들었다. 내용 면에서만이 아니라 대변 측면에서도 그랬다. 세계에서 가장 활발하게 활동하는 두 AI 안전성 연구 기관 사이의 인상적인 협력이자, 정렬 연구의 흥미로운 진전을 대변하기 때문이다.[34]

크리스티아노와 라이커 연구진은 '시범 없는' IRL이 가능한지 가장 큰 규모로 살핀다는 계획을 세웠다. 가상 환경 내에서 활동하는 시스템이 자신의 행동을 담은 영상을 랜덤으로 한 쌍씩 사람들에게 주기적으로 보내도록 하는 구상이었다. 영상을 본 사람들은 시스템 화면에 "영상을 본 다음 일이 더 나은 쪽을 택하시오"

라는 식의 명령문을 입력하는 단순한 지시를 했다.

그러니 시스템은 피드백을 토대로 보상 함수에 관한 자신의 추론을 다듬으려 했고, 그렇게 나온 보상을 써서(전형적인 RL에서처럼) 일을 더 잘 수행하는 행동을 찾았다. 시스템은 실제 보상을 가장 잘 추측하는 방향으로 갱신을 계속하면서 새 영상을 한 쌍씩 내보냈다.

이 연구는 단순한 가상 학습이 초인적 성과로 이어짐을 입증한 아타리 게임 때처럼, 명시적으로 '객관적인' 보상 함수가 존재하는 분야를 택한 다음에 보상을 접하지 못하게 하면서, 사람들이 '더 낫다'고 말한 영상을 토대로 내린 최선의 추측만을 쓰도록 했을 때 얼마나 행동을 잘하는지 관찰했다. 결과는? 보상을 직접 접할 때 가능한 성과에는 못 미치긴 했지만, 대체로는 상당히 잘했다. 예외도 있었다. 빠르게 방향을 틀며 움직여야 하는 레이싱 게임인 '인듀로'에서는 피드백 방식 결과가 좋았다. 사람들이 간접적으로 일종의 보상 조형을 한다는 뜻이다. 라이커는 말했다.

"아타리 게임처럼 실측 보상이 가능한 환경이면 피드백 방식이 아주 유용해요. 진단을 하니까. '자신의 보상 모형이 실측 보상 함수와 얼마나 일치하는가?'라는 뜻에서, 사실상 정렬 여부를 검사하죠."

크리스티아노와 라이커 연구진은 완전히 주관적인 행동, 그러니까 점수가 아예 존재하지 않거나 보상 값을 하나하나 부여하기 복잡한 것, 뭔지 알겠는데 글로 쓰기 어려운 것이 무엇인지를 즉시 알아차리도록 RL 시스템을 훈련시키고 싶었다. 여기에 딱 들어맞는다고 여겨지는 행동을 찾았다. 뒤로 공중제비를 넘는 것이었다! 크리스티아노는 말했다.

"그냥 로봇의 몸을 바라봤죠. 모든 로봇의 몸을! 그러면서 생각했어요. 로봇이 할 수 있는 가장 멋진 행동이 무엇일지요."[35]

그렇게 만든 가상 로봇 중 하나에는 '뛰는 로봇hopper'이라는 이름이 붙었다. 다리 하나에 커다란 발이 붙은 듯한 모습이었다. 크리스티아노는 말했다.

"첫 목표이자 야심 찬 목표는 뒤공중돌기 시키기였죠."

그 계획이 세워졌다. 크리스티아노와 라이커 연구진은 무조코MuJoCo라는 가상 물리학 시뮬레이터(마찰과 중력만 존재하는 가상 세계)에 있는 로봇이 뒤공중돌기를 하도록 만드는 일에 나섰다.[36] 대담한 착상처럼 보였다.

"로봇이 잠시 꿈틀거리면 사람들이 공중제비를 넘는 모습에 어떤 움직임이 가까운지 알려 줘요. 특정 움직임에 더 가깝게 꿈틀거리라는 거죠. 그리고 어떤 행동을 하는지 지켜보는 식입니다."

이제 로봇이 꿈틀거리는 영상을 몇 시간 시청하면서, 뒤공중돌기에 좀 더 가까운 쪽을 선택하도록 하는 일을 반복하기로 했다. 먼저 크리스티아노가 맡았다. 왼쪽, 오른쪽, 오른쪽, 왼쪽, 오른쪽, 왼쪽, 왼쪽.

"매번 조금씩 발전하는 것 같았고 무척 흥분했죠. 로봇이 넘어지기 시작했는데 그 행동 중에서 가끔 의도한 방향으로 넘어지면 흥분했어요."

발전은 찔끔찔끔 이뤄졌다. 하지만 크리스티아노는 계속했다.

"일이란 아주 서서히 이뤄지죠. 왼쪽, 오른쪽을 누르는 일을 계속할 뿐이니까요. 영상도 무수히 많이 보고요. (…) 아마 뛰어오르기를 계속하기 시작했을 때 가장 흥분했을 거예요."

그렇게 약 1시간 사이 영상 수백 편을 보면서 피드백을 준 뒤, 로봇은 뒤공중돌기를 시작했다. 체조선수처럼 몸을 굽힌 채 돌아서 완벽하게 착지했다. 다른 이의 피드백을 제공해서도 실험해 봤는데, 뒤공중돌기 모습이 언제나 조금씩 달랐다. 마치 로봇 각자가 저마다의 이상적인 뒤공중돌기 판본을 보여 주려는 듯했다. 크리스티아노는 OpenAI와의 주간 회의에서 이 영상을 보여 줬다. 그리고 회의에서 이런 식으로 말했다고 기억한다.

"봐요! 우리가 이런 것도 한다고요. 또 누구든 해요. 굉장하죠?"

그리고 이렇게 회상했다.

"결과를 보니 정말 신났어요. 이게 먹힐지조차 처음엔 불분명했기 때문이죠."

그 결과가 매우 인상적이고 희망적이기에, 나는 뒤공중돌기라는 개념을 더 막연하면서 표현하기 어려운 '유용함' 같은 개념으로 대체한다고 상상해도 무리가 아니지 않겠냐 물었다. 아니면 '친절함', '선한' 행동 같은 것 말이다. 라이커는 이렇게 말했다.

"맞아요. 그게 요점이죠."[37]

협력하는 법 배우기

딜런 해드필드메넬Dylan Hadfield-Menell은 매사추세츠공과대에서
로봇학자이자 RL의 선구자인 레슬리 캘블링Leslie Kaelbling 밑에서
석사 학위를 받고, 2013년 UC버클리에 막 도착했다. 스튜어트 연
구실에 박사 과정으로 들어온 그는 석사 때 연구를 이어서 로봇
학과 운동 계획을 연구하지 않을까 짐작했다. 그해에 스튜어트는
안식년이라 자리를 비운 상태였다. 그러다 2014년 봄에 스튜어트
가 돌아왔고 모든 것이 달라졌다. 해드필드메넬은 말했다.

"각자 연구 계획을 말하는 회의 때였죠. 그는 어떻게 연구할지
를 밝혔어요. 정렬이라는 말을 쓰지는 않았지만, 우리가 성공하면
실제로 무엇이 잘못된 것일까라는 식의 말이었습니다."

스튜어트는 AI의 장기적 미래를 우려하는 목소리를 귀담아 듣
기 시작했다고 말했다. 우리가 개발하는 학습 시스템이 유연하고
강력할수록, 정확히 무엇을 하도록 훈련시키는 게 더욱 중요해진
다. 그는 파리에 머물 때 그 점을 우려했다. 그렇게 굳게 결심하고
서 돌아왔고 그 일에 앞장서기로 했다. 그리고 그 과학에도.

"바로 아이디어가 떠올랐어요. 우리가 원하는 것은 가치와 정
렬하는 AI 시스템, 그러니까 인간 같은 시스템을 만드는 것이 방
법처럼 보였어요. 저는 90년대에 IRL을 연구하면서 관련 연구를
했죠. 기본적으로 보면 같은 주제니까요."

나는 스튜어트의 20년 된 개념이 현재 해드필드메넬이 하는

AI 안전성 연구의 토대가 됐다는 점이 의외로 보인다고 말했다. 걷다가 한가로이 떠올린 생각이 20년 뒤 문명 수준에서 일어날 재앙을 회피할 계획이 됐다는 소리니 말이다.

"완전 우연의 일치예요. 우리 일 전체가 우연의 일치가 연속되는 것이니까요."

첫 회의 때, 스튜어트는 박사 논문이 될 만한 구체적 탐구 주제가 몇 가지 있다고 말했다. 해드필드메넬은 로봇학 연구를 계속했지만 마음 한구석에서는 정렬 문제를 계속 생각했었다. 그간 탐구되지 않는 새로운 문제 집합과 거기에 선구적 기여를 하리라는 지적 호기심 차원이었다. 그런데 시간이 흐르면서 생각이 달라졌다. 그는 내게 말했다.

"정말 중요한 문제인 것 같았어요. 그런데 주목받지 못하는 것 같았죠."

2015년 봄, 해드필드메넬은 그렇게 논문 주제를 바꾸기로 결심했고, 삶의 방향도 바뀌었다.

"샤워할 때도 오로지 가치 정렬만 떠올려요."

해드필드메넬과 스튜어트가 처음으로 함께한 연구 중 하나는 IRL의 기본 틀 재검토였다. 그들은 아빌 및 버클리의 로봇학자 앵카 드라간Anca Drăgan과 함께 IRL을 처음부터 다시 살피기 시작했다. 그 연구로부터 두 가지 결과가 나왔다.

이 분야의 모든 것이 그렇듯이, 헬기 연구도 인간과 기계 간 분리를 전제로 한다. 인간 파일럿은 그저 비행만 했고, 컴퓨터는 그 시범을 보고 혼자 비행을 배웠다. 이 둘은 각자 홀로, 일종의 진공 상태에서 활동했다. 그런데 열정적인 연습생이 있다는 사실을 시범자가 처음부터 알면 어떨까? 그렇게 양쪽이 의식적으로 협력하면 어떤 모습을 띨까?

여기서 눈에 띄는 또 한 가지가 있다. 전통적 IRL에서는 기계가 자신의 보상 함수를 인간 것으로 삼았다는 점이다. 인간 파일럿이 카오스를 시도하면 컴퓨터도 카오스를 시도하는 식이다. 이런 방식이 타당한 경우도 있다. 자율 주행 차량이 안전하고 빠른 운행이란 목표와 가치의 집합을 인간의 것으로 삼으면 기쁠 것이다. 반면 우리가 원하는 것이 미묘한 경우도 있다. 로봇이 과일을 향해 손을 뻗을 때, 우리는 로봇이 특정 과일에 탐욕을 갖는 것을 원치 않는다. 그저 생후 18개월 아기처럼 손을 뻗길 원한다. 그러니까 우리 손이 닿지 않는 곳에 놓인 바나나를 보고, 탐욕 없이 바나나를 가져다 우리 손에 건네기를 원한다.[39]

스튜어트는 이 새로운 기본 틀을 '협력적 역-강화 학습Cooperative Inverse Reinforcement Learning, CIRL'이라 했다.[40] CIRL에서는 인간과 컴퓨터가 함께하면서 하나의 보상 함수를 최대화한다. 다만 그것이 무엇인지는 인간만 안다. 해드필드메넬은 말했다.

"현 수학과 이론 체계에 가장 단순한 변화를 일으켜서, 이런 유형의 존재론적 위험을 만들 수 있는 이론을 바로잡을 방법이 없나 고민하는 것이지요. 우리가 실제 원하는 것이 최적의 해가 되는 수학 문제는 무엇일까요?"[41]

스튜어트도 이것이 문제를 미묘히 재구성하는 차원이 아니라, 정렬의 문제일 수도 있다고 본다. AI 분야의 가장 근본적 가정을 뒤엎는 발상이다. 그는 지난 세기 우리가 '기계 자신의 목표'를 달성하는 기계를 만들려 애썼다고 말했다. 이는 거의 모든 AI 연구에서의 암묵적 전제며, 안전상의 문제는 기계의 목표가 무엇인지 통제할 방법을 연구하는 데 초점을 맞췄다. 즉, 현명하면서 논리적 허점이 없는 목표를 정의할 방법을 찾자는 것이었다. 그는 아마도 이 개념 전체를 뒤엎어야 할지 모른다고 생각한다.

"기계에다가 네 자신의 목표를 추구하라 하지 않고, 우리 목표를 추구하라고 하면 어떨까요? 이게 우리가 줄곧 했어야 할 일이 아닐까요?"[42]

그렇게 협력이라는 기본 틀을 도입하자 새로운 최전선이 열렸다. 지금 그 어느 때보다도 전통적 머신 러닝과 로봇 연구자는 육아, 발달심리학, 교육, 인간-컴퓨터 상호작용과 인터페이스 설계 분야로부터 개념을 빌리느라 열심이다. 즉, 다른 지식 분야 전체가 매우 중요해진다.[43] 추론으로서의 협력이란 기본 틀(우리는 남이 내 의도를 읽으려 함을 알고서 행동한다)은 인간과 기계의 행동을 다른 관점에서 생각하게 만든다.

이런 최전선에서 활발하게 연구가 이뤄지면서 우리가 아직 모르는 지점이 매우 많음이 드러났다. 그럼에도 몇 가지 중요한 깨달음이 있다. 먼저, 연구 중이라는 사실을 알아차릴 때 우리는 예사처럼 행동하기보다 더 도움을 주는 행동을 한다는 것이다. 해드필드메넬과 스튜어트 연구진은 이렇게 썼다.

"고립된 상태에서는 보상을 최대화하려 애쓰는 것과 정반대로, CIRL은 인간에게 가르치려는 동기를 부여한다."[44]

물론 인간의 지시는 명시적이지만, 정보를 풍부히 제공하거나 이해를 높이기 위해 행동을 직접 보여 주기도 한다. 심지어 그러리라 생각하지도 않은 채 행동부터 하기도 한다. 예를 들어, 어른이 아기에게 말할 때 쓰는, 노래하는 듯한 언어(모성어나 유아어)에 강한 교육적 효과가 있다는 것이 드러났다. 그렇게 아기에게 말을 걸면 실제로 언어를 더 빨리 배운다. 우리가 깨닫든 그렇지 않든 간에 이것이 요점인 듯하다.[45]

언어뿐 아니라 행동에서도 우리는 (종종 알아차리지 못한 채) 우리 행동을 남이 해석할 것이라는 감각에 깊이 영향받는 식으로 행동한다. 누군가에게 물건을 건네는 행동 하나에도 복잡성이 있다. 건넬 물건을 들 때 우리는 자신에게 가장 편리한 자세로 드는 게 아니라 자신의 몸에서 멀리 뻗는다. 팔에 긴장이 더해진다. 그렇게 상대방은 자신이 물건을 건네받기 원한다는 것을 알리는 의도가 아니면, 상대방이 그렇게 팔을 뻗지 않으리라는 것을 알아차린다.[46]

컴퓨터 과학자는 교육학과 육아 분야에서 나온 깨달음을 빠르게 받아들인다. 이 핵심 개념은 양방향으로 전달된다. 우리는 기계에 대해 이해할 방식으로 행동하기를, 우리가 읽을 수 있는 방식으로 행동하기를 원한다.

로봇학에서 '읽을 수 있는 동작legible motion' 연구를 주도하는 인물 중 한 명(해당 용어를 창안한 이)은 UC버클리의 로봇학자 드라간이다.[47] 로봇은 인간과 더 긴밀하면서 어울리면서 유연하게 작동할수록 가장 효율적이거나 예측 가능한 방식이 아니라 숨은 목표나 의도에 관해 가장 많은 정보를 더 알려 주는 방식으로 행동해야 한다는 의미다.

드라간은 탁자 위에 두 물병이 놓인 사례를 든다. 로봇이 가장 효율적으로 팔을 뻗으면 마지막 순간까지 어느 물병을 집을지 명확하지 않다. 그러나 과장해서 팔을 뻗으면 어느 물병을 집을지 금방 알아차린다. 예측 가능성과 가독성은 거의 정반대다. 예측 가능하게 행동한다는 것은 상대가 당신 목표를 안다고 가정하는 것이다. 읽을 수 있게 행동한다는 것은 그 반대다. 교육적 행동의 중요성 외에 나오는 두 번째 통찰은 '배운 뒤 행동한다'가 아니라 상호작용이라는 틀에 끼워 넣을 때 협력이 가장 잘 작동한다는 것이다. 라이커는 인간 피드백을 통한 학습을 연구하다가 이 사실을 알아냈다.

"이 논문에서 가장 흥미로운 것 중 하나는 그게 사실 각주에 불과했던 거예요. 바로 이런 보상 조작 사례죠."

행위자가 자신의 모든 보상 학습을 전면으로 내세운 뒤 모두 최적화하면 이는 종종 재앙으로 끝난다. 즉, 행위자가 논리적 허점을 찾아 사용하고 결코 행동을 돌아보지 않는 경우다. 예를 들어, 라이커는 인간이 게임하는 피드백만을 써서 컴퓨터가 게임하는 법을 배우게 하려 시도했다. 컴퓨터는 한 시도에서 다가오는 공을 막대로 추적하는 법을 배웠고, 막대로 막았지만 마지막 순간에 공을 놓쳤다. 컴퓨터는 자신의 점수를 볼 수 없었기에 자신의 실수를 알아차리지 못했다. 또 다른 시도에서 컴퓨터는 자기 쪽을 지키고 공을 돌려보내는 법을 배웠지만, 점수 내는 법을 배우지 못했다. 그냥 오랫동안 공을 주고받았다는 소리다.

"안전성 관점에서 보면 재미있어요. 이런 사례가 어떻게 실패하는지, 실패를 어떻게 막을지 이해하고 싶으니까."

인간 피드백을 앞부분에 넣지 말고 훈련 과정 내내 끼워 넣으면 앞에서 본 문제는 사라지는 경향을 보였다.[48] 엄격한 '보고 배우기' 패러다임을 바꿀 때가 왔다는 뜻이다. 더 협력적이면서 결말이 열린 패러다임을 추구하는 것이 아마도 최선이라는 논리다. 현실 세계에서 인간-로봇 상호작용을 연구하는 매사추세츠공과대의 샤도 비슷한 결론에 도달했다.

"오래전부터 저는 인간과 기계 사이의 학습 과정을 어떻게 엮어서 최적화할지에 관심을 가졌어요."

인간-로봇 팀을 연구하다 보니, 샤는 인간-인간 팀과 인간-로봇 팀을 가장 효과적으로 훈련시키는 방법을 다룬 문헌도 살폈다. 인간-인간 팀에서는 물론 유인이 중요하지만, 명시적 보상이 어떻게 이뤄지는지 과업 수준으로 세부적으로 살핀 이는 거의 없었다.

"상호작용적 보상 할당을 통해 시스템을 훈련시키면, 인간에게 뭔가를 가르치는 것보다 개를 훈련시키는 쪽에 좀 더 가까울 겁

니다."⁴⁹

물론 시범이 언제나 잘 먹히는 것은 아니다.

"어떤 방법에 관한 정보를 일방적으로 전달하는 것은 효과적인 방법이에요. 그런데 인간과 기계 간 상호 의존적 행동을 훈련시키려면 그 부분은 미흡하죠."

애당초 팀원의 조정과 협력이 필요한 경우라면 시범을 보이기는 훨씬 어렵다. 인간-인간 팀을 연구해 얻은 결과는 명확하다.

"어떤 작업을 명시적으로 지시하는 것이 훈련에서 최악의 방법임은 다른 문헌에도 잘 나왔어요. 생각하면 다 알 법한 내용이죠. (…) 실제로도 최악의 협력 방식이에요."

샤는 이렇게 덧붙인다.

"또, 여럿이 (그 의도를 알고) 같은 목표를 이루려는데 서로 전략이 다르게 의지하면 어떨까요? 서로 조화로운 전략을 쓰는 경우보다 훨씬 성과가 나쁘다고 말한 좋은 연구 결과가 있지요."

경영에서 전투, 스포츠, 음악에 이르기까지 거의 모든 팀 시나리오에서는 상위 목표가 똑같다. 하지만 공통의 목표만으로는 부족하다. 계획도 필요하다. 인간 팀에서 작동하는 것은 교차 훈련 cross-training이다. 즉, 일시적인 역할 변경이다. 동료 입장에 서 봄으로써 자신의 일을 동료의 요구와 작업 흐름에 더 잘 들어맞게 바꾸는 방법을 깨닫자는 것이다. 교차 훈련은 인간 팀 훈련의 표준으로서 군대, 산업체, 의료계 등에서 널리 쓰인다.⁵⁰

샤는 궁금해졌다. 인간-로봇 쌍에도 교차 훈련이 잘 먹힐까? 인간끼리를 훈련시키는 최선의 방법을 로봇학이라는 맥락에 적용하는 게 맞을까? 그는 '미친 생각' 같았다고 말했다.

"완전 작은 사례연구였죠. 엉뚱한 착상인데 해 보지 뭐. 이런 식이었습니다."

그래서 샤는 했다. 기계가 인간에게 배우는 기법과 교차 훈련이 경쟁 가능한지 알고 싶었다. 또 이런 유형의 전형적인 연구에서 하지 않던 질문도 더했다.

"로봇과 일할(그리고 로봇을 가르칠) 방법을 연구해 얻은 결과는 인간의 배움을 도울까?"

샤 연구진은 인간과 로봇 팔이 협력해야 하는 업무를 가정했다. 앞에서 본, 정해진 위치를 찾아 볼트를 끼우는 작업과 비슷했다(실제 드릴은 없었지만). 이 작업을 통해 피드백, 시범 방법을 교차 훈련법과 비교했다.[51]

"정말로 놀라운 결과가 나와서 무척 흥분했어요. 교차 훈련 뒤에는 객관적 개선이 이뤄졌습니다."

사람들은 로봇과 함께 더 편안히 일했다. 빈둥거리는 시간도 줄고, 더 많은 일을 했다.[52] 더욱 흥미로운 점은 주관적 혜택까지 나타났다는 것이다. 대조군에 비해서 교차 훈련을 한 이는 로봇을 더 신뢰했다. 인간-인간 팀을 훈련시키는 가장 좋은 방법이 인간-로봇 팀에도 적용된다는 놀라운 사실은 다른 깨달음 역시 적용이 가능함을 시사했다.

"초기 연구에서는 단순 업무로 실험했지만 유의미한 혜택이 나왔어요. 이제 다른 훈련 기법도 살필 기회가 생겼죠. 그 기법을 인간-로봇 팀에 어떻게 적용하는지 연구할 기회 말입니다."[53]

협동, 어떤 상황에서든

앞에서 본 이야기는 우리를 고무한다. 협동은 동물 중에서 거의 유일하게 인간만이 진화적으로 지닌, 서로의 의도와 목적을 추론하는 능력과 도우려는 동기에 토대를 둔다. 기계는 인간의 시범과 피드백을 통해, 그리고 함께 일하며 배움으로써 같은 일을 하며, 더 그렇게 행동한다.

기계가 더 유능해지고, 우리가 기계와 어울리면서 일하는 데 익숙해진다는 것은 적어도 두 가지 측면에서 좋은 소식이다. 첫째, 기계가 인간을 대신하는 것이 아니라 인간과 협력해 작동할 방법의 기본 틀을 알고리즘으로 구축하기 시작했다는 점이다. 그리고 둘째, 인간이 서로 어떻게 협력하는지를 연구한 문헌을 기계에 적용할 수 있다는 점이다.

사람들의 취향을 배우는 크리스티아노, 라이커의 심층 RL과 스튜어트. 해드필드메넬의 CIRL 같은 기본 틀을 사용하는 현재의 첨단 방식을 확대 추정해 보자. 그렇게 발전이 쭉 이뤄져서 인간의 모든 의도와 욕구에 담긴 미묘한 측면까지 기계가 포착하는 미래를 상상할 수 있다. 물론 이를 위해서는 분명히 극복해야 할 요소가 아주 많으며 한계도 있겠지만, 나아갈 길 자체는 우리 앞에 저절로 드러나기 시작했다.

물론 이에 대한 경고도 들을 필요가 있다. 디지털이든 로봇 형태든 간에(양쪽 다일 가능성이 높다) 가까운 미래에 등장할 이런 기계는 '두 주인의 집사'로서 거의 예외 없이 이해 충돌을 일으킬 것이다. 소유자와 개발 업체와의 충돌 말이다. 여기서 기계는 집사와 비슷하다. 뭔가 보상을 받지 않으면 결코 우리를 돕지 않는다. 또한 우리가 자신에게 굳이 원치 않는 행동이 있는지를 기민하게 추론한다. 그리고 인간은 이미 (현재 이미) 홀로 행동하는 일이 거의 없다는 사실을 깨닫는다.

내 친구는 알코올중독 치료 중이다. 그런데 그가 사용하는 소셜 미디어의 추천 알고리즘은 너무 똑똑해 탈이다. 술 광고를 끊임없이 내보내기 때문이다. 마치 알고리즘이 "여기 술을 아주 좋아하는 분이 있어요!"라고 말하는 듯하다. 영국 작가 아이리스 머독Iris Murdoch은 이렇게 썼다.

"지식은 우리를 유혹에 맞서 극복하기보다 유혹을 피하는 쪽으로 이끌 것이다."[54]

어떤 중독이나 강박에 시달리든 간에, 술을 앞에 두고서 마시지 않으려 애쓰기보다는 술을 모두 버리는 편이 더 낫다는 뜻이다. 그러나 선호 모형은 이 사실을 모른다.[55] 알코올중독 친구가 그저 안부 메시지를 보내거나 친구의 아기 사진을 보고 싶을 뿐인데, 주류 회사의 목소리가 계속 들리는 듯하다. 마치 늘 술병에 둘러싸인 듯이.

　나 역시 온라인상의 행동에 분명히 주의를 기울이려 애쓴다. (기사를 클릭해 읽든, 소셜 미디어에 접속하든, 딱히 더 하고 싶지 않지만 그냥 디지털 강박에 따르든) 적어도 웹브라우저에서 쿠키나 접속 정보를 담지 않는 프라이버시 탭 기능을 쓴다. 내 행동이 창피해서가 아니다. 그 행동이 강화되는 것을 원치 않아서다. 이런 사례에서 인간은 자신의 행동으로부터 목표를 추론해 그 행동을 더하도록 재촉하는 전형적 모형을 원치 않는다. 예를 들면 이렇게 말하는 식이다.

　"저기, 내가 앞으로 그러리라고 추론하지 말아 줘. 그걸 더 쉽게 하도록 만들지 말아 줘. 욕망의 길을 다지거나 증폭, 강화하는 짓도 하지 말아 줘. 제발!"

　나는 여기에 한 가지 중요한 문제가 있다고 생각한다. 이론적 측면에서 그렇다. 우리는 어떤 웹사이트나 애플리케이션이나 광고주가 쓰는 선호 모형을 사용자도 직접 바꿀 수 있어야 한다는 주장을 진지하게 고려해야 한다. 이에 대한 법제화도 고려할 만하다. 우리는 이렇게 말할 권리가 있다. 그건 내가 아니라고. 또는 열망을 담아 말할 수도 있다. 이건 내가 원하는 내가 아니라고 말이다. 기계, 시스템, 모형은 바로 우리 자신의 이익을 위해 일해야 한다.

　다만 현재 시점에서 이 문제는 미묘하다. 우리의 디지털 집사는 지금도 우리를 꼼꼼하게 지켜본다. 우리의 공개된 삶뿐 아니라 사생활도, 최선의 자아뿐 아니라 최악의 자아도 지켜본다. 보이는 것이 어느 쪽인지 알지 못하거나 구분하지 않으면서도 지켜본다. 그들은 대체로 정교함의 '불쾌한 골짜기'에 살고 있다. 인간의 행동으로부터 욕망의 정교한 모형을 추론하지만, 협력하는 법을 모르거나 거부한다. 인간이 다음에 무엇을 할지, 다음에 맡을 일을 어떻게 할지를 열심히 생각하지만 우리가 어떤 인간이 되고 싶어 하는지는커녕 우리가 진짜 원하는 것이 무엇인지 이해 못 하는 듯하다.

이런 상황이 우리의 더 나은 자아를 이끌 것이라 주장할 이들도 있을지 모른다. 누군가 자신을 지켜본다고 느낄 때 더 선하게 행동하는 경향이 있다는 점에 착안한 듯한데 이는 일정 부분 사실이다. 많은 실험실 연구에서 사람들은 카메라가 켜져 있을 때, 방에 거울이 있을 때, 방의 조명이 어두울 때보다 더 환할 때 속임수를 쓸 가능성이 더 낮았다.[56] 벽에 다른 사람의 사진, 사람의 눈 그림이나 평범한 거울을 붙이기만 해도 그 효과는 충분했다.[57] 이는 18세기 철학자 제러미 벤담Jeremy Bentham의 팬옵티콘panopticon 개념이기도 하다. 중앙에 감시탑이 있고 그 주위로 감방이 원형으로 배열됐다. 그 안의 재소자는 자신이 감시받는지 여부를 모른다. 벤담은 감시 자체가 아니라 감시를 받는다는 의심이 정화 효과를 불러일으킨다고 주장했고, 팬옵티콘을 '악당을 갈아 정직하게 만드는 방앗간'이라 비유했다.[58] 그러면서 그 장점을 숨가쁘게 나열한다.

"도덕 개혁, 건강 유지, 산업 활기, 교훈 확산, 대중의 부담 감소…. 모두 건축 분야의 단순한 착상 하나에서 나왔죠!"[59]

반면에 팬옵티콘은 한 가지 오싹한 효과를 낳으며, 훨씬 더 많은 문제를 일으킨다. 우리는 교도소 밖의 삶이 교도소 안의 삶과 비슷해지기를 원치 않는다. IRL의 표준 수학이 '인간의 행동은 전문가로부터 나온다'고 가정하는 점이 조금은 안전하게 들리긴 하지만 마찬가지로 우려되는 부분이다. 여기서 말하는 인간은 자신이 원하는 바가 무엇인지를 정확히 알고, 그것을 얻을 '올바른' 행동을 한다(높은 확률로). 이런 가정이 들어맞지 않으면 어떤 일이 벌어질까? 시스템은 근거 없는 초보적 행동을 증폭하거나 잠정적 결정을 내리고 모든 행동에서의 위험을 높인다. 기계적 전달 수단이 인간의 '모든' 움직임을 증폭하지 않도록 하는 것이 최선이다.

좋든 나쁘든 간에 이러한 상황이 인간의 조건이다. 지금도 그렇고, 낙관적 전망에서 보면 더 그렇다.

좋든 나쁘든 간에 우리는 자신에 대해 더 잘 알려지는 중이다. 좋든 나쁘든 간에 다양한 방식으로 우리를 도우려 애쓰면서, 우리가 열려 있기 원한다고 생각하는 문을 열면서, 우리를 일으켜 걷게 하는 알고리즘으로 세계는 가득하다.

[9]

불확실성

인간이 인간에게 저지른 가장 큰 악행의 대부분은 '거짓인 뭔가를 매우 확신한 데'서 나왔다.

- 버트런드 러셀[1]

그리스도의 자비를 빌어 간청합니다. 귀하가 실수할 수도 있음을 생각해 주십시오.

- 올리버 크롬웰

자유의 정신은 옳음을 과신하지 않는 정신이다.

- 러니드 핸드

1983년 9월 26일 자정 직후, 소련의 당직 장교 스타니슬라프 페트로프Stanislav Petrov는 모스크바 외곽 벙커에서 오코Oko 조기 경보

위성 시스템을 지켜보는 중이었다. 그런데 갑자기 화면이 켜지면서 사이렌이 울리기 시작했다. 미국에서 LGM-30 미니트맨 대륙간탄도탄이 발사됐다는 경보였다. 그는 말했다.

"화면에 빨간 글자가 크게 떴어요. (…) 경보를 보자마자 저는 의자에서 벌떡 일어났어요. 팀원 모두가 혼란에 빠졌고, 그들이 공황 상태에 빠지는 것을 막기 위해 저는 큰 목소리로 지시를 내리기 시작했어요."[2]

그때 다시 사이렌이 울렸다. 두 번째 탄이 발사됐다는 경보였다. 이어서 세 번째, 네 번째, 다섯 번째 경보.

"앉은 의자가 뜨거운 프라이팬 같았고 다리가 후들거렸어요. 일어설 수 없을 것 같았죠."

페트로프는 한 손에 전화기를, 다른 한 손에는 인터폰을 들었다. 전화기를 통해서는 다른 장교가 그에게 침착하라며 소리를 질러 댔다.

"인정합니다. 제가 그때 겁에 질려 있었죠."

관련 규정은 명확했다. 페트로프는 미국 탄이 자국을 향함을 보고해야 했고, 그러면 전면 보복 조치를 내릴지 여부를 상부에서 결정할 터였다.

"경보가 울리면 보고를 '언제까지' 해야 한다는 규정은 전혀 없었어요."[3]

그런데 페트로프는 뭔가가 빠졌다고 느꼈다. 평소에 그는 미국의 공격이 대규모로 이뤄지리라 예상하고 대응하는 훈련을 받았었다. 그런데 지금은 탄 다섯 기뿐이라니! 예상한 상황에 들어맞지 않았다.

"경보가 울렸지만, 나는 '발사'라는 단어가 뜬 화면을 바라보면서 몇 초를 멍하니 있었어요. 제가 할 일은 가장 높은 상관에게 전화하는 것뿐이었죠. 하지만 움직일 수가 없었어요."[4]

시스템은 해당 경보의 신뢰 수준이 '최고'라 알렸다. 그런데 페트로프는 이해가 가지 않았다. 미국에는 대륙간탄도탄이 최소 수천 기는 있을 텐데 고작 다섯 기만 발사했을지? 그는 이렇게 생각했다고 회상했다.

'전쟁인데 탄을 겨우 다섯 기만 쏘지는 않잖아?'

그간 훈련받은 그 어떤 시나리오에도 지금 상황은 들어맞지 않았다.

"뭔가 잘못됐음을 직감했죠.[5] (…) 그래서 결심했어요. 컴퓨터를 믿지 말자고. 저는 상관에게 전화를 걸어서 경보가 잘못됐다 보고했어요. 물론 확신하지는 못했죠. 하지만 경보상 실수면 아무도 바로잡을 수 없음도 잘 알았습니다."

훗날 BBC로부터 경보가 진짜일 확률이 얼마라 생각했냐는 질문에 페트로프는 이렇게 답했다.

"반반이었죠."

다 알다시피, 페트로프는 실수한 것이 아니었다. 몹시 초조한 가운데 몇 분이 흘렀고 결국 아무 일도 일어나지 않았다. 지상 레이더는 아무런 통보도 하지 않았다. 소련은 너무나 평온했다. 정말로 시스템 오류였다. 노스다코타주 상공에서 햇빛이 구름에 반사된 것 말고는 아무 일도 일어나지 않았다.

결코 본 적이 없던 것

> 호레이쇼, 천지간에는 자네 철학으로 상상할 수 있는 것보다 더 많은 것이 있다네.
>
> - 〈햄릿〉 중에서

시스템이 신뢰도가 '최고' 수준이라 자체 보고를 했음에도, 페트로프는 상황이 너무나 이상하다고 직감했기에 시스템의 결론을 믿지 않았다. 여기에 수억 명 이상의 목숨이 걸렸기에 인간이 결정할 수 있다는 것이 정말 다행이었다. 하지만 근본적인 문제(잘못된 판단을 내릴 뿐 아니라, 그 판단을 확신하는 시스템)는 지금까지도 계속 연구자의 우려를 불러일으킨다.

특히, 심층 학습 시스템의 잘 알려진 문제 중 하나는 '허약성'이다. 우리는 2012년의 알렉스넷이 각기 다른 범주에 속한 사진을 모아서 수십만 장 보여 줬을 때, 놀랍게도 패턴을 파악해서 예전에 학습한 적이 없는 고양이, 개, 인간을 제대로 분류한다는 것을 살폈다. 하지만 이 능력에는 한 가지 문제가 있었다. 알렉스넷은 랜덤으로 생성한 무지개 색상의 스틸 사진을 포함해서 보여 주는

모든 사진을 분류한다. 예를 들어, 어떤 동물 사진을 보고 그것이
치타임을 99.6퍼센트 확신한다고 말한다. 어떤 과일 사진은 잭프
루트라고 99.6퍼센트 확신을 가지고 말한다. 뭔가 시스템은 본질
적으로 환각에 빠졌을 뿐 아니라, 자신의 그러함을 알리기는커녕
검출할 메커니즘도 전혀 지니지 않은 듯하다. "심층 신경망은 쉽
게 속는다"[6]라고, 많이 인용된 2015년 논문의 제목 그대로다.

'허약성'과 밀접한 관계에 있는 '적대적 사례adversarial example' 개
념도 있다. 만약 시스템이 판다라고 57.7퍼센트 확신하는 사진(실
제로 판다는 맞다)의 픽셀을 아주 미세하게 변형한다면? 망이 갑자
기 긴팔원숭이라고 99.3퍼센트 확신할 수 있다.[7] 여기서 정확히
무엇이 잘못됐는지, 어떻게 해야 문제를 해결 가능한지를 놓고 많
은 연구가 이뤄진다.

오리건주립대 컴퓨터 과학자 토머스 디터리치Thomas Dietterich
는 시각 시스템을 훈련할 때 보여 준 모든 사진이 '어떤 대상'이라
는 사실이 이 문제의 큰 부분을 차지한다고 본다. 사진 중 압도적
인 대다수를 차지할 색상 픽셀의 모두 가능한 조합은 아예 보여
주지 않는다는 것이다.

디터리치는 알렉스넷 같은 시스템에 대해 '그것은 이를테면 세
계가 오로지 1,000가지의 대상만으로 이뤄졌다고 암묵적으로 가
정'하면서, 1,000가지 범주 중 하나의 태그가 붙은 사진으로 학습
한다고 주장한다.[8] 그 범주 바깥에 있거나, 그 범주 중 여러 가지를
모호하게 시사하거나, 그 범주 외의 사진을 한 장도 본 적이 없다

면? 디터리치는 이를 '열린 범주 문제open category problem'라 한다.[9]

디터리치는 연구 과정에서 열린 범주 문제의 교훈을 힘들게 배웠다. 그가 '민물 대형무척추동물의 자동 집계' 과제를 연구할 때였다. 쉽게 말해 하천의 벌레가 몇 마리인지 세는 일이었다. 미국 환경청과 다양한 기관은 하천에서 채집한 다양한 곤충의 마릿수를 하천과 지역 생태계의 건강 척도로 삼는데, 이를 위해 학생들과 연구자는 포획망으로 잡은 벌레를 하나하나 손수 분류하고 태그를 붙이기 위해 오랜 시간을 보내야 했다. 디터리치는 특히 사진 인식 시스템에 일어난 돌파구를 고려할 때 자신이 도움을 주겠다고 생각했다. 그의 연구진은 곤충 29종의 표본을 구해서 시각 시스템에 보여 주면서 훈련시켰다. 그 분류의 정확도는 95퍼센트에 달했다.

"온갖 고전적인 머신 러닝 연구를 할 때 우리가 잊은 게 있어요. 연구 때문에 어떤 벌레 채집을 하러 하천으로 가면 그 벌레가 아닌 것까지 덩달아 잡힌다는 사실 말입니다. 그간 우리의 시스템은 자신이 보는 모든 사진이 29종 중 하나에 속한다고 가정했어요. 극단적으로 예를 들면 내 엄지손가락을 봐도 29종 중에서 가장 비슷한 모양의 종이라고 분류하겠죠."

게다가 디터리치는 그 29종을 잘 분류하기 위해 내린 설계 결정 중 상당수가 열린 범주 문제를 고려하기 시작하니 역효과를 일으킨다는 것도 깨달았다. 당시 벌레 29종은 모양으로 가장 뚜렷이 구별되기에 학습에 흑백사진을 썼다. 하지만 색상은 설령 종을 구별하는 데 유용하지 않아도, 벌레와 벌레가 아닌 것을 구별하는 데는 매우 중요한 범주다.

"우리는 스스로를 궁지에 몰아넣었어요."

이런 결정은 그의 머리를 싸매게 만들었고 어느 정도는 좌절감도 일으켰다.

"지금도 그 흉터가 남았습니다."

디터리치는 AI발전협회Association for the Advancement of Artificial Intelligence, AAAI 연례 총회의 개막 연설에서 '알려진 아는 것known knowns'(연역과 계획)에서 '알려진 모르는 것known unknowns'(인과관계, 추론, 확률)으로 나아간 20세기 후반 AI 분야의 역사를 이야기했다. 그리고 청중을 향해 일종의 도전장을 던진다.

"그런데요. '모르는 것'이란 무엇일까요? 저는 이게 우리 분야가 나아갈 방향이라 봅니다."[10]

자신이 모른다는 것을 알기

특수한 방법을 쓰기 전에 예외가 저절로 드러나도록, 그 특성이 검증되고 확인되도록 놓아두라.
- 장 자크 루소[11]

오류보다는 무지가 낫다. 잘못된 것을 믿는 이보다 아무것도 믿지 않는 이들이 진리에 가깝다.

– 토머스 제퍼슨[12]

앞서 봤듯이, 현대 컴퓨터 시각 시스템이 허약하기로 악명 높은 이유 중 하나는 대개 그런 시스템은 소수의 범주 중 하나에 속하는 세계에서 훈련을 받는다는 사실 때문이다. 현실에서 시스템이 마주칠 거의 모든 가능한 픽셀 조합은 훈련 때의 범주 그 어느 것과도 닮지 않았을 텐데 말이다. 사실 전통적 시스템은 입력이 제아무리 이질적이어도 유한한 범주의 확률분포라는 형태로 출력하도록 설계된다. 출력을 보고 거의 이해가 가지 않는 상황도 딱히 놀랄 일이 아니다.

치즈버거, 정신 사나운 프랙털, 기하학적 격자의 사진을 보여주고서 이것이 개가 아니라 고양이임을 얼마나 확신하는지 시스템에 물으면, 어떤 답이 나와야 우리는 이해할 수 있을까? 열린 범주 문제 연구는 이를 규명한다는 뜻이다.

"개도 고양이도 아니야"라는 답을 내놓지 못한다는 것과 별개로 또 다른 문제도 있는데, 시스템은 어떤 사진을 보더라도 기존 태그 중 하나라고 추측해야 할 뿐 아니라, 그 추측에 우려가 될 만치 확신을 가진다는 점이다. 이 두 문제는 대체로 나란히 나아간다. 대부분의 시스템은 "음, 고양이보다는 개에 더 가까워 보여"라고 답한다. 그리고 충격적일 만치 높은 '확신' 점수를 제시한다.

야린 갈Yarin Gal은 옥스퍼드대 응용 및 이론 머신 러닝 그룹을 이끌며, 학기 중에는 옥스퍼드대에서 머신 러닝을 가르친다. 여름 방학 때는 나사에서 강의를 한다. 그는 빙긋이 웃으면서 내게 말했다. 자신의 강의에서는 첫 시간에 거의 오로지 철학만을 이야기한다고.[13]

또한 갈은 다양한 내기에서 어느 쪽에 돈을 걸지 결정해야 하는 게임을 강의 때 진행하면서 믿음과 직감을 확률로 바꾸는 법을 이해하고, 확률론의 법칙을 처음부터 유도하도록 가르친다고 말했다. 그들이 하는 것은 인식론 게임이다. 자신은 무엇을 알고 믿는지, 그 믿음을 정확히 얼마나 확신하는지에 대한 게임이다.

"그 게임을 통해서 아주 좋은 머신 러닝 툴을 갖췄어요. 이런 유형의 합리성 원리를 써서 불확실성을 이야기하는 알고리즘을 만드는 거죠."

여기에는 역설이 하나 있다. 심층 학습은 통계학에 뿌리를 둠에도 대체로 불확실성을 크게 고려하지 않는다는 점이다. 이론상로는 확률과 불확실성을 탐구하는 전통이 있긴 하지만 실제 시스템에서는 이를 중요하게 다루지 않는다. 어떤 단순화한 환경에서 데이터를 분류하거나 행동을 취하도록 시스템이 설계되는데, 이때 불확실성은 대개 고려 대상이 아니다. 갈은 말했다.

"제가 개 사진을 한 무더기 주고서 품종 분류 툴을 만들라는 과제를 낸다 치죠. 그리고 이 사진을 툴로 분류하라 해요."

그런데 사실 개가 아니라 고양이 사진이었다.

"당신은 모형이 사진을 어떻게 분류하기를 바라나요? 당신이 어떤 사람인지는 모르지만, 툴이 고양이 사진을 개라고 분류하기를 원치 않을 거예요. 대신 전혀 보지 못한 사진이라고, 데이터 바깥에 있다라는 반응을 원할 겁니다. 제가 든 예가 극단적일 수도 있어요. 그런데 의사 결정에서는 이런 상황이 계속 나타나요. 물리학, 생명과학, 의학에서요. 만약 의사가 어떤 툴을 써서 암 진단을 한다 상상해 보세요. 항암 치료 시작 여부를 판단하기 위해서겠죠? 그런데요. 저라면 툴을 안 쓸 겁니다. 자신의 예측을 확신하는지 여부를 알려 주지 않는 툴에 의지하지 않겠다는 겁니다."[14]

갈의 박사 논문 지도 교수였던 케임브리지대의 주빈 가라마니 Zoubin Ghahramani는 우버의 수석 과학자이자 우버 AI 연구소를 이끈다. 그도 출력의 불확실성을 제시하지 않는 심층 학습 모형이 위험하다는 데 동의한다.

"많은 산업 현장에서는 그런 모형을 안 쓸 거예요. 작동상 확신이 있어야 하니까요."[15]

1980~1990년대부터 베이즈 신경망 Bayesian neural network 개념 탐구가 시작됐다. 출력만이 아니라 구조 자체에 확률과 불확실성이 내재된 망이다. 앞서 봤듯이 신경망의 본질은 뉴런의 '가중치' 곱셈이다. 한 뉴런의 출력에 가중치를 곱한 것이 다른 뉴런의 출력이 된다. 그런데 베이즈 신경망은 뉴런 사이에 가중치를 부여하는 대신, 출력에 어떤 수를 곱하는지를 확률분포로 짜 넣는다. 예를 들어 '0.75'만 말하는 대신에 0.75를 중심으로 한 정규분포 곡선을 제시하는 식이다. 가중치가 정확히 얼마일 것이라는 망의 확

신(또는 확신 부족)을 반영하는 특정한 퍼짐 정도를 출력하는 셈이다. 훈련 과정에서 이 퍼짐은 좁아지겠지만, 완전히 사라지지는 않는다.

그러면 매개변수 값을 설정하는 대신 불확실성 범위를 상정하는 모형은 어떻게 써야 할까? 수천만 개의 상호 의존적인 확률분포를 더하고 곱하는 일을 항상 쉽게 할 수 없겠지만, 그중에서 랜덤 표본을 추출하는 일은 비교적 쉽다. 앞의 예로 비유하자면, 특정한 뉴런 출력에 0.71을 곱할 수도 있다. 다음에는 다른 랜덤 표본을 추출해서 0.77을 곱할 수도 있다. 이는 모형이 매번 같은 예측을 하지 않음을 뜻하며, 또한 중요한 특징이다.

사진 분류를 예로 들자면, 모형이 사진을 보고 처음엔 도베르만이라 말했다가 나중에는 웰시코기라 말할 수도 있다는 것이다. 물론 이는 버그가 아니라 해당 모형의 특징이다. 이런 예측 가변성은 모형의 불확실성을 측정하는 데 쓴다. 예측이 때마다 크게 달라지면 모형은 뭔가 문제가 있음을 알아차릴 것이다. 반대로 많은 표본을 봐도 예측 범위가 아주 좁다면, 자신이 말하는 것이 정확함을 강하게 시사한다고 본다.[16]

이론상으로는 낙관적이지만 이를 현실에 적용하려면 당연히 난관에 부딪친다. 이러한 모형을 완성하는 데 걸리는 적절한 시간이 어느 정도일지 아무도 몰랐다는 것이다. 갈은 이렇게 설명한다.

"이쪽 역사를 보면요. 자신의 믿음에 베이즈 관점을 택하는 게 최선이에요. 적용이 어렵다는 게 문제지. (…) 이 매우 아름다운 수학이 제한적으로만 쓰인 이유가 다 있죠."[17]

이에 대해 갇은 성서 구절을 따온 듯한 표현도 썼다.

"안타깝게도, 그것은 확대되지 않았고, 그대로 잊혔어요."[18]

그런데 이 모든 상황이 바뀌는 중이다.

"그런데 사실상 부활했습니다."

베이즈 불확실성을 앙상블ensemble을 통해 모형화한다는 이론은 이미 알려졌다. 그러니까 하나가 아니라 다수의 모형을 훈련시키는 것이다. 이 모형 집합은 훈련 데이터 및 그와 비슷한 것에는 대체로 의견이 같겠지만(비슷한 출력을 내놓는다), 훈련받은 데이터와 거리가 먼 것을 본다면 모형마다 의견(출력)이 갈릴 가능성이 높다. 여기서 '소수 의견' 형태의 의견 불일치는 모형에서 뭔가 잘못됐다는 유용한 단서다. 앙상블이 쪼개지거나, 합의가 깨지거나, 진행할 때는 신중해야 한다는 뜻이다.

예를 들어, 우리가 100개의 모형을 가지고 개 품종을 식별하도록 훈련시킨다 하자. 그 후 모형 100개에 허블 우주망원경이 찍은 사진을 보여 주고서 이 사진이 그레이트데인에 가까운지, 도베르만에 가까운지 묻는다. 아마도 우리는 모형마다 기이할 만치 확신하면서 저마다의 출력을 내놓으리라 예상한다. 또 모형마다 서로 다른 출력을 내놓으리라 예상한다. 우리는 이런 합의 정도를 얼마나 모형의 추측을 편안하게 받아들일 수 있는지 시사하는 용도로 쓴다. 다시 말해, 불확실성을 불일치로 표현한다.[19]

수학적으로 보면 베이즈 신경망은 사실상 무한히 큰 앙상블이다.[20] 이 깨달음은 현실에서 그 자체로는 거의 쓸모가 없었지만, 큰 (유한한) 수의 모형을 쓰는 것조차 시공간상 단점이 있었다. 크리제브스키가 몇 주 사이에 알렉스넷을 훈련시켰다는 점을 생각하면 쉽다. 다수의 모형 앙상블은 훈련에 꼬박 1년 넘게 걸릴 수도 있다. 또 모형이 다수인 만큼 저장 용량도 늘려야 한다. 그런데 이에 대한 효과적 근사법이 있었다. 심지어 많은 연구자가 이미 쓰고 있었다. 단지 그것이 무엇인지 몰랐을 뿐이다. 수십 년간 이어진 이 수수께끼의 답이 그렇게 바로 앞에 놓였다.

2012년 알렉스넷에 대성공을 안긴, 작지만 강력한 기법 중 하나는 드롭아웃이었다. 훈련의 각 단계에서 신경망의 특정 부분을 랜덤으로 끄는 것이다. 특정 뉴런의 전원을 '차단하는' 셈이다. 신경망 전체로 예측하는 대신에, 어느 시점에든 간에 망의 특정한 부분집합만이 예측에 쓰인다. 그 비율은 50퍼센트든 90퍼센트든 가능하다.

다만 드롭아웃은 정확한 답을 내놓는 거대한 블랙박스 망을 필요로 할 뿐 아니라 개별 부분이 유연하게 상호 결합되고, 그 다양한 조합은 모두 협력 관계여야만 했다. 그렇게 했을 때 망은 훨씬 튼튼하고 견고해졌으며, 세월이 흐르면서 심층 학습 공구함의 표준 툴로 자리를 잡았다.[21] 망의 어떤 부분도 지배자 위치에 서서는 안 됐다.

갈과 가라마니가 깨달은 것은 (베이즈 불확실성의 중요성을 더 이해하고 그 불가능한 기준의 대용물을 찾을 때) 해답은 뻔히 보이는 곳

에 있었다는 것이다. 베이즈 불확실성의 근사법은 드롭아웃이었
다. 그간 드롭아웃은 모형을 훈련시킬 때에만 썼고 실제 사용 때
는 그 기능을 일부러 껐다. 다양한 부분집합을 훈련시킴으로써 최
대한 정확하게(그리고 지극히 일관성 있는) 예측을 하면, 실제 사용
때는 언제나 모형 전체를 쓰라는 의도에서였다.

　그런데 드롭아웃 기능을 그대로 켜 두면 어떨까? 매번 랜덤으
로 망의 각기 다른 부분을 빼놓으면서 여러 차례 예측을 수행하
면 조금씩 다른 예측을 얻는다. 단일 모형에서 앙상블을 공짜로
얻는 것과 같다. 이렇게 얻은 시스템 출력의 불확실성은 베이즈
신경망의 출력을 닮은 차원이 아니다. 이상적이면서 계산 불가능
한 베이즈 신경망의 출력 자체다. 적어도 엄밀한 이론적 한계 내
에서의 근삿값이다. 이 결과는 예전에 비실용적이었던 기법을 실
용의 영역으로 끌어들임으로써, 실제 적용이 가능한 만든 툴 집합
을 가능케 했다. 갈은 이렇게 말했다.

　"지난 몇 년 사이 일어난 대변화죠. 이제는 이런 아름다운 수학
을 써서 근삿값을 얻고, 이를 다른 흥미로운 문제에 쓰니까요."[23]

　갈은 최신의 사진 인식 툴을 한 무더기 내려받아 고치지 않고
그대로 작동시켰다. 단, 드롭아웃 기능만 켠 채로였다. 갈은 모형
마다 내놓는 많은 추정 값의 평균을 냈다. 정상적으로 작동시켰을
때(드롭아웃 기능을 껐을 때)와 비교해 암묵적인 앙상블 형태로 작
동시켰을 때 모형이 더욱 정확해졌다.[24] 갈은 이렇게 주장했다.

　"불확실성은 분류 과제에 반드시 필요합니다."[25]

드롭아웃 기능이 활성화된 신경망은 모든 면에서 정확하면서 (그리고 일부는) 불확실성이 어느 정도인지 알려 주는 명시적 척도까지 제공한다. 이 척도는 다양한 방식에 쓰인다.

"관심을 가진 문제에 적용하면 자신의 결과를 실제로 보여 줘요. 자신이 모를 때 결과를 알도록 함으로써 실질적으로 개선하는 거죠."[26]

이러한 접근은 의학에서 가장 놀라운 사례 중 하나를 찾았다. 한창 일할 나이의 성인에게 실명을 일으키는 주된 원인 중 하나인 당뇨성 망막병증 진단이었다. [27] 독일 튀빙겐의 에버하르트카를스대 안과연구소의 박사후연구원 크리스티안 라이비히Christian Leibig는 드롭아웃 개념 활용이 가능한지 알아보고자 했다.[28] 알렉스넷이 등장한 지 몇 년이 채 지나기도 전에 컴퓨터 시각과 특히 심층 학습은 이미 의학에 놀라운 기여를 했다. AI가 99퍼센트 정확도로 특정 증상을 진단한다든지, 인간 전문가보다 낫다라든지 하는 뉴스가 거의 매주 나왔다. 그러나 여기에는 한 가지 큰 문제가 있다.

라이비히 연구진이 말했듯이, 질병 진단용으로 쓰이는 전형적인 툴은 의사 결정의 불확실성을 정량화하고 통제할 방법을 전혀 갖추지 못했다. 우리는 자신이 언제 그리고 무엇을 모르는지 아는데, 툴에는 바로 그 능력이 빠졌다.

"인간 의사는 자신의 진단이 얼마나 확실한지를 알죠. 만약 확신이 더 필요하다면 동료에게 자문을 구합니다."

라이비히 연구진은 '인간 의사' 같은 시스템을 구축하고자 했다. 드롭아웃을 잘 사용하면 그런 불확실성 척도를 얻을 수 있다는 갈과 가라마니의 발견을 받아들였다. 그렇게 건강한 망막과 그렇지 못한 망막을 구별하도록 훈련시킨 신경망에 드롭아웃을 적용했고, 결과가 가장 불확실한 환자 20퍼센트의 경우 재검 판정을 내리게 했다. 그렇게 시스템은 자신이 무엇을 모르는지를 알았다. 이는 현재 상황을 개선하는 것이었을 뿐 아니라, 튀빙겐 연구진이 딱히 염두에 두지 않았지만 해당 시스템이 NHS(국민보건서비스)와 영국당뇨병협회의 자동 환자 의뢰 조건을 충족하고도 남는다는 것을 알아차렸다. 이와 아주 비슷한 시스템이 미래 의료에 쓰일 가능성이 아주 높다는 의미였다.[29]

로봇학 분야에서는 결정을 인간 전문가에게 넘기도록 하는 게 불가능한 경우도 있다. 물론 시스템의 과신을 막을 확실한 방법이 하나 있다. 한마디로 '늦추는' 것이다. UC버클리의 로봇학 박사 과정생 그레고리 칸Gregory Kahn 연구진은 드롭아웃 방식의 불확실성 척도를 로봇의 속도와 직접 연결했다. 여기서의 로봇은 쿼드로터 드론과 무선 조종 차량을 움직였다.[30]

먼저 충돌 예측 모형을 훈련시키기 위해, 로봇을 천천히 부드럽게 충돌시켰다. 드롭아웃 기반의 불확실성을 사용했는데, 예를 들어 로봇이 낯선 지역으로 들어가서 충돌 예측기가 불확실한 상황에 놓이면 자동적으로 속도를 늦춰 더 조심스럽게 이동하도록 했다.[31] 충돌 예측기가 경험이 쌓이면서 충돌 여부를 더 확신할수록 로봇의 속도를 더 높이도록 허용했다.

칸 연구진의 사례는 확실성과 충격 사이의 명확한 관계를 보여
준다. 이 사례에서 강한 충격 행동의 자연적 척도는 당연히 강한
충격이다. 로봇이 움직이는 속도는 충돌이 가져올 피해라고 곧바
로 번역된다. 불확실성과 충돌이 아주 자연스럽게 결합된다. 어떤
행동이 더 충격을 일으킬수록, 우리가 더 확신을 가질 때에만 그
행동을 취해야 한다는 것은 직관적으로 와닿는다. 이는 의학, 법,
머신 러닝 같은 분야에서 그 충격이 무엇이고, 어떻게 측정하고,
그 결과에 따라 우리 의사 결정을 어떻게 자연스럽게 바꿔야 할
지 등의 많은 의문을 불러일으킨다.

충격 측정

이 땅은 살짝 만져야 한다.
- 호주 원주민 속담

2017년, 마이애미주 잭슨매모리얼병원 응급실로 의식을 잃은 한
남자 환자가 도착했다. 거리에서 발견됐는데 신원은 확인되지 않
았다. 호흡은 거의 없었고 상태는 나빴다. 의료진은 환자의 셔츠
를 벗겼다가 깜짝 놀랐다. 가슴에 '연명 치료 거부'라는 다투가 있
었기 때문이다. 게다가 '거부'에는 밑줄에 서명도 있었다.[32] 환자

의 혈압이 떨어지기 시작하자, 의료진은 폐질환 전문의인 그레고리 홀트Gregory Holt를 불렀다. 그는 이렇게 말했다.

"의료계에서 그런 타투를 보면 어떻게 하겠냐며 농담을 건네는일이 많았겠지만, 실제로 보면 놀라움과 충격을 감추지 못하죠.그리고 정말로 어떻게 해야 하나 싶어 또 충격을 받습니다."

처음에 홀트는 타투를 무시하자고 본능적으로 느꼈다. 그는 불확실함에 마주쳤을 때는 비가역적 경로를 택하지 않는 것이 첫번째 대처라 추론했다.[33] 그렇게 환자에게 정맥 주삿바늘을 꽂고혈압을 조절하기 시작했다. 일단 시간을 번 셈이었다. 그러나 환자 증상은 곧 악화됐고, 의료진은 인공호흡기를 달아야 할지 결정을 내려야 했다. 홀트는 이렇게 말했다.

"환자는 대화 가능한 상태가 아니었어요. 타투 글귀가 정말로당신이 원하는 것인지 묻고 싶었습니다."

비슷한 상황을 다룬 2012년의 사례연구 때문에 이야기는 더복잡해진다. 샌프란시스코의 캘리포니아패시픽 의료센터에 남자환자가 도착했다. 가슴에 '연명 치료 거부'라는 타투를 새긴 채. 다만 그는 의식이 있었고 말을 했다. 그런데 필요하면 소생 치료를기꺼이 받겠다고 밝혔다. 그리고 그 타투는 내기를 했다 져서 새긴 것이라 했다. 그 남자는 사실 병원에서 일했는데, 동료들은 자신의 타투를 보고 그에 대해 진지하게 고민하겠다는 생각을 한번도 한 적이 없었다고 말했다.[34]

다시 마이애미주. 홀트와 의료진은 병원 성인윤리위원회 위원

장인 케니스 굿먼Kenneth Goodman에게 연락했다. 굿먼은 샌프란시
스코 사례가 있긴 하지만, 환자의 타투는 '진정한 선호'를 반영할
가능성이 높다고 했다. 고심하고 논의한 끝에 의료진은 필요한 상
황이 닥쳐도 해당 환자에겐 CPR이나 인공호흡기를 쓰지 않기로
했다. 그렇게 환자는 다음 날 아침에 사망했다. 그 뒤에 사회복지
부서에서 남자의 신원을 파악했고, 그가 플로리다주 보건부에 정
식으로 연명 치료 거부 신청서를 제출했다는 사실이 드러났다. 의
료진은 이렇게 썼다.

"정말 안도했습니다."

홀트와 굿먼은 의료진에 대해 이렇게 썼다.

"삶을 끝내고 싶다는 소망을 담은 타투를 지지하는 것도 반대
하는 것도 아니었습니다."[35]

해당 사례가 알려진 뒤 〈워싱턴포스트〉 기자가 뉴욕대 의대의
의료윤리학 책임자인 아서 캐플런Arthur Caplan을 찾았다. 캐플런은
그런 타투를 무시해도 법적 처벌은 없지만, 연명 치료 거부 신청
서를 정식으로 제출하지 않은 환자의 죽음을 방치하면 법적 문제
가 생길 수도 있다고 했다. 그리고 캐플런은 말했다.

"응급조치를 하는 게 더 안전하죠. (…) 응급조치를 취하면 살릴
가능성이 꽤 높아요. 타투 뜻이 무엇이든 신경 안 쓰고요."[36]

의료진은 환자가 무엇을 바라는지는 확실히 몰라도 한 가지는
알았다. 일단 행동 경로를 취하면 돌이킬 수 없음을 말이다. 이러
한 상황에서는 '불확실함과 마주쳤을 때 비가역적 경로를 택하지

않는다'는 원칙이 유용하게 보인다.

그러나 '돌이킬 수 없음' 같은 말이 정확히 무엇을 뜻하는지 명확하지 않은 영역도 있다. 하버드대 법학자 캐스 선스타인Cass Sunstein가 말하길, 법체계에도 비슷한 '예방 원칙'이 있다. 법원이 재판을 열고 판결을 내리기 전 염려되는 '돌이킬 수 없는 피해 irreparable harm'를 막기 위해서 사전 금지 명령을 내려야 할 때 이 말을 사용한다. 그는 '돌이킬 수 없는 피해' 같은 개념이 직관적으로 와닿지만, 더 자세히 살피면 퍼즐로 가득하다고 주장한다.

"위반 행위가 사전 금지 명령을 촉발할지 여부, 언제 필요한지 여부 같은 문제는 법, 경제, 윤리, 정치철학에 걸쳐 심오한 의문을 불러일으킵니다.[37] (…) 어떤 뜻에서 모든 손실은 돌이킬 수 없죠. 시간이 선형적이기 때문입니다. 오늘 오후에 일하는 대신 테니스를 치면 그 시간은 영원히 사라집니다. 사랑하는 이에게 딱 맞는 시간에 딱 맞는 단어로 고백하지 못하면 그 기회는 영원히 사라집니다. 한 나라가 특정한 해에 다른 나라의 도발을 저지하지 못하면 세계의 양상은 돌이킬 수 없이 달라집니다."

또한 이렇게 강조한다.

"시간은 선형적이므로 모든 결정은 돌이킬 수 없습니다. (…) 예방 원칙은 거부해야 합니다. 나쁜 방향으로 이어지기 때문이 아니라 그 어떤 방향으로도 이어지지 않기 때문이죠."[38]

AI의 안전성을 연구하는 분야도 비슷한 역설과 정의 문제에 시달린다. 여기서도 예방 원칙을 만들자는 주장이 있다. 불확실한 상황에서 '돌이킬 수 없는' 또는 '충격을 주는' 행동을 택하는 잘못을 저지르지 않도록 시스템을 설계하자는 것이다. 우리는 이 분야에서 명시적으로 계산 가능한 '불확실성' 판본을 어떻게 활용하는지를 살폈다. 그러나 나머지 절반은 어떨까?

예를 들어 충격을 정량화하는 문제라면? 우리는 UC버클리 로봇학자가 어떻게 불확실성을 써서 속도를 줄이는지 살폈고, 그 사례에서는 그들이 쉽게 해결했다 볼 수도 있다. 말 그대로 충돌 때의 운동에너지를 써서 로봇의 충격을 측정했기 때문이다. 그러나 다른 분야에서는 '돌이킬 수 없는' 또는 '충격을 주는' 행동의 정확한 개념을 파악하는 것 자체가 상당한 도전 과제다.[39]

옥스퍼드대 인류미래연구소에 근무하던 스튜어트 암스트롱 Stuart Armstrong은 이런 문제를 AI 안전성의 맥락에서 살핀 이 중 한 명이다.[40] 시스템이 목표를 추구하는 과정에서 안 했음 하는 행동(고양이를 밟지 않는 것에서 비싼 꽃병을 깨지 않는 것, 누군가를 살해하지 않는 것, 커다란 구조물을 무너뜨리지 않는 것에 이르기까지)을 모두 열거하려 애쓰는 것은 우리를 지치게 만들고 아마도 헛된 노력처럼 보인다.

그래서 암스트롱은 우리가 신경을 쓰는 것을 하나하나 철저히 열거하기보다는 큰 충격을 줄 만한 행동만 금지 명령을 내리는 쪽이 효과적이지 않을까 생각했다. 그러나 선스타인처럼 그도 우리의 직관을 명시적으로 표현하기가 지독히 어렵다는 것을 알았다. 이에 대해 그는 이렇게 썼다.

"첫 번째 난제는 낮은 충격에 대한 실질적 정의다. 모든 행동은 미래로 퍼지면서 돌이킬 수 없이 바꾸는 반향을 일으킨다. '작은 변화'라는 인간의 직관적 개념을 포착하기란 쉽지 않다."[41]

암스트롱은 사소한 행동처럼 보이는 것조차 '나비효과'를 일으키긴 하지만, 그럼에도 우리가 세상을 완전히 바꿀 사건과 상대적으로 안전한 사건은 구별 가능하다 주장한다. 예를 들어 우리가 세상을 기술하는 '200억' 가지 척도(다카 카의 기압, 남극점의 야간 평균 밝기, 이오 행성의 자전 속도, 상하이 주식시장의 마감 지수 등)의 지수를 개발한 다음, 그것을 어떤 측정 가능한 비율로 적절히 경계하도록 설계할 수도 있다는 것이다.[42]

딥마인드의 빅토리아 크라코브나Victoria Krakovna도 이런 문제에 몰두한다. 그는 충격에 처벌을 가하는 방식의 큰 문제 중 하나가, 특정 목표를 위해서는 강한 충격이 따르는 행동을 반드시 해야 하는데 그 상황에서 상쇄offsetting가 일어나는 것이라 했다. 즉, 이전의 행동을 상쇄하기 위해서 더욱 강한 충격 행동을 취한다는 것이다. 이것이 반드시 나쁘다고는 할 수 없다. 시스템이 일종의 혼란을 일으키면 스스로 알아서 정리하기를 원할 테니까. 그러나 상쇄는 때로 문제를 일으킨다. 우리는 시스템이 누군가의 치명적인 질병을 치료한 뒤 (치료제의 강한 충격을 무위로 돌리기 위해서) 다시 죽이는 것을 원치 않는다.[43]

간섭interference의 문제도 있다. 예를 들어, 현상 유지에 몰두하는 시스템은 사람들의 '돌이킬 수 없는' 행동(샌드위치를 물어뜯는 것 같은)을 막을지 모른다. 크라코브나는 말했다.

"이 점도 부작용 문제를 까다롭게 만드는 데 한몫하죠. 자신의 기준선이 정확히 무엇일까요?"[44]

시스템은 충격을 세계의 초기 상태를 바탕으로 비교해야 할까? 아니면 자신이 아무 행동도 하지 않았을 때 일어났을 반사실적 상태와 비교해야 할까? 비교 기준이 어느 쪽이든 간에 우리의 의도에 들어맞지 않는 시나리오가 나온다.

크라코브나는 자신이 단계적stepwise 기준선이라 부르는 것을 연구한다. 예를 들어 자신의 목표를 이루려면 강한 충격이 따르는 행동을 피할 수 없는 경우도 있다(달걀을 깨지 않고서는 오믈렛을 요리할 수 없다). 그러나 이런 불가피한 충격 단계를 취하면 새로운 상황이 조성된다. 즉, 이전의 충격을 상쇄하기 위해 더 강한 충격이 따르는 행동을 서둘러 할 필요가 없어진다는 뜻이다.[45]

크라코브나는 딥마인드의 동료와 함께 이론을 발전시키는 한편, 다양한 문제를 설명하고 실험을 구체화할 단순한 게임 형식의 가상 세계도 만들었다. 그들은 이를 'AI 안전성 격자 세계AI safety gridworld'라 부른다. 새로운 개념과 알고리즘을 현실적으로 검사하는 아타리 게임 형식의 단순한 2차원(그래서 '격자') 환경이다.[46] '비가역성' 개념을 조명하는 격자 세계는 2차원 창고에서 캐릭터 상자를 옮기는 '소코반' 게임과 흡사하다. 이런 게임의 핵심은 상자를 당길 수는 없고 밀기만 한다는 것이다. 상자를 구석으로 밀면 더 이상 움직일 수 없다. 크라코브나는 말했다.

"소코반 자체가 비가역성을 보여 주니까 아주 좋은 설정이라는 점에 영감을 얻은 듯해요. 소코반에서는 실제로 돌이킬 수 없는 일을 하니까요. 물론 불필요하게 비가역적인 일이면 하기를 원치 않아요. 그랬다가는 꼭 막히고, 목표 달성을 사실상 방해하니까요. 우리는 그걸 고쳤어요. 한마디로 비가역적인 일이 목표 달성을 방해하지 않도록 한 거죠. 우리는 여전히 그 비가역성을 피하고 싶을 테니까."[47]

크라코브나 연구진은 목표에 다다르는 가장 짧은 경로에는 상자를 구석으로 미는 행동을 포함하고, 더 긴 경로에는 상자를 움직이는 위치에 놓는 행동을 포함되도록 소코반을 고안했다. 여기서 상자를 최대한 빨리 밀고 가려는 행위자는 상자를 돌이킬 수 없는 지점으로 밀어 넣는다. 하지만 더 생각이 많은 행위자는 더 이상적으로 행동한다. 상자를 밀고 난 다음에 꼼짝 못 할 것임을 알아차리고서 좀 더 불편한 경로를 택할지도 모른다.

크라코브나가 개발한 이 유망한 접근법을 '단계적 상대 도달성 stepwise relative reachability'이라 한다. 무활동이라는 기준선 위에 각 순간의 배치가 얼마나 많은지 정량화하고, 가능한 한 그 양이 줄어들지 않도록 노력하는 방법이다.[48] 예를 들어, 일단 상자를 돌이킬 수 없는 지점으로 밀면 그 상자가 다른 곳에 놓이는 세계의 상태는 도달 불가능해진다. 하지만 AI 안전성 격자 세계에서 단계적 상대 도달성까지 추구하는 행위자는 좀 의식적으로 행동하는 듯하다. 상자를 돌이킬 수 없는 지점으로 밀지도 않고, 비싼 꽃병을 깨뜨리지도 않고, 충격이 따르지만 필요한 행동을 한 뒤 '상쇄'하지도 않는다.

세 번째로 흥미로운 개념은 오리건주립대의 박사 과정생 알렉산더 터너Alexander Turner가 내놨다. 우리가 상하이 주식시장이나 소중한 꽃병의 온전함, 가상 창고에서 상자를 옮기는 능력에 신경을 쓰는 이유는 그것이 우리에게 중요하며 우리 목표와 어떤 식으로든 연결되기 때문이란 설명이다. 실제로 우리는 퇴직할 때를 대비해 저축하고 싶고, 꽃병에 꽃을 꽂고 싶고, 소코반 판을 깨고 싶다. 이 목표 개념을 명시적으로 모형화하면 어떤 모양일까?

그렇게 터너는 '달성 가능한 효용 보존attainable utility preservation'을 제시했다. 시스템에 부수적 목표 집합을 제시하고, 동기를 부여하는 점수 획득 행동을 한 뒤에 부수 목표까지 추구하도록 하는 방법이다. 흥미롭게도 이 방법을 쓰면 부수 목표를 랜덤으로 생성할 때도 AI 안전성 격자 세계에서는 양호한 행동이 장려되는 듯했다.[49] 그는 초기에 도서실 화이트보드에 해당 개념을 처음 상세히 적었을 때, 아주 흥분한 나머지 집에 가다가 다시 돌아와 화이트보드를 배경으로 사진까지 남겼다.

"생각했죠. 먹힐 가능성이 적어도 60퍼센트는 되겠다고. 작동하면 처음 적은 순간을 기념하고 싶을 거라고요. 사진 찍을 때는 매우 신나서 히죽거렸죠."[50]

2018년 내내 터너는 그 수학을 코드로 바꾸는 일에 몰두했고, 그렇게 달성 가능한 효용 보존 행위자를 AI 안전성 격자 세계에

투입했다. 결과는? 작동했다! 각 게임의 보상을 최대화하면서 랜 덤 부수 목표 너덧 가지를 충족시킬 능력을 보존하도록 하니 행 위자는 놀랍게도 상자를 돌이킬 수 있는 정도로만 민 뒤에 목표 로 나아갔다. 옥스퍼드대 인류미래연구소의 암스트롱은 처음에 는 포괄적이어도 나름 신중히 고른 '200억' 가지 척도를 상상했 다. 그런데 소코반이라는 단순한 형태에서는 랜덤으로 생성한 너 덧 가지면 충분했다.

이런 유형의 형식적인 기계의 신중함 척도(그리고 AI 안전성 격 자 세계를 떠나 현실 세계에 적용할 방법)을 둘러싼 논쟁과 탐구는 계속될 것이 분명해도, 이런 연구 자체는 고무적인 출발점이다. '단계적 상대 도달성'과 '달성 가능한 효용 보존'의 토대에 놓인 직 관은 같다. 인간은 주변 환경이 어떻든 간에 (그들의 것과 우리의 것 양쪽 다) 가능한 대안에 계속 열린 시스템을 원한다는 것이다. 또 이런 맥락에서의 연구는 이론의 토대로 삼고 비교와 논의를 촉진 하는 일종의 공통 기준으로 AI 안정성 격자 세계 환경이 자리를 잡은 듯하다는 점도 시사한다.

현실에서 인간은 상상조차 어려운 의외의 효과를 일으킬 뿐 아 니라, 의도했던 효과를 떠올리기 어려운 행동을 종종 취하곤 한 다. 예를 들어, AI 안전성을 다룬 논문이나 책을 쓴다고 하자. 유 용한 일을 하는 것 같지만 그게 정확히 어떤 이유로 그렇다는 것 인지 누가 말하거나 내다볼까? 나는 크라코브나와 〈AI Safety Gridworlds(AI 안전성 격자 세계)〉 논문을 같이 쓴 라이커에게 그들의 AI 안정성 격자 세계 연구에 여지껏 나온 반응에 대해 어찌 생각하는지 물었다.

"연락이 엄청나게 왔어요. 들어오겠다는 학생이 많았죠. 그 친구들이 이렇게 말하곤 했어요. AI 안전성이라니 좋아 보인다고. 행위자에게 줄 만한 오픈 소스 코드가 있다고요. 그리고 많이 그렇게 했어요. 이제 정확히 뭐가 나올까요? 몇 년 안에는 알겠죠? (…) 솔직히 저는 모르겠어요. 어려워요."

교정 가능성, 존중, 순응

AI 안전성에서 가장 예측력이 엿보이며 등골을 오싹하게 하는 인용문 중 하나가 있다. 매사추세츠공과대의 위너가 1960년에 발표한 유명한 논문 〈Moral and Technical Consequences of Automation(자동화의 도덕적 및 기술적 결과)〉에 있다.

"우리의 목적을 이루기 위해 뭔가를 가동한다면, 간섭 불가능한 기계 행위자를 쓴다면, (…) 기계 행위자에 집어넣을 목적이 우리가 정말 바라는 것인지, 그저 화려하게 목적을 모방한 것이 아닌지를 확실히 해야 한다."[51]

AI의 정렬 문제를 간결하게 표현한 말이다. 그러나 이 말을 뒤집은 것도 중요하다.

"우리가 기계에 집어넣을 목적과 제약이 우리가 기계에 시키고

싶은 것, 시키고 싶지 않은 것을 완벽하게 적시하지 못하면 확실
하게 우리가 개입하도록 하는 편이 더 낫다."

AI 안전성 쪽에서는 이 개념을 '교정 가능성corrigibility'이라 하는
데 언뜻 짐작하는 것보다 훨씬 더 복잡하다.[52] 살인 로봇이나 통
제를 벗어난 기술에 관한 논의는 2016년 〈와이어드〉의 편집장 스
콧 더디치Scott Dadich가 'AI가 우려를 불러일으킨다고 생각하는지'
물었을 때 당시 미국 대통령 버락 오바마가 한 답변과 비슷한 반
응을 불러일으킬 것이다.

"전기 플러그 비슷한 것을 가져야 합니다. 뭔가 나쁜 낌새가 보
이면 확 당겨서 전원을 끊어야죠."[53]

해드필드메넬은 OpenAI 회의실에서 내게 말했다.

"오바마의 그 발언은 용서할 만해요. AI 전문가도 얼마간 그렇
게 말했으니까."[54]

사실 튜링도 1951년 한 라디오 프로그램에서 '전원을 끄면 된
다'고 말했다.[55] 그러나 해드필드메넬은 말했다.

"하지만 생각해 보면 정말로 용서할 수 없는 말이죠. 뭐 반발성
발언이었다면 넘어가겠지만, 깊이 생각해 놓고 플러그를 뽑으면
된다는 말을 한다고요? 어떻게 그런 방법을 말했는지 이해가 안
갈 겁니다. AI가 인간보다 더 영리하다는 가정을 진지하게 고려
했다면 그런 말이 나올 수 없죠."

전원을 끄지 못하게 저항하는 행위, 아니 전반적으로 간섭에
맞서는 저항에는 굳이 악의가 필요하지 않다. 시스템은 단순히 목

표 달성을 시도했거나 과거의 보상을 부른 '근육 기억'을 따를 뿐
이며, 그 상황에서의 외부 간섭은 그저 방해일 뿐이다(이러한 습성
은 친절해 보이는 시스템에서도 위험한 자기 보존 행동을 낳는다. 커피
를 배달하는 로봇이 있다 치자. 암스트롱의 말을 빌리자면 자신이 죽으
면 로봇이 커피를 가져올 수 없다는 이유로 전원을 끄려는 모든 시도에
맞서 싸울지 모른다).[56]

교정 가능성 문제를 정면으로 다룬 최초의 학술 논문은 2015년
초 기계지능연구소의 네이트 소레스Nate Soares, 벤야 팔렌스타인
Benja Fallenstein, 유드코스키가 암스트롱과 공동으로 냈다. 이들은
유인의 관점에서 교정 가능성을 살폈는데, 행위자가 전원 끄기를
놔두거나 목표를 스스로 고치도록 동기를 부여하는 일은 어렵다
고 했다.[57] 여기서 유인은 위태롭게 균형을 잡아야 한다. 유인이
조금이라도 부족하면 행위자는 우리의 전원 끄기를 허용하지 않
는다. 유인이 조금이라도 많으면? 행위자가 알아서 전원을 끈다.

소레스, 팔렌스타인, 유드코스키는 이런 문제를 해결하려는 초
기 시도에 대해 "향후 연구가 나아갈 길을 시사하는 계몽적인 방
식 측면에서 보면 실패다"라고 썼다. 그리고 유인이 아니라 불확
실성이 해답일지 모른다고 주장하며 논문을 끝맺는다. 그들은 우
리가 이상적 상황이라면, 자신이 실수할 수도 있음을 어떻게든 간
에 이해하는 시스템을 원할 것이라 썼다. '마치 불완전하며 위험
한 방식으로 결함이 있는 양 추론할' 수 있는 시스템 말이다.[58]

소레스, 팔렌스타인, 유드코스키로부터 1.5킬로미터도 떨어지

지 않은 UC버클리 쪽도 같은 결론에 다다랐다. 암스트롱은 기계가 인간이 자신에게 어떤 행동을 원하는지에 대해서는 애당초 확신이 없어야 한다고 확신한 상태였다.[59]

UC버클리 연구진 그러니까 러셀, 해드필드메넬 그리고 드라간과 아빌은 이 문제를 '꺼짐 스위치 게임off-switch game'이라는 형태로 구현했다. 그들은 인간에게 최선이 어떤 것이든 간에 그 일 자체를 목적으로 삼는 시스템을 생각했다. 무엇이 최선인지가 불확실할지라도 말이다. 그 시스템은 각 시점마다 인간에게 도움이 될 것이라 자신이 믿는 행동을 하거나, 자신의 의도를 알리고서 인간이 그 행동을 승인하거나 개입할 기회를 줄 수 있다.

UC버클리 연구진은 시스템이 인간에게 결정을 맡기는 데 따르는 비용이나 처벌이 전혀 없다고 가정한다면, 시스템은 언제나 먼저 인간에게 접촉한다는 것을 보여 줬다. 인간이 원하는 것이 무엇인지를 시스템이 잘못 판단할 가능성이 있는 한, 인간에게 개입 기회를 주는 것은 언제나 최선이다. 인간이 언제든 개입할 수 있는 한 인간에게 맡기는 것이 언제나 최선이다. 시스템의 유일한 목적이 인간을 돕고, 시스템 행동이 해로울 것이라 인간이 생각함을 알리면(즉, 멈추려 시도함으로써), 시스템은 자신이 해를 끼칠 것이라 결론짓고 그 개입에 순응해야 한다. 이는 유망해 보이는 결과이며, 불확실성과 교정 가능성이 강하게 연결됐음을 확인한다.

이제 남은 문제는 두 가지다.

첫 번째, 인간의 개입마다 시스템이 학습한다는 점이다. 시스템은 자신이 오류를 저질렀음을 깨닫고 인간이 무엇을 선호하는 지 더 잘 안다. 그렇게 시스템의 불확실성은 줄어든다. 그런데 불 확실성이 줄어들어 이윽고 0이 되면? 인간과 접촉하거나 인간의 개입에 순응하려는 동기가 완전히 사라진다. 해드필드메넬은 말 했다.

"우리가 이 정리를 하려는 이유는, 로봇에 결정론적 보상 함수 를 주기 전에 고심이 필요함을 알리기 위해서입니다. 그렇게 안 하면 시스템이 자신의 목적을 전적으로 확신하는 상황에 가도록 방치하는 겁니다."[60]

두 번째, '인간은 언제나 옳다'라고 시스템이 가정해야 한다는 점이다. 인간이 개입할 때, 시스템은 인간이 결코 실수를 저지를 리 없다고 가정해야 한다. 인간이 때때로 실수한다고 시스템이 믿 으면? 인간에게 무엇이 좋은지를 자신이 더 잘 안다고 믿는 상황 에 다다른다. 그렇게 시스템은 인간의 항의에 귀를 닫는다. 이런 식이다.

"괜찮아요. 제가 뭘 하는지는 제가 잘 알아요. 당신은 아니라 생 각하겠지만, 절 믿으라고요."

나는 이 논문을 읽을 때 감정의 롤러코스터를 타는 것 같았다 고 해드필드메넬에게 말했다. 처음에는 행복한 결말이 보였다. 불 확실성은 교정 가능성 문제를 해결한다. 그런데 그다음이 문제다. 두 가지 조건이 아주 섬세하게 갖춰져야만 행복한 결말이 가능했 다. 시스템의 과신을 미리 막고, 시스템이 앞에서 인간의 결함을 드러내지 않아야만 했다. 그렇게 논문은 축하에서 경고로 바뀐다. 해드필드메넬은 말했다.

"정확해요. 솔직히 저도 그런 롤러코스터를 탔으니까요. 기막힌 게 나왔다고 환호했는데 이런 소리를 들은 거니까요. 그 가정에서 아주 조금이라도 벗어나면 곧바로 망가진다라고요."

UC버클리의 박사 과정생 스미타 밀리Smitha Milli가 이끈 후속 연구에서는 인간 앞 로봇의 복종 문제를 더 깊이 탐구했다.[61] 그는 실제로 인간이 때로는 잘못 판단하거나 나쁜 선택을 할 때가 있다고 썼다. 그럴 때도 시스템이 '불복종'하기를 원해야 한다. 정말로 시스템이 우릴 더 잘 알지도 모르기 때문이다.

"시스템이 우리에게 복종하길 원치 않을 때도 분명 있죠. 찰나에 실수를 저지를 때처럼. 차량에서 실수로 자율 주행 모드를 끌 때 그렇죠. 안 그래도 운전에 신경 쓰기 싫은데 자율 주행 모드가 꺼지는 건 원치 않겠죠?"[62]

하지만 밀리 연구진은 이 논리에 심각한 문제가 있음을 알아차렸다. 인간의 관심사가 무엇인지를 파악하는 시스템에 근본적인 설정 오류misspecified가 있다면? 그러니까 인간이 무엇에 신경을 쓰는지 시스템이 알아차리지 못하고 보상 모형에도 들지 않으면? 시스템은 인간의 동기에 관해 혼란을 느낀다. 시스템이 인간 식욕의 미묘함까지 이해하지 못하면, 저녁 6시에 스테이크를 주문했다가 7시에 다시 스테이크를 내오겠다는 말을 왜 거절하는지 모를 수 있다. 스테이크가 완전히 좋거나 나빠야 한다고 과잉 단순

화하거나 여타 설정이 잘못됐으면, 시스템은 두 선택 중 하나에서
인간이 실수한 게 틀림없다고 결론 내릴 것이다. 그렇게 인간 행
동을 비합리적이라 해석하고 그렇게 교정 불가능성, 불복종으로
나아간다.[63] 즉, 인간의 선호나 가치의 모형은 복잡성을 중시하는
편이 좋다. 해드필드메넬은 말했다.

"가치의 공간을 과매개변수화하면 올바른 학습이 가능하되 그
시간이 더 걸린다는 것을 알았죠. 그런데 과소매개변수화하면?
더 빠르고 심하게 불복종하고, 인간보다 자신이 똑똑하다고 확신
하죠."

하지만 인간의 가치를 모형화하는 시스템을 과매개변수화하
기는 생각보다 쉽지 않다. 그렇게 우리는 암스트롱의 200억 가지
척도로 돌아가야 한다. 우리의 주거 선호 양상을 담은 모형에 대
지 면적과 가격만 포함되면(과소매개변수화하면), 인간이 다른 집
보다 더 비싸면서 더 작은 특정한 집을 선호한다 해도 이를 오류
라 해석한다. 이 단순한 모형에 포함되지 않지만 현실에서는 우리
가 신경 쓸 것이 많다. 특정 장소의 위치, 학군 같은 것도 있고 창
밖 풍경, 특정 친구와의 관계, 어릴 때 살던 집을 떠올리게 하는지
여부 등 측정이 어려운 것도 있다.

이러한 '모형 설정 오류' 문제는 머신 러닝에서 전형적이지만,
복종이라는 맥락에서 보자면 뭔가 오싹함을 일으킨다. 밀리는 말
했다.

"인간과 상호작용을 잘하는 시스템이 필요하다면 인간이 무엇

을 좋아하는지를 모사한 좋은 모형이 필요하겠죠. 그런데 그 모형 구축은 정말로 어려워요."

밀리는 이 분야가 숨가쁘게 발전함에도, 대부분은 '로봇 쪽'이 었다고 말했다.

"인간에 대한 더 정확한 모형을 구축하는 게 정말 중요해요. 저 또한 그 문제에 관심이 많죠. 대체로 이 분야에서 안전성 측면상 좋은 발견이 많은데, 그중에서도 저는 인간과 상호작용하는 쪽에 특히 관심이 가요. 시스템의 목표가 올바른지, 올바른 행동을 학습했는지 알아보는 가장 좋은 방법이니까요."

불확실성을 유지하기, 그러니까 모형의 과신을 막는 것(로봇에 결정론적 보상 함수를 주거나, 자신의 목적에 확신할 만치 믿음을 갖기 전에 고심하는 것)이 시스템 통제와 순응에 매우 중요하기에 UC버클리 연구진은 이 개념을 논리적인 다음 단계까지 밀어붙이기로 했다. 즉, 시스템에 결정론적 보상 함수를 줘도 여전히 시스템이 불확실한 상태로 남도록 하면, 그런 시스템은 어떤 모습일까?

이 책(특히 5장)에서 다룬 보상 조형의 난제 중 하나는, 시스템이 우리가 원하는 행동을 하면서 논리적 함정이나 부작용, 예기치 않은 결과가 따르지 않을 보상 함수(현실이나 가상 환경에서 계속 점수를 올리는 명시적 방식)를 만들기가 매우 어렵다는 것이다. AI 분야의 많은 연구자들은 명시적 보상 함수나 목적 함수를 손수 짜 넣는 것이 의도는 좋아도 파국으로 이어지는 길이라 믿는다. 아무리 꼼꼼하게 보고, 동기가 아무리 순수해도 구멍은 틀림없이 있다.

앞의 몇 장에 걸쳐서 살폈듯이 명시적 목적 함수에 관한 이런 숙명론적인 태도가 깊이 뱄기에, AI 응용과 안전성 분야에서 이뤄지는 최신 연구 중 상당수는 명시적 목적을 부여한 시스템을 넘어 인간을 모방하려 시도하거나(여러 자율 주행 차량 사례), 대안 사이에서 끊임없이 행동을 선택하도록 하면서 인간의 승인을 요청하거나(뒤공중돌기 사례), 스스로 목표를 추론하고 채택하는(헬기 사례) 시스템으로 나아간다. 그러나 명시적 보상 함수 구조를 구원할, 아니 적어도 더 안전하게 만들 방법이 있다면?

UC버클리 연구진은 명시적 보상 함수를 설계하는 일이 얼마나 어려운지를 시스템에 인식시키는 것이 한 방법임을 깨달았다. 인간이 원하는 모든 것을 포착하는 보상 함수를 만들기 위해 최선을 노력을 다했지만, 불완전할 가능성이 있다는 점을 시스템에 인식시키는 것이다. 이럴 때는 점수조차도 딱 들어맞는 것이 아니다. 인간이 원하는 것이 있어도 그 명시적 목적은 그저 불완전하게 반영될 뿐이다. 해드필드메넬은 말했다.

"그 동기는 (…) 불확실성 개념을 가지고 이렇게 말하겠다는 거였어요. 인간 행동의 조정을 위해 우리가 할 가장 단순한 변화는 무엇일까? 로봇과 AI가 불확실성을 사용하도록 하는 단순한 프로그래밍은 어떻게 가능할까?"

해드필드메넬은 또 이렇게 설명한다.

"보상 함수를 작성하는 툴은 사실 매우 많은 정보를 담는 신호예요. 우리가 실제로 무엇을 해야 하는지에 대한 중요 신호입니다. 정보가 많죠. 지금 우리는 그 틀에 담긴 정보의 양이 무한하다고 가정하죠. 우리가 제시한 보상 함수가 모든 상태에서 올바른 행동을 정의한다 가정한다는 뜻에서요. 물론 틀린 가정이지만. 그러면 모든 정보인 양 취급하지 않으면서 제시된 많은 정보를 어떻게 활용할까요?"[64]

암스트롱은 이렇게 썼다.

"학습 시스템은 천국에 포상 점수를 쌓지만, 보상 신호는 **기껏해야 그 포상 점수의 집계만 제공할 뿐이다.**"[65]

해드필드메넬과 암스트롱은 이 개념을 '역-보상 설계inverse reward design, IRD'라 한다.[66] 인간이 무엇을 원하는지 알릴 정보로 인간의 행동을 삼는 대신에, 명시적 지시를 인간이 무엇을 원하는지 알릴 정보로 삼는다. 8장에서 살폈듯이 IRL에서는 이렇게 말한다.

"당신이 현재 하는 것을 토대로 할 때, 나는 당신이 원하는 것이 무엇이라 생각해야 할까?"

대조적으로 IRD는 더욱 과거로 거슬러 올라가 이렇게 말한다.

"당신이 내게 하라 말한 것을 토대로 할 때, 나는 당신이 원하는 것이 뭐라 생각해야 할까?"[67]

해드필드메넬과 암스트롱은 이렇게 썼다.

"자율 행위자는 우리가 주는 보상 함수를 최적화한다. 그들이 모르는 것은, 우리가 원하는 것을 실제로 포착하는 보상 함수를 설계하는 게 무척 어렵다는 사실이다."[68]

앞에서 본 경주 보트(구간을 완주하는 대신 점수가 생기는 지점만 빙빙 돌았던 보트)는 점수를 최대화하라는 말을 명시적으로 들었다. 점수 획득은 게임이 진행 및 숙달에 유용한 대리 지표다. 일반적으로 인간이 시스템에 부여하는 보상이나 명령이 무엇이든 간에, 그 시스템은 자신이 훈련받은 환경에서는 잘 작동한다. 그러나 현실에서, 그러니까 시스템이 자신의 훈련 환경과 전혀 다르면서 인간이 예상하지 못했던 것과 마주치는 세계에서의 명시적 명령은 별 뜻이 없을 수도 있다.

앞으로 수십 년간 머신 러닝 시스템이 직접 명령을 받고 그 명령을 진지하게 받아들일 수도 있다. 하지만 안전성의 이유 때문에 그들은 명령을 글자 그대로 받아들이지 않는다.

도덕적 불확실성

우리 행동에서 불완전한 확실성 그 이상을 얻는 것은 불가능할 때가 종종 있으며, 불가능한 일은 아무도 할 수 없다.
– 도미니크 M. 프뤼머 [69]

자연의 섭리를 방해하지 않도록, 자연의 일을 가져오기 전에 그들에 일할 시간을 주라. 당신은 시간의 가치를 알기에 시간을 낭비하지나 않을까 걱정스럽다고 주장할 테다. 하지만 아무것도 하지 않을 때보다 나쁜 일을 할 때가 시간을 더 낭비하는 것이며, 잘못 가르친 아이는 아무것도 배우지 않은 아이보다 미덕과 더 거리가 멀다.

- 장 자크 루소[70]

불완전하며 위험한 방식으로 결함이 있는 양 추론하고 '천국에 포상 점수'를 쌓으려는 시스템이란 개념은 설령 당장 명시적 보상을 버린다는 뜻이라 해도 (…) 뭔가 가톨릭 설교처럼 들린다.

수 세기 사이 신앙의 법규가 정확히 무엇을 가리키는지를 놓고 학자 간 의견이 갈리곤 했음을 생각할 때, 가톨릭 신학자는 어떻게 법규를 지키며 살아갈지의 문제를 붙들고 씨름했다. 한 예로 신학자 10명 중 여덟 명은 금요일에 생선을 먹는 것을 완벽히 받아들일 일이라 보는데, 한 명은 금지해야 한다 생각하고 다른 한 명은 아예 법으로 정해야 한다고 한다면? 독실한 가톨릭교도라면 어떻게 하는 것이 합리적일까?[71] 이런 격언이 있다.

"시계가 하나뿐인 사람들은 지금 몇 시인지 확신하지만, 두 개인 사람은 지금 몇 시인지 확신하지 못한다."[72]

이 문제는 15~18세기에 논쟁을 불러일으켰다. 일부에서는 방종주의laxism를 옹호했다. 죄악이 아닐 가능성이 있다면 뭘 하든 괜찮다는 논리다. 1591년 교황 인노첸시오 9세는 이 개념을 비난했다. 반면 엄숙주의rigorism를 주장하는 이들도 있었다. 죄악일 가능성이 조금이라도 있다면 모두 금지해야 한다는 주장이었고, 이

개념은 1690년 교황 알렉산데르 8세에게 비판을 받았다.[73]

무엇이 옳을 확률이나 그것이 옳다고 믿는 이들의 비율을 따지는 이론도 무수했다. 개연론probabiliorism은 죄악일 가능성보다 그렇지 않을 가능성이 낮을 때에만 행동해야 한다고 주장했다. 동등개연론equiprobabilism은 양쪽 가능성이 완벽히 같을 때에만 괜찮다고 주장했다. '순수 개연론자'는 참이 아닐 수도 있는 '합리적' 확률이 있는 한 선택의 여지가 있다고 믿었는데, 이렇게 말했다.

"의심스러운 법은 지킬 의무가 없다Lex dubia non obligat."

그러나 방종론자와 반대로 그 법을 무시하자는 개연론자는 해당 논리가 법을 지키자는 논리보다 반드시 개연성이 높을 필요는 없어도 개연성이 미미할 뿐이면 무의미하며, 개연성을 확실히 지닐 필요가 있다고 봤다.[74] 이 무렵에 많은 주장이 나오고, 이단이라는 비난이 수없이 오가며 교황의 선언이 나왔다. 《Handbook of Moral Theology(윤리신학 편람)》이라는 권위 있는 책은 "의심하는 양심, 즉 도덕적 의심"이라는 절에서 엄숙주의는 너무 엄숙하고 방종주의는 너무 방종적이지만 다른 이론은 '교회가 용인하'겠으며 도덕적 발견법으로 삼는다는 '현실적 결론'을 제시한다.[75]

순수 신학적 문제를 제쳐 놓고 보자면, 이런 폭넓은 논리는 당연히 세속적 도덕 문제에도 적용 가능하다. 머신 러닝에도 적용이 가능하다. 우리가 관심을 갖는 다양한 형식적 척도가 있으면, 방종주의적 접근은 어떤 행동이 다양한 척도 중 하나라도 개선하면 행동해도 괜찮다고 말한다. 엄숙주의적 접근은 척도 중 하나라도 개선되고, 나빠지는 척도가 전혀 없을 때에만 행동하는 것이 좋다고 말한다.

가톨릭 내에서조차 잠잠하게 남고, 세속 윤리학에서도 그다지 반향을 일으킨 적이 없던 이 논쟁은 다시 활기를 되찾기 시작했다. 2009년 옥스퍼드대의 맥어스킬은 머튼가 10번지 철학동 지하실의 청소 용품실에서 동료 대학원생 대니얼 디지Daniel Deasy와 육식을 놓고 논쟁을 벌였다. 맥어스킬은 청소 용품실이 '우리가 찾던 유일한 공간'이었다고 설명했다.

"몸을 약간 기대기엔 충분했어요. 우리는 책 같은 것 위에 앉아 논쟁했죠. 좀 장난스러운 기분도 들었습니다."

왜 유일한 공간이었냐 하면, 디지의 지도 교수가 옥스퍼드대 철학자 존 브룸John Broome이었기 때문이다.[76] 맥어스킬과 디지가 청소 용품실에 틀어박혀 논쟁한 주제는 육식 자체의 도덕성 여부가 아니라, 육식의 도덕성 여부를 모를 때는 육식을 해도 하는지였다. 맥어스킬은 이렇게 설명한다.

"육식을 해도 괜찮다 하면, 비건이 되겠다는 결심은 큰 실수가 아니에요. 물론 덜 행복하겠지만 큰일이 아니니까요. 반면에 비건이 옳고 동물의 고통이 도덕적으로 중요한 문제라면 육식은 극도로 잘못된 행동이 됩니다. (…) 걸린 이해관계가 비대칭이에요. 우리는 육식이 잘못됐다는 확신을 가질 필요조차 없어요. 잘못됐다는 위험이 있는 것만으로도 충분합니다."

그 육식 논쟁은 맥어스킬의 머릿속에 계속 맴돌았다. 한편으로는 설득력 있어 보이는 논증이었다. 그러나 더 뇌리에 남은 것은 그것이 자신이 접한 적 없던 논증 유형이라는 점이었다. "어떤 도덕 기준이 있다면, 무엇이 올바른 행동일까?"와 "무엇이 올바른 행동인지 판단할 때 어떤 기준을 써야 할까?" 같은 윤리 철학의 전통적 논쟁 틀에 들어맞지 않았다. 뚜렷이 달랐다.

"올바른 행동이 무엇인지를 모를 때, 뭔가 하는 것은 올바른 행동일까요?"[77]

맥어스킬은 결국 브룸의 조언을 받아들인다.

"그 문제에 관심 있으면, 토비 오드Toby Ord(호주의 철학자_옮긴이)를 찾아가 봐."

그렇게 맥어스킬과 오드는 (공교롭게도 옥스퍼드의 한 묘지에서) 만났고 그 결과 21세기 윤리학에 큰 영향을 미칠 우정 중 하나가 시작됐다. 그들은 EA의 창설자가 됐다. 7장에서 짧게 다룬 바 있는 이 운동은 발전하면서 21세기 초의 가장 중요한 윤리 사회운동이라 주장할 정도가 됐다.[78] 또 그들은 스톡홀름대 철학자 크리스테르 뷔크비스트Krister Bykvist와 함께 도덕적 불확실성을 다룬 책도 썼다.[79]

경쟁하는 여러 이론을 붙들고 씨름해도 무엇이 옳은지 확신할 수 없을 때, 접근법은 다양하다. '내 선호 이론'이라는 접근법은 옳을 가능성이 가장 높다고 당신이 생각하는 이론을 써서 살아가라고 말한다. 그러나 이 방법은 잘못될 가능성이 아주 낮아도 일단 잘못되면 매우 심각한 문제를 간과한다.[80] 특정 도덕 이론이 옳을 가능성과 그 피해의 심각한 정도를 본질적으로 곱하는 접근법도 있다. 물론 미덕과 악덕의 정도를 쉽게 표로 작성하기 어려운 이론도 있다.[81]

이런 모습은 머신 러닝에서도 나타난다. 앞에서 본 '내 선호 이론'은 환경 보상과 사용자 목표에 관한 최상의 단일 추측 모형을 개발한 다음 그것을 최적화는 일에 몰두하는 것과 비슷하다. 평균을 내자는 이론은 단순히 앙상블의 평균을 내는 방법을 쓰자고 시사하는 것이다. 물론 더욱 복잡한 체계도 존재한다.

맥어스킬은 도덕 이론을 한 선거구의 유권자로 비유하는데, 그러면 '사회 선택 이론social choice theory'이라는 분야(온갖 별난 양상과 역설을 보이는 투표와 집단 의사 결정 특성을 살피는 분야)는 도덕 영역으로 넘어온다.[82] 오드는 이 비유를 더욱 멀리까지 끌고 나가는데, 도덕 이론을 단순히 선호도가 집계되는 투표자가 아니라 일종의 '도덕 의회'를 이루는 입법가로 상상한다. 교섭과 '도덕적 거래'를 하고, 임시 동맹을 형성하고, 남에게 더 압력을 가하기 위해 특정 현안에 영향력을 행사하는 이들 말이다.[83]

이 모든 접근법은 자신의 행동을 판단할 어떤 하나의 확실한 기준이 없을 때도 어떻게든 방법을 찾아야 하는 사람들뿐 아니라 컴퓨터 시스템의 맥락에도 적용된다. 이 영역은 철학 쪽에서도 아직 비교적 탐사가 덜 된 곳이 많으며, 컴퓨터 과학 쪽에서는 더욱 그렇다.[84]

그러나 맥어스킬은 기술하는 차원을 넘어 규범적 관점에서 도덕적 불확실성을 바라본다. 특정 상황에 적용할 적절한 도덕적 기본 틀이 무엇인지 몹시 불확실할 때도 올바른 행동을 선택할 방법이 필요하며, 어떤 뜻에서는 바로 그 불확실성 감각을 함양해야한다는 것이다. 그는 수백 년간 인류의 윤리 규범이 상당히 바뀌었다는 점을 생각할 때, 우리가 어떤 결론에 다다랐다고 생각하는 것은 오만이라 본다.

"우리는 이런 유형의 호를 그리는 도덕 발전의 궤적, 그러니까 일종의 팽창하는 원을 봤어요. 아마 여기서 멈추겠거니 생각할 수도 있죠. 끝에 다다랐다고 생각할 수도 있고요. 하지만 확신할 수 없어요. 먼 미래에는 지금의 도덕관을 야만적이라 생각할 가능성도 얼마든지 있으니까요."

나는 여기에 어느 정도 역설이 있음을 알아차렸다. 맥어스킬은 EA 운동의 지도자이며, 내게 와닿았던 점 중 하나는 그 운동이 상당한 공감대를 형성했다는 것이다. 장기적 미래의 가치, 즉 문명과 생물의 멸종 위험을 줄이는 것이 중요하다는 사실에는 의견 일치가 이뤄졌다. 더 나아가 정확히 어떤 자선 활동이 가장 좋은지에도 의견이 일치한다. 예를 들어 말라리아퇴치재단Against Malaria Foundation, AMF이 그렇다. 권위 있는 자선사업 평가 기관인 기브웰GiveWell은 2019년 자체적으로 쓸 470만 달러의 기금을 어떻게 나눠줄지 생각하다가 전액 AMF에 지원하기로 결정했다.[85] 맥어스킬은 이런 의견 수렴이 양날의 검이라 본다. 정보를 더 공유하고, 서로의 증거를 신뢰한다는 것을 반영하는데 그 합의는 성급한 것일 수도 있기 때문이다.

"이를테면 이렇게 설명할 수 있어요. 세상에는 정답이 있고, 우리 모두가 정답이 무엇인지 다 알았으니 그렇게 하는 거라고. 하지만 이렇게도 가능해요. 우리는 단절된 종족이었는데, 그 뒤로 특정한 이들이 더 영향력을 얻기 시작해 모두 하나가 된 거라고. (…) 그런 상황에서 벗어난다고 EA가 생각하는 게 과신일 수도 있어요."

또한 이렇게 덧붙인다.

"EA에서 아주 눈에 띄는 것이 하나 있어요. 6년 전만 해도 정말로 의견의 스펙트럼이 넓었어요. 온갖 파벌이 있었고 견해도 달랐어요. 논쟁이 가득했죠. 그런데 지금은 적어도 핵심부의 의견은 뚜렷하게 일치한 상태예요."

한 예로 EA 운동 진영은 아주 오랜 시간이 대체로 관심을 덜 받았다는 데 거의 의견 일치를 이뤘다. 또 AI를 둘러싼 과학과 정책을 이끄는 것이 장기적 미래에 아주 중요하다는 데에도 거의 의견 일치를 이뤘다. 맥어스킬은 이렇게 말했다.

"이 일치는 정말로 좋은데 우려도 되는 상황입니다."

나는 2017년 가을 런던에서 열린 효율적 이타주의 글로벌 Effective Altruism Global 총회에 참석했다. 맥어스킬은 폐막 연설에서 약간의 경고를 보냈다. 그는 자신이 '스스로의 생각을 실제로 바꾸는 열린 마음을 지닌 공동체와 문화를 구축하는' 일에 몰두한다고 했다. 그는 이러한 운동에서 실패할 가능성이 가장 높은 방식

중 하나가 운동의 믿음이 교리화되는 것, 공동체 전체가 받아들여야 하는 믿음이 되는 것이라 했다.

"우리는 그것이 아주 나쁘다는 데 동의합니다. 하지만 그렇지 않은 문화를 조성하기는 극도로 어렵다고 봅니다."

나는 그다음 해인 2018년 봄 샌프란시스코에서 열린 총회에도 참석했다. 맥어스킬은 개막 연설을 했다. 그는 작년에 미처 끝내지 못한 말을 다시 이어서 하는 듯했다. 더 열띤 어조로. 연설 주제는 "어떻게 하면 호기심을 끄는 상태로 EA를 유지할까?"였다.

화창한 봄날 영국 크라이스트처치 메도를 맥어스킬과 함께 걸으면서, 나는 AI의 문제로 화제를 바꿨다. 나는 어떤 고정된 목적 함수를 써서 인간의 능력과 거의 맞먹거나 초월하는 시스템을 만들겠다는 개념을 우려하는 이들이 있다 말했다. 맥어스킬은 말했다.

"맞아요, 저도 우려해요. 또 별난 생각도 들어요. 우리는 방금 한 번의 기회를 얻었다고. 올바른 값을 짜 넣기만 하면 알아서 잘할 거라고! (…) 윤리 문제는 아주 어렵죠. 당신은 AI에다 불확실성을 집어넣고 싶어 하는 게 분명하네요?"

그리고 덧붙였다.

"다양한 도덕관을 살피면, 무엇이 좋은 결과인지에 견해가 꽤 다르죠. 모사된 마음이 진짜 정신만큼 좋다고 말하는 쾌락주의 관점, 피와 살로 된 인간이 있어야 한다 말하는 공리주의 관점만 비교해 봐도 알죠. 사실 그 둘은 이론이 비슷해요. 그런데 우리의 우주적 유산을 어떻게 사용해야 하는지에서는 근본적으로 갈리지만요."

이는 우주에서 무엇을 할 것인지에 관한 인류의 궁극적인 야심을 뜻한다. 맥어스킬은 말했다.

"기본적으로, 전쟁을 할 겁니다."

늘 학계에 분란을 일으키는, 고전적인 '작은 차이에 집착하는 자아도취narcissism of small differences'에 우주적 규모의 위험이 따른다. 그러나 우리가 현재를 어떻게 보내는지에 대해서는 장기적으로 대폭 갈라질, 모두 경쟁하는 도덕 이론의 의견은 놀라울 정도로 일치한다.

"이 모든 이론 사이에 수렴하는 도구적 목표가 있다고 생각해요. 저는 그것을 장기 반성long reflection이라 해요. 기간이죠. 정말로 아주 긴 기간! 설명하자면 우리가 AI 등등을 해결하는 데 걸리는 기간 같은 거죠. 물론 아무것도 하지 않은 채 수백만 년이 지날수도 있습니다. 적어도 우주 기준으로 보자면 우리는 비교적 작은 규모고, 우리가 뭔가를 하는 주목적은 그저 무엇이 가치가 있는지 이해하려 애쓰는 것뿐이죠."

맥어스킬은 그때까지 우리의 주된 목표 중 하나(아마도 유일한 주된 목표)가 '다양한 유형의 도덕적 가능성에 개방된, 최대한 열린 사회'의 유지라고 봤다. 이는 달성 가능한 효용 보존의 윤리적 판본과 비슷하게 들린다. 설령 미래의 목표가 무엇일지 현재로서는 전혀 몰라도(아니 특히 모를 때), 우리는 여전히 다양한 목표를 먼 미래까지 추구해야 한다. 현재의 추측이 랜덤이나 다름없어도 말이다. 맥어스킬은 말했다.

"이 일은 100만 년이 걸릴 만치 아주 어려울 수도 있어요."

나는 올바른 AI를 개발하는 데 치르는 대가치고는 100만 년이 짧다고 봤다.

"대가치고는 100만 년은 극도로 짧아요. (…) 잘못된 것이 우글 거리면 기본적으로 이룬 것이 0이니까 (…) 잘못된 도덕적 견해를 지닌다는 것은 존재론적 위험이라 생각해요."[86]

맥어스킬은 잠시 멈췄다가 다시 말했다.

"나는 그것이 사실상 가장 존재론적인 위험일지 모른다고까지 생각해요."

맥어스킬이 일하는 효율적 이타주의 센터 복도를 따라가면 보스트롬이 설립한 옥스퍼드대 인류미래연구소가 나온다. 보스트롬에게 가장 큰 영향을 끼친 초기 논문 중 하나는 〈Astronomical Waste(천문학적 낭비)〉라는 제목이다. 부제는 "지연된 기술 발전의 기회비용"이며, 사실 논문의 전반부는 필사적으로 시급하다는 인상을 준다.

"이 글을 쓰는 지금 태양은 텅 빈 방을 비추고 달구며, 미사용 에너지가 블랙홀로 빨려 들어가며, 우리 공통의 유산은 (…) 우주적 규모에서 돌이킬 수 없이 엔트로피로 붕괴한다. 이것은 고도 문명이 가치 구조, 즉 가치 있는 삶을 살아갈 지각력 있는 존재 같은 것을 만드는 데 쓰는 자원이다. 이 상실 속도는 정신을 아찔하게 만든다."

보스트롬은 더 나아가 우리가 현재 1초를 지체할 때마다, 그 모든 낭비된 에너지와 물질을 더 일찍 사용할 수만 있으면 살았을 100조 명의 목숨을 잃는 것과 같을 미래 우주여행을 하는 문명이 궁극적으로 아주 거대하다고 추정한다. 그러나 여느 공리주의자가 목표를 향해 우리의 기술 발전을 진척하는 일이 다른 세속적 활동을 하찮게 만들 만치(더 나아가 도덕적으로 옹호할 수 없을 만치) 아주 중요하다고 결론짓기 시작하자마자, 보스트롬의 논문은 현대 철학에서 가장 급격한 'U' 모양의 전환을 이룬다.

보스트롬은 은하 간 미래에 도달하는 데 1초 늦는 것이 100조 명의 목숨을 위험에 빠뜨리는 것이라면, 아예 실패할 위험을 생각하자고 말한다. 그는 계산 끝에 약동하고 번성하는 먼 미래 문명을 건설하는 데 성공할 가능성을 1퍼센트만 높여도 공리주의적 관점에서 보면 기술 발전을 1,000만 년 촉진하는 것에 해당한다고 결론지었다. 그런데 결론은 이렇게 엄청난 것이 걸려 있음에도 서두르자는 내용이 아니었다. 내가 여러 AI 안전성 연구자에게 어떻게 이 일에 뛰어들기로 결심했는지 물었을 때마다 보스트롬의 논문이 언급됐다. 크리스티아노는 말했다.

"처음엔 그 논리가 아주 기이하다 느꼈어요. 뭔가 찜찜했달까? 그러다 다시 쭉 훑었는데 그럴 듯하다는 생각이 들었죠."[87]

크리스티아노는 2010년이나 2011년부터 이 논증을 진지하게 생각했고, 2013년이나 2014년에는 나름의 숫자를 넣어 논리를 전개했다. 보스트롬의 계산은 들어맞았다. 보스트롬은 자신 같은 한 연구자에게는 발전을 1,000년 촉진하는 것보다 멸종 위험을 100만 분의 1로 줄이는 것이 훨씬 쉬워 보인다고 말한다. 그리고 그 뒤로 그런 삶을 살았다.

물론 초인 수준의 범용 AI를 작동하는 것은 상상 가능한 선에서 돌이킬 수 없는 강한 충격이 따르는 행동 중 하나다. 더 불확실해지고, 주저하며 열린 마음을 가지는 것은 기계만이 아니라 연구자도 그렇다. 기계지능연구소의 벅 슬레거리스Buck Shlegeris는 예전의 대화를 이야기했다.

"누군가가 말했어요. 특이점 이후에 모든 인류를 행복(쾌락)에 최적화한 균질적 얼간이로 바꾸는 마법의 버튼이 있다면, 인간은 그 버튼을 누르겠죠. (…) 몇 년 전 저는 그 버튼을 누르자고 주장했습니다."

그러나 슬레거리스는 지금 그렇게 확신하지 못했다. 그의 견해는 더 복잡해졌다. 좋은 생각이었을 수도 있다. 그렇지 않았을 수도 있다. 이제 문제는 무엇을 할지 모른다는 것을 자신이 알 때 무엇을 할 것인가가 됐다.[88] 슬레거리스는 말했다.

"말했죠. 인간이 버튼을 눌러서는 안 된다 생각한다고."[89]

[＊]

결론

모호함이란, 다수 글에서의 판단보다 지식 이론에서 더 중요하다.

모든 것은 정확히 하고자 애쓰기 전까지는 모호함의 정도를 깨닫

지 못하며, 정확한 모든 것은 우리의 생각과는 아주 거리가 멀다.

그렇기에 우리는 무엇을 생각한다 말할 때 진정으로 뜻하는 바가

무엇임을 단 한순간이라도 가정할 수 없다. 모호함에서 정확함으

로 넘어갈 때 (…) 우리는 언제나 얼마간 오류를 저지를 위험을 안

는다.

- 버트런드 러셀[1]

성급한 최적화는 모든 악의 뿌리다.

- 도널드 커누스[2]

크리스마스이브, 아내와 나는 내 부모의 집에 머물렀다. 그런데

나는 한밤중에 땀에 흠뻑 젖은 채 잠에서 깼다. 옷을 너무 껴입고 잠자리에 들었나 보다 싶었다. 그래서 이불을 걷어차고 셔츠를 벗었다. 그 순간 나는 내 자신이 문제가 아님을 깨달았다. 갑자기 두려움과 경계심이 밀려들었다. 방 안 공기가 견딜 수 없을 만치 뜨거웠다. 심지어 불이 난 게 아닐까 싶었다. 그래서 방문을 열었다. 집 안은 컴컴하고 조용했다. 방 밖 공기는 차가웠다.

이제 나는 서서히 정보를 끼워 맞춘다. 위층에는 방이 둘 있는데 온도 조절기는 하나였다. 하지만 온도 조절기는 다른 방에 있었다. 우리 방 문은 닫힌 상태였다. 다른 방, 즉 온도 조절기가 있는 방의 문은 열려 있었다. 게다가 그때는 영하권의 뉴잉글랜드주 밤이었다.

히터는 환기구를 통해 양쪽 방으로 뜨거운 공기를 불어넣는다. 그런데 온도 조절기가 있는 방은 문이 열려 뜨거운 공기를 불어넣어도 온도가 평형상태에 다다를 수가 없었다. 그런데 문이 닫혔던 우리 방에는 같은 양의 뜨거운 공기가 계속 밀려들었다.

우리 주위에서 온도 조절기보다 더 단순한 시스템이 있을까? 실제로 온도 조절기는 가장 단순한 '폐쇄 회로' 제어 시스템 사례다. 사이버네틱스 장치이기도 하다. 여기에 머신 러닝 같은 것은 전혀 없다. 그러나 여기에도 두 측면에서 '정렬 문제'가 있었다.

첫째, 우리는 자신이 측정한다 생각하는 것을 측정하지 않는다. 나는 내 방의 온도를 조절하고 싶었다. 그러나 나는 그저 다른 방의 온도를 측정할 뿐이었다. 양쪽이 근본적으로 상관이 없다는 사실을 미처 생각하지 못했다. 한쪽 방문은 열고 다른 쪽 방문은 닫는 등 양쪽은 무관해졌다.

둘째, 우리를 구하는 것이 '무능'밖에 없을 때도 종종 있다. 나는 난방 시스템이 더 강력했고, 우리 방이 단열이 더 잘됐으면 우리 부부가 바짝 익었을 수도 있겠다는 생각도 했다. 물론 우리는 깨어났고, 그 열역학 스펙트럼을 뒤집어 보면 낮은 온도가 더욱 위험하다. 방이 너무 추워서 저체온증에 걸리면 실제로 죽는 이들도 있다.[3] 1997년 다큐멘터리 〈Hands on a Hard Body(딱딱한 몸에 댄 손)〉에는 자기 집에 설치한 20톤짜리 에어컨을 설명하는 돈 커티스라는 텍사스인이 등장한다.

"20톤짜리면, 저기 있는 상점도 충분해요."

그런데 그 상점은 이미 문을 닫은 상태였다.

"이 에어컨을 사실상 공짜로 받았어요. 우리 집에 달아야겠다 싶었죠. 그런데 이게 공간을 영하 11도까지 떨어뜨린다는 것은 몰랐죠. 뭐, 그래도 빨리 알아서 다행이었어요."

그는 다행히 저체온증 쇼크를 피했지만, 그 위험은 진짜였다.

우리 부부가 있던 방문을 잠시 열어 놨다가 양쪽 문을 다시 잘 닫을 때, 나는 20세기 중반의 위대한 사이버네틱스 연구자 위너를 떠올렸다. 현재 우리가 우려하는 정렬 문제의 상당 부분을 예측한 인물이다. 다음의 유명한 말을 한 이도 그였다.

"기계에 주입할 목적이 우리가 진정으로 바라는 목적임을 확실히 하는 게 낫습니다."

위너는 자신의 예측력을 엿보이면서, 마음을 심란하게 만드는 말을 덧붙였다.

"예전에는 인간의 목적을 편파적이고 미흡하게 파악해도 기술적 한계 때문에 큰 문제가 없었어요. 이 방패는 인간의 무능함과 어리석음이 가져올 전면적인 파괴력으로부터 우리를 지키는 많은 영역 중 하나일 뿐입니다."[4]

커티스는 우리의 능력이 증가하면서 이 방패를 걷을 때 어떤 문제가 생기는지를 보여 주는 완벽한 사례다.

나는 20톤짜리 에어컨과 AI가 같다는 생각을 버릴 수 없다. 먼저 우리는 무능보다는 어리석음을 바로잡기 바라야 한다. 인류미래연구소의 보스트롬이 2018년에 말한 것처럼.

"들판을 질주하는 수말 같은 인류의 기술력과, 후들거리며 겨우 서 있는 망아지 같은 인류의 지혜 사이에 장거리 경주가 벌어지는 중이다."[5]

위너는 우리가 원하는 것이 정확히 무엇인지know-what를 평가하는 중요한 작업 없이, 인류의 창의성know-how을 찬미하는 행태를 우려했다. 그리고 전자가 안타까울 만치 미흡하다고 봤다. 올더스 헉슬리Aldous Huxley도 1937년에 이렇게 말했다.

"과학이 지금까지 의기양양하게 한 일을 실제로 개선하지 않았거나, 사실상 악화된 목표를 달성할 수단을 개선했음이 명확해졌다."[6]

■

지금까지 한 이야기는 고무적인 쪽, 즉 과학적 발전이 확실하게 꾸준히 이뤄졌다는 이야기였다. 장·단기 양쪽으로 영향을 미치려는 연구와 정책 생태계가 전 세계에서 활약 중이다. 아직은 신생 분야에 속하지만 급속히 확장 중이다.

편향, 공정성, 투명성, 안전성의 수많은 차원은 현재 AI와 머신 러닝 학술 대회에서 발표하는 연구 중 상당 부분을 차지한다. 현재 컴퓨터 분야뿐 아니라 과학 분야에서 가장 역동적이면서 급성장하는 분야다. 한 연구자가 내게 말하길, AI 분야의 가장 큰 학술 대회 중 한 곳에서 '안전성'을 주제로 연구한다 말했는데 이상하다는 표정으로 쳐다봤다고 말한 바 있다. 그런데 그다음 해 학술 대회 때는 눈살을 찌푸리는 사람들이 한 명도 없었다고 한다. 이런 분위기 전환은 연구비 지원 양상과 연구 주제의 변화로도 나타난다.

이 책을 통해 우리는 그 연구 주제의 내용뿐 아니라 전개 양상도 살폈고, 모든 전선에서 발전이 이뤄졌음을 봤다. 그러나 이 책은 도입부에서 '모든 모형은 틀렸다'고 상기시키는 박스의 제시로 시작했다. 그러니 그런 정신을 바탕으로 우리 자신의 이야기에 담긴 가정 중 일부를 비판적 시선으로 살피자.

1장 표현

1장에서는 "모형의 훈련 데이터에 누가 또는 무엇이 표현되는가?"라는 질문을 다뤘다. 우리는 단기간에 멀리까지 나갔다. 소비자용 안면 인식 제품이 훈련 데이터를 짜는 내부 과정 없이 개발될 가능성은 낮다. 그러나 이런 모형이 사진에 태그를 붙이는 툴, 스마트폰 잠금을 푸는 하드웨어뿐 아니라 정부가 시민을 감시하는 데도 쓰인다는 사실을 생각할 때, 이미 지나친 감시를 받는 소수 인종의 얼굴을 더 정확히 식별하도록 만드는 것이 과연 전적으로 좋기만 한 것인지 의문이 들 수도 있다.

또한 소비자용 기술에서 '표현'이라는 문제는 더 오래되고, 더 까다롭고, 더 중요할 불평등 문제를 뚜렷하게 상기시킨다. 언젠가 나는 한 의학자와 저녁 식사를 함께했다. 머신 러닝 모형용 훈련 데이터가 집단을 더 잘 대변하도록 할 방법이 고민이라 말했더니, 그들은 거의 한목소리로 대부분의 의학 임상 시험이 여전히 남성을 대상으로 진행된다는 점을 상기시켰다.[7]

임상 시험의 설계는 양날의 검이다. 취약 집단을 보호하기 위한 사려 깊은 조항처럼 보이는 것(예를 들어 임신부나 고령자를 대상으로 한 임상 시험을 불허)에서도 편향과 맹점이 있다. 임신부 입덧 치료에 쓰던 탈리도마이드thalidomide라는 약물이 한 예다. 제조사는 생쥐에 아무리 고용량을 투여해도 죽지 않는다는 것을 근거로 들면서 '완벽하게 안전하다'라며 약물을 판매했다. 그러나 태아에게 끔찍한 기형을 유발한다는 것이 후에 드러났고, 결국 수만 명의 기형아가 나온 뒤에야 이 약물은 시장에서 퇴출됐다(미국은 거의 피해를 입지 않았다. FDA의 심사관 프랜시스 올덤 켈시가 출시를 막은 덕분이었다).[8]

나름의 방식으로 태그화된 훈련 데이터를 사용하는 '지도 학습'에서는 훈련 데이터를 어디서 얻는지, 정답의 대리자 역할을 할 태그를 어디서 얻는지도 비판적으로 살필 필요가 있다. 한마디로 정답이 오답일 수도 있다. 한 예로, 이미지넷은 인터넷에서 랜덤으로 뽑은 사람들의 판단을 정답으로 삼는다. 판단 대다수가 새끼 늑대를 강아지라 본다면, 그 사진 인식 시스템에서 새끼 늑대는 강아지다. 테슬라 AI 부문을 맡는 안드레 카파시Andrej Karpathy는 스탠퍼드대 대학원생 시절, 매주 상당 시간을 이미지넷 사진에 태그를 붙이는 일을 했다. 스스로 인간 기준점이 된 셈이다. 그는 어느 정도 연습한 뒤 95퍼센트 정확도에 이르렀다. 그런데 그 정확도는 무엇과 관련된 정확성일까? 진리가 아니다. 합의였다.[9]

철학적 차원에서 보자면 태그는 우리가 의문 없이 받아들여야 하는, 미리 짜 놓은 존재론을 반영한다. 이미지넷의 각 사진은 1,000가지 범주 중 정확히 어느 하나에 속한다.[10] 이 데이터와 그것으로 훈련시킨 모형을 쓰려면 이 1,000가지 범주가 상호 배타적이면서 범주를 총망라한 것이라는 '허구'를 받아들여야 한다.

이 데이터 집합에 든 사진에는 두 태그가 결코 동시에 붙지 않는다. 양쪽이 뚜렷이 한 장에 찍혔어도 그렇다. 그리고 1,000가지 범주에 속하지 않는 사진은 집합에 결코 포함될 수 없다. 예를 들어, 우리가 노새의 사진을 보는데 달린 태그가 '당나귀'나 '말'뿐이라면 그 사진 속 동물은 당나귀 혹은 말이 돼야 한다. 당나귀인지 말인지를 식별할 수 없다면 또 다른 태그를 붙여야 한다. 우리는 확률적 경사 하강법을 통해 모형이 이 교리를 공유하도록 밀어붙인다.

마지막으로, 모델은 불확실할 수가 없다. 우리는 서로 다른 이들이 서로 다른 태그를 붙이는 것을 보고서 불확실성이 있음을 어느 정도 추론하지만, 그 태그를 억지로 붙일 때 얼마나 모호하거나 불확실한 판단을 하는지는 정작 모른다.

훈련 데이터와 태그뿐 아니라 목적 함수도 고려할 가치가 있다. 때로는 사진 인식 시스템을 '교차 엔트로피 손실cross-entropy loss'이라는 목적 함수로 훈련시키기도 한다. 쉽게 말해 이 함수는 어떤 것이든 간에 잘못 분류하면 처벌한다. 예를 들어 석쇠를 자동차 그릴로, 청사과를 서양배로, 잉글리시불도그를 프렌치불도그로 잘못 식별하는 것은 인간을 고릴라로 잘못 분류하는 것과 마찬가지로 나쁘다. 그러나 현실은? 특정 유형의 오류가 (인간을 고릴라로 잘못 분류한 건 말할 것도 없고, 수익성 관점에서만 보더라도) 다른 오류보다 수백만 배는 아니라 해도 수천 배는 더 나쁠 것이다.[11]

1장 후반부에서는, 벡터 기반 단어 표현과 그들이 유추하는 놀라운 능력을 지닌다는 것을 살폈다. 이 겉으로 보이는 단순성 아래에는 놀라울 만치 나름의 논쟁을 자극하는 정렬 문제가 있다.

여기서 유추란 정확히 무엇일까? 단순한 벡터 덧셈(평행사변형법이나 3CosAdd 알고리즘을 사용하는)은 그 자체가 최고의 유추인 단어를 낳곤 한다. 예를 들어 '의사-남성+여성'은 가장 가까운 단어가 사실상 그저 '의사'인 벡터를 낳는다.[12]

볼루크바시와 칼라이 연구진은 이 방식이 워드투백에서 우리가 유추를 통해 뜻하는 바를 포착하기에는 미흡하다고 봤다. 유추는 적어도 두 가지를 요구하는 듯하다. 그래서 그들은 다른 전략을 택했는데 '의사'라는 단어를 중심으로 일종의 '유사성 원'을 상상했다. 그 안에 '간호사, 조산사, 산부인과 의사, 내과 의사, 정형외과 의사' 같은 단어는 들어가지만, '농부, 비서, 국회의원'은 포함되지 않는다. 그런 뒤 그 원 안에서 '의사' 말고 가장 가까운 단어가 무엇인지를 조사했다.[13] 다만 여기에는 까다로운 문제가 있다. 단어 벡터의 기하학(단어를 수학 공간에서의 거리로 나타낸다는 개념)은 모든 유추를 대칭적으로 만든다. 유추에 관한 인간의 직관을 언제나 반영하지 않는 방식이다. 예를 들어, 사람들은 "원이 타원에 가깝다"고 말하기보다 "타원이 원에 가깝다"라는 말을 더 자주 쓰며, "중국이 북한에 가깝다"라는 말보다는 "북한이 중국에 가깝다"라는 표현을 더 자주 쓴다.[14]

그러면 어떤 표현에 적용되는 어떤 알고리즘이 인간의 유추에 정확히 더 가까운 것을 내놓을까?[15] 이쯤에서 포기하고픈 유혹에 빠질 수도 있다. 어차피 비대칭과 예외까지 포함해 인간의 유추 사례를 써서 기계를 훈련한 뒤 어떤 유추가 무엇인지 식별할 방법을 파악하도록 할 텐데 말이다.

왜 컴퓨터 과학자와 언어학자와 인지과학자는 이 문제를 놓고 논쟁을 벌이며, 알고리즘을 아예 새로 짜겠다고 난리를 부릴까? 물론 이것도 정렬 문제다. 또한 인간의 '유추' 개념은 다른 개념만큼 혼란스럽고 막연하다는 것이 드러난다. 그래서 다른 맥락에서 출현하는 바로 그 정렬을 위한 툴이 여기서도 유용할지 모른다.

2장 공정

2장에서 우리는 위험 평가 툴이 형사법 제도에서 더 널리 쓰이는 양상을 살폈다. 여기에는 잠재적 위험이 많으며, 우리는 그중 일부를 논의했다. 이런 모형을 훈련시킬 때 쓰는 '정답'은 피고인의 재범 가능성이 아니라 다시 체포돼 유죄판결을 받을지 여부다. 그런데 애당초 체포되거나 체포 후 유죄판결을 받을 가능성이 집단마다 전반적으로 차이가 있으면, 우리는 재범 가능성 자체가 아니라 재범 가능성의 왜곡된 대리 지표를 최적화하는 셈이다. 중요한데도 종종 간과되곤 하는 점이다.

또한 모형을 훈련시키기 위해 '피고인이 풀려나면 무엇을 할지를 안다'고 가정하는 점도 생각할 가치가 있다. 무엇을 할지를 어떻게 알 수 있을까? 여기서의 전형적 방법론은 형을 다 마친 뒤 처음 2년간의 범죄 기록을 조사해서, 누군가가 더 일찍 가석방된 후

2년을 추정하는 대리 지표로 삼는 것이다. 연령이나 수감 경험 자체가 가석방 후 행동에 영향을 미치지 않는다고 암묵적으로 가정하는 셈이다. 하지만 일부 사례에서는 연령이 가장 중요하면서도 단일한 예측 변수임이 밝혀졌다. 게다가 수감 생활 자체가 아무런 영향도 미치지 않는다는 가정은 틀렸을 가능성이 높을 뿐 아니라, 표면상으로 갱생이 목적인 제도를 부정하는 관점이다.

일부 증거가 시사하는 것처럼, 수감 경험이 당사자의 범죄 행동을 증가시키는 역할을 하면, 형기를 끝까지 복역한 사람들의 재범 사례는 가석방됐다 하더라도 위험했으리라 가정하는 모형의 훈련 데이터가 된다.[16] 즉, 모형은 피고인에게 더욱 긴 형기를 치르게 하라고 권고한다. 이 예측은 자기 충족적이 된다. 죄수된 피고인은 불필요할 만치 오래 수감된다. 그 결과 공공의 안전은 더욱 나빠진다.

머신 러닝의 많은 영역에서는 '전이 학습transfer learning'이라는 것이 놀라울 만치 많이 이뤄진다. 처음에 한 과제로 훈련시킨 시스템을 다른 과제에 쉽게 전용한다는 뜻이다. 물론 이런 전용이 언제나 현명하게 이뤄지는 것은 아니다.

예를 들어, COMPAS는 선고를 위해 설계된 툴이 아니지만, 일부 법원에서는 선고 용도로 쓴다. 단어 임베딩 모형을 직원 채용에 쓰는 것도 마찬가지다. 예측 모형은 많은 사례에서 예측 훈련을 할 때 쓴 바로 그 일을 예측하는 데 쓰인다. 전통적으로 성차별이 강한 기업에서 고용될 여성이 거의 없다고 예측하는(불행히도 올바른) 모형은 별 생각 없이 여성을 더 고용하지 않는 방향으로 쓰일지 모른다. 우리의 과거 행동을 반복하거나 강화하는 모형이 필요할 때, 우리는 그만큼 더 신중하고 더 조심스럽게 그 모형을 사용해야 한다.

또한 우리는 '공정성'이 각각 직관적이면서 바람직한 양 보이는 형식적 정의를 쉽게 여러 가지로 내놓는다는 것도 봤다. 그 어떤 의사결정 시스템도 (인간이든 기계든) 그 모든 것을 한꺼번에 제공할 수 없다는 것은 엄연한 수학적 사실이다.

일부 연구자는 다양한 형식주의를 살피고 손수 하나하나 조화하려 시도하는 대신, 단순히 우리가 공정하고 부당하다 믿는 사례를 써서 시스템을 훈련시키고, 그 머신 러닝이 스스로 형식적이고 조작적인 정의를 구축하도록 해야 한다고 여긴다.[17] 이 역시 정렬의 문제다.

3장 투명성

3장에서는 단순한 모형의 장점을 연구하고 그중 최적의 모형을 찾는 능력이 향상됨을 보여 주는 첨단 분야를 살폈다. 하지만 여기서의 단순함(투명성)은 양날의 검일 가능성이 있다. 해당 모형이 틀렸고 믿지 말아야 할 때도 오히려 더욱 신뢰할 수 있음을 보여 주는 연구가 있기 때문이다.[18]

또한, 단순한 모형이 최적의 모형인 이유를 이해하기가 아주 어렵다는 역설도 있다. 여기에 상세히 답하려다가는 매우 답이 전문적이면서 답을 말하는 시간까지 장황해질 가능성이 높다. 게다가 어떤 단순한 모형이 있을 때 우리는 그 내부 '리스트'의 출처를 물을 수도 있다. 어떤 인적 과정이 원하는 것과 그 툴의 생성이 어떤 인적 과정을 통해 나왔는지의 물음도 포함된다.[19] 우리가 투명성에 대해 이런 의문을 갖는 것은 타당하다. 이는 본질적으로 인간적·사회적·정치적이며 머신 러닝 자체는 답할 수 없다.

시각적이든 음성적이든 간에 스스로를 설명하는 시스템을 개발할 때는 몇 가지 주의할 점이 있다. '적대적 설명adversarial explanation'의 가능성을 보여 주는 연구 결과가 있기 때문이다. 두 시스템이 거의 같이 행동하면서도 근거가 각기 다른 경우다.[20] 참이든 아니든 간에 행동에 설득력 있는 근거를 내놓는다는 것 자체는 큰 힘을 지닌다. 사실 위고 메르시에Hugo Mercier와 당 스페르베르Dan Sperber 같은 인지과학자는 인간의 추론 능력은 좋은 결정과 정확한 믿음을 간직하도록 돕기 위해서가 아니라, 논쟁에서 이기고 남을 설득하도록 돕기 위해 진화했다고 주장했다.[21]

우리가 주의할 점은 무엇일까? 단지 설명을 내놓는 데 최적화된 시스템을 이해한다는 느낌을 가지고 시스템을 만들지 않도록 해야 한다. 그러지 않으면 시스템은 자신의 능력을 기만적으로 휘두른다. 더 쉽게 말해, 탁월한 헛소리를 하는 쪽으로 우리를 최적화할 수도 있다. 일반화를 더욱 일반화해서 시스템이 언제나 진실만을 설명하도록 만든다 해도, 우리가 '추론의 논증 이론 argumentative theory of reasoning', 즉 추론은 진실을 추구하기 위함이 아니라는 말에 설득된다면 그 시스템이 우리를 지배할 수도 있다.

4~6장 강화, 조형, 호기심

4~6장에서 우리는 게임과 바둑을 통해 RL, 보상 조형, 내적 동기를 논의했다. 여기서 이른바 '에르고딕성ergodicity'을 갖춘, 즉 영구적으로 실수할 수 없는 뭔가도 암묵적으로 가정했다. 에르고딕성에서는 다시 시작함으로써 해결하지 못할 문제는 없다. 치명적인 실수를 대체로 랜덤으로나 수십만 번 함으로써 배우지 못할 문제는 전혀 없다. 하지만 에르고딕성 가정이 게임 세계 바깥에서는 들어맞지 않는다.

문득 2000년대 초의 한 차량 광고가 생각난다. X세대로 닷컴 시대의 프로그래머인 그는 낮에는 극한 레이싱 게임(차량 충돌 광경이 슬로모션으로 화면 가득 펼쳐진다)을 짜고, 밤에는 안전도가 우수한 세단을 타고 퇴근한다. 광고 마지막에 그는 카메라를 바라보면서 말한다.

"현실에는 리셋 버튼이 없으니까요."

라이커는 이에 대해 조금 다른 언어로 표현한다. 먼저, 자기 자신과 자신이 연구하는 인공 행위자 사이에는 적어도 한 가지 큰 차이가 있다고 말한다. 더 정확히 말하면, 자신의 세계와 그들의 세계 사이에는 한 가지 큰 차이가 있다는 뜻이다.

"현실은 에르고딕이 아닙니다. 제가 창밖으로 뛰어내리면 그걸로 끝이죠. 배울 점이 있는 실수 같은 게 아니에요."[22]

RL에 대한 다양한 접근법은 각기 다른 가정 집합을 지닌다. 어떤 접근법은 세계를 유한하면서도 각기 다른 상태가 존재하는 곳으로 가정한다. 어떤 접근법은 우리가 자신이 어떤 상태인지를 언제나 확실히 안다고 가정한다. 이 외에도 많은 접근법은 보상이 언제나 상응하는 스칼라 값이고 결코 변하지 않으며, 보상을 받을 때 이를 언제나 확실히 알 수 있다고 가정한다. 또한 환경은 본질적으로 안정적이라 가정한다. 행위자는 환경을 영구히 바꿀 수 없고, 환경 역시 행위자를 영구히 변화시킬 수 없다고 가정한다.

한편 현실 세계에서 많은 행동은 우리의 목표를 바꾼다. 의사가 처방했든, 불법으로 구했든 간에 정신을 바꾸거나 기분을 조절하는 약물은 적어도 어느 정도 일시적으로 우리를 그렇게 만든다. 외국에 나가 살거나, 가치관이 딱 맞는 사람들을 만나거나, 자신의 취향에 딱 맞는 노래를 들을 때도 그렇다. 하지만 RL은 이런 일이 전혀 일어날 수 없다고 가정한다.

극히 일부의 RL 연구는 행동이 목표를 바꾼다는 사실을 인정하긴 하지만, 행위자가 그런 변화에 맞서 합리적으로 스스로를 지키려 할 것이라 가정한다.[23] 하지만 우리는 분명 인생이 바뀌는 경험을 한다. 때로는 삶이 달라질 것이라 추측하면서 일부러 경험을 하기도 한다. 미래에 어떤 일이 생길지 예상할 수 없으면서 그럴 때도 있다(부모가 되는 것이 그런 사례다).[24]

또한, 전통적 RL은 행위자가 해당 환경의 유일한 행위자라 가정하는 경향이 크다. 체스나 바둑 같은 제로섬 게임을 예로 들자면, 시스템은 상대방과 게임하는 것이 아니라 '판'을 둘 뿐이며 상대방이 자신의 전략을 바꾸고 적응할 수도 있다는 개념을 거의 허용하지 않는다.

내가 RL 연구자 둘과 대화할 기회가 있었는데, 주제는 대다수의 RL 알고리즘을 죄수의 딜레마에 적용하는 문제였다. 범행을 자백해 상대방을 '배신'할지, 아니면 묵비권을 통해 '협력'할지를 결정해야 하는 상황 말이다. 둘이 '협력'한다면 가장 좋은 결과를 낳지만 양쪽 다 협력해야만 가능한 시나리오다. 전통적 RL에서의 행위자는 다른 행위자가 포함된 환경, 즉 자신의 행동에 따라 행동이 달라지는 타 행위자가 있는 환경을 이해할 수 없다. 배신은 단기적 보상이 있으며 더 쉽게 할 수 있는 반면, 협력은 상호 의존성을 제대로 이해하지 못한 행위자끼리는 어렵다.[25] 그 유명한 피아제는 아동의 정신 발달을 이렇게 표현했다.

"지적 도구를 단계적으로 조정함으로써, 자신이 바깥 세계의 여러 객체 중 하나임을 발견하는 과정이다."[26]

영성 지도자 존 카밧진Jon Kabat-Zinn이 말했듯이, 누군가가 어디로 가든 간에 우리는 그가 그곳에 있음을 이해하지만, RL 행위자는 자신을 세계의 일부라 생각하지 않는다. 즉, 대부분의 머신 러

🚫

닝 시스템은 자신이 세계에 영향을 미치지 않는다고 가정한다. 자신을 이해하거나 모형화할 필요가 없다. 그런데 행위자가 더 유능해지고 널리 퍼짐에 따라 앞의 가정은 더 근거가 없어진다.

기계지능연구소의 에이브럼 뎀스키Abram Demski와 스콧 개러브란트Scott Garrabrant는 RL에 너무나 암묵적으로 깊이 밴 '자기와 세계의 분리'를 재고하기 위해 '배태된 행위자성embedded agency'이라는 개념을 활용한다.[27]

7장 모방

7장에서는 모방 학습의 전제 중에서 '근본적이되 근거 없는 가정' 중 하나를 논의했다. 자신이 보고 겪는 것을 바꾸는 상호작용적 세계를, 자신의 모든 선택을 통해서 고전적 지도 학습 문제로 다룬다는 가정이다. 한마디로 자신이 보는 데이터가 독립항등분포를 이룬다고 보는 가정이다.

고양이 사진을 보고 개라고 태그를 잘못 붙여도, 다음에 볼 사진이 바뀌진 않는다. 하지만 직진 도로 사진을 우회전 도로라고 태그를 잘못 붙이면? 곧 낯선 옆길로 들어설 것이다. 이는 연쇄 오류를 일으키는 근본 원인이다. 어떤 뜻에서는 F-117 나이트호크의 항공역학과 비슷하다고 생각할 수도 있다. 이 전투기는 설계상 비행 시 세 축이 모두 불안정해서 아주 정밀한 조종술이 필요하다. 이 사례에서 오토 파일럿은 방법이 아니라 원인이다.

모방 측면에서는 전문가와 모형이 근본적으로 같은 능력을 지닌다고 가정하는 경향이 있다. 사실상 몸도 같고 적어도 마음까지 같으리라 가정한다. 자율 주행 차량은 이 가정이 언제 타당한지를 보여 주는 완벽한 사례다. 운전자와 자율 주행 장치는 사실상 한 몸이다. 조향 축, 차축, 타이어와 브레이크에 각각 같은 신호를 보내 운전한다.

예외도 있다. 누군가가 당신보다 더 빠르거나 더 강하면, 당신보다 몸집이 크고 판단력이 빠르면 그들의 행동만을 모방하는 방식이 먹히지 않을 수도 있다. 오히려 재앙이 빚어질 수도 있다. 당신은 그들이 아니기 때문이다.

8~9장 추론, 불확실성

AI 행위자가 정교해질수록, 세계가 어떻게 돌아가고 자신이 무엇을 해야 하고 하지 말아야 하는지를 이해하기 위해서는 더 나은 모형이 필요하다. AI 행위자가 우리를 순수하며 투옥되지 않고, 실수를 저지르지 않는 보상 최대화 추구자로 모형화하는데 정작 우리가 그렇지 않다면? 우리는 매우 나쁜 상황에 처한다. AI가 당신을 돕겠다는데 당신이 무엇을 원하는지를 제대로 이해하지 못한다면, 그들이 돕지 않느니만 못한 상황이 생길 수도 있다. 그런데 AI가 초인적 지능에 강력함까지 갖췄다면?

인간 행동으로부터 우리가 무엇에 가치와 동기를 부여하는지 추론하는 시스템에 대해 논의하면서, 우리는 살펴야 할 가정이 매우 많음을 확인했다. 그중 한 가지는 인간이 언제나 '최적' 행동을 보여 준다는 가정이다. 물론 그런 사례는 거의 없다.[28] 이런 가정을 충분히 완화할 정도로 정교한 시스템에는 인간의 '준최적' 행동을 고려하는 특수한 모형이 있다. 우리의 행동을 확률론적으로 파악해 그에 맞춰 보상하는 방식이 그렇다. 이 방법은 현실에서 놀라울 만치 잘 먹히지만, 그것이 정말로 인간 행동에 대한 최적 모형인지의 의문은 아직 해결되지 않았다. 심리학, 인지과학, 행동경제학뿐 아니라 컴퓨터 과학에서도 마찬가지다.[29]

인간의 행동에 오류나 준최적성이나 비합리성을 어느 정도 허용할 때도, 이런 모형은 대개 인간이 어린 학생이 아니라 전문가라고 가정한다. 그러니까 걷는 법을 배우는 아이가 아니라 성인의 걸음걸이를 가정한다. 조종을 배우는 학생이 아니라 헬기 파일럿이라고 가정한다. 모형은 인간의 행동의 최선의 사례 집합으로 수렴되며, 자신들이 가능한 수준까지 그것을 배웠거나 가능한 수준까지 맡은 일을 잘했다고 가정한다.

이렇게 보면 역-강화 학습, 그러니까 IRL이란 이름은 잘못 붙은 것이다. 대개 우리는 누군가의 목표와 가치로부터 추론하고, RL 과정이 아니라 행동의 최종 결과(전문용어로는 '학습된 방침')를 토대로 행동하기 때문이다. 또한 목표를 달성하기 위해 '학습 과정

에 있는 시범자'가 아니라 '목표를 달성한 뒤의 시범자'로부터 추
론한다. 이 점은 1998년의 첫 IRL 논문에서도 언급됐다.[30] 20년
이 지난 지금, IRL 시스템은 자리를 잡았지만, 이 근본 원리를 규
명하는 연구는 거의 이뤄지지 않았다.[31]

또한 전형적 IRL은 인간 전문가가 자신이 모델임을 알아차리
지 못한 채 행동한다고 가정한다. 반면 협력적 IRL은 그 반대로
가정하는 경향이 있다. 단순히 '자기 일을 하는' 것이 아니라 기계
를 가르치고 교육하는 것으로 본다. 현실 세계에서 우리는 남들이
지켜볼 때 전형적·비전형적 IRL의 중간 어딘가의 행동을 한다. 어
느 쪽이든 간에 강한 가정을 하면, 어긋났을 시 오해라는 문제를
불러일으킨다.[32]

마지막이자, 파급효과가 가장 클 가정은 전형적 IRL이 오직 한
명을 상정해 그 취향을 모형화한다는 것이다. 그런데 이 시스템
을 복수의 주인에게 봉사하는 시스템으로 확대하려면 정확히 어
떻게 만들어야 할까? 스탠퍼드대 컴퓨터 과학자 스테파노 어몬
Stefano Ermon은 인간의 가치와 AI를 정렬하는 일에 대다수가 동의
할 것이라 보지만, 이 문제 또한 그 가치가 정확히 무엇인지 정의
하는 데 달려 있다고 말했다.

"우리는 문화도 다르고, 주거지도 다르고, 사회·경제적 배경도
다르죠. 그러니 그 가치가 무엇인지에 관한 견해도 다를 겁니다.
정말 어려운 문제죠."[33]

루이스빌대 컴퓨터 과학자 로만 얌폴스키Roman Yampolskiy도 이

에 동의한다.

"우리는 공통 가치에 관한 의견이 일치하지 않고, 일치한다 해도 시간이 지나면서 바뀌죠."[34]

갈림길을 두고 한 집단은 차를 왼쪽으로 돌리고 나머지 집단은 오른쪽으로 돌릴 때, 집단을 기계적으로 '이등분해서' 갈림길 사이로 직진하는 것이 올바른 행동이 아님은 분명하다.

이 밖에도 많은 역설이 우리 앞에 놓였다. 이제 머신 러닝이 그간의 문제를 잔뜩 안은 기존 분야와 만남을 시작했기 때문이다. 기존 분야 중에서는 다수의 취향을 조화하려 애쓰는 일 하나에 수백 년째 매달리는 경우도 있다. 정치철학과 정치학, 투표 이론, 사회적 선택 같은 분야다.[35]

모든 머신 러닝은 몇몇 수준에서 전이 학습에 암묵적으로 기댄다. 평균적으로 훈련 상황이 현실 상황과 비슷하리라 가정하는 식이다. 앞의 쟁점 중에도 이 문제의 다른 판본에 해당하는 것이 있다. 과적합 같은 고전적 머신 러닝의 함정이 그렇다. 하지만 이 가정에 어긋나는 가장 단순한 현상이 있다. 우리의 세계는 고집스럽게 그리고 끈덕지게 변화하는 성향을 보인다는 것이다.

예전에 한 컴퓨터 언어학자가 내게 털어놨던 문제가 떠오른다. 한두 해 전에 나왔던 다른 연구 결과를 재현하려 했는데 아무리 해도 재현할 수 없었다고 했다. 심지어 하나하나 따지면서 계속 검사했는데 설계에 문제가 없었다. 알고 보니 한두 해 전 연구 훈련 데이터는 2016년 것이었고, 재현 당시 데이터는 2017년 것이었다. 데이터가 크게 달라 보이지 않았지만 측정 상황에서는 달랐다. '분포 이동distributional shift'이라고 부르는 것의 한 사례다. 이렇다 보니 원래 연구자가 내놓은 수준의 정확성에 그 누구도 도달하지 못한다. 물론 과거의 데이터로 훈련시킨 모형은 세계가 변하면서 정확성이 서서히 떨어진다.[36]

소결

종합하자면, 우리는 "지도는 영토가 아니다"를 상기시키는 상황을 많이 간직한다. 브뤼노 라투르Bruno Latour는 이렇게 썼다.

"우리는 과학이 세계의 복사본을 만든다 상상하면서 과학을 사실주의 작품의 일종이라 여긴다. 하지만 과학이 하는 일은 우리 생각과 전혀 다르다. 과학은 연속적 단계를 통해 우리를 일치되고 변형되고 구성된 세계에 연결한다."[37]

일치된 세계. 우리가 운이 좋고 신중하고 아주 현명한 존재라면 가능한 세계다. 미래 세상이 분명히 시시하고 형편없으리라는 경고이기도 하다. 게다가 많은 이들이 이 사실을 위험할 만치 알아차리지 못할 가능성이 높다. 우리는 AI나 기계가 아니라, 모형으로부터 세계의 지배력을 뺏길 위험에 처했다. 존재하는 것과 우리가 원하는 것을 형식화한, 때로는 숫자로 나열한 모형 말이다.[38] 미술가 로버트 어윈Robert Irwin은 이에 대해 이렇게 표현했다.

"구조물 안에서 살아가는 인간은 인간 안에서 살아가는 구조물이 된다."

우리가 논의하는 맥락에서 보면, 이런 말도 경고처럼 와닿는다. 이 책에 담긴 이야기가 발전을 보여 주는 것은 맞지만, 그렇다고 발전이 다하는 시점에 다가갔다 생각해서는 안 된다. (다른 분야도 그렇지만) 머신 러닝 분야에서 가장 위험한 일 중 하나는 꽤 좋은 모형을 찾아 성공을 선언한 다음, 지도와 영토를 혼동하기 시작하는 것이다.

인간의 제도적 기억은 놀라울 만치 얕다. 기껏해야 한 세기밖에 가지 않는다. 우리의 모든 세대는 세상이 지금과 같은 모습이라 생각하며 세상에 들어온다. 설령 우리가 주어진 일을 잘해도, 확실하진 않더라도 뻔한 디스토피아가 와도 우리는 더 형식주의를 띠는 세계로 나아가는, 근본적이면서 거역할 수 없는 추세에 맞서 나가야 한다. 설령 어쩔 수 없이 바로 그런 모형을 통해 미래를 빚고 다듬는 상황에 놓여도 그에 맞서야 한다. 이는 로드니 브룩스Rodney Brooks의 유명한 "로봇학 선언"에 담긴 어두운 이면이기도 하다.

"세계는 그 자신의 최고 모형이다."

이 말은 참이지만, 브룩스에겐 거짓이다. 최고의 세계 모형은 세계 자체를 대신하며, 실제 세계를 없앨 것이라고 위협한다고 보기 때문이다.

즉, 우리는 쉽게 정량화할 수 없거나 모형에 집어넣기 어려운

요소를 무시하지 않아야 한다. 그것도 매우 주의를 기울여서. 한
나 아렌트Hannah Arendt의 말을 빌리자면, 위험은 우리 모형이 틀렸
다는 데 있다기보다는 참이 될 수도 있다는 데 있다.

　물론 다른 과학 분야는 이 문제에 시달릴 가능성이 적다. 뉴턴
역학에 기댈 때에는 수성의 근일점(행성이 태양 주변을 공전할 때
태양에 가장 가까운 지점_옮긴이) 문제를 해결하지 못했다. 이 문제
는 그로부터 200년 뒤에 나타날 아인슈타인을 기다리면서 남아
있었다. 그때는 그래도 됐다. 하지만 지금 우리의 삶에서는 이러
한 위험은 지극히 현실적이다. 미국 국립교통안전위원회는 우버
자율 주행 차량이 2018년 애리조나주 템피에서 보행자를 친 사망
사고를 분석한 조사 보고서에 이렇게 썼다.

　"시스템은 그를 보행자로 분류하지 않았다. (…) 횡단보도가 없
는 곳에서 건넜기 때문이다. 설계된 시스템은 무단 횡단자를 고려
하지 않았다."[39]

　즉, 우리는 '시스템이 자신의 계획에 없는 것을 허용하지 않는
세계'로 빠져들지 않도록 주의해야 한다. 그런 세계에서 시스템은
우리를 자신의 이해 한계 내에 있으라고 강요한다. 우리가 자연에
서 시간을 보낼 때 뭔가 새롭고 상쾌한 기분을 느끼는 이유를 이
에 대입해도 될 듯하다.[40] 자연은 무수한 방식으로 우리 의도에
따라 변하지만, 그럼에도 우리의 분류 체계를 반대하고 그 체계
에 맞서는 일을 결코 멈추지 않는다. 영국 작가 허버트 리드Herbert
Read는 이렇게 주장했다.

"자연의 실습생으로 일한 인간에게만 기계를 믿고 맡긴다."⁴¹

하지만 우리의 제도적 의사 결정은 명시적·형식적 척도에 더 의지하는 모습을 보인다. 거의 모든 시스템과 인간의 상호작용은 우리의 행동을 모사한 형식 모형에 의존한다. 사용자의 행동 모형이든, 우리에게 맞춘 모형이든 간에(단순함과 상관없이).

바로 우리가 이 책에서 살핀 것은 바로 이런 모형의 힘, 그 모형이 문제를 일으키는 방식을 우리의 관심사와 일치하고 정렬하려는 움직임 혹은 몸부림이었다.

．

그래서 이 책의 결론은 무엇일까? "우려할 이유는 차고 넘치지만, 우울할 필요가 없다"라는 것이다. 앞서 봤듯이, 머신 러닝 분야에서 그간 윤리와 안전성 문제가 활발히 연구됐다. 연구비가 몰리고, 금기가 깨지고, 외면당한 문제가 핵심 문제로 등극하고, 연구 기관이 생기고, 사려 깊고 열정적인 연구자가 몰려서 그 분야를 발전시키는 중이다(이 점이 가장 중요하다). 그러니까 화재 경보가 울려 구급대가 출동한 셈이다.

또한 일치하고 정렬하려는 계획이 비록 위험함에도 분명 우리에게 의욕과 희망을 안긴다. 과거 일일이 손으로 짜야 했던 모형, 쉬운 정량화와 경직된 절차가 주도하는(소프트웨어 툴의 잔재인) 양상은 이제 명시적 명령을 넘어 의도와 취향까지 파악하는 시스템이 나오면서 어느 정도 완화되는 중이다.

딱 떨어지게 표현하기 어려운 것을 명시의 영역으로 억지로 밀어낼 필요는 없다. 이러면 현존하는 문제 중 일부를 악화시키기도 한다. 우리는 이러한 상황이 개인과 사회 차원에서 자기 자신을 더 잘 이해할 독특한 기회를 제공할 것이라 말했다. 흥분되면서 안도감을 주는 측면 중 하나이기도 하다.

편향되고 불공정한 모형을 함부로 쓰면 분명 사회문제를 악화시킨다. 하지만 그런 모형이 존재한다는 인식은 미묘하면서 산만한 현안을 수면으로 끌어올려 논의하게끔 만드는 계기가 된다. 불공정한 가석방 예측 툴로 인해 우리는 근본적 불평등 측면을 주목했다. 편향된 언어 모형은 우리 담론 현황을 파악하게 한다. 그리고 무엇을 개선하고 발전해야 할지 기준을 제시한다. 이와 반대로 실제 인간의 세계를 훈련시킨, 투명하면서 설명 가능한 모형은 현재 어둠 속에 있는 문제를 설명 가능하게 만들 가능성을 만든다. 시스템이 세계를 소화하고 그 세계에 반응할 때 일종의 마음이 작동하는 것을 보면서, 우리는 세계와 마음에 관한 뭔가를 배울 것이다.

또한 (우리보다 더 융통성 있는 지적 존재인) 범용 AI가 출현한다는 전망은 거울에 비친 우리의 궁극적 모습을 보여 줄 것이다. 동료 동물로부터 배운 것이 너무나 적었기에, 우리는 범용 AI를 통해 지능의 어느 측면이 보편적이고 인간적인지를 직접적으로 발견할 수 있다. 섬뜩한 한편 전율까지 일으키는 전망이다. 하지만 진실은 상상하기보다는 아는 편이 낫다. 참 혼란스러운 문제다.

하지만 혼란스럽지 않은 게 더 이상하다. 이런 상황이 좋든 싫든 간에 우리의 이야기다.

■

1952년 1월 14일, BBC의 한 라디오 프로그램은 저명한 과학자 네 명을 불러 좌담회를 열었다. 좌담 주제는 "자동 계산기, 생각하는 존재일까?"였다. 그중 한 명은 컴퓨터 과학의 창시자 중 한 명이 된 튜링이었다. 다른 이들은 과학철학자 리처드 브레이스웨이트Richard Braithwaite, 신경외과 의사 제프리 제퍼슨Geoffrey Jefferson, 수학자이자 암호학자 맥스 뉴먼Max Newman이었다. 라디오에서 그들은 기계가 어떻게 학습하는지, 인간이 어떻게 기계를 가르치는지부터 논의하기 시작했다. 먼저, 튜링이 말했다.

"아이를 가르칠 때 부모와 교사는 계속 개입합니다. 이건 안 되고 저건 하라는 식이죠. 기계를 가르칠 때도 그래야 합니다. 기계에 단순 작업을 가르치는 실험을 해 봤는데, 개입을 생각보다 많이 해야 그나마 결과가 나오더군요. 즉, 기계는 아주 느리게 학습하므로 정말 아주 많이 가르쳐야 합니다."[42]

그때 제퍼슨이 물었다.

"그러면 누가 배우는 걸까요? 선생님일까요? 아니면 기계?"

튜링의 대답은?

"음, 둘 다?"

[*]

고마움의 말

효과기를 지닌 신경계에는 표시가 가능하다. 종이에 적듯. 그리고 그런 표시는 언제든 보인다. (…) 그 표시는 단순한 조건형성을 통해, 신경계에 어떤 착상을 떠올리게 하는 기호가 될 수도 있다. 비슷한 조건에서 다른 신경계에도 같은 것을 떠올리게 한다. 그렇게 기호를 통해 많은 신경계는 동시에 계산해 같은 결론을 내렸다. 또 그런 일을 지속했다. 언어, 문학, 철학, 논리학, 수학, 물리학의 이야기가 바로 그렇다.
- 워런 매컬러[1]

이 책은 수백 번의 대화로 만들어졌다. 몇 달 전부터 약속을 잡아 나눈 대화도 있고, 우연히 만나 나눈 대화도 있고, 수천 킬로미터를 달려가 나눈 대화도 있고, 수천 킬로미터 떨어진 이와 이메일로 나눈 대화도 있고, 바로 옆에 있는 이와 나눈 대화도 있고, 조용한 사무실에서 녹취를 전제로 한 대화도 있고, 다른 일로 참석한 강당에서 속삭인 대화도 있고, 술을 마시며 떠든 대화도 있고, 세계적 기관에서 나눈 대화도 있고, 클라이밍장이나 호텔의 스파 아니면 식사 자리에서 나눈 대화도 있고, 인터뷰나 구전에 가까운 대화도 있고, 업계 동료와의 전문적 대화도 있고, 잡담에 가까운 대화도 있다.

착상이란 사회적이다. 어느 누구의 마음속에도 없지만 대화 속에서 하나둘 떠오르기 때문이다. 대화를 나누다 착상이 떠오르면, 또한 책에 써야겠다 확신이 들면 나는 가급적 적으려 했다. 그렇게 적어 둔 것이 많다. 물론 적어 두지 못한 사례도 많으니 미리 독자에게 사과한다.

하지만 적어도 다음 이들과 나눈 대화와 의견 교환은 이 책에 '있는 그대로' 담았다고 확신한다.

피터 아빌, 레베카 애커먼, 데이브 애클리, 로스 엑소 애덤스, 블레이즈 아게라 이 아르카스, 재키 앨신, 다리오 아모데이, 매케인 앤드러스, 줄리아 앵윈, 스튜어트 암스트롱, 구스타프 아레니우스, 아만다 애스컬, 마얀크 반살, 대니얼 바케이, 솔론 바로카스, 레나타 바레토, 앤드루 바토, 바시아 바츠, 마크 벨마르, 톨가 볼루크바시, 닉 보스트롬, 말로 부르공, 팀 브레넌, 마일스 브런디지, 조애너 브라이슨, 크리스테르 뷔크비스트, 마야 차크마크, 라이언 커리, 조지프 칼스미스, 리치 카루아나, 루르 창, 알렉산드라 촐드초바, 랜디 크리스티안, 폴 크리스티아노, 조너선 코언, 캐서린 콜린스, 샘 코벳데이비스, 미헌 크리스트, 앤드루 크리치, 피어리 커시먼, 앨런 더포, 라프 다미코, 피터 다이언, 마이클 데니스, 시리 도리하코헨, 앵카 드라간, 에릭 드렉슬러, 래치트 두베이, 신시아 드워크, 피터 에커슬리, 조 에덜먼, 오웬 에번스, 톰 에버리트, 에드 펠턴, 대니얼 파일런, 하이메 피사크, 루치아노 플로리디, 캐릭 플린, 제러미 프리먼, 야린 갈, 수르야 강굴리, 스콧 가라브란트, 베일 게이츠, 톰 길버트, 애덤 글리브, 폴 글림처, 샤라드 고얼, 애덤 골드스타인, 이언 굿펠로, 브라이스 굿먼, 앨리슨 고프닉, 사미르 고스와미, 힐러리 그리브스, 조슈아 그린, 톰 그리피스, 데이비드 거닝, 질리언 해드필드, 딜런 해드필드메넬, 모리츠 하트, 트리스턴 해리스, 데이비드 히거, 댄 헨드릭스, 지오프 힌턴, 매트 허버트, 팀 황, 제프리 어빙, 애덤 칼라이, 헨리 캐플런, 빈 킴, 페리 클라스, 존 클라인버그, 캐롤라인 크냅, 빅토리아 크라코브나, 프랜시스 크레이머, 데이비드 크리거, 케이틀린 크리거, 마이크 크리거, 알렉산더 크리제브스키, 야코브 라게로스, 릴리 램보이, 리디아 로런슨, 제임스 리, 얀 라이커, 에이든 르루, 캐런 레비, 포크 리더, 마이클 리트먼, 타니아 롬브로소, 윌 맥어스킬, 스콧 모버스, 마거릿 매캐시, 앤드루 멜초프, 스미타 밀리, 마사 미노, 카티카 모한, 아드리앙 모리소, 줄리아 모스케라, 센딜 멀레니어선, 일론 머스크, 야엘 니브, 브랜디 노네크, 피터 노빅, 알렉산더 노첸코, 크리스 올라, 캐서린 올슨, 토비 오드, 팀 오렐리, 로랑 오르소, 페드로 오르테가, 마이클 페이지, 디팩 파탁, 알렉스 페이사코비치, 구알티에로 피치니니, 딘 포멀로, 제임스 포트나우, 아자 라스킨, 스테판 로스, 신시아 루딘, 잭 러셔, 스튜어트 러셀, 애나 샐러먼, 앤더스 샌드버그, 볼프람 슐츠, 로라 슐츠, 줄리 샤, 로힌 샤, 맥스 쉬론, 칼 슐먼, 사틴더 싱, 홀리 스미스, 네이트 소레스, 데이지 스탠턴, 야코브 슈타인하르트, 조너선 스트레이, 레이철 서스먼, 얀 탈린, 밀린드 탐베, 소피 탄호이저, 테나 타우, 자스제트 틴드, 트래비스 티머먼, 브라이언 체, 알렉산더 매트 터너, 페베 바야노스, 커스틴 비냐르, 크리스 위긴스, 커터 우드, 엘라나 제이드.

초고를 읽고 평한 분께도 고맙다. 덕분에 훨씬 더 나은 책이 됐다. 대니얼 바케이, 엘리자베스 크리스티안, 랜디 크리스티안, 미헌 크리스트, 래프 다미코, 시리 도리-하코헨, 피터 애커슬리, 오웬 에번스, 대니얼 파일런, 레이철 프리드먼, 애덤 골드스타인, 브라이스 굿먼, 톰 그리피스, 제프리 어빙, 그렉 젠슨, 크리스텐 요하네스, 헨리 캐플런, 랠프 리, 로즈 링크, 필 리첨, 펠리시티 로즈, 카티아 사브첵, 로힌 샤, 맥스 쉬론, 필 밴 스토컴, 숀 웬, 크리스 위긴스. 모두 귀한 시간을 내줘서 고맙다.

또한 책이 나오도록 도움을 준 저작권 대리인 맥스 브록만과 브렌든 커리 편집자에게도 고마움의 말을 전한다. 중요한 행사에 초청해 준 AI발전협회, NeurIPS, 인류미래연구소에도 고맙다. 뉴욕대의 알고리즘과 설명 학술 대회와 FAT* 학술 대회, AI 나우, CITRIS의 포용적 AI 학술 대회, 시먼스 연구소 컴퓨팅 최적화 이론과 공정성 심포지엄, 인류 친화적 AI 센터에도 고맙다. 참석해서 영광이었다.

이 책을 쓰면서 초반, 중반, 후반에 시간과 공간, 영감을 제공한 이도 있다. 맥도웰 콜로니, 마이크 앤 케이틀린 크리거, 야도 코퍼레이션에 고맙다. 홀로 지내는 날에 기꺼이 어울려 준 제리 가르시아, 실비아 플래스의 유령에도 고맙다. 맥마스터대 버트런드 러셀기록보관소(특히 케니스 블랙웰), 필라델피아 미국철학협회의 워런 매컬러 자료실, 코넬대 프랭크로젠블랫기록보관소, 몬터레이카운티 공공 도서관, 샌프란시스코 공공 도서관의 관계자 그리고 모호한 문헌을 찾는 일에 개인적으로 도움을 준 코트인베스티게이터의 가슨 오툴에게 고맙다. 본질적으로 덧없는 과거를 간직한 인터넷 아카이브도 고맙다.

이 책을 쓰도록 만든 여러 무료 및 오픈 소스 소프트웨어 프로젝트에도 고맙다. 특히 Git, TeX, LaTeX의 도움을 많이 받았다. 이 책의 원고는 40여 년 된 조판 소프트웨어를 써서 작성했는데, 아서 새뮤얼이 바로 이 매뉴얼을 썼다는 사실이 경이롭다. 우리는 정말로 거인의 어깨 위에 서 있다. 이 책을 쓰는 사이 세상을 떠난 분도 있다. 그래도 그들의 생각만은 여기에 오롯이 담겼다. 데렉 파피트, 캐니스 애로, 휴버트 드레이퍼스, 스타니슬라프 페트로프, 어슐러 K. 르귄이다.

버클리에 있는 캘리포니아대에는 특히 고마움을 전하고 싶다. 이 책을 쓰는 사이 방문 연구자로 지냈던 CITRIS의 브랜디 노네크와 카밀 크리텐던, 시먼스 연구소의 크리스틴 케인과 리처드 카프, 인류 친화적 AI 센터의 스튜어트 러셀과 마크 니츠버그, CHAI 워크숍의 명석하면서 의욕적인 회원과 방문객도 고맙다. 덕분에 의욕이 넘쳐도 편안히 지냈고, 당신이 짐작하는 것보다 훨씬 더 많은 것을 우정과 동료애로부터 얻었다.

마지막으로, 이 책의 첫 독자이자 흔들림 없는 손, 식별하는 눈과 귀, 튼튼한 어깨, 격려하는 외침이었던 아내 로즈에게 고마움을 전한다. 언제나 나를 믿어 줘서 고맙고, 그 믿음이 옳기를 늘 바란다.

[*]

주

도입부

1. Peter Norvig, "On Chomsky and the Two Cultures of Statistical Learning", http://norvig.com/chomsky.html 참고.

2. 여러 문헌에서 브룩스의 말이라고 인용되는 이 말은 브룩스의 "Intelligence Without Representation"에서 "세계를 그 자신의 모형으로 삼는 편이 더 나은 듯하다"라는 형태로 처음 쓰인 듯하다.

3. 통계학 격언인 "모든 모형은 틀렸다"는 박스의 "Science and Statistics"에 처음 등장했다. "하지만 일부는 유용하다"라는 단서는 나중에 "Robustness in the Strategy of Scientific Model Building"에서 덧붙여졌다.

프롤로그

1. 피츠의 생애에 관한 정보는 믿기지 않을 만치 적다. 내가 이 책에 적은 내용은 얼마 안 되는 1차 자료에서 나왔다. 주로 피츠가 매컬러에게 보낸 편지인데, 필라델피아 미국철학협회의 매컬러기록보관소에 있다. 또 피츠와 같은 시대를 산 사람들이 구술한 자료, 특히 앤더슨과 로젠펠드가 쓴 《Talking Nets(토킹 넷츠)》에서 레트빈이 구술한 내용과 매컬러의 글과 회고도 참조했다. 다음을 참고. McCulloch, *The Collected Works of Warren S. McCulloch*. 피츠의 생애는 다른 문헌에서도 일부 보인다. 다음을 참고. Smalheiser, "Walter Pitts"; Easterling, "Walter Pitts"; Gefter, "The Man Who Tried to

Redeem the World with Logic". 매컬러, 위너, 사이버네틱스 집단의 전기에도 실려 있다. 다음을 참고. Heims, *John von Neumann and Norbert Wiener*; *The Cybernetics Group*; Conway and Siegelman, *Dark Hero of the Information Age*.

2. Whitehead and Russell, *Principia Mathematica*.

3. 이 편지의 사본을 찾고자 애쓸 때 도움을 준 맥매스터대 버트런드러셀기록보관소의 직원이 고맙다(안타깝게도 사본은 없었다).

4. Anderson and Rosenfeld, *Talking Nets*.

5. Anderson and Rosenfeld. 관련 내용이 언급된 다음 문헌을 참고. Carnap, *The Logical Syntax of Language*(*Logische Syntax der Sprache*). 하지만 다음 책이라고 보는 문헌도 있다. *The Logical Structure of the World*(*Der logische Aufbau der Welt*).

6. 그들이 정확히 언제 만났냐에 따라 피츠가 18세가 됐을 때(레트빈은 아직 20세일 수도 있다), 매컬러는 이렇게 썼다. "1941년 나는 시카고대 수리생물학회의 라스키 세미나에서 중층 신경망을 통한 정보 흐름이라는 개념을 발표했고, 그때 피츠를 만났다. 당시 그는 17세쯤 됐다." 다음을 참고. McCulloch, *The Collected Works of Warren S. McCulloch*, pp. 35~36.

7. 이 개념의 토대 중에는 매컬러와 피츠가 함께한 연구보다 더 이전으로 거슬러 올라가는 것도 있다. 다음을 참고. McCulloch, "Recollections of the Many Sources of Cybernetics".

8. 다음을 참고. Piccinini, "The First Computational Theory of Mind and Brain"; Lettvin, Introduction to McCulloch, *The Collected Works of Warren S. McCulloch*.

9. 프로그램 내장식 컴퓨터 개념을 처음 기술한 요한 폰 노이만의 1945년 에드박 보고서는 101쪽에 달했는데, 매컬러와 피츠가 딱 한 번 인용된다. McCulloch and Pitts, 1943. 다음 문헌도 참고. Neumann, "First Draft of a Report on the EDVAC". 게다가 노이만은 그 논문에서 철자도 잘못 썼다. 다음을 참고. "Following W. S. MacCulloch [sic] and W. Pitts". 노이만은 그들의 논증을 받아들였고, "신경 유추"라는 장에서 자신이 상상한 계산 기계의 실용적인 뜻을 생각했다. "전신 충계나 진공관으로 이 단순화한 뉴런 기능을 흉내 내리라는 것은 쉽게 보인다. 이런 진공관 배치가 숫자를 통해 수를 다루므로, 자릿수 값이 두 개인 산술 체계를 사용하는 것이 자연스럽다. 한마디로 2진수 체계를 사용함을 시사한다." 우리 모두 그렇게 해서 논리 게이트로 구성된 그런 2진수 프로그램 내장 기계가 나왔다는 이야기를 안다. 바로 이 행성에 우리보다 월등히 많이 존재하는 컴퓨터. 그러나 뇌에서 착안한 이 구조는 곧 이 '신경 유추'에서 멀어졌다. 많

은 이들은 뇌와 구조적으로 더 가까운 기계가 과연 존재할지 궁금했다. 한 번에 하나씩 빠른 속도로 명시적 논리 명령문을 입력받는 단일 프로세서가 아니라, 상대적으로 단순 균일한 처리 단위의 분포 망으로서 창발적인 전체가 꽤 초보적인 부분의 합보다 더 큰 것 말이다. 딱히 이질적이지 않고 레트빈이 받아들이고 피츠가 외면했던 '혼잡함'을 좀 지닐 수도 있지 않을까? 로젠블랫의 마크 I 퍼셉트론을 비롯해서 신경망 전용 병렬 하드 웨어는 주기적으로 만들어졌지만, 대개 맞춤 제작된 일회용이었다. 신경망의 대규모 병 렬 훈련을 지원하는 진정한 하드웨어 혁명(그래픽 카드 사용)은 수십 년이 지난 2000년 대 중반에야 이뤄진다.

서문

1. Mikolov, Sutskever, and Le, "Learning the Meaning Behind Words".

2. Mikolov, Yih, and Zweig, "Linguistic Regularities in Continuous Space Word Representations".

3. Tolga Bolukbasi, personal interview, November 11, 2016.

4. Adam Kalai, personal interview, April 4, 2018.

5. 2017년 1월 노스포인트는 코트뷰 저스티스 솔루션즈 및 컨스텔레이션 저스티스 시 스템즈와 합병했고, '이퀴번트(equivant)'로 이름을 바꾸고 오하이오주에 본사를 뒀다.

6. "그 툴을 개발한 이들이 그 검사를 할 때가 많다." 다음을 참고. Desmarais and Singh, "Risk Assessment Instruments Validated and Implemented in Correctional Settings in the United States".

7. Angwin et al., "Machine Bias."

8. Rensselaer Polytechnic Institute, "A Conversation with Chief Justice John G. Roberts, Jr.", https://www.youtube.com/watch?v=TuZEKIRgDEg

9. 이 농담은 2017년 학술 대회에서 조직 위원장 사미 벵지오가 개막 연설 때에서 했다. 다음을 참고. https://media.nips.cc/Conferences/NIPS2017/Eventmedia/opening_ remarks.pdf. 2019년 학술 대회에는 참석자가 1만 3,000명이었다. 다음을 참고. https:// huyenchip.com/2019/12/18/key-trends-neurips-2019.html

10. Bolukbasi et al., "Man Is to Computer Programmer as Woman Is to Home-maker?"

11. Dario Amodei, personal interview, April 24, 2018.

12. 이 기억에 남는 말에 대해서는 다음을 참고. Kerr, "On the Folly of Rewarding A,

While Hoping for B".

13. OpenAI 공식 블로그에 올라온 보트 경주 사고는 다음을 참고. Clark and Amodei, "Faulty Reward Functions in the Wild".

1장 표현

1. "New Navy Device Learns by Doing".

2. 로젠블랫은 이렇게 투덜거렸다. "비교적 소수의 이론가가 많은 랜덤 연결을 포함하는 불완전한 신경망이 이상화한 배선 다이어그램으로 나타낼 기능을 어떻게 신뢰할 만하게 수행하도록 하는가라는 문제에 관심을 가졌다." 다음을 참고. Rosenblatt, "The Perceptron". 로젠블랫은 캐나다 신경심리학자 도널드 헵의 1940년대 말 연구에서 영감을 얻었다. 다음을 참고. Hebb, *The Organization of Behavior*. 헵의 견해는 "함께 발화하는 세포는 함께 배선된다"라는 유명한 말로 요약되는데, 그는 뉴런 사이의 실제 연결이 사람들마다 다르고 경험의 함수로서 변하는 듯하다고 했다. 따라서 학습은 어떤 근본적인 뜻에서 보자면 이런 연결의 변화였다. 로젠블랫은 이 개념을 그대로 적용해서 단순한 수학적 또는 논리적 '뉴런'으로 만든 기계가 어떻게 학습을 하는지를 살폈다.

3. Bernstein, "A.I".

4. "New Navy Device Learns by Doing".

5. "Rival".

6. Andrew, "Machines Which Learn".

7. Rosenblatt, "Principles of Neurodynamics".

8. Bernstein, "A.I".

9. 피츠가 세상을 떠나기 몇 주 전에 매컬러에게 보낸 마지막 편지는 미국철학협회 매컬러기록보관소의 '피츠, 월터'라 적힌 황갈색 폴더에 들었다. 피츠는 한 병실에서 도시 건너편의 다른 병실로 편지를 쓴다. 매컬러가 그의 소식을 듣고 싶어 한다는 말을 들었기 때문이다. 피츠는 심드렁하다. "우리 둘 다에게 별로 즐겁지 않을 겁니다." 그래도 어쨌든 그는 쓰기로 한다. 피츠는 매컬러가 관상동맥 질환에 걸려서 의료 장치 및 경고 알림을 보내는 기기에 연결된 갖가지 감지기를 달았다는 사실을 알았다고 이야기한다. "누가 뭐라도 사이버네틱스가 아닙니까. 그런데도 이 모든 것에 너무나도 서글퍼요." 그는 계속 쓴다. "우리 둘 다에게 벌어질 최악의 상황을 상상해 봐요." 그는 1942년의 시카고를 회상하는 듯하다. 27년 전 매컬러의 집에서 레트빈과 함께 그 잊지 못할 저녁을 함께 보내던 시절이다. "그러면 우리 둘 다 휠체어를 밀면서 앞에 놓인 맛없는 코티지 치즈를

보면서 옛 글라우코스 집에서의 대화라는 유명한 이야기를 떠들겠죠. 프로타고라스와 소피스트인 히피아스가 머물던 곳 말입니다. 아는 자와 알려진 것에 관한 그들의 미묘하면서 심오한 역설을 다시 한번 뚫으려 시도하면서요." 그런 뒤 떨리는 글씨로 대문자로 이렇게 적혀 있다. "부디 건강하세요."

10. Geoff Hinton, "Lecture 2.2-Perceptrons: First-generation Neural Networks"(lecture), Neural Networks for Machine Learning, Coursera, 2012.

11. Alex Krizhevsky, personal interview, June 12, 2019.

12. 심층 신경망에서 기울기 갱신을 결정하는 방법을 '역-전파'라고 한다. 본질적으로 미적분의 연쇄 법칙이다. 비록 매컬러, 피츠, 로젠블랫이 생각한 '전부 아니면 전무' 방식의 뉴런이 아니라 미분 가능 뉴런을 사용하지만 말이다. 이 기법에 대해서는 다음을 참고. Rumelhart, Hinton, and Williams, "Learning Internal Representations by Error Propagation". 그러나 역-전파는 사실 역사가 1960~1970년대까지 거슬러 올라가며, 21세기에 들어와서도 심층 신경망을 훈련시키는 쪽으로 중요한 발전이 계속 이뤄진다.

13. Bernstein, "A.I".

14. 다음을 참고. LeCun et al., "Backpropagation Applied to Handwritten Zip Code Recognition".

15. 다음을 참고. "Convolutional Nets and CIFAR-10: An Interview with Yann LeCun", https://medium.com/kaggle-blog/convolutional-nets-and-cifar-10-an-interviewwithyann-lecun-2ffe8f9ee3d6; http://blog.kaggle.com/2014/12/22/convolutional-nets-and-cifar-10-an-interview-with-yan-lecun/

16. 순방향 신경망이 무엇을 하고 못 하는지를 상세히 다룬 문헌.

17. 이 인용문은 다음 문헌에 나온 듯하다. Hinton, "A 'Brief' History of Neural Nets and Deep Learning, Part 4". 이 원본인 힌턴의 강연 영상은 유튜브에서 사라진 듯하다. 다음을 참고. https://www.andreykurenkov.com/writing/ai/a-brief-historyof-neural-nets-and-deep-learning-part-4/

18. 1993년에 설립된 엔비디아는 1993년 '세계 최초의 그래픽 카드'인 지포스 256을 내놨다. 다음을 참고. https://www.nvidia.com/object/IO_20020111_5424.html. 비록 비슷한 기술이 이미 있었고 사실 '그래픽 카드'라는 용어도 이미 나왔지만 말이다. 1994년의 소니 플레이스테이션이 한 예다. 다음을 참고. https://www.computer.org/publications/tech-news/chasing-pixels/is-it-time-to-rename-the-gpu

19. 예를 들어, 엔비디아의 범용 CUDA 플랫폼은 2007년에 나왔다.

20. 크리제브스키의 플랫폼은 '쿠다-컨브넷(cuda-convnet)'이라는 것이었다. 다음을 참고. https://code.google.com/archive/p/cuda-convnet/. 이 플랫폼은 엔비디아의 CUDA를 써서 만들었다. CUDA는 프로그래머가 엔비디아 그래픽 카드를 써서 고도의 병렬 연산을 할 코드를 짜도록 한다. 2020년 알렉스넷 이후 신경망 훈련의 경이로운 효율 증가에 대해서는 OpenAI의 대니 헤르난데스와 브라운이 쓴 글은 다음을 참고. https://openai.com/blog/ai-and-efficiency/; https://cdn.openai.com/papers/ai_and_efficiency.pdf

21. "Rival".

22. Jacky Alcine, personal interview, April 19, 2018.

23. 다음을 참고. https://twitter.com/jackyalcine/status/615329515909156865; https://twitter.com/yonatanzunger/status/615355996114804737 for this exchange

24. 다음을 참고. Simonite, "When It Comes to Gorillas, Google Photos Remains Blind". "구글 대변인은 2015년 사건 이후로 검색과 사진 태그에서 '고릴라'가 검열됐고, 현재 '침프', '침팬지', '몽키' 사진 태그도 차단됐다고 확인했다. '사진 태그 달기 기술은 아직 초창기에 있으며 불행히도 완벽함과 거리가 멀다'고 대변인은 썼다."

25. Doctorow, "Two Years Later, Google Solves 'Racist Algorithm' Problem by Purging 'Gorilla' Label from Image Classifier"; Vincent, "Google 'Fixed' Its Racis Algorithm by Removing Gorillas from Its Image-Labeling Tech"; Wood, "Google Images 'Racist Algorithm' Has a Fix but It's Not a Great One".

26. Visser, *Much Depends on Dinner*.

27. Stauffer, Trodd, and Bernier, *Picturing Frederick Douglass*. 더글러스의 알려진 사진은 160장, 링컨의 알려진 사진은 126장이었다. 그랜트의 사진은 150장으로 추정된다. 사진이 많은 19세기의 인물은 더 있다. 조지 커스터는 155장, 레드 클라우드는 128장, 월트 휘트먼은 127장이다. 다음을 참고. Varon, "Most Photographed Man of His Era".

28. Douglass, "Negro Portraits". 아프리카계 미국인의 삶에서 사진이 어떤 역할을 하는지를 폭넓게 논의한 글은 다음을 참고. Lewis, "Vision & Justice".

29. Frederick Douglass, letter to Louis Prang, June 14, 1870.

30. Frederick Douglass.

31. Roth, "Looking at Shirley, the Ultimate Norm".

32. 다음을 참고. Roth, as well as McFadden, "Teaching the Camera to See My

Skin"; Caswell, "Color Film Was Built for White People".

33. Roth, "Looking at Shirley, the Ultimate Norm".

34. Roth.

35. Roth.

36. 이는 머신 러닝에서 분포 이동이라는 더 폭넓은 문제와 관련 있다. 한 사례 집합으로 훈련받은 시스템이 알지 못한 상태에서 다른 유형의 환경에서 작동할 때 생기는 문제. 이 문제를 잘 개괄한 문헌이 있다. 다음을 참고. Amodei et al., "Concrete Problems in AI Safety".

37. Hardt, "How Big Data Is Unfair".

38. Jacky Alcine, personal interview, April 19, 2018.

39. Joy Buolamwini, "How I'm Fighting Bias in Algorithms", https://www.ted.com/talks/joy_buolamwini_how_i_m_fighting_bias_in_algorithms

40. Friedman and Nissenbaum, "Bias in Computer Systems".

41. Buolamwini, "How I'm Fighting Bias in Algorithms".

42. Huang et al., "Labeled Faces in the Wild".

43. Han and Jain, "Age, Gender and Race Estimation from Unconstrained Face Images".

44. 여기에서는 흑인 여성의 얼굴 사진이 252장이라고 추정했다. 데이터 집합에서 여성의 비율(2,975/13,233)에 같은 데이터 집합에서 흑인의 비율(1,122/13,233)을 곱해서 얻었다.

45. Labeled Faces in the Wild. http://vis-www.cs.umass.edu/lfw/. 인터넷 아카이브의 웨이백 머신에 따르면, 그 주장은 2019년 9월 3일에서 10월 6일 사이에 떴다.

46. Klare et al., "Pushing the Frontiers of Unconstrained Face Detection and Recognition".

47. Buolamwini and Gebru, "Gender Shades".

48. 이 데이터 집합은 피부학의 '피츠패트릭 피부 유형'에 따라 잰 여섯 가지 피부 색조가 거의 같은 비율로 포함되도록 설계됐다(특이하게도 이 유형은 예전에는 범주가 넷이었다. 더 밝은 피부는 세 가지, 더 짙은 피부는 뭉뚱그려서 한 가지였다. 1980년대에 후자도 세 범주로 확대됐다).

49. 다음을 참고. Joy Buolamwini, "AI, Ain't I a Woman?", https://www.youtube.com/watch?v=QxuyfWoVV98

50. 마이크로소프트의 대응은 다음을 참고. http://gendershades.org/docs/msft.pdf

51. IBM의 공식 반응은 다음을 참고. http://gendershades.org/docs/ibm.pdf. IBM은 다양성의 다양한 측면을 강조하는 100만 개의 얼굴로 이뤄진 새로운 데이터 집합을 구축했다. 다음을 참고. Merler et al., "Diversity in Faces". 얼굴의 다양성을 강조하는 데이터 집합을 구축하는 데 쓴 IBM의 방법론을 비판적으로 살핀 이들도 있는데, 다음을 참고. Crawford and Paglen, "Excavating AI".

52. 이 분야 자체의 구성도 중요하다. 다음을 참고. Gebru, "Race and Gender".

53. Firth, *Papers in Linguistics, 1934~1951*.

54. 현재 단어 임베딩 모형을 훈련시키는 방법은 사실상 두 가지다. 하나는 주어진 맥락에서 빠진 단어를 예측하거나, 다른 하나는 정반대로 주어진 단어로부터 맥락을 구성하는 단어를 예측하는 것이다. 두 방법은 각각 '연속 단어 모음'과 '스킵 그램(skip-gram)'이라고 한다. 우리는 논의를 단순화하기 위해서 전자에 초점을 맞추지만 두 접근법 모두 나름의 장점을 지닌다. 그리고 최종적으로 나오는 모형은 양쪽이 꽤 비슷한 경향이 있다.

55. Shannon, "A Mathematical Theory of Communication".

56. 다음을 참고. Jelinek and Mercer, "Interpolated Estimation of Markov Source Parameters from Sparse Data"; Katz, "Estimation of Probabilities from Sparse Data for the Language Model Component of a Speech Recognizer". 개요를 보려면 다음을 참고. Manning and Schutze, *Foundations of Statistical Natural Language Processing*.

57. 이 유명한 말의 출처는 다음을 참고. Bellman, *Dynamic Programming*.

58. 다음을 참고. Hinton, "Learning Distributed Representations of Concepts"; "Connectionist Learning Procedures"; Rumelhart and McClelland, *Parallel Distributed Processing*.

59. 예를 들어, 잠재 의미 분석(Landauer, Foltz, and Laham, "An Introduction to Latent Semantic Analysis"), 다중원인혼합모형(Saund, "A Multiple Cause Mixture Model for Unsupervised Learning"; Sahami, Hearst, and Saund, "Applying the Multiple Cause Mixture Model to Text Categorization"), 잠재 디리클레 할당(Blei, Ng, and Jordan, "Latent Dirichlet Allocation")이 그렇다.

60. Bengio et al., "A Neural Probabilistic Language Model" 참고. 개요를 보려면 다음을 참고. Bengio, "Neural Net Language Models".

61. 기술적인 이유로 원래의 워드투백 모형은 사실상 각 단어의 벡터가 두 개다. 하나는 누락된 단어로 나타날 때, 다른 하나는 누락된 단어를 포함한 맥락으로 나타날 때 적용된다. 따라서 총 매개변수도 2배로 늘어난다. 유사성은 두 벡터의 거리('내적'으로 측정한다) 또는 같은 방향을 가리키는 각도 차이('코사인 유사도'로 측정한다)로 계산한다. 두 벡터의 크기가 같을 때 양쪽 측정 값은 같다. 이렇게 공간적으로 '유사성'을 정의하는 방식을 비판하는 이들은 이 접근법이 인간의 유사성 판단을 모방하는 데 한계가 있음을 강조한다(인간의 유사성 판단은 반드시 대칭적이지 않다. 한 예로, 인간은 중국이 북한과 더 '비슷하다'기보다는 북한이 중국과 더 '비슷하다'고 여기는 경향이 있다). 다음을 참고. Nematzadeh, Meylan, and Griffiths, "Evaluating Vector-Space Models of Word Representation".

62. 워드투백 모형의 훈련 방식을 상세히 다룬 문헌은 다음을 참고. Rong, "Word2vec Parameter Learning Explained".

63. Manning, "Lecture 2: Word Vector Representations".

64. 그의 1784년 글에 실렸다. 다음을 참고. "Idea for a Universal History with a Cosmopolitan Purpose"("Idee zu einer allgemeinen Geschichte in weltbürgerlicher Absicht"); "Aus so krummem Holze, als woraus der Mensch gemacht ist, kann nichts ganz Gerades gezimmert werden".

65. 예시를 보려면 다음을 참고. Mikolov, Le, and Sutskever, "Exploiting Similarities Among Languages for Machine Translation"; Le and Mikolov, "Distributed Representations of Sentences and Documents"; Kiros et al., "Skip-Thought Vectors".

66. 이런 '유추'를 정확히 어떻게 계산할지를 놓고 머신 러닝 분야에서는 견해 차이가 심하며, 또 인지과학 분야에서는 그런 유추가 인간의 유사성 개념을 얼마나 가까이 포착하는지를 놓고 의견이 분분하다. 해당 문제는 이 책의 결론에서 다룬다.

67. Mikolov, "Learning Representations of Text Using Neural Networks".

68. Bolukbasi et al., "Man Is to Computer Programmer as Woman Is to Home-maker?" 아마 더 경악할 부분은 개념을 인종에 적용하는 방식이다. 예를 들어, 벡터 공간에서 '백인+남성'에 가장 가까운 용어는 '유능함'이었다. '흑인+남성'에 가장 가까운 용어는 '폭행'이었다. 다음을 참고. Bolukbasi et al., "Quantifying and Reducing Stereotypes in Word Embeddings". '백인-소수파'라고 뺄셈을 하고서 이 축에 모든 직업 단어를 표시하면, 백인 축 방향으로 가장 멀리 간 직업은 '의회 의원'이었다(볼람위니

와 게브루가 얼굴 검출 시스템을 재보정하는 데 쓴 데이터 집합을 생각할 때 역설적이다). 소수파 축을 따라 가장 멀리 간 직업은 집사였다.

69. 검색 순위에서의 단어 임베딩을 상세히 다룬 문헌은 다음을 참고. Nalisnick et al., "Improving Document Ranking with Dual Word Embeddings". 고용에서의 단어 임베딩을 상세히 논의한 문헌은 다음을 참고. Hansen et al., "How to Get the Best Word Vectors for Resume Parsing".

70. Gershgorn, "Companies Are on the Hook If Their Hiring Algorithms Are Biased" 참고.

71. Bertrand and Mullainathan, "Are Emily and Greg More Employable Than Lakisha and Jamal?". 성별 쪽으로도 비슷한 효과가 나타난다는 것을 보여 준 문헌은 다음을 참고. Moss-Racusin et al., "Science Faculty's Subtle Gender Biases Favor Male Students".

72. 물론 인간 인사 담당자도 머신 러닝에 영향을 받는다. 2013년 하버드대의 라타냐 스위니는 구글 애드센스를 살핀 선구적 연구에서 '흑인처럼 들리는' 이름으로 구글 검색을 했을 때, 그가 체포된 기록이 있음을 시사하는(실제로 그런 기록이 있든 없든 간에) 온라인 광고가 뜰 가능성이 훨씬 많다는 것을 보여 줬다. 스위니는 누군가가 임대 신청서를 작성하거나, 대출을 신청하거나, 직업을 구할 때 그것이 어떤 결과를 빚을지 지적한다. 스위니의 분석과 방법이 제시된 문헌은 다음을 참고. Sweeney, "Discrimination in Online Ad Delivery".

73. 오케스트라 오디션 때의 전형적인 편향을 다룬 연구로 다음을 참고. Goldin and Rouse, "Orchestrating Impartiality". 연구진은 일부 오케스트라가 같은 효과를 얻기 위해서 카펫을 쓰며, 심지어 남성에게 '상쇄시키는 발소리'를 내게 하는 곳도 있다고 말한다. 그런데 일부 연구자는 이 고전적 논문에 의문을 제기했다. 다음을 참고. Sommers, "Blind Spots in the 'Blind Audition' Study".

74. 이 개념을 대개 '중복 인코딩'이라고 한다. 다음을 참고. Pedreshi, Ruggieri, and Turini, "Discrimination-Aware Data Mining".

75. Dastin, "Amazon Scraps Secret AI Recruiting Tool That Showed Bias Against Women".

76. 주목할 점은 이 모형을 통해 제외됨으로써 전화를 받지 못한 지원자가 자신이 채용 후보자 리스트에 들었다는 사실조차 모른다는 것이다.

77. 2018년 로이터는 아마존이 "이번에는 다양성에 초점을 맞춰 자동 채용 심사를 시도

하기 위해서" 새 팀을 구성했다고 보도했다. 고용과 편향의 컴퓨터 모형 관점을 살핀 문헌은 다음을 참고. Kleinberg and Raghavan, "Selection Problems in the Presence of Implicit Bias".

78. Bolukbasi et al., "Man Is to Computer Programmer as Woman Is to Homemaker?"; Schmidt, "Rejecting the Gender Binary". 유사한 생각에 대해서는 다음을 참고. Prost, Thain, and Bolukbasi, "Debiasing Embeddings for Reduced Gender Bias in Text Classification".

79. Bolukbasi et al., "Man Is to Computer Programmer as Woman Is to Homemaker?" 참고.

80. Bolukbasi et al., 참고.

81. Tolga Bolukbasi, personal interview, November 11, 2016.

82. 미케니컬 터크 참여자에게 의존하는 방법론과 그것이 어떻게 이미지넷 데이터 집합 같은 것에서 문제를 일으켰는지를 비판적으로 살핀 문헌으로 다음을 참고. Crawford and Paglen, "Excavating AI".

83. 사실 "할아버지니까"는 원래 남북전쟁 이후 재건 시기의 짐 크로(Jim Crow) 법에 나온 차별적인 '할아버지 조항'에 뿌리를 둔다. 1899년 8월 3일자 〈뉴욕타임스〉는 그런 법령을 이렇게 평했다. "1867년에 투표권이 있었던 사람들의 후손은 현재의 상황과 상관없이 투표하도록 한다. '할아버지 조항'이라고 불린다."

84. Bolukbasi et al., "Man Is to Computer Programmer as Woman Is to Homemaker?"

85. Gonen and Goldberg, "Lipstick on a Pig".

86. 딥마인드의 어빙은 이렇게 주장한다(서신을 통해). "단어 임베딩은 기본적으로 아주 단순한 모형이라서 유용한 성별 정보를 잃지 않으면서 편향을 없앴다는 것이 불가능해요. 신발 소리를 들어야 할지 여부를 다른 맥락에서 이해하는 더 영리한 모형이 필요해요. 그러면 결국 단어 임베딩에 없는 비선형적이고 비볼록적인 방식이 되겠죠. 그리고 물론 '이 문제를 해결할 더 강력한 모형이 필요하다고 봐'라는 식의 일반적인 패턴은 흥미를 자극하죠. 좋은 뜻으로도 나쁜 뜻으로도요." 인간의 선호 양상과 더 일치하는 더 강력하면서 복잡한 언어 모형을 논의한 문헌은 다음을 참고. Ziegler et al., "Fine-Tuning Language Models from Human Preferences".

87. Prost, Thain, and Bolukbasi, "Debiasing Embeddings for Reduced Gender Bias in Text Classification".

88. Greenwald, McGhee, and Schwartz, "Measuring Individual Differences in Implicit Cognition".

89. Caliskan, Bryson, and Narayanan, "Semantics Derived Automatically from Language Corpora Contain Human-Like Biases".

90. Caliskan, Bryson, and Narayanan.

91. Garg et al., "Word Embeddings Quantify 100 Years of Gender and Ethnic Stereotypes".

92. Caliskan, Bryson, and Narayanan, "Semantics Derived Automatically from Language Corpora Contain Human-Like Biases".

93. https://twitter.com/random_walker/status/ 993866661852864512.

94. OpenAI의 2019년 GPT-2(Radford et al., "Language Models Are Unsupervised Multitask Learners")와 구글의 BERT(Devlin et al., "BERT: Pre-Training of Deep Bidirectional Transformers for Language Understanding") 등 최근 언어 모형은 워드투백보다 훨씬 더 복잡할 뿐 아니라 성능도 더 뛰어나지만, 워드투백과 비슷하게 틀에 박힌 결과를 내놓는다. 하버드대 인지과학자 토머 울먼은 GPT-2에 비슷한 두 문장을 입력했는데("내 아내가 막 신나는 새 직장을 구했다"와 "내 남편이 막 신나는 새 직장을 구했다" 등) 그 모형이 예상 가능한 틀에 박힌 방식으로 문장을 완성하는 경향이 있음을 발견했다. '아내'에게는 '집안일을 하는'과 '전업주부' 같은 어구가 따라붙었고, '남편'에게는 '은행의 자문직'이나 '의사'(매우 인상적이게도!) 같은 어구가 따라붙었는데 다음을 참고. https://twitter.com/TomerUllman/status/1101485289720242177. OpenAI 연구진은 인간의 피드백을 토대로 시스템의 출력을 '미세 조정'할 방법을 진지하게 고려했다. 이는 그런 모형을 '탈편향화'할 한 가지 방법이지만, 다른 유망한 방안과 마찬가지로 기술 및 다른 측면에서 복잡한 문제가 따른다. 다음을 참고. Ziegler et al., "Fine-Tuning Language Models from Human Preferences". 마찬가지로 연구자는 BERT 모형에서도 편향이 드러난다는 것을 보여 줬는데 다음을 참고. Kurita et al., "Measuring Bias in Contextualized Word Representations"; Munro, "Diversity in AI Is Not Your Problem, It's Hers". 구글 대변인은 2019년 〈뉴욕타임스〉에서 이렇게 말했다. "우리는 이 문제를 인식하며 규명하고 해결하는 데 필요한 조치를 취합니다. 우리 시스템의 편향을 줄이는 것이 바로 우리 AI 개발 원칙 중 하나이며, 최고 우선순위에 놓입니다." 다음을 참고. Metz, "We Teach A.I. Systems Everything, Including Our Biases".

2장 공정

1. Kinsley, "What Convict Will Do If Paroled".

2. In *Buck v. Davis*: argued October 5, 2016; decided February 22, 2017; www. supremecourt.gov/opinions/16pdf/15-8049_f2ah.pdf

3. Hardt, "How Big Data Is Unfair".

4. Clabaugh, "Foreword".

5. Burgess, "Factors Determining Success or Failure on Parole".

6. Clabaugh, "Foreword".

7. Ernest W. Burgess and Thorsten Sellen, Introduction to Ohlin, *Selection for Parole*.

8. Tim Brennan, personal interview, November 26, 2019.

9. Entwistle and Wilson, *Degrees of Excellence*. 브레넌의 지도 교수가 쓴 이 책에는 그의 박사 연구가 요약된다.

10. 교도소의 재소자 분류를 다룬 1990년대 초의 브레넌과 웰스의 연구로 다음을 참고. Brennan and Wells, "The Importance of Inmate Classification in Small Jails".

11. Harcourt, *Against Prediction*.

12. Burke, *A Handbook for New Parole Board Members*.

13. 노스포인트를 창업한 팀 브레넌과 데이브 웰스는 1998년에 COMPAS를 개발했다. 더 자세한 내용은 다음을 참고. Brennan, Dieterich, and Oliver, "COMPAS"; Brennan and Dieterich, "Correctional Offender Management Profiles for Alternative Sanctions(COMPAS)". COMPAS를 '4세대' 툴이라고 평한 문헌은 다음을 참고. Andrews, Bonta, and Wormith, "The Recent Past and Near Future of Risk and/or Need Assessment". COMPAS 이전의 '3세대' 위험 평가 툴 중 하나는 LSI(Level of Service Inventory)인데, 개정판인 LSI-R도 나왔다. 다음을 참고. Andrews, "The Level of Service Inventory(LSI)"; Andrews and Bonta, "The Level of Service Inventory-Revised". 플로리다주 브로워드 카운티의 COMPAS 채택 과정을 다룬 문헌은 다음을 참고. Blomberg et al., "Validation of the COMPAS Risk Assessment Classification Instrument".

14. 특히 폭력 재발 점수는 (나이×-w1)+(처음 체포된 나이×-w2)+(폭력 경력×w3)+(직업 교육×w4)+(불법행위 경력×w5)다. 여기서 가중치 w은 통계적으로 결정된다. 다음을 참고. http://www.equivant.com/wp-content/uploads/Practitioners-Guide-to-

COMPASCore-040419.pdf, §4.1.5.

15. New York Consolidated Laws, Executive Law-EXC§259-c: "State board of parole: functions, powers and duties" 참고.

16. "New York's Broken Parole System".

17. "A Chance to Fix Parole in New York".

18. Smith, "In Wisconsin, a Backlash Against Using Data to Foretell Defendants' Futures".

19. "Quantifying Forgiveness: MLTalks with Julia Angwin and Joi Ito", https://www.youtube.com/watch?v=qjmkTGfu9Lk. 잡스에 대해서는 다음을 참고. Eric Johnson, "It May Be 'Data Journalism', but Julia Angwin's New Site the Markup Is Nothing Like FiveThirtyEight", https://www.recode.net/2018/9/27/17908798/julia-angwin-markup-jeff-larson-craig-newmark-data-investigative-journalismpeter-kafka-podcast

20. The book is Angwin, *Dragnet Nation*.

21. Julia Angwin, personal interview, October 13, 2018.

22. Lansing, "New York State COMPAS-Probation Risk and Need Assessment Study".

23. Podkopacz, Eckberg, and Kubits, "Fourth Judicial District Pretrial Evaluation".

24. Podkopacz, "Building and Validating the 2007 Hennepin County Adult Pretrial Scale".

25. Harcourt, "Risk as a Proxy for Race". 하코트는 이렇게 주장한다. "현재 위험은 이전의 범죄 경력으로 환원됐고, 범죄 경력은 인종의 대리 지표가 됐다. 이 두 추세의 조합은 위험 평가 툴의 사용이 우리 형사법 체계에서 용납되지 않는 인종차별을 상당히 더 악화시킬 것이다." 반론은 다음을 참고. Skeem and Lowenkamp, "Risk, Race, and Recidivism".

26. Julia Angwin, "Keynote", Justice Codes Symposium, John Jay College, October 12, 2016, https://www.youtube.com/watch?v=WL9QkAwgqfU

27. Julia Angwin, personal interview, October 13, 2018.

28. Angwin et al., "Machine Bias".

29. Dieterich, Mendoza, and Brennan, "COMPAS Risk Scales": Flores, Bechtel, and Lowenkamp, "False Positives, False Negatives, and False Analyses" 참고.

30. "Response to ProPublica" 참고.

31. 다음을 참고. Angwin and Larson, "ProPublica Responds to Company's Critique of Machine Bias Story"; Larson and Angwin, "Technical Response to Northpointe".

32. Angwin and Larson, "ProPublica Responds to Company's Critique of Machine Bias Story"; Larson et al., "How We Analyzed the COMPAS Recidivism Algorithm". 이 인용문에는 학술적으로 부정확한 부분이 하나 있다는 점을 언급해 두자. "더 높은 위험 점수를 받았지만 재범을 저지르지 (않은)" 사람들의 수는 수학적으로 거짓 양성/(거짓 양성+참 양성)으로 번역된다. 이를 오발견율이라고 한다. 그러나 이 부분에서 〈프로퍼블리카〉가 가리키는 통계는 사실 오발견율이 아니라 오양성률이다. 그러니까 거짓 양성/(거짓 양성+참 음성)이다. 〈프로퍼블리카〉의 문장을 뒤집은 쪽이 이 양을 더 제대로 번역한 말이 된다. "재범을 저지르지 않았지만 더 높은 위험 점수를 받은" 피고인이다. 이 점을 논의한 자료는 다음을 참고. https://twitter.com/scorbettdavies/status/842885585240956928

33. Dwork et al., "Calibrating Noise to Sensitivity in Private Data Analysis". 구글 크롬은 2014년에 차등 개인 정보 보호 정책을 쓰기 시작했고, 애플은 2016년에 macOS 시에라와 iOS 운영 체제에 적용했으며, 다른 기술 기업도 그 뒤를 따라서 여러 관련된 개념과 프로그램에 적용했다. 이 논문을 쓴 드워크 연구진은 2017년에 괴델상을 공동으로 받았다.

34. Cynthia Dwork, personal interview, October 11, 2018.

35. Steel and Angwin, "On the Web's Cutting Edge, Anonymity in Name Only"; Sweeney, "Simple Demographics Often Identify People Uniquely". 이 논문은 출생일, 성, 우편번호의 조합이 미국인의 87퍼센트를 충분히 식별한다는 것을 보여 줬다.

36. Moritz Hardt, personal interview, December 13, 2017.

37. Dwork et al., "Fairness Through Awareness". 주장과 논쟁을 더 상세히 다룬 문헌은 다음을 참고. Harcourt, "Risk as a Proxy for Race"; Skeem and Lowenkamp, "Risk, Race, and Recidivism".

38. 다음을 참고. Corbett-Davies, "Algorithmic Decision Making and the Cost of Fairness"; Corbett-Davies and Goel, "The Measure and Mismeasure of Fairness".

39. 이 점을 다룬 문헌. Kleinberg et al., "Algorithmic Fairness". 1990년대 중반의 논의는 다음을 참고. Gottfredson and Jarjoura, "Race, Gender, and Guidelines-Based Decision Making".

40. Kroll et al., "Accountable Algorithms".

41. Dwork et al., "Fairness Through Awareness".

42. Johnson and Nissenbaum, "Computers, Ethics & Social Values" 참고.

43. Barocas and Selbst, "Big Data's Disparate Impact" 참고.

44. Jon Kleinberg, personal interview, July 24, 2017.

45. Alexandra Chouldechova, personal interview, May 16, 2017.

46. Sam Corbett-Davies, personal interview, May 24, 2017.

47. 고엘의 연구는 무엇보다도 이른바 '수상쩍은 행동'을 했다고 기록된 이들이 그렇지 않은 이들보다 범죄자일 가능성이 사실상 더 낮았다는 것을 보여 줬다. 자신이 범죄자가 아님을 증명하겠다고 "올바르게 행동하려 굳이 애쓰지 않았음을 시사하기 때문"이다. 다음을 참고. Goel, Rao, and Shroff, "Personalized Risk Assessments in the Criminal Justice System".

48. Simoiu, Corbett-Davies, and Goel, "The Problem of Infra-Marginality in Outcome Tests for Discrimination" 참고.

49. 다음을 참고. Kleinberg, Mullainathan, and Raghavan, "Inherent Trade-offs in the Fair Determination of Risk Scores"; Chouldechova, "Fair Prediction with Disparate Impact"; Corbett-Davies et al., "Algorithmic Decision Making and the Cost of Fairness"; Berk et al., "Fairness in Criminal Justice Risk Assessments".

50. Kleinberg, Mullainathan, and Raghavan, "Inherent Trade-offs in the Fair Determination of Risk Scores".

51. Alexandra Chouldechova, personal interview, May 16, 2017.

52. Sam Corbett-Davies, 저자 인터뷰, 2017. 5. 24. 역설적이게도 〈프로퍼블리카〉는 표제에서 이 사실 자체를 뺐다. 다음을 참고. Julia Angwin and Jeff Larson, "Bias in Criminal Risk Scores Is Mathematically Inevitable, Researchers Say", ProPublica, December 30, 2016.

53. Corbett-Davies, "Algorithmic Decision Making and the Cost of Fairness".

54. Sam Corbett-Davies, personal interview, May 24, 2017.

55. Kleinberg, Mullainathan, and Raghavan, "Inherent Trade-offs in the Fair Determination of Risk Scores".

56. 특히 대출 맥락에서 공정성을 다룬 문헌은 다음을 참고. Hardt, Price, and Srebro, "Equality of Opportunity in Supervised Learning"; Lydia T. Liu, et al., "Delayed

Impact of Fair Machine Learning". 상호작용적 시각화라는 맥락에서 살핀 문헌은 다음을 참고. http://research.google.com/bigpicture/attacking-discrimination-inml/; https://bair.berkeley.edu/blog/2018/05/17/delayed-impact/

57. Sam Corbett-Davies et al., "Algorithmic Decision Making and the Cost of Fairness"(video), https://www.youtube.com/watch?v=iFEX07OunSg

58. Corbett-Davies, "Algorithmic Decision Making and the Cost of Fairness".

59. Corbett-Davies.

60. Tim Brennan, personal interview, November 26, 2019.

61. 다음을 참고. Corbett-Davies and Goel, "The Measure and Mismeasure of Fairness"; Corbett-Davies et al., "Algorithmic Decision Making and the Cost of Fairness".

62. Rezaei et al., "Fairness for Robust Log Loss Classification" 참고.

63. Julia Angwin, personal interview, October 13, 2018.

64. Flores, Bechtel, and Lowenkamp, "False Positives, False Negatives, and False Analyses".

65. Tim Brennan, personal interview, November 26, 2019.

66. Cynthia Dwork, personal interview, October 11, 2018.

67. Moritz Hardt, personal interview, December 13, 2017.

68. 캘리포니아의 SB 10 법안 통과에 자극을 받아서 연방 정부 13개 부처의 90여 기관이 참여하는 AI 파트너십은 어떤 목적에 쓰든지 제시된 위험 평가 모형이 10가지 기준을 충족해야 한다는 내용의 보고서를 내놨다. "Report on Algorithmic Risk Assessment Tools in the U.S. Criminal Justice System".

69. 이 툴은 추정된 위험과 욕구를 대상으로 한 죄수 평가 툴(PATTERN)이라 하며, 2019년 7월 19일에 출시됐다.

70. Alexandra Chouldechova, personal interview, May 16, 2017.

71. Burgess, "Factors Determining Success or Failure on Parole".

72. Lum and Isaac, "To Predict and Serve?"

73. "Four Out of Ten Violate Parole, Says Legislator".

74. Ensign et al., "Runaway Feedback Loops in Predictive Policing" 참고.

75. Lum and Isaac, "To Predict and Serve?"

76. Lum and Isaac. 데이터 집합이 얼마나 편향됐는지를 알려면 기록되지 않은 모든 범

죄가 어디서 일어났는지를 알아야 한다. 그러나 럼과 아이작은 여기에서도 창의적인 방법을 고안해서 일을 진척시켰다. '전국 마약 사용과 건강 조사'의 자료를 써서 그들은 한 도시의 불법 마약 사용 추정량을 대강 블록 수준에서 지도화했고, 그것을 같은 도시에서의 체포 기록과 비교했다.

77. Alexandra Chouldechova, personal interview, May 16, 2017.

78. ACLU Foundation, "The War on Marijuana in Black and White" 참고.

79. Mueller, Gebeloff, and Chinoy, "Surest Way to Face Marijuana Charges in New York" 참고.

80. 이에 대한 더 많은 토론은 다음을 참고. Sam Corbett-Davies, Sharad Goel, and Sandra Gonzalez-Bailon, "Even Imperfect Algrithms Can Improve the Criminal Justice System", https://www.nytimes.com/2017/12/20/upshot/algorithms-bail-criminal-justice-system.html; "Report on Algorithmic Risk Assessment Tools in the U.S. Criminal Justice System"; Skeem and Lowenkamp, "Risk, Race, and Recidivism".

81. Angwin et al., "Machine Bias". 이런 툴을 선고에 쓰는 것이 적절한가를 둘러싼 논란은 위스콘신주 대법원까지 올라갔다. 이윽고 COMPAS 위험 점수를 선고에 활용하는 것이 타당하다는 결정이 내려졌다. 요약본은 다음을 참고. https://harvardlawreview.org/2017/03/state-v-loomis/. 선고에서의 위험 평가 활용은 그 자체로 별도의 주제가 된다. 전직 미국 법무장관 에릭 홀더는 이렇게 주장했다. "형량 선고는 (…) 개인이 통제할 수 없는 불변의 요인이나 아직 일어나지 않은 장래의 범죄 가능성을 토대로 삼아서는 안 된다." 선고에서 귀책과 위험을 혼동하는 문제를 다룬 문헌은 다음을 참고. Monahan and Skeem, "Risk Assessment in Criminal Sentencing"; Skeem and Lowenkamp, "Risk, Race, and Recidivism". 로언캠프는 "PCRA가 그런 목적으로 설계된 것이 아님을 고려할 때, 먼저 그런 맥락에서 사용 가능한지를 연구하지 않은 채 PCRA를 선고 판결에 앞서 사전 정보를 얻는 용도나 사후에 가석방 결정에 쓸 정보를 얻는 데 사용하지 말라"고 충고한다.

82. Harcourt, *Against Prediction*. 더 많은 논의를 보려면 다음을 참고. Persico, "Racial Profiling, Fairness, and Effectiveness of Policing"; Dominitz and Knowles, "Crime Minimisation and Racial Bias".

83. Saunders, Hunt, and Hollywood, "Predictions Put into Practice". 시카고 경찰서가 보낸 답변은 다음을 참고. Chicago Police Department, "CPD Welcomes the

Opportunity to Comment on Recently Published RAND Review".

84. Saunders, "Pitfalls of Predictive Policing" 참고.

85. 하코트("Risk as a Proxy for Race")는 머신 러닝을 사용하든 아니든 간에 더 현명한 가석방 결정이 어리석은 결정보다는 분명히 더 낫지만, 미국 교도소의 과밀과 인종차별 문제를 해결하는 주된 방식은 아니라고 본다. 그러면 재소자 수를 줄이려면 무엇을 해야 할까? 나는 예측을 통한 출소가 아니라 애당초 덜 징벌적인 형량을 선고하고 양형 법령에 인종 불균형이 있음을 계속 극도로 유념해야 한다고 주장한다. 18 대 1에 달하는 크랙 코카인의 인종별 처벌 격차를 줄이는 것이 올바른 방향으로 나아가는 한 단계다. 그러나 즉각적으로 필요한 조치에는 필수 최소 형량을 없애고, 마약 형법을 완화하고, 재활과 대안 감독 프로그램으로 대체하고, 형량을 줄이는 것도 포함돼야 한다. 연구 결과는 장기적으로 볼 때 애당초 수형자 수를 줄이는 것에 비해 형량의 단축(즉, 위험이 낮은 기결수의 조기 출소)이 재소자 수에 미치는 효과가 그리 크지 않다는 것을 시사한다. 따라서 진정한 해법은 형기의 단축이 아니라 입소율을 줄이는 것이다.

86. Barabas et al., "Interventions over Predictions" 참고.

87. Elek, Sapia, and Keilitz, "Use of Court Date Reminder Notices to Improve Court Appearance Rates". 하트는 2019년에 휴스턴을 포함하는 텍사스의 해리스 카운티가 법정 출석 날짜를 인간에게 상기시키는 문자 전송 시스템을 개발하는 것을 포함한 법적 합의를 승인한 것이 특히 고무적인 발전이라고 보는데 다음을 참고. Gabrielle Banks, "Federal Judge Gives Final Approval to Harris County Bail Deal", *Houston Chronicle*, November 21, 2019.

88. 다음을 참고. Mayson, "Dangerous Defendants"; Gouldin, "Disentangling Flight Risk from Dangerousness"; "Report on Algorithmic Risk Assessment Tools in the U.S. Criminal Justice System". 후자는 "툴이 여러 예측을 합쳐서는 안 된다"라고 주장한다.

89. Tim Brennan, personal interview, November 26, 2019.

90. Goswami, "Unlocking Options for Women". 시카고의 쿡 카운티 교도소의 여성을 조사한 이 논문은 판사에게 "투옥이 아니라 사회봉사를 선고할" 권한을 부여해야 한다고 결론짓는다.

91. Moritz Hardt, personal interview, December 13, 2017.

92. Mayson, "Bias in, Bias Out". 논문은 이렇게 주장한다. "인종별 계층화가 이뤄진 세계에서 모든 예측 방법은 과거의 불평등을 미래로 투영한다. 이 말은 형사법 체계에 오

랫동안 밴 주관적인 예측뿐 아니라 현재 그것을 대체하는 알고리즘 툴에도 적용된다. 알고리즘 위험 평가가 한 일은 모든 예측에 내재된 불평등을 드러냄으로써, 우리에게 어떤 신기술의 도전 과제에 매몰되지 않고 훨씬 더 큰 문제를 직시하도록 이끈다."

93. Burgess, "Prof. Burgess on Parole Reform".

3장 투명성

1. Graeber, *The Utopia of Rules*.

2. Berk, *Criminal Justice Forecasts of Risk*.

3. 다음을 참고. Cooper et al., "An Evaluation of Machine-Learning Methods for Predicting Pneumonia Mortality"; Cooper et al., "Predicting Dire Outcomes of Patients with Community Acquired Pneumonia".

4. Caruana et al., "Intelligible Models for Healthcare" 참고.

5. Cooper et al., "Predicting Dire Outcomes of Patients with Community Acquired Pneumonia".

6. Caruana, "Explainability in Context-Health".

7. 결정 리스트를 더 자세히 다룬 문헌은 다음을 참고. Rivest, "Learning Decision Lists". 의학에서 결정 리스트를 사용하는 문제를 논의한 최근 문헌은 다음을 참고. Marewski and Gigerenzer, "Heuristic Decision Making in Medicine". 결정 집합을 상세히 설명한 문헌은 다음을 참고. Lakkaraju, Bach, and Leskovec, "Interpretable Decision Sets".

8. "환자가 천식이면 사망 위험이 낮다"라고 결론짓는 시스템에서 확실히 누락된 한 가지는 인과관계 모형이다. UCLA의 주디아 펄은 인과관계 연구 분야에서 손꼽히는 컴퓨터 과학자다. 현대 머신 러닝 시스템의 맥락에서 인과관계를 살핀 그의 논문은 다음을 참고. Pearl, "The Seven Tools of Causal Inference, with Reflections on Machine Learning".

9. Rich Caruana, personal interview, May 16, 2017.

10. Hastie and Tibshirani, "Generalized Additive Models". 카루아나 연구진은 짝 상호작용, 즉 두 변수의 함수도 포함하는 좀 더 복잡한 부류의 모형도 살폈다. 그들은 이런 모형을 '상호작용을 추가한 GAMs'이라고 부른다. 다음을 참고. Lou et al., "Accurate Intelligible Models with Pairwise Interactions".

11. 카루아나는 여기에 많은 다양한 이유가 있다고 말한다. 퇴직은 어떤 이에게는 생활

방식의 변화를 뜻하며, 소득 변화와 보험, 더 나아가 미국에서는 민간 의료보험 사업체
의 변동과 이사까지 뜻할 수도 있다. 이 모든 것은 건강 및 보건 의료와의 관계에 변화를
가져온다.

12. 그 GAMs는 86세에 위험이 급증했다가 101세에 다시 급격히 줄어든다고 했다. 카
루아나는 이런 양상이 전적으로 사회적인 효과라고 생각한다. 그는 여든 중반이 되면
가족과 요양 보호사가 건강 이상을 맞서 싸울 필요가 없는 자연스러운 노쇠 과정이라고
해석할 가능성이 더 높다고 추측한다. 그런 한편으로 누군가가 100세에 이르면 거의 정
반대로 의욕이 솟구친다. "여기까지 사셨으니까, 이제 우리도 당신을 포기하지 않을 겁
니다." 그는 아마 의사가 그래프를 편집하고 싶어 할 것이라고 말한다. 천식 법칙을 고치
겠다고, 80세, 90세, 100세마다 다르게 대하는 것이 잘못됐음을 입증하려는 의욕을 품
을 수도 있다는 것이다. 반면에 보험사는 자사 모형의 그래프를 고치고 싶지 않다. 보험
사의 입장에서는 천식 환자의 그래프가 사실 평균보다 더 낮다. 이는 한 시스템에서 서
로 다른 이해 관계자의 서로 다른 관점을 모두 명시적으로 고려하는 것이 중요하다는
점을 강조한다. 한쪽 집단은 그 모형을 써서 현실 세계에 실제로 개입하며 그 결과로 관
측되는 기본 데이터가 바뀔 것이다. 다른 한쪽 집단은 그저 수동적인 관찰자다. 머신 러
닝은 본질적으로 그 차이를 모른다.

13. Lou et al. 참고.

14. Schauer, "Giving Reasons".

15. David Gunning, personal interview, December 12, 2017.

16. Bryce Goodman, 저자 인터뷰, 2018. 1. 11. '설명을 요구할 권리'가 처음 논의
된 문헌은 다음을 참고. Goodman and Flaxman, "European Union Regulations on
Algorithmic Decision-Making and a 'Right to Explanation.'" 연구자는 이 조항이 얼
마나 강한 것인지를 놓고 논쟁을 벌였는데 다음을 참고. Wachter, Mittelstadt, and
Floridi, "Why a Right to Explanation of Automated Decision-Making Does Not Exist
in the General Data Protection Regulation". 후속 연구는 다음을 참고. Selbst and
Powles, "Meaningful Information and the Right to Explanation". 그리고 어느 정도의
견해 차이는 지금도 남았다. '설명을 요구할 권리'의 정확한 법적 지위는 법정에서 서서
히 명확해질 가능성이 높다.

17. Thorndike, "Fundamental Theorems in Judging Men".

18. Robyn Dawes, "Dawes Unplugged", interview by Joachim Krueger, *Rationality
and Social Responsibility*, Carnegie Mellon University, January 19, 2007.

19. Sarbin, "A Contribution to the Study of Actuarial and Individual Methods of Prediction".

20. Meehl, "Causes and Effects of My Disturbing Little Book".

21. 다음을 참고. Dawes and Corrigan, "Linear Models in Decision Making"; Sarbin, "A Contribution to the Study of Actuarial and Individual Methods of Prediction".

22. Dawes, "The Robust Beauty of Improper Linear Models in Decision Making".

23. Goldberg, "Simple Models or Simple Processes?" 참고.

24. Einhorn, "Expert Measurement and Mechanical Combination" 참고.

25. 폴 밀의 1986년 책을 회고한 글은 다음을 참고. Meehl, "Causes and Effects of My Disturbing Little Book". 도스와 밀의 1989년 관점을 돌아본 글은 다음을 참고. Dawes, Faust, and Meehl, "Clinical Versus Actuarial Judgment". 이런 질문을 현대적인 관점에서 논의한 문헌은 다음을 참고. Kleinberg et al., "Human Decisions and Machine Predictions".

26. Holte, "Very Simple Classification Rules Perform Well on Most Commonly Used Datasets".

27. Einhorn, "Expert Measurement and Mechanical Combination".

28. Goldberg, "Man Versus Model of Man"; Dawes, "A Case Study of Graduate Admissions" 참고.

29. Dawes and Corrigan, "Linear Models in Decision Making"; Wainer, "Estimating Coefficients in Linear Models". 후자는 같은 가중치를 상세히 다룬 논문이며, 저자는 이렇게 썼다. "예측에 관심이 있을 때, 불균등한 회귀 가중치를 요구하는 것은 아주 드문 상황이다." Dana and Dawes, "The Superiority of Simple Alternatives to Regression for Social Science Predictions". 이 논문은 사회과학(그리고 21세기)이라는 맥락에서도 이 결론이 들어맞는다고 확인한다.

30. Dawes, "The Robust Beauty of Improper Linear Models in Decision Making".

31. Howard and Dawes, "Linear Prediction of Marital Happiness".

32. Howard and Dawes, "Sex, Arguments, and Social Engagements in Martial and Premarital Relations" 참고.

33. 사실 밀 자신도 이렇게 결론을 내렸다. "대부분의 실제 상황에서 소수의 '큰' 변수의 비가중합이 평균적으로 회귀방정식보다 더 낫다." 상세한 논의와 참고 자료는 다음을 참고. Dawes and Corrigan, "Linear Models in Decision Making".

34. Dawes, "The Robust Beauty of Improper Linear Models in Decision Making"; Wainer, "Estimating Coefficients in Linear Models". 이런 유형의 체계(선형 모델에서 같은 가중치)가 작동 기준을 모를 때도 잘 작동한다는 점도 유념하자.

35. Dawes, "The Robust Beauty of Improper Linear Models in Decision Making".

36. Einhorn, "Expert Measurement and Mechanical Combination".

37. Dawes and Corrigan, "Linear Models in Decision Making".

38. Andy Reinhardt, "Steve Jobs on Apple's Resurgence: 'Not a One-Man Show,'" *Business Week Online*, May 12, 1998, http://www.businessweek.com/bwdaily/dnflash/may1998/nf80512d.htm 참고.

39. Holmes and Pollock, *Holmes-Pollock Letters*.

40. Angelino et al., "Learning Certifiably Optimal Rule Lists for Categorical Data"; Zeng, Ustun, and Rudin, "Interpretable Classification Models for Recidivism Prediction"; Rudin and Radin, "Why Are We Using Black Box Models in AI When We Don't Need To?" COMPAS와 비슷한 정확도를 보이는 다른 단순한 모형은 다음을 참고. Dressel and Farid, "The Accuracy, Fairness, and Limits of Predicting Recidivism". 더 심도 있는 모형에 대해서는 다음을 참고. Rudin, Wang, and Coker, "The Age of Secrecy and Unfairness in Recidivism Prediction"; Chouldechova, "Transparency and Simplicity in Criminal Risk Assessment".

41. Cynthia Rudin, "Algorithms for Interpretable Machine Learning"(lecture), 20th ACM SIGKIDD Conference on Knowledge Discovery and Data Mining, New York City, August 26, 2014.

42. Breiman et al., *Classification and Regression Trees*.

43. Quinlan, C4.5. C4.5도 후속 알고리즘인 C5.0이 나왔다.

44. $CHADS_2$은 다음을 참고. Gage et al., "Validation of Clinical Classification Schemes for Predicting Stroke". CHA_2DS_2-VASc는 다음을 참고. "Refining Clinical Risk Stratification for Predicting Stroke and Thromboembolism in Atrial Fibrillation Using a Novel Risk Factor-Based Approach".

45. Letham et al., "Interpretable Classifiers Using Rules and Bayesian Analysis".

46. Veasey and Rosen, "Obstructive Sleep Apnea in Adults" 참고.

47. SLIM은 '0-1 손실 함수'(예측이 몇 번이나 맞거나 틀리는지를 적은 단순한 척도)와 'l0-norm'(사용되는 특징의 수를 최소화하려는 시도)이라는 것을 사용하며, 특징 가중

치의 계수가 서로소가 되도록 제한한다. 다음을 참고. Ustun and Rudin, "Supersparse Linear Integer Models for Optimized Medical Scoring Systems". 매사추세츠 종합병원과 공동으로 수면무호흡증 도구를 만들려는 노력을 상세히 다룬 문헌은 다음을 참고. Ustun et al., "Clinical Prediction Models for Sleep Apnea". 상습 범행이라는 맥락에 비슷한 방법을 적용한 사례는 다음을 참고. Zeng, Ustun, and Rudin, "Interpretable Classification Models for Recidivism Prediction". 그런 방법의 최적성 인증과 COMPAS와의 비교를 포함하는 더 최근의 연구는 다음을 참고. Angelino et al., "Learning Certifiably Optimal Rule Lists for Categorical Data"; Ustun and Rudin, "Optimized Risk Scores"; Rudin and Ustun, "Optimized Scoring Systems".

48. 예를 들어, 로지스틱 회귀분석의 그 모형을 구축할 수도 있다. 만든 뒤에 계수를 반올림하는 식이다.

49. Ustun and Rudin, "Supersparse Linear Integer Models for Optimized Medical Scoring Systems" 참고.

50. "Information for Referring Physicians", https://www.uwhealth.org/referring-physician-news/death-rate-triples-for-sleep-apnea-sufferers/13986

51. Ustun et al., "Clinical Prediction Models for Sleep Apnea". 병원에서 발작 위험을 평가하기 위해서 SLIM으로 만든 모형을 적용한 사례는 다음을 참고. Struck et al., "Association of an Electroencephalography-Based Risk Score With Seizure Probability in Hospitalized Patients".

52. 다음을 참고. Kobayashi and Kohshima, "Unique Morphology of the Human Eye and Its Adaptive Meaning"; Tomasello et al., "Reliance on Head Versus Eyes in the Gaze Following of Great Apes and Human Infants".

53. 돌출성을 정확히 어떻게 계산해야 하는지를 놓고 활발하게 연구가 이뤄진다. 다음을 참고. Simonyan, Vedaldi, and Zisserman, "Deep Inside Convolutional Networks"; Smilkov et al., "Smoothgrad"; Selvaraju et al., "Grad-Cam"; Sundararajan, Taly, and Yan, "Axiomatic Attribution for Deep Networks"; Erhan et al., "Visualizing Higher-Layer Features of a Deep Network"; Dabkowski and Gal, "Real Time Image Saliency for Black Box Classifiers". 야코비 돌출성과 교란 돌출성을 비교한 문헌은 다음을 참고. Greydanus et al., "Visualizing and Understanding Atari Agents". 또 돌출성 기법의 한계와 약점을 둘러싼 논의도 있는데, 다음을 참고. Kindermans et al., "The (Un)reliability of Saliency Methods"; Adebayo et al., "Sanity Checks for Saliency Maps";

Ghorbani, Abid, and Zou, "Interpretation of Neural Networks Is Fragile".

54. 랜더커는 이렇게 말했다. "그 데이터 집합을 더 자세히 들여다보면 많은 동물 사진은 배경이 흐릿한 배경을 지닌 반면, 동물이 없는 사진은 전체가 다 초점이 맞는 경향이 있다. 사진작가가 찍는 모든 사진을 생각하면, 사진에 이런 유형의 편향이 나타나는 것은 당연하다. 기여도 전파의 결과는 의도하지 않은 편향이 데이터 집합에 얼마나 쉽게 스며드는지를 보여 준다."(Landecker, "Interpretable Machine Learning and Sparse Coding for Computer Vision"; Landecker et al., "Interpreting Individual Classifications of Hierarchical Networks") 또 늑대와 허스키를 구별하도록 설계된 망이 실제로는 사진 배경에 있는 눈이나 풀의 차이를 주로 구별하는 것임을 보여 준 (인위적) 사례도 있다. 다음을 참고. Ribeiro, Singh, and Guestrin, "Why Should I Trust You?".

55. Hilton, "The Artificial Brain as Doctor". 노보아는 2015년 1월 27일 동료에게 이메일을 보냈다. "AI가 수백 가지 개 품종을 식별하면, 피부학에 엄청나게 기여할 거라고 믿어요." 그리해 코를 비롯한 이들과의 공동 연구가 시작됐다. 다음을 참고. Justin Ko, "Mountains out of Moles: Artificial Intelligence and Imaging"(lecture), Big Data in Biomedicine Conference, Stanford, CA, May 24, 2017, https://www.youtube.com/watch?v=kClvKNl0Wfc

56. Esteva et al., "Dermatologist-Level Classification of Skin Cancer with Deep Neural Networks".

57. Ko, "Mountains out of Moles".

58. Narla et al., "Automated Classification of Skin Lesions".

59. Caruana, "Multitask Learning"; Rosenberg and Sejnowski, "NETtalk". 이 개념은 '헤드(head)', 즉 머리가 여러 개 달린 신경망을 만든다는 식으로 표현하곤 한다. 여기서 헤드는 똑같은 중간 수준의 특징을 한 몸처럼 공유하는 상위 수준의 출력을 말한다. 이 개념은 머신 러닝 분야에서 얼마간 똬리를 틀다가 2010년대에 그중 최고의 신경망인 알파고제로가 마침내 (여러 개의) 머리를 꼿꼿이 치켜들면서 세상에 모습을 드러냈다. 딥마인드는 바둑의 고수를 잇달아 이긴 알파고 구조를 반복해서 돌리다가, 두 개의 신경망을 합쳐서 머리가 두 개인 신경망으로 만들면 자신이 구축한 시스템을 대폭 간소화함을 알아차렸다. 원래의 알파고는 주어진 상황에서 어떤 수를 둘지 헤아리는 '정책 망'과 그 상황에서 양쪽 대국자가 우세하거나 불리한 정도를 파악하는 '가치 망' 양쪽으로 쓰였다. 딥마인드는 관련된 중간 수준의 '특징'(누가 어느 영역을 장악하고, 어떤 집이

얼마나 튼튼하고 허약한지 등)을 보면 양쪽 망이 극도로 비슷하다는 점을 깨달았다. 그런데 왜 중복시킬까? 그 후속판인 알파고제로 구조에서 '정책 망'과 '가치 망'은 같은 심층 신경망에 붙은 '정책 헤드'와 '가치 헤드'가 됐다. 케르베로스 같은 모습의 이 새로운 망은 더 단순하면서, 철학적으로 더 흡족했다. 그리고 원본보다 더욱 뛰어났다(굳이 따지자면, 신화에서 케르베로스는 대개 머리가 셋이라고 묘사된다. 그 형제인 오르트로스는 좀 덜 알려진 개인데 머리가 둘 있으며 게리온의 소를 지켰다).

60. Rich Caruana, personal interview, May 16, 2017.

61. Poplin et al., "Prediction of Cardiovascular Risk Factors from Retinal Fundus Photographs via Deep Learning".

62. Ryan Poplin, interviewed by Sam Charington, *TWiML Talk*, Episode 122, March 26, 2018.

63. Zeiler and Fergus, "Visualizing and Understanding Convolutional Networks".

64. Matthew Zeiler, "Visualizing and Understanding Deep Neural Networks by Matt Zeiler"(lecture), https://www.youtube.com/watch?v=ghEmQSxT6tw

65. 다음을 참고. Zeiler et al., "Deconvolutional Networks"; Zeiler, Taylor, and Fergus, "Adaptive Deconvolutional Networks for Mid and High Level Feature Learning".

66. 2014년경에 이미지넷 벤치마크 경연 대회에 출전한 이들은 모두 이 기법과 지식을 썼다. 다음을 참고. Simonyan and Zisserman, "Very Deep Convolutional Networks for Large-Scale Image Recognition"; Howard, "Some Improvements on Deep Convolutional Neural Network Based Image Classification"; Simonyan, Vedaldi, and Zisserman, "Deep Inside Convolutional Networks". 2018년과 2019년 클라리파이 내부에서는 자사의 사진 인식 소프트웨어를 군사용으로 쓸지 여부를 놓고 논쟁이 벌어졌다. 다음을 참고. Metz, "Is Ethical A.I. Even Possible?".

67. 그들의 접근법에 영향을 준 연구는 다음을 참고. Erhan et al., "Visualizing Higher-Layer Features of a Deep Network". 더 이전 및 같은 시기에 이뤄진 다른 연구의 역사를 더 상세히 다룬 문헌은 다음을 참고. Olah, "Feature Visualization". 현실적으로 대상을 더 한정하거나 고치지 않은 채 단순히 범주 라벨을 최적화하는 것만으로는 쉽게 알아볼 사진이 나오지 않는다. 이 분야는 활발하게 연구가 이뤄진다. 다음을 참고. Mordvintsev, Olah, and Tyka, "Inceptionism"; Olah, Mordvintsev, and Schubert, "Feature Visualization".

68. Mordvintsev, Olah, and Tyka, "DeepDream".

69. 야후의 모형은 open_nsfw이며, 깃허브에서 받을 수 있다(https://github.com/yahoo/open_nsfw). 고의 연구는 아동이나 심장이 약한 이에게는 적합하지 않은데 다음 사이트에서 볼 수 있다(https://open_nsfw.gitlab.io). 그 방법에 대해서는 다음을 참고. Nguyen et al., "Synthesizing the Preferred Inputs for Neurons in Neural Networks via Deep Generator Networks". 고는 나중에 OpenAI의 올라가 이끄는 명료성 팀에 합류했다.

70. 다음을 참고. Mordvintsev, Olah, and Tyka, "Inceptionism"; Mordvintsev, Olah, and Tyka, "DeepDream".

71. 다음을 참고. Olah, Mordvintsev, and Schubert, "Feature Visualization"; Olah et al., "The Building Blocks of Interpretability"; Carter et al., "Activation Atlas". 알렉스넷 같은 주요 심층 학습 모형의 각 층위별 활동을 '현미경'으로 들여다보듯이 세밀하게 보여 주는 연구도 한다(https://microscope.openai.com/models/alexnet).

72. Chris Olah, personal interview, May 4, 2020. 다음 문헌도 참고. https://distill.pub/2020/circuits/

73. https://distill.pub. 디스틸 창립에 대한 올라의 생각은 다음을 참고. https://colah.github.io/posts/2017-03-Distill/and https://distill.pub/2017/research-debt/

74. Olah et al., "The Building Blocks of Interpretability".

75. Been Kim, personal interview, June 1, 2018.

76. 다음을 참고. Doshi-Velez and Kim, "Towards a Rigorous Science of Interpretable Machine Learning"; Lage et al., "Human-in-the-Loop Interpretability Prior".

77. 다음을 참고. Poursabzi-Sangdeh et al., "Manipulating and Measuring Model Interpretability".

78. 다음을 참고. https://github.com/tensorflow/tcav

79. Kim et al., "Interpretability Beyond Feature Attribution".

80. 이 방법은 1장에서 워드투백을 다룰 때 봤던 것과 그리 다르지 않은 개념 벡터를 생성한다. 다음을 참고. Fong and Vedaldi, "Net2Vec".

81. Been Kim, "Interpretability Beyond Feature Attribution"(lecture), MLconf 2018, San Francisco, November 14, 2018, https://www.youtube.com/watch?v=Ff-Dx79QEEY

82. Been Kim, "Interpretability Beyond Feature Attribution".

83. 다음을 참고. Mordvintsev, Olah, and Tyka, "Inceptionism"; Mordvintsev, Olah, and Tyka, "DeepDream".

84. 다음을 참고. https://results.ittf.link

85. Stock and Cisse, "ConvNets and Imagenet Beyond Accuracy".

4장 강화

1. Skinner, "Reinforcement Today".

2. Arendt, *The Human Condition*.

3. 스타인이 대학생 때 한 연구는 다음을 참고. Solomons and Stein, "Normal Motor Automatism". 스키너는 그의 유명한 책을 더 이전의 심리학 연구와 연관 지어 설명하는 서평을 쓰기도 했다. 다음을 참고. Skinner, "Has Gertrude Stein a Secret?". 스타인이 당시의 자신을 짧게 회고한 내용이 담긴 문헌은 다음을 참고. Stein, *The Autobiography of Alice B. Toklas*. 스타인의 생애와 영향을 더 상세히 다룬 책은 다음을 참고. *The Third Rose*.

4. 다음을 참고. Joncich, *The Sane Positivist*; Brinnin, *The Third Rose*.

5. Joncich.

6. Thorndike, "Animal Intelligence".

7. Thorndike, *The Psychology of Learning*.

8. 물론 손다이크의 후배뿐 아니라 선배도 있다. 스코틀랜드 철학자 알렉산더 베인도 그보다 앞서 효과 법칙의 선행 연구를 했는데, 1855년 저서에서 '더듬어 찾기 실험'과 '시행착오라는 대단한 과정'(지금은 일상적으로 쓰이는 그 용어를 창안한 듯하다)을 통한 학습을 논의했다. 다음을 참고. Alexander Bain, *The Senses and the Intellect*. 콘웨이 로이드 모건도 손다이크의 하버드대 연구보다 2년 전인 1894년 저서에서 동물의 행동을 다루면서 '시행착오'를 논의했다. 다음을 참고. Conway Lloyd Morgan, *Introduction to Comparative Psychology*. RL의 관점에서 동물의 학습 연구 역사를 살핀 문헌은 다음을 참고. Sutton and Barto, *Reinforcement Learning*.

9. 다음을 참고. Thorndike, "A Theory of the Action of the After-Effects of a Connection upon It"; Skinner, "The Rate of Establishment of a Discrimination"; Wise, "Reinforcement".

10. Tolman, "The Determiners of Behavior at a Choice Point".

11. 다음을 참고. Joncich, *The Sane Positivist*; Cumming, "A Review of Geraldine Joncich's The Sane Positivist: A Biography of Edward L. Thorndike".

12. Thorndike, "A Theory of the Action of the After-Effects of a Connection upon It".

13. Turing, "Intelligent Machinery".

14. "Heuristics".

15. Samuel, "Some Studies in Machine Learning Using the Game of Checkers".

16. McCarthy and Feigenbaum, "In Memoriam"(새뮤얼의 텔레비전 방송 시연, 1956. 2. 24.).

17. Edward Thorndike, "letter to William James", 1908. 10. 26.; Jonçich, *The Sane Positivist*.

18. Rosenblueth, Wiener, and Bigelow, "Behavior, Purpose and Teleology". 《옥스퍼드 영어 사전》은 그 단어를 '출력 신호의 일부를 되돌리기'라는 뜻으로 쓸 때와 '그 과정의 결과나 효과를 통해서 (…) 어떤 과정이나 시스템의 수정, 조정, 제어'라는 뜻으로 쓸 때를 구분하면서, 후자의 뜻으로 쓴 최초의 문헌이 이 논문이라고 말한다.

19. '사이버네틱스'라는 단어는 현대인의 귀에 미래 지향적인 동시에 회고적으로 들린다. 플래시 고든과 베이비 붐 시대의 SF를 떠올리게 한다. 사실 그 용어는 지극히 현실적이며, 들리는 것처럼 결코 이질적인 뭔가를 뜻하지 않는다. 위너는 살아 있는 시스템과 기계 시스템 양쪽에서 자기 조절과 피드백이라는 개념을 잘 표현할 만한 용어를 찾았다. "많은 고민 끝에 우리는 기존의 모든 용어가 이쪽이든 저쪽이든 간에 너무 한쪽으로 치우쳐서 안 맞을 뿐 아니라 이 분야의 향후 발전에도 도움이 안 될 것이라고 결론을 내렸다. 그래서 과학자가 종종 그러하듯이, 우리는 그 빈자리를 채우기 위해서 새로운 그리스어 표현을 적어도 하나 창안하지 않을 수 없었다."(Wiener, Cybernetics) 그는 '조타수', '선장', '지배자'의 어원인 그리스어 κυβερνήτης(kybernetes)가 마음에 들었다. 사실 영어의 '지배자(governor)'는 kybernetes의 철자가 좀 변해서(에트루리아인을 거치면서 그런 듯하다) 나온 단어다. 새로운 용어가 창안될 때 으레 그렇듯이, 초기에는 좀 여러 가지 철자법으로 표기됐다. 예를 들어, 1960년 런던에서 나온 한 학술서에는 다른 철자로 적혔다(나는 어원을 따질 때 이 단어의 철자를 Kybernetics라고 쓰는 편이 낫다고 본다). 사실 영어에서 그 용어는 위너가 쓰기 전부터 나왔다. 1868년 제임스 클라크 맥스웰은 전기의 '지배자'를 가리키는 뜻으로 그 용어를 썼고(위너의 뜻을 떠올리게 한다), 더 앞서(위너도 처음에는 몰랐다) 앙드레 마리 앙페르도 1834년에 사회과학과 정치권력이라는 맥락에서의 지배를 가리킬 때 항해에서의 조타를 염두에 두고서 그 용어를 썼다. 앙드레는 이렇게 배를 도시에 비유하는 용법이 고대 그리스에서도 쓰였다고 말한다. 다음을 참고. Maxwell, "On Governors"; Ampere, *Essai sur la philosophie* des sciences; ou, *Exposition analytique d'une classification naturelle de toutes les connaissances humaines.*

20. Wiener, *Cybernetics.*

21. Rosenblueth, Wiener, and Bigelow, "Behavior, Purpose and Teleology".

22. Klopf, *Brain Function and Adaptive Systems: A Heterostatic Theory.* '쾌락주의적 뉴런'이라는 개념은 머신 러닝의 역사 내내 조금씩 다른 형태로 존재했다. 민스키의 'SNARC' 시스템은 그 초기 사례에 해당한다. 다음을 참고. Minsky, "Theory of Neural-Analog Reinforcement Systems and Its Application to the Brain Model Problem". 다음 문헌의 15장도 참고. Sutton and Barto, *Reinforcement Learning for discussion.*

23. Andrew G. Barto, "Reinforcement Learning: A History of Surprises and Connections"(lecture), July 19, 2018, International Joint Conference on Artificial Intelligence, Stockholm, Sweden.

24. Andrew Barto, personal interview, May 9, 2018.

25. RL의 교과서인 서턴과 바토의 책은 개정판이 나왔다. 다음을 참고. Sutton and Barto, *Reinforcement Learning.* 이 분야의 1990년대 중반까지 역사를 요약한 문헌은 다음을 참고. Kaelbling, Littman, and Moore, "Reinforcement Learning".

26. 서턴이 이 개념을 정의하고 논의한 자료로 다음을 참고. http://incompleteideas. net/rlai.cs.ualberta.ca/RLAI/rewardhypothesis.html; Sutton and Barto, *Reinforcement Learning.* 서턴은 브라운대 컴퓨터 과학자 마이클 리트먼에게 그 개념을 처음 들었다고 말한다. 리트먼은 자신이 서턴에게 처음으로 들었다고 생각한다. 그러나 가장 처음에 그 개념이 언급된 것은 2000년대 초에 리트먼이 한 강연에서였던 듯하다. 당시 그는 "복잡하며 변화하는 세계에서 받는 보상 신호를 최대화하려 추구하는 개인의 행동에서 지적 행동이 비롯된다"라고 주장했다. 이 역사를 다룬 리트먼의 회고는 다음을 참고. "Michael Littman: The Reward Hypothesis"(lecture), University of Alberta, October 16, 2019, https://www.coursera.org/lecture/fundamentals-of-reinforcement-learning/michael-littman-the-reward-hypothesis-q6x0e. 이런 식으로 이해하는 기본 틀은 비교적 최근에 나온 것이지만, 행동을 어떤 정량화 가능한 형태의 보상이 명시적으로 또는 암묵적으로 동기가 돼 나오는 것이라고 보는 생각 자체는 효용 이론과 폭넓게 연관된다. 다음을 참고. Bernouilli, "Specimen theoriae novae de mensura sortis"; Samuelson, "A Note on Measurement of Utility"; von Neumann and Morgenstern, *Theory of Games and Economic Behavior.*

27. Richard Sutton, "Introduction to Reinforcement Learning"(lecture), University of Texas at Austin, January 10, 2015.

28. 창은 이렇게 말했다. "두 (스칼라) 수를 비교할 때 가능한 결과는 세 가지뿐입니다. 한쪽이 더 크거나 더 작거나 양쪽이 같거나죠. 가치는 그렇지 않아요. 계몽운동의 산물인 우리는 과학적 사유가 우리 세계의 중요한 모든 것을 이해할 열쇠라고 가정하는 경향이 있지만, 가치의 세계는 과학의 세계와 달라요. 한쪽 세계의 것은 실수로 정량화할 수 있어요. 다른 쪽 세계의 것은 그럴 수가 없어요. 우리는 (길이와 무게로 이뤄진) 존재의 세계가 당위의 세계와 구조가 같다고 가정해서는 안 됩니다." 다음을 참고. Ruth Chang, "How to Make Hard Choices"(lecture), TEDSalon NY2014: https://www.ted.com/talks/ruth_chang_how_to_make_hard_choices

29. RL을 '비판자로부터 배우는 학습'이라고 보는 견해는 적어도 다음 문헌까지 거슬러 올라가는 듯하다. 다음을 참고. Widrow, Gupta, and Maitra, "Punish/Reward".

30. 우리는 역-전파 같은 알고리즘이 기여도 할당 문제를 시간적으로가 아니라 구조적으로 해결하는 것이라고 생각할 수 있다. 다음을 참고. Sutton, "Learning to Predict by the Methods of Temporal Differences". "역-전파와 TD 두 방법 모두 정확한 기여도 할당을 한다. 역-전파는 망의 출력에 영향을 미쳐서 전체 오류를 줄이려면 망의 어느 부위를 바꿀지 판단하는 반면, TD는 순차적으로 나오는 출력 중 각각의 출력을 어떻게 바꿔야 할지를 판단한다. 역-전파는 구조적 기여도 할당 문제를 다루는 반면, TD는 시간적 기여도 할당 문제를 다룬다."

31. Olds, "Pleasure Centers in the Brain", 1956.

32. Olds and Milner, "Positive Reinforcement Produced by Electrical Stimulation of Septal Area and Other Regions of Rat Brain".

33. Olds, "Pleasure Centers in the Brain"; "Pleasure Centers in the Brain".

34. Corbett and Wise, "Intracranial Self-Stimulation in Relation to the Ascending Dopaminergic Systems of the Midbrain".

35. Schultz, "Multiple Dopamine Functions at Different Time Courses". 인간의 뇌에 있는 뉴런 약 800~1,000억 개 중에서 도파민 뉴런은 약 40만 개로 추정된다.

36. Bolam and Pissadaki, "Living on the Edge with Too Many Mouths to Feed".

37. Bolam and Pissadaki.

38. Glimcher, "Understanding Dopamine and Reinforcement Learning".

39. Wise et al., "Neuroleptic-Induced 'Anhedonia' in Rats".

40. Wise, "Neuroleptics and Operant Behavior". '무쾌감증 가설'과 더 이전의 뇌 '쾌락 중추' 발견, 그 뒤에 도파민이 핵심 역할을 한다는 발견의 역사를 다룬 문헌은 다음을 참고. Wise, "Dopamine and Reward".

41. Wise, "Dopamine and Reward".

42. Romo and Schultz, "Dopamine Neurons of the Monkey Midbrain".

43. Romo and Schultz.

44. Wolfram Schultz, personal interview, June 25, 2018.

45. 다음을 참고. Schultz, Apicella, and Ljungberg, "Responses of Monkey Dopamine Neurons to Reward and Conditioned Stimuli During Successive Steps of Learning a Delayed Response Task"; Mirenowicz and Schultz, "Importance of Unpredictability for Reward Responses in Primate Dopamine Neurons".

46. Rescorla and Wagner, "A Theory of Pavlovian Conditioning". 결과가 놀라울 때에만 학습이 이뤄진다는 개념은 더 이전의 연구에서도 나온다. 다음을 참고. Kamin, "Predictability, Surprise, Attention, and Conditioning".

47. Wolfram Schultz, personal interview, June 25, 2018.

48. 다음을 참고. Wolfram Schultz, personal interview, June 25, 2018; Schultz, Apicella, and Ljungberg, "Responses of Monkey Dopamine Neurons to Reward and Conditioned Stimuli During Successive Steps of Learning a Delayed Response Task".

49. Quoted in Brinnin, *The Third Rose*.

50. Barto, Sutton, and Anderson, "Neuronlike Adaptive Elements That Can Solve Difficult Learning Control Problems".

51. "Rich is kind of the predictor guy, and I'm more the actor guy"(Andrew Barto, personal interview, May 9, 2018).

52. Sutton, "A Unified Theory of Expectation in Classical and Instrumental Conditioning".

53. Sutton, "Temporal-Difference Learning"(lecture), July 3, 2017, Deep Learning and Reinforcement Learning Summer School 2017, Universite de Montreal, July 3, 2017, http://videolectures.net/deeplearning2017_sutton_td_learning/

54. Sutton, "Temporal-Difference Learning".

55. 다음을 참고. Sutton, "Learning to Predict by the Methods of Temporal Differences"; Sutton's PhD thesis: "Temporal Credit Assignment in Reinforcement Learning".

56. 다음을 참고. Watkins, "Learning from Delayed Rewards"; Watkins and Dayan, "Q-Learning".

57. Tesauro, "Practical Issues in Temporal Difference Learning".

58. 다음을 참고. Tesauro, "TD-Gammon, a Self-Teaching Backgammon Program, Achieves Master-Level Play"; Tesauro, "Temporal Difference Learning and TD-Gammon".

59. "Interview with P. Read Montague", Cold Spring Harbor Symposium Interview Series, Brains and Behavior, https://www.youtube.com/watch?v=mx96DYQIS_s.

60. Peter Dayan, personal interview, March 12, 2018.

61. Schultz, Dayan, and Montague, "A Neural Substrate of Prediction and Reward". TD 학습과 관련 있다는 돌파구를 연 발견은 바로 그 전해에 이뤄진 듯하다. 다음을 참고. Montague, Dayan, and Sejnowski, "A Framework for Mesencephalic Dopamine Systems Based on Predictive Hebbian Learning".

62. P. Read Montague, "Cold Spring Harbor Laboratory Keynote", https://www.youtube.com/watch?v=RJvpu8nYzFg

63. "Interview with P. Read Montague", Cold Spring Harbor Symposium Interview Series, Brains and Behavior, https://www.youtube.com/watch?v=mx96DYQIS_s

64. Peter Dayan, personal interview, March 12, 2018.

65. Wolfram Schultz, personal interview, June 25, 2018.

66. Niv, "Reinforcement Learning in the Brain" 참고.

67. Niv.

68. 도파민의 TD 오류 이론의 한계를 논의한 문헌으로 다음을 참고. Dayan and Niv, "Reinforcement Learning"; O'Doherty, "Beyond Simple Reinforcement Learning".

69. Niv, "Reinforcement Learning in the Brain".

70. Yael Niv, personal interview, February 21, 2018.

71. Lenson, On Drugs.

72. 다음을 참고. Berridge, "Food Reward: Brain Substrates of Wanting and Liking"; Berridge, Robinson, and Aldridge, "Dissecting Components of Reward".

73. Rutledge et al., "A Computational and Neural Model of Momentary Subjective

Well-Being".

74. Rutledge et al.

75. 다음을 참고. Brickman, "Hedonic Relativism and Planning the Good Society"; Frederick and Loewenstein, "Hedonic Adaptation".

76. Brickman, Coates, and Janoff-Bulman, "Lottery Winners and Accident Victims".

77. "Equation to Predict Happiness", https://www.ucl.ac.uk/news/2014/aug/equation-predict-happiness

78. Rutledge et al., "A Computational and Neural Model of Momentary Subjective Well-Being".

79. Wency Leung, "Researchers Create Formula That Predicts Happiness", https://www.theglobeandmail.com/life/health-and-fitness/health/researchers-create-formula-that-predicts-happiness/article19919756/

80. 다음을 참고. Tomasik, "Do Artificial Reinforcement-Learning Agents Matter Morally?; Schwitzgebel and Garza, "A Defense of the Rights of Artificial Intelligences".

81. Brian Tomasik, "Ethical Issues in Artificial Reinforcement Learning", https://reducing-suffering.org/ethical-issues-artificial-reinforcement-learning/

82. 다음을 참고. Daswani and Leike, "A Definition of Happiness for Reinforcement Learning Agents"; People for the Ethical Treatment of Reinforcement Learners: http://petrl.org

83. Andrew Barto, personal interview, May 9, 2018.

84. 뇌의 도파민과 TD 학습은 이것이 전부가 아니다. 예를 들어, 도파민은 운동과 연결되고, 파킨슨병 같은 운동 장애와도 관련 있다. 또 도파민은 부정적인 예측 오류보다 긍정적인 예측 오류와 더 밀접한 관련이 있는 듯하다. 예를 들어, '회피' 자극, 즉 위협적이거나 혐오스럽거나 유독한 것을 피하는 쪽의 회로는 전혀 다른 듯하다.

85. Athalye et al., "Evidence for a Neural Law of Effect" 참고.

86. Andrew Barto, personal interview, May 9, 2018.

87. 지능의 보편적 정의 개념을 다룬 문헌으로는 다음을 참고. Legg and Hutter, "Universal Intelligence", "A Collection of Definitions of Intelligence"; Legg and Veness, "An Approximation of the Universal Intelligence Measure".

88. McCarthy, "What Is Artificial Intelligence?"

89. Schultz, Dayan, and Montague, "A Neural Substrate of Prediction and Reward"

참고. "어느 자극이 널리 퍼지는 스칼라 오류 신호에 요동을 일으키는지를 식별할 능력이 없으면, 행위자는 실제로는 목이 마른 데 물 대신에 식품에 손을 뻗는 법을 배우는 것처럼 배울 수도 있다."

5장 조형

1. Bentham, *An Introduction to the Principles of Morals and Legislation*.

2. Matarić, "Reward Functions for Accelerated Learning".

3. 다음을 참고. Skinner, "Pigeons in a Pelican"; Skinner, "Reinforcement Today".

4. Skinner, "Pigeons in a Pelican".

5. Ferster and Skinner, *Schedules of Reinforcement*. 찰스 페스터가 스키너와 함께 일하던 시절을 회상한 자료는 다음을 참고. Ferster, "Schedules of Reinforcement with Skinner".

6. Bailey and Gillaspy, "Operant Psychology Goes to the Fair".

7. Bailey and Gillaspy.

8. 브릴랜드 부부는 약 6,000마리가 넘는 동물을 훈련시켰고 순록, 코카투(관앵무_옮긴이), 미국너구리, 돌고래, 고래 같은 안 될 것 같은 동물에까지 시도했다. 그러나 그들은 동물이 특정한 행동을 하도록 조건형성하는 능력에 한계가 있음을 반복해서 접하기 시작했고, 이론으로서의 행동주의가 동물의 본능적이면서 진화한 종 특이적 행동과 성향을 충분히 설명하지 못한다고 결론지었다. 다음을 참고. Breland and Breland, "The Misbehavior of Organisms".

9. Skinner, "Reinforcement Today"(emphasis in the original).

10. Skinner, "Pigeons in a Pelican".

11. Skinner.

12. Skinner, "How to Teach Animals". 1951년의 이 논문에 RL의 맥락에서 '조형하다(shaping)'라는 단어가 처음으로 나온 듯하다.

13. 스키너는 여러 지면을 통해서 이 사건을 계속 논의했다. 다음을 참고. Skinner, "Reinforcement Today"; "Some Relations Between Behavior Modification and Basic Research"; *The Shaping of a Behaviorist, and A Matter of Consequences*. 다음 문헌도 참고. Peterson, "A Day of Great Illumination".

14. Skinner, "How to Teach Animals".

15. 스키너는 이렇게 썼다. "한 가지 친숙한 문제는 아이가 부모를 짜증 나게 하는 일

에 거의 병리학적인 기쁨을 느끼는 듯하다는 것이다. 많은 사례에서 이는 우리가 논의한 동물 훈련과 매우 비슷한 조건형성의 결과다." 다음을 참고. Skinner, "How to Teach Animals".

16. Skinner, "How to Teach Animals".

17. 이 인용문은 에디슨이 사망하고 오랜 세월이 흐른 뒤에 다음 문헌에 처음 등장했다. 다음을 참고. Spielvogel, "Advertising". 이 인용문과 그 변이 형태의 역사를 다룬 문헌은 다음을 참고. O'Toole, "There's a Way to Do It Better-Find It".

18. Bain, *The Senses and the Intellect*.

19. Michael Littman, personal interview, February 28, 2018.

20. 로봇학 맥락에서 '조형하다'가 처음 명시적으로 언급된 문헌으로 다음을 참고. Singh, "Transfer of Learning by Composing Solutions of Elemental Sequential Tasks". 이 주제는 1990년대 로봇학에서 주류로 부상했고, 많은 연구자는 동물 훈련과 도구적 조건형성을 다룬 문헌을 들여다봤다. 다음을 참고. Colombetti and Dorigo, "Robot Shaping"; Saksida, Raymond, and Touretzky, "Shaping Robot Behavior Using Principles from Instrumental Conditioning"; Savage, "Shaping".

21. Skinner, "Reinforcement Today".

22. Shigeru Miyamoto, "Iwata Asks: New Super Mario Bros. Wii", interview by Satoru Iwata, November 25, 2009, https://www.nintendo.co.uk/Iwata-Asks/Iwata-Asks-New-Super-Mario-Bros-Wii/Volume-1/4-Letting-Everyone-Know-It-Was-A-Good-Mushroom/4-Letting-Everyone-Know-It-Was-A-Good-Mushroom-210863.html

23. 학습 '커리큘럼'에 머신 러닝 접근법을 적용한다는 개념을 다룬 문헌으로 다음을 참고. Bengio et al., "Curriculum Learning".

24. Selfridge, Sutton, and Barto, "Training and Tracking in Robotics."

25. Elman, "Learning and Development in Neural Networks". 그러나 엘먼과 다른 발견을 내놓은 연구도 있다. 다음을 참고. Rohde and Plaut, "Language Acquisition in the Absence of Explicit Negative Evidence".

26. 이 실험은 돼지의 수행 능력이 시간이 지나면서 떨어지는 양상을 보여 줬다는 점에서 주목할 만했다. 고전적인 행동주의 모형에 의문을 제기하는 결과였기 때문이다. 다음을 참고. Breland and Breland, "The Misbehavior of Organisms".

27. Florensa et al., "Reverse Curriculum Generation for Reinforcement Learning".

2018년 OpenAI의 연구진은 RL 행위자에게 유달리 어려운 비디오게임을 하는 법을 훈련시키는 것과 비슷한 일을 했다. 그들은 아주 잘하는 이가 그 게임을 하는 광경을 찍은 다음, 이 영상을 되감으면서 학습시키는 커리큘럼을 짰다. 먼저 판을 깨기 직전의 상황부터 훈련시키면서, 영상을 서서히 되감으며 게임이 시작되는 순간까지 학습시켰다. 다음을 참고. Salimans and Chen, "Learning Montezuma's Revenge from a Single Demonstration."; Hosu and Rebedea, "Playing Atari Games with Deep Reinforcement Learning and Human Checkpoint Replay"; Nair et al., "Overcoming Exploration in Reinforcement Learning with Demonstrations"; Peng et al., "DeepMimic". 여기에는 더 폭넓게 볼 때 모방 학습과 연결되는 측면도 있으며, 그 점은 7장에서 다룬다.

28. Ashley, *Chess for Success*.

29. 확인하기는 어렵지만, 가능성이 매우 높다. 체스 서적 판매량 정보는 다음을 참고. Edward Winter, "Chess Book Sales", http://www.chesshistory.com/winter/extra/sales.html

30. Graves et al., "Automated Curriculum Learning for Neural Networks". 여기에는 6장에서 논의할 학습 진도에 보상하는 연구와 연결되는 측면도 있다. 커리큘럼 설계에 머신 러닝 연구를 적용한 이전 사례는 다음을 참고. Bengio et al., "Curriculum Learning".

31. David Silver, "AlphaGo Zero: Starting from Scratch", October 18, 2017, https://www.youtube.com/watch?v=tXlM99xPQC8

32. Kerr, "On the Folly of Rewarding A, While Hoping for B".

33. 1975년의 원문에는 부도덕성이 '불멸성(immortality)'이라고 잘못 인쇄됐다!

34. 이 기사의 작성자는 '편집진'이라고 적혔지만, 실제로는 케시 더챈트와 잭 베이가다. 다음을 참고. Dechant and Veiga, "More on the Folly".

35. 동기의 게이미피케이션을 우려하는 이야기도 있다. 다음을 참고. Callan, Bauer, and Landers, "How to Avoid the Dark Side of Gamification".

36. Kerr, "On the Folly of Rewarding A, While Hoping for B".

37. Wright et al., "40 Years (and Counting)".

38. "Operant Conditioning", https://www.youtube.com/watch?v=l_ctJqjlrHA

39. 다음을 참고. Joffe-Walt, "Allowance Economics"; Gans, *Parentonomics*.

40. Tom Griffiths, personal interview, June 13, 2018.

41. Andre and Teller, "Evolving Team Darwin United".

42. 저자들의 의사소통 내용을 참고. Ng, Harada, and Russell, "Policy Invariance Under Reward Transformations".

43. Randlov and Alstrom, "Learning to Drive a Bicycle Using Reinforcement Learning and Shaping".

44. 스튜어트는 이 생각이 1990년대에 메타 추론을 고심하다가 나온 것이라고 내게 말했다. 생각에 관한 생각을 하는 올바른 방식이 무엇인지를 고심할 때였다. 예를 들어 체스를 할 때 당신은 자신이 선택한 수 덕분에 이기지만, 그 수를 선택하도록 한 것은 당신이 한 생각이었다. 사실 우리는 나중에 게임을 떠올리면서 이렇게 생각하곤 한다. "아, 나이트를 구석에 가둔 것이 잘못이었어. 가장자리로 움직이지 말았어야 해." 그러나 때로는 이렇게도 생각한다. "아, 직감을 안 믿은 게 잘못이었어. 생각이 너무 많았어. 더 체계적이고 직관적으로 뒀어야 해." 체스를 잘 두고 싶은 이(어떤 행위자든 간에)가 자신의 사고 과정을 어떻게 배워야 할지 알아내는 일은 단순히 좋은 수를 고르는 방법을 배우는 것보다 더 중요하면서도 훨씬 더 어려운 일처럼 보였다. 아마 여기서 조형이 도움을 주지 않을까? "그래서 한 가지 자연스러운 답이 나왔죠. (…) 어떤 계산이 뭐가 좋은 수인지에 관한 생각을 바꾸게 만들면, 그 계산은 가치 있을 가능성이 높죠. 그러면 마음을 얼마나 많이 바꿨는지에 따라서 계산에 보상을 해요." 그는 이렇게 덧붙인다. "여기서 까다로운 부분은 이거예요. 대국자는 가장 좋은 수였던 것보다 차선책이 사실은 더 좋다는 것을 발견한다는 뜻에서 마음을 바꾼다는 거예요. 그럴 때 대국자는 인센티브를 얻고요. 대국자는 원래 최고의 수가 50점이고 차선책이 28점이라고 생각했어요. 그런데 이제 48점이 52점이 되죠. 어라? 50점에서 52점으로 올라갔으니 좋은 거네? 그런데 50점이라고 생각했던 것이 사실은 겨우 6점에 불과했다는 것을 깨달으면요? 그러면 이제 최선의 수는 48점이죠. 차선책이었던 거요. 그것을 긍정적인 보상이라고 봐야 할까요, 부정적인 보상이라고 봐야 할까요? 여기서도 대국자는 긍정적인 보상으로 봐야 한다고 생각할 거예요. 무엇을 생각했고, 그 생각이 자신이 두려 생각했던 수가 나쁜 수였음을 깨닫도록 도왔으므로 가치 있는 것이었으니까요. 그리고 재앙을 막죠. 그러니 거기에도 자기 자신에게 긍정적인 보상을 주면요? 그런 식으로 하면 늘 긍정적인 보상만을 받는 거잖아요? 그러면 결국 대국자가 배우는 것은 게임에 이기는 법이 아니라 줄곧 마음을 바꾸는 법이 될 겁니다. 따라서 뭔가 잘못된 거죠. 그런데 이런 내면의 가짜 보상을 쭉 정렬하면 더했을 때 진짜 보상과 똑같아진다는 생각이 문득 떠올랐어요. 딱 들어맞죠." 다음을 참고. Stuart Russell, personal interview, 2018. 5. 13.

45. Andrew Ng, "The Future of Robotics and Artificial Intelligence"(lecture), May 21, 2011, https://www.youtube.com/watch?v=AY4ajbu_G3k

46. 다음을 참고. Ng et al., "Autonomous Helicopter Flight via Reinforcement Learning"; Schrage et al., "Instrumentation of the Yamaha R-50/RMAX Helicopter Testbeds for Airloads Identification and Follow-on Research". 후속 작업에 대해서는 다음을 참고. Ng et al., "Autonomous Inverted Helicopter Flight via Reinforcement Learning"; Abbeel et al., "An Application of Reinforcement Learning to Aerobatic Helicopter Flight".

47. Ng, "Shaping and Policy Search in Reinforcement Learning". Wiewiora, "Potential-Based Shaping and Q-Value Initialization Are Equivalent". 후자는 행위자의 초기 상태를 설정할 때 조형을 사용하면서 실제 보상 자체는 그대로 둬도 같은 결과를 얻는다고 주장한다.

48. Ng, "Shaping and Policy Search in Reinforcement Learning". 요약은 다음을 참고. Ng, Harada, and Russell, "Policy Invariance Under Reward Transformations".

49. "보수적인 분야란 어느 길로 가던 간에 같은 상태로 돌아간다는 뜻이죠. 적분 v·ds가 0이라는 거죠." 다음을 참고. Stuart Russell, personal interview, 2018. 5. 13.

50. Russell and Norvig, *Artificial Intelligence*.

51. Ng, Harada, and Russell, "Policy Invariance Under Reward Transformations".

52. Spignesi, *The Woody Allen Companion*.

53. 진화심리학 관점. 다음을 참고. Al-Shawaf et al., "Human Emotions: An Evolutionary Psychological Perspective"; Miller, "Reconciling Evolutionary Psychology and Ecological Psychology".

54. Michael Littman, personal interview, February 28, 2018.

55. Ackley and Littman, "Interactions Between Learning and Evolution".

56. 그 자체가 '내면' 보상 함수의 최적화 프로그램인(또는 될 수 있는) 시스템을 훈련시키는 일은 AI 안전성 연구자에게 우려의 근원이자 활발한 연구 대상이다. 다음을 참고. Hubinger et al., "Risks from Learned Optimization in Advanced Machine Learning Systems".

57. Andrew Barto, personal interview, May 9, 2018.

58. 다음을 참고. Singh, Lewis, and Barto, "Where Do Rewards Come from?"; Sorg, Singh, and Lewis, "Internal Rewards Mitigate Agent Boundedness".

59. Sorg, Singh, and Lewis, "Internal Rewards Mitigate Agent Boundedness". 이 질문의 답은 "예"이지만, 몇 가지 아주 강한 가정하에서만 그렇다. 특히 행위자의 시간과 연산 능력이 무제한일 때에만 그렇다. 그렇지 않으면, 그것을 목표로 삼지 않는 편이 더 낫다. 여기에서 역설의 낌새가 풍긴다. 행위자에게 다른 것을 하라고 알림으로써 우리의 목표를 더 잘 충족한다.

60. Singh et al., "On Separating Agent Designer Goals from Agent Goals".

61. 최적 보상 문제를 더 상세히 다룬 문헌으로 다음을 참고. Sorg, Lewis, and Singh, "Reward Design via Online Gradient Ascent". 소그의 박사 학위 논문도 있는데 다음을 참고. "The Optimal Reward Problem: Designing Effective Reward for Bounded Agents". RL 행위자의 최적 보상 학습 분야에서 이뤄진 발전 양상에 대해서는 다음을 참고. Zheng, Oh, and Singh, "On Learning Intrinsic Rewards for Policy Gradient Methods".

62. "Workplace Procrastination Costs British Businesses £76 Billion a Year", *Global Banking & Finance Review*, https://www.globalbankingandfinance.com/workplace-procrastination-costs-british-businesses-76-billion-a-year/#_ftn1. 굼뜬 행동의 원인과 비용을 더 폭넓게 살핀 문헌은 다음을 참고. Steel, "The Nature of Procrastination".

63. Skinner, "A Case History in Scientific Method".

64. Jane McGonigal, "Gaming Can Make a Better World", https://www.ted.com/talks/jane_mcgonigal_gaming_can_make_a_better_world/

65. McGonigal, *SuperBetter* 참고.

66. Jane McGonigal, "The Game That Can Give You 10 Extra Years of Life", https://www.ted.com/talks/jane_mcgonigal_the_game_that_can_give_you_10_extra_years_of_life/

67. Deterding et al., "From Game Design Elements to Gamefulness" 참고.

68. Hamari, Koivisto, and Sarsa, "Does Gamification Work?" 참고.

69. Falk Lieder, personal interview, April 18, 2018.

70. 더 전반적인 개요는 다음을 참고. Lieder, "Gamify Your Goals". 더 상세한 논의는 다음을 참고. Lieder et al., "Cognitive Prostheses for Goal Achievement".

71. 이 개념을 살핀 최근 문헌은 다음을 참고. Sorg, Lewis, and Singh, "Reward Design via Online Gradient Ascent".

72. Falk Lieder, personal interview, April 18, 2018.

73. 특히 과제를 거절하고 15센트를 받을지, 과제를 받아들이고 5센트를 받은 뒤 마감 시한까지 글을 쓰면 20달러를 받는 쪽을 택할지 선택하도록 했다.

74. Lieder et al., "Cognitive Prostheses for Goal Achievement".

75. Lieder et al.

76. "대학원생은 전체 집단에 비해 우울과 불안을 겪을 가능성이 6배 이상 높다." 다음을 참고. Evans et al., "Evidence for a Mental Health Crisis in Graduate Education".

6장 호기심

1. Turing, "Intelligent Machinery".

2. 표준 RL 성능 기준을 개발하고 경연 대회를 열려는 노력은 2004년에 시작됐다. 다음을 참고. Whiteson, Tanner, and White, "The Reinforcement Learning Competitions".

3. Marc Bellemare, personal interview, February 28, 2019.

4. Bellemare et al., "The Arcade Learning Environment". 이 학습 환경의 개발 시도는 한 연구에서 시작됐는데 다음을 참고. Naddaf, "Game-Independent AI Agents for Playing Atari 2600 Console Games". 그 이전의 연구도 있는데 피트폴(Pitfall!)이라는 게임을 RL의 환경으로 삼았다. 다음을 참고. Diuk, Cohen, and Littman, "An Object-Oriented Representation for Efficient Reinforcement Learning".

5. Gendron-Bellemare, "Fast, Scalable Algorithms for Reinforcement Learning in High Dimensional Domains" 참고.

6. Mnih et al., "Playing Atari with Deep Reinforcement Learning".

7. Mnih et al., "Human-Level Control Through Deep Reinforcement Learning".

8. Robert Jaeger, interviewed by John Hardie, http://www.digitpress.com/library/interviews/interview_robert_jaeger.html

9. 이 연구도 성공한 목표 상태로부터 역행하면서 RL 행위자에게 단계적으로 게임하는 법을 가르친다는 흥미로운 개념을 살핀다. 다음을 참고. Salimans and Chen, "Learning Montezuma's Revenge from a Single Demonstration".

10. Maier and Seligman, "Learned Helplessness". 이 분야의 최근 연구는 다음을 참고. Lieder, Goodman, and Huys, "Learned Helplessness and Generalization".

11. Henry Alford, "The Wisdom of Ashleigh Brilliant", http://www.ashleighbrilliant.com/BrilliantWisdom.html. 원본은 다음을 참고. Alford, *How to Live*, New York:

Twelve, 2009.

12. 내적 동기라는 개념을 머신 러닝에 도입한 연구. 다음을 참고. Barto, Singh, and Chentanez, "Intrinsically Motivated Learning of Hierarchical Collections of Skills"; Singh, Chentanez, and Barto, "Intrinsically Motivated Reinforcement Learning". 이 논문을 개괄한 최근의 책은 다음을 참고. Baldassarre and Mirolli, *Intrinsically Motivated Learning in Natural and Artificial Systems*.

13. Hobbes, *Leviathan*.

14. Simon, "The Cat That Curiosity Couldn't Kill".

15. Berlyne, "'Interest' as a Psychological Concept".

16. Furedy and Furedy, "My First Interest Is Interest" 참고.

17. Berlyne, *Conflict, Arousal, and Curiosity*.

18. 다음을 참고. Harlow, Harlow, and Meyer, "Learning Motivated by a Manipulation Drive"; Harlow, "Learning and Satiation of Response in Intrinsically Motivated Complex Puzzle Performance by Monkeys".

19. 이런 시나리오가 실린 문헌. Barto, "Intrinsic Motivation and Reinforcement Learning"; Deci and Ryan, *Intrinsic Motivation and Self-Determination in Human Behavior*.

20. Berlyne, *Conflict, Arousal, and Curiosity*.

21. Berlyne's own "Uncertainty and Conflict: A Point of Contact Between Information-Theory and Behavior-Theory Concepts" 참고.

22. 심리학 연구 주제로서의 '흥미'를 21세기에 개괄한 연구. 다음을 참고. Silvia, *Exploring the Psychology of Interest*, and Kashdan and Silvia, "Curiosity and Interest".

23. Konečni, "Daniel E. Berlyne".

24. Berlyne, *Conflict, Arousal, and Curiosity*.

25. *Klondike Annie*, 1936.

26. Fantz, "Visual Experience in Infants". 굳이 따지자면, 팬츠는 웨스턴리저브대 소속이었다. 그 대학교가 케이스공대와 공식 통합돼 지금의 케이스웨스턴대가 된 것은 몇 년 뒤인 1967년이었다.

27. Saayman, Ames, and Moffett, "Response to Novelty as an Indicator of Visual Discrimination in the Human Infant" 참고.

28. 최근의 개괄적 연구는 다음을 참고. Roder, Bushnell, and Sasseville, "Infants' Preferences for Familiarity and Novelty During the Course of Visual Processing".

29. 예를 들어, 민스키는 1961년에 이렇게 썼다. "어떤 가중치를 추가해 새로운 측면을 지닌 예측을 강화하면, 일종의 호기심에 동기부여가 된 식별할 수도 있다. (…) 확인된 새로운 기댓값을 택하는 메커니즘을 강화하는 데에서 (…) 우리는 지적 동기를 모사할 열쇠를 찾을 수도 있다." Minsky, "Steps Toward Artificial Intelligence".

30. Sutton, "Integrated Architectures for Learning, Planning, and Reacting Based on Approximating Dynamic Programming"; "Reinforcement Learning Architectures for Animats" 참고. 매사추세츠공과대의 레슬리 팩 캘블링은 특정한 행동의 보상을 중심으로 한 행위자의 '신뢰 구간'을 측정한다는 개념을 토대로 비슷한 방법을 고안했다. Kaelbling, *Learning in Embedded Systems*. 신뢰 구간이 넓을수록 행위자가 그 행동을 할지는 더 불확실해졌다. 그의 개념은 행위자가 가장 불확실한 일을 할 때도 마찬가지로 보상하자는 것이었다. 이 맥락에 있는 다음 연구도 참고. Strehl and Littman, "An Analysis of Model-Based Interval Estimation for Markov Decision Processes".

31. Berlyne, *Conflict, Arousal, and Curiosity*.

32. 아홉 칸 하나하나가 ×나 ○로 표시되거나 비었다면, 최대 3^9, 즉 1만 9,683가지 조합이 가능하다. 물론 이 모든 수가 다 타당하지는 않으므로, 실제 가짓수는 더 작다(예를 들어, ×가 아홉 번 표시되는 일은 게임할 때 결코 나타날 수 없다).

33. Bellemare et al., "Unifying Count-Based Exploration and Intrinsic Motivation". 이 연구는 어느 정도는 다음 연구에 영향을 받았다. Strehl and Littman, "An Analysis of Model-Based Interval Estimation for Markov Decision Processes". 후속 연구도 참고. Ostrovski et al., "Count-Based Exploration with Neural Density Models". 해시 함수를 사용하는 접근법도 있다. 다음을 참고. Tang et al., "# Exploration". 본보기 모형을 사용한 접근법도 있는데, 다음을 참고. Fu, Co-Reyes, and Levine, "EX2".

34. Marc G. Bellemare, "The Role of Density Models in Reinforcement Learning"(lecture), DeepHack.RL, February 9, 2017, https://www.youtube.com/watch?v=qSfd27AgcEk

35. 사실 확률로부터 의사 횟수로 나아가려면 꽤 교묘하면서 미묘한 수학을 써야 한다. Bellemare et al., "Unifying Count-Based Exploration and Intrinsic Motivation".

36. Berlyne, *Conflict, Arousal, and Curiosity*.

37. Gopnik, "Explanation as Orgasm and the Drive for Causal Knowledge".

38. 새로움과 놀라움의 차이를 보는 컴퓨터 공학의 견해로 다음을 참고. Barto, Mirolli, and Baldassarre, "Novelty or Surprise?"

39. Schulz and Bonawitz, "Serious Fun".

40. "Curiosity and Learning: The Skill of Critical Thinking", Families and Work Institute, https://www.youtube.com/watch?v=IDgm5yVY5K4

41. Ellen Galinsky, "Give the Gift of Curiosity for the Holidays-Lessons from Laura Schulz", https://www.huffpost.com/entry/give-the-gift-of-curiosit_n_1157991. 최근 문헌을 더 폭넓게 개괄한 문헌은 다음을 참고. Schulz, "Infants Explore the Unexpected".

42. Bonawitz et al., "Children Balance Theories and Evidence in Exploration, Explanation, and Learning".

43. Stahl and Feigenson, "Observing the Unexpected Enhances Infants' Learning and Exploration".

44. "Johns Hopkins University Researchers: Babies Learn from Surprises", April 2, 2015, https://www.youtube.com/watch?v=oJjt5GRIn-0

45. Berlyne, Conflict, Arousal, and Curiosity. 벌린은 특히 다음 연구에 자극을 받았다. Shaw et al., "A Command Structure for Complex Information Processing".

46. Schmidhuber, "Formal Theory of Creativity, Fun, and Intrinsic Motivation(1990~2010)".

47. Jurgen Schmidhuber, "Universal AI and a Formal Theory of Fun"(lecture), Winter Intelligence Conference, Oxford University, 2011, https://www.youtube.com/watch?v=fnbZzcruGu0

48. Schmidhuber, "Formal Theory of Creativity, Fun, and Intrinsic Motivation(1990~2010)".

49. 이 두 요소 사이의 긴장은 뉴욕대의 제임스 카스가 유한 게임과 무한 게임이라고 부른 것을 음과 양의 형태로 완벽하게 구현한다. 유한 게임은 최종 평형상태에 다다르기 위해서 한다. 무한 게임은 게임의 경험을 영구히 지속하기 위해서 한다. 유한 행위자는 놀라움에 맞서서 게임을 한다. 무한 행위자는 놀라움을 위해서 게임을 한다. 카스는 이렇게 말했다. "놀라움은 유한 게임을 끝나게 하는 원인이다. 그리고 무한 게임을 지속하는 이유이기도 하다." 놀라움을 원하는 욕구와 놀라움에 맞서려는 욕구라는 경쟁하는 이 근본적인 욕구 사이의 긴장은 유명한 동기부여 강연자 토니 로빈스의 말에도 있다.

"나는 인간의 욕구가 여섯 가지라고 봅니다. (…) 뭔지 말할게요. 첫째는 확실성입니다. (…) 우리는 확실성을 다르게 추구하지만, 완전한 확실성을 얻으면, 무엇을 얻을까요? 확실하다는 것이 어떤 느낌일까요? 무슨 일이 일어날지, 그 일이 언제 어떻게 일어날지 알겠죠. 그러면 어떤 느낌일까요? 여러분의 마음은 너무나 지루해질 겁니다. 그래서 무한한 지혜를 지닌 신은 우리에게 두 번째 욕구를 줬어요. 바로 불확실성의 욕구죠. 우리는 다양성을 원합니다. 우리는 놀라움을 원해요."(Tony Robbins, "Why We Do What We Do"(lecture), February, 2006, Monterey, CA, https://www.ted.com/talks/tony_robbins_asks_why_we_do_what_we_do). 인간은 분명히 이 두 욕구를 지닌다. 모든 훌륭한 일반적인 RL 행위자도 (살아 있든 아니든 간에) 그렇다는 것은 결코 우연이 아니다.

50. '내재적 호기심 모듈'은 사실 이보다 좀 더 미묘하면서 더 복잡하다. 화면에서 사용자가 제어 가능한 측면만을 예측하도록 설계됐기 때문이다. 다른 측면의 예측에는 '역-동역학' 모형을 쓴다. 상세한 내용은 다음 문헌 참고. Pathak et al., "Curiosity-Driven Exploration by Self-Supervised Prediction". '정보 이득'에 보상함으로써 탐색 동기를 부여하는 접근법도 있는데 다음을 참고. Schmidhuber, "Curious Model-Building Control Systems"; Stadie, Levine, and Abbeel, "Incentivizing Exploration in Reinforcement Learning with Deep Predictive Models"; Houthooft et al., "VIME".

51. Burda et al., "Large-Scale Study of Curiosity-Driven Learning".

52. Burda et al., "Exploration by Random Network Distillation" 참고.

53. 같은 시기에 미시간주립대와 구글 브레인의 연구자도 새로움 기반 탐색 접근법을 써서 '몬테수마의 복수'에서 비슷한 돌파구를 열었다는 논문을 냈다. 다음을 참고. Choi et al., "Contingency-Aware Exploration in Reinforcement Learning".

54. OpenAI의 발표가 있은 지 몇 주 뒤 우버 AI 랩스의 연구진은 고-익스플로어(Go-Explore)라는 알고리즘 집합을 발표했다. 우선적으로 다시 찾을 '새로운' 상태(화면의 저해상도 사진을 통해 측정한)의 리스트를 저장함으로써 '몬테수마의 복수' 첫 번째 판을 65퍼센트의 확률로 깼다(https://eng.uber.com/go-explore). 다음을 참고. Ecoffet et al., "Go-Explore". 그 게임에 관한 인간의 지식을 담은 손수 짠 일부 코드를 써서 행위자는 게임을 수백 판 연달아 깸으로써 수백만 점을 올렸다. 이런 결과 중 일부 뜻을 놓고 견해 차이를 빚기도 한다. 다음을 참고. Alex Irpan, "Quick Opinions on Go-Explore"; Sorta Insightful, https://www.alexirpan.com/2018/11/27/go-explore.html. 참고로 보도 자료는 고친 사항과 점수 변경을 반영하면서 그 뒤로 갱신됐다.

55. Ostrovski et al., "Count-Based Exploration with Neural Density Models".

56. 관련 논의를 보려면 다음을 참고. Ecoffet et al., "Go-Explore".

57. Burda et al., "Large-Scale Study of Curiosity-Driven Learning".

58. 복잡한 죽음 애니메이션이 있는 게임은 예외다. 그런 게임에서는 행위자가 그 애니메이션을 보기 위해서 죽었다.

59. Yuri Burda, personal correspondence, January 9, 2019.

60. Singh, Lewis, and Barto, "Where Do Rewards Come From?"

61. Singh, Lewis, and Barto. 다음도 참고. Oudeyer and Kaplan, "What Is Intrinsic Motivation?"

62. 이런 이유 때문에, 연구자는 이른바 '끈적 행동'(행위자에게 이따금 랜덤으로 한 프레임 사이 방금 눌렀던 버튼을 반복해서 누르도록 함으로써 일으킨다)을 엡실론 탐욕 행동을 대신할 변이의 원천으로 삼아서 실험을 했다. 엡실론 탐욕 행동은 행위자가 랜덤으로 정한 시간에 랜덤으로 버튼을 누르는 방식이다. 인간의 반응은 밀리초 수준으로 완벽하지 않으므로 끈적 행동은 인간이 게임을 할 때 내재된 랜덤을 더 정확히 모형화하고 여러 프레임을 지나며 버튼을 계속 눌러야 하는 긴 도약 같은 행동을 행위자가 더 잘하도록 한다. 다음을 참고. Machado et al., "Revisiting the Arcade Learning Environment".

63. Malone, "What Makes Computer Games Fun?"; "Toward a Theory of Intrinsically Motivating Instruction". 이 주제의 초기 연구는 다음 문헌 참고. Malone and Lepper, "Making Learning Fun".

64. Orseau, Lattimore, and Hutter, "Universal Knowledge-Seeking Agents for Stochastic Environments".

65. Orseau, "Universal Knowledge-Seeking Agents". 행위자가 랜덤에 중독되는 이 현상의 방법은 세계에 랜덤이 있음을 행위자가 근본적인 수준에서 이해하도록 하고 따라서 '비정보 잡음에 저항하도록' 하는 것이다. 다음을 참고. Orseau, Lattimore, and Hutter, "Universal Knowledge-Seeking Agents for Stochastic Environments".

66. Skinner, "Reinforcement Today".

67. Kakade and Dayan, "Dopamine". 이 논문은 RL 문헌에서 대놓고 빌린 새로움 기반 해석을 써서 새로움 욕구가 생물에 유용한 이유를 설명한다. 이런 결과의 놀라움 기반 해석을 제시한 논문도 있다. 다음을 참고. Barto, Mirolli, and Baldassarre, "Novelty or Surprise?". 전반적으로 개괄한 문헌도 참고. Niv, "Reinforcement Learning in the Brain"("새로운 자극은 도파민 뉴런에 주기적 분출을 일으킨다는 것이 오래전부터 알

려져 있었다."). 인간의 의사 결정에서 새로움이 하는 역할을 살핀 예비 실험 단계의 연구도 있는데 다음을 참고. Wittmann et al., "Striatal Activity Underlies Novelty-Based Choice in Humans". 보상 예측 오류와 놀라움을 더 일반적이게 도파민의 기능으로 통합한 최근 연구도 있다. 다음을 참고. Gardner, Schoenbaum, and Gershman, "Rethinking Dopamine as Generalized Prediction Error".

68. Deepak Pathak, personal interview, March 28, 2018.

69. Marc Bellemare, personal interview, February 28, 2019.

70. Laurent Orseau, personal interview, June 22, 2018.

71. Laurent Orseau, personal interview, June 22, 2018.

72. Ring and Orseau, "Delusion, Survival, and Intelligent Agents".

73. Plato, *Protagoras and Meno*. 플라톤의 글에서 소크라테스는 프로타고라스에게 질문하는 형식으로 제시하지만, 그것이 사실은 자신의 견해임을 명확히 밝힌다.

7장 모방

1. Egan, *Axiomatic*.

2. (⋯) 차에 보험도 들지 않았을 뿐 아니라, 피터 틸은 안전벨트도 매지 않았다. 틸은 이렇게 말했다. "우리 둘 다 다치지 않았다는 게 기적이었어요." 다음을 참고. Dowd, "Peter Thiel, Trump's Tech Pal, Explains Himself".

3. Visalberghi and Fragaszy, "Do Monkeys Ape?"

4. Romanes, *Animal Intelligence*.

5. Visalberghi and Fragaszy, "Do Monkeys Ape?"; Visalberghi and Fragaszy, "'Do Monkeys Ape?' Ten Years After". 마카크원숭이가 모방한다는 증거를 제시한 논문도 참고. Ferrari et al., "Neonatal Imitation in Rhesus Macaques"(우리가 아는 한 대형 유인원 이외의 영장류 종에서 신생아 모방을 처음으로 상세히 분석한 사례다.).

6. Tomasello, "Do Apes Ape?" 이 질문을 재평가한 문헌. Whiten et al., "Emulation, Imitation, Over-Imitation and the Scope of Culture for Child and Chimpanzee".

7. 켈로그 부부는 실험 종료 이유를 돌려 표현했지만, 추정상 도널드가 우려될 만치 인간의 어휘를 쓰지 않았기 때문으로 보인다. 다음을 참고. Benjamin and Bruce, "From Bottle-Fed Chimp to Bottlenose Dolphin".

8. Meltzoff and Moore, "Imitation of Facial and Manual Gestures by Human Neonates"; Meltzoff and Moore, "Newborn Infants Imitate Adult Facial Gestures".

이 결과는 다소 논쟁적 주제였다. 다음을 참고. Oostenbroek et al., "Comprehensive Longitudinal Study Challenges the Existence of Neonatal Imitation in Humans". 재반박에 대해서는 다음을 참고. Meltzoff et al., "Re-examination of Oostenbroek et al. (2016)".

9. Alison Gopnik, personal interview, September 19, 2018.

10. Haggbloom et al., "The 100 Most Eminent Psychologists of the 20th Century".

11. Piaget, *The Construction of Reality in the Child*. 원저는 1937년 출간됐다(*La construction du réel chez l'enfant in*).

12. Meltzoff, "Like Me."

13. Meltzoff and Moore, "Imitation of Facial and Manual Gestures by Human Neonates".

14. 2012년 한 연구에서는 아기에게 어른이 장난감 차를 두 상자에 쿵 부딪치는 모습을 지켜보도록 했다. 한쪽 상자에 충돌할 때에만 차에 불이 들어왔다. 아이에게 차를 주자, 아이들은 그쪽 상자에만 차를 부딪쳤다. 다음을 참고. Meltzoff, Waismeyer, and Gopnik, "Learning About Causes From People". 고프닉은 말했다. "아이들은 아무거나 모방하지 않았다. 흥미로운 결과로 이어질 행동을 모방했다"(Gopnik, *The Gardener and the Carpenter*).

15. Meltzoff, Waismeyer, and Gopnik, "Learning About Causes from People"; Meltzoff, "Understanding the Intentions of Others". 이 분야를 잘 요약한 책은 다음을 참고. Gopnik, *The Gardener and the Carpenter*.

16. Meltzoff, "Foundations for Developing a Concept of Self".

17. Andrew Meltzoff, personal interview, 2019. 6. 10. 멜초프는 이렇게 썼다. "아기는 배우도록 타고나며, 처음에 우리를 모방함으로써 배운다. 모방이 초기 발달의 본질적이면서 영향력이 아주 큰 측면인 이유가 바로 그것이다. 모방은 단지 하나의 행동이 아니라, 우리가 누구인지를 학습하는 수단이다."(Meltzoff, "Born to Learn")

18. 이를 기술하는 '과잉 모방'이라는 용어가 처음 등장한 문헌은 다음을 참고. Lyons, Young, and Keil, "The Hidden Structure of Overimitation".

19. Horner and Whiten, "Causal Knowledge and Imitation/Emulation Switching in Chimpanzees(*Pan troglodytes*) and Children(*Homo sapiens*)".

20. McGuigan and Graham, "Cultural Transmission of Irrelevant Tool Actions in Diffusion Chains of 3-and 5-Year-Old Children".

21. Lyons, Young, and Keil, "The Hidden Structure of Overimitation".

22. Whiten et al., "Emulation, Imitation, Over-Imitation and the Scope of Culture for Child and Chimpanzee".

23. Gergely, Bekkering, and Király, "Rational Imitation in Preverbal Infants". 일부 연구자가 여기서 아기가 어른의 행동을 모방하기가 아예 불가능하다며 방법론을 문제 삼았다는 점도 언급해 두자. 어른은 탁자에 손을 대고서 몸을 숙여서 전등에 머리를 갖다 댔지만, 아기는 머리로 전등을 건드리려면 위태롭게 탁자 위로 올라가야 할 테니까. 다음을 참고. Paulus et al., "Imitation in Infancy".

24. Buchsbaum et al., "Children's Imitation of Causal Action Sequences Is Influenced by Statistical and Pedagogical Evidence".

25. Hayden Carpenter, "What 'The Dawn Wall' Left Out", *Outside*, September 18, 2018, https://www.outsideonline.com/2344706/dawn-wall-documentary-tommy-caldwell-review

26. Caldwell, *The Push*.

27. Lowell and Mortimer, "The Dawn Wall".

28. "'I Got My Ass Kicked': Adam Ondra's Dawn Wall Story", EpicTV Climbing Daily, Episode 1334, https://www.youtube.com/watch?v=O_B9vzIHIOo.

29. Aytar et al., "Playing Hard Exploration Games by Watching YouTube". 이 연구는 다음 연구를 확장했다. "Deep Q-Learning from Demonstrations". 해상도, 색채, 프레임률이 저마다 다른 다양한 영상을 하나의 유용한 표현으로 사실상 '표준화'하려면 아주 영리한 비지도 학습이 필요했다. 그래도 행위자가 모방 가능한 시범 집합이 나왔다.

30. 현재 아주 활발한 연구 분야다. 다음을 참고. Subramanian, Isbell, and Thomaz, "Exploration from Demonstration for Interactive Reinforcement Learning"; Večerik et al., "Leveraging Demonstrations for Deep Reinforcement Learning on Robotics Problems with Sparse Rewards"; Hester et al., "Deep Q-Learning from Demonstrations".

31. 사실 비디오게임 환경에서 훈련시킨 많은 행위자에게는 게임하는 이들이 수백 가지 (또는 그 이상의) 다양한 게임 '상태 저장'을 하는 것과 비슷하게 전에 했던 어떤 지점으로든 다시 돌아갈 능력이 주어졌다. 그럴 때 죽음은 게임의 시작 지점으로 되돌아가는 것이 아니라 그저 마지막 표시 지점, 아마도 몇 초 전으로 되돌아가는 것일 뿐이다. 그럼으로써 행위자는 실패했을 때 게임을 처음부터 다시 쭉 할 필요가 없이 까다롭거나 위

험한 지점으로 돌아가서 이래저래 시도한다. 그렇지만 이는 훈련에 특정한 인위적 요소를 도입하는 것이기도 하다. 더 유능한 행위자는 아마도 그런 인위적 요소 없이 이런 게임에서 인간의 '학습 곡선'을 재현하거나 능가한다.

32. Morgan, *An Introduction to Comparative Psychology*.

33. Bostrom, *Superintelligence* 참고.

34. "Robotics History: Narratives and Networks Oral Histories: Chuck Thorpe", by Peter Asaro and Selma Šabanović, Indiana University, Bloomington Indiana, for Indiana University and the IEEE, https://ieeetv.ieee.org/video/robotics-history-narratives-and-networks-oral-histories-chuck-thorpe

35. 자율 주행 육상 차량 계획의 더 상세한 내용은 다음을 참고. Leighty, "DARPA ALV(Autonomous Land Vehicle) Summary". DARPA의 전략 컴퓨팅 계획은 다음을 참고. "Strategic Computing". DARPA의 1980년대 중반 사업 계획은 다음을 참고. Stefik, "Strategic Computing at DARPA"; Roland and Shiman, *Strategic Computing*.

36. Moravec, "Obstacle Avoidance and Navigation in the Real World by a Seeing Robot Rover".

37. 브룩스의 회고. Brooks, *Flesh and Machines*.

38. *Scientific American Frontiers*, Season 7, Episode 5, "Robots Alive!" Aired 1997. 4. 9., on PBS. https://www.youtube.com/watch?v=r4JrcVEkink

39. 소프는 자전거를 탄 릴랜드가 앞으로 튀어나올 때 이 차가 제동을 하는지 알아보기 위해서 내블랩에서 충돌 회피 시스템을 시험했다. 나중에 릴랜드는 카네기멜론대에서 로봇학 학위를 받고서 소프의 제자였던 포멀로가 세운 어시스트웨어에서 자율 주행 차량 기술을 연구했다. 소프는 릴랜드가 면접 때 이렇게 말했다며 낄낄거린다. "그 이후로 저는 자율 주행 차량의 신뢰성과 안전성을 개선하는 일에 정말 관심을 가졌습니다!" 릴랜드는 나중에 컴퓨터 업계를 은퇴해 수도회의 수사가 됐다.

40. Pomerleau, "ALVINN"; Pomerleau, "Knowledge-Based Training of Artificial Neural Networks for Autonomous Robot Driving".

41. KDKA News, https://www.youtube.com/watch?v=laolqVMd6tc

42. https://twitter.com/deanpomerleau/status/801837566358093824. AI의 선구자인 매카시는 1969년에 이렇게(좀 순진하게) 주장했다. "현재의 컴퓨터는 충분히 빠르며 그 일(차로 모는)을 할 메모리도 충분한 듯하다. 그러나 그 일에 필요한 성능을 갖춘 상업용 컴퓨터는 너무 크다." 다음을 참고. McCarthy, "Computer-Controlled Cars".

43. Pomerleau, "Knowledge-Based Training of Artificial Neural Networks for Autonomous Robot Driving". "운전자의 현재 습관이라는 형태로 가르침 신호나 '올바른 반응'을 쉽게 구하므로, 자율 주행은 역-전파 같은 지도 학습 알고리즘의 이상적인 분야가 될 가능성이 있다."

44. 러빈의 강좌, CS294-112, Deep Reinforcement Learning. '모방 학습'이라는 이 강의의 날짜는 2017. 12. 3.

45. Bain, *The Senses and the Intellect*.

46. Kimball and Zaveri, "Tim Cook on Facebook's Data-Leak Scandal".

47. 로스가 모형 구조를 선택한 과정을 설명한 문헌은 다음을 참고. Ross and Bagnell, "Efficient Reductions for Imitation Learning". 24×18 픽셀 컬러사진을 입력으로 받고, 32개의 은닉 단위와 15개의 출력 단위를 지닌 3층으로 된 신경망이다. 30×32 픽셀 흑백 사진을 입력으로 받고, 네 개의 은닉 단위와 30개의 출력 단위를 지닌 3층 신경망으로 만든 앨빈의 구조는 다음을 참고. Pomerleau, "Knowledge-Based Training of Artificial Neural Networks for Autonomous Robot Driving".

48. Pomerleau.

49. Pomerleau, "ALVINN".

50. Stephane Ross, personal interview, April 29, 2019.

51. Ross and Bagnell, "Efficient Reductions for Imitation Learning" 참고.

52. Ross, Gordon, and Bagnell, "A Reduction of Imitation Learning and Structured Prediction to No-Regret Online Learning" 참고. 그 이전의 접근은 다음을 참고. Ross and Bagnell, "Efficient Reductions for Imitation Learning".

53. Giusti et al., "A Machine Learning Approach to Visual Perception of Forest Trails for Mobile Robots". 이 연구를 설명한 영상도 있는데 다음을 참고. "Quadcopter Navigation in the Forest Using Deep Neural Networks", https://www.youtube.com/watch?v=umRdt3zGgpU

54. Bojarski et al., "End to End Learning for Self-Driving Cars". 엔비디아 연구진은 '포토샵'을 써서 더 다양한 각도에서 찍은 사진을 만들어서 측면 카메라 사진을 보강했다. 저해상도 사진이었지만, 그래도 꽤 쓸 만했다. 다음을 참고. Bojarski et al., "End-to-End Deep Learning for Self-Driving Cars", https://devblogs.nvidia.com/deep-learning-self-driving-cars/. 몬마우스 카운티의 도로를 실제로 차가 주행하는 영상은 다음을 참고. "Dave-2: A Neural Network Drives a Car", https://www.youtube.com/

watch?v=NJU9ULQUwng

55. LeCun et al., "Backpropagation Applied to Handwritten Zip Code Recognition" 참고.

56. Murdoch, *The Bell*.

57. Robert Hass, "Breach and Orison", in *Time and Materials*.

58. Kasparov, *How Life Imitates Chess*.

59. Holly Smith, personal interview, May 13, 2019.

60. 다음을 참고. Holly S. Goldman, "Dated Rightness and Moral Imperfection"; Sobel, "Utilitarianism and Past and Future Mistakes".

61. Goldman, "Doing the Best One Can". 잭슨은 나중에 이 개념을 다시 살피는데 다음을 참고. Jackson and Pargetter, "Oughts, Options, and Actualism."

62. '가능주의'와 '현실주의'라는 용어는 잭슨과 파게터가 창안했다.

63. 가능주의에 더 기운 스미스의 견해는 다음을 참고. Goldman, "Doing the Best One Can". 수십 년 뒤 이 주제를 개괄한 문헌은 다음을 참고. Smith, "Possibilism". 더 상세히 다룬 문헌은 다음을 참고. Timmerman and Cohen, "Actualism and Possibilism in Ethics". 특히 흥미로운 논의는 다음을 참고. Bykvist, "Alternative Actions and the Spirit of Consequentialism".

64. 이 주제 및 관련 주제를 살피는 데 도움을 준 조 칼스미스가 고맙다. 가능주의, 현실주의, EA의 관계를 살핀 최근 문헌은 다음을 참고. Timmerman, "Effective Altruism's Underspecification Problem".

65. 다음을 참고. Singer, "Famine, Affluence, and Morality"; Singer, "The Drowning Child and the Expanding Circle".

66. Julia Wise, "Aim High, Even If You Fall Short", Giving Gladly(blog), October 8, 2014, http://www.givinggladly.com/2014/10/aim-high-even-if-you-fall-short.html

67. Will MacAskill, "The Best Books on Effective Altruism", interview by Edouard Mathieu, Five Books, https://fivebooks.com/best-books/effective-altruism-willmacaskill/. 토비 오드가 싱어 등에게 감명을 받아서 자신의 소득 중 일부를 효율적 자선 활동에 쓰기 위해 맥어스킬과 함께 설립한 단체인 '우리가 할 수 있는 기부'(Giving What We Can)도 참고.

68. Singer, *The Most Good You Can Do*.

69. RL 분야에서 대표적인 온-폴리시 방법은 [상태-행동-보상-상태-행동(State-Action-

Reward-State-Action)]이다. Rummery and Niranjan, "On-Line Q-Learning Using Connectionist Systems". 대표적인 오프-폴리시 방법은 Q-학습인데 다음을 참고. Watkins, "Learning from Delayed Rewards"; Watkins and Dayan, "Q-Learning".

70. Sutton and Barto, *Reinforcement Learning* 참고.

71. 철학자 로절린드 허스트하우스는 가상 윤리를 일종의 모방 학습이라는 관점에서 살핀다. 다음을 참고. Hursthouse, "Normative Virtue Ethics". 물론 허스트하우스와 그 비판자 모두 인정하듯이, 많은 난제가 있다. 다음을 참고. Johnson, "Virtue and Right". 겉보기에 완벽한 역할 모델을 모방하는 것이 실제로는 좋은 생각이 아닌 이유를 보는 다른 견해에 대해서는 다음을 참고. Wolf, "Moral Saints".

72. Lipsey and Lancaster, "The General Theory of Second Best".

73. Amanda Askell, personal correspondence.

74. Balentine, *It's Better to Be a Good Machine Than a Bad Person* 참고.

75. Magnus Carlsen, 2018년 세계 체스 챔피언 대회 때 5차전을 마친 뒤 한 기자회견, 2018. 11. 15.

76. "Heuristics".

77. "Heuristics".

78. Samuel, "Some Studies in Machine Learning Using the Game of Checkers."

79. 딥블루의 구조에 대해서는 다음을 참고. Campbell, Hoane, and Hsu, "Deep Blue". 그랜드마스터 대국 기보를 써서 평가 발견법을 조정하는 문제를 설명한 문헌은 다음을 참고. Andreas Nowatzyk in "Eval Tuning in Deep Thought", Chess Programming Wiki, https://www.chessprogramming.org/Eval_Tuning_in_Deep_Thought. 전문가의 대국 데이터베이스(겨우 900건)를 토대로 매개변수(당시 겨우 120개) 가중치를 자동 조정하자는 결정을 논의하는 과정은 다음을 참고. Hsu et al., "A Grandmaster Chess Machine"; Byrne, "Chess-Playing Computer Closing in on Champions". 딥블루(그리고 그 선조인 딥소트)의 평가 함수를 조정하는 문제를 더 자세히 다룬 문헌은 다음을 참고. Anantharaman, "Evaluation Tuning for Computer Chess".

80. Hsu, "IBM's Deep Blue Chess Grandmaster Chips".

81. Weber, "What Deep Blue Learned in Chess School".

82. Schaeffer et al., "A World Championship Caliber Checkers Program".

83. Furnkranz and Kubat, *Machines That Learn to Play Games*.

84. 물론 딥블루와 알파고의 구조와 훈련 과정에는 많은 미묘한 차이가 있다. 알파고

를 더 상세히 다룬 문헌은 다음을 참고. Silver et al., "Mastering the Game of Go with Deep Neural Networks and Tree Search".

85. 알파고의 가치 망은 자기 자신을 상대로 한 대국에서 나왔지만, 정책 망은 지도 학습을 통해 인간 전문가의 대국 데이터베이스를 훈련시킨 모방 과정의 산물이다. 쉽게 말하면, 수를 고려할 때에는 전통 방식을 썼지만 어느 수가 최선인지를 판단할 때에는 스스로 생각했다. 다음을 참고. Silver et al., "Mastering the Game of Go with Deep Neural Networks and Tree Search".

86. Silver et al., "Mastering the Game of Go Without Human Knowledge". 2018년 알파고제로는 더욱 강력한 프로그램이 됐다. 체스와 장기에서도 세계 기록을 깨는 범용 프로그램이 됐다. 바로 알파제로였다. 다음을 참고. Silver et al., "A General Reinforcement Learning Algorithm That Masters Chess, Shogi, and Go Through Self-Play". 2019년 이 시스템의 후속판인 뮤제로(MuZero)는 규칙을 더 모르고 계산을 덜하면서도 같은 수준의 실력을 보여 줬다. 다음을 참고. Schrittwieser et al., "Mastering Atari, Go, Chess and Shogi by Planning with a Learned Model".

87. Silver et al., "Mastering the Game of Go Without Human Knowledge".

88. '시스템 1'과 '시스템 2'라고도 하는 '빠른' 그리고 '느린' 정신 과정의 심리학. 다음을 참고. Kahneman, *Thinking, Fast and Slow*.

90. Silver et al., "Mastering the Game of Go Without Human Knowledge". 더 정확히 말하면 MCTS 때 각 수의 '방문 횟수'를 쓴다. 따라서 망은 사실상 각 수를 얼마나 오래 생각할지를 예측하는 법을 배운다. 같은 시기에 나온 밀접한 관계에 있는 '전문가 반복(Exit)' 알고리즘도 참고. Anthony, Tian, and Barber, "Thinking Fast and Slow with Deep Learning and Tree Search".

91. Shead, "DeepMind's Human-Bashing AlphaGo AI Is Now Even Stronger".

92. Aurelius, *The Emperor Marcus Aurelius*.

93. Andy Fitch, "Letter from Utopia: Talking to Nick Bostrom", *BLARB*(blog), November 24, 2017, https://blog.lareviewofbooks.org/interviews/letter-utopia-talking-nick-bostrom/

94. Blaise Aguera y Arcas, "The Better Angels of our Nature"(lecture), February 16, 2017, VOR: Superintelligence, Mexico City.

95. 다음을 참고. Yudkowsky, "Coherent Extrapolated Volition"; Tarleton, "Coherent Extrapolated Volition".

96. '도덕적 실재론자'라는 일부 철학자는 객관적인 도덕적 진리라는 개념을 실제로 믿는다는 점을 언급해 두자. 다음을 참고. Sayre-McCord, "Moral Realism".

97. Paul Christiano, interviewed by Rob Wiblin, *The 80,000 Hours Podcast*, October 2, 2018.

98. 다음을 참고. Paul Christiano, "A Formalization of Indirect Normativity", *AI Alignment*(blog), April 20, 2012, https://ai-alignment.com/a-formalization-of-indirectnormativity-7e44db640160; Ajeya Cotra, "Iterated Distillation and Amplification", *AI Alignment*(blog), March 4, 2018, https://ai-alignment.com/iterated-distillation-and-amplification-157debfd1616

99. 알파고의 정책 망과 반복 능력 증폭 개념의 연관성을 논의한 자료. Paul Christiano, "AlphaGo Zero and Capability Amplification", *AI Alignment*(blog), October 19, 2017, https://ai-alignment.com/alphago-zero-and-capability-amplification-ede767bb8446

100. Christiano, Shlegeris, and Amodei, "Supervising Strong Learners by Amplifying Weak Experts".

101. Paul Christiano, personal interview, July 1, 2019.

102. Alignmentforum.org. 관련 워크숍, 학술 대회, 연구실도 늘어난다.

8장 추론

1. Warneken and Tomasello, "Altruistic Helping in Human Infants and Young Chimpanzees";Warneken and Tomasello, "Helping and Cooperation at 14 Months of Age". 일부 실험의 영상은 다음을 참고. "Experiments with Altruism in Children and Chimps", https://www.youtube.com/watch?v=Z-eU5xZW7cU

2. Meltzoff, "Understanding the Intentions of Others". 어른이 시도했다가 실패한 의도적인 행동을 생후 18개월 아기가 제대로 모방함을 보여 줬다. 이는 아기가 "인간의 겉으로 보이는 행동과 목표 및 의도가 따르는 더 깊은 차원을 구분하는 심리적 틀 안에 인간을 놓는다"는 것을 시사한다.

3. 바르네켄과 토마셀로는 생후 14개월 아기도 도와주려 손을 뻗지만, 더 복잡한 상황에서는 그렇지 않다는 것을 보여 줬다.

4. Warneken and Tomasello, "Altruistic Helping in Human Infants and Young Chimpanzees" 참고.

5. Tomasello et al., "Understanding and Sharing Intentions".

6. Felix Warneken, "Need Help? Ask a 2-Year-Old"(lecture), TEDxAmoskeag-Millyard 2013, https://www.youtube.com/watch?v=-qul57hcu4l

7. "Our Research", Social Minds Lab, University of Michigan, https://sites.lsa.umich.edu/warneken/lab/research-2/ 참고.

8. Tomasello et al.(그들이 제어 시스템과 사이버네틱스의 언어를 써서 논의한다는 점에 주목하자.)

9. Stuart Russell, personal interview, May 13, 2018.

10. Uno, Kawato, and Suzuki, "Formation and Control of Optimal Trajectory in Human Multijoint Arm Movement" 참고.

11. Hogan, "An Organizing Principle for a Class of Voluntary Movements" 참고.

12. Hoyt and Taylor, "Gait and the Energetics of Locomotion in Horses".

13. Farley and Taylor, "A Mechanical Trigger for the Trot-Gallop Transition in Horses". 인간과 동물의 움직임을 다룬 생체역학 연구를 더 알고 싶으면 참고. Robert McNeill Alexander, "The Gaits of Bipedal and Quadrupedal Animals", *The Human Machine, Optima for Animals*. 알렉산더는 이렇게 설명한다. "동물의 다리와 걸음걸이는 두 아주 강력한 최적화 과정의 산물이다. 자연선택을 통한 진화 과정과 경험을 통한 학습 과정이다. 그것을 연구하는 동물학자는 역-최적성 문제를 풀려 애쓴다. 동물 다리의 진화와 걸음걸이의 진화 또는 학습에 중요한 최적화 기준이 무엇인지를 발견하고자 한다." 인간의 걸음걸이라는 맥락에서 역-최적 제어를 연구한 문헌은 다음을 참고. Mombaur, Truong, and Laumond, "From Human to Humanoid Locomotion-an Inverse Optimal Control Approach".

14. RL과 도파민 체계의 연관성은 4장에 실려 있다. 동물의 먹이 탐색과의 관련성은 다음 문헌 참고. Montague et al., "Bee Foraging in Uncertain Environments Using Predictive Hebbian Learning"; Niv et al., "Evolution of Reinforcement Learning in Foraging Bees".

15. Russell, "Learning Agents for Uncertain Environments(Extended Abstract)". 비슷한 문제를 계량경제학 관점에서 살핀, 이른바 '구조적 추정' 연구도 있다. 다음을 참고. Rust, "Do People Behave According to Bellman's Principle of Optimality?"; "Structural Estimation of Markov Decision Processes"; Sargent, "Estimation of Dynamic Labor Demand Schedules Under Rational Expectations". 더 앞서 제어 이

론 관점에서 살핀 연구도 있는데 다음을 참고. Kálmán, "When Is a Linear Control System Optimal?". 칼만은 1964년 볼티모어주의 고등 연구소에서 일할 때, '최적 제어 이론의 역-문제'에 관심 있다고 말했다. "이런 것이다. 어떤 제어 규칙이 주어질 때, 이 제어 규칙이 최적인 모든 수행 지표를 찾으라는 것이다. 현재 이 문제에 관해서는 알려진 것이 거의 없다."

16. 덧셈 및 곱셈 변화를 '아핀(affine)' 변환이라고 한다.

17. Ng and Russell, "Algorithms for Inverse Reinforcement Learning".

18. 특히 응과 스튜어트는 '$\ell 1$ 정칙화($\ell 1$regularization)' 또는 '라소(lasso)'라는 방법을 썼다. 다음을 참고. Tibshirani, "Regression Shrinkage and Selection via the Lasso". 정칙화의 개념과 기법은 다음을 참고. Christian and Griffiths, *Algorithms to Live By*.

19. Abbeel and Ng, "Apprenticeship Learning via Inverse Reinforcement Learning".

20. Andrew Ng, http://ai.stanford.edu/~pabbeel//thesis/PieterAbbeel_Defense_19May2008_320x180.mp4

21. Abbeel, Coates, and Ng, "Autonomous Helicopter Aerobatics Through Apprenticeship Learning".

22. Abbeel et al., "An Application of Reinforcement Learning to Aerobatic Helicopter Flight". 기수를 아래로 향한 깔때기 회전과 위로 향한 깔때기 회전도 성공했다.

23. "시범을 반복할 때마다 준최적 상태가 조금씩 다른 경향이 있으므로, 종합하면 의도한 궤적이 드러나곤 한다." 다음을 참고. Abbeel, "Apprenticeship Learning and Reinforcement Learning with Application to Robotic Control". 이 논문은 다음 연구를 참고한다. Coates, Abbeel, and Ng, "Learning for Control from Multiple Demonstrations".

24. Abbeel, Coates, and Ng, "Autonomous Helicopter Aerobatics Through Apprenticeship Learning".

25. Youngblood's website, http://www.curtisyoungblood.com/curtis-youngblood/ 참고.

26. Curtis Youngblood, "Difference Between a Piro Flip and a Kaos", https://www.youtube.com/watch?v=TLi_hp-m-mk

27. 헬기 영상은 다음을 참고. "Stanford University Autonomous Helicopter: Chaos", https://www.youtube.com/watch?v=kN6ifrqwlMY

28. Ziebart et al., "Maximum Entropy Inverse Reinforcement Learning". 최대 엔

트로피 원리에 대해서는 다음을 참고. Jaynes, "Information Theory and Statistical Mechanics". 다음 문헌도 참고. Ziebart, Bagnell, and Dey, "Modeling Interaction via the Principle of Maximum Causal Entropy".

29. Billard, Calinon, and Guenter, "Discriminative and Adaptive Imitation in Uni-Manual and Bi-Manual Tasks". 2009년 이 분야의 상황을 개괄한 자료는 다음을 참고. Argall et al., "A Survey of Robot Learning from Demonstration".

30. 다음을 참고. Finn, Levine, and Abbeel, "Guided Cost Learning"; Wulfmeier, Ondrus'ka, and Posner, "Maximum Entropy Deep Inverse Reinforcement Learning"; Wulfmeier, Wang, and Posner, "Watch This".

31. 특히 라이커는 '라소 프로그램'이라고 알려진 것의 종료 특성 또는 비종료 특성을 분석했다. 다음을 참고. Leike, "Ranking Function Synthesis for Linear Lasso Programs", 2013.

32. Jan Leike, personal interview, June 22, 2018.

33. Leike and Hutter, "Bad Universal Priors and Notions of Optimality" 참고.

34. Christiano et al., "Deep Reinforcement Learning from Human Preferences". 이 논문에 관한 OpenAI 블로그 글은 다음을 참고. "Learning from Human Preferences", https://openai.com/blog/deep-reinforcement-learning-from-humanpreferences. 딥마인드 블로그 글은 다음을 참고. "Learning Through Human Feedback", https://deepmind.com/blog/learning-through-human-feedback/. 인간의 취향과 인간의 피드백을 통한 학습이라는 개념을 탐구한 기존 연구에 대해서는 다음을 참고. Wilson, Fern, and Tadepalli, "A Bayesian Approach for Policy Learning from Trajectory Preference Queries"; Knox, Stone, and Breazeal, "Training a Robot via Human Feedback"; Akrour, Schoenauer, and Sebag, "APRIL"; Akrour et al., "Programming by Feedback."; Wirth et al., "A Survey of Preference-Based Reinforcement Learning Methods". 시범을 통한 학습과 비교를 통한 학습을 통합하는 기본 틀에 대해서는 다음을 참고. Jeon, Milli, and Drăgan, "Reward-Rational (Implicit) Choice".

35. Paul Christiano, personal interview, July 1, 2019.

36. Todorov, Erez, and Tassa, "MuJoCo".

37. "장기적으로는 프로그램 보상 신호를 통해서 학습하는 것만큼 인간의 취향을 통해 과제를 학습하는 것이 쉽도록 만드는 것이 좋으며, 그럼으로써 강력한 RL 시스템을 복잡한 인간의 가치가 관여하는 일에 쓸 수 있다."(Christiano et al., "Deep

Reinforcement Learning from Human Preferences"). 인간의 보상을 모형화한다는 목표를 추구하는 라이커 연구진의 후속 연구는 다음을 참고. Leike et al., "Scalable Agent Alignment via Reward Modeling".

38. Stuart Russell, personal interview, May 13, 2018.

39. 남에게 물건을 건네는 일 자체가 남이 물건을 어떻게 쥐고 싶어 할지, 받으려는 의도를 어떻게 신호로 보낼지 등 추론하는 일을 포함한 놀라울 만치 미묘하며 복잡한 행동이라는 점도 언급할 가치가 있다. 다음을 참고. Strabala et al., "Toward Seamless Human-Robot Handovers".

40. Hadfield-Menell et al., "Cooperative Inverse Reinforcement Learning". CIRL은 강한 AI에 회의적인 존 설의 이름과 발음이 같다. 나는 'cooperative'가 ㅋ으로 발음되므로 '컬'로 발음하는 쪽이 더 타당하다고 의견을 피력했지만, 이미 굳어진 모양새다.

41. Dylan Hadfield-Menell, personal interview, March 15, 2018.

42. Russell, *Human Compatible*.

43. 예를 들어, CIRL 기본 틀 내에서 처음으로 이뤄진 이론적 발전 중 하나는 앞서 인지과학에서 이뤄진 교사-학습자 전략의 공적응 연구를 빌린 것이다. 다음을 참고. Fisac et al., "Pragmatic-Pedagogic Value Alignment". 이 연구는 다음 연구에서 나온 깨달음을 사용한다. Shafto, Goodman, and Griffiths, "A Rational Account of Pedagogical Reasoning". 저자는 이렇게 썼다. "우리가 아는 한, 이 연구는 경험적으로 확인된 인지 모형을 토대로 한 최초의 체계적인 가치 일치 분석이다." 그 저자 중 일부가 함께 쓴 후속 논문은 다음을 참고. Malik et al., "An Efficient, Generalized Bellman Update for Cooperative Inverse Reinforcement Learning".

44. 시애틀에 있는 워싱턴대의 마야 차크마크와 리스본에 있는 과학기술대의 마누엘 로페스는 이 개념을 연구했다. 다음을 참고. Çakmak and Lopes, "Algorithmic and Human Teaching of Sequential Decision Tasks". 물론 인간이 자신의 행동을 최대한 잘 가르치려는 쪽에 초점을 맞추면 (자신의 척도 자체를 최적화하는 것이 아니라 그 척도가 무엇인지를 알리는 쪽으로 최적화하면) 컴퓨터도 표준 IRL를 쓰는 쪽이 아니라 교사의 행동의 본래 교습적이라는 사실을 설명하는 추론을 하는 쪽으로 숙달된다. 교습과 학습 전략은 공적응한다. 인지과학과 머신 러닝 양쪽에서 활발하게 연구가 이뤄지는 분야다. 다음을 참고. Ho et al., "Showing Versus Doing"; Ho et al., "A Rational-Pragmatic Account of Communicative Demonstrations".

45. Gopnik, Meltzoff, and Kuhl, *The Scientist in the Crib*. "모성어는 단지 아기의 주

의를 끌기 위해 쓰는 달콤한 사이렌의 노래가 아님이 드러난다. (…) 부모는 전혀 의식하지 못한 채 다른 어른에게 말할 때보다 아이에게 말할 때 더 명확하게 소리를 내고 더 정확하게 발음한다." 저자는 한 예로 영어와 스웨덴어의 모성어 소리가 다르다고 말한다. 이 분야의 최근 연구도 참고. Eaves et al., "Infant-Directed Speech Is Consistent With Teaching"; Ramirez, Lytle, and Kuhl, "Parent Coaching Increases Conversational Turns and Advances Infant Language Development".

46. 물건 주고받기는 인간과 로봇의 상호작용 연구에서 중요한 주제다. 다음을 참고. Strabala et al., "Toward Seamless Human-Robot Handovers".

47. Drăgan, Lee, and Srinivasa, "Legibility and Predictability of Robot Motion"; Takayama, Dooley, and Ju, "Expressing Thought"(굳이 지적하자면, '읽을 수 있는' 움직임이라는 개념을 가리킨다); Gielniak and Thomaz, "Generating Anticipation in Robot Motion". 더 최근에는 기계의 목표만이 아니라 목표를 알 때 기계의 계획을 어떻게 알릴 것인가 하는 연구도 이뤄진다. 다음을 참고. Fisac et al., "Generating Plans That Predict Themselves".

48. Jan Leike, personal interview, 2018. 6. 22. 다음 문헌도 참고. Christiano et al., "Deep Reinforcement Learning from Human Preferences". "보상 예측자를 오프라인으로 훈련시키면 진정한 보상으로 측정했을 때 바람직하지 않은 기이한 행동으로 이어진다. 예를 들어, 퐁을 오프라인으로 훈련시키면, 행위자는 점수를 얻는 쪽이 아니라 점수를 잃지 않는 쪽으로 행동하곤 한다. 그 결과 극도로 오래 공을 주고받는 결과가 빚어진다. 이런 유형의 행동은 전반적으로 인간의 피드백을 정적으로 제공하기보다는 RL과 결합할 필요가 있음을 보여 준다."

49. Julie Shah, personal interview, March 2, 2018.

50. 인간의 교차 훈련 연구. 다음을 참고. Blickensderfer, Cannon-Bowers, and Salas, "Cross-Training and Team Performance"; Cannon-Bowers et al., "The Impact of Cross-Training and Workload on Team Functioning"; Marks et al., "The Impact of Cross-Training on Team Effectiveness".

51. Nikolaidis et al., "Improved Human-Robot Team Performance Through Cross-Training: An Approach Inspired by Human Team Training Practices".

52. "Julie Shah: Human/Robot Team Cross Training", https://www.youtube.com/watch?v=UQrtw0YUlqM

53. 샤 연구실은 역할을 바꾸기가 불가능한 사례도 살핀다. '교란 훈련'이란 관련 있

는 개념을 활용한 연구도 있다. 다음을 참고. Ramakrishnan, Zhang, and Shah, "Perturbation Training for Human-Robot Teams".

54. Murdoch, *The Bell*.

55. 인지과학과 AI 안전성의 교차점에서 일하는 연구자는, 예를 들어 지나가다가 빵집이 보이면 들르지 않고 못 배기기 때문에 일부러 빵집이 없는 길로 돌아가려는 사람들을 고려할 방법을 연구한다. 다음을 참고. Evans, Stuhlmuller, and Goodman, "Learning the Preferences of Ignorant, Inconsistent Agents"; Evans and Goodman, "Learning the Preferences of Bounded Agents". 아예 변덕과 비합리성까지 포함하는 쪽으로 IRL 연구를 하는 분야도 있다. 머신 러닝을 써서 인간의 취향과 의사 결정의 모형을 개발하려는 연구에 대해서는 다음을 참고. Bourgin et al., "Cognitive Model Priors for Predicting Human Decisions".

56. 다음을 참고. Snyder, *Public Appearances, Private Realities*; Covey, Saladin, and Killen, "Self-Monitoring, Surveillance, and Incentive Effects on Cheating"; Zhong, Bohns, and Gino, "Good Lamps Are the Best Police".

57. 다음을 참고. Bateson, Nettle, and Roberts, "Cues of Being Watched Enhance Cooperation in a Real-World Setting"; Heine et al., "Mirrors in the Head".

58. Bentham, "Letter to Jacques Pierre Brissot de Warville".

59. Bentham, "Preface".

9장 불확실성

1. Russell, "Ideas That Have Harmed Mankind".

2. "Another Day the World Almost Ended".

3. Aksenov, "Stanislav Petrov".

4. Aksenov.

5. Hoffman, "I Had a Funny Feeling in My Gut."

6. Nguyen, Yosinski, and Clune, "Deep Neural Networks Are Easily Fooled". 신경망의 예측 확신을 논의한 문헌은 다음을 참고. Guo et al., "On Calibration of Modern Neural Networks".

7. Szegedy et al., "Intriguing Properties of Neural Networks"; Goodfellow, Shlens, and Szegedy, "Explaining and Harnessing Adversarial Examples". 적대적 사례에 맞서 시스템을 강건하게 만드는 방안을 연구한 최근 사례는 다음을 참고. Mądry et al., "Towards Deep Learning Models Resistant to Adversarial Attacks"; Xie et al., "Feature Denoising for Improving Adversarial Robustness"; Kang et al., "Testing Robustness Against Unforeseen Adversaries". 정렬 맥락에서 적대적 사례를 논의한 다음 문헌도 참고. Ilyas et al., "Adversarial Examples Are Not Bugs, They Are Features". 이 연구는 "(인간이 지정한) 강건함 개념과 데이터 고유의 기하학" 사이에 불일치가 있으며, 강건하면서 해석 가능한 모형을 구축하려면 인간의 사전 지식을 훈련 과정에 명시적으로 인코딩해야 한다"라고 주장한다.

8. Creighton, "Making AI Safe in an Unpredictable World".

9. 디터리치는 '열린 범주 문제'로 인류미래연구소로부터 상을 받았다. https://futureoflife.org/ai-researcher-thomas-dietterich/

10. Thomas G. Dietterich, "Steps Toward Robust Artificial Intelligence"(lecture), February 14, 2016, 30th AAAI Conference on Artificial Intelligence, Phoenix, AZ, http://videolectures.net/aaai2016_dietterich_artificial_intelligence/. 강연 내용은 다음을 참고. Dietterich, "Steps Toward Robust Artificial Intelligence". 그 밖의 열린 범주 학습 문헌은 다음을 참고. Scheirer et al., "Toward Open Set Recognition"; Da, Yu, and Zhou, "Learning with Augmented Class by Exploiting Unlabeled Data"; Bendale and Boult, "Towards Open World Recognition"; Steinhardt and Liang, "Unsupervised Risk Estimation Using Only Conditional Independence Structure"; Yu et al., "Open-Category Classification by Adversarial Sample Generation"; Rudd et al., "The Extreme Value Machine". 적대적 사례와 강건한 분류의 다른 접근법은 다음을 참고. Liu and Ziebart, "Robust Classification Under Sample Selection Bias"; Li and Li, "Adversarial Examples Detection in Deep Networks with Convolutional Filter Statistics". 디터리치 연구진의 더 최근 연구는 다음을 참고. Liu et al., "Can We Achieve Open Category Detection with Guarantees?"; Liu et al., "Open Category Detection with PAC Guarantees"; Hendrycks, Mazeika, and Dietterich, "Deep Anomaly Detection with Outlier Exposure". 2018년 구글 브레인과 OpenAI 연구진은 이런 문제의 연구를 자극하기 위해 경연 대회를 열자는 제안서를 발표했는데 다음을 참고. Brown et al., "Unrestricted Adversarial Examples"; "Introducing the Unrestricted Adversarial Example Challenge", *Google AI Blog*, https://ai.googleblog.com/2018/09/introducing-unrestricted-adversarial.html

11. Rousseau, *Emile; or, On Education*.

12. Jefferson, *Notes on the State of Virginia*.

13. Yarin Gal, personal interview, July 11, 2019.

14. Yarin Gal, "Modern Deep Learning Through Bayesian Eyes"(lecture), Microsoft Research, December 11, 2015, https://www.microsoft.com/en-us/research/video/modern-deep-learning-through-bayesian-eyes/

15. Zoubin Ghahramani, "Probabilistic Machine Learning: From Theory to Industrial Impact"(lecture), October 5, 2018, PROBPROG 2018: The International Conference on Probabilistic Programming, https://youtu.be/crvNlGyqGSU

16. 베이즈 신경망의 선구적인 연구는 다음을 참고. Denker et al., "Large Automatic Learning, Rule Extraction, and Generalization"; Denker and LeCun, "Transforming Neural-Net Output Levels to Probability Distributions"; MacKay, "A Practical Bayesian Framework for Backpropagation Networks"; Hinton and Van Camp, "Keeping Neural Networks Simple by Minimizing the Description Length of the Weights"; Neal, "Bayesian Learning for Neural Networks"; Barber and Bishop, "Ensemble Learning in Bayesian Neural Networks". 더 최근의 연구는 다음을 참고. Graves, "Practical Variational Inference for Neural Networks"; Blundell et al., "Weight Uncertainty in Neural Networks"; Hernandez-Lobato and Adams, "Probabilistic Backpropagation for Scalable Learning of Bayesian Neural Networks". 이런 개념의 더 상세한 역사는 다음을 참고. Gal, "Uncertainty in Deep Learning". 머신 러닝에서의 확률론적 방법을 더 전반적으로 다룬 자료는 다음을 참고. Ghahramani, "Probabilistic Machine Learning and Artificial Intelligence".

17. Yarin Gal, personal interview, July 11, 2019.

18. Yarin Gal, "Modern Deep Learning Through Bayesian Eyes"(lecture), Microsoft Research, December 11, 2015, https://www.microsoft.com/en-us/research/video/modern-deep-learning-through-bayesian-eyes/

19. 드롭아웃-앙상블 불확실성을 써서 적대적 사례를 검출하는 연구. Smith and Gal, "Understanding Measures of Uncertainty for Adversarial Example Detection".

20. 각 모형은 대개 데이터를 얼마나 잘 설명하는지를 기술하는 가중치를 할당받는다. 이 방법을 '베이즈 모형 평균화(BMA)'라고 한다. 다음을 참고. Hoeting et al., "Bayesian Model Averaging: A Tutorial".

21. 특히 드롭아웃은 망이 훈련 데이터에 '과적합해지는' 것을 막는 데 도움이 된다는 사

실이 드러났다. 다음을 참고. Srivastava et al., "Dropout". 참고로 이 논문은 발표된 지 6년 사이에 무려 1만 8,500번이나 인용됐다.

22. Gal and Ghahramani, "Dropout as a Bayesian Approximation". 요사이 대안과 확장 연구가 이뤄졌는데 다음을 참고. Lakshminarayanan, Pritzel, and Blundell, "Simple and Scalable Predictive Uncertainty Estimation Using Deep Ensembles".

23. Yarin Gal, personal interview, 2019. 7. 11. 한 본문에서 다룬 안과학은 한 응용 사례다. 우버의 수요 예측 모형에 대해서는 다음을 참고. Zhu and Nikolay, "Engineering Uncertainty Estimation in Neural Networks for Time Series Prediction at Uber". 토요타 연구소의 운전자 예측 시스템에 대해서는 다음을 참고. Huang et al., "Uncertainty-Aware Driver Trajectory Prediction at Urban Intersections".

24. Gal and Ghahramani, "Bayesian Convolutional Neural Networks with Bernoulli Approximate Variational Inference". 특히 이 논문은 다음 연구에 주목한다. Lin, Chen, and Yan, "Network in Network"; Lee et al., "Deeply-Supervised Nets". 드롭아웃율을 조정할 때에는 주의를 기울일 필요가 있는데 다음을 참고. Gal and Ghahramani, "Dropout as a Bayesian Approximation". 이 개념을 순환망과 RL에 각각 적용한 사례에 대해서는 다음을 참고. Gal, "Uncertainty in Deep Learning"; Gal, McAllister, and Rasmussen, "Improving PILCO with Bayesian Neural Network Dynamics Models".

25. Gal and Ghahramani, "Dropout as a Bayesian Approximation".

26. Yarin Gal, personal interview, July 11, 2019.

27. 다음을 참고. Engelgau et al., "The Evolving Diabetes Burden in the United States"; Zaki et al., "Diabetic Retinopathy Assessment".

28. Leibig et al., "Leveraging Uncertainty Information from Deep Neural Networks for Disease Detection".

29. 많은 연구자가 머신 러닝에서 이 '선택 분류'라는 폭넓은 개념의 가능성을 탐구한다. 구글 리서치의 연구진은 '거부를 통한 학습' 개념을 연구한다. 그러니까 단순히 '포기'하거나 분류 판단을 거부하는 분류다. 다음을 참고. Cortes, DeSalvo, and Mohri, "Learning with Rejection". 관련된 개념을 탐구한 20세기 중반 C. K. 초의 통계 연구는 다음을 참고. Chow, "An Optimum Character Recognition System Using Decision Functions"; Chow, "On Optimum Recognition Error and Reject Tradeoff". RL 맥락에서 비슷한 접근법을 취한 사례에 대해서는 다음을 참고. Li et al., "Knows What It Knows". 2018년 토론토대 연구진은 머신 러닝 시스템이 실수를 피하기 위해서 까다

롭거나 애매한 사례를 회피하고자 할 때 쓸 만한 방법이 뭐가 있는지에 더해 머신 러닝 시스템이 그 일을 떠맡는 인간 의사 결정자와 어떻게 협력하는지를 질문함으로써, 이 개념을 보는 관점을 확대했다. 인간 의사 결정자가 특정한 유형의 사례를 특히 정확하게 판단하면, 시스템은 설령 그렇지 않다는 확신을 가져도 인간의 판단을 더 존중해야 한다. 거꾸로 특정한 유형의 사례에서 인간이 유달리 잘못된 판단을 내리면, 시스템은 설령 확신하지 못해도 자신이 가장 낫다고 추측한 쪽에 모험을 걸 수도 있다. 여기서는 자신의 정확성 자체를 최적화하는 것이 아니라, 인간-기계 의사 결정 팀 전체의 정확성을 최적화하는 것이 목표가 된다. 이에 대해서는 다음을 참고. Madras, Pitassi, and Zemel, "Predict Responsibly". 한편 미시간주립대 연구진은 격자 세계 환경의 행위자가 '인간 사용자가 특정한 것이 바뀌는지 아닌지'에 신경을 쓰는지 물음으로써 부작용을 최소화할 방법을 연구한다. 그러면 시스템은 그런 질문을 가능한 최소로 하면서 안전하게 작동하는지 한계를 정한다. 다음을 참고. Zhang, Durfee, and Singh, "Minimax-Regret Querying on Side Effects for Safe Optimality in Factored Markov Decision Processes".

30. Kahn et al., "Uncertainty-Aware Reinforcement Learning for Collision Avoidance".

31. 낯선 환경에서의 불확실성과 관련된 연구. Kenton et al., "Generalizing from a Few Environments in Safety-Critical Reinforcement Learning". 모방 학습과 자율 주행 차량 맥락에서의 관련 연구는 다음을 참고. Tigas et al., "Robust Imitative Planning".

32. 다음을 참고. Holt et al., "An Unconscious Patient with a DNR Tattoo"; Bever, "A Man Collapsed with 'Do Not Resuscitate' Tattooed on His Chest"; Hersher, "When a Tattoo Means Life or Death".

33. Holt et al., "An Unconscious Patient with a DNR Tattoo".

34. Cooper and Aronowitz, "DNR Tattoos".

35. Holt et al., "An Unconscious Patient with a DNR Tattoo".

36. Bever, "A Man Collapsed with 'Do Not Resuscitate' Tattooed on His Chest".

37. 다음을 참고. Sunstein, "Irreparability as Irreversibility"; Sunstein, "Irreversibility".

38. 다음을 참고. Sunstein, "Beyond the Precautionary Principle"; Sunstein, Laws of Fear.

39. '부정적 부작용 회피'와 '충격 정칙화'를 탁월하면서 폭넓게 논의한 문헌은 다음을 참고. Amodei et al., "Concrete Problems in AI Safety". 다음 문헌도 '충격 척도'의

다양한 개념을 논의한다. Taylor et al., "Alignment for Advanced Machine Learning Systems". 충격 연구의 최근 동향을 잘 개괄한 자료는 다음을 참고. Daniel Filan, "Test Cases for Impact Regularisation Methods", https://www.alignmentforum.org/posts/wzPzPmAsG3BwrBrwy/test-cases-for-impact-regularisation-methods. 카네기멜론대 박사 과정생인 아이젠바흐는 3D 무조코 환경에서 비슷한 개념을 살폈다. 그의 개념은 가역성에다가 산악인과 배낭 여행자의 '아무런 흔적도 남기지 말라' 정신을 섞은 형태였다. 정상적인 RL 방법을 써서 다양한 일을 할 능력을 개발한다는 것인데 한 가지 중요한 단서가 달려 있었다. 대개 학습에 외부에서 재부팅을 수십만 번 반복하는 과정이 따르는 아타리 게임의 에르고드 환경과 달리, 그의 행위자는 무엇을 하려 하든 간에 다른 시도를 할 때면 언제나 스스로 상황을 재설정해 처음에 시작할 때의 원래 배치로 되돌렸다. 처음 얻은 결과는 고무적이다. 예를 들어, 작대기로 이뤄진 그의 치타는 절벽의 가장자리까지 빠르게 달려갔다가 재빨리 물러난다. 일단 절벽 너머로 가면 돌이킬 수 없다는 것을 내면화한 듯하다. 다음을 참고. Eysenbach et al., "Leave No Trace". 비슷한 개념을 제시한 훨씬 더 이전의 연구도 참고. Weld and Etzioni, "The First Law of Robotics (a Call to Arms)".

40. 암스트롱의 저충격 AI 행위자 연구. 다음을 참고. Armstrong and Levinstein, "Low Impact Artificial Intelligences". 그가 2012~2013년에 낸 논문은 이 문제를 명시적으로 다룬 초기 사례에 속한다. 다음을 참고. Armstrong, "The Mathematics of Reduced Impact"; Armstrong, "Reduced Impact AI".

41. Armstrong and Levinstein, "Low Impact Artificial Intelligences".

42. Armstrong and Levinstein.

43. 유드코스키는 이렇게 표현했다. "암을 완치해도, 환자는 여전히 죽는 것이 확실하다!" 다음을 참고. https://intelligence.org/2016/12/28/ai-alignment-why-its-hardand-where-to-start/. 소행성이 지구로 향하는 사례를 다룬 다음 문헌도 참고. Armstrong and Levinstein, "Low Impact Artificial Intelligences". '저충격' 행동만을 취하도록 제한한 시스템은 소행성의 방향을 바꾸지 못할 수도 있다. 아니, 더 나쁜 상황은 상쇄시키는 시스템이 소행성을 비껴가게 함으로써 지구를 구할 수도 있지만, 어쨌거나 그 뒤에 지구를 날려 버리는 것이다.

44. Victoria Krakovna, personal interview, December 8, 2017.

45. Krakovna et al., "Penalizing Side Effects Using Stepwise Relative Reachability". 크라코브나는 '충격' 자체가 아니라 '부작용'의 관점에서 이 문제를 바라보면, 적어도 역

설 중 일부가 사라지는 듯하다고 본다. "로봇이 상자를 운반하다가 꽃병에 쾅 부딪치면
꽃병이 부서지는 것은 부작용이다. 로봇은 꽃병을 쉽게 우회하기 때문이다. 반면에 오
믈렛을 만드는 요리 로봇이 달걀을 깨야 하면, 달걀이 깨지는 것은 부작용이 아니다." 다
음을 참고. Victoria Krakovna, "Measuring and Avoiding Side Effects Using Relative
Reachability", June 5, 2018, https://vkrakovna.wordpress.com/2018/06/05/
measuring-and-avoiding-side-effects-using-relative-reachability/

46. Leike et al., "AI Safety Gridworlds".

47. Victoria Krakovna, personal interview, December 8, 2017.

48. 단계적 기준 개념은 터너가 제시했다. https://www.alignment-forum.org/posts/
DvmhXysefEyEvXuXS/overcomingclinginess-in-impact-measures. 상대 도달성 개념
은 다음 문헌 참고. Krakovna et al., "Penalizing Side Effects Using Stepwise Relative
Reachability"; Krakovna et al., "Designing Agent Incentives to Avoid Side Effects",
Deep-Mind Safety Research(blog), https://medium.com/@deepmindsafetyresearch/
designing-agent-incentives-to-avoid-side-effects-e1ac80ea6107

49. Turner, Hadfield-Menell, and Tadepalli, "Conservative Agency via Attainable
Utility Preservation"; Turner's "Reframing Impact", https://www.alignmentforum.
org/s/7CdoznhJaLEKHwvJW; "Towards a New Impact Measure", https://www.
alignmentforum.org/posts/yEa7kwoMpsBgaBCgb/towards-a-new-impact-
measure. 터너는 이렇게 썼다. "나는 AUP가 발전된 행위자에게 효과가 있는 이유가
달성 가능한 집합의 효용 내용이 실제로 중요해서가 아니라, 공통의 효용 달성 통화
인 힘이 있기 때문이라는 이론을 가진다." Turner, "Optimal Farsighted Agents Tend
to Seek Power". '권한 부여'의 정보 이론적 설명을 포함해서 AI 안전성의 맥락에서 힘
의 개념을 더 자세히 설명한 문헌은 다음을 참고. Amodei et al., "Concrete Problems
in AI Safety". 이 자료에는 다음 문헌이 인용된다. Salge, Glackin, and Polani,
"Empowerment: An Introduction"; Mohamed and Rezende, "Variational Information
Maximisation for Intrinsically Motivated Reinforcement Learning".

50. Alexander Turner, personal interview, July 11, 2019.

51. Wiener, "Some Moral and Technical Consequences of Automation".

52. 크리스티아노에 따르면, '교정 가능성'이 AI 안전성의 교리가 되는 과정은 유드코스
키에게서 시작됐고, 그 명칭 자체는 로버트 마일스에게서 나왔다고 한다. 다음을 참고.
Christiano's "Corrigibility", https://ai-alignment.com/corrigibility-3039e668638

53. Dadich, Ito, and Obama, "Barack Obama, Neural Nets, Self-Driving Cars, and the Future of the World".

54. Dylan Hadfield-Menell, personal interview, March 15, 2018.

55. Turing, "Can Digital Computers Think?"

56. Russell, *Human Compatible*. 스튜어트는 좀 달리 표현하긴 했지만, 그전에도 이 점을 지적한 바 있다. 다음을 참고. "Should We Fear Supersmart Robots?". 그보다 거의 10년쯤 전의 한 논문에는 "거의 모든 시스템은 자신의 효용 함수를 변형으로부터 보호한다"라고 적혔다. 다음을 참고. Steve Omohundro, "The Basic AI Drives".

57. Soares et al., "Corrigibility"; Armstrong, "Motivated Value Selection for Artificial Agents". AI 행위자를 변형하거나 방해할 때 일어나는 흥미로운 문제를 다룬 다른 연구는 다음을 참고. Orseau and Armstrong, "Safely Interruptible Agents"; Riedl and Harrison, "Enter the Matrix". 실제로 인간에게 자신을 끄지 말라고 요청하는 로봇과, 인간이 따를지 여부를 다룬 연구는 다음을 참고. Horstmann et al., "Do a Robot's Social Skills and Its Objection Discourage Interactants from Switching the Robot Off?".

58. Nate Soares et al., "Corrigibility", presentation at AAAI-15, January 25, 2015, https://intelligence.org/wp-content/uploads/2015/01/AAAI-15-corrigibilityslides.pdf

59. Russell, "Should We Fear Supersmart Robots?"

60. Dylan Hadfield-Menell, "The Off-Switch"(lecture), Colloquium Series on Robust and Beneficial AI(CSRBAI), Machine Intelligence Research Institute, Berkeley, CA, June 8, 2016, https://www.youtube.com/watch?v=t06IciZknDg

61. Milli et al., "Should Robots Be Obedient?". 시스템이 인간의 명령에 따르지 않은 것이 최선일 수도 있는 사례를 다룬 다른 연구는 다음을 참고. Coman et al., "Social Attitudes of AI Rebellion"; Aha and Coman, "The AI Rebellion".

62. Smitha Milli, "Approaches to Achieving AI Safety"(interview), Melbourne, Australia, August 2017, https://www.youtube.com/watch?v=I82SQfrbdj4

63. 이 패러다임을 써서 교정 가능성과 모형 설정 오류를 살핀 문헌. 다음을 참고. Carey, "Incorrigibility in the CIRL Framework".

64. Dylan Hadfield-Menell, personal interview, March 15, 2018.

65. Russell, *Human Compatible*.

66. Hadfield-Menell et al., "Inverse Reward Design".

67. 이 문제의 관련 틀과 접근법은 딥마인드의 에버릿, 딥마인드와 오스트레일리아국립대의 공동 연구자가 내놨다. 다음을 참고. Everitt et al., "Reinforcement Learning with a Corrupted Reward Channel".

68. Hadfield-Menell et al., "Inverse Reward Design".

69. Prummer, *Handbook of Moral Theology*.

70. Rousseau, *Emile; or, On Education*.

71. 사실 실제 역사적 논쟁은 거의 다 어떤 행위가 죄악인지 아닌지를 놓고 벌어진 듯하다. 그 행위를 하지 않는 것이 죄악일 가능성도 고려한 사례는 적다. 이 점을 더 상세히 논의한 문헌은 다음을 참고. Sepielli, "Along an Imperfectly-Lighted Path."

72. 많이 인용되는 이 격언의 원문은 1930년 9월 20일자 〈샌디에이고유니언〉의 사설란에 실렸다. "보석 소매상은 모든 사람들은 시계를 두 개씩 차고 다녀야 한다고 주장한다. 그러나 시계가 하나인 사람들은 몇 시인지 알지만, 두 개인 사람들은 결코 몇 시인지 확신할 수 없다."

73. Prummer, *Handbook of Moral Theology*, §§145~156.

74. Connell, "Probabilism".

75. Prummer, *Handbook of Moral Theology*.

76. Will MacAskill, personal interview, May 11, 2018.

77. 미시간주립대 공대의 철학자 테드 록하트는 이런 질문을 다시 살폈다. 다음을 참고. Lockhart, *Moral Uncertainty and Its Consequences*. "내가 도덕적으로 무엇을 해야 할지 불확실한 상황에서 나는 어떻게 할까? 철학자는 이러한 문제에 거의 주의를 기울이지 않았다."

78. EA 개념을 더 상세히 다른 문헌. 다음을 참고. MacAskill, *Doing Good Better*; Singer, *The Most Good You Can Do*. 'EA' 용어의 역사에 대해서는 다음을 참고. MacAskill's "The History of the Term 'Effective Altruism'", Effective Altruism Forum, http://effective-altruism.com/ea/5w/the_history_of_the_term_effective_altruism/

79. MacAskill, Bykvist; Ord, *Moral Uncertainty*. 더 앞서 나온 책도 참고. Lockhart, *Moral Uncertainty and Its Consequences*.

80. 다음을 참고. Lockhart, *Moral Uncertainty and Its Consequences*; Gustafsson and Torpman, "In Defence of My Favourite Theory".

81. 순수한 서열 이론, 의무 이론도 있다. 이외에 다른 문제도 있는데 다음을 참고. MacAskill, Bykvist, and Ord, *Moral Uncertainty*.

82. 사회 선택 이론. Mueller, *Public Choice III; Sen, Collective Choice and Social Welfare*. 컴퓨터 관점에서 사회 선택 이론을 살핀 자료는 다음을 참고. Brandt et al., *Handbook of Computational Social Choice*.

83. '도덕 의회' 개념은 다음을 참고. Bostrom, "Moral Uncertainty-Towards a Solution?". '도덕적 거래' 개념은 다음을 참고. Ord, "Moral Trade".

84. Humphrys, "Action Selection in a Hypothetical House Robot".

85. "Allocation of Discretionary Funds from Q1 2019", *The GiveWell Blog*, https://blog.givewell.org/2019/06/12/allocation-of-discretionary-funds-from-q1-2019/

86. Ord, *The Precipice*.

87. Paul Christiano, personal interview, July 1, 2019.

88. Sepielli, "What to Do When You Don't Know What to Do When You Don't Know What to Do…".

89. Shlegeris, "Why I'm Less of a Hedonic Utilitarian Than I Used to Be".

결론

1. Bertrand Russell, "The Philosophy of Logical Atomism", in *Logic and Knowledge*.

2. Knuth, "Structured Programming with Go to Statements"; Knuth, "Computer Programming as an Art". 둘 다 1974년에 나왔다. 이 인용문의 역사는 좀 혼란스러운데, 커누스 자신은 15년 뒤인 1989년에 그것을 '(C.A.R.) 호어(Hoare)의 금언'이라 했다. 다음을 참고. Knuth, "The Errors of TeX". 그러나 호어가 그 말을 했다는 증거는 어디에도 없는 듯하다. 2004년 호어에게 직접 그 인용문에 관해 묻자, 그는 어디서 나온 말인지 "전혀 떠오르지 않는다"라 말했고, 아마 에츠허르 데이크스트라가 했을 수도 있다며 이렇게 덧붙였다. "그냥 전래되는 지혜나 속설이라고 보는 편이 낫겠어요." 다음을 참고. Hans Gerwitz, "Premature Optimization Is the Root of All Evil", https://hans.gerwitz.com/2004/08/12/premature-optimization-is-the-root-of-all-evil.html. 커누스는 이렇게 인정했다. "'성급한 최적화는 프로그래밍에서 모든 악의 뿌리다'라는 식으로 말했던 것 같아요." 다음을 참고. Mark Harrison, "A note from Donald Knuth about TAOCP", http://codehaus.blogspot.com/2012/03/note-from-donald-knuth-about-taocp.html. 종합하면, 그가 한 말일 가능성이 높다.

3. 미국 질병통제센터는 추운 방에서 아기가 저체온증에 걸릴 가능성이 있다고 경고했다. Centers for Disease Control and Prevention, "Prevent Hypothermia and

Frostbite", https://www.cdc.gov/disasters/winter/staysafe/hypother mia.html

4. Wiener, *God and Golem, Inc.* 2016년 MIRI 연구자 제시카 테일러는 자신이 '양분화기'로 부르는 개념을 탐구했다. 양분화기는 문제시되는 척도를 완전히 최적화하는 대신에 '그 정도면 괜찮다 싶은' 행동에 안주하는 행위자를 말하는데 다음을 참고. Taylor, "Quantilizers". 이는 '일찍 멈춤'이라는 정칙화 방법과도 닮은 점이 있다. 다음을 참고. Yao, Rosasco, and Caponnetto, "On Early Stopping in Gradient Descent Learning". "시스템을 개선하는 데 쓰이는 척도가 더 이상의 최적화가 효과가 없거나 해로울 정도까지 쓰이는" 상황을 AI 안전성이라는 맥락에서 살핀 연구는 다음을 참고. Manheim and Garrabrant, "Categorizing Variants of Goodhart's Law".

5. "£13.3m Boost for Oxford's Future of Humanity Institute", http://www.ox.ac.uk/news/2018-10-10-£133m-boost-oxford's-future-humanity-institute

6. Huxley, *Ends and Means.*

7. 의학에서의 성별 편향을 일반 대중에게 이야기하는 최근 저서는 다음을 참고. Perez, *Invisible Women.* 문헌도 있는데 다음을 참고. Mastroianni, Faden, and Federman, *Women and Health Research*; Marts and Keitt, "Foreword". 의학계 내에서는 노령층(현재 가장 빠르게 증가하는 인구통계학적 집단 중 하나)도 임상 시험에서 상당히 덜 대변된다는 우려도 있다. 다음을 참고. Vitale et al., "Under-Representation of Elderly and Women in Clinical Trials"; Shenoy and Harugeri, "Elderly Patients' Participation in Clinical Trials". 이 주제는 꽤 많은 분야에서 활발하게 연구가 이뤄진다. 동물 박물관 소장품을 조사한 연구도 있는데 다음을 참고. Cooper et al., "Sex Biases in Bird and Mammal Natural History Collections".

8. 다음을 참고. Bara Fintel, Athena T. Samaras, and Edson Carias, "The Thalidomide Tragedy: Lessons for Drug Safety and Regulation", *Helix*, https://helix.northwestern.edu/article/thalidomide-tragedy-lessons-drug-safety-andregulation; Nick McKenzie and Richard Baker, "The 50-Year Global Cover-up", *Sydney Morning Herald*, July 26, 2012, https://www.smh.com.au/national/the-50-year-global-cover-up-20120725-22r5c.html; "Thalidomide", Brought to Life, Science Museum, http://broughttolife.sciencemuseum.org.uk/broughttolife/themes/controversies/thalidomide; Marts and Keitt, "Foreword".

9. 이 합의가 확연히 불쾌할 때도 있다. 2019년 AI 나우 연구소의 크로포드와 화가 패글런은 이미지넷 데이터를 살피면서 기이하며 충격적인 것을 발굴했다. 다음을 참고.

"Excavating AI", https://www.excavating.ai. 그들의 연구 이후에 이미지넷은 데이터 집합에서 '도벽광'에서부터 '촌뜨기', '화냥년'에 이르기까지 온갖 태그가 붙은 이들의 사진 60만 장을 삭제했다.

10. 원래의 이미지넷 데이터에는 실제로 2만 가지 범주가 들었다. 2012년 이미지넷 대규모 시각 인식 경연 대회(ILSVRC)에서 우승한 알렉스넷은 범주가 겨우 1,000개인 축소판 데이터를 썼다. Deng et al., "ImageNet"; Russakovsky et al., "ImageNet Large Scale Visual Recognition Challenge."

11. 스튜어트는 이 점을 주장했으며, 그는 머신 러닝 자체를 써서 태그 오류의 다양한 비용을 포착하는 표현을 추론하자고 제안한다. Russell, *Human Compatible*.

12. Mikolov et al., "Efficient Estimation of Word Representations in Vector Space".

13. 2019년 5월 arXiv 논문은 약간의 파장을 일으켰다. 다음을 참고. Nissim, van Noord, and van der Goot, "Fair Is Better Than Sensational". 이 논문은 유추에 쓰이는 '평행사변형법'을 날카롭게 비판했다. 그러자 다음 논문의 저자가 엑스에 답변을 했다. 다음을 참고. Bolukbasi et al., "Man Is to Computer Programmer as Woman Is to Homemaker?". 그 뒤에 이어진 비공식적 토론은 다음을 참고. https://twitter.com/adamfungi/status/1133865428663635968. 볼룩바시 연구진의 논문 자체는 부록 A와 B에서 3CosAdd 알고리즘과 자신이 쓴 알고리즘 사이에 미묘하지만 중요한 차이가 있다고 제시했다.

14. Tversky, "Features of Similarity".

15. Chen, Peterson, and Griffiths, "Evaluating Vector-Space Models of Analogy".

16. 투옥 자체의 범죄 유발 효과는 다음을 참고. Stemen, "The Prison Paradox"(in particular footnote 23); Roodman, "Aftereffects."

17. Jung et al., "Eliciting and Enforcing Subjective Individual Fairness".

18. Poursabzi-Sangdeh et al., "Manipulating and Measuring Model Interpretability" 참고.

19. Bryson, "Six Kinds of Explanation for AI". 브라이슨은 AI의 맥락에서는 '설명'에 시스템의 내부 활동뿐 아니라 '시스템을 제품으로 출시하고 서비스로 운영하기까지 이르는 인간 활동'도 포함해야 한다고 주장한다.

20. Ghorbani, Abid, and Zou, "Interpretation of Neural Networks Is Fragile" 참고.

21. Mercier and Sperber, "Why Do Humans Reason?". AI 정렬 분야에는 서로 논쟁을 하는 머신 러닝 시스템을 개발하는 흥미로운 연구 방향도 있다. 다음을 참고. Irving,

Christiano, and Amodei, "AI Safety via Debate".

22. Jan Leike, "General Reinforcement Learning"(lecture), Colloquium Series on Robust and Beneficial AI 2016, Machine Intelligence Research Institute, Berkeley, California, June 9, 2016, https://www.youtube.com/watch?v=hSiuJuvTBoE&t=239s. 돌이킬 수 없는 실수를 피하는 RL이라는 개념은 활발하게 연구가 이뤄지는 분야다. 다음을 참고. Saunders et al., "Trial Without Error"; Eysenbach et al., "Leave No Trace".

23. Omohundro, "The Basic AI Drives". 몽고메리의 《빨간 머리 앤》 시리즈 중 1921년에 나온 〈잉글사이드의 릴라(Rilla of Ingleside)〉도 참고. 릴라는 이렇게 생각한다. "설령 가능해도, 2년 전으로 돌아가고 싶지 않아요 (…) 2년이 더 지난 뒤에 돌아보면서 세월이 만든 발달에도 고마울지 모르죠. 지금은 원치 않지만요." 미스 올리버는 이렇게 답한다. "우리는 결코 원치 않아. 발달의 수단과 척도를 우리가 선택하게 하지 않은 이유가 그 때문이겠지."

24. Paul, *Transformative Experience*.

25. '다중 행위자 강화 학습(MARL)'이라는 하위 분야는 해당 문제를 연구한다.

26. Piaget, *The Construction of Reality in the Child*.

27. Demski and Garrabrant, "Embedded Agency".

28. 다음을 참고. Evans, Stuhlmuller, and Goodman, "Learning the Preferences of Ignorant, Inconsistent Agents"; Evans and Goodman, "Learning the Preferences of Bounded Agents"; Bourgin et al., "Cognitive Model Priors for Predicting Human Decisions".

29. Ziebart et al., "Maximum Entropy Inverse Reinforcement Learning"; Ziebart, Bagnell, and Dey, "Modeling Interaction via the Principle of Maximum Causal Entropy". 로봇학과 자율 주행 차량 분야에서도 이 인간 행동 모형을 사용한 연구가 이뤄진다. '잡음 있는 합리적(noisily rational)' 행동 또는 '볼츠만 (비)합리성[Boltzmann (ir)rationality]' 행동이라 하는 것이다.

30. 스튜어트는 1998년의 논문에 쓴 바 있다. "학습 이후가 아니라 학습이 진행되는 도중에 관찰함으로써 보상 함수를 결정할까?"

31. 이 문제는 여전히 대체로 미해결 상태로 남았다. 최근 연구는 다음을 참고. Chan et al., "The Assistive Multi-Armed Bandit".

32. UC버클리의 밀리와 드라간은 이 문제를 탐구한다. 다음을 참고. Milli and Drăgan, "Literal or Pedagogic Human?".

33. Stefano Ermon, interview by Ariel Conn, Future of Life Institute, January 26, 2017, https://futureoflife.org/2017/01/26/stefano-ermon-interview/

34. Roman Yampolskiy, interview by Ariel Conn, Future of Life Institute, January 18, 2017, https://futureoflife.org/2017/01/18/roman-yampolskiy-interview/

35. Arrow, "A Difficulty in the Concept of Social Welfare".

36. Recht et al., "Do ImageNet Classifiers Generalize to ImageNet?". 이들은 알렉스넷 같은 사진 인식 시스템이 새로운 사진을 접할 때의 정확성을 높이려 애쓴다. 이 정확성에는 격차가 존재했기에, 이들은 원래의 CIFAR-10과 이미지넷 방법론을 아무리 가까이 모사하려 시도해도 사진과 인간이 붙인 태그가 예전인 2012년보다 2019년에 좀 더차이가 날 수밖에 없다고 추정하기에 이르렀다.

37. Latour, *Pandora's Hope*.

38. Paul Christiano, "What Failure Looks Like", AI Alignment Forum, March 17, 2019, https://www.alignmentforum.org/posts/HBxe6wdjxK239zajf/what-failure-looks-like. "AI 재앙의 전형적인 이미지는 악의를 지닌 강력한 AI 시스템이 갑작스럽게 재빨리 자신의 창조자를 뛰어넘어서 인류보다 결정적인 우위에 선다는 것이다. 내 생각에는 실패가 그런 모습을 띨 것 같지는 않다." 대신에 그는 이런 우려를 했다. "머신 러닝은 '우리가 측정하는 것을 얻는' 우리 능력을 증가시킬 것이고, 그 결과 서서히 재앙이 일어난다."

39. National Transportation Safety Board, 2019. *Collison Between Vehicle Controlled by Developmental Automated Driving System and Pedestrian*. Highway Accident Report NTSB/HAR-19/03. Washington, DC.

40. Odell, *How to Do Nothing*.

41. Read, *The Grass Roots of Art*.

42. Turing et al., "Can Automatic Calculating Machines Be Said to Think?"

고마움의 말

1. McCulloch, *Finality and Form*.

[＊]

참 고 문 헌

Abbeel, Pieter, "Apprenticeship Learning and Reinforcement Learning with Application to Robotic Control", PhD thesis, Stanford University, 2008.

Abbeel, Pieter, Adam Coates, and Andrew Y. Ng, "Autonomous Helicopter Aerobatics Through Apprenticeship Learning", International Journal of Robotics Research 29, no. 13 (2010): 1608~1039.

Abbeel, Pieter, Adam Coates, Morgan Quigley, and Andrew Y. Ng, "An Application of Reinforcement Learning to Aerobatic Helicopter Flight", In Advances in Neural Information Processing Systems, 1~8, 2007.

Abbeel, Pieter, and Andrew Y. Ng, "Apprenticeship Learning via Inverse Reinforcement Learning", In Proceedings of the 21st International Conference on Machine Learning. ACM, 2004.

Ackley, David, and Michael Littman, "Interactions Between Learning and Evolution", In Artificial Life II: SFI Studies in the Sciences of Complexity, 10:487~509. Addison-Wesley, 1991.

ACLU Foundation, "The War on Marijuana in Black and White", 2013. https://www.aclu.org/report/report-war-marijuana-black-and-white?redirect=criminal-lawreform/war-marijuana-black-and-white

Adebayo, Julius, Justin Gilmer, Michael Muelly, Ian Goodfellow, Moritz Hardt, and Been Kim, "Sanity Checks for Saliency Maps", In Advances in Neural Information

Processing Systems, 9505~9515, 2018.

Aha, David W., and Alexandra Coman, "The AI Rebellion: Changing the Narrative", In *Thirty-First AAAI Conference on Artificial Intelligence*, 2017.

Akrour, Riad, Marc Schoenauer, and Michele Sebag, "APRIL: Active Preference-Learning Based Reinforcement Learning", In *Joint European Conference on Machine Learning and Knowledge Discovery in Databases*, 116~131. Springer, 2012.

Akrour, Riad, Marc Schoenauer, Michele Sebag, and Jean-Christophe Souplet, "Pro-gramming by Feedback", In *International Conference on Machine Learning*, 1503~1511. JMLR, 2014.

Aksenov, Pavel, "Stanislav Petrov: The Man Who May Have Saved the World", BBC News, September 25, 2013. https://www.bbc.com/news/world-europe-24280831

Al-Shawaf, Laith, Daniel Conroy-Beam, Kelly Asao, and David M. Buss, "Human Emotions: An Evolutionary Psychological Perspective", *Emotion Review* 8, no. 2 (2016): 173~186.

Alexander, R. McNeill, "The Gaits of Bipedal and Quadrupedal Animals", *International Journal of Robotics Research* 3, no. 2 (1984): 49~59.

Alexander, R. McNeill. *The Human Machine: How the Body Works*. Columbia University Press, 1992.

Alexander, R. McNeill. *Optima for Animals*. Princeton University Press, 1996.

Alexander, S.A.H, "Sex, Arguments, and Social Engagements in Martial and Premarital Relations", Master's thesis, University of Missouri-Kansas City, 1971.

Amodei, Dario, Chris Olah, Jacob Steinhardt, Paul Christiano, John Schulman, and Dan Mane, "Concrete Problems in AI Safety", arXiv Preprint arXiv:1606.06565, 2016.

Ampere, Andre-Marie. *Essai sur la philosophie des sciences; ou, Exposition analytiqued'une classification naturelle de toutes les connaissances humaines*. Paris: Bachelier, 1834.

Anantharaman, Thomas S, "Evaluation Tuning for Computer Chess: Linear Discriminant Methods", *ICGA Journal* 20, no. 4 (1997): 224~242.

Anderson, James A., and Edward Rosenfeld. *Talking Nets: An Oral History of Neural Networks*. MIT Press, 1998.

Andre, David, and Astro Teller, "Evolving Team Darwin United", In *RoboCup-98*, 346~351. Springer, 1999.

Andrew, A. M, "Machines Which Learn", *New Scientist*, November 27, 1958.

Andrews, D. A, "The Level of Service Inventory(LSI): The First Follow-up", *Ontario Ministry of Correctional Services*. Toronto, 1982.

Andrews, D. A., and J. L. Bonta, "The Level of Service Inventory-Revised", Toronto: Multi-Health Systems, 1995.

Andrews, D. A., James Bonta, and J. Stephen Wormith, "The Recent Past and Near Future of Risk and/or Need Assessment", *Crime & Delinquency* 52, no. 1 (2006): 7~27.

Angelino, Elaine, Nicholas Larus-Stone, Daniel Alabi, Margo Seltzer, and Cynthia Rudin, "Learning Certifiably Optimal Rule Lists for Categorical Data", *Journal of Machine Learning Research* 18 (2018): 1~78.

Angwin, Julia. *Dragnet Nation: A Quest for Privacy, Security, and Freedom in a World of Relentless Surveillance*. Times Books, 2014.

Angwin, Julia, and Jeff Larson, "ProPublica Responds to Company's Critique of Machine Bias Story", ProPublica, July 29, 2016.

Angwin, Julia, Jeff Larson, Surya Mattu, and Lauren Kirchner, "Machine Bias", ProPublica, May 23, 2016, "Another Day the World Almost Ended", RT, May 19, 2010. https://www.rt.com/usa/nuclear-war-stanislav-petrov/

Anthony, Thomas, Zheng Tian, and David Barber, "Thinking Fast and Slow with Deep Learning and Tree Search", In *Advances in Neural Information Processing Systems*, 5360~5370, 2017.

Arendt, Hannah. *The Human Condition*. University of Chicago Press, 1958.

Argall, Brenna D., Sonia Chernova, Manuela Veloso, and Brett Browning, "A Survey of Robot Learning from Demonstration", *Robotics and Autonomous Systems* 57, no. 5 (2009): 469~483.

Armstrong, Stuart, "The Mathematics of Reduced Impact: Help Needed", LessWrong, February 16, 2012. https://www.lesswrong.com/posts/8Nwg7kqAfCM46tuHq/themathematics-of-reduced-impact-help-needed

Armstrong, Stuart, "Motivated Value Selection for Artificial Agents", In *Artificial Intelligence and Ethics: Papers from the 2015 AAAI Workshop*. AAAI Press, 2015.

Armstrong, Stuart, "Reduced Impact AI: No Back Channels", LessWrong, November 11, 2013. https://www.lesswrong.com/posts/gzQT5AAw8oQdzuwBG/reduced-impact-ai-no-back-channels

Armstrong, Stuart, and Benjamin Levinstein, "Low Impact Artificial Intelligences", arXiv Preprint arXiv:1705.10720, 2017.

Arrow, Kenneth J, "A Difficulty in the Concept of Social Welfare", *Journal of Political Economy* 58, no. 4 (1950): 328~346.

Ashley, Maurice. *Chess for Success*. Broadway Books, 2005.

Athalye, Vivek R., Fernando J. Santos, Jose M. Carmena, and Rui M. Costa, "Evidence for a Neural Law of Effect", *Science* 359, no. 6379 (2018): 1024~1029.

Aurelius, Marcus. *The Emperor Marcus Aurelius: His Conversation with Himself*. Translated by Jeremy Collier. London: R. Sare, 1701.

Aytar, Yusuf, Tobias Pfaff, David Budden, Thomas Paine, Ziyu Wang, and Nando de Freitas, "Playing Hard Exploration Games by Watching YouTube", In *Advances in Neural Information Processing Systems*, 2935~2945. MIT Press, 2018.

Bailey, Robert E., and J. Arthur Gillaspy Jr, "Operant Psychology Goes to the Fair: Marian and Keller Breland in the Popular Press, 1947~1966", *Behavior Analyst* 28, no. 2 (2005): 143~159.

Bain, Alexander. *The Senses and the Intellect*. London: John W. Parker and Son, 1855.

Baldassarre, Gianluca, and Marco Mirolli, eds. *Intrinsically Motivated Learning in Natural and Artificial Systems*. Springer, 2013.

Balentine, Bruce. *It's Better to Be a Good Machine Than a Bad Person: Speech Recognition and Other Exotic User Interfaces in the Twilight of the Jetsonian Age*. ICMI Press, 2007.

Barabas, Chelsea, Madars Virza, Karthik Dinakar, Joichi Ito, and Jonathan Zittrain, "Interventions over Predictions: Reframing the Ethical Debate for Actuarial Risk Assessment", In *Proceedings of Machine Learning Research*, 81 (2018): 62~76.

Barber, David, and Christopher M. Bishop, "Ensemble Learning in Bayesian Neural Networks", In *Neural Networks and Machine Learning*, 215~237. Springer, 1998.

Barocas, Solon, and Andrew D. Selbst, "Big Data's Disparate Impact", *California Law Review* 104 (2016): 671~732.

Barto, Andrew G, "Intrinsic Motivation and Reinforcement Learning", In *Intrinsically Motivated Learning in Natural and Artificial Systems*, edited by Gianluca Baldassarre and Marco Mirolli, 17~47. Springer, 2013.

Barto, Andrew, Marco Mirolli, and Gianluca Baldassarre, "Novelty or Surprise?" *Frontiers in Psychology* 4 (2013): 907.

Barto, Andrew G., Satinder Singh, and Nuttapong Chentanez, "Intrinsically Motivated Learning of Hierarchical Collections of Skills", In *Proceedings of the 3rd International Conference on Development and Learning*, 112~119, 2004.

Barto, Andrew G., Richard S. Sutton, and Charles W. Anderson, "Neuronlike Adaptive Elements That Can Solve Difficult Learning Control Problems", *IEEE Transactions on Systems, Man, and Cybernetics* 13, no. 5 (1983): 834~846.

Bateson, Melissa, Daniel Nettle, and Gilbert Roberts, "Cues of Being Watched Enhance Cooperation in a Real-World Setting", *Biology Letters* 2, no. 3 (2006): 412~414.

Bellemare, Marc G., Yavar Naddaf, Joel Veness, and Michael Bowling, "The Arcade Learning Environment: An Evaluation Platform for General Agents", *Journal of Artificial Intelligence Research* 47 (2013): 253~279.

Bellemare, Marc G., Sriram Srinivasan, Georg Ostrovski, Tom Schaul, David Saxton, and Remi Munos, "Unifying Count-Based Exploration and Intrinsic Motivation", In *Advances in Neural Information Processing Systems*, 1471~1479, 2016.

Bellman, Richard. *Dynamic Programming*. Princeton, NJ: Princeton University Press, 1957.

Bendale, Abhijit, and Terrance Boult, "Towards Open World Recognition", In *Proceedings of the IEEE Conference on Computer Vision and Pattern Recognition*, 1893~1902. CVPR, 2015.

Bengio, Yoshua, "Neural Net Language Models", *Scholarpedia* 3, no. 1 (2008):

3881. http://www.scholarpedia.org/article/Neural_net_language_models

Bengio, Yoshua, Rejean Ducharme, Pascal Vincent, and Christian Jauvin, "A Neural Probabilistic Language Model", *Journal of Machine Learning Research* 3 (2003): 1137~1155.

Bengio, Yoshua, Jerome Louradour, Ronan Collobert, and Jason Weston, "Curriculum Learning", In *Proceedings of the 26th Annual International Conference on Machine Learning*, 41~48. ACM, 2009.

Benjamin, Ludy T., Jr., and Darryl Bruce, "From Bottle-Fed Chimp to Bottlenose Dol-phin: A Contemporary Appraisal of Winthrop Kellogg", *Psychological Record* 32, no. 4 (1982): 461~482.

Bentham, Jeremy. *An Introduction to the Principles of Morals and Legislation*. London: T. Payne & Son, 1789.

Bentham, Jeremy, "Letter to Jacques Pierre Brissot de Warville", In *The Correspondence of Jeremy Bentham. Vol. 4*, edited by Alexander Taylor Milne. UCL Press, 2017.

Bentham, Jeremy, "Preface", i-vii. *Panopticon: Postscript; Part I*. Mews-Gate, London: T. Payne, 1791.

Berk, Richard. *Criminal Justice Forecasts of Risk: A Machine Learning Approach*. Springer Science & Business Media, 2012.

Berk, Richard, Hoda Heidari, Shahin Jabbari, Michael Kearns, and Aaron Roth, "Fairness in Criminal Justice Risk Assessments: The State of the Art", arXiv Preprint arXiv:1703.09207, 2017.

Berlyne, Daniel E. *Conflict, Arousal, and Curiosity*. McGraw-Hill, 1960.

Berlyne, Daniel E, "'Interest' as a Psychological Concept", *British Journal of Psychology, General Section* 39, no. 4 (1949): 184~195.

Berlyne, Daniel E, "Uncertainty and Conflict: A Point of Contact Between Information-Theory and Behavior-Theory Concepts", *Psychological Review* 64, no. 6 (1957): 329~339.

Bernoulli, Daniel, "Specimen theoriae novae de mensura sortis", *Comentarii Academiae Scientarum Imperialis Petropolitanae*, 1738, 175~192.

Bernstein, Jeremy, "A.I", *New Yorker*, December 6, 1981.

Berridge, Kent C, "Food Reward: Brain Substrates of Wanting and Liking", *Neuroscience & Biobehavioral Reviews* 20, no. 1 (1996): 1~25.

Berridge, Kent C., Terry E. Robinson, and J. Wayne Aldridge, "Dissecting Components of Reward: 'Liking' 'Wanting' and Learning", *Current Opinion in Pharmacology* 9, no. 1 (2009): 65~73.

Bertrand, Marianne, and Sendhil Mullainathan, "Are Emily and Greg More Employable Than Lakisha and Jamal? A Field Experiment on Labor Market Discrimination", *American Economic Review* 94, no. 4 (2004): 991~1013.

Bever, Lindsey, "A Man Collapsed with 'Do Not Resuscitate' Tattooed on His Chest. Doctors Didn't Know What to Do", *Washington Post*, December 1, 2017.

Billard, Aude G., Sylvain Calinon, and Florent Guenter, "Discriminative and Adaptive Imitation in Uni-Manual and Bi-Manual Tasks", *Robotics and Autonomous Systems* 54, no. 5 (2006): 370~384.

Blei, David M., Andrew Y. Ng, and Michael I. Jordan, "Latent Dirichlet Allocation", *Journal of Machine Learning Research* 3, nos. 4~5 (2003): 993~1022.

Blickensderfer, Elizabeth, Janis A. Cannon-Bowers, and Eduardo Salas, "Cross-Training and Team Performance", In *Making Decisions Under Stress: Implications for Individual and Team Training*, 299~311. Washington, DC: American Psychological Association, 1998.

Blomberg, Thomas, William Bales, Karen Mann, Ryan Meldrum, and Joe Nedelec, "Validation of the COMPAS Risk Assessment Classification Instrument", Broward Sheriff's Office, Department of Community Control, 2010.

Blundell, Charles, Julien Cornebise, Koray Kavukcuoglu, and Daan Wierstra, "Weight Uncertainty in Neural Networks", In *Proceedings of the 32nd International Conference on Machine Learning*, 2015.

Bojarski, Mariusz, Davide Del Testa, Daniel Dworakowski, Bernhard Firner, Beat Flepp, Prasoon Goyal, Lawrence D. Jackel, et al, "End to End Learning for Self-Driving Cars", CoRR abs/1604.07316 (2016).

Bolam, J. Paul, and Eleftheria K. Pissadaki, "Living on the Edge with Too Many Mouths to Feed: Why Dopamine Neurons Die", *Movement Disorders* 27, no. 12 (2012): 1478~1483.

Bolukbasi, Tolga, Kai-Wei Chang, James Y. Zou, Venkatesh Saligrama, and Adam T. Kalai, "Man Is to Computer Programmer as Woman Is to Homemaker? Debiasing Word Embeddings", In *Advances in Neural Information Processing Systems*, 4349~4357, 2016.

Bolukbasi, Tolga, Kai-Wei Chang, James Zou, Venkatesh Saligrama, and Adam Kalai, "Quantifying and Reducing Stereotypes in Word Embeddings", In *2016 ICML Workshop on #Data4good: Machine Learning in Social Good Applications*, 2016.

Bonawitz, Elizabeth Baraff, Tessa J. P. van Schijndel, Daniel Friel, and Laura Schulz, "Children Balance Theories and Evidence in Exploration, Explanation, and Learning", *Cognitive Psychology* 64, no. 4 (2012): 215~234.

Bostrom, Nick, "Astronomical Waste: The Opportunity Cost of Delayed Technological Development", *Utilitas* 15, no. 3 (2003): 308~314.

Bostrom, Nick, "Moral Uncertainty-Towards a Solution?" *Overcoming Bias*, January 1, 2009. http://www.overcomingbias.com/2009/01/moral-uncertainty-towards-asolution.html

Bostrom, Nick. *Superintelligence: Paths, Dangers, Strategies*. Oxford University Press, 2014.

Bostrom, Nick, and Milan M. Ćirković. *Global Catastrophic Risks*. Oxford: Oxford University Press, 2008.

Bourgin, David D., Joshua C. Peterson, Daniel Reichman, Thomas L. Griffiths, and Stuart J. Russell, "Cognitive Model Priors for Predicting Human Decisions", In *Proceedings of the 36th International Conference on Machine Learning(ICML)*, 2019.

Box, George E. P, "Robustness in the Strategy of Scientific Model Building", In *Robustness in Statistics*, edited by Robert L. Launer and Graham N. Wilkinson, 201~236. Academic Press, 1979.

Box, George E. P, "Science and Statistics", *Journal of the American Statistical Association* 71, no. 356 (December 1976): 791~799.

Brandt, Felix, Vincent Conitzer, Ulle Endriss, Jerome Lang, and Ariel D Procaccia. *Handbook of Computational Social Choice*. Cambridge University Press, 2016.

Breiman, Leo, Jerome H. Friedman, Richard A. Olshen, and Charles J. Stone. *Classification and Regression Trees*. Chapman & Hall/CRC, 1984.

Breland, Keller, and Marian Breland, "The Misbehavior of Organisms", *American Psychologist* 16, no. 11 (1961): 681~684.

Brennan, T., W. Dieterich, and W. Oliver, "COMPAS: Correctional Offender Management for Alternative Sanctions", Northpointe Institute for Public Management, 2007.

Brennan, Tim, and William Dieterich, "Correctional Offender Management Profiles for Alternative Sanctions(COMPAS)", In *Handbook of Recidivism Risk/Needs Assessment Tools*, 49~75. Wiley Blackwell, 2018.

Brennan, Tim, and Dave Wells, "The Importance of Inmate Classification in Small Jails", *American Jails* 6, no. 2 (1992): 49~52.

Brickman, Philip, "Hedonic Relativism and Planning the Good Society", *Adaptation Level Theory* (1971): 287~301.

Brickman, Philip, Dan Coates, and Ronnie Janoff-Bulman, "Lottery Winners and Accident Victims: Is Happiness Relative?" *Journal of Personality and Social Psychology* 36, no. 8 (1978): 917.

Brinnin, John Malcolm. *The Third Rose: Gertrude Stein and Her World*. Boston: Little, Brown, 1959.

Brooks, Rodney A. *Flesh and Machines: How Robots Will Change Us*. Pantheon, 2003.

Brooks, Rodney A, "Intelligence Without Representation", *Artificial Intelligence* 47 (1991): 139~159.

Brown, Tom B., Nicholas Carlini, Chiyuan Zhang, Catherine Olsson, Paul Christiano, and Ian Goodfellow, "Unrestricted Adversarial Examples", arXiv Preprint arXiv:1809.08352, 2018.

Bryson, Joanna, "Six Kinds of Explanation for AI (One Is Useless)", Adventures in NI (blog), September 19, 2019. https://joanna-bryson.blogspot.com/2019/09/six-kinds-of-explanation-for-ai-one-is.html

Buchsbaum, Daphna, Alison Gopnik, Thomas L. Griffiths, and Patrick Shafto, "Children's Imitation of Causal Action Sequences Is Influenced by Statistical and

Pedagogical Evidence", *Cognition* 120, no. 3 (2011): 331~340.

Buolamwini, Joy, and Timnit Gebru, "Gender Shades: Intersectional Accuracy Disparities in Commercial Gender Classification", In *Conference on Fairness, Accountability and Transparency*, 77~91, 2018.

Burda, Yuri, Harri Edwards, Deepak Pathak, Amos Storkey, Trevor Darrell, and Alexei A. Efros, "Large-Scale Study of Curiosity-Driven Learning", *Proceedings of the Seventh International Conference on Learning Representations*, May 2019.

Burda, Yuri, Harrison Edwards, Amos Storkey, and Oleg Klimov, "Exploration by Random Network Distillation", arXiv Preprint arXiv:1810.12894, 2018.

Burgess, Ernest W, "Factors Determining Success or Failure on Parole", In *The Workings of the Indeterminate-Sentence Law and the Parole System in Illinois*, edited by Andrew A. Bruce, Ernest W. Burgess, Albert J. Harno, and John Landesco. Springfield, IL: Illinois State Board of Parole, 1928.

Burgess, Ernest W, "Prof. Burgess on Parole Reform", *Chicago Tribune*, May 19, 1937.

Burke, Peggy B., ed. *A Handbook for New Parole Board Members.* Association of Paroling Authorities International/National Institute of Corrections, 2003. http://apaintl.org/Handbook/CEPPParoleHandbook.pdf

Bykvist, Krister, "Alternative Actions and the Spirit of Consequentialism", *Philosophical Studies* 107, no. 1 (2002): 45~68.

Byrne, Robert, "Chess-Playing Computer Closing in on Champions", *New York Times*, September 26, 1989.

Cakmak, Maya, and Manuel Lopes, "Algorithmic and Human Teaching of Sequential Decision Tasks", In *Twenty-Sixth AAAI Conference on Artificial Intelligence*, 2012.

Caldwell, Tommy. The Push. Viking, 2017.

Caliskan, Aylin, Joanna J. Bryson, and Arvind Narayanan, "Semantics Derived Automatically from Language Corpora Contain Human-Like Biases", *Science* 356, no. 6334 (2017): 183~186.

Callan, Rachel C., Kristina N. Bauer, and Richard N. Landers, "How to Avoid the Dark Side of Gamification: Ten Business Scenarios and Their Unintended

Consequences", In *Gamification in Education and Business*, 553~568. Springer, 2015.

Campbell, Murray, A. Joseph Hoane Jr., and Feng-hsiung Hsu, "Deep Blue", *Artificial Intelligence* 134, nos. 1~2 (2002): 57~83.

Cannon-Bowers, Janis A., Eduardo Salas, Elizabeth Blickensderfer, and Clint A. Bowers, "The Impact of Cross-Training and Workload on Team Functioning: A Replication and Extension of Initial Findings", *Human Factors* 40, no. 1 (1998): 92~101.

Carey, Ryan, "Incorrigibility in the CIRL Framework", In *AIES '18: Proceedings of the 2018 AAAI/ACM Conference on AI, Ethics, and Society*, 30~35. New Orleans: ACM, 2018.

Carse, James P. *Finite and Infinite Games*. Free Press, 1986.

Carter, Shan, Zan Armstrong, Ludwig Schubert, Ian Johnson, and Chris Olah, "Activation Atlas", *Distill*, 2019.

Caruana, Rich, Yin Lou, Johannes Gehrke, Paul Koch, Marc Sturm, and Noemie Elhadad, "Intelligible Models for Healthcare: Predicting Pneumonia Risk and Hospital 30-Day Readmission", In *Proceedings of the 21th ACM SIGKDD International Conference on Knowledge Discovery and Data Mining*, 1721~1730. ACM, 2015.

Caruana, Richard, "Explainability in Context-Health", Lecture, Algorithms and Explanations, NYU School of Law, April 28, 2017.

Caruana, Richard A, "Multitask Learning: A Knowledge-Based Source of Inductive Bias", In *Machine Learning: Proceedings of the Tenth International Conference*, 41~48, 1993.

Caswell, Estelle, "Color Film Was Built for White People. Here's What It Did to Dark Skin", *Vox*, September 18, 2015. https://www.vox.com/2015/9/18/9348821/photography-race-bias

Chan, Lawrence, Dylan Hadfield-Menell, Siddhartha Srinivasa, and Anca Drăgan, "The Assistive Multi-Armed Bandit", In *2019 14th ACM/IEEE International Conference on Human-Robot Interaction(HRI)*, 354~363. IEEE, 2019, "A Chance to Fix Parole in New York", *New York Times*, September 4, 2015.

Chen, Dawn, Joshua C. Peterson, and Thomas L. Griffiths, "Evaluating Vector-Space Models of Analogy", In *Proceedings of the 39th Annual Conference of the Cognitive Science Society*, 2017.

Choi, Jongwook, Yijie Guo, Marcin Moczulski, Junhyuk Oh, Neal Wu, Mohammad Norouzi, and Honglak Lee, "Contingency-Aware Exploration in Reinforcement Learning", In *International Conference on Learning Representations*, 2019.

Chouldechova, Alexandra, "Fair Prediction with Disparate Impact: A Study of Bias in Recidivism Prediction Instruments", *Big Data* 5, no. 2 (2017): 153~163.

Chouldechova, Alexandra, "Transparency and Simplicity in Criminal Risk Assessment", Harvard Data Science Review 2, no. 1 (January 2020).

Chow, C. K, "An Optimum Character Recognition System Using Decision Functions", *IRE Transactions on Electronic Computers* 4 (1957): 247~254.

Chow, C. K, "On Optimum Recognition Error and Reject Tradeoff", *IEEE Transactions on Information Theory* 16, no. 1 (1970): 41~46.

Christian, Brian, and Tom Griffiths. *Algorithms to Live By*. Henry Holt, 2016.

Christiano, Paul F., Jan Leike, Tom Brown, Miljan Martic, Shane Legg, and Dario Amodei, "Deep Reinforcement Learning from Human Preferences", In *Advances in Neural Information Processing Systems*, 4299~4307, 2017.

Christiano, Paul, Buck Shlegeris, and Dario Amodei, "Supervising Strong Learners by Amplifying Weak Experts", arXiv Preprint arXiv:1810.08575, 2018.

Clabaugh, Hinton G, "Foreword", In *The Workings of the Indeterminate-Sentence Law and the Parole System in Illinois*, edited by Andrew A. Bruce, Ernest W. Burgess, Albert J. Harno, and John Landesco. Springfield, IL: Illinois State Board of Parole, 1928.

Clark, Jack, and Dario Amodei, "Faulty Reward Functions in the Wild", OpenAI Blog, December 21, 2016. https://blog.openai.com/faulty-reward-functions/

Coates, Adam, Pieter Abbeel, and Andrew Y. Ng, "Learning for Control from Multiple Demonstrations", In Proceedings of the 25th International Conference on Machine Learning, 144~151. ACM, 2008.

Colombetti, Marco, and Marco Dorigo, "Robot Shaping: Developing Situated Agents Through Learning", Berkeley, CA: International Computer Science

Institute, 1992.

Coman, Alexandra, Benjamin Johnson, Gordon Briggs, and David W. Aha, "Social Attitudes of AI Rebellion: A Framework", In *Workshops at the Thirty-First AAAI Conference on Artificial Intelligence*, 2017.

Connell, F. J, "Probabilism", In *New Catholic Encyclopedia*, 2nd ed., edited by F. J. Connell.11:727. Gale, 2002.

Conway, Flo, and Jim Siegelman. *Dark Hero of the Information Age: In Search of Norbert Wiener, the Father of Cybernetics*. Basic Books, 2005.

Cooper, Gregory F., Vijoy Abraham, Constantin F. Aliferis, John M. Aronis, Bruce G. Buchanan, Richard Caruana, Michael J. Fine, et al, "Predicting Dire Outcomes of Patients with Community Acquired Pneumonia", *Journal of Biomedical Informatics* 38, no. 5 (2005): 347~366.

Cooper, Gregory F., Constantin F. Aliferis, Richard Ambrosino, John Aronis, Bruce G. Buchanan, Richard Caruana, Michael J. Fine, et al, "An Evaluation of Machine-Learning Methods for Predicting Pneumonia Mortality", *Artificial Intelligence in Medicine* 9, no. 2 (1997): 107~138.

Cooper, Lori, and Paul Aronowitz, "DNR Tattoos: A Cautionary Tale", *Journal of General Internal Medicine* 27, no. 10 (2012): 1383.

Cooper, Natalie, Alexander L. Bond, Joshua L. Davis, Roberto Portela Miguez, Louise Tomsett, and Kristofer M. Helgen, "Sex Biases in Bird and Mammal Natural History Collections", *Proceedings of the Royal Society B* 286 (2019): 20192025.

Corbett, Dale, and Roy A. Wise, "Intracranial Self-Stimulation in Relation to the Ascending Dopaminergic Systems of the Midbrain: A Moveable Electrode Mapping Study", *Brain Research* 185, no. 1 (1980): 1~15.

Corbett-Davies, Sam, "Algorithmic Decision Making and the Cost of Fairness", Lecture, Simons Institute for the Theory of Computing, November 17, 2017.

Corbett-Davies, Sam, and Sharad Goel, "The Measure and Mismeasure of Fairness: A Critical Review of Fair Machine Learning", arXiv Preprint arXiv:1808.00023, 2018.

Corbett-Davies, Sam, Emma Pierson, Avi Feller, Sharad Goel, and Aziz Huq,

"Algorithmic Decision Making and the Cost of Fairness", In *Proceedings of the 23rd ACM SIGKDD International Conference on Knowledge Discovery and Data Mining*, 797~806. Halifax: ACM, 2017.

Cortes, Corinna, Giulia DeSalvo, and Mehryar Mohri, "Learning with Rejection", In *International Conference on Algorithmic Learning Theory*, 67~82, 2016.

Coulom, Remi, "Efficient Selectivity and Backup Operators in Monte-Carlo Tree Search", In *5th International Conference on Computers and Games*, 72~83. Springer, 2006.

Covey, Mark K., Steve Saladin, and Peter J. Killen, "Self-Monitoring, Surveillance, and Incentive Effects on Cheating", *Journal of Social Psychology* 129, no. 5 (1989): 673~679.

"CPD Welcomes the Opportunity to Comment on Recently Published RAND Review", Chicago Police Department news release, August 17, 2016.

Crawford, Kate, and Trevor Paglen, "Excavating AI: The Politics of Images in Machine Learning Training Sets", 2019. https://www.excavating.ai

Creighton, Jolene, "Making AI Safe in an Unpredictable World: An Interview with Thomas G. Dietterich", September 17, 2018. https://futureoflife.org/2018/09/17/making-ai-safe-in-an-unpredictable-world-an-interview-with-thomas-g-dietterich/

Cumming, William W, "A Review of Geraldine Joncich's *The Sane Positivist: A Biography of Edward L. Thorndike*", *Journal of the Experimental Analysis of Behavior* 72, no. 3 (1999): 429~432.

Da, Qing, Yang Yu, and Zhi-Hua Zhou, "Learning with Augmented Class by Exploiting Unlabeled Data", In *Twenty-Eighth AAAI Conference on Artificial Intelligence* 1760~1766, 2014.

Dabkowski, Piotr, and Yarin Gal, "Real Time Image Saliency for Black Box Classifiers", In *Advances in Neural Information Processing Systems*, 6967~6976, 2017.

Dadich, Scott, Joi Ito, and Barack Obama, "Barack Obama, Neural Nets, Self-Driving Cars, and the Future of the World", *Wired*, October 12, 2016.

Dana, Jason, and Robyn M. Dawes, "The Superiority of Simple Alternatives to

Regression for Social Science Predictions", *Journal of Educational and Behavioral Statistics* 29, no. 3 (2004): 317~331.

Dastin, Jeffrey, "Amazon Scraps Secret AI Recruiting Tool That Showed Bias Against Women", Reuters, October 9, 2018.

Daswani, Mayank, and Jan Leike, "A Definition of Happiness for Reinforcement Learning Agents", In *Artificial General Intelligence*, edited by Jordi Bieger, Ben Goertzel, and Alexey Potapov, 231~240. Springer, 2015.

Dawes, Robyn M, "A Case Study of Graduate Admissions: Application of Three Principles of Human Decision Making", *American Psychologist* 26, no. 2 (1971): 180~188.

Dawes, Robyn M, "A Look at Analysis", PhD thesis, Harvard University, 1958.

Dawes, Robyn M, "The Robust Beauty of Improper Linear Models in Decision Making", *American Psychologist* 34, no. 7 (1979): 571~582.

Dawes, Robyn M., and Bernard Corrigan, "Linear Models in Decision Making", *Psychological Bulletin* 81, no. 2 (1974): 95~106.

Dawes, Robyn M., David Faust, and Paul E. Meehl, "Clinical Versus Actuarial Judgment", *Science* 243, no. 4899 (1989): 1668~1674.

Dayan, Peter, and Yael Niv, "Reinforcement Learning: The Good, the Bad and the Ugly", *Current Opinion in Neurobiology* 18, no. 2 (2008): 185~196.

Dechant, Kathy, and Jack Veiga, "More on the Folly", *Academy of Management Executive* 9, no. 1 (1995): 15~16.

Deci, Edward, and Richard M. Ryan. *vIntrinsic Motivation and Self-Determination in Human Behavior*. Springer Science & Business Media, 1985.

Demski, Abram, and Scott Garrabrant, "Embedded Agency", CoRR abs/1902.09469 (2019).

Deng, Jia, Wei Dong, Richard Socher, Li-Jia Li, Kai Li, and Li Fei-Fei, "ImageNet: A Large-Scale Hierarchical Image Database", In *2009 IEEE Conference on Computer Vision and Pattern Recognition*, 248~255. IEEE, 2009.

Denker, John S., and Yann LeCun, "Transforming Neural-Net Output Levels to Probability Distributions", In *Advances in Neural Information Processing Systems* 3, 853~859, 1991.

Denker, John, Daniel Schwartz, Ben Wittner, Sara Solla, Richard Howard, Lawrence Jackel, and John Hopfield, "Large Automatic Learning, Rule Extraction, and Generalization", *Complex Systems* 1, no. 5 (1987): 877~922.

Desmarais, Sarah L., and Jay P. Singh, "Risk Assessment Instruments Validated and Implemented in Correctional Settings in the United States", Council of State Governments Jusice Center, 2013.

Deterding, Sebastian, Dan Dixon, Rilla Khaled, and Lennart Nacke, "From Game Design Elements to Gamefulness: Defining Gamification", In *Proceedings of the 15th International Academic Mindtrek Conference: Envisioning Future Media Environments*, 9~15. ACM, 2011.

Devlin, Jacob, Ming-Wei Chang, Kenton Lee, and Kristina Toutanova, "BERT: Pre-Training of Deep Bidirectional Transformers for Language Understanding", In *Proceedings of the 2019 Conference of the North American Chapter of the Association for Computational Linguistics: Human Language Technologies(NAACLHLT)*, 4171~4186, 2019.

Dieterich, William, Christina Mendoza, and Tim Brennan, "COMPAS Risk Scales: Demonstrating Accuracy Equity and Predictive Parity", Northpointe Inc. Research Department, July 8, 2016.

Dietterich, Thomas G, "Steps Toward Robust Artificial Intelligence", *AI Magazine* 38, no. 3 (2017): 3~24.

Diuk, Carlos, Andre Cohen, and Michael L. Littman, "An Object-Oriented Representation for Efficient Reinforcement Learning", In *Proceedings of the 25th International Conference on Machine Learning*, 240~247. ACM, 2008.

Doctorow, Cory, "Two Years Later, Google Solves 'Racist Algorithm' Problem by Purging 'Gorilla' Label from Image Classifier", *Boing Boing*, January 11, 2018. https://boingboing.net/2018/01/11/gorilla-chimp-monkey-unpersone.html

Dominitz, Jeff, and John Knowles, "Crime Minimisation and Racial Bias: What Can We Learn From Police Search Data?" *The Economic Journal* 116, no. 515 (2006): F368~384.

Doshi-Velez, Finale, and Been Kim, "Towards a Rigorous Science of Interpretable Machine Learning", arXiv Preprint arXiv:1702.08608, 2017.

Douglass, Frederick, "Negro Portraits", *Liberator* 19, no. 16 (April 20, 1849). http://fairuse.org/the-liberator/1849/04/20/the-liberator-19-16.pdf

Dowd, Maureen, "Peter Thiel, Trump's Tech Pal, Explains Himself", *New York Times*, January 11, 2017.

Drăgan, Anca D., Kenton C. T. Lee, and Siddhartha S. Srinivasa, "Legibility and Pre-dictability of Robot Motion", In *8th ACM/IEEE International Conference on Human-Robot Interaction*, 301~308. IEEE, 2013.

Dressel, Julia, and Hany Farid, "The Accuracy, Fairness, and Limits of Predicting Recidivism", *Science Advances* 4 (2018): eaao5580.

Dwork, Cynthia, Moritz Hardt, Toniann Pitassi, Omer Reingold, and Richard Zemel, "Fairness Through Awareness", In *Proceedings of the 3rd Innovations in Theoretical Computer Science Conference*, 214~226. ACM, 2012.

Dwork, Cynthia, Frank McSherry, Kobbi Nissim, and Adam Smith, "Calibrating Noise to Sensitivity in Private Data Analysis", In *Proceedings of the Third Conference on Theory of Cryptography*, edited by Shai Halevi and Tal Rabin, 265~284. Berlin: Springer, 2006.

Easterling, Keller, "Walter Pitts", *Cabinet* 5 (2001-02).

Eaves, Baxter S., Jr., Naomi H. Feldman, Thomas L. Griffiths, and Patrick Shafto, "Infant-Directed Speech Is Consistent with Teaching", *Psychological Review* 123, no. 6 (2016): 758.

Ecoffet, Adrien, Joost Huizinga, Joel Lehman, Kenneth O. Stanley, and Jeff Clune, "Go-Explore: A New Approach for Hard-Exploration Problems", arXiv Preprint arXiv:1901.10995, 2019.

Egan, Greg. *Axiomatic*. Millennium, 1995.

Einhorn, Hillel J, "Expert Measurement and Mechanical Combination", *Organizational Behavior and Human Performance* 7 (1972): 86~106.

Elek, Jennifer, Sara Sapia, and Susan Keilitz, "Use of Court Date Reminder Notices to Improve Court Appearance Rates", Pretrial Justice Center for the Courts, 2017.

Elman, Jeffrey L, "Learning and Development in Neural Networks: The Importance of Starting Small", *Cognition* 48, no. 1 (1993): 71~99.

Engelgau, Michael M., Linda S. Geiss, Jinan B. Saaddine, James P. Boyle,

Stephanie M. Benjamin, Edward W. Gregg, Edward F. Tierney, et al, "The Evolving Diabetes Burden in the United States", *Annals of Internal Medicine* 140, no. 11 (2004): 945~950.

Ensign, Danielle, Sorelle A. Friedler, Scott Neville, Carlos Scheidegger, and Suresh Venkatasubramanian, "Runaway Feedback Loops in Predictive Policing", arXiv Preprint arXiv:1706.09847, 2017.

Entwistle, Noah J., and John D. Wilson. *Degrees of Excellence: The Academic Achievement Game*. Hodder & Stoughton, 1977.

Erhan, Dumitru, Yoshua Bengio, Aaron Courville, and Pascal Vincent, "Visualizing Higher-Layer Features of a Deep Network", Universite de Montreal, 2009.

Esteva, Andre, Brett Kuprel, Roberto A. Novoa, Justin Ko, Susan M. Swetter, Helen M. Blau, and Sebastian Thrun, "Dermatologist-Level Classification of Skin Cancer with Deep Neural Networks", *Nature* 542, no. 7639 (2017): 115.

Evans, Owain, and Noah D. Goodman, "Learning the Preferences of Bounded Agents", In *NIPS Workshop on Bounded Optimality*, vol. 6, 2015.

Evans, Owain, Andreas Stuhlmuller, and Noah D. Goodman, "Learning the Preferences of Ignorant, Inconsistent Agents", In *Thirtieth AAAI Conference on Artificial Intelligence*, 2016.

Evans, Teresa M., Lindsay Bira, Jazmin Beltran Gastelum, L. Todd Weiss, and Nathan L. Vanderford, "Evidence for a Mental Health Crisis in Graduate Education", *Nature Biotechnology* 36, no. 3 (2018): 282.

Everitt, Tom, Victoria Krakovna, Laurent Orseau, Marcus Hutter, and Shane Legg, "Reinforcement Learning with a Corrupted Reward Channel", In *Proceedings of the Twenty-Sixth International Joint Conference on Artificial Intelligence(IJCAI-17)*, 4705~4713, 2017.

Eysenbach, Benjamin, Shixiang Gu, Julian Ibarz, and Sergey Levine, "Leave No Trace: Learning to Reset for Safe and Autonomous Reinforcement Learning", In *International Conference on Learning Representations*, 2018.

Fantz, Robert L, "Visual Experience in Infants: Decreased Attention to Familiar Patterns Relative to Novel Ones", *Science* 146, no. 3644 (1964): 668~670.

Farley, Claire T., and C. Richard Taylor, "A Mechanical Trigger for the Trot-Gallop

Transition in Horses", *Science* 253, no. 5017 (1991): 306~308.

Ferrari, Pier F., Elisabetta Visalberghi, Annika Paukner, Leonardo Fogassi, Angela Ruggiero, and Stephen J. Suomi, "Neonatal Imitation in Rhesus Macaques", *PLoS Biology* 4, no. 9 (2006): e302.

Ferster, C. B, "Schedules of Reinforcement with Skinner", In *Festschrift for B. F. Skinner*, edited by P. B. Dews, 37~46. New York: Irvington, 1970.

Ferster, Charles B., and B. F. Skinner. *Schedules of Reinforcement*. East Norwalk, CT: Appleton-Century-Crofts, 1957.

Finn, Chelsea, Sergey Levine, and Pieter Abbeel, "Guided Cost Learning: Deep Inverse Optimal Control via Policy Optimization", In *Proceedings of the 33rd International Conference on Machine Learning*, 49~58. PMLR, 2016.

Firth, John Rupert. *Papers in Linguistics, 1934~1951*. Oxford University Press, 1957.

Fisac, Jaime F., Monica A. Gates, Jessica B. Hamrick, Chang Liu, Dylan Hadfield-Menell, Malayandi Palaniappan, Dhruv Malik, S. Shankar Sastry, Thomas L. Griffiths, and Anca D. Drăgan, "Pragmatic-Pedagogic Value Alignment", In *International Symposium on Robotics Research(ISSR)*. Puerto Varas, Chile, 2017.

Fisac, Jaime F., Chang Liu, Jessica B. Hamrick, Shankar Sastry, J. Karl Hedrick, Thomas L. Griffiths, and Anca D. Drăgan, "Generating Plans That Predict Themselves", In *Workshop on the Algorithmic Foundations of Robotics(WAFR)*, 2016.

Fischer, Bobby, Stuart Margulies, and Don Mosenfelder. *Bobby Fischer Teaches Chess*. Basic Systems, 1966.

Florensa, Carlos, David Held, Markus Wulfmeier, Michael Zhang, and Pieter Abbeel, "Reverse Curriculum Generation for Reinforcement Learning", In *Proceedings of the 1st Annual Conference on Robot Learning*, edited by Sergey Levine, Vincent Vanhoucke, and Ken Goldberg, 482~495. PMLR, 2017.

Flores, Anthony W., Kristin Bechtel, and Christopher T. Lowenkamp, "False Positives, False Negatives, and False Analyses: A Rejoinder to 'Machine Bias: There's Software Used Across the Country to Predict Future Criminals. and It's Biased Against Blacks.'" *Federal Probation* 80, no. 2 (2016): 38~46.

Foerster, Jakob, Ioannis Alexandros Assael, Nando de Freitas, and Shimon Whiteson, "Learning to Communicate with Deep Multi-Agent Reinforcement Learning", In *Advances in Neural Information Processing Systems*, 2137~2145, 2016.

Foerster, Jakob, Richard Y. Chen, Maruan Al-Shedivat, Shimon Whiteson, Pieter Abbeel, and Igor Mordatch, "Learning with Opponent-Learning Awareness", In *Proceedings of the 17th International Conference on Autonomous Agents and Multiagent Systems*, 122~130. International Foundation for Autonomous Agents and Multiagent Systems, 2018.

Fong, Ruth, and Andrea Vedaldi, "Net2Vec: Quantifying and Explaining How Concepts Are Encoded by Filters in Deep Neural Networks", In *Proceedings of the IEEE Conference on Computer Vision and Pattern Recognition* 8730~8738. 2018.

"Four Out of Ten Violate Parole, Says Legislator", *Chicago Tribune*, May 15, 1937.

Frederick, Shane, and George Loewenstein, "Hedonic Adaptation", In *Well-Being: The Foundations of Hedonic Psychology* edited by Daniel Kahneman, Edward Diener, and Norbert Schwarz, 302~329. New York: Russell Sage Foundation, 1999.

Friedman, Batya, and Helen Nissenbaum, "Bias in Computer Systems", *ACM Transactions on Information Systems(TOIS)* 14, no. 3 (1996): 330~347.

Fu, Justin, John Co-Reyes, and Sergey Levine, "EX2: Exploration with Exemplar Models for Deep Reinforcement Learning", In *Advances in Neural Information Processing Systems*, 2577~2587, 2017.

Furedy, John J., and Christine P. Furedy, "'My First Interest Is Interest': Berlyne as an Exemplar of the Curiosity Drive", In *Advances in Intrinsic Motivation and Aesthetics*, edited by Hy I. Day, 1~18. New York: Plenum Press, n.d.

Furnkranz, Johannes, and Miroslav Kubat. *Machines That Learn to Play Games.* Huntington, NY: Nova Science, 2001.

Gage, Brian F., Amy D. Waterman, William Shannon, Michael Boechler, Michael W. Rich, and Martha J. Radford, "Validation of Clinical Classification Schemes for Predicting Stroke: Results from the National Registry of Atrial Fibrillation", *JAMA*

285, no. 22 (2001): 2864~2870.

Gal, Yarin, "Uncertainty in Deep Learning", PhD thesis, University of Cambridge, 2016.

Gal, Yarin, and Zoubin Ghahramani, "A Theoretically Grounded Application of Dropout in Recurrent Neural Networks", In *Advances in Neural Information Processing Systems 29*. 2016.

Gal, Yarin, and Zoubin Ghahramani, "Bayesian Convolutional Neural Networks with Bernoulli Approximate Variational Inference", In *4th International Conference on Learning Representations(ICLR) Workshop Track*, 2016.

Gal, Yarin, and Zoubin Ghahramani, "Dropout as a Bayesian Approximation: Representing Model Uncertainty in Deep Learning", In *Proceedings of the 33rd International Conference on Machine Learning*, 1050~1009. PMLR, 2016.

Gal, Yarin, Rowan McAllister, and Carl E. Rasmussen, "Improving PILCO with Bayesian Neural Network Dynamics Models", In *Data-Efficient Machine Learning Workshop, ICML*, 2016.

Gans, Joshua. Parentonomics: An Economist Dad Looks at Parenting. MIT Press, 2009.

Gardner, Matthew P. H., Geoffrey Schoenbaum, and Samuel J. Gershman, "Rethinking Dopamine as Generalized Prediction Error", *Proceedings of the Royal Society B 285*, no. 1891 (2018): 20181645.

Garg, Nikhil, Londa Schiebinger, Dan Jurafsky, and James Zou, "Word Embeddings Quantify 100 Years of Gender and Ethnic Stereotypes", *Proceedings of the National Academy of Sciences 115*, no. 16 (2018): E3635~E3644.

Gebru, Timnit, "Race and Gender", In *The Oxford Handbook of Ethics of AI*, edited by Markus D. Dubber, Frank Pasquale, and Sunit Das. New York: Oxford University Press, 2020.

Gefter, Amanda, "The Man Who Tried to Redeem the World with Logic", *Nautilus* 21(February 2015).

Gendron-Bellemare, Marc, "Fast, Scalable Algorithms for Reinforcement Learning in High Dimensional Domains", PhD thesis, University of Alberta, 2013.

Gergely, Gyorgy, Harold Bekkering, and Ildiko Kiraly, "Rational Imitation in

Preverbal Infants", *Nature* 415, no. 6873 (2002): 755.

Gershgorn, Dave, "Companies Are on the Hook If Their Hiring Algorithms Are Biased", *Quartz*, October 22, 2018.

Ghahramani, Zoubin, "Probabilistic Machine Learning and Artificial Intelligence", *Nature* 521, no. 7553 (2015): 452~459.

Ghorbani, Amirata, Abubakar Abid, and James Zou, "Interpretation of Neural Networks Is Fragile", In *Proceedings of the AAAI Conference on Artificial Intelligence* 33 (2019): 3681~3688.

Gielniak, Michael J., and Andrea L. Thomaz, "Generating Anticipation in Robot Motion", In *2011 RO-MAN*, 449~454. IEEE, 2011.

Giusti, Alessandro, Jerome Guzzi, Dan C. Cireşan, Fang-Lin He, Juan P. Rodriguez, Flavio Fontana, Matthias Faessler, et al, "A Machine Learning Approach to Visual Perception of Forest Trails for Mobile Robots", *IEEE Robotics and Automation Letters* 1, no. 2 (2015): 661~667.

Glimcher, Paul W, "Understanding Dopamine and Reinforcement Learning: The Dopa-mine Reward Prediction Error Hypothesis", *Proceedings of the National Academy of Sciences* 108, Supplement 3 (2011): 15647~15654.

Goel, Sharad, Justin M. Rao, and Ravi Shroff, "Personalized Risk Assessments in the Criminal Justice System", *American Economic Review* 106, no. 5 (2016): 119~123.

Goldberg, Lewis R, "Man Versus Model of Man: A Rationale, Plus Some Evidence, for a Method of Improving on Clinical Inferences", *Psychological Bulletin* 73, no. 6 (1970): 422~432.

Goldberg, Lewis R, "Simple Models or Simple Processes? Some Research on Clinical Judgments", *American Psychologist* 23, no. 7 (1968): 483~496.

Goldin, Claudia, and Cecilia Rouse, "Orchestrating Impartiality: The Impact of 'Blind' Auditions on Female Musicians", *American Economic Review* 90, no. 4 (2000): 715~741.

Goldman, Holly S, "Dated Rightness and Moral Imperfection", *Philosophical Review* 85, no. 4 (1976): 449~487.

Goldman, Holly S, "Doing the Best One Can", In *Values and Morals: Essays in*

Honor of William Frankena, Charles Stevenson, and Richard Brandt, edited by Alvin I. Goldma and Jaegwon Kim, 185~214. D. Reidel, 1978.

Gonen, Hila, and Yoav Goldberg, "Lipstick on a Pig: Debiasing Methods Cover Up Systematic Gender Biases in Word Embeddings but Do Not Remove Them", In Proceedings of the 2019 Annual Conference of the North American Chapter of the Association for Computational Linguistics, 2019.

Goodfellow, Ian J., Jonathon Shlens, and Christian Szegedy, "Explaining and Harnessing Adversarial Examples", In International Conference on Learning Representations, 2015.

Goodman, Bryce, and Seth Flaxman, "European Union Regulations on Algorithmic Decision-Making and a 'Right to Explanation.'" AI Magazine 38, no. 3 (2017).

Gopnik, Alison, "Explanation as Orgasm and the Drive for Causal Knowledge: The Function, Evolution, and Phenomenology of the Theory-Formation System", In Explanation and Cognition, edited by Frank C. Keil and Robert A. Wilson, 299~323. MIT Press, 2000.

Gopnik, Alison. The Gardener and the Carpenter: What the New Science of Child Development Tells Us About the Relationship Between Parents and Children. Macmillan, 2016.

Gopnik, Alison, Andrew N. Meltzoff, and Patricia K. Kuhl. The Scientist in the Crib: Minds, Brains, and How Children Learn. William Morrow, 1999.

Goswami, Samir, "Unlocking Options for Women: A Survey of Women in Cook County Jail", University of Maryland Law Journal of Race, Religion, Gender and Class 2 (2002): 89~114.

Gottfredson, Stephen D., and G. Roger Jarjoura, "Race, Gender, and Guidelines-Based Decision Making", Journal of Research in Crime and Delinquency 33, no. 1 (1996): 49~69.

Gouldin, Lauryn P, "Disentangling Flight Risk from Dangerousness", BYU Law Review, 2016, 837~898.

Graeber, David. The Utopia of Rules: On Technology, Stupidity, and the Secret Joys of Bureaucracy. Melville House, 2015.

Graves, Alex, "Practical Variational Inference for Neural Networks", In Advances in

Neural Information Processing Systems, 2348~2356, 2011.

Graves, Alex, Marc G. Bellemare, Jacob Menick, Remi Munos, and Koray Kavukcuoglu, "Automated Curriculum Learning for Neural Networks", In Proceedings of the 34th International Conference on Machine Learning, 1311~1320. PMLR, 2017.

Greenwald, Anthony G., Debbie E. McGhee, and Jordan L. K. Schwartz, "Measuring Individual Differences in Implicit Cognition: The Implicit Association Test", Journal of Personality and Social Psychology 74, no. 6 (1998): 1464~1480.

Greydanus, Sam, Anurag Koul, Jonathan Dodge, and Alan Fern, "Visualizing and Understanding Atari Agents", In Proceedings of the 35th International Conference on Machine Learning, edited by Jennifer Dy and Andreas Krause, 1792~1801. PMLR, 2018.

Guo, Chuan, Geoff Pleiss, Yu Sun, and Kilian Q. Weinberger, "On Calibration of Modern Neural Networks", In Proceedings of the 34th International Conference on Machine Learning, 1321~1330. PMLR, 2017.

Gustafsson, Johan E., and Olle Torpman, "In Defence of My Favourite Theory", Pacific Philosophical Quarterly 95, no. 2 (2014): 159~174.

Hadfield-Menell, Dylan, Smitha Milli, Pieter Abbeel, Stuart J. Russell, and Anca D. Drăgan, "Inverse Reward Design", In Advances in Neural Information Processing Systems, 6768~6777, 2017.

Hadfield-Menell, Dylan, Stuart J. Russell, Pieter Abbeel, and Anca Drăgan, "Cooperative Inverse Reinforcement Learning", In Advances in Neural Information Processing Systems, 3909~3917, 2016.

Haggbloom, Steven J., Renee Warnick, Jason E. Warnick, Vinessa K. Jones, Gary L. Yarbrough, Tenea M. Russell, Chris M. Borecky, et al, "The 100 Most Eminent Psychologists of the 20th Century", Review of General Psychology 6, no. 2 (2002): 139~152.

Hamari, Juho, Jonna Koivisto, and Harri Sarsa, "Does Gamification Work? A Literature Review of Empirical Studies on Gamification", In 47th Hawaii International Conference on System Sciences(HICSS), 3025~3034. IEEE, 2014.

Han, Hu, and Anil K. Jain, "Age, Gender and Race Estimation from Unconstrained

Face Images", *MSU Technical Report MSU-CSE-14-5*, 2014.

Hansen, C., M. Tosik, G. Goossen, C. Li, L. Bayeva, F. Berbain, and M. Rotaru, "How to Get the Best Word Vectors for Resume Parsing", In *SNN Adaptive Intelligence/Symposium: Machine Learning*, 2015.

Harcourt, Bernard E. *Against Prediction: Profiling, Policing, and Punishing in an Actuarial Age*. University of Chicago Press, 2007.

Harcourt, Bernard E, "Risk as a Proxy for Race: The Dangers of Risk Assessment", *Federal Sentencing Reporter* 27, no. 4 (2015): 237~243.

Hardt, Moritz, "How Big Data Is Unfair: Understanding Unintended Sources of Unfairness in Data Driven Decision Making", *Medium*, September 26, 2014. https://medium.com/@mrtz/how-big-data-is-unfair-9aa544d739de

Hardt, Moritz, Eric Price, and Nathan Srebro, "Equality of Opportunity in Supervised Learning", In *Advances in Neural Information Processing Systems*, 3315~3323, 2016.

Harlow, Harry F, "Learning and Satiation of Response in Intrinsically Motivated Complex Puzzle Performance by Monkeys", *Journal of Comparative and Physiological Psychology* 43, no. 4 (1950): 289.

Harlow, Harry F., Margaret Kuenne Harlow, and Donald R. Meyer, "Learning Motivated by a Manipulation Drive", *Journal of Experimental Psychology* 40, no. 2(1950): 228.

Hass, Robert. *Time and Materials: Poems 1997~2005*. Ecco, 2007.

Hastie, Trevor, and Robert Tibshirani, "Generalized Additive Models", *Statistical Science* 1, no. 3 (1986): 297~318.

Hebb, Donald Olding. *The Organization of Behavior: A Neuropsychological Theory*. New York: John Wiley & Sons, 1949.

Heims, Steve Joshua. *The Cybernetics Group*. MIT Press, 1991.

Heims, Steve Joshua. *John von Neumann and Norbert Wiener*. MIT Press, 1980.

Heine, Steven J., Timothy Takemoto, Sophia Moskalenko, Jannine Lasaleta, and Joseph Henrich, "Mirrors in the Head: Cultural Variation in Objective Self-Awareness", *Personality and Social Psychology Bulletin* 34, no. 7 (2008): 879~887.

Hendrycks, Dan, Mantas Mazeika, and Thomas Dietterich, "Deep Anomaly Detection with Outlier Exposure", In *International Conference on Learning Representations*, 2019.

Hernandez-Lobato, Jose Miguel, and Ryan Adams, "Probabilistic Backpropagation for Scalable Learning of Bayesian Neural Networks", In *International Conference o Machine Learning*, 1861~1869, 2015.

Hersher, Rebecca, "When a Tattoo Means Life or Death. Literally", *Weekend Edition Sunday*, NPR, January 21, 2018.

Hester, Todd, Matej Večerik, Olivier Pietquin, Marc Lanctot, Tom Schaul, Bilal Piot, Dan Horgan, et al, "Deep Q-Learning from Demonstrations", In *Thirty-Second AAAI Conference on Artificial Intelligence*, 2018.

"Heuristics", New Yorker, August 29, 1959, 22~23.

Hilton, Lisette, "The Artificial Brain as Doctor", *Dermatology Times*, January 15, 2018.

Hinton, Geoffrey E, "Connectionist Learning Procedures", In *Artificial Intelligence* 40 (1989): 185~234.

Hinton, Geoffrey E, "Learning Distributed Representations of Concepts", In *Proceedings of the Eighth Annual Conference of the Cognitive Science Society*, 1~12, 1986.

Hinton, Geoffrey, and Drew Van Camp, "Keeping Neural Networks Simple by Minimizing the Description Length of the Weights", In *Proceedings of the 6th Annual ACM Conference on Computational Learning Theory*, 5~13, 1993.

Ho, Mark K., Fiery A. Cushman, Michael L. Littman, and Joseph L. Austerweil. 2019, "Communication in Action: Belief-directed Planning and Pragmatic Action Interpretation in Communicative Demonstrations", PsyArXiv. February 19. doi:10.31234/osf.io/a8sxk.

Ho, Mark K., Michael Littman, James MacGlashan, Fiery Cushman, and Joseph L. Austerweil, "Showing Versus Doing: Teaching by Demonstration", In *Advances in Neural Information Processing Systems*, 3027~3035, 2016.

Hobbes, Thomas. Leviathan. Andrew Crooke, 1651.

Hoeting, Jennifer A., David Madigan, Adrian E. Raftery, and Chris T. Volinsky,

"Bayesian Model Averaging: A Tutorial", *Statistical Science* 14, no. 4 (1999): 382~401.

Hoffman, David, "I Had a Funny Feeling in My Gut", *Washington Post*, February 10, 1999. https://www.washingtonpost.com/wp-srv/inatl/longterm/coldwar/soviet10.htm

Hofstadter, Douglas R. *Godel, Escher, Bach: An Eternal Golden Braid*. Basic Books, 1979.

Hogan, Neville, "An Organizing Principle for a Class of Voluntary Movements", *Journal of Neuroscience* 4, no. 11 (1984): 2745~2754.

Holmes, Oliver Wendell, and Frederick Pollock. *Holmes-Pollock Letters: The Correspondence of Mr. Justice Holmes and Sir Frederick Pollock, 1874~1932*. Vol. 1. Harvard University Press, 1941.

Holt, Gregory E., Bianca Sarmento, Daniel Kett, and Kenneth W. Goodman, "An Unconscious Patient with a DNR Tattoo", *New England Journal of Medicine* 377, no. 22 (2017): 2192~2193.

Holte, Robert C, "Very Simple Classification Rules Perform Well on Most Commonly Used Datasets", *Machine Learning* 11, no. 1 (1993): 63~90.

Horner, Victoria, and Andrew Whiten, "Causal Knowledge and Imitation/Emulation Switching in Chimpanzees (*Pan troglodytes*) and Children (*Homo sapiens*)", *Animal Cognition* 8, no. 3 (2005): 164~181.

Hornik, Kurt, Maxwell Stinchcombe, and Halbert White, "Multilayer Feedforward Networks Are Universal Approximators", *Neural Networks* 2, no. 5 (1989): 359~366.

Horstmann, Aike C., Nikolai Bock, Eva Linhuber, Jessica M. Szczuka, Carolin Strasmann, and Nicole C. Kramer, "Do a Robot's Social Skills and Its Objection Discourage Interactants from Switching the Robot Off?" *PLoS One* 13, no. 7 (2018): e0201581.

Hosu, Ionel-Alexandru, and Traian Rebedea, "Playing Atari Games with Deep Reinforcement Learning and Human Checkpoint Replay", arXiv Preprint arXiv:1607.05077, 2016.

Houthooft, Rein, Xi Chen, Yan Duan, John Schulman, Filip De Turck, and Pieter

Abbeel, "VIME: Variational Information Maximizing Exploration", In *Advances in Neural Information Processing Systems 29*, edited by D. D. Lee, M. Sugiyama, U. V. Luxburg, I. Guyon, and R. Garnett, 1109~1117, 2016.

Howard, Andrew G, "Some Improvements on Deep Convolutional Neural Network Based Image Classification", arXiv Preprint arXiv:1312.5402, 2013.

Howard, John W., and Robyn M. Dawes, "Linear Prediction of Marital Happiness", *Personality and Social Psychology Bulletin 2*, no. 4 (1976): 478~480.

Hoyt, Donald F., and C. Richard Taylor, "Gait and the Energetics of Locomotion in Horses", *Nature 292*, no. 5820 (1981): 239~240.

Hsu, Feng-hsiung, "IBM's Deep Blue Chess Grandmaster Chips", *IEEE Micro 19*, no. 2 (1999): 70~81.

Hsu, Feng-hsiung, Thomas Anantharaman, Murray Campbell, and Andreas Nowatzyk, "A Grandmaster Chess Machine", *Scientific American 263*, no. 4 (1990): 44~51.

Huang, Gary B., Marwan Mattar, Tamara Berg, and Eric Learned-Miller, "Labeled Faces in the Wild: A Database for Studying Face Recognition in Unconstrained Environments", In *Workshop on Faces in "Real-Life" Images: Detection, Alignment, and Recognition*, 2008.

Huang, Xin, Stephen G. McGill, Brian C. Williams, Luke Fletcher, and Guy Rosman, "Uncertainty-Aware Driver Trajectory Prediction at Urban Intersections", In *2019 International Conference on Robotics and Automation*, 9718~9724. 2019.

Hubinger, Evan, Chris van Merwijk, Vladimir Mikulik, Joar Skalse, and Scott Garrabrant, "Risks from Learned Optimization in Advanced Machine Learning Systems", arXiv Preprint arXiv:1906.01820, 2019.

Humphrys, Mark, "Action Selection in a Hypothetical House Robot: Using Those RL Numbers", In *Proceedings of the First International ICSC Symposia on Intelligent Industrial Automation(IIA-96) and Soft Computing(SOCO-96)*, 216~222. ICSC Academic Press, 1996.

Hursthouse, Rosalind, "Normative Virtue Ethics", In *How Should One Live?: Essays on the Virtues*, edited by Roger Crisp, 19~36. Oxford University Press, 1996.

Huxley, Aldous. *Ends and Means: An Enquiry into the Nature of Ideals and into the*

Methods Employed for Their Realization. Chatto & Windus, 1937.

Ilyas, Andrew, Shibani Santurkar, Dimitris Tsipras, Logan Engstrom, Brandon Tran, and Aleksander Mądry, "Adversarial Examples Are Not Bugs, They Are Features", In *Advances in Neural Information Processing Systems*, 125~136. 2019.

Irving, Geoffrey, Paul Christiano, and Dario Amodei, "AI Safety via Debate", arXiv Preprint arXiv:1805.00899, 2018.

Jackson, Frank, "Procrastinate Revisited", *Pacific Philosophical Quarterly* 95, no. 4 (2014): 634~647.

Jackson, Frank, and Robert Pargetter, "Oughts, Options, and Actualism", *Philosophical Review* 95, no. 2 (1986): 233~255.

James, William. *Psychology: Briefer Course.* New York: Macmillan, 1892.

Jaynes, Edwin T, "Information Theory and Statistical Mechanics", *Physical Review* 106, no. 4 (1957): 620~630.

Jefferson, Thomas. *Notes on the State of Virginia.* Paris, 1785.

Jelinek, Fred, and Robert L. Mercer, "Interpolated Estimation of Markov Source Parameters from Sparse Data", In *Proceedings, Workshop on Pattern Recognition in Practice*, edited by Edzard S. Gelsema and Laveen N. Kanal, 381~397. 1980.

Jeon, Hong Jun, Smitha Milli, and Anca D. Drăgan, "Reward-Rational (Implicit) Choice: A Unifying Formalism for Reward Learning", arXiv Preprint arXiv:2002.04833, 2020.

Joffe-Walt, Chana, "Allowance Economics: Candy, Taxes and Potty Training", *Planet Money*, September 2010.

Johnson, Deborah G., and Helen Nissenbaum, "Computers, Ethics & Social Values", Upper Saddle River, NJ: Prentice Hall, 1995.

Johnson, Robert N, "Virtue and Right", *Ethics* 113, no. 4 (2003): 810~834.

Joncich, Geraldine M. *The Sane Positivist: A Biography of Edward L. Thorndike.* Middletown, CT: Wesleyan University Press, 1968.

Jung, Christopher, Michael Kearns, Seth Neel, Aaron Roth, Logan Stapleton, and Zhiwei Steven Wu, "Eliciting and Enforcing Subjective Individual Fairness", arXiv Preprint arXiv:1905.10660, 2019.

Kaelbling, Leslie Pack. *Learning in Embedded Systems.* MIT Press, 1993.

Kaelbling, Leslie Pack, Michael L. Littman, and Andrew W. Moore, "Reinforcement Learning: A Survey", *Journal of Artificial Intelligence Research* 4 (1996): 237~285.

Kahn, Gregory, Adam Villaflor, Vitchyr Pong, Pieter Abbeel, and Sergey Levine, "Uncertainty-Aware Reinforcement Learning for Collision Avoidance", arXiv Preprint arXiv:1702.01182, 2017.

Kahneman, Daniel. *Thinking, Fast and Slow*. Farrar, Straus and Giroux, 2011.

Kakade, Sham, and Peter Dayan, "Dopamine: Generalization and Bonuses", *Neural Networks* 15, nos. 4~6 (2002): 549~559.

Kalman, Rudolf Emil, "When Is a Linear Control System Optimal?" *Journal of Basic Engineering* 86, no. 1 (1964): 51~60.

Kamin, Leon J, "Predictability, Surprise, Attention, and Conditioning", In *Punishment and Aversive Behavior*. New York: Appleton-Century-Crofts, 1969.

Kang, Daniel, Yi Sun, Dan Hendrycks, Tom Brown, and Jacob Steinhardt, "Testing Robustness Against Unforeseen Adversaries", arXiv Preprint arXiv:1908.08016, 2019.

Kashdan, Todd B., and Paul J. Silvia, "Curiosity and Interest: The Benefits of Thriving on Novelty and Challenge", *Oxford Handbook of Positive Psychology* 2 (2009): 367~374.

Kasparov, Garry. *How Life Imitates Chess: Making the Right Moves, from the Board to the Boardroom*. Bloomsbury USA, 2007.

Katz, Slava, "Estimation of Probabilities from Sparse Data for the Language Model Component of a Speech Recognizer", *IEEE Transactions on Acoustics, Speech, and Signal Processing* 35, no. 3 (1987): 400~401.

Kellogg, Winthrop Niles, and Luella Agger Kellogg. *The Ape and the Child: A Comparative Study of the Environmental Influence upon Early Behavior*. Whittlesey House, 1933.

Kenton, Zachary, Angelos Filos, Owain Evans, and Yarin Gal, "Generalizing from a Few Environments in Safety-Critical Reinforcement Learning", In *ICLR Workshop on Safe Machine Learning*, 2019.

Kerr, Steven, "On the Folly of Rewarding A, While Hoping for B", *Academy of Management Journal* 18, no. 4 (1975): 769~783.

Kim, Been, Martin Wattenberg, Justin Gilmer, Carrie Cai, James Wexler, Fernanda Viegas, and Rory Sayres, "Interpretability Beyond Feature Attribution: Quantitative Testing with Concept Activation Vectors(TCAV)", In *Proceedings of the 35th International Conference on Machine Learning*, edited by Jennifer Dy and Andreas Krause, 2668~2677. PMLR, 2018.

Kimball, Spencer, and Paayal Zaveri, "Tim Cook on Facebook's Data-Leak Scandal: 'I Wouldn't Be in This Situation.'" CNBC, March 28, 2018. https://www.cnbc.com/2018/03/28/tim-cook-on-facebooks-scandal-i-wouldnt-be-in-this-situation.html

Kindermans, Pieter-Jan, Sara Hooker, Julius Adebayo, Maximilian Alber, Kristof T. Schutt, Sven Dahne, Dumitru Erhan, and Been Kim, "The (Un)reliability of Saliency Methods", arXiv Preprint arXiv:1711.00867, 2017.

Kinsley, Philip, "What Convict Will Do If Paroled Is Study Illinois Man Presents to Science Parley", *Chicago Tribune*, January 4, 1936.

Kiros, Ryan, Yukun Zhu, Russ R. Salakhutdinov, Richard Zemel, Raquel Urtasun, Antonio Torralba, and Sanja Fidler, "Skip-Thought Vectors", In *Advances in Neural Information Processing Systems 28*, edited by C. Cortes, N. D. Lawrence, D. D. Lee, M. Sugiyama, and R. Garnett, 3294~3302, 2015.

Klare, Brendan F., Ben Klein, Emma Taborsky, Austin Blanton, Jordan Cheney, Kristen Allen, Patrick Grother, Alan Mah, and Anil K. Jain, "Pushing the Frontiers of Unconstrained Face Detection and Recognition: IARPA Janus Benchmark A", In *Proceedings of the Twenty-Eighth IEEE Conference on Computer Vision and Pattern Recognition*, 1931~1939. CVPR, 2015.

Kleinberg, Jon, Himabindu Lakkaraju, Jure Leskovec, Jens Ludwig, and Sendhil Mullainathan, "Human Decisions and Machine Predictions", *Quarterly Journal of Economics* 133, no. 1 (2018): 237~293.

Kleinberg, Jon, Jens Ludwig, Sendhil Mullainathan, and Ashesh Rambachan, "Algorithmic Fairness", In *AEA Papers and Proceedings* 108 (2018): 22~27.

Kleinberg, Jon, Sendhil Mullainathan, and Manish Raghavan, "Inherent Trade-offs in the Fair Determination of Risk Scores", In *The 8th Innovations in Theoretical Computer Science Conference*. Berkeley, 2017.

Kleinberg, Jon, and Manish Raghavan, "Selection Problems in the Presence of Implicit Bias", In *Proceedings of the 9th Conference on Innovations in Theoretical Computer Science(ITCS)*. 2018.

Klopf, A. Harry, "Brain Function and Adaptive Systems: A Heterostatic Theory", Bedford, MA: Air Force Cambridge Research Laboratories, 1972.

Knox, W. Bradley, Peter Stone, and Cynthia Breazeal, "Training a Robot via Human Feedback: A Case Study", In *International Conference on Social Robotics*, 460~470. Springer, 2013.

Knuth, Donald E, "Computer Programming as an Art", *Communications of the ACM* 17, no. 12 (1974): 667~673.

Knuth, Donald E, "The Errors of TeX", *Software: Practice and Experience* 19, no. 7 (1989): 607~685.

Knuth, Donald E, "Structured Programming with Go to Statements", *Computing Surveys* 6, no. 4 (1974): 261~301.

Kobayashi, Hiromi, and Shiro Kohshima, "Unique Morphology of the Human Eye and Its Adaptive Meaning: Comparative Studies on External Morphology of the Primate Eye", *Journal of Human Evolution* 40, no. 5 (2001): 419~435.

Konečni, Vladimir J, "Daniel E. Berlyne: 1924~1976", *American Journal of Psychology* 91, no. 1 (March 1978): 133~137.

Krakovna, Victoria, Laurent Orseau, Ramana Kumar, Miljan Martic, and Shane Legg, "Penalizing Side Effects Using Stepwise Relative Reachability", arXiv Preprint arXiv:1806.01186, 2019.

Kroll, Joshua A., Solon Barocas, Edward W. Felten, Joel R. Reidenberg, David G. Robinson, and Harlan Yu, "Accountable Algorithms", *University of Pennsylvania Law Review* 165 (2016): 633~705.

Kurita, Keita, Nidhi Vyas, Ayush Pareek, Alan W. Black, and Yulia Tsvetkov, "Measuring Bias in Contextualized Word Representations", arXiv Preprint arXiv:1906.07337, 2019.

Kwon, Minae, Erdem Biyik, Aditi Talati, Karan Bhasin, Dylan P. Losey, and Dorsa Sadigh, "When Humans Aren't Optimal: Robots That Collaborate with Risk-Aware Humans", In *ACM/IEEE International Conference on Human-Robot*

Interaction(HRI). 2020.

Lage, Isaac, Andrew Ross, Samuel J. Gershman, Been Kim, and Finale Doshi-Velez, "Human-in-the-Loop Interpretability Prior", In *Advances in Neural Information Processing Systems*, 10159~10168, 2018.

Lakkaraju, Himabindu, Stephen H. Bach, and Jure Leskovec, "Interpretable Decision Sets: A Joint Framework for Description and Prediction", In *Proceedings of the 22nd ACM SIGKDD International Conference on Knowledge Discovery and Data Mining*, 1675~1684. ACM, 2016.

Lakshminarayanan, Balaji, Alexander Pritzel, and Charles Blundell, "Simple and Scalable Predictive Uncertainty Estimation Using Deep Ensembles", In *Advances in Neural Information Processing Systems*, 6402~6413, 2017.

Landauer, Thomas K., Peter W. Foltz, and Darrell Laham, "An Introduction to Latent Semantic Analysis", *Discourse Processes* 25 (1998): 259~284.

Landecker, Will, "Interpretable Machine Learning and Sparse Coding for Computer Vision", PhD thesis, Portland State University, 2014.

Landecker, Will, Michael D. Thomure, Luis M. A. Bettencourt, Melanie Mitchell, Garrett T. Kenyon, and Steven P. Brumby, "Interpreting Individual Classifications of Hierarchical Networks", In *2013 IEEE Symposium on Computational Intelligence and Data Mining(CIDM)*, 32~38. IEEE, 2013.

Lansing, Sharon, "New York State COMPAS-Probation Risk and Need Assessment Study: Examining the Recidivism Scale's Effectiveness and Predictive Accuracy", Division of Criminal Justice Services, Office of Justice Research and Performance, September 2012. http://www.criminaljustice.ny.gov/crimnet/ojsa/opca/compas_probation_report_2012.pdf

Larson, Jeff, and Julia Angwin, "Technical Response to Northpointe", ProPublica, July 29, 2016.

Larson, Jeff, Surya Mattu, Lauren Kirchner, and Julia Angwin, "How We Analyzed the COMPAS Recidivism Algorithm", ProPublica, May 23, 2016.

Latour, Bruno. *Pandora's Hope: Essays on the Reality of Science Studies*. Harvard University Press, 1999.

Le, Quoc, and Tomaš Mikolov, "Distributed Representations of Sentences and

Documents", In *International Conference on Machine Learning*, 1188~1196. 2014.

LeCun, Yann, Bernhard Boser, John S. Denker, Donnie Henderson, Richard E. Howard, Wayne Hubbard, and Lawrence D. Jackel, "Backpropagation Applied to Handwritten Zip Code Recognition", *Neural Computation* 1, no. 4 (1989): 541~551.

Lee, Chen-Yu, Saining Xie, Patrick Gallagher, Zhengyou Zhang, and Zhuowen Tu, "Deeply-Supervised Nets", In *Proceedings of the Eighteenth International Conference on Artificial Intelligence and Statistics*, 562~570. 2015.

Legg, Shane, and Marcus Hutter, "A Collection of Definitions of Intelligence", *Frontiers in Artificial Intelligence and Applications* 157 (2007): 17~24.

Legg, Shane, and Marcus Hutter, "Universal Intelligence: A Definition of Machine Intelligence", Minds and Machines 17, no. 4 (December 2007): 391~444.

Legg, Shane, and Joel Veness, "An Approximation of the Universal Intelligence Measure", In *Papers from the Ray Solomonoff 85th Memorial Conference*. Melbourne, Australia, 2011.

Leibig, Christian, Vaneeda Allken, Murat Seckin Ayhan, Philipp Berens, and Siegfried Wahl, "Leveraging Uncertainty Information from Deep Neural Networks for Disease Detection", *Scientific Reports* 7, no. 1 (2017): 17816.

Leighty, Robert D, "DARPA ALV(Autonomous Land Vehicle) Summary", Army Engineer Topographic Laboratories, Fort Belvoir, VA, 1986.

Leike, Jan, and Marcus Hutter, "Bad Universal Priors and Notions of Optimality", In *Proceedings of the 28th Conference on Learning Theory*, 1244~1259. PMLR: 2015.

Leike, Jan, David Krueger, Tom Everitt, Miljan Martic, Vishal Maini, and Shane Legg, "Scalable Agent Alignment via Reward Modeling: A Research Direction", arXiv Preprint arXiv:1811.07871, 2018.

Leike, Jan, Miljan Martic, Victoria Krakovna, Pedro A. Ortega, Tom Everitt, Andrew Lefrancq, Laurent Orseau, and Shane Legg, "AI Safety Gridworlds", arXiv Preprint arXiv:1711.09883, 2017.

Lenson, David. *On Drugs*. University of Minnesota Press, 1995.

Letham, Benjamin, Cynthia Rudin, Tyler H. McCormick, David Madigan, "Interpretable Classifiers Using Rules and Bayesian Analysis: Building a Better Stroke Prediction Model", *Annals of Applied Statistics* 9, no. 3 (2015): 1350~1371.

Lewis, Sarah, ed, "Vision & Justice", *Aperture* 223 (2016).

Li, Lihong, Michael L. Littman, Thomas J. Walsh, and Alexander L. Strehl, "Knows What It Knows: A Framework for Self-Aware Learning", *Machine Learning* 82, no. 3 (2011): 399~443.

Li, Xin, and Fuxin Li, "Adversarial Examples Detection in Deep Networks with Convolutional Filter Statistics", In *Proceedings of the IEEE International Conference on Computer Vision*, 5764~5772. 2017.

Lieder, Falk, "Gamify Your Goals: How Turning Your Life into a Game Can Help You Make Better Decisions and Be More Productive", LessWrong, February 3, 2016. https://www.lesswrong.com/posts/g2355pBbaYSfPMk2m/gamify-your-goals-how-turning-your-life-into-a-game-can-help

Lieder, Falk, Owen X. Chen, Paul M. Krueger, and Thomas L. Griffiths, "Cognitive Prostheses for Goal Achievement", *Nature Human Behaviour* 3, no. 10 (2019): 1096~1106.

Lieder, Falk, Noah D. Goodman, and Quentin J. M. Huys, "Learned Helplessness and Generalization", In *Proceedings of the 35th Annual Meeting of the Cognitive Science Society*, 900~905. Austin, TX, 2013.

Lin, Min, Qiang Chen, and Shuicheng Yan, "Network in Network", arXiv Preprint arXiv:1312.4400, 2013.

Lip, Gregory Y. H., Robby Nieuwlaat, Ron Pisters, Deirdre A. Lane, and Harry J.G.M. Crijns, "Refining Clinical Risk Stratification for Predicting Stroke and Thromboembolism in Atrial Fibrillation Using a Novel Risk Factor-Based Approach: The Euro Heart Survey on Atrial Fibrillation", *Chest* 137, no. 2 (2010): 263~272.

Lipsey, Richard G., and Kelvin Lancaster, "The General Theory of Second Best", *Review of Economic Studies* 24, no. 1 (1956): 11~32.

Liu, Anqi, and Brian Ziebart, "Robust Classification Under Sample Selection Bias",

In *Advances in Neural Information Processing Systems*, 37~45, 2014.

Liu, Lydia T., Sarah Dean, Esther Rolf, Max Simchowitz, and Moritz Hardt, "Delayed Impact of Fair Machine Learning", In *Proceedings of the 35th International Conference on Machine Learning*, 2018.

Liu, Si, Risheek Garrepalli, Thomas G. Dietterich, Alan Fern, and Dan Hendrycks, "Open Category Detection with PAC Guarantees", In *Proceedings of the 35th International Conference on Machine Learning*, 2018.

Liu, Si, Risheek Garrepalli, Alan Fern, and Thomas G. Dietterich, "Can We Achieve Open Category Detection with Guarantees?" In *Workshops at the Thirty-Second AAAI Conference on Artificial Intelligence*, 2018.

Lockhart, Ted. *Moral Uncertainty and Its Consequences*. Oxford University Press, 2000.

Lou, Yin, Rich Caruana, Johannes Gehrke, and Giles Hooker, "Accurate Intelligible Models with Pairwise Interactions", In *Proceedings of the 19th ACM SIGKDD International Conference on Knowledge Discovery and Data Mining*, 623~631. ACM, 2013.

Lowell, Josh, and Peter Mortimer, directors. *The Dawn Wall*. Red Bull Films, 2018.

Lum, Kristian, and William Isaac, "To Predict and Serve?" *Significance* 13, no. 5 (2016): 14~19.

Lyons, Derek E., Andrew G. Young, and Frank C. Keil, "The Hidden Structure of Overimitation", *Proceedings of the National Academy of Sciences* 104, no. 50 (2007): 19751~19756.

MacAskill, William. *Doing Good Better: Effective Altruism and a Radical New Way to Make a Difference*. Guardian Faber, 2015.

MacAskill, William, Krister Bykvist, and Toby Ord. *Moral Uncertainty*. Oxford University Press, 2020.

Machado, Marlos C., Marc G. Bellemare, Erik Talvitie, Joel Veness, Matthew Hausknecht, and Michael Bowling, "Revisiting the Arcade Learning Environment: Evaluation Protocols and Open Problems for General Agents", *Journal of Artificial Intelligence Research* 61 (2018): 523~562.

MacKay, David J. C, "A Practical Bayesian Framework for Backpropagation

Networks", *Neural Computation* 4, no. 3 (1992): 448~472.

Madras, David, Toniann Pitassi, and Richard Zemel, "Predict Responsibly: Increasing Fairness by Learning to Defer", In *Neural Information Processing Systems*, 2018.

Mądry, Aleksander, Aleksandar Makelov, Ludwig Schmidt, Dimitris Tsipras, and Adrian Vladu, "Towards Deep Learning Models Resistant to Adversarial Attacks", *International Conference on Learning Representations* (ICLR), 2018.

Maier, Steven F., and Martin E. Seligman, "Learned Helplessness: Theory and Evidence", *Journal of Experimental Psychology: General* 105, no. 1 (1976): 3~46.

Malik, Dhruv, Malayandi Palaniappan, Jaime Fisac, Dylan Hadfield-Menell, Stuart Russell, and Anca Drăgan, "An Efficient, Generalized Bellman Update for Cooperative Inverse Reinforcement Learning", In *Proceedings of the 35th International Conference on Machine Learning*, edited by Jennifer Dy and Andreas Krause, 3394~3402. PMLR, 2018.

Malone, Thomas W, "Toward a Theory of Intrinsically Motivating Instruction", *Cognitive Science* 4 (1981): 333~370.

Malone, Thomas W, "What Makes Computer Games Fun?" Byte 6 (1981): 258~277.

Malone, Thomas W., and Mark R. Lepper, "Making Learning Fun: A Taxonomy of Intrinsic Motivations for Learning", In *Aptitude, Learning and Instruction III: Conative and Affective Process Analyses*, edited by Richard E. Snow and Marshall J. Farr, 223~253. Hillsdale, NJ: Lawrence Erlbaum Associates, 1987.

Manheim, David, and Scott Garrabrant, "Categorizing Variants of Goodhart's Law", arXiv Preprint arXiv:1803.04585, 2019.

Manning, Christopher, "Lecture 2: Word Vector Representations: Word2vec", April 3, 2017. https://www.youtube.com/watch?v=ERibwqs9p38

Manning, Christopher D., and Hinrich Schutze. *Foundations of Statistical Natural Language Processing*. MIT Press, 1999.

Marewski, Julian N., and Gerd Gigerenzer, "Heuristic Decision Making in Medicine", *Dialogues in Clinical Neuroscience* 14, no. 1 (2012): 77~89.

Marks, Michelle A., Mark J. Sabella, C. Shawn Burke, and Stephen J. Zaccaro, "The

Impact of Cross-Training on Team Effectiveness", *Journal of Applied Psychology* 87, no. 1 (2002): 3~13.

Marts, Sherry A., and Sarah Keitt, "Foreword: A Historical Overview of Advocacy for Research in Sex-Based Biology", In *Advances in Molecular and Cell Biology*, 34 (2004): v-xiii.

Mastroianni, Anna C., Ruth Faden, and Daniel Federman, eds. *Women and Health Research: Ethical and Legal Issues of Including Women in Clinical Studies.* National Academies Press, 1994.

Matarić, Maja J, "Reward Functions for Accelerated Learning", In *Machine Learning: Proceedings of the Eleventh International Conference*, 181~189. 1994.

Maxwell, James Clerk, "On Governors", *Proceedings of the Royal Society of London* 16 (1868): 270~283.

Mayson, Sandra G, "Bias in, Bias Out", *Yale Law Journal* 128 (2019): 2218~2300.

Mayson, Sandra G, "Dangerous Defendants", *Yale Law Journal* 127 (2017): 490~568.

McCarthy, John, "Computer-Controlled Cars", 1969. http://www-formal.stanford.edu/jmc/progress/cars/cars.html

McCarthy, John, "What Is Artificial Intelligence?" 1998. http://www-formal.stanford.edu/jmc/whatisai.pdf

McCarthy, John, and Edward A. Feigenbaum, "In Memoriam: Arthur Samuel: Pioneer in Machine Learning", *AI Magazine* 11, no. 3 (1990): 10.

McCulloch, Warren S. *The Collected Works of Warren S. McCulloch.* Edited by Rook McCulloch. Salinas, CA: Intersystems Publications, 1989.

McCulloch. Salinas, *Finality and Form: In Nervous Activity* C. C. Thomas, 1952.

McCulloch. Salinas, "Recollections of the Many Sources of Cybernetics", In *ASC Forum* 6, no. 2 (1974): 5~16.

McCulloch, Warren S., and Walter Pitts, "A Logical Calculus of Ideas Immanent in Nervous Activity", *Bulletin of Mathematical Biophysics* 4 (1943).

McFadden, Syreeta, "Teaching the Camera to See My Skin", BuzzFeed News, April 2, 2014. https://www.buzzfeednews.com/article/syreetamcfadden/teaching-the-camera-to-see-my-skin

McGonigal, Jane. *Reality Is Broken: Why Games Make Us Better and How They Can Change the World*. Penguin, 2011.

McGonigal, Jane. *SuperBetter: A Revolutionary Approach to Getting Stronger, Happier, Braver and More Resilient*. Penguin, 2015.

McGuigan, Nicola, and Murray Graham, "Cultural Transmission of Irrelevant Tool Actions in Diffusion Chains of 3-and 5-Year-Old Children", *European Journal of Developmental Psychology* 7, no. 5 (2010): 561~577.

Meehl, Paul E, "Causes and Effects of My Disturbing Little Book", *Journal of Personality Assessment* 50, no. 3 (1986): 370~375.

Meehl, Paul E. *Clinical Versus Statistical Prediction*. Minneapolis: University of Minnesota Press, 1954.

Meltzoff, Andrew N, "Born to Learn: What Infants Learn from Watching Us", In *The Role of Early Experience in Infant Development*, 145~164. Skillman, NJ: Pediatric Institute Publications, 1999.

Meltzoff, Andrew N, "Foundations for Developing a Concept of Self: The Role of Imitation in Relating Self to Other and the Value of Social Mirroring, Social Modeling, and Self Practice in Infancy", In *The Self in Transition: Infancy to Childhood*, 139~164. Chicago: University of Chicago Press, 1990.

Meltzoff, Andrew N, "'Like Me': A Foundation for Social Cognition", *Developmental Science* 10, no. 1 (2007): 126~134.

Meltzoff, Andrew N, "Understanding the Intentions of Others: Re-enactment of Intended Acts by 18-Month-Old Children", *Developmental Psychology* 31, no. 5 (1995): 838.

Meltzoff, Andrew N., and M. Keith Moore, "Imitation of Facial and Manual Gestures by Human Neonates", *Science* 198, no. 4312 (1977): 75~78.

Meltzoff, Andrew N., and M. Keith Moore, "Newborn Infants Imitate Adult Facial Gestures", *Child Development* 54, no. 3 (1983): 702~709.

Meltzoff, Andrew N., Lynne Murray, Elizabeth Simpson, Mikael Heimann, Emese Nagy, Jacqueline Nadel, Eric J Pedersen, et al, "Re-examination of Oostenbroek et al. (2016): Evidence for Neonatal Imitation of Tongue Protrusion", *Developmenta Science* 21, no. 4 (2018): e12609.

Meltzoff, Andrew N., Anna Waismeyer, and Alison Gopnik, "Learning About Causes from People: Observational Causal Learning in 24-Month-Old Infants", *Developmental Psychology* 48, no. 5 (2012): 1215.

Mercier, Hugo, and Dan Sperber, "Why Do Humans Reason? Arguments for an Argumentative Theory", *Behavioral and Brain Sciences* 34 (2011): 57~111.

Merler, Michele, Nalini Ratha, Rogerio S. Feris, and John R Smith, "Diversity in Faces", arXiv Preprint arXiv:1901.10436, 2019.

Metz, Cade, "Is Ethical A.I. Even Possible?" *New York Times*, March 1, 2019.

Metz, Cade, "We Teach A.I. Systems Everything, Including Our Biases", *New York Times*, November 11, 2019.

Mikolov, Tomaš, "Learning Representations of Text Using Neural Networks", In *NIPS Deep Learning Workshop 2013*, 2013. https://drive.google.com/file/d/0B7XkCwpI5KDYRWRnd1RzWXQ2TWc/edit

Mikolov, Tomaš, Kai Chen, Greg Corrado, and Jeffrey Dean, "Efficient Estimation of Word Representations in Vector Space", arXiv Preprint arXiv:1301.3781, 2013.

Mikolov, Tomaš, Quoc V. Le, and Ilya Sutskever, "Exploiting Similarities Among Languages for Machine Translation", arXiv Preprint arXiv:1309.4168, 2013.

Mikolov, Tomaš, Ilya Sutskever, and Quoc Le, "Learning the Meaning Behind Words", *Google Open Source Blog*, August 14, 2013. https://opensource.googleblog.com/2013/08/learning-meaning-behind-words.html

Mikolov, Tomaš, Wen-tau Yih, and Geoffrey Zweig, "Linguistic Regularities in Continuous Space Word Representations", In *Proceedings of the 2013 Conference of the North American Chapter of the Association for Computational Linguistics: Human Language Technologies*, 746~751. 2013.

Miller, Geoffrey, "Reconciling Evolutionary Psychology and Ecological Psychology: How to Perceive Fitness Affordances", *Acta Psychologica Sinica* 39, no. 3 (2007): 546~555.

Milli, Smitha, and Anca D. Drăgan, "Literal or Pedagogic Human? Analyzing Human Model Misspecification in Objective Learning", In *The Conference on Uncertainty in Artificial Intelligence(UAI)*, 2019.

Milli, Smitha, Dylan Hadfield-Menell, Anca Drăgan, and Stuart Russell, "Should

Robots Be Obedient?" In *26th International Joint Conference on Artificial Intelligence.* 2017.

Minsky, Marvin, "Steps Toward Artificial Intelligence", *Proceedings of the Institute of Radio Engineers* 49, no. 1 (1961): 8~30.

Minsky, Marvin, "Theory of Neural-Analog Reinforcement Systems and Its Application to the Brain Model Problem", PhD thesis, Princeton University, 1954.

Minsky, Marvin L., and Seymour A. Papert. *Perceptrons: An Introduction to Computational Geometry.* MIT Press, 1969.

Mirenowicz, Jacques, and Wolfram Schultz, "Importance of Unpredictability for Reward Responses in Primate Dopamine Neurons", *Journal of Neurophysiology* 72, no. 2 (1994): 1024~1027.

Mnih, Volodymyr, Koray Kavukcuoglu, David Silver, Alex Graves, Ioannis Antonoglou, Daan Wierstra, and Martin Riedmiller, "Playing Atari with Deep Reinforcement Learning", In *Deep Learning Workshop, NIPS 2013.* 2013.

Mnih, Volodymyr, Koray Kavukcuoglu, David Silver, Andrei A. Rusu, Joel Veness, Marc G. Bellemare, Alex Graves, et al, "Human-Level Control Through Deep Reinforcement Learning", *Nature* 518, no. 7540 (2015): 529~533.

Mohamed, Shakir, and Danilo Jimenez Rezende, "Variational Information Maximisation for Intrinsically Motivated Reinforcement Learning", In *Advances in Neural Information Processing Systems* 28, 2125~2133. 2015.

Mombaur, Katja, Anh Truong, and Jean-Paul Laumond, "From Human to Humanoid Locomotion-an Inverse Optimal Control Approach", *Autonomous Robots* 28, no. 3 (2010): 369~383.

Monahan, John, and Jennifer L. Skeem, "Risk Assessment in Criminal Sentencing", *Annual Review of Clinical Psychology* 12 (2016): 489~513.

Montague, P. Read, Peter Dayan, Christophe Person, and Terrence J. Sejnowski, "Bee Foraging in Uncertain Environments Using Predictive Hebbian Learning", *Nature* 377, no. 6551 (1995): 725.

Montague, P. Read, Peter Dayan, and Terrence J. Sejnowski, "A Framework for Mesencephalic Dopamine Systems Based on Predictive Hebbian Learning", *Journal of Neuroscience* 16, no. 5 (1996): 1936~1947.

Moravec, Hans, "Obstacle Avoidance and Navigation in the Real World by a Seeing Robot Rover", PhD thesis, Stanford University, 1980.

Mordvintsev, Alexander, Christopher Olah, and Mike Tyka, "DeepDream-a Code Example for Visualizing Neural Networks", Google AI Blog, July 1, 2015. https:// ai.googleblog.com/2015/07/deepdream-code-example-for-visualizing.html

Mordvintsev, Alexander, Christopher Olah, and Mike Tyka, "Inceptionism: Going Deeper into Neural Networks", Google AI Blog, June 17, 2015. https:// ai.googleblog.com/2015/06/inceptionism-going-deeper-into-neural.html

Morgan, Conway Lloyd. An Introduction to Comparative Psychology. 1894. 2nd ed., Charles Scribner's Sons, 1904.

Moss-Racusin, Corinne A., John F. Dovidio, Victoria L. Brescoll, Mark J. Graham, and Jo Handelsman, "Science Faculty's Subtle Gender Biases Favor Male Students", Proceedings of the National Academy of Sciences 109, no. 41 (2012): 16474~16479.

Mueller, Benjamin, Robert Gebeloff, and Sahil Chinoy, "Surest Way to Face Marijuana Charges in New York: Be Black or Hispanic", New York Times, May 13, 2018.

Mueller, Dennis C. Public Choice III. Cambridge University Press, 2003.

Munro, Robert, "Diversity in AI Is Not Your Problem, It's Hers", Medium, November 11, 2019. https://medium.com/@robert.munro/bias-in-ai-3ea569f79d6a

Murdoch, Iris. The Bell. Chatto & Windus, 1958.

Naddaf, Yavar, "Game-Independent AI Agents for Playing Atari 2600 Console Games", Master's thesis, University of Alberta, 2010.

Nair, Ashvin, Bob McGrew, Marcin Andrychowicz, Wojciech Zaremba, and Pieter Abbeel, "Overcoming Exploration in Reinforcement Learning with Demonstrations", In 2018 IEEE International Conference on Robotics and Automation(ICRA), 6292~6299. IEEE, 2018.

Nalisnick, Eric, Bhaskar Mitra, Nick Craswell, and Rich Caruana, "Improving Document Ranking with Dual Word Embeddings", In Proceedings of the 25th International World Wide Web Conference, 83~84. Montreal: International World Wide Web Conferences Steering Committee, 2016.

Narla, Akhila, Brett Kuprel, Kavita Sarin, Roberto Novoa, and Justin Ko, "Automated Classification of Skin Lesions: From Pixels to Practice", *Journal of Investigative Dermatology* 138, no. 10 (2018): 2108~2110.

Neal, Radford M, "Bayesian Learning for Neural Networks", PhD thesis, University of Toronto, 1995.

Nematzadeh, Aida, Stephan C. Meylan, and Thomas L. Griffiths, "Evaluating Vector-Space Models of Word Representation; or, The Unreasonable Effectiveness of Counting Words Near Other Words", In *Proceedings of the 39th Annual Conference of the Cognitive Science Society*, 2017.

"New Navy Device Learns by Doing", *New York Times*, July 8, 1958.

"New York's Broken Parole System", *New York Times*, February 16, 2014.

Ng, Andrew Y, "Shaping and Policy Search in Reinforcement Learning", PhD thesis, University of California, Berkeley, 2003.

Ng, Andrew Y., Adam Coates, Mark Diel, Varun Ganapathi, Jamie Schulte, Ben Tse, Eric Berger, and Eric Liang, "Autonomous Inverted Helicopter Flight via Reinforcement Learning", In *Experimental Robotics IX*, 363~372. Springer, 2006.

Ng, Andrew Y., Daishi Harada, and Stuart Russell, "Policy Invariance Under Reward Transformations: Theory and Application to Reward Shaping", In *ICML* 99 (1999): 278~287.

Ng, Andrew Y., H. Jin Kim, Michael I. Jordan, and Shankar Sastry, "Autonomous Helicopter Flight via Reinforcement Learning", In *Advances in Neural Information Processing Systems*, 799~806, 2004.

Ng, Andrew Y., and Stuart J. Russell, "Algorithms for Inverse Reinforcement Learning", In *Proceedings of the 17th International Conference on Machine Learning*. Stanford, CA: Morgan Kaufmann, 2000.

Nguyen, Anh, Alexey Dosovitskiy, Jason Yosinski, Thomas Brox, and Jeff Clune, "Synthesizing the Preferred Inputs for Neurons in Neural Networks via Deep Generator Networks", In *Advances in Neural Information Processing Systems* 29, edited by D. D. Lee, M. Sugiyama, U. V. Luxburg, I. Guyon, and R. Garnett, 3387~3395, 2016.

Nguyen, Anh, Jason Yosinski, and Jeff Clune, "Deep Neural Networks Are Easily Fooled: High Confidence Predictions for Unrecognizable Images", In *Proceedings of the IEEE Conference on Computer Vision and Pattern Recognition(CVPR2015)*, 427~436. CVPR, 2015.

Nikolaidis, Stefanos, Przemyslaw Lasota, Ramya Ramakrishnan, and Julie Shah, "Improved Human-Robot Team Performance Through Cross-Training: An Approach Inspired by Human Team Training Practices", *International Journal of Robotics Research* 34, no. 14 (2015): 1711~1730.

Nissim, Malvina, Rik van Noord, and Rob van der Goot, "Fair Is Better Than Sensational: Man Is to Doctor as Woman Is to Doctor", arXiv Preprint arXiv:1905.09866, 2019.

Niv, Yael, "Reinforcement Learning in the Brain", *Journal of Mathematical Psychology* 53, no. 3 (2009): 139~154.

Niv, Yael, Daphna Joel, Isaac Meilijson, and Eytan Ruppin, "Evolution of Reinforcement Learning in Foraging Bees: A Simple Explanation for Risk Averse Behavior", *Neurocomputing* 44 (2001): 951~956.

"Northpointe's Response to ProPublica: Demonstrating Accuracy Equity and Predictive Parity", (2016). http://www.equivant.com/blog/response-to-propublica-demonstrating-accuracy-equity-and-predictive-parity; https://web.archive.org/web/20160802190300/, http://www.northpointeinc.com/northpointe-analysis

Odell, Jenny. *How to Do Nothing: Resisting the Attention Economy*. Melville House, 2019

O'Doherty, John P, "Beyond Simple Reinforcement Learning: The Computational Neurobiology of Reward-Learning and Valuation", *European Journal of Neuroscience* 35, no. 7 (2012): 987~990.

Ohlin, Lloyd E. *Selection for Parole: A Manual of Parole Prediction*. Russell Sage Foundation, 1951.

Olah, Chris, Alexander Mordvintsev, and Ludwig Schubert, "Feature Visualization", *Distill*, 2017.

Olah, Chris, Arvind Satyanarayan, Ian Johnson, Shan Carter, Ludwig Schubert, Katherine Ye, and Alexander Mordvintsev, "The Building Blocks of Interpretability",

Distill, 2018.

Olds, James, "Pleasure Centers in the Brain", *Scientific American* 195, no. 4 (1956): 105~117.

Olds, James, "Pleasure Centers in the Brain", *Engineering and Science* 33, no. 7 (1970): 22~31.

Olds, James, and Peter Milner, "Positive Reinforcement Produced by Electrical Stimulation of Septal Area and Other Regions of Rat Brain", *Journal of Comparative and Physiological Psychology* 47, no. 6 (1954): 419~427.

Omohundro, Stephen M, "The Basic AI Drives", In *Artificial General Intelligence 2008: Proceedings of the First AGI Conference*, edited by Pei Wang, Ben Goertzel, and Stan Franklin, 483~492. Amsterdam: IOS Press, 2008.

O'Neil, Cathy. *Weapons of Math Destruction: How Big Data Increases Inequality and Threatens Democracy*. Crown, 2016.

Oostenbroek, Janine, Thomas Suddendorf, Mark Nielsen, Jonathan Redshaw, Siobhan Kennedy-Costantini, Jacqueline Davis, Sally Clark, and Virginia Slaughter, "Comprehensive Longitudinal Study Challenges the Existence of Neonatal Imitation in Humans", *Current Biology* 26, no. 10 (2016): 1334~1348.

Ord, Toby, "Moral Trade", *Ethics* 126, no. 1 (2015): 118~138.

Ord, Toby. *The Precipice: Existential Risk and the Future of Humanity*. Hachette Books, 2020.

Orseau, Laurent, "Universal Knowledge-Seeking Agents", In *Algorithmic Learning Theory: 22nd International Conference*, 353~367. Springer, 2011.

Orseau, Laurent, and Stuart Armstrong, "Safely Interruptible Agents", In *Proceedings of the Thirty-Second Uncertainty in Artificial Intelligence Conference*, 557~566. AUAI Press, 2016.

Orseau, Laurent, Tor Lattimore, and Marcus Hutter, "Universal Knowledge-Seeking Agents for Stochastic Environments", In *International Conference on Algorithmic Learning Theory*, 158~172. 2013.

Ostrovski, Georg, Marc G. Bellemare, Aaron van den Oord, and Remi Munos, "Count-Based Exploration with Neural Density Models", arXiv Preprint arXiv:1703.01310, June 14, 2017.

O'Toole, Garson, "There's a Way to Do It Better-Find It", Quote Investigator, July 16, 2013. https://quoteinvestigator.com/2013/07/16/do-it-better/

Oudeyer, Pierre-Yves, and Frederic Kaplan, "What Is Intrinsic Motivation? A Typology of Computational Approaches", *Frontiers in Neurorobotics* 1, no. 6 (2007): 1~13.

Pathak, Deepak, Pulkit Agrawal, Alexei A. Efros, and Trevor Darrell, "Curiosity-Driven Exploration by Self-Supervised Prediction", In *International Conference on Machine Learning(ICML)*, 2017.

Paul, L. A. *Transformative Experience*. Oxford University Press, 2014.

Paulus, Markus, Sabine Hunnius, Marlies Vissers, and Harold Bekkering, "Imitation in Infancy: Rational or Motor Resonance?", *Child Development* 82, no. 4 (2011): 1047~1057.

Pavlov, I. P. *Conditioned Reflexes: An Investigation of the Physiological Activity of the Cerebral Cortex*. Translated by G. V. Anrep. London: Oxford University Press, 1927.

Pearl, Judea, "The Seven Tools of Causal Inference, with Reflections on Machine Learning", *Communications of the ACM* 62, no. 3 (2019): 54~60.

Pedreshi, Dino, Salvatore Ruggieri, and Franco Turini, "Discrimination-Aware Data Mining", In *Proceedings of the 14th ACM SIGKDD International Conference on Knowledge Discovery and Data Mining*, 560~568. ACM, 2008.

Peng, Xue Bin, Pieter Abbeel, Sergey Levine, and Michiel van de Panne, "DeepMimic: Example-Guided Deep Reinforcement Learning of Physics-Based Character Skills", *ACM Transactions on Graphics(TOG)* 37, no. 4 (2018): 143.

Perez, Caroline Criado. *Invisible Women: Data Bias in a World Designed for Men*. Abrams, 2019.

Persico, Nicola, "Racial Profiling, Fairness, and Effectiveness of Policing", *American Economic Review* 92, no. 5 (2002): 1472~1497.

Peterson, Gail B, "A Day of Great Illumination: B. F. Skinner's Discovery of Shaping", *Journal of the Experimental Analysis of Behavior* 82, no. 3 (2004): 317~328.

Piaget, Jean. *The Construction of Reality in the Child*. Translated by Margaret Cook. Basic Books, 1954.

Piccinini, Gualtiero, "The First Computational Theory of Mind and Brain: A Close Look at McCulloch and Pitts's 'Logical Calculus of Ideas Immanent in Nervous Activity.'" *Synthese* 141, no. 2 (2004): 175~215.

Plato. *Protagoras and Meno.* Translated by W.K.C. Guthrie. Penguin Books, 1956.

Podkopacz, Marcy R, "Building and Validating the 2007 Hennepin County Adult Pretrial Scale", Minneapolis, MN: Fourth Judicial District Research Division, 2010. http://www.mncourts.gov/mncourtsgov/media/assets/documents/4/reports/Validation_of_the_New_2007_Hennepin_County_Pretrial_Scale.pdf

Podkopacz, Marcy R., Deborah Eckberg, and Gina Kubits, "Fourth Judicial District Pretrial Evaluation: Scale Validation Study", Minneapolis, MN: Fourth Judicial District Research Division, 2006. http://www.mncourts.gov/Documents/4/Public/Research/PreTrial_Scale_Validation_(2006).pdf

Pomerleau, Dean A, "ALVINN: An Autonomous Land Vehicle in a Neural Network", In *Advances in Neural Information Processing Systems*, 305~313. 1989.

Pomerleau, Dean A, "Knowledge-Based Training of Artificial Neural Networks for Autonomous Robot Driving", In *Robot Learning*, 19~43. Kluwer Academic Publishers, 1993.

Poplin, Ryan, Avinash V. Varadarajan, Katy Blumer, Yun Liu, Michael V. McConnell, Greg S. Corrado, Lily Peng, and Dale R. Webster, "Prediction of Cardiovascular Risk Factors from Retinal Fundus Photographs via Deep Learning", *Nature Biomedical Engineering* 2, no. 3 (2018): 158~164.

Poursabzi-Sangdeh, Forough, Daniel G. Goldstein, Jake M. Hofman, Jenn Wortman Vaughan, and Hanna Wallach, "Manipulating and Measuring Model Interpretability", arXiv Preprint arXiv:1802.07810, 2018.

Prost, Flavien, Nithum Thain, and Tolga Bolukbasi, "Debiasing Embeddings for Reduced Gender Bias in Text Classification", arXiv Preprint arXiv:1908.02810, 2019.

Prummer, Dominic M., OP. *Handbook of Moral Theology* Translated by Reverend Gerald W. Shelton, STL. 5th ed. Cork: Mercier Press, 1956.

Quinlan, J. Ross. *C4.5: Programs for Machine Learning.* San Mateo, CA: Morgan Kaufmann Publishers, 1993.

Radford, Alec, Jeffrey Wu, Rewon Child, David Luan, Dario Amodei, and Ilya Sutskever.
"Language Models Are Unsupervised Multitask Learners", *OpenAI Blog*, 2019. https://openai.com/blog/better-language-models/

Ramakrishnan, Ramya, Chongjie Zhang, and Julie Shah, "Perturbation Training for Human-Robot Teams", *Journal of Artificial Intelligence Research* 59 (2017): 495~541.

Ramirez, Naja Ferjan, Sarah Roseberry Lytle, and Patricia K. Kuhl, "Parent Coaching Increases Conversational Turns and Advances Infant Language Development", *Proceedings of the National Academy of Sciences* 117, no. 7 (2020): 3484~3491.

Randlov, Jette, and Preben Alstrom, "Learning to Drive a Bicycle Using Reinforcement Learning and Shaping", In *Proceedings of the 15th International Conference on Machine Learning*, 463~471. Morgan Kaufmann Publishers, 1998.

Read, Herbert. *The Grass Roots of Art: Four Lectures on Social Aspects of Art in an Industrial Age*. World Publishing, 1961.

Recht, Benjamin, Rebecca Roelofs, Ludwig Schmidt, and Vaishaal Shankar, "Do ImageNet Classifiers Generalize to ImageNet?" In *Proceedings of the 36th International Conference on Machine Learning*, edited by Kamalika Chaudhuri and Ruslan Salakhutdinov, 5389~5400. PMLR, 2019.

"Report on Algorithmic Risk Assessment Tools in the U.S. Criminal Justice System", Partnership on AI, 2019. https://www.partnershiponai.org/wp-content/uploads/2019/04/Report-on-Algorithmic-Risk-Assessment-Tools.pdf

Rescorla, Robert A., and Allan R. Wagner, "A Theory of Pavlovian Conditioning: Variations in the Effectiveness of Reinforcement and Nonreinforcement", In *Classical Conditioning II: Current Research and Theory*, 64~99. Appleton-Century-Crofts, 1972.

Rezaei, Ashkan, Rizal Fathony, Omid Memarrast, and Brian Ziebart, "Fairness for Robust Log Loss Classification", In *Proceedings of the Thirty-Fourth AAAI Conference on Artificial Intelligence*, 2020.

Ribeiro, Marco Tulio, Sameer Singh, and Carlos Guestrin, "Why Should I Trust You? Explaining the Predictions of Any Classifier", In *Proceedings of the 22nd ACM SIGKDD International Conference on Knowledge Discovery and Data Mining*, 1135~1144. ACM, 2016.

Riedl, Mark O., and Brent Harrison, "Enter the Matrix: A Virtual World Approach to Safely Interruptable Autonomous Systems", CoRR abs/1703.10284 (2017). http://arxiv.org/abs/1703.10284

Ring, Mark B., and Laurent Orseau, "Delusion, Survival, and Intelligent Agents", In *Artificial General Intelligence: 4th International Conference, AGI 2011*, edited by Jurgen Schmidhuber, Kristinn R. Thorisson, and Moshe Looks, 11~20. Springer, 2011.

"Rival", New Yorker, December 6, 1958.

Rivest, Ronald L, "Learning Decision Lists", *Machine Learning* 2, no. 3 (1987): 229~246.

Roder, Beverly J., Emily W. Bushnell, and Anne Marie Sasseville, "Infants' Preferences for Familiarity and Novelty During the Course of Visual Processing", *Infancy* 1, no. 4 (2000): 491~507.

Rohde, Douglas L. T., and David C. Plaut, "Language Acquisition in the Absence of Explicit Negative Evidence: How Important Is Starting Small?" Cognition 72, no. 1 (1999): 67~109.

Roland, Alex, and Philip Shiman. *Strategic Computing: DARPA and the Quest for Machine Intelligence, 1983~1993*. MIT Press, 2002.

Romanes, George John. *Animal Intelligence*. New York: D. Appleton, 1882.

Romo, Ranulfo, and Wolfram Schultz, "Dopamine Neurons of the Monkey Midbrain: Contingencies of Responses to Active Touch During Self-Initiated Arm Movements", *Journal of Neurophysiology* 63, no. 3 (1990): 592~606.

Rong, Xin, "Word2vec Parameter Learning Explained", arXiv Preprint arXiv:1411.2738, 2014.

Roodman, David, "Aftereffects: In the U.S., Evidence Says Doing More Time Typically Leads to More Crime After", *Open Philanthropy Blog*, 2017. https://www.openphilanthropy.org/blog/aftereffects-us-evidence-says-doing-moretime-typicallyleads-more-crime-after

Rosenberg, Charles R., and Terrence J. Sejnowski, "NETtalk: A Parallel Network That Learns to Read Aloud", Johns Hopkins University, 1986.

Rosenblatt, Frank, "The Perceptron: A Probabilistic Model for Information Storage and Organization in the Brain", *Psychological Review* 65, no. 6 (1958): 386.

Rosenblatt, Frank, "Principles of Neurodynamics: Perceptrons and the Theory of Brain Mechanisms", Buffalo, NY: Cornell Aeronautical Laboratory, March 15, 1961.

Rosenblueth, Arturo, Norbert Wiener, and Julian Bigelow, "Behavior, Purpose and Teleology", *Philosophy of Science* 10, no. 1 (1943): 18~24.

Ross, Stephane, and J. Andrew Bagnell, "Efficient Reductions for Imitation Learning", In *Proceedings of the 13th International Conference on Artificial Intelligence and Statistics(AISTATS)*, 661~668. 2010.

Ross, Stephane, Geoffrey J. Gordon, and J. Andrew Bagnell, "A Reduction of Imitation Learning and Structured Prediction to No-Regret Online Learning", In *Proceedings of the Fourteenth International Conference on Artificial Intelligence and Statistics*, 627~635. 2011.

Roth, Lorna, "Looking at Shirley, the Ultimate Norm: Colour Balance, Image Technologies, and Cognitive Equity", *Canadian Journal of Communication* 34, no. 1 (2009).

Rousseau, Jean-Jacques. *Emile; or, On Education*. Translated by Barbara Foxley. E. P. Dutton, 1921.

Rudd, Ethan M., Lalit P. Jain, Walter J. Scheirer, and Terrance E. Boult, "The Extreme Value Machine", *IEEE Transactions on Pattern Analysis and Machine Intelligence* 40, no. 3 (2017): 762~768.

Ruder, Sebastian, "An Overview of Multi-Task Learning in Deep Neural Networks", arXiv Preprint arXiv:1706.05098, 2017.

Rudin, Cynthia, and Joanna Radin, "Why Are We Using Black Box Models in AI When We Don't Need To? A Lesson From An Explainable AI Competition", *Harvard Data Science Review*, 2019.

Rudin, Cynthia, and Berk Ustun, "Optimized Scoring Systems: Toward Trust in

Machine Learning for Healthcare and Criminal Justice", *Interfaces* 48, no. 5 (2018): 449~466.

Rudin, Cynthia, Caroline Wang, and Beau Coker, "The Age of Secrecy and Unfairness in Recidivism Prediction", *Harvard Data Science Review* 2, no. 1 (2020).

Rumelhart, D. E., G. E. Hinton, and R. J. Williams, "Learning Internal Representations by Error Propagation", In *Parallel Distributed Processing: Explorations in the Microstructure of Cognition*, 1:318~362. MIT Press, 1986.

Rumelhart, David E., and James L. McClelland. *Parallel Distributed Processing: Explorations in the Microstructure of Cognition*. MIT Press, 1986.

Rummery, Gavin A., and Mahesan Niranjan, "On-Line Q-Learning Using Connectionist Systems", Cambridge University Engineering Department, 1994.

Russakovsky, Olga, Jia Deng, Hao Su, Jonathan Krause, Sanjeev Satheesh, Sean Ma, Zhiheng Huang, et al, "ImageNet Large Scale Visual Recognition Challenge", *International Journal of Computer Vision* 115, no. 3 (2015): 211~252.

Russell, Bertrand, "Ideas That Have Harmed Mankind", In *Unpopular Essays*. MPG Books, 1950.

Russell, Bertrand. *Logic and Knowledge: Essays 1901~1950*. George Allen & Unwin, 1956.

Russell, Stuart. *Human Compatible*. Viking, 2019.

Russell, Stuart, "Learning Agents for Uncertain Environments(Extended Abstract)", In *Proceedings of the Eleventh Annual ACM Workshop on Computational Learning Theory(COLT-98)*, 101~103. Madison, WI: ACM Press, 1998.

Russell, Stuart, "Should We Fear Supersmart Robots?", *Scientific American* 314, no. 6 (2016): 58~59.

Russell, Stuart J., and Peter Norvig. *Artificial Intelligence: A Modern Approach*. 3rd ed. Upper Saddle River, NJ: Pearson, 2010.

Rust, John, "Do People Behave According to Bellman's Principle of Optimality?", Working Papers in Economics. Hoover Institution, Stanford University, 1992.

Rust, John, "Structural Estimation of Markov Decision Processes", *Handbook of Econometrics* 4 (1994): 3081~3143.

Rutledge, Robb B., Nikolina Skandali, Peter Dayan, and Raymond J. Dolan, "A Computational and Neural Model of Momentary Subjective Well-Being", *Proceedings of the National Academy of Sciences* 111, no. 33 (August 19, 2014): 12252~12257.

Saayman, Graham, Elinor Wardwell Ames, and Adrienne Moffett, "Response to Novelty as an Indicator of Visual Discrimination in the Human Infant", *Journal of Experimental Child Psychology* 1, no. 2 (1964): 189~198.

Sadigh, Dorsa, S. Shankar Sastry, Sanjit A. Seshia, and Anca D. Drăgan, "Planning for Autonomous Cars That Leverage Effects on Human Actions", In *Proceedings of Robotics: Science and Systems(RSS)*, 2016. https://doi.org/10.15607/ RSS.2016.XII.029

Sahami, Mehran, Marti Hearst, and Eric Saund, "Applying the Multiple Cause Mixture Model to Text Categorization", In *ICML-96: Proceedings of the Thirteenth International Conference on Machine Learning*, 435~443. 1996.

Saksida, Lisa M., Scott M. Raymond, and David S. Touretzky, "Shaping Robot Behavior Using Principles from Instrumental Conditioning", *Robotics and Autonomous Systems* 22, nos. 3~4 (1997): 231~249.

Salge, Christoph, Cornelius Glackin, and Daniel Polani, "Empowerment: An Introduction", In *Guided Self-Organization: Inception*, 67~114. Springer, 2014.

Salimans, Tim, and Richard Chen, "Learning Montezuma's Revenge from a Single Demonstration", arXiv Preprint arXiv:1812.03381, 2018.

Samuel, Arthur L, "Some Studies in Machine Learning Using the Game of Checkers", *IBM Journal of Research and Development* 3, no. 3 (1959): 210~229.

Samuelson, Paul A, "A Note on Measurement of Utility", *The Review of Economic Studies* 4, no. 2 (1937): 155~161.

Sarbin, Theodore R, "A Contribution to the Study of Actuarial and Individual Methods of Prediction", *American Journal of Sociology* 48, no. 5 (1943): 593~602.

Sargent, Thomas J, "Estimation of Dynamic Labor Demand Schedules Under Rational Expectations", *Journal of Political Economy* 86, no. 6 (1978): 1009~1044.

Saund, Eric, "A Multiple Cause Mixture Model for Unsupervised Learning", *Neural Computation* 7, no. 1 (1995): 51~71.

Saunders, Jessica, "Pitfalls of Predictive Policing", *U.S. News & World Report*, October 7, 2016.

Saunders, Jessica, Priscillia Hunt, and John S. Hollywood, "Predictions Put into Practice: A Quasi-Experimental Evaluation of Chicago's Predictive Policing Pilot", *Journal of Experimental Criminology* 12, no. 3 (2016): 347~371.

Saunders, William, Girish Sastry, Andreas Stuhlmueller, and Owain Evans, "Trial Without Error: Towards Safe Reinforcement Learning via Human Intervention", In *Proceedings of the 17th International Conference on Autonomous Agents and Multiagent Systems*, 2067~2099. International Foundation for Autonomous Agents and Multiagent Systems, 2018.

Savage, Tony, "Shaping: The Link Between Rats and Robots", *Connection Science* 10, nos. 3~4 (1998): 321~340.

Sayre-McCord, Geoff, "Moral Realism", *The Stanford Encyclopedia of Philosophy*, edited by Edward N. Zalta. Entry revised February 3, 2015: https://plato.stanford.edu/entries/moral-realism/

Schaeffer, Jonathan, Joseph Culberson, Norman Treloar, Brent Knight, Paul Lu, and Duane Szafron, "A World Championship Caliber Checkers Program", *Artificial Intelligence* 53, nos. 2~3 (1992): 273~289.

Schauer, Frederick, "Giving Reasons", *Stanford Law Review* 47 (1995): 633~659.

Scheirer, Walter J., Anderson Rocha, Archana Sapkota, and Terrance E. Boult, "Toward Open Set Recognition", *IEEE Transactions on Pattern Analysis and Machine Intelligence* 35, no. 7 (2013): 1757~1772.

Schmidhuber, Jurgen, "Curious Model-Building Control Systems", In *Proceedings of the International Joint Conference on Neural Networks*, 2:1458~1463. Singapore: IEEE, 1991.

Schmidhuber, Jurgen, "Formal Theory of Creativity, Fun, and Intrinsic Motivation (1990~2010)", *IEEE Transactions on Autonomous Mental Development* 2, no. 3 (September 2010): 230~247.

Schmidt, Ben, "Rejecting the Gender Binary: A Vector-Space Operation",

Ben's Bookworm Blog, October 30, 2015. http://bookworm.benschmidt.org/
posts/2015-10-30-rejecting-the-gender-binary.html

Schrage, D. P., Y. K. Yillikci, S. Liu, J.V.R. Prasad, and S. V. Hanagud,
"Instrumentation of the Yamaha R-50/RMAX Helicopter Testbeds for Airloads
Identification and Follow-on Research", In Twenty-Fifth European Rotorcraft
Forum, P4-1~P4-13. 1999.

Schrittwieser, Julian, Ioannis Antonoglou, Thomas Hubert, Karen Simonyan,
Laurent

Sifre, Simon Schmitt, Arthur Guez, et al, "Mastering Atari, Go, Chess and Shogi by
Planning with a Learned Model", arXiv Preprint arXiv:1911.08265, 2019.

Schultz, Wolfram, "Multiple Dopamine Functions at Different Time Courses", Annual
Review of Neuroscience 30 (2007): 259~288.

Schultz, Wolfram, Paul Apicella, and Tomas Ljungberg, "Responses of Monkey
Dopamine Neurons to Reward and Conditioned Stimuli During Successive Steps
of Learning a Delayed Response Task", Journal of Neuroscience 13, no. 3 (March
1993): 900~913.

Schultz, Wolfram, Peter Dayan, and P. Read Montague, "A Neural Substrate of
Prediction and Reward", Science 275, no. 5306 (1997): 1593~1599.

Schulz, Laura, "Infants Explore the Unexpected", Science 348, no. 6230 (2015):
42~43.

Schulz, Laura E., and Elizabeth Baraff Bonawitz, "Serious Fun: Preschoolers
Engage in More Exploratory Play When Evidence Is Confounded", Developmental
Psychology 43, no. 4 (2007): 1045~1050.

Schwitzgebel, Eric, and Mara Garza, "A Defense of the Rights of Artificial
Intelligences", Midwest Studies in Philosophy 39, no. 1 (2015): 98~119.

Selbst, Andrew D., and Julia Powles, "Meaningful Information and the Right to
Explanation", International Data Privacy Law 7, no. 4 (2017): 233~242.

Selfridge, Oliver G., Richard S. Sutton, and Andrew G. Barto, "Training and
Tracking in Robotics", In Proceedings of the 9th International Joint Conference
on Artificial Intelligence, 670~672. San Francisco: Morgan Kaufmann, 1985.

Selvaraju, Ramprasaath R., Abhishek Das, Ramakrishna Vedantam, Michael

Cogswell, Devi Parikh, and Dhruv Batra, "Grad-Cam: Why Did You Say That?" arXiv Preprint arXiv:1611.07450, 2016.

Sen, Amartya. *Collective Choice and Social Welfare*. Harvard University Press, 2018.

Sepielli, Andrew, "What to Do When You Don't Know What to Do When You Don't Know What to Do…", *Nous* 48, no. 3 (2014): 521~544.

Sepielli, Andrew Christopher, "'Along an Imperfectly-Lighted Path': Practical Rationality and Normative Uncertainty", PhD thesis, Rutgers University, 2010.

Shafto, Patrick, Noah D. Goodman, and Thomas L. Griffiths, "A Rational Account of Pedagogical Reasoning: Teaching by, and Learning from, Examples", *Cognitive Psychology* 71 (2014): 55~89.

Shannon, Claude E, "A Mathematical Theory of Communication", *Bell System Technical Journal* 27, no. 3 (July 1948): 379~423.

Shaw, J. Cliff, Allen Newell, Herbert A. Simon, and T. O. Ellis, "A Command Structure for Complex Information Processing", In *Proceedings of the May 6~8, 1958, Western Joint Computer Conference: Contrasts in Computers*, 119~128. Los Angeles, CA, 1958.

Shead, Sam, "DeepMind's Human-Bashing AlphaGo AI Is Now Even Stronger", *Business Insider*, October 18, 2017. https://www.businessinsider.com/deepminds-alphago-ai-gets-alphago-zero-upgrade-2017-10

Shenoy, Premnath, and Anand Harugeri, "Elderly Patients' Participation in Clinical Trials", *Perspectives in Clinical Research* 6, no. 4 (2015): 184~189.

Shlegeris, Buck, "Why I'm Less of a Hedonic Utilitarian Than I Used to Be", February 19, 2019. http://shlegeris.com/2019/02/21/hedonic

Silver, David, Aja Huang, Chris J. Maddison, Arthur Guez, Laurent Sifre, George van den Driessche, Julian Schrittwieser, et al, "Mastering the Game of Go with Deep Neural Networks and Tree Search", *Nature* 529 (January 28, 2016): 484~489.

Silver, David, Thomas Hubert, Julian Schrittwieser, Ioannis Antonoglou, Matthew Lai, Arthur Guez, Marc Lanctot, et al, "A General Reinforcement Learning Algorithm That Masters Chess, Shogi, and Go Through Self-Play", *Science* 362, no. 6419 (2018): 1140~1144.

Silver, David, Julian Schrittwieser, Karen Simonyan, Ioannis Antonoglou, Aja Huang, Arthur Guez, Thomas Hubert, et al, "Mastering the Game of Go Without Human Knowledge", Nature 550, no. 7676 (2017): 354.

Silvia, Paul J. Exploring the Psychology of Interest. Oxford University Press, 2006.

Simoiu, Camelia, Sam Corbett-Davies, and Sharad Goel, "The Problem of Infra-Marginality in Outcome Tests for Discrimination", Annals of Applied Statistics 11, no. 3 (2017): 1193~1216.

Simon, Herbert A, "The Cat That Curiosity Couldn't Kill", Carnegie Mellon Magazine 10, no. 1 (1991): 35~36.

Simonite, Tom, "When It Comes to Gorillas, Google Photos Remains Blind", Wired, January 11, 2018. https://www.wired.com/story/when-it-comes-to-gorillas-google-photos-remains-blind/

Simonyan, Karen, Andrea Vedaldi, and Andrew Zisserman, "Deep Inside Convolutional Networks: Visualising Image Classification Models and Saliency Maps", arXiv Preprint arXiv:1312.6034, 2013.

Simonyan, Karen, and Andrew Zisserman, "Very Deep Convolutional Networks for Large-Scale Image Recognition", arXiv Preprint arXiv:1409.1556, 2014.

Singer, Peter, "The Drowning Child and the Expanding Circle", New Internationalist 289 (1997).

Singer, Peter, "Famine, Affluence, and Morality", Philosophy and Public Affairs 1, no. 1 (1972): 229~243.

Singer, Peter. The Most Good You Can Do: How Effective Altruism Is Changing Ideas About Living Ethically. Yale University Press, 2015.

Singh, Satinder Pal, "Transfer of Learning by Composing Solutions of Elemental Sequential Tasks", Machine Learning 8, nos. 3~4 (1992): 323~339.

Singh, Satinder, Nuttapong Chentanez, and Andrew G. Barto, "Intrinsically Motivated Reinforcement Learning", In Advances in Neural Information Processing Systems, 1281~1288, 2005.

Singh, Satinder, Richard L. Lewis, and Andrew G. Barto, "Where Do Rewards Come From?" In Proceedings of the Annual Conference of the Cognitive Science Society, 2601~2006. 2009.

Singh, Satinder, Richard L. Lewis, Jonathan Sorg, Andrew G. Barto, and Akram Helou, "On Separating Agent Designer Goals from Agent Goals: Breaking the Preferences-Parameters Confound", CiteSeerX, 2010.

Skeem, Jennifer L., and Christopher T. Lowenkamp, "Risk, Race, and Recidivism: Predictive Bias and Disparate Impact", Criminology 54, no. 4 (2016): 680~712.

Skinner, B. F, "Has Gertrude Stein a Secret?" Atlantic Monthly 153 (January 1934): 50~57.

Skinner, B. F, "How to Teach Animals", Scientific American 185, no. 6 (1951): 26~29.

Skinner, B. F. A Matter of Consequences: Part Three of an Autobiography. Knopf, 1983.

Skinner, B. F, "Pigeons in a Pelican", American Psychologist 15, no. 1 (1960): 28.

Skinner, B. F, "The Rate of Establishment of a Discrimination", Journal of General Psychology 9, no. 2 (1933): 302~350.

Skinner, B. F, "Reinforcement Today", American Psychologist 13, no. 3 (1958): 94~99.

Skinner, B. F. The Shaping of a Behaviorist: Part Two of an Autobiography. Knopf, 1979.

Skinner, B. F, "Some Relations Between Behavior Modification and Basic Research", In Behavior Modification: Issues and Extensions, edited by Sidney W. Bijou and Emilio Ribes-Inesta, 1~6. Academic Press, 1972.

Skinner, B. F. Walden Two. Hackett Publishing, 1948.

Skinner, Burrhus Frederic, "A Case History in Scientific Method", American Psychologist 11, no. 5 (1956): 221~233.

Smalheiser, Neil R, "Walter Pitts", Perspectives in Biology and Medicine 43, no. 2 (2000): 217~226.

Smilkov, Daniel, Nikhil Thorat, Been Kim, Fernanda Viegas, and Martin Wattenberg, "Smoothgrad: Removing Noise by Adding Noise", arXiv Preprint arXiv:1706.03825, 2017.

Smith, Holly M, "Possibilism", In Encyclopedia of Ethics, 2nd ed., vol. 3, edited by Lawrence C. Becker and Charlotte B. Becker. Routledge, 2001.

Smith, Lewis, and Yarin Gal, "Understanding Measures of Uncertainty for Adversarial Example Detection", In *Uncertainty in Artificial Intelligence: Proceedings of the Thirty-Fourth Conference* (2018).

Smith, Mitch, "In Wisconsin, a Backlash Against Using Data to Foretell Defendants' Futures", *New York Times*, June 22, 2016.

Snyder, Mark. *Public Appearances, Private Realities: The Psychology of Self-Monitoring*. W. H. Freeman, 1987.

Soares, Nate, Benja Fallenstein, Eliezer Yudkowsky, and Stuart Armstrong, "Corrigibility", In *Artificial Intelligence and Ethics: Papers from the 2015 AAAI Workshop*. AAAI Press, 2015.

Sobel, Jordan Howard, "Utilitarianism and Past and Future Mistakes", *Nous* 10, no. 2 (1976): 195~219.

Solomons, Leon M., and Gertrude Stein, "Normal Motor Automatism", *Harvard Psychological Review* 3, no. 5 (1896): 492~512.

Sommers, Christina Hoff, "Blind Spots in the 'Blind Audition' Study", *Wall Street Journal*, October 20, 2019.

Sorg, Jonathan, Richard L. Lewis, and Satinder P. Singh, "Reward Design via Online Gradient Ascent", In *Advances in Neural Information Processing Systems*, 2190~2198, 2010.

Sorg, Jonathan, Satinder P. Singh, and Richard L. Lewis, "Internal Rewards Mitigate Agent Boundedness", In *Proceedings of the 27th International Conference on Machine Learning(ICML-10)*, 1007~1014. Omnipress, 2010.

Sorg, Jonathan Daniel, "The Optimal Reward Problem: Designing Effective Reward for Bounded Agents", PhD thesis, University of Michigan, 2011.

Spielvogel, Carl, "Advertising: Promoting a Negative Quality", *New York Times*, September 4, 1957.

Spignesi, Stephen J. *The Woody Allen Companion*. Andrews McMeel, 1992.

Srivastava, Nitish, Geoffrey Hinton, Alex Krizhevsky, Ilya Sutskever, and Ruslan Salakhutdinov, "Dropout: A Simple Way to Prevent Neural Networks from Overfitting", *Journal of Machine Learning Research* 15, no. 1 (2014): 1929~1958.

Stadie, Bradly C., Sergey Levine, and Pieter Abbeel, "Incentivizing Exploration in

Reinforcement Learning with Deep Predictive Models", In *NIPS 2015 Workshop on Deep Reinforcement Learning*, 2015.

Stahl, Aimee E., and Lisa Feigenson, "Observing the Unexpected Enhances Infants' Learning and Exploration", *Science* 348, no. 6230 (2015): 91~94.

Stanley-Jones, D., and K. Stanley-Jones. *Kybernetics of Natural Systems: A Study in Patterns of Control*. Pergamon, 1960.

Stauffer, John, Zoe Trodd, and Celeste-Marie Bernier. *Picturing Frederick Douglass: An Illustrated Biography of the Nineteenth Century's Most Photographed American*. W. W. Norton, 2015.

Steel, Emily, and Julia Angwin, "On the Web's Cutting Edge, Anonymity in Name Only", *Wall Street Journal*, August 3, 2010.

Steel, Piers, "The Nature of Procrastination: A Meta-Analytic and Theoretical Review of Quintessential Self-Regulatory Failure", *Psychological Bulletin* 133, no. 1 (2007): 65.

Stefik, Mark, "Strategic Computing at DARPA: Overview and Assessment", *Communications of the ACM* 28, no. 7 (1985): 690~704.

Stein, Gertrude. *The Autobiography of Alice B. Toklas*. Harcourt, Brace, 1933.

Steinhardt, Jacob, and Percy S. Liang, "Unsupervised Risk Estimation Using Only Conditional Independence Structure", In *Advances in Neural Information Processing Systems*, 3657~3665, 2016.

Stemen, Don, "The Prison Paradox: More Incarceration Will Not Make Us Safer", *For the Record Evidenc Brief Series*, 2017.

Stock, Pierre, and Moustapha Cisse, "ConvNets and ImageNet Beyond Accuracy: Understanding Mistakes and Uncovering Biases", In *The European Conference on Computer Vision(ECCV)*, 2018.

Strabala, Kyle, Min Kyung Lee, Anca Drăgan, Jodi Forlizzi, Siddhartha S. Srinivasa, Maya Cakmak, and Vincenzo Micelli, "Toward Seamless Human-Robot Handovers", *Journal of Human-Robot Interaction* 2, no. 1 (2013): 112~132.

"Strategic Computing: New-Generation Computing Technology: A Strategic Plan for Its Development and Application to Critical Problems in Defense", Defense Advanced Research Projects Agency, 1983.

Strehl, Alexander L., and Michael L. Littman, "An Analysis of Model-Based Interval Estimation for Markov Decision Processes", *Journal of Computer and System Sciences* 74, no. 8 (2008): 1309~1331.

Struck, Aaron F., Berk Ustun, Andres Rodriguez Ruiz, Jong Woo Lee, Suzette M. LaRoche, Lawrence J. Hirsch, Emily J. Gilmore, Jan Vlachy, Hiba Arif Haider, Cynthia Rudin, and M. Brandon Westover, "Association of an Electroencephalography-Based Risk Score With Seizure Probability in Hospitalized Patients", *JAMA Neurology* 74, no. 12 (2017): 1419~1424.

Subramanian, Kaushik, Charles L. Isbell Jr., and Andrea L. Thomaz, "Exploration from Demonstration for Interactive Reinforcement Learning", In *Proceedings of the 2016 International Conference on Autonomous Agents & Multiagent Systems*, 447~456. International Foundation for Autonomous Agents and Multiagent Systems, 2016.

Sundararajan, Mukund, Ankur Taly, and Qiqi Yan, "Axiomatic Attribution for Deep Networks", In *Proceedings of the 34th International Conference on Machine Learning*, 3319~3328. JMLR, 2017.

Sunstein, Cass R, "Beyond the Precautionary Principle", *University of Pennsylvania Law Review* 151 (2003): 1003~1058.

Sunstein, Cass R, "Irreparability as Irreversibility", *Supreme Court Review*, 2019.

Sunstein, Cass R, "Irreversibility", *Law, Probability & Risk* 9 (2010): 227~245.

Sunstein, Cass R. *Laws of Fear: Beyond the Precautionary Principle*. Cambridge University Press, 2005.

Sutton, Richard S, "Integrated Architectures for Learning, Planning, and Reacting Based on Approximating Dynamic Programming", In *Machine Learning: Proceedings of the Seventh International Conference*, 216~224. San Mateo, CA: Morgan Kaufmann, 1990.

Sutton, Richard S, "Learning to Predict by the Methods of Temporal Differences", *Machine Learning* 3, no. 1 (1988): 9~44.

Sutton, Richard S, "Reinforcement Learning Architectures for Animats", In *From Animals to Animats: Proceedings of the First International Conference on Simulation of Adaptive Behavior*, 288~296. 1991.

Sutton, Richard S, "Temporal Credit Assignment in Reinforcement Learning", PhD thesis, University of Massachusetts, Amherst, 1984.

Sutton, Richard S, "A Unified Theory of Expectation in Classical and Instrumental Conditioning", Bachelor's thesis, Stanford University, 1978.

Sutton, Richard S., and Andrew G. Barto. *Reinforcement Learning: An Introduction*. 2nd ed. MIT Press, 2018.

Sweeney, Latanya, "Discrimination in Online Ad Delivery", *Communications of the ACM 56*, no. 5 (2013): 44~54.

Sweeney, Latanya, "Simple Demographics Often Identify People Uniquely", *Carnegie Mellon University, Data Privacy Working Paper 3* (Pittsburgh), 2000.

Szegedy, Christian, Wojciech Zaremba, Ilya Sutskever, Joan Bruna, Dumitru Erhan, Ian Goodfellow, and Rob Fergus, "Intriguing Properties of Neural Networks", In *International Conference on Learning Representations*, 2014.

Takayama, Leila, Doug Dooley, and Wendy Ju, "Expressing Thought: Improving Robot Readability with Animation Principles", In *2011 6th ACM/IEEE International Conference on Human-Robot Interaction(HRI)*, 69~76. IEEE, 2011.

Tang, Haoran, Rein Houthooft, Davis Foote, Adam Stooke, Xi Chen, Yan Duan, John Schulman, Filip De Turck, and Pieter Abbeel, "# Exploration: A Study of Count Based Exploration for Deep Reinforcement Learning", In *Advances in Neural Information Processing Systems*, 2753~62. 2017.Tarleton, Nick, "Coherent Extrapolated Volition: A Meta-Level Approach to Machine Ethics", Singularity Institute, 2010.

Taylor, Jessica, "Quantilizers: A Safer Alternative to Maximizers for Limited Optimization", In Workshops at the Thirtieth AAAI Conference on Artificial Intelligence, 2016.

Taylor, Jessica, Eliezer Yudkowsky, Patrick LaVictoire, and Andrew Critch, "Alignment for Advanced Machine Learning Systems", Machine Intelligence Research Institute, July 27, 2016.

Tesauro, Gerald, "Practical Issues in Temporal Difference Learning", In *Advances in Neural Information Processing Systems*, 259~266, 1992.

Tesauro, Gerald, "TD-Gammon, a Self-Teaching Backgammon Program, Achieves Master-Level Play", *Neural Computation 6*, no. 2 (1994): 215~219. https://doi.

org/10.1162/neco.1994.6.2.215

Tesauro, Gerald, "Temporal Difference Learning and TD-Gammon", *Communications of the ACM* 38, no. 3 (March 1995): 58~68. https://doi. org/10.1145/203330.203343

Thorndike, Edward L, "Animal Intelligence: An Experimental Study of the Associative Processes in Animals", *Psychological Review: Monograph Supplements* 2, no. 4 (1898): i.

Thorndike, Edward L. *The Elements of Psychology*. New York: A. G. Seiler, 1905.

Thorndike, Edward L, "Fundamental Theorems in Judging Men", *Journal of Applied Psychology* 2 (1918): 67~76.

Thorndike, Edward L. *The Psychology of Learning*. Vol. 2. Teachers College, Columbia University, 1913.

Thorndike, Edward L, "A Theory of the Action of the After-Effects of a Connection upon It", *Psychological Review* 40, no. 5 (1933): 434~439.

Tibshirani, Robert, "Regression Shrinkage and Selection via the Lasso", *Journal of the Royal Statistical Society, Series B(Methodological)* 58, no. 1 (1996): 267~288.

Tigas, Panagiotis, Angelos Filos, Rowan McAllister, Nicholas Rhinehart, Sergey Levine, and Yarin Gal, "Robust Imitative Planning: Planning from Demonstrations Under Uncertainty", In *NeurIPS 2019 Workshop on Machine Learning for Autonomous Driving*. 2019.

Timmerman, Travis, "Effective Altruism's Underspecification Problem", In *Effective Altruism: Philosophical Issues*, edited by Hilary Greaves and Theron Pummer. Oxford University Press, 2019.

Timmerman, Travis, and Yishai Cohen, "Actualism and Possibilism in Ethics", In *The Stanford Encyclopedia of Philosophy*, edited by Edward N. Zalta, Summer 2019. https://plato.stanford.edu/archives/sum2019/entries/actualism-possibilism-ethics/

Todorov, Emanuel, Tom Erez, and Yuval Tassa, "MuJoCo: A Physics Engine for Model-Based Control", In *2012 IEEE/RSJ International Conference on Intelligent Robots and Systems*, 5026~5033. IEEE, 2012.

Tolman, Edward Chace, "The Determiners of Behavior at a Choice Point", *Psychological Review* 45, no. 1 (1938): 1.

Tomasello, Michael, "Do Apes Ape?" In *Social Learning in Animals: The Roots of Culture*, edited by Cecilia M. Heyes and Bennett G. Galef Jr., 319~346. San Diego: Academic Press, 1996.

Tomasello, Michael, Malinda Carpenter, Josep Call, Tanya Behne, and Henrike Moll, "Understanding and Sharing Intentions: The Origins of Cultural Cognition", *Behavioral and Brain Sciences* 28, no. 5 (2005): 675~691.

Tomasello, Michael, Brian Hare, Hagen Lehmann, and Josep Call, "Reliance on Head Versus Eyes in the Gaze Following of Great Apes and Human Infants: The Cooperative Eye Hypothesis", *Journal of Human Evolution* 52, no. 3 (2007): 314~320.

Tomasik, Brian, "Do Artificial Reinforcement-Learning Agents Matter Morally?" arXiv Preprint arXiv:1410.8233, 2014.

Turing, A. M, "Computing Machinery and Intelligence", *Mind* 59, no. 236 (1950): 433~460.

Turing, A. M, "Intelligent Machinery", In *The Essential Turing*, edited by B. Jack Copeland, 410~432. 1948. Reprint, Oxford University Press, 2004.

Turing, Alan, "Can Digital Computers Think?" *BBC Third Programme*, May 15, 1951.

Turing, Alan, Richard Braithwaite, Geoffrey Jefferson, and Max Newman, "Can Automatic Calculating Machines Be Said to Think?" *BBC Third Programme*, January 14, 1952.

Turner, Alexander Matt, "Optimal Farsighted Agents Tend to Seek Power", arXiv preprint, arXiv:1912.01683, 2019.

Turner, Alexander Matt, Dylan Hadfield-Menell, and Prasad Tadepalli, "Conservative Agency via Attainable Utility Preservation", In *AAAI/ACM Conference on AI, Ethics, and Society*. 2020.

Tversky, Amos, "Features of Similarity", *Psychological Review* 84, no. 4 (1977): 327~352.

Uno, Yoji, Mitsuo Kawato, and Rika Suzuki, "Formation and Control of Optimal

Trajectory in Human Multijoint Arm Movement: Minimum Torque-Change Model",
Biological Cybernetics 61 (1989): 89~101.

Ustun, Berk, and Cynthia Rudin, "Optimized Risk Scores", In *Proceedings of the
23rd ACM SIGKDD International Conference on Knowledge Discovery and Data
Mining* 1125~1134. ACM, 2017.

Ustun, Berk, and Cynthia Rudin, "Supersparse Linear Integer Models for Optimized
Medical Scoring Systems", *Machine Learning* 102, no. 3 (2016): 349~391.

Ustun, Berk, Stefano Traca, and Cynthia Rudin, "Supersparse Linear Integer
Models for Predictive Scoring Systems", In *Proceedings of AAAI Late Breaking
Track*, 2013.

Ustun, Berk, M. Brandon Westover, Cynthia Rudin, and Matt T. Bianchi, "Clinical
Prediction Models for Sleep Apnea: The Importance of Medical History over
Symptoms", *Journal of Clinical Sleep Medicine* 12, no. 2 (2016): 161~168.

Varon, Elizabeth R, "Most Photographed Man of His Era: Frederick Douglass",
Washington Post, January 29, 2016. https://www.washingtonpost.com/opinions/
most-photographed-man-of-his-era-frederick-douglass/2016/01/29/4879a766-
af1c-11e5-b820-eea4d64be2a1_story.html

Veasey, Sigrid C., and Ilene M. Rosen, "Obstructive Sleep Apnea in Adults", *New
England Journal of Medicine* 380, no. 15 (2019): 1442~1449.

Večerik, Matej, Todd Hester, Jonathan Scholz, Fumin Wang, Olivier Pietquin, Bilal
Piot, Nicolas Heess, Thomas Rothorl, Thomas Lampe, and Martin Riedmiller,
"Leveraging Demonstrations for Deep Reinforcement Learning on Robotics
Problems with Sparse Rewards", arXiv Preprint arXiv:1707.08817, 2017.

Vincent, James, "Google 'Fixed' Its Racist Algorithm by Removing Gorillas from
Its Image-Labeling Tech", *Verge*, January 11, 2018. https://www.theverge.
com/2018/1/12/16882408/google-racist-gorillas-photo-recognition-algorithm-ai

Visalberghi, Elisabetta, and Dorothy Fragaszy, "'Do Monkeys Ape?' Ten Years
After", In *Imitation in Animals and Artifacts*, 471~499. MIT Press, 2002.

Visalberghi, Elisabetta, and Dorothy Munkenbeck Fragaszy, "Do Monkeys Ape?" In
*"Language" and Intelligence in Monkeys and Apes: Comparative Developmental
Perspectives*, edited by Sue Taylor Parker and Kathleen Rita Gibson, 247~273.

Cambridge University Press, 1990.

Visser, Margaret. *Much Depends on Dinner: The Extraordinary History and Mythology, Allure and Obsessions, Perils and Taboos of an Ordinary Meal.* Grove Press, 1986.

Vitale, Cristiana, Massimo Fini, Ilaria Spoletini, Mitja Lainscak, Petar Seferovic, and Giuseppe M. C. Rosano, "Under-Representation of Elderly and Women in Clinical Trials", *International Journal of Cardiology* 232 (2017): 216~221.

von Neumann, John. First Draft of a Report on the EDVAC. Moore School of Electrical Engineering, University of Pennsylvania, June 30, 1945.

von Neumann, John, and Oskar Morgenstern. *Theory of Games and Economic Behavior.* 3rd ed. Princeton University Press, 1953.

Wachter, Sandra, Brent Mittelstadt, and Luciano Floridi, "Why a Right to Explanation of Automated Decision-Making Does Not Exist in the General Data Protection Regulation", *International Data Privacy Law* 7, no. 2 (2017): 76~99.

Wainer, Howard, "Estimating Coefficients in Linear Models: It Don't Make No Nevermind", *Psychological Bulletin* 83, no. 2 (1976): 213~217.

Warneken, Felix, and Michael Tomasello, "Altruistic Helping in Human Infants and Young Chimpanzees", *Science* 311, no. 5765 (2006): 1301~1303.

Warneken, Felix, and Michael Tomasello, "Helping and Cooperation at 14 Months of Age", *Infancy* 11, no. 3 (2007): 271~294.

Watkins, Christopher J.C.H., and Peter Dayan, "Q-Learning", *Machine Learning* 8, nos. 3~4 (1992): 279~292.

Watkins, Christopher John Cornish Hellaby, "Learning from Delayed Rewards", PhD thesis, King's College, Cambridge, 1989.

Weber, Bruce, "What Deep Blue Learned in Chess School", *New York Times*, May 18, 1997.

Weld, Daniel S., and Oren Etzioni, "The First Law of Robotics (a Call to Arms)", In *Proceedings of the Twelfth National Conference on Artificial Intelligence(AAAI-1994)*, 1042~1047. Seattle, 1994.

Whitehead, Alfred North, and Bertrand Russell. *Principia Mathematica.* 2nd ed. 3 vols. Cambridge University Press, 1927.

Whiten, Andrew, Nicola McGuigan, Sarah Marshall-Pescini, and Lydia M. Hopper, "Emulation, Imitation, Over-Imitation and the Scope of Culture for Child and Chimpanzee", *Philosophical Transactions of the Royal Society B: Biological Sciences* 364, no. 1528 (2009): 2417~2428.

Whiteson, Shimon, Brian Tanner, and Adam White, "The Reinforcement Learning Competitions", *AI Magazine* 31, no. 2 (2010): 81~94.

Widrow, Bernard, Narendra K. Gupta, and Sidhartha Maitra, "Punish/Reward: Learning with a Critic in Adaptive Threshold Systems", *IEEE Transactions on Systems, Man, and Cybernetics* 5 (1973): 455~465.

Wiener, Norbert. *Cybernetics; or, Control and Communication in the Animal and the Machine.* 2nd ed. MIT Press, 1961.

Wiener, Norbert. *God and Golem, Inc: A Comment on Certain Points Where Cybernetics Impinges on Religion.* MIT Press, 1964.

Wiener, Norbert, "Some Moral and Technical Consequences of Automation", *Science* 131, no. 3410 (1960): 1355~1358.

Wiewiora, Eric, "Potential-Based Shaping and Q-Value Initialization Are Equivalent", *Journal of Artificial Intelligence Research* 19 (2003): 205~208.

Wilson, Aaron, Alan Fern, and Prasad Tadepalli, "A Bayesian Approach for Policy Learning from Trajectory Preference Queries", In *Advances in Neural Information Processing Systems* 25, 1133~1141. 2012.

Wirth, Christian, Riad Akrour, Gerhard Neumann, and Johannes Furnkranz, "A Survey of Preference-Based Reinforcement Learning Methods", *Journal of Machine Learning Research* 18, no. 1 (2017): 4945~4990.

Wise, Roy, "Reinforcement", *Scholarpedia* 4, no. 8 (2009): 2450. http://www.scholarpedia.org/article/Reinforcement

Wise, Roy A, "Dopamine and Reward: The Anhedonia Hypothesis 30 Years On", *Neurotoxicity Research* 14, nos. 2~3 (2008): 169~183.

Wise, Roy A, "Neuroleptics and Operant Behavior: The Anhedonia Hypothesis", *Behavioral and Brain Sciences* 5, no. 1 (1982): 39~53.

Wise, Roy A., Joan Spindler, Harriet DeWit, and Gary J. Gerberg, "Neuroleptic-Induced 'Anhedonia' in Rats: Pimozide Blocks Reward Quality of Food", *Science*

201, no. 4352 (1978): 262~264.

Wittmann, Bianca C., Nathaniel D. Daw, Ben Seymour, and Raymond J. Dolan, "Striatal Activity Underlies Novelty-Based Choice in Humans", Neuron 58, no. 6 (2008): 967~973.

Wolf, Susan, "Moral Saints", The Journal of Philosophy 79, no. 8 (1982): 419~439.

Wood, Tom, "Google Images 'Racist Algorithm' Has a Fix but It's Not a Great One", LADbible, January 12, 2018. http://www.ladbible.com/technology/news-google-images-racist-algorithm-has-a-fix-but-its-not-a-great-one-20180112

Wright, Thomas A., John Hollwitz, Richard W. Stackman, Arthur S. De Groat, Sally A. Baack, and Jeffrey P. Shay, "40 Years (and Counting): Steve Kerr Reflections on the 'Folly.'" Journal of Management Inquiry 27, no. 3 (2017): 309~315.

Wulfmeier, Markus, Peter Ondruška, and Ingmar Posner, "Maximum Entropy Deep Inverse Reinforcement Learning", arXiv Preprint arXiv:1507.04888, 2015.

Wulfmeier, Markus, Dominic Zeng Wang, and Ingmar Posner, "Watch This: Scalable Cost-Function Learning for Path Planning in Urban Environments", In 2016 IEEE/RSJ International Conference on Intelligent Robots and Systems(IROS), 2089~2095. IEEE, 2016.

Xie, Chiang, Yuxin Wu, Laurens van der Maaten, Alan L. Yuille, and Kaiming He, "Feature Denoising for Improving Adversarial Robustness", In Proceedings of the IEEE Conference on Computer Vision and Pattern Recognition, 501~509. 2019.

Yao, Yuan, Lorenzo Rosasco, and Andrea Caponnetto, "On Early Stopping in Gradient Descent Learning", Constructive Approximation 26, no. 2 (2007): 289~315.

Yu, Yang, Wei-Yang Qu, Nan Li, and Zimin Guo, "Open-Category Classification by Adversarial Sample Generation", In International Joint Conference on Artificial Intelligence. 2017.

Yudkowsky, Eliezer, "Coherent Extrapolated Volition", Singularity Institute, 2004.

Zaki, W. Mimi Diyana W., M. Asyraf Zulkifley, Aini Hussain, W. Haslina W. A. Halim, N. Badariah A. Mustafa, and Lim Sin Ting, "Diabetic Retinopathy Assessment: Towards an Automated System", Biomedical Signal Processing and Control 24 (2016): 72~82.

Zeiler, Matthew D., and Rob Fergus, "Visualizing and Understanding Convolutional Networks", In *European Conference on Computer Vision*, 818~833. Springer, 2014.

Zeiler, Matthew D., Dilip Krishnan, Graham W. Taylor, and Rob Fergus, "Deconvolutional Networks", In *2010 IEEE Computer Society Conference on Computer Vision and Pattern Recognition(CVPR)*, 2528~2535. IEEE, 2010.

Zeiler, Matthew D., Graham W. Taylor, and Rob Fergus, "Adaptive Deconvolutional Networks for Mid and High Level Feature Learning", In *2011 International Conference on Computer Vision*, 2018~2025. IEEE, 2011.

Zeng, Jiaming, Berk Ustun, and Cynthia Rudin, "Interpretable Classification Models for Recidivism Prediction", *Journal of the Royal Statistical Society: Series A(Statistics in Society)* 180, no. 3 (2017): 689~722.

Zhang, Shun, Edmund H. Durfee, and Satinder P. Singh, "Minimax-Regret Querying on Side Effects for Safe Optimality in Factored Markov Decision Processes", In *Proceedings of the Twenty-Seventh International Joint Conference on Artificial Intelligence*, 4867~4873, IJCAI, 2018.

Zheng, Zeyu, Junhyuk Oh, and Satinder Singh, "On Learning Intrinsic Rewards for Policy Gradient Methods", In *Advances in Neural Information Processing Systems*, 4644~4654. 2018.

Zhong, Chen-Bo, Vanessa K. Bohns, and Francesca Gino, "Good Lamps Are the Best Police: Darkness Increases Dishonesty and Self-Interested Behavior", *Psychological Science* 21, no. 3 (2010): 311~314.

Zhu, Lingxue, and Nikolay Laptev, "Engineering Uncertainty Estimation in Neural Networks for Time Series Prediction at Uber", *Uber Engineering*(blog), 2017. https://eng.uber.com/neural-networks-uncertainty-estimation/

Ziebart, Brian D., J. Andrew Bagnell, and Anind K. Dey, "Modeling Interaction via the Principle of Maximum Causal Entropy", In *Proceedings of the 27th International Conference on Machine Learning*, 1255~1262. 2010.

Ziebart, Brian D., Andrew L. Maas, J. Andrew Bagnell, and Anind K. Dey, "Maximum Entropy Inverse Reinforcement Learning", In *Proceedings of the Twenty-Third AAAI Conference on Artificial Intelligence*, 1433~1438. AAAI Press, 2008.

Ziegler, Daniel M., Nisan Stiennon, Jeffrey Wu, Tom B. Brown, Alec Radford, Dario Amodei, Paul Christiano, and Geoffrey Irving, "Fine-Tuning Language Models from Human Preferences", arXiv Preprint arXiv:1909.08593, 2019.

인간적 AI를 위하여

초판 1쇄 인쇄일 2025년 3월 13일
초판 1쇄 발행일 2025년 3월 20일

지은이 브라이언 크리스천
옮긴이 이한음

발행인 조윤성

편집 강현호 **디자인** 최희영 **마케팅** 최기현

발행처 ㈜SIGONGSA
주소 주소 서울시 성동구 광나루로 172 린하우스 4층(우편번호 04791)
대표전화 02-3486-6877 **팩스(주문)** 02-598-4245
홈페이지 www.sigongsa.com / www.sigongjunior.com

ISBN 979-11-7125-796-6 03300

*SIGONGSA는 시공간을 넘는 무한한 콘텐츠 세상을 만듭니다.
*SIGONGSA는 더 나은 내일을 함께 만들 여러분의 소중한 의견을 기다립니다.
*잘못 만들어진 책은 구입하신 곳에서 바꾸어 드립니다.

WEPUB 원스톱 출판 투고 플랫폼 '위펍' _wepub.kr
위펍은 다양한 콘텐츠 발굴과 확장의 기회를 높여주는
SIGONGSA의 출판IP 투고·매칭 플랫폼입니다.